高等院校互联网+新形态教材·经管系列(二维码版)

智慧物流与供应链管理
(微课版)

何建佳　主　编

李军祥　何胜学　陈　鑫　副主编

U0360901

清华大学出版社
北　京

内容简介

本书从传统物流与供应链管理理论出发，通过智慧物流与供应链管理案例展示科技赋能场景，引导学生用历史思维解读中国物流与供应链管理行业的创新与变革，实现知识传授与价值引领的有机统一。全书共分为4篇18章。第1篇主要介绍物流和供应链管理的基础理论知识；第2篇主要介绍物流需求管理，物流设施规划与设计，仓储管理，库存管理，装卸搬运、包装与流通加工管理，运输与配送管理及物流信息管理等知识；第3篇主要介绍供应链设计与构建，供应链合作伙伴关系，供应链绩效评价，供应链协调管理等知识；第4篇主要介绍多功能开放型企业供需网，供应链金融，智慧物流，区块链技术等前沿知识。

本书配有微课视频、教学课件与习题答案，既可作为高等院校工商管理、物流管理、物流工程、工业工程、国际贸易等专业本科生教学用书，又可作为物流与供应链管理从业人员的参考用书。

本书封面贴有清华大学出版社防伪标签，无标签者不得销售。
版权所有，侵权必究。举报：010-62782989，beiqinquan@tup.tsinghua.edu.cn。

图书在版编目(CIP)数据

智慧物流与供应链管理：微课版/何建佳主编. —北京：清华大学出版社，2022.1（2024.8 重印）
高等院校互联网+新形态教材. 经管系列：二维码版
ISBN 978-7-302-58648-7

Ⅰ. ①智… Ⅱ. ①何… Ⅲ. ①物流管理—中国—教材 ②供应链管理—中国—教材 Ⅳ. ①F259.22

中国版本图书馆 CIP 数据核字(2021)第 142456 号

责任编辑：梁媛媛
封面设计：李　坤
责任校对：周剑云
责任印制：沈　露
出版发行：清华大学出版社
　　网　　址：https://www.tup.com.cn, https://www.wqxuetang.com
　　地　　址：北京清华大学学研大厦 A 座　　邮　　编：100084
　　社 总 机：010-83470000　　邮　　购：010-62786544
　　投稿与读者服务：010-62776969, c-service@tup.tsinghua.edu.cn
　　质量反馈：010-62772015, zhiliang@tup.tsinghua.edu.cn
　　课件下载：https://www.tup.com.cn, 010-62791865
印 装 者：三河市龙大印装有限公司
经　　销：全国新华书店
开　　本：185mm×260mm　　**印　张**：24.5　　**字　数**：591 千字
版　　次：2022 年 3 月第 1 版　　**印　次**：2024 年 8 月第 4 次印刷
定　　价：69.00 元

产品编号：079610-01

课程介绍.mp4

前　言

随着科技的进步、经济的发展和信息技术的革新，全球经济的一体化和知识经济的兴起使得仅仅关注企业内部资源和竞争力的管理模式已无法适应新的竞争环境。供应链管理的产生顺应了当前的时代要求，它不仅关注企业内部的资源和竞争力，而且也关注企业外部的资源和竞争力，强调在整个供应链上对资源和竞争力进行集成。与此同时，企业所面临的竞争环境又发生了重大变化，社会的不确定性从根本上改变了企业赖以生存和发展的市场环境。近年来，人工智能、物联网、区块链等技术在物流与供应链领域得到广泛应用，推动了各领域产业互联能力的提升，在传统产业转型升级中发挥了重要作用，对优化数字经济产业生态、完善国家治理体系和提升国家治理能力有重要意义。管理环境与技术的变化、先进制造技术的变化和消费者需求的变化等，对传统的供应链和供应链管理思想提出了新的挑战。

本书从传统物流与供应链管理理论出发，通过纵向列举智慧物流与供应链管理案例展示科技赋能场景，引导学生用历史思维解读中国物流与供应链管理行业的创新与变革，实现知识传授与价值引领的有机统一。全书共分为 4 篇 18 章，简要概述如下。

第 1 篇是“物流与供应链管理导论篇”，由第 1～3 章组成。第 1 章是物流概论，主要介绍了物流的产生与发展、物流的概念与分类、物流的功能与作业流程等基本理论知识。第 2 章是供应链管理概论，主要介绍了供应链的演变与发展、供应链的概念与分类及其他供应链管理基本理论知识。第 3 章是供应链管理下的物流管理，主要介绍了供应链管理下物流管理的特点、第三方物流与第四方物流及供应链管理与物流管理的关系。

第 2 篇是“物流功能与过程管理篇”，由第 4～10 章组成。第 4 章是物流需求管理，主要介绍了物流需求及其预测概述、物流需求预测的方法与预测模型、需求预测误差与控制；第 5 章是物流设施规划与设计，主要介绍了物流设施规划与设计概述、场址选择的意义及考虑的因素和场址选择的方法；第 6 章是仓储管理，主要介绍了仓储的概念及仓储管理的内容、仓储在物流系统中的作用、仓储设施设备和作业过程；第 7 章是库存管理，主要介绍了库存管理的基本原理和方法、确定型库存控制模型、随机型库存控制模型及库存系统建模与仿真；第 8 章是装卸搬运、包装与流通加工管理，主要阐述了常用的搬运设备、包装材料及流通加工类型，包装的技术、流通加工的作用，搬运合理化、包装合理化和流通加工合理化的内涵；第 9 章是运输与配送管理，首先介绍了运输的概念及其功能、运输方式、运输方式选择的影响因素、运输成本及定价、运输规划及其模型等内容，然后介绍了配送的概念、作用和分类，配送中心的概念、分类和作业流程，配送模式和配送管理，配送的合理化措施；第 10 章是物流信息管理，主要介绍了物流信息和物流信息技术概念，物流信息技术的原理及特点，物流信息系统的含义、特征、结构和功能，物流信息系统的开发与设计。

第 3 篇是“供应链功能篇”，由第 11～14 章组成。第 11 章是供应链设计与构建，主要介绍了供应链设计的内容、原则、策略及步骤，供应链的结构模型，供应链中企业的角色分类，供应链构建的关键因素、原则与基本步骤；第 12 章是供应链合作伙伴关系，主要介绍了供应链合作伙伴关系的含义与意义，供应链合作伙伴关系选择的原则及影响因素，供应链合作伙伴关系的评价步骤和标准，供应链合作伙伴关系选择的方法及模型；第 13 章是供应链绩效评价，主要介绍了供应链绩效评价的基础理论知识，供应链绩效评价内容、指标体系及方法程序；第 14 章是供应链协调管理，主要介绍了牛鞭效应和曲棍球棒效应的产生原因及改进方法，激励的基本理论及激励模式，供应链契约的概念、参数与模型。

第 4 篇是“供应链最新发展篇”，由第 15～18 章组成。第 15 章是多功能开放型企业供需网，主要介绍了供需网的概念、框架及特点，供需网的协同管理及企业知识协同伙伴的选择机制，供需网和供应链的区别，供需网的创新应用；第 16 章是供应链金融，主要介绍了供应链金融的背景、概念及特点，供应链金融的融资模式及其分类，供应链金融的作用及意义，供应链金融的风险及其防范措施；第 17 章是智慧物流，主要介绍了智慧物流的产生背景，智慧物流的概念及功能，智慧物流的核心框架，智慧物流的前沿动态；第 18 章是区块链技术，主要介绍了区块链的基本概念，区块链技术的基础模型，区块链的基本特征及种类，区块链的智能合约，区块链技术的应用前景。

本书获 2018 年度上海理工大学一流本科系列教材“现代物流与供应链管理”、2019 年度上海市教委本科重点课程“物流与供应链管理”、2019 年度上海市级一流本科专业建设点(工商管理)、2020 年度上海市“课程思政”领航课程“智慧物流与供应链管理”、2020 年度上海市“课程思政”领航团队、2020 年度上海理工大学一流本科课程“智慧物流与供应链管理”、2020 年度上海理工大学“课程思政”示范课程“智慧物流与供应链管理”、2020 年度上海理工大学“课程思政”示范专业(工商管理)、国家自然科学基金面上项目“产业互联‘智造’供需网的结构、演化及其动力学研究”(项目编号：71871144)、上海理工大学科技发展项目“基于供需网的产业互联模式及其合作优化研究”(项目编号：2020KJFZ046)等项目的资助，在此表示由衷的感谢！

本书由何建佳担任主编，李军祥、何胜学、陈鑫担任副主编，具体分工如下：第 1 章、第 2 章、第 3 章、第 4 章、第 7 章、第 12 章、第 13 章、第 14 章、第 15 章由何建佳编写；第 16 章、第 17 章、第 18 章由李军祥编写；第 8 章、第 9 章、第 10 章、第 11 章由何胜学编写；第 5 章、第 6 章由陈鑫编写。

本书在编写过程中参阅了国内外同类较为优秀的专业著作和文献，一些材料因经多次引用而无法找到原始出处，在此谨向相关作者及参与资料整理的廖耀文、杨静、王悦、沙倩如、张鑫月、谭晓军、刘刚等研究生表示诚挚的敬意。尽管编者付出较大的努力，但仍不免有所疏漏，还望读者朋友不吝赐教！

编　者

目录

Contents

第1篇　物流与供应链管理导论篇

第1章　物流概论 1

1.1　物流的基本理论 1

1.1.1　物流的产生与发展 1

1.1.2　物流的相关概念 3

1.2　物流的分类 5

1.2.1　按物流的研究范围划分 5

1.2.2　按物流的地域范围划分 5

1.2.3　按物流活动的范围和性质划分 6

1.3　物流的基本功能与作业流程 7

1.3.1　物流的基本功能 7

1.3.2　物流的作业流程 8

1.4　物流在国民经济中的作用 10

本章小结 11

思考与练习 11

案例讨论 11

第2章　供应链管理概论 13

2.1　供应链的演变与发展 14

2.1.1　运输与仓储阶段 14

2.1.2　传统物流阶段 15

2.1.3　后勤物流阶段 15

2.1.4　供应链阶段 15

2.2　供应链的基本理论 16

2.2.1　供应链的概念 16

2.2.2　供应链的网络结构 17

2.2.3　供应链的特点 18

2.2.4　供应链的分类 18

2.3　供应链管理的基本理论 21

2.3.1　供应链管理的定义 21

2.3.2　供应链管理的目标 22

2.3.3　供应链管理的关键问题 23

2.3.4　供应链管理的方法 24

本章小结 31

思考与练习 31

案例讨论 31

第3章　供应链管理下的物流管理 35

3.1　供应链管理下物流管理的特点 36

3.2　第三方物流与第四方物流 37

3.2.1　第三方物流 37

3.2.2　第四方物流 39

3.2.3　第三方物流与第四方物流的比较 41

3.3　供应链管理与物流管理的关系 42

3.3.1　供应链管理与物流管理的区别 42

3.3.2　供应链管理与物流管理的联系 43

本章小结 44

思考与练习 45

案例讨论 45

第2篇　物流功能与过程管理篇

第4章　物流需求管理 47

4.1　物流需求 48

4.1.1　物流需求的定义 48

4.1.2　物流需求的特点 49

4.1.3　物流需求的影响因素 49

4.2　物流需求预测概述 50

4.2.1　物流需求预测的定义及内容 50

4.2.2　物流需求预测的意义 50

4.3 需求预测的基本步骤与方法 51
4.3.1 需求预测的基本步骤 51
4.3.2 需求预测的方法 52
4.3.3 常见的预测模型 57
4.4 需求预测误差与需求控制 62
4.4.1 预测误差 62
4.4.2 需求控制 64
本章小结 65
思考与练习 65
案例讨论 66
第5章 物流设施规划与设计 68
5.1 设施规划与设计概述 69
5.1.1 设施规划与设计的定义 69
5.1.2 设施规划与设计的范围 70
5.1.3 设施规划与设计的原则 70
5.2 场址选择的意义及应考虑的因素 71
5.2.1 场址选择的意义 71
5.2.2 场址选择应考虑的因素 71
5.3 场址选择的工作步骤与方法 72
5.3.1 场址选择的工作步骤 72
5.3.2 场址选择的方法 74
5.4 设施布置设计 79
5.4.1 设施布置设计的基本原则 79
5.4.2 设施布置设计的基本要素 80
5.4.3 设施布置设计程序 81
本章小结 82
思考与练习 82
案例讨论 83
第6章 仓储管理 84
6.1 仓储与仓储管理 85
6.1.1 仓储 85
6.1.2 仓储管理 87
6.2 仓储设施与仓储设备 88
6.2.1 仓储设施 89
6.2.2 仓储设备 90
6.3 仓储作业 97
6.3.1 入库前准备 97
6.3.2 验货收货 98
6.3.3 存货保管 99
6.3.4 发货出库 100
本章小结 100
思考与练习 100
案例讨论 100
第7章 库存管理 103
7.1 库存管理概述 104
7.1.1 库存的基本概念 104
7.1.2 库存的功能和作用 105
7.1.3 库存管理相关术语 106
7.1.4 库存成本及库存控制的评价指标 107
7.2 库存模型 109
7.2.1 与库存有关的费用 109
7.2.2 确定型库存控制模型 109
7.2.3 随机型库存控制模型 117
7.3 供应链下的库存管理 119
7.3.1 供应链中的不确定性来源 119
7.3.2 供应链中不确定因素对库存的影响 120
7.3.3 供应商管理库存 121
7.3.4 联合库存管理 123
7.4 库存系统建模与仿真 125
7.4.1 库存系统概述 125
7.4.2 生产-库存系统仿真 126
本章小结 134
思考与练习 134
案例讨论 135
第8章 装卸搬运、包装与流通加工管理 138
8.1 装卸搬运 139
8.1.1 装卸搬运概述 139
8.1.2 装卸搬运的设备 141
8.1.3 装卸搬运合理化 142
8.2 包装 144
8.2.1 包装概述 144
8.2.2 包装的材料 146
8.2.3 包装的技术 149

8.2.4 包装合理化 150
8.3 流通加工 152
8.3.1 流通加工概述 152
8.3.2 流通加工的类型 152
8.3.3 流通加工的作用 154
8.3.4 流通加工合理化 154
本章小结 156
思考与练习 156
案例讨论 156
第 9 章 运输与配送管理 158
9.1 运输 159
9.1.1 运输的概念 159
9.1.2 运输管理概述 159
9.1.3 运输的功能 160
9.2 运输方式 160
9.2.1 运输方式的分类 160
9.2.2 运输方式选择的影响因素 163
9.2.3 运输方式的选择 164
9.3 运 输 成 本 166
9.3.1 影响运输成本的相关因素 166
9.3.2 运输成本的分类 167
9.4 运输规划 168
9.4.1 运输规划概述 168
9.4.2 物资运输规划问题的一般模型 169
9.5 运输合理化 172
9.5.1 运输合理化的概念 172
9.5.2 不合理运输 173
9.5.3 运输合理化的措施 174
9.6 配送 175
9.6.1 配送的概念 175
9.6.2 配送的作用 175
9.6.3 配送的环节 176
9.6.4 配送的类型 177
9.7 配送中心 180
9.7.1 配送中心的概念 180
9.7.2 配送中心的分类 181
9.7.3 配送中心的作业流程 183
9.8 配送模式与配送管理 183
9.8.1 配送模式 183
9.8.2 配送管理 185
9.9 配送合理化 186
9.9.1 配送合理化的判断 186
9.9.2 不合理配送的表现形式 187
9.9.3 配送合理化的途径 188
本章小结 188
思考与练习 189
案例讨论 190
第 10 章 物流信息管理 192
10.1 物流信息概述 193
10.1.1 物流信息的定义 193
10.1.2 物流信息的特点 193
10.1.3 物流信息的分类 194
10.1.4 物流信息的作用 194
10.2 物流信息技术 195
10.2.1 条码技术 195
10.2.2 无线射频识别技术 196
10.2.3 电子数据交换技术 198
10.2.4 地理信息系统技术 199
10.3 物流信息系统 201
10.3.1 物流信息系统的含义 201
10.3.2 物流信息系统的特征 201
10.3.3 物流信息系统的结构 202
10.3.4 物流信息系统的功能 203
10.3.5 物流信息系统的开发与设计 204
本章小结 208
思考与练习 209
案例讨论 209

第3篇　供应链功能篇

第11章　供应链设计与构建 213

11.1　供应链设计概述 214
11.1.1　供应链设计的内容 214
11.1.2　供应链设计的原则 215
11.1.3　供应链设计的策略 216
11.1.4　供应链设计的步骤 219
11.2　供应链的常见结构模型 222
11.2.1　供应链的链状模型 222
11.2.2　供应链的网状模型 223
11.3　供应链的构建 225
11.3.1　供应链中企业的角色分类 225
11.3.2　供应链构建的关键因素与原则 226
11.3.3　供应链构建的基本步骤 229
本章小结 231
思考与练习 232
案例讨论 232

第12章　供应链合作伙伴关系 235

12.1　供应链合作伙伴关系概述 236
12.1.1　供应链合作伙伴关系的含义 236
12.1.2　供应链合作伙伴关系的发展演进 237
12.1.3　供应链合作伙伴关系与传统供应商关系的区别 238
12.1.4　建立供应链合作伙伴关系的重要意义 239
12.2　供应链合作伙伴关系管理 242
12.2.1　供应链合作伙伴关系管理的含义及内容 242
12.2.2　供应链合作伙伴关系管理的措施 243
12.3　供应链合作伙伴关系的选择 245
12.3.1　供应链合作伙伴关系选择的主要原则 245
12.3.2　供应链合作伙伴关系选择的主要因素 246
12.3.3　供应链合作伙伴关系选择的步骤和标准 247
12.3.4　供应链合作伙伴关系选择的方法 249
12.4　供应链合作伙伴选择模型 251
12.4.1　基于层次分析的合作伙伴选择模型 251
12.4.2　基于 Topsis 的合作伙伴选择模型 256
12.4.3　基于模糊综合评价的合作伙伴选择模型 259
本章小结 262
思考与练习 263
案例讨论 263

第13章　供应链绩效评价 264

13.1　供应链绩效评价的概述 265
13.1.1　供应链绩效评价的概念、特点及作用 265
13.1.2　供应链绩效评价体系 267
13.1.3　供应链绩效评价的程序 268
13.2　供应链绩效评价的内容及指标体系 269
13.2.1　供应链绩效评价的内容 269
13.2.2　供应链绩效评价的具体指标 270
13.3　供应链绩效评价的方法 273
13.3.1　标杆法 273
13.3.2　神经网络算法 275
13.3.3　灰色关联法 275
13.4　供应链绩效评价的模型 276
13.4.1　平衡记分卡模型 276
13.4.2　供应链运作参考模型 279
13.4.3　其他模型 285

本章小结 286
思考与练习 287
案例讨论 287
第 14 章 供应链协调管理 288
14.1 供应链中的协调问题及改进方法 289
14.1.1 牛鞭效应的产生及改进方法 289
14.1.2 曲棍球棒效应的产生及改进方法 293
14.2 供应链中的激励理论及激励模式 295
14.2.1 供应链中激励问题的提出 295
14.2.2 供应链中的激励理论 295
14.2.3 供应链中的激励模式 296
14.3 供应链契约概论 297
14.3.1 供应链契约的概述 297
14.3.2 供应链契约的参数 298
14.3.3 供应链契约的作用 300
14.4 供应链契约模型 301
14.4.1 供应链契约的基本模型 301
14.4.2 典型的供应链契约模型 303
本章小结 308
思考与练习 309
案例讨论 310

第 4 篇 供应链最新发展篇

第 15 章 多功能开放型企业供需网 315
15.1 从供应链到供需网 316
15.1.1 多功能开放型企业供需网的由来 316
15.1.2 供应链存在的瓶颈效应 317
15.1.3 供需网消减瓶颈的基本思路 318
15.2 供需网理论分析 319
15.2.1 供需网的特点 319
15.2.2 供需网协同管理 320
15.2.3 供需网企业知识协同伙伴选择机制 322
15.2.4 供需网与供应链的差异 324
15.3 供需网理论在企业逆向物流中的应用 325
15.3.1 逆向物流概述 325
15.3.2 供需网理念推进企业实施逆向物流的意义 325
15.3.3 供需网理念在企业实施逆向物流建设的原理 326
本章小结 327
思考与练习 327
案例讨论 328
第 16 章 供应链金融 330
16.1 供应链金融概述 331
16.1.1 供应链金融的背景 331
16.1.2 供应链金融的概念 331
16.2 供应链金融的主要特征 332
16.2.1 供应链金融的特点 332
16.2.2 供应链金融的参与主体 333
16.2.3 供应链金融的切入点 333
16.3 供应链金融的融资模式 334
16.3.1 应收类：应收账款融资模式 334
16.3.2 预付类：未来货权融资模式 334
16.3.3 存货类：融通仓融资模式 335
16.4 供应链金融的作用和意义 336
16.5 供应链金融的风险及防范 337
16.5.1 供应链金融风险 337
16.5.2 供应链金融风险的影响因素 337
16.5.3 传统供应链金融风险防控措施 339
本章小结 339
思考与练习 340

案例讨论 340

第 17 章 智慧物流 342

17.1 从传统物流到智慧物流 343

17.1.1 智慧物流产生的背景 343

17.1.2 智慧物流概述 345

17.2 智慧物流的核心框架及功能 346

17.2.1 智慧物流的核心框架 346

17.2.2 智慧物流的基本功能 347

17.3 智慧物流的特点及发展趋势 348

17.3.1 智慧物流的特点 348

17.3.2 智慧物流的发展趋势 349

17.4 智慧物流的作用 351

17.4.1 推动物流行业转型升级 351

17.4.2 实现物流技术更新换代 351

17.4.3 降低物流企业成本 352

17.4.4 提升物流服务体验 352

17.5 智慧物流在其他行业领域中的应用 352

17.5.1 智慧物流与交通运输业协调发展 352

17.5.2 智慧物流视角下的医药仓储管理 354

17.5.3 智慧物流平台在国际贸易中的运用 355

17.5.4 智慧物流在国家应急物资保障体系中的作用 356

本章小结 357

思考与练习 357

案例讨论 357

第 18 章 区块链技术 361

18.1 区块链概述 362

18.1.1 区块链技术的背景 362

18.1.2 区块链的特征及类型 364

18.1.3 构建区块链的基础方法 365

18.2 智能合约 367

18.2.1 智能合约概述 367

18.2.2 智能合约的应用 368

18.2.3 智能合约中存在的问题 369

18.3 区块链与物联网 369

18.3.1 物联网概述 369

18.3.2 区块链技术在物联网中的具体应用 370

18.3.3 物联网与区块链结合的技术解决方案 370

18.4 区块链技术的风险 371

18.4.1 区块链 P2P 网络存在的风险 371

18.4.2 区块链应用存在的风险 372

18.5 推动区块链技术发展的举措 374

本章小结 374

思考与练习 375

案例讨论 375

参考文献 377

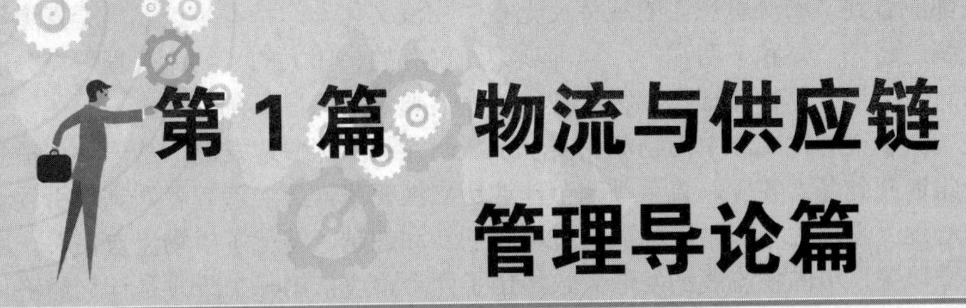

第1篇 物流与供应链管理导论篇

第1章 物流概论

【学习目标】

1. 掌握物流的概念。
2. 理解物流的分类。
3. 理解物流的功能与作业流程。
4. 了解物流在国民经济中的作用。

【引导案例】

关于物流的争论

在赴山东采访的旅途中，记者与几位邻座旅客进行了“什么是物流”的争论。一位来自水电物资系统的张先生说：“‘物流’就是物资流通的简称，据我所知，‘物流’这个词还是物资流通系统从国外引进来的呢！”来自铁路工程系统的方先生说：“‘物流’是货物运输，公路、铁路、水路、航空、管道运输都包括在内，把货物从一地运到另一地，就是物流。”来自高等院校信息研究所的宁先生说：“‘物流’是在正确信息指引下，物质材料有价值的空间位移。”来自解放军某部的秦少校说：“在部队，‘物流’就是后勤，人员调动、武器装备运输、各种给养调配都属于物流。”一路上，大家各执己见，各陈其理，角度不同，理解各异，“物流”被赋予了形形色色的内涵。

(资料来源：物流沙龙，有删改.)

思考：

案例中每个人对物流的理解都正确吗？你对物流的看法是什么？

1.1 物流的基本理论

1.1.1 物流的产生与发展

物流的概念起源于军事领域，当时被称为“后勤”。在第二次世界大战期间，“物流”

是军队在运输物资、补给、调配管理时所使用的一个名词。中华民族五千年文明史的每一个历史阶段都能看到“物流思想”的独特灵光和“物流文化”的特有足迹，“秦直道”“车同轨”“丝绸之路”“郑和下西洋”，一项项绝无仅有的、伟大的“物流工程”充分展现出我们先人的智慧，为世界物流理论和物流技术的发展奠定了深厚基础。

经过 70 多年的发展，中国物流业实现了从萌芽起步到快速发展，从理念传播到实践探索，从一路追赶到并驾齐驱，直至领跑全球的历史性变革。从“追赶者”到“引领者”，再到满怀信心地“走出去”，中国物流通过不断创新和超越，铸就了“物流自信”。中华人民共和国成立以来，中国物流业的发展大致经历了四个阶段：第一个阶段是计划经济体制下的物流；第二个阶段是有计划的商品经济下的物流；第三个阶段是社会主义市场经济下的物流；第四个阶段是新经济下的物流。

1. 第一个阶段：计划经济体制下的物流(1949—1977 年)

在该阶段，生产、流通和消费完全在计划经济体制下管理和运行，物流活动的主要目标是保证国家指令性计划分配指标的落实，经济效益目标被放到次要位置。企业完全没有自主权，管理上条块分割，生产、仓储、运输、销售各环节相互分离，物流效率低下，物流概念还处于蒙昧阶段。但因生产是当时经济发展的主体，所以流通结构不合理和物流效率低下的矛盾并不十分突出。

2. 第二个阶段：有计划的商品经济下的物流(1978—1992 年)

党的十一届三中全会以后，中国在改革开放方针政策指引下推进经济体制改革，流通体制改革不断深入，开始引入物流概念并进行推广宣传。1984 年 8 月，中国物流研究学会成立。1991 年 7 月，中国物资流通学会成立，物流理念开始在全国传播，物流在国民经济中的重要意义也开始体现出来，中国物流进入引进、启蒙和宣传普及时期。

3. 第三个阶段：社会主义市场经济下的物流(1993—1998 年)

随着 1993 年党的十四届三中全会的召开，中国经济走向一个全新的发展阶段，生产规模和产量的迅猛扩大，导致生产与消费严重失衡，同时暴露了物流发展滞后的矛盾。社会开始重视物流，物流企业数量日益增加，生产企业也开始关注物流的合理化，这使物流更加专业化、社会化，物流业的快速发展意味着中国物流进入成长期。

4. 第四个阶段：新经济下的物流(1999 年至今)

新经济的突出特征是全球经济一体化，生产、流通、消费的全球化加剧了企业经济活动的市场竞争，同时也促进了国际贸易和国际物流的发展，互联网信息平台的发展及信息技术手段的广泛应用，使物流现代化达到了新的水平，物流被广泛认为是企业年度物资消耗、提高劳动生产率以外的第三利润源泉，推动地区经济的“助推器”。2001 年，国家经济贸易委员会、铁道部、交通部、信息产业部(现已划入工业和信息化部)、对外贸易经济合作部、民航局联合印发了《关于加快我国现代物流发展的若干意见》。同年，中国物流与采购联合会成立，这是物流领域第一个跨部门、跨行业、跨地区、跨所有制的行业组织。《物流企业分类与评估指标》国家标准于 2005 年 5 月 1 日正式实施。2006 年 3 月，第十届全国人大第四次会议通过了《国民经济和社会发展第一个五年规划纲要》，在第 4 篇“加快发展服务业”的第 16 章中，提出要“大力发展现代物流业”，在明确“十一五”期间物流业发展的战略目标与重点任务的同时，也为中国物流业的发展指明了方向，可谓是中国物流业发展的里程碑。

随着物流产业地位的提高，物流业在生产性服务业和消费性服务业中的作用越来越重要，物流业也成为各级政府规划与发展的重点之一，我国现代物流业进入了一个新的发展阶段。2019 年两会前夕，国务院 24 个部门和单位联合出台《关于推动物流高质量发展促进形成强大国内市场的意见》，明确将物流高质量发展作为当前和今后一段时期物流工作的总目标。这一时期，我国物流业发展环境显著改善，物流基础设施体系更加完善，大数据、云计算等先进信息技术广泛应用，物流新模式、新业态加快发展，物流业转型升级步伐明显加快，发展质量和效率显著提升。

中华人民共和国成立至今，中国物流的发展取得了举世瞩目的成就，基础设施条件显著改善，物流服务水平大幅提升，行业发展环境不断优化，全社会货运量由 1949 年的 1.6 亿吨增长到 2018 年的 515 亿吨，社会物流总额达到 283 万亿元，快递业务量突破 500 亿件，稳居世界第一，实现了跨越式发展，物流自信正是道路自信的具体体现，中国凭借世界上独一无二的庞大市场，坚定不移地推进自主创新战略，走出了一条中国特色的物流发展道路。

1.1.2 物流的相关概念

1. 商品流通

商品流通是指商品或服务从生产领域向消费领域的转移过程。流通功能，一是通过购销等商品交易活动创造物资的所有权效用；二是通过运输创造物资的空间效用；三是通过储存创造物资的时间效用，将商品转移到用户手中。商品流通活动的构成如图 1-1 所示，包括购、销、运输、存储、包装、装卸、加工和信息。其中，购、销等商品交易活动属于商流活动，而运输、存储、包装、装卸、加工等属于物流活动，信息流产生于商流和物流活动中，并为商流活动和物流活动服务。商品流通活动是由商流活动、物流活动和信息流活动共同构成的，物流活动正是商品流通活动的一部分。

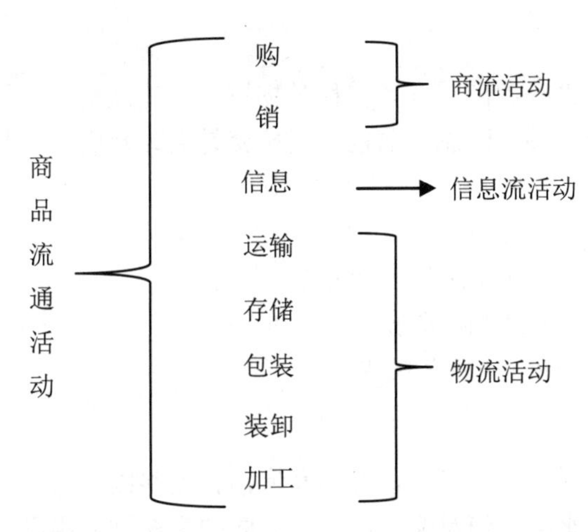

图 1-1 商品流通活动的构成

2. 物流的定义

物流是从供应地到接收地的实体流动过程，可以根据实际需要，将运输、储存、装卸、

搬运、包装、流通加工、配送、信息处理等基本功能实施有机结合。物流概念流程如图 1-2 所示。

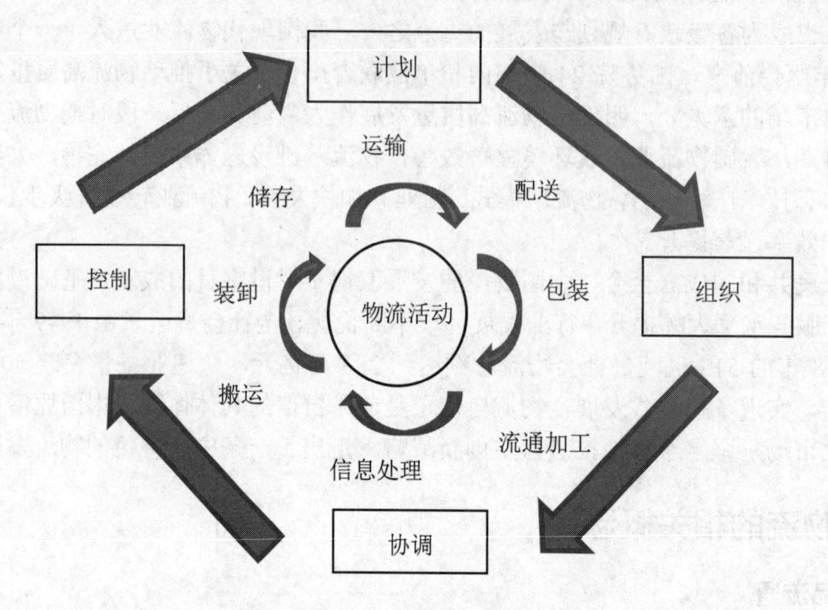

图 1-2 物流概念流程

物流概念可以从以下四个方面进行解释。

(1) 物流是物品物质实体的流动，只实现物质实体的转移，并不发生物品所有权的转移。

(2) 物流是满足社会需要的经济活动。

(3) 物流通过基本功能活动对物品空间位移、时间的变动和形状性质的变动，从而产生物品的空间、时间、形态效用。

(4) 物流的发生具有普遍性，存在于各种产品从生产到消费的全过程。

3. 商流

商流是指物资在由供应者向需求者转移时物资的实体流动，主要表现为物资与其等价物的交换和物资所有权的转移。商流活动包括买卖交易活动及商情信息活动。商流活动可以创造物资的所有权效用。

商流的定义中，明显包含以下三个特点。

(1) 突出了流通，即把商流看作是流通的一部分。

(2) 突出了与物流活动的伴随关系。

(3) 突出了商流的功能——所有权效用。

4. 信息流

信息流也是商品流通的组成部分，它和商流、物流共同构成了流通的“三流”。信息流是指人们采用各种方式来实现信息交流，从面对面的交谈到采用各种现代化的传递媒介，包括信息的收集、传递、处理、储存、检索、分析等渠道和过程。

信息流包括两类：一是商流信息流，二是物流信息流。商流信息流是在商流活动中产生的，例如，商品的销售价格、市场行情、购销洽谈、订货合同、供需情况、销售货款、交易支付、促销活动等都是商流信息。这些信息的产生、制作、加工、储存和传递等，就是商流信息流。物流信息流是在物流活动中产生的，为物流活动服务。例如，运输方式、运输市场行情、运输价格、交通地理、交通基础设施、仓储设施、库存信息、仓储价格、搬运费用、装卸能力、货主和客户信息等都是物流信息。这些信息的产生、制作、加工、储存和传递等，都是物流信息流。

1.2 物流的分类

物流是经济活动的重要组成部分，贯穿于社会再生产的全过程，存在于国民经济的各个领域。虽然功能基本相同，但具体的物流活动不同，会导致所服务的主体、物流对象、物流范围、作用和功能等要素也有所不同。

1.2.1 按物流的研究范围划分

1. 宏观物流

宏观物流是社会再生产过程中，国民经济各部门之间、区域物流之间以及国家之间的物流活动。宏观物流又称社会物流，是以全社会为范畴、面向广大用户的、超越一家一户的物流，是企业外部物流活动的总称。宏观物流从社会再生产总体角度认识和研究物流活动，所研究的是社会生产过程物流活动的运行规律及物流活动的总体行为，其主要特点是综观性和全局性。

2. 微观物流

微观物流是局部范围的物流，又叫作企业物流。微观物流是企业生产过程各个阶段物资资料的流转，具体包括供应物流、生产物流、销售物流、回收物流和废弃物流。微观物流以企业为范围，是面向企业，或在一个局部、一个环节、一个小地域空间发生的物流活动，企业物流、生产物流、废弃物物流、生活物流等都属于微观物流，其研究特点是具体性和局部性。

1.2.2 按物流的地域范围划分

1. 国际物流

国际物流是在两个或两个以上不同的国家之间开展的物流活动。国际物流是根据国际分工的原则，利用国际化的物流网络、物流设施和物流技术，实现货物在不同国家之间的流动与交换，以促进世界经济发展与资源优化配置。国际物流的总目标是为国际贸易和跨国经营服务，即选择最佳的方式与路径，以最低的费用和最小的风险，保质、保量、适时地将货物从某个国家的供给方运到另一国家的需求方。

2. 国内物流

国内物流是指为国家的整体利益服务在一国领地范围内开展的物流活动。作为国民经济的一个重要方面，国内物流应该纳入国家总体规划中，在推进国内物流系统的发展时必须从全局着眼，对于因为部门分割、地区分割所造成的物流障碍应该给予及时清除；在对物流系统建设投资时也需要从全局考虑，使一些大型物流项目能够尽早建成，为经济建设服务。

3. 地区物流

地区物流包括一定区域范围内的物流和不同区域之间的物流。任何生产都是在一定的区域内进行的，由于自然、技术、经济、社会等因素的制约，客观上形成了一定的生产和经济协作区域。地区物流的目的在于提高所在地区企业物流活动的效率，以及保障当地居民的生活福利环境。因此，对地区物流的研究应根据所在地区的特点，从本地区的利益出发组织好相应的物流活动，充分权衡利弊问题，并与地区和城市的建设规划相统一并妥善安排。

1.2.3 按物流活动的范围和性质划分

1. 供应物流

供应物流是指为生产企业提供原材料、零部件或其他物品时，物品在提供者与需求者之间的实体流动。供应物流具体包括原材料、零部件等一切生产所需物资的采购、进货运输和储存，以及相应的库存管理、供应管理和用料管理等，因此也可以称为原材料采购物流。它是为了保证企业生产的连续运转，而不断组织原材料、零部件、燃料及辅助材料等的采购与供应的物流活动。供应物流的好坏直接决定着企业生产能否正常、高效地运转。供应物流不仅要能保证所供应物资的数量和质量，而且还要以最低的成本、最少的消耗、最高的可靠性组织供应物流活动，从而实现保障供应的目标。一般情况下，保证供应物资的数量和质量比较容易做到，而要以最低的成本实现保障供应的目标，则是供应物流的难点。

2. 生产物流

生产物流是指生产过程中原材料、在制品、半成品、产成品等在企业内部的实体流动。生产物流活动伴随着整个生产工艺过程，实际已经构成了生产工艺过程的一部分，因此也可以把生产物流理解为发生在生产工艺过程中的物流活动。通常情况下，生产物流是以原材料、零部件的供应为起点，经过加工制成半成品进入半成品库，然后按照生产工艺和流程，将半成品加工成产成品，再经过检验、分类、包装、装卸搬运等作业环节，最后进入成品仓库的整个过程。人们在研究生产活动时，主要关注的是一个又一个的生产加工过程，而忽视了将每一个生产加工过程连接在一起，并且又和每一个生产加工过程同时出现的物流活动，结果导致在一个生产周期内，物流活动实际占用的时间远远多于理论时间。因此，企业生产物流的研究重点在于如何对生产过程中的物流活动进行合理的规划与控制，从而缩短生产周期，提高生产效率。

3. 销售物流

销售物流是指生产企业、流通企业出售商品时，物品在供方与需方之间的实体流动。销售物流是企业为保证自身的经营利益，借助销售活动将产品转交到用户手中并提供售后服务的物流活动，具体包括商品销售过程中的仓储、运输、包装、装卸搬运、流通加工、配送和信息处理等。因此，可以说销售物流包括了所有的物流功能要素，并且需要将这些功能要素有机地结合起来。在现代社会中，销售物流已经成为企业营销活动的重要组成部分，而当前的市场环境以买方市场为主，因而销售物流活动带有极强的服务性，必须满足消费者的需求，才能实现销售。在这种市场前提下，销售物流不再是单纯地把商品送达用户，还需要为客户提供必要的售后服务，这样才能占领市场，提高企业竞争力，从而实现企业销售利润。销售物流的空间范围很大，这使销售物流活动具有一定难度。

4. 回收物流

回收物流是指不合格物品的返修、退货及周转使用的包装容器从需方返回到供方所形成的物品实体流动。任何企业在采购、生产和销售的过程中都会或多或少地产生一些边角余料和废料，同时不可避免地产生一些不合格物品，这些废料的回收、不合格物品的返修或退货，以及其他可再利用物资的回收都伴随着物流活动。回收物流实际上就是企业在采购、生产和销售过程中产生的各种可再利用物资的回收活动，它的应用不仅有助于改善环境，更有助于降低企业的生产成本或销售成本，减少浪费现象。

5. 废弃物流

废弃物流是指将经济活动中失去原有使用价值的物品，根据实际需要进行收集、分类、加工、包装、搬运、存储等，并分送到专门处理场所过程中形成的物品实体流动。简单地讲，废弃物流就是对企业在生产和销售过程中产生的各种废弃物进行收集和适当处理的物流活动。任何企业在生产和销售的过程中都会不可避免地产生废水、废气等各种废弃物，这些废弃物如果处理不当，就会影响人们的生产环境和生活环境，严重时还会危及人们的身体健康。因此，如何对这些废弃物进行有效处理已经引起了全社会的广泛关注。

1.3 物流的基本功能与作业流程

1.3.1 物流的基本功能

物流的基本功能是指从事具体物流活动所需要的基本能力，以及与物流活动的有效结合所形成的总体物流功能，具体包括运输、储存、装卸搬运、包装、流通加工、配送、信息处理七大功能。

1. 运输

运输是物流各环节中最重要的部分，是物流的关键。运输一般分为输送和配送。运输方式有公路运输、铁路运输、船舶运输、航空运输、管道运输等。没有运输，物品只能有存在价值，却没有使用价值，即生产出来的产品，如果不通过运输送至消费者手中进行消费，就等于该产品没有被利用，也就没有产生使用价值。没有运输连接生产和消费，生产活动就失去了意义。

一般认为，所有商品的移动都是运输，运输可以划分为两段：一段是生产厂到流通据点之间的运输，批量比较大、品种比较单一、运距比较长，这样的运输称为“输送”；另一段是流通据点到用户之间的运输，一般称为“配送”，就是根据用户的要求，将各类商品按不同类别、不同方向和不同用户进行分类、拣选、组配、装箱，按用户要求的品种、数量配齐后送给用户，其实质在于“配齐”和“送达”。

2. 储存

储存是保护、管理、储存物品，它是生产加工、消费、运输等活动之前或在这些活动结束之后的物品停滞状态，为物品提供场所价值和时间效益，在物流系统中起着缓冲、调节和平衡的作用。按照储存实施的作业类型，储存具有仓储管理和库存控制两类具体功能。其中，仓储管理的主要责任是对“储存”物品的数量和质量及运作进行管理，以防物品数量短缺、质量发生变化等；库存控制是对库存的数量和结构进行规划和管理的物流作业活动。

3. 装卸搬运

装卸搬运是物流各环节连接成一体的接口，是运输、储存、包装等物流作业得以顺利实现的根本保证。装卸搬运质量的好坏、效率的高低是整个物流过程的关键所在。装卸搬运工具、设施、设备不先进，搬运装卸效率低，商品流转时间就会延长，商品就会破损，就会增加物流成本，影响整个物流过程的质量。装卸搬运的功能是连接运输、储存和包装各个系统的节点，该节点的质量直接关系整个物流系统的质量和效率，而且又是缩短物流移动时间、节约流通费用的重要组成部分。若装卸搬运环节出了问题，物流的其他环节就会停顿。

4. 包装

包装可划分为两类。一类是工业包装，或称运输包装、大包装；另一类是商业包装，又称销售包装、小包装。工业包装是为保持商品的品质，商业包装是为使商品能顺利抵达消费者手中，而通过包装来提高商品价值、传递物品信息等。包装的功能和作用不可低估，它既是生产的终点，又是企业物流的起点。包装的作用是按单位分开产品，便于运输，并保护在途货物。注重包装是保证整个物流系统流程顺畅的重要环节之一。

5. 流通加工

所谓流通加工，就是产品在从生产者向消费者流动的过程中，为了促进销售，维护产品质量，实现物流高效率，所采取的使物品发生物理和化学变化的功能。通过流通加工，可以节约材料、提高成品率，保证供货质量和更好地为用户服务。因此，对流通加工的作用同样不可低估。流通加工是物流过程中“质”的升华，使流通向更深层次发展。

6. 配送

起初，配送并不是一个独立的功能要素，而是运输中的末端运输。但是，配送作为一种现代流通方式，目前集经营、服务及库存、分拣、装卸、搬运于一身，已不仅仅是一种送货运输所能包含的，所以应将其作为独立的功能要素。

7. 信息处理

信息处理是连接运输、储存、装卸、包装各环节的纽带，没有各物流环节信息的通畅和及时供给，就没有物流活动的时间效率和管理效率，也就失去了物流的整体效率。通过收集与物流活动相关的信息，就能使物流活动有效、顺利地进行。

1.3.2 物流的作业流程

物流的作业流程是物流系统为实现特定的物流目标而进行的一系列有序的物流活动，它反映了物流系统运行过程中物料的流动、设备的工作及资源的消耗情况。根据不同的业态，物流的作业流程具有不同的形式，但它们有许多相似之处，下面介绍几种典型的物流作业流程。

1. 生产领域的物流作业

1) 进货物流

进货物流是生产制造所需的原材料、零部件、生产辅料、外加工件的采购与接收过程。

它是生产企业向供应商订购原材料、零部件、外加工件及生产辅料，将其运达原材料库的活动，包含买入(商流的参与)、运送、接受、质检、入库和结算等过程。

2) 生产加工物流

生产加工物流是指“物”被投入生产后，在各车间、各工序、各工艺中心间移动，并在加工过程中改变其物质实体的存在状态，从原材料、零部件、外加工件及生产辅料变成半成品，进入半成品库暂存，或直接进入产成品加工流程，生产出成品的活动，包含进出库、加工制造、搬运、运送、质检、成本控制等过程。

3) 出货物流

出货物流是指经包装送入成品仓库储存，产成品搬运出库，将产成品转移到流通环节的活动，包含进出库、包装、搬运、销售、售款结算(商流)等过程。

上述三部分对应的物流就组成了生产领域的物流作业流程。此外，基于生态和环境保护的意识，还有附加在采购、生产和销售过程中的废旧物料的回收和废弃过程。

2. 流通领域的物流作业

流通领域的物流作业包括物流体系中的所有功能，这些功能体现在下列物流过程中。

(1) 批发企业的物流过程。

(2) 零售领域的物流过程。零售领域的物流主要有以下四部分。

① 进货物流。它是采购和接收各种商品的过程。供应商根据合同条款为零售企业供货，商品从生产企业或批发企业的储存库移动到零售企业的储存库或货架上。

② 储存和售前准备物流。它是商品的仓储、保管、分拣、上架及不断补充的过程。当商品到达零售企业后，一部分直接送至销售柜组或货架上，其余部分为了避免短时间的脱销风险存入仓库。这些商品都需要经过储存、保管、补充、分拣和上架等过程，从仓库向店面或货架移动。

③ 商品销售物流。它是直接的交易过程，一般有两类形式：一是商品只是由柜组或货架移动到客户手里；二是由客户订货并由零售商将商品送达客户指定的场所。

④ 逆向物流。它在前面三个过程中发生，如在采购进货中，发现不合格商品，需要将其退回给货主；对仓库和货架上或直接销售过程中的残、次、过期商品需要回收，售出商品的包装物也需要回收等。

在零售领域的物流过程中，运输、配送、储存是主要功能，而装卸搬运、包装、流通加工、信息处理等是辅助功能。但同时，配送、包装和流通加工等服务性功能得到了不断的强化，精美的包装起着美化商品、促进销售的作用；送货上门、拆零销售和恰当的分割、组合，则渐渐成为零售领域的售前或售后服务的主要内容。

(3) 生活领域的物流过程。生活领域的物流也表现出不同的形态。例如，生活必需品的采购过程和商家的一系列物流服务(包装、加工、送货上门等)；邮政系统的物流服务(邮件投递等)和快递公司的送货服务，它丰富了人们的交流方式，相对缩小了生活空间；水、电、暖的供给给人们的生活起居提供了必需的保证；旅行过程中的承载、托运和给养的运输等服务；生活垃圾的处理、回收、再循环利用等，净化了环境，保障了健康。生活领域的物流最突出的是服务性，这一物流过程体现了社会性，是广大最终消费者直接参与的过程。

1.4 物流在国民经济中的作用

物流是伴随着商品流通的产生而出现的，并且自始至终构成商品形态变化形式下的物质内容。其作用有以下四个主要方面。

(1) 物流是保证商流顺畅进行，实现商品价值和使用价值的物质基础。在商品流通中，商流的目的在于变换商品的所有权(包括支配权和使用权)，而物流才是商品交换过程所要解决的社会物质变换过程的具体体现。没有物流过程，也就无法完成商品的流通过程，包含在商品中的价值和使用价值就不能实现。物流能力的大小，包括运输、包装、装卸、储存、配送等能力的大小强弱，直接决定着商品流通的规模和速度。如果物流能力过小，整个商品流通就会不顺畅，流通过程就不能适应整个经济发展的客观要求，就会大大影响国民经济的协调、稳定、持续增长。

(2) 物流是开拓市场的物质基础，决定着市场的发展广度、规模、方向。从市场发展史来看，商品运输方式的变革，为近代世界市场的开拓创造了物质前提，在 16 世纪以前的很长一段时期内，原始的商品运输工具和运输方式，使各国国内贸易难以发展，海上贸易很难进行，从而使国际市场难以扩大。16 世纪以后，随着商品运输工具的改善和新航线的发现，促进了世界市场的迅速发展。在竞争日益激烈的世界市场中，任何一个国家要想扩大自己的市场开拓能力，就必须重视物流的改善，否则，就会在竞争中失败。从国内市场来看，物流状况直接影响市场商品供应状况，并且制约着人民群众消费需求的满足程度。

(3) 物流直接制约社会生产力要素能否合理流动，直接制约社会资源的利用程度和利用水平，影响着社会资源的配置。物流在很大程度上决定着商品生产的发展和产品的商品化程度。商品具有二重性，使用价值是价值的物质承担者，这一特征使商品的流通范围和流通时间在很大程度上受到商品使用价值本身特性的强烈制约，反过来对商品生产的增长速度和产品的商品过程起着决定性作用。例如，水果保鲜，在高水平的储存技术没有解决以前，水果的流通时间就有着很大的限制，特别是某些易腐的水果品种，其保管期往往只有几天时间，从而对流通的范围和速度形成近乎苛刻的制约条件。这时水果生产的增长和商品化程度便不能不被物流状况所决定。除此之外，从中国农村商品生产中，还可以看到很多产品的商品化程度要由物流状况所决定的例子。很多农副土特产品在运输问题没有解决之前，只能白白地烂掉，或者全部或部分地被生产者自己消费掉，无法转化为商品进而进入流通过程，可见物流的组织状况已经构成制约生产发展和产品商品化程度的决定性条件之一。

(4) 物流状况如何，还对宏观经济效益和微观经济效益具有直接制约的作用。在当前市场经济条件下，用于物流的费用支出已越来越浩大，越来越成为决定生产成本和流通成本高低的主要因素。美国、日本等发达国家，通过对各种产品物流费用及其在零售价格构成中的比重的分析，看到了物流中存在的巨大潜力。物流被视为同人力、物力这两个利润来源并列的“第三利润源”，被视为“降低成本的最后边界”。从中国情况来看，企业的物流费用大约占到流通费用支出的 30%～50%，商品在物流过程中的损失也是十分惊人的。据不完全统计，全国物流损失每年超百亿元，这既说明了物流对宏观和微观经济效益的影响程度，也表明了组织好物流的必要性和紧迫性。

总之，物流在国民经济中占有重要位置，更好地发挥物流的职能，对我们加速现代化建设有着重要的作用。

本章小结

物流是从供应地到接收地的实体流动过程，可以根据实际需要，将运输、储存、装卸、搬运、包装、回收、流通加工、配送、信息处理等基本功能进行有机结合。它可以从不同角度加以分类，按物流的研究范围划分，可以分为宏观物流、中观物流和微观物流；按物流的地域范围划分，可以分为国际物流和区域物流；按物流活动的范围和性质划分，可以分为供应物流、生产物流、销售物流、回收物流和废弃物流。

物流的基本功能是指从事具体物流活动所需要的基本能力，以及与物流活动的有效结合所形成的总体物流功能，具体包括运输、储存、装卸搬运、包装、流通加工、配送、信息处理七大功能。物流的作业流程是物流系统为实现特定的物流目标而进行的一系列有序物流活动。其中，生产领域的物流作业包括进货物流、生产加工物流、出货物流；流通领域的物流作业包括批发企业的物流过程、零售领域的物流过程和生活领域的物流过程。

物流在国民经济中的作用主要有：物流是保证商流顺畅进行，实现商品价值和使用价值的物质基础；物流是开拓市场的物质基础，决定着市场的发展广度、规模、方向；物流直接制约社会生产力要素能否合理流动，直接制约社会资源的利用程度和利用水平，影响着社会资源的配置；物流状况如何，还对宏观经济效益和微观经济效益具有直接制约作用。

思考与练习

1. 现代物流的内涵是什么？
2. 物流的分类方法有哪些？如何分类？
3. 简述物流的基本功能。
4. 物流在国民经济中有哪些作用？

案例讨论

顺丰：用行动诠释“中国物流精神”

一场突如其来的新型冠状病毒肺炎疫情牵动着无数国人的心，全国积极投入到疫情防控与医疗支援“战疫”中。在这场没有硝烟的“战疫”初期，医疗防护和日常生活物资面临着较大缺口，尤其是重点医疗和防控物资的调配，不仅紧缺，而且紧急，需要人力、运力、技术等有效地进行整合优化。我们欣喜地看到，面对突如其来的新冠疫情，全国联动统筹协同，上到中央层面，下到乡村社区，全国人民都在齐心协力、排除万难、勇战疫情，疫情防控阻击战取得重大战略成果。与此同时，国内很多物流企业也积极参与进来，而且充分发挥自身技术优势参与到疫情防控的物流保障工作中来，体现了企业履行社会责任的担当。

疫情期间，医疗物资地面运输通道受阻，顺丰全力打通了医疗物资运输的“任督二脉”。顺丰航空临时增开了“深圳—武汉”“杭州—武汉”“北京—武汉”等流向的国内货运航班及“东京—武汉”等国际驰援专线，着力保障包括防护服、护目镜、体温计、医用口罩、手套、抗病毒药品等在内的防疫物资运输。除了顺丰航空，顺丰医药也千方百计协调资源，通过应急调度体系尽力确保药械品物流正常运转。新冠病毒核酸检测是确诊与康复的重要依据，但疫情爆发初期核酸检测试剂盒供应明显不足，大量病患无法确诊。为全力保障疫情地区药品和物资的通畅，顺丰医药为华大集团制定了试剂盒 IVD 冷链 B2B 个性化解决方案，助力医学生物物流系统化、可视化。

此外，顺丰倡导成就客户、平等尊重、创新、团结、勇于担责，这些价值观已经内化为企业员工的责任感，在快递员汪勇身上展现了出来。他从大年三十开始就独自一人接送金银潭医院职工上下班，同时带领其他志愿者共同保障金银潭医院职工就餐，汪勇挺身而出的奉献精神带给网友无数感动。哪有什么岁月静好，不过是有人替你负重前行，而汪勇就是替我们负重前行的人，他被国家邮政授予“最美快递员”荣誉称号。

(资料来源：https://m.sohu.com/a/383472711_153916.)

思考：

物流在国家应急物资保障中的重要作用是什么？与西方国家相比，中国抗击新冠疫情的优势在哪里？

 微课视频

扫一扫获取本章相关微课视频。

物流的基础知识.mp4

第 2 章　供应链管理概论

【学习目标】

1. 了解供应链的演变与发展。
2. 掌握供应链的定义、结构模型及特点。
3. 理解供应链的分类及供应链管理的定义、方法。
4. 了解供应链管理的目标与关键问题。

【引导案例】

戴尔公司的供应链管理之道

戴尔公司以“直接经营”模式著称，其高效运作的供应链和物流体系使它在全球 IT 行业不景气的情况下逆势而上。戴尔公司在全球的业务增长，很大程度上要归功于它独特的直接经营模式和高效供应链，直接经营模式使戴尔与供应商、客户之间构筑了一个称为“虚拟整合”的平台，保证了供应链的无缝集成。

事实上，戴尔的供应链系统早已打破了传统意义上“厂家”与“供应商”之间的供需配给。在戴尔的业务平台中，客户变成了供应链的核心。直接经营模式可以让戴尔从市场上得到第一手客户反馈和需求，生产部门及其他业务部门便可以及时将这些客户信息传达到戴尔的原材料供应商和合作伙伴那里。这种在供应链系统中将客户视为核心的“超常规”运作，使得戴尔能做到 4 天的库存周期，而竞争对手大多还徘徊在 30～40 天。这样，以 IT 行业零部件产品平均每周贬值 1%计算，戴尔产品的竞争力就显而易见了。

在不断完善供应链系统的过程中，戴尔公司还敏锐捕捉到互联网给供应链和物流带来的巨大变革，不失时机地建立了包括信息搜集、原材料采购、生产、客户支持及客户关系管理，以及市场营销等环节在内的网上电子商务平台。在 valuechain.dell.com 网站上，戴尔公司和供应商共享产品质量和库存清单等一整套信息。与此同时，戴尔公司还利用互联网与全球超过 113 000 个商业和机构客户直接开展业务，通过戴尔公司先进的网站，用户可以随时对戴尔公司的全系列产品进行评比、配置，并获知相应的报价。用户还可以在线订购，并且随时监测产品制造及送货过程。

戴尔公司在电子商务领域的成功实践使“直接经营”插上了腾飞的翅膀，极大增强了产品和服务的竞争优势。今天，基于微软视窗操作系统，戴尔公司经营着全球规模最大的互联网商务网站，覆盖 80 个国家，提供 27 种语言或方言、40 种不同的货币报价，每季度的浏览量超过 9.2 亿人次。

随着中国全面融入全球贸易体系进程的加快，激烈的国际竞争对中国企业提出了前所未有的挑战。在以信息化为显著标志的后工业化时代，供应链在生产、物流等众多领域的作用日趋显著。“戴尔模式”无疑对中国企业实施供应链管理有着重要的参考价值，我们在取其精华的同时，还应根据自身特点，寻找提升竞争力的有效途径。

(资料来源：MBA 智库・百科，https://wiki.mbalib.com.)

思考：

1. “戴尔模式”下的供应链有哪些特点？
2. 现代供应链管理对提升企业竞争力有何意义？

2.1 供应链的演变与发展

任何事物的产生都有其合理性，供应链管理思想的兴起也有它的必然性。通过对供应链及其相关概念演变的研究和梳理，可以看出供应链由物流概念发展而来。物流发展成供应链经历了如图 2-1 所示的几个阶段。

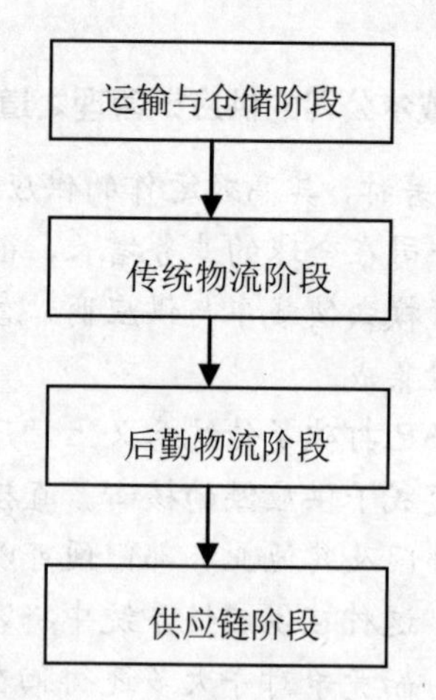

图 2-1 供应链的发展与演变

2.1.1 运输与仓储阶段

对物流活动的认识起源于 1901 年。约翰・F. 格鲁威尔(John F. Crowell)在美国政府报告《农产品流通产业委员会报告》中第一次论述了农产品流通的各种影响因素和费用，揭开了人们对物流活动认识的序幕。1916 年，阿什・肖(Arch Shaw)在《经营问题的对策》中初次论述了物流在流通战略中的作用。总的看来，在这一阶段，尽管人们开始重视物流，但是物流仍然被当作是流通的附属机能，是商品在空间与时间上的位移，以解决商品生产与消费的地点差异与时间差异。在这个阶段，真正意义上的物流概念还没有出现，企业降低成本不是以降低物流总成本为目标，而是停留在降低运输成本和保管成本等个别环节。降低运输成本的途径也局限于降低运价或者寻找价格更低的运输者上。

2.1.2 传统物流阶段

1954 年，在第 26 届波士顿流通会议上，鲍尔 • D. 康柏斯发表了题为“市场营销的另一半”的演讲。他指出，无论是学术界还是工商业界，都应该重视和研究市场营销中的物流，并从战略的高度来管理和发展物流。这个演讲具有里程碑的意义，它不仅推动了对物流管理的研究和认识，而且对物流管理学的形成有直接影响。1961 年，爱德华 • W. 斯马凯伊等撰写了《物流管理》一书，为物流管理的发展奠定了基础。

传统物流(Physical Distribution，PD)又称狭义物流，主要侧重于商品物质移动的各项机能，即发生在商品流通领域中的在一定劳动组织条件下凭借载体从供应方向需求方的商品实体定向移动。该阶段另外一个重要的标志是企业内开始设立专门的物流管理部门。传统物流概念只重视商品的供应过程，忽视了与生产有关的原材料和部件的到达物流，而后者在增强企业竞争力方面处于很重要的地位；同时，传统物流是一种单向的物质流通过程，即商品从生产者手中转移到消费者手中，并没有考虑商品消费之后包装物或包装材料等废弃物品的回收及退货所产生的物流活动；另外，传统物流还停留在生产销售活动的附属行为，注重物质商品的传递，忽略了物流对生产和销售战略的能动作用。随着物流概念的发展和环境的变化，传统物流开始向后勤物流转变。

2.1.3 后勤物流阶段

后勤物流(Logistics)与传统物流相对，又称现代物流，是“为了符合顾客的需求，将原材料、半成品、完成品及相关信息从发生地向消费地流动的过程，以及为使保管功能有效、低成本地进行而从事的计划、实施和控制行为”。1985 年，美国物流管理协会正式将其名称从 National Council of Physical Distribution Management 改为 National Council of Logistics Management，标志着现代物流观念的确立。从物流概念的横向发展来看，后勤物流系统根据商品的市场销售动向决定商品的生产和采购，从而保证生产、采购和销售的一致性。企业各个部门都力图使自己的成本最小化，却忽略了这个物流系统的总成本，忽视了各要素之间的相互作用。物流发展到现代阶段，企业物流管理的目标不再是使哪一种功能的成本最小化，而是要通过所有功能的平衡降低企业及其相关企业物流系统的总成本，或在一定服务水平上使物流合理化，供应链概念的出现正好对应了这样的要求。从物流概念纵向发展来看，由于企业改善物流和强化核心竞争力相结合的意识萌芽，使过去处于从属地位的物流开始被人们当作削减成本和提高服务质量的重要因素，在激烈竞争的市场环境中，企业业务外部化操作(外包策略)以求增强企业自身竞争力的倾向不断加强，这使得越来越多的企业回归本业，而将本业之外的业务外包，物流也在其中，这就产生了现代物流概念中的第三方物流。

2.1.4 供应链阶段

供应链(Supply Chain)概念的提出最早是在 1982 年，最初还有企业内部供应链和企业外部供应链之分，但后来企业认识到产品的竞争力并非是由一个企业决定的，而是由产品的供

应链决定的。起初，企业尽量把物流成本转移给供应链上的下游企业，这样或许会降低某个企业的物流成本，但物流成本的转移无法减少整个供应链的物流成本，最终仍要反映在商品的售价上。由于产品的竞争力未见提高，最后受害的将是供应链中的所有企业。这一阶段，企业已不再把目光局限在企业内部的物流系统，而是把物流延伸到企业外部，物流发展到了外部一体化阶段，即供应链阶段。从供应链的发展可以看出，供应链与物流之间的关系：供应链是物流的延伸和扩展，供应链是物流发展到集约化阶段的产物；物流贯穿于供应链，是供应链中不可或缺的一个子集。

2.2 供应链的基本理论

2.2.1 供应链的概念

“供应链”一词直接译自英文 Supply Chain，国内也有学者将其译为供需链，不同的学者从不同的角度出发给出了不同的定义。

首先，供应链是一个系统，是人类生产活动和整个经济活动的客观存在。人类生产和生活的必需品，都是从最初的原材料生产、零部件加工、产品装配、分销、零售到最终消费的过程，近年来还将废弃物回收和退货包括进来。这个过程既有物质材料的生产和消费，也有非物质形态如服务产品的提供和消费，各个生产、流通、交易、消费环节，形成了一个完整的供应链系统。供应链的基本构成如图 2-2 所示。

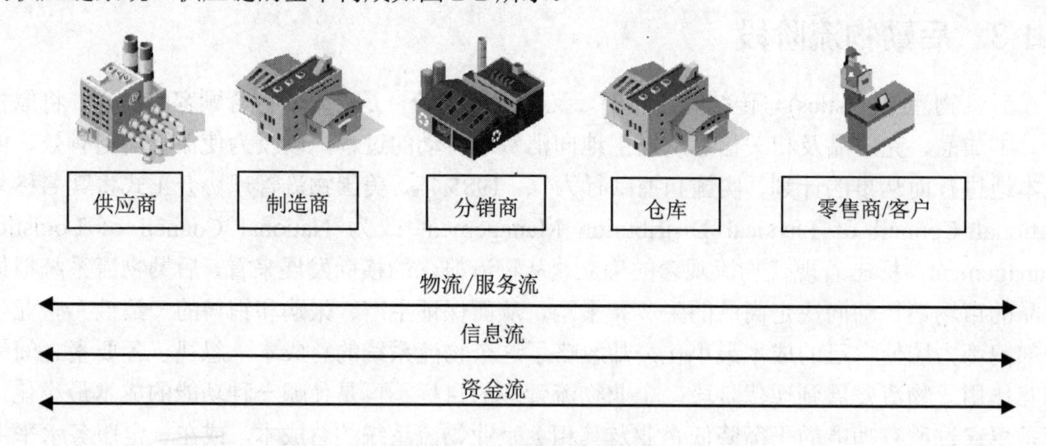

图 2-2 供应链的基本构成

早期观点认为，供应链是制造企业中的一个内部过程，它是指把从企业外部采购的原材料和零部件，通过生产转换和销售等活动，传递到零售商和用户的一个过程。传统的供应链概念局限于企业的内部操作层面上，注重企业自身资源的利用。有些学者把供应链的概念与采购、供应管理相关联，用来表示与供应商之间的关系，这种观点得到了那些研究合作关系、准时化(JIT)生产方式、精益化供应、供应商行为评估等学者的重视。但这是一种仅仅局限于制造商和供应商之间的关系，而且供应链中的各企业独立运作，忽略了与外部供应链成员企业的联系，往往会造成企业间的目标冲突。

随后发展起来的供应链管理概念囊括了与其他企业的联系，强调供应链企业的外部环境，认为它应是一个“通过链中不同企业的制造、组装、分销、零售等过程将原材料转换成产品，再到最终用户的转换过程”，这是更大范围、更为系统的概念。例如，美国的史蒂文斯(Stevens)认为：“通过增值过程和分销渠道控制，从供应商的供应商到用户的用户的流程就是供应链，它开始于供应的原点，结束于消费的终点。”

现代供应链的概念更加强调围绕核心企业的网链关系，如核心企业与供应商、供应商的供应商及一切前向的关系，核心企业与用户、用户的用户及一切后向的关系。供应链是一个网链的概念，像丰田、耐克、尼桑、麦当劳和苹果等公司的供应链管理，都从网链的角度来理解和实施。哈里森(Harrison)认为：“供应链是执行采购原材料，将它们转换为中间产品和成品，并将成品销售到用户的功能网链。”这些概念同时强调供应链的战略伙伴关系问题。

在上述研究的基础上，本书重新界定了供应链的定义：供应链是围绕核心企业，通过对信息流、物流、资金流的控制，从采购原材料开始，制成中间产品及最终产品，最后由销售网络把产品送到消费者手中的，将供应商、制造商、分销商、零售商，直到最终用户连成一个整体的功能网链结构。它是一个范围更广的企业结构模式，包含所有加盟的节点企业，从原材料的供应开始，经过链中不同企业的制造加工、组装、分销等过程直到最终用户。它不仅是一条连接供应商到用户的物流链、信息链、资金链，而且还是一条增值链，物料在供应链上因加工、包装、运输等过程而增加其价值，给相关企业带来收益。

2.2.2 供应链的网络结构

围绕核心企业的供应链网络结构如图 2-3 所示，图中详细地展示了产品从生产到消费的过程。根据供应链的定义，这是一个非常复杂的网链模式，覆盖了从原材料供应商、零部件供应商、产品制造商、分销商、零售商直至最终用户的过程。

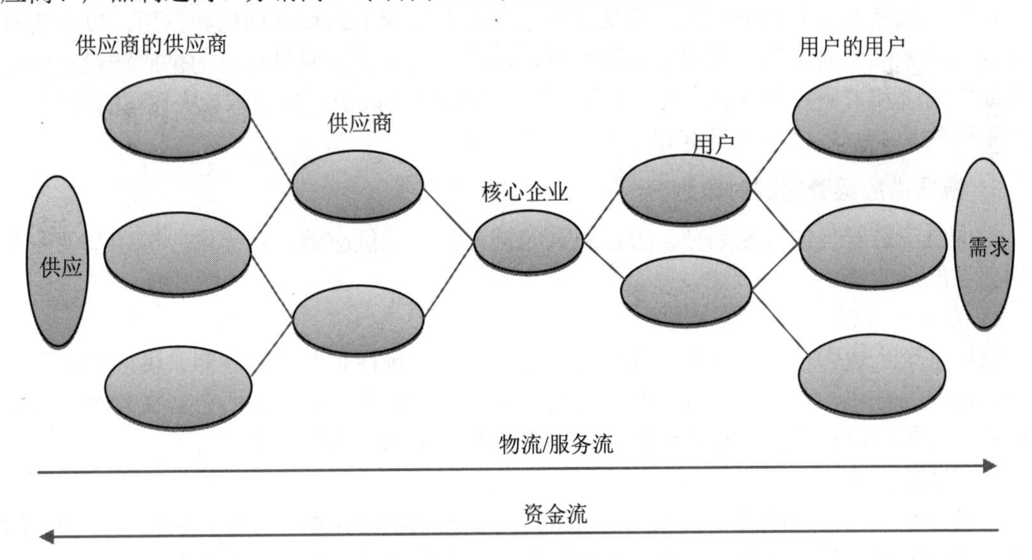

图 2-3 围绕核心企业的供应链网络结构

根据供应链的实际运行情况，在一个供应链系统中，有一个企业处于核心地位。该企业起到对供应链上的信息流、资金流和物流的调度与协调的作用。供应链由所有的加盟节点企业组成，其他节点企业在核心企业需求信息的驱动下，通过供应链的职能分工与合作，以资金流、物流或服务流为媒介实现整个供应链的不断增值。

2.2.3 供应链的特点

从供应链的结构模型可以看出，供应链是一个网链结构，节点企业和节点企业之间是一种需求与供应关系。因此，供应链主要具有以下特征。

1. 复杂性

供应链节点企业组成的跨度(层次)不同，往往由多个、多类型甚至多国企业构成，所以供应链的结构模式比一般单个企业的结构模式更为复杂。

2. 动态性

因为企业战略和适应市场需求变化的需要，供应链中的节点企业需要动态地更新，这就使得供应链具有明显的动态性。

3. 响应性

供应链的形成、存在、重构都是基于一定的市场需求而发生的，并且在供应链的运作过程中，用户需求是供应链中信息流、产品/服务流、资金流运作的驱动力。

4. 交叉性

某个供应链的节点企业同时可以是另一个供应链的节点企业，众多的供应链形成交叉结构，这增加了协调管理的难度。

2.2.4 供应链的分类

虽然供应链的发展历史短暂，但是由于它在企业经营中的重要地位和作用，以及它对提升企业竞争力的明显优势，其发展速度很快，已经形成了具有明显特点的供应链模式结构。随着研究角度和着眼点的变化，人们对供应链管理问题的认识逐步深入。从不同的角度出发，按照不同的标准，可以将供应链划分为不同的类型。

1. 根据供应链管理的对象划分

根据供应链管理的对象划分，可以将供应链分为企业供应链、产品供应链和基于企业间契约关系的供应链。

1) 企业供应链

它以某个企业为核心，以企业的产品为主导，形成包括企业的供应商、供应商的供应商及一切前向的关系，和客户、客户的客户及一切后向的关系。这个核心企业在整个供应链中有明显的主导地位和作用，对整个供应链的建立和组织起着关键作用。

2) 产品供应链

它是以某一特定产品或项目为中心，由特定产品或项目需求所拉动，包括与此相关的所有经济活动的供应链。例如，一个汽车生产公司，需要成千上万家企业为其提供从钢材、塑料等材料到变速器、车灯、制动系统、汽车轮胎等配件，从而形成以汽车产品为核心的供应链系统。产品供应链的效率取决于相关企业的密切合作。

3) 基于企业间契约关系的供应链

由具有交易关系的企业之间的契约相互连接形成供应链，或者竞争者之间通过契约结成基于战略合作性质的供应链，基于契约关系的供应链一般通过契约协调双向和多向之间的利益，实现物资流、资金流和信息流的流动与交换。

2. 根据供应链的稳定性划分

根据供应链的稳定性划分，可以将供应链分为稳定型供应链和动态型供应链。基于相对稳定、单一的市场需求组成的供应链稳定性较强，基于频繁变化、复杂的需求组成的供应链动态性较强。在实际的管理运作中，需要根据不断变化的需求，有针对性地改变供应链的组成。

3. 根据供应链的综合能力与用户需求的关系划分

根据供应链的综合能力与用户需求的关系划分，可以将供应链分为平衡的供应链和失衡的供应链。每个供应链在一定时期、相对稳定的生产技术和管理水平条件下，由供应商、制造商、运输商、分销商、零售商等企业节点形成一定的设备容量和生产能力。当供应链的综合能力能满足用户的需求时，供应链处于平衡状态，各项技术及经济指标都可以达到比较好的状态；当市场需求变化加剧，供应链企业不在最佳状态时，会造成供应链成本增加、库存增多、浪费增加的现象，此时供应链就处于失衡状态。平衡的供应链可以充分发挥各个主要职能，如采购追求成本最小化、生产追求规模效益最大化、分销追求运输成本最小化、市场追求产品多样化和财务追求资金周转之间的均衡；失衡的供应链则使这些职能及其绩效水平恶化。

4. 根据供应链所支持的产品在市场上的表现划分

供应链类型与其所支持的产品市场特点关系密切。根据供应链企业所支持产品在市场上的表现特点，可以将供应链分为功能型产品和创新型产品。在实施供应链管理时，应该根据不同的产品特点选择和设计不同类型的供应链系统。根据支持功能型产品和创新型产品的不同特点，将供应链分为效率型供应链和响应型供应链。

效率型供应链主要体现供应链的物料转化功能，以最低成本将原材料转化成零部件、半成品、产品及在供应链中的运输等；响应型供应链主要体现供应链对市场需求的响应功能，即把产品分配到满足用户需求的市场，对未知的需求做出快速反应。效率型供应链与响应型供应链的比较如表 2-1 所示。

表 2-1　效率型供应链与响应型供应链的比较

		类　型	
		效率型供应链	响应型供应链
比较内容	主要目标	需求的可预测性，最低生产成本的有效需求	快速响应不可预测的需求，减少过期库存产品的减价损失
	制造过程的重点	维持高平均利用率	消除多余的缓冲能力
	库存战略	追求高回报，使供应链上的库存成本最小	消除大量的零部件和产品缓冲库存
	提前期	在不增加成本的情况下缩短提前期	采取主动措施减少提前期
	供应商的选择方法	选择的重点是依据成本和质量	选择的重点是依据速度、柔性和质量
	产品设计战略	绩效最大、成本最小	使用模块化设计，尽量延迟产品差异化

当知道产品和供应链的特性后，就可以设计出与产品需求一致的供应链。供应链设计与产品类型策略矩阵如图 2-4 所示。

	功能型产品	创新型产品
效率型供应链	匹配	不匹配
响应型供应链	不匹配	匹配

图 2-4　供应链设计与产品类型策略矩阵

策略矩阵代表可能的产品和供应链的组合，从中可以看出产品和供应链的管理特性，管理者可以根据它判断企业的供应链流程设计是否与产品类型一致，就是基于产品的供应链设计策略：效率型供应链流程适用于功能型产品，响应型供应链流程适用于创新型产品。

5. 根据供应链驱动力的来源划分

根据供应链驱动力的来源划分，可以将供应链分为推动式供应链和拉动式供应链。

推动式供应链以制造商为核心，产品生产出来后从分销商逐级推向客户，分销商和零售商处于被动接受的地位，各个企业之间的集成度较低，通常采取提高安全库存量的办法应对需求的变动。推动式供应链的库存量较高，对需求变动的响应能力较差。这种运作方式适用于产品或市场变动较小的供应链管理。

拉动式供应链的驱动力来源于最终客户，整个供应链的集成度较高，信息交换迅速，可以有效地降低库存，并可以根据客户的需求实现定制化服务，为客户提供更大的价值。采取这种运作方式可以有效地降低库存，加快响应市场的速度，但是，这种模式对供应链上的企业要求较高，对供应链运作的技术基础要求也较高。拉动式供应链适用于供大于求、客户需求不断变化的市场环境。推动式供应链与拉动式供应链的流程如图 2-5 所示。

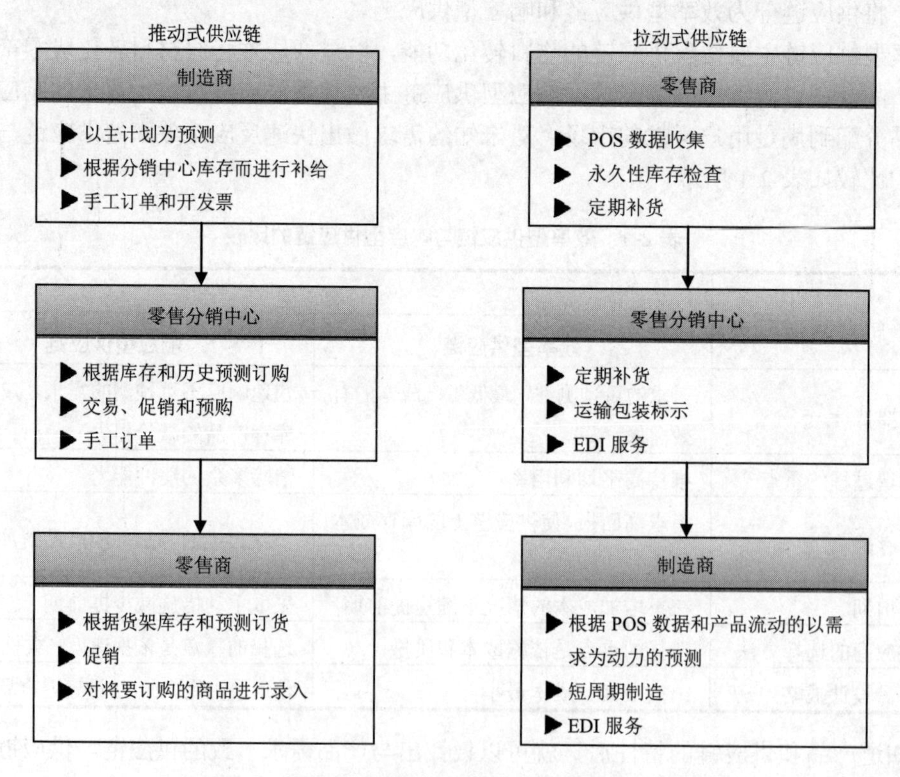

图 2-5　推动式供应链与拉动式供应链的流程

2.3 供应链管理的基本理论

2.3.1 供应链管理的定义

现代市场竞争已经不再是企业之间的竞争，而是供应链与供应链之间的竞争。基于供应链的管理已成为现代企业管理体系的重要基石。供应链管理(Supply Chain Management，SCM)是指在满足一定的客户服务水平的条件下，为了使整个供应链系统成本达到最小而把供应商、制造商、仓库、配送中心和渠道商等有效地组织在一起来进行的产品制造、转运、分销及销售的管理方法。

供应链管理包括计划、采购、制造、配送、退货五大基本内容。

1. 计划

这是供应链管理的策略性部分，用来管理所有资源，以满足客户对产品的需求。好的计划是建立一系列方法监控供应链，使它能够有效、低成本地为顾客递送高质量和高价值的产品或服务。

2. 采购

选择能为产品和服务提供货品和配套服务的供应商，和供应商建立一套定价、配送和付款流程，并创造方法监控和改善管理，同时把对供应商提供的货品和服务的管理流程结合起来，包括提货、核实货单、转送货物到制造部门并批准对供应商的付款等。

3. 制造

安排生产、测试、打包和准备送货所需的活动，是供应链中测量内容最多的部分，包括质量水平、产品产量和工人的生产效率等的测量。

4. 配送

很多“圈内人”称“配送”为“物流”，是调整用户的订单收据、建立仓库网络、派递送人员提货并送货到顾客手中、建立货品计价系统、接收付款。

5. 退货

这是供应链中的问题处理部分。建立网络接收客户退回的次品和多余产品，并在客户应用产品出现问题时提供支持。

供应链管理是一种集成的思想和方法，它执行供应链中从供应商到最终用户的物流计划和控制职能。最早，人们把供应链管理的重点放在管理库存上，作为平衡有限的生产能力和适应用户需求变化的缓冲手段，它通过各种协调手段，寻求把产品迅速、可靠地送到用户手中所需要的费用与生产、库存管理费用之间的平衡点，从而确定最佳的库存投资数额。供应链管理的主要任务是管理库存和运输。现代的供应链管理是把供应链上的各个企业作为一个不可分割的整体，使供应链上各个企业分担的采购、生产、分销和销售职能形成一个协调发展的有机体。

2.3.2 供应链管理的目标

供应链管理成员企业通过密切合作、外包非核心业务、资源共享和协调合作不仅可以降低成本，减少社会库存，使企业竞争力增强，还可以通过信息网络、组织网络实现生产与销售的有效连接和物流、信息流、资金流的合理流动，使社会资源得到优化配置。供应链管理的目标是在总成本最小化、客户服务最优化、总库存最小化、总周期最短化及物流质量最优化等目标之间寻求最佳平衡点，以实现供应链绩效最大化。

1. 总成本最小化

采购成本、运输成本、库存成本、制造成本及供应链的其他成本费用之间都是相互联系的。为了实现有效的供应链管理，必须将供应链各成员企业作为一个有机整体来考虑，使整个供应链的供应物流、制造装配物流与实体分销物流之间达到高度均衡。总成本最小化目标并不只是运输费用或库存成本，或是其他供应链运作与管理活动的成本最小化，而是整个供应链运作与管理的所有成本的总和最小化。

2. 客户服务最优化

供应链管理以最终客户为中心，客户是供应链赖以生存和发展的关键。供应链管理的本质是供应链的最终客户提供高水平服务，而服务水平与成本费用之间存在制约关系，要建立一个效率高、效果好的供应链网络结构系统，就必须考虑总成本费用与客户服务水平的均衡。因此，供应链管理的主要目标就是要以最低化的总成本费用实现整个供应链客户服务的最优化。

3. 总库存最小化

按照 JIT(Just in Time，即时制)管理思想，库存是不确定性的产物，任何库存都是浪费。在实现上述供应链管理目标的同时，还要使整个供应链的库存控制在最低限度，“零库存”反映的就是这一目标的理想状态。总库存最小化目标的达成，有赖于实现对整个供应链的库存水平和库存变化的最优控制，而不只是单个成员企业库存水平的最低。

4. 总周期最短化

在当今市场中，实现快速有效的客户反应，最大限度地缩短从客户发出订单到获取满意交货的整个供应链的总周期，已成为企业成功的关键因素之一。如今的市场竞争不再是单个企业之间的竞争，而是供应链之间的竞争。从某种意义上来说，供应链之间的竞争实质上是时间的竞争。

5. 物流质量最优化

达到与保持高质量的物流服务水平，是供应链物流管理的重要目标。这是因为，供应链管理下的物流服务质量的好坏直接关系到供应链的存亡。如果在所有业务过程完成以后，发现提供给最终客户的产品或服务存在质量缺陷，就意味着所有成本的付出将不会得到任何价值补偿，供应链的所有业务活动都会变为非增值活动，从而导致无法实现整个供应链的价值。因此这一目标的实现，必须从原材料、零部件供应的零缺陷开始，直至供应链管理全过程、全人员、全方位质量的最优化。

2.3.3 供应链管理的关键问题

事实上，供应链管理是一个复杂的系统，涉及众多目标不同的企业，牵扯到企业的方方面面。实施供应链管理必须要厘清思路，分清主次，抓住关键问题，只有这样才能做到既见“树木”，又见“森林”，避免陷入“见树木，不见森林”或“只见森林，不见树木”的尴尬境况。具体地说，在实施供应链管理中需要注意以下几个关键问题。

1. 配送网络的重构

配送网络重构是指当采用一个或几个制造工厂生产的产品，服务一组或几组在地理位置上分散的渠道商时，原有的需求模式发生改变或外在条件发生变化引起的配送网络的调整。这可能是由现有的几个仓库租赁合同的终止，或者渠道商的数量发生增减变化等原因引起的。

2. 配送战略问题

供应链管理中配送战略也非常关键，究竟是采用直接转运战略、经典配送战略，还是直接运输战略？需要多少个转运点？哪种战略更适合供应链中大多数节点企业呢？所谓直接转运战略，是指在这个战略中终端渠道由中央仓库供应货物，中央仓库充当供应过程的调节者和来自外部供应商的订货的转运站，而其本身并不保留库存。经典配送战略则是在中央仓库中保留库存。直接运输战略相对较为简单，它是指把货物直接从供应商运往终端渠道的一种配送战略。

3. 供应链集成与战略伙伴

由于供应链本身的动态性及不同节点企业间的目标冲突，因此对供应链进行集成是相当困难的。实践表明，对供应链集成不仅是可行的，而且会对节点企业的销售业绩和市场份额产生显著的影响。那么，集成供应链的关键是什么呢？是信息共享与作业计划。显然，什么信息应该共享、如何共享、信息如何影响供应链的设计和作业、在不同节点企业之间实施什么层次的集成、可以实施哪些类型的伙伴关系等就成了最为关键的问题。

4. 库存控制问题

库存控制问题包括：一个终端渠道对某一特定产品应该持有多少库存？终端渠道的订货量应该大于、小于还是等于需求的预测值？终端渠道应该采用多大的库存周转率？终端渠道的目标在于决定在什么点上再订购一批产品，以及为了最小化库存订购和保管成本，应订多少产品等。

5. 产品设计

众所周知，产品设计在供应链管理中起着关键作用。那么，什么时候对产品进行设计，以减少物流成本或缩短供应链的周期，产品设计是否可以弥补顾客需求的不确定性，为了利用新产品设计，对供应链应该做什么样的修改等问题就非常重要了。

6. 信息技术和决策支持系统

信息技术是促成有效供应链管理的关键因素。供应链管理的基本问题在于应该传递什么数据？如何进行数据的分析和利用？因特网的影响是什么？电子商务的作用是什么？信息技术和决策支持系统能否作为企业获得市场竞争优势的主要工具？

7. 顾客价值的衡量

顾客价值是衡量一个企业对顾客贡献大小的指标，这一指标是根据企业提供的全部货物、服务及无形影响来衡量的。近几年来，这个指标已经逐渐取代了质量和顾客满意度指标。

2.3.4 供应链管理的方法

1. 快速反应

1) 快速反应的产生

从 20 世纪 70 年代后期开始，美国纺织服装的进口急剧增加，到 80 年代初期，进口商品大约占纺织服装行业总销售量的 40%。针对这种情况，美国纺织服装企业一方面要求政府和国会采取措施阻止纺织品的大量进口，另一方面通过设备投资来提高企业的生产效率。但是，进口纺织品的市场占有率仍在不断上升，本地生产的纺织品市场占有率持续下降。基于此，一些经销商成立了“用国货为荣委员会”。一方面，通过媒体宣传国产纺织品的优点，采取共同的促销活动；另一方面，委托零售业咨询公司 Kurt Salmon 从事提高竞争力的调查。Kurt Salmon 公司在调查后指出，纺织品产业供应链整体效率并不高。为此，Kurt Salmon 公司建议零售业者和纺织服装生产厂家合作，共享信息资源，建立一个快速反应系统(Quick Response)来促进销售额增长。

2) 快速反应的定义及作用

快速反应(QR)是指通过零售商和生产厂家建立良好的伙伴关系，利用 EDI 等信息技术，进行销售时点及订货补充等经营信息的交换，用多频度、小数量配送方式连续补充商品，从而实现销售额增长、客户服务的最佳化及库存量、商品缺货、商品风险和减价最小化目标的物流管理系统模式。

快速反应关系到一个厂商是否能及时满足顾客的服务需求。信息技术提高了在最短时间内完成物流作业和尽快地交付所需存货的能力，这样就可减少厂商按预期的顾客需求过度地储备存货情况的发生。快速反应的能力把作业的重点从根据预测和对存货储备的预期，转移到以从装运到装运的方式对顾客需求做出反应方面上来。不过，在明确货主需求和承担任务之前，存货实际上并没有发生移动，因此必须仔细安排作业，不能存在任何缺陷。

需要指出的是，虽然应用快速反应的初衷是为了对抗进口商品，但实际上并没有出现这样的结果。

3) 快速反应的实施

快速反应的实施需要六个步骤，每个步骤都以前一个步骤作为基础，比前一个步骤有更高的回报，但是需要额外的投资。快速反应的实施步骤如图 2-6 所示。

(1) 条形码和 EDI。零售商首先必须安装条形码(UPC 码)、POS 扫描和 EDI 等技术设备，加快 POS 机收款速度、获得更准确的销售数据并使信息沟通更加流畅。

通用产品代码(UPC 码)是行业标准的 12 位条形码，用作产品识别。正确的 UPC 产品标志对 POS 端的顾客服务和有效操作是至关重要的。扫描条形码可以快速准确地检查价格并记录交易。

POS 扫描用于数据输入和数据采集，即在收款检查时用光学方式阅读条形码，然后将条形码转换成相应的商品代码。

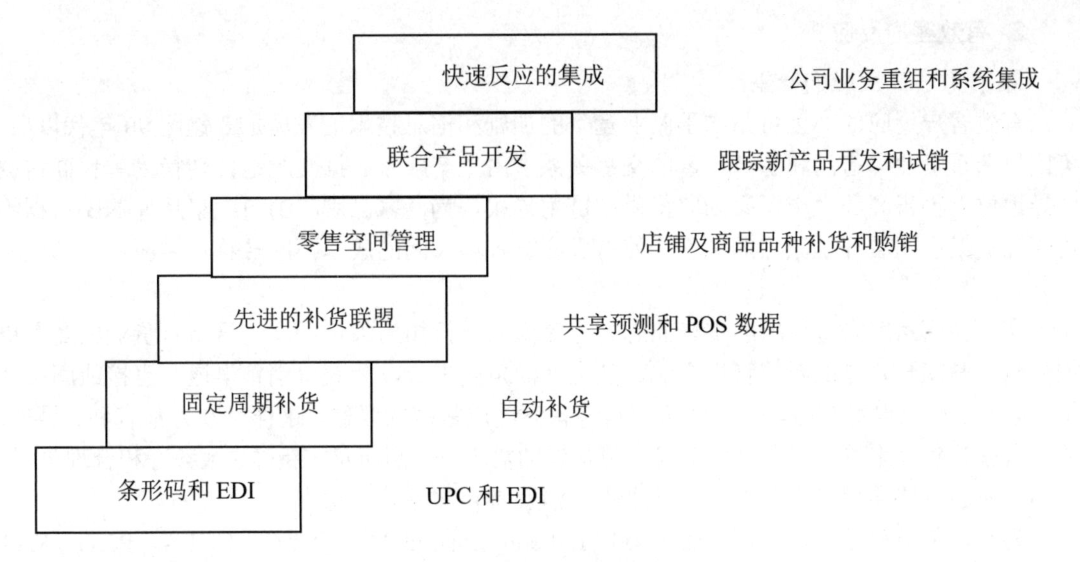

图 2-6　快速反应的实施步骤

EDI 是在计算机间交换商业单证需要遵从的标准，如 ANSIX.12。EDI 要求公司将其业务单证转换成行业标准格式，并传输到某个增值网(VAN)，贸易伙伴从 VAN 上接收到这些单证，然后将其从标准格式转换为自己系统可识别的格式。EDI 可传输的单证包括订单、发票、订单确认、销售和存货数据及提前运输通知等。

(2) 固定周期补货。固定周期补货即自动补货，是指基本商品销售预测的自动化。自动补货使用基于过去和目前销售数据及其可能变化的软件进行定期预测，同时考虑目前的存货情况和其他一些因素，以确定订货量。自动补货是由零售商、批发商/制造商在仓库或店内进行的。

快速反应的自动补货要求供应商更快、更频繁地运输新订购商品，以保证店铺不缺货，从而提高销售额。通过对商品实施快速反应并保证这些商品能敞开供应，零售商的商品周转速度更快，消费者可以选择更多的花色品种。

(3) 先进的补货联盟。成立先进的补货联盟是为了保证补货业务的顺畅进行。零售商和消费品制造商联合起来检查销售数据，制订关于未来需求的计划和预测，在保证有货和减少缺货的情况下降低库存水平；此外，还可以由消费品制造商管理零售商的存货和补货，以加快库存周转速度，从而提高投资毛利率。

(4) 零售空间管理。零售空间管理是指根据每个店铺的需求模式来规定其经营商品的花色品种和补货业务。一般来说，对于花色品种、数量、店内陈列及售货员培训等活动，消费品制造商也可以参与决策。

(5) 联合产品开发。这一步的重点不再是一般商品和季节商品，而是服装等生命周期很短的商品。厂商和零售商联合开发新产品，其关系的密切程度超过了购买与销售和业务的关系，缩短了从新产品概念到新产品上市的时间，而且经常在店内对新产品进行试销。

(6) 快速反应的集成。通过重新设计业务流程，将前五步的工作和公司的整体业务集成起来，以支持公司的整体战略。这一步要求零售商和消费品制造商重新设计其整个组织、业绩评估系统、业务流程和信息系统，而且设计中心要围绕消费者而不是传统的公司职能，要求集成的信息技术。

2. 有效客户反应

1) 有效客户反应的产生

有效客户反应的产生可归结于商业竞争的加剧和信息技术的发展。20 世纪 90 年代以后，美国日杂百货业零售商和生产厂家的交易关系，由生产厂家占据支配地位转换为零售商占据主导地位，零售商和生产厂家为取得供应链主导权，为商家品牌(PB)和厂家品牌(NB)占据零售店铺货架空间展开了激烈的竞争，使得供应链各环节间的成本不断转移，供应链整体成本上升。

从零售商角度来看，新的零售业态如仓储商店、折扣店大量涌现，日杂百货业的竞争更加激烈，商家开始寻找新的管理方法。从生产商角度来看，为获得销售渠道，直接或间接降价，牺牲了厂家自身利益，生产商希望与零售商结成紧密的联盟，这样对双方都有利。另外，从消费者的角度来看，过度竞争忽视了消费者的需求——高质量、新鲜、服务好和合理价格。许多企业通过诱导型广告和促销活动来吸引消费者转移品牌注意力。

为此，美国食品市场营销协会(Food Marketing Institute)联合 COCA-COLA、P&G、KSA 公司对供应链进行调查、总结、分析，得到改进供应链管理的详细报告，提出了有效客户反应的概念体系，被零售商和制造商采用，并广泛应用于实践。

2) 有效客户反应的定义及特点

有效客户反应是一种通过制造商、批发商和零售商经济活动的整合，以最低的成本，最快、最好地实现消费者需求的流通模式。有效客户反应强调供应商和零售商的合作，通过现代化的信息和手段，协调彼此的生产、经营和物流管理活动，从而在最短的时间内应对客户需求变化。

有效客户反应具有以下特点。

(1) 新技术、新方法。首先，有效客户反应系统采用了先进的信息技术，在生产企业与流通企业之间开发了一种基于计算机技术的自动订货系统(CAO)。自动订货系统通常与电子收款系统(POS)结合使用，利用电子收款系统提供的商品销售信息把有关订货要求自动传向配送中心，由该中心自动发货，这样就可能使零售企业的库存降至为零状态，并减少从订货至交货的周期，提高商品鲜度，减少商品破损率，还可使生产商以最快捷的方式得到自己的商品在市场是否适销对路的信息。其次，有效客户反应系统还采用了两种新的管理技术和方法：种类管理和空间管理。种类管理不是从特定品种的商品出发，而是从某一种类的总体上考虑收益率最大化。例如，就软饮料而言，不考虑其品牌，从软饮料这一大类上考虑库存、柜台面积等要素，按照投资收益率最大化原则去安排品种结构。其中，一些品种能赢得购买力，一些品种能保证商品收益，通过相互组合既满足了顾客需要，又提高了店铺的经营效益。空间管理是指促使商品布局，柜台设置最优化。过去，许多零售商也注意到了此类问题，不同点在于有效客户反应系统的空间管理是与种类管理相结合的，通过两者的结合实现单位销售面积的销售额和毛利润的提高，因而可以取得更大的效果。

(2) 建立了稳定的伙伴关系。在传统的商品供应体制上，生产者、批发商、零售商联系不紧密或较为紧密，每次订货都有很大的随机性，这就造成生产与销售之间商品流动的不稳定，增加了商品的供应成本。有效客户反应系统恰恰克服了这些缺点，在生产者、批发商、零售商之间建立了一个连续的、闭合式的供应体系，使他们结成了相对稳定的伙伴关系，克服了商业交易中的钩心斗角，实现了共存共荣，是一种新型的产销同盟和产销合作形式。

(3) 实现了非文书化。有效客户反应系统充分利用了信息技术，使产、购、销各环节的信息传递实现了非文书化。无论是企业内部的传票处理，还是企业之间的订货单、价格变更、出产通知等文书都通过计算机间的数字交换(EDI)进行自动处理。由于利用了电子数据交换，生产企业在出产的同时，就可以把出产的内容电传给进货方，作为进货方的零售企业只要在货物运到后扫描集运架或商品上的电码就可以完成入库验收等处理工作。由于全面采用了电子数据交换，可以根据出产明细自动地处理入库，从而使处理时间近似为零，这对于迅速补充商品、提高预测精度、大幅度降低成本起了很大作用。

3) 有效客户反应的四大要素

有效客户反应的实施是一个过程，主要由贯穿供应链的四个核心要素组成，分别是有效的店铺空间安排、有效的促销活动、有效的商品补充和有效的新产品导入。有效客户反应的供应链过程如图 2-7 所示。

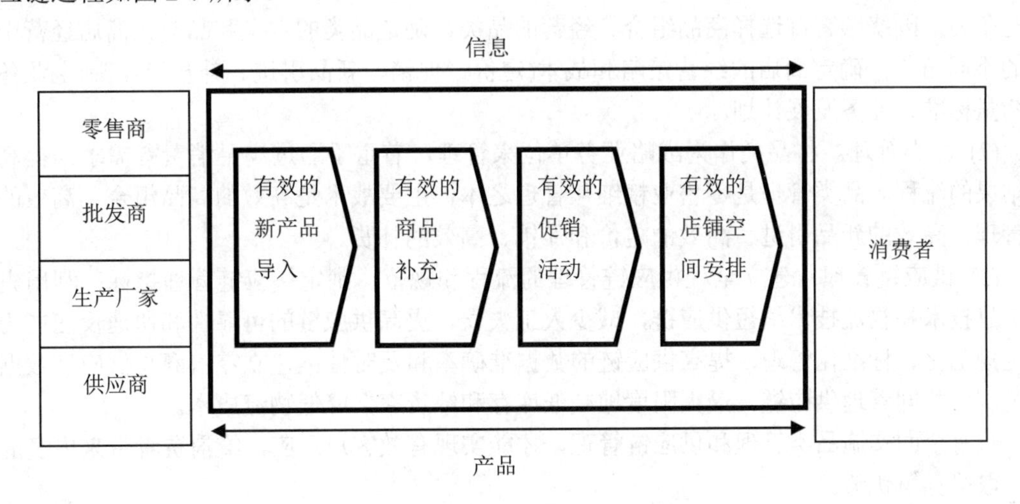

图 2-7　有效客户反应的供应链过程

(1) 有效的店铺空间安排。有效的店铺空间安排是通过有效地利用店铺的空间和店内布局，来最大限度地提高商品的盈利能力；确保供货商与零售商充分地协同合作，评估符合市场上需求的商品组合策略，并确定执行；在最佳时间将最适当的商品数量展示在消费者面前，以合理的价格吸引消费者购买，并改善库存问题。

(2) 有效的促销活动。有效的促销活动包括两个方面，一是拟定符合市场目标的商品促销策略，规划促销策略执行面与评估成本效益，随时审视促销的模式及频率是否刺激到消费者的购买欲望及购买数量；二是通过简化分销商和供应商的贸易关系，将经营重点从采购转移到销售，使贸易和促销的系统效率最大化。有效的促销活动还可以提高仓储、运输、管理和生产效率，减少预先购买、供应商库存及仓储费用，使贸易和促销的整个系统效率最高。

(3) 有效的商品补充。有效的商品补充是以需求为导向的自动连续补充和计算机辅助订货，使补充系统的时间和成本最优化，通过改善配销方法来简化商品从生产端配送至零售点货架上的补货作业，并响应实际客户需求与平衡管理成本及存货水平。有效商品补充的关键要素包含自动订货(Automated Store Ordering)、持续补货(CRP)等技术，进阶要素是合理运输规划与有效仓储。

(4) 有效的新产品导入。有效的新产品导入是通过采集和分享供应链伙伴间时效性和准确性更高的购买数据，提高新产品的成功率。

由于商品开发之前很难评估商品的成功率，在交易伙伴间存在旧有的障碍，缺乏信任，以及商品仿冒的问题等，使得新商品导入成为有效客户反应中最难执行的部分。有效客户反应的目标是希望通过供应链伙伴间的策略合作，有效地了解消费者的需求与期望，降低新商品的研发失败率与缩短新商品上市时间，以便最有效地开发新产品，进行产品的生产计划，以降低成本。

4) 有效客户反应的重要战略

有效客户反应包括零售业的三个重要战略：顾客导向的零售模式(消费者价值模型)、品类管理和供应链管理。

(1) 顾客导向的零售模式(消费者价值模型)。通过商圈购买者调查、竞争对手调查、市场消费趋势研究，确定目标顾客群，了解优势、劣势和机会，确定自己的定位和特色，构建核心竞争力；围绕顾客群选择商品组合、经营的品类，确定品类的定义和品类在商店经营中承担的不同角色；确定商店的经营策略和战术(定价、促销、新品引进、补货等)，制定业务指标衡量标准、业务发展计划。

(2) 品类管理。将品类作为战略业务单位来管理，着重于通过满足消费者需求来提高经营结果的流程。品类管理是零售业精细化管理之本，主要战术是高效的商品组合、高效的货架管理、高效的新品引进、高效的定价和促销、高效的补货。

(3) 供应链管理。建立全程供应链管理的流程和规范，制定供应链管理指标；利用先进的信息技术和物流技术缩短供应链，减少人工失误，提高供应链的可靠性和快速反应能力；通过规范化、标准化管理，提高供应链的数据准确率和及时性；建立零售商与供应商数据交换机制，共同管理供应链，最大限度地减低库存和缺货率，降低物流成本。

只有全面实施品类管理和供应链管理，才能实现有效客户反应，给消费者带来更多的价值，取得竞争优势。

3. 合作、计划、预测和补给

1) 合作、计划、预测和补给的产生

在激烈的市场竞争和快速多变的市场需求环境下，企业面临着不断缩短交货期、提高质量、降低成本和改进服务的压力，这迫使供应商、制造商、分销商和零售商走向合作。为了建立新型合作伙伴关系，一种面向供应链的策略——合作、计划、预测与补给(Collaborative Planning，Forecasting and Replenishment，CPFR)应运而生，逐渐成为供应链管理中一个热点问题。

合作、计划、预测和补给的形成始于沃尔玛所推动的 CFAR(Collaborative Forecast And Replenishment)，它是利用互联网促成零售企业与生产企业的合作，共同做出商品预测，在此基础上实行连续补货的系统。在沃尔玛的不断推动下，基于信息共享的 CFAR 系统逐渐向合作、计划、预测和补给发展，合作、计划、预测和补给是在 CFAR 共同预测和补货的基础上，进一步推动共同计划的制订，即不仅合作企业实行共同预测和补货，同时各企业内部事务的计划工作(如生产计划、库存计划、配送计划、销售规划等)也由供应链各企业共同参与制订。

2) 合作、计划、预测和补给的概念和特点

合作、计划、预测和补给提供了一套工作流程，该流程以提高消费者价值为目标，通过供应链上企业的相互协作，共享标准化信息，制订有的放矢的计划，开展精确的市场预测，

有效地进行库存管理，根据需求动态及时补货，以提高整个供应链的业绩和效率。

合作、计划、预测和补给具有以下本质特点。

(1) 协同。从合作、计划、预测和补给的基本思想来看，供应链上下游企业只有确立共同的目标，才能使双方的绩效都得到提升，取得综合性的效益。这种新型的合作关系要求双方长期公开沟通、信息分享，从而建立协同性的经营战略，尽管这种战略的实施必须建立在信任和承诺的基础上，但这是买卖双方取得长远发展和良好绩效的唯一途径。正因如此，协同的第一步就是签署保密协议、建立纠纷机制、确立供应链计分卡及制订共同激励目标(如不仅包括销量，同时也确立双方的盈利率)。需要注意的是，在确立这种协同性目标时，不仅要建立双方的效益目标，还要确立协同的盈利驱动性目标，只有这样，才能使协同性能体现在流程控制和价值创造的基础之上。

(2) 规划。1995 年，沃尔玛与 Warner-Lambert 的 CFAR 为消费品行业推动双赢供应链管理奠定了基础，随后当 VICS 定义项目公共标准时，认为需要在已有的结构上增加“P”，即合作规划(品类、品牌、分类、关键品种等)及合作财务(销量、订单满足率、定价、库存、安全库存、毛利等)。此外，为了实现共同的目标，还需要双方协同制订促销计划、库存政策变化计划、产品导入和终止计划及仓储分类计划。

(3) 预测。任何一个企业或双方都能做出预测，但是合作、计划、预测和补给强调买卖双方必须做出最终的协同预测，像季节因素和趋势管理等信息，无论是对服装或相关品类的供应方还是销售方都是十分重要的，基于这类信息的共同预测能大大减少价值链体系的低效率、死库存，促进更好的产品销售、节约整个供应链的资源。与此同时，最终实现协同促销计划是实现预测精度提高的关键。合作、计划、预测和补给推动的协同预测还有一个特点：它不仅关注供应链双方共同做出最终预测，同时也强调双方都应参与预测反馈信息的处理和预测模型的制定和修正，特别是如何处理预测数据的波动等问题，只有把数据集成、预测和处理的所有方面都考虑清楚，才有可能真正实现共同的目标，使协同预测落在实处。

(4) 补货。销售预测必须利用时间序列预测和需求规划系统转化为订单预测，并且供应方约束条件，如订单处理周期、前置时间、订单最小量、商品单元及零售方长期形成的购买习惯等，都需要供应链双方加以协商解决。根据 VICS 的合作、计划、预测和补给指导原则，协同运输计划也被认为是补货的主要因素，此外，例外状况的出现也需要转化为存货的百分比、预测精度、安全库存水准、订单实现的比例、前置时间及订单批准的比例，所有这些都需要在双方公认的计分卡基础上定期协同审核。对于潜在的分歧(如基本供应量、过度承诺等)，双方事先应及时加以解决。

3) 合作、计划、预测和补给的实施步骤

合作、计划、预测和补给九大步骤模式的特点为辅助上下游成员协同规划销售、订单的预测及例外(异常)预测状况的处理，其内容可分成：协同规划、协同预测及协同补货三个阶段，九大步骤中步骤 1 与步骤 2 属于协同规划，步骤 3 至步骤 8 属于协同预测，步骤 9 则为协同补货，各阶段的内容概述如下。

(1) 协同规划。协同规划的目的是让供应链成员间的规划活动能取得一致的基本假设，以利于后续各项合作活动的进行。基本假设包括：①确定协同商务关系的基本参数，如协同合作的商品项目、共享的资料、异常状况的定义；②确定协同商业流程范围，如合作的目标、冻结执行订单的时间窗等。

步骤 1：建立合作的关系(Establish Collaborative Relationship)。

买卖双方首先应共同建立合作协议(Confidentiality Arrangements)，需在协同活动初期一次拟定，其内容应为：明确定义合作目标与相关绩效衡量指标；协同合作的范围；共享的资料，合作计划可动用的资源，包括人员、资讯系统、专业能力；例外状况判定法则，如何解决歧见；合作、计划、预测和补给的推动蓝图，如商业流程、互动的方式与技术、订立检讨的时程与机制。

步骤 2：建立联合商业计划(Create Joint Business Plan)。

根据纳入合作的产品项，分别制定清晰的合作策略，包括：买卖双方交流营运计划，合作产品的营运计划；共同定义品项角色、品项销售目标、达成目标的战术；拟定品项订单的最小值(出货的最小订单量)、品项出货的前置时间、订单的冻结期间、安全存量。

(2) 协同预测。协同预测可分成销售预测与订单预测两个阶段，前者单纯考虑市场需求，后者则以销售预测的结果，考虑产能现实状况预测可能的订单。

步骤 3：建立销售预测(Create Sales Forecast)。

使用最终消费者的消费资料(Consumption Data)，预测品项特定期间的销售，消费资料包括：POS 资料、仓储的出货资料、制造商的消费资料、因果资讯分析(销售相关影响因素分析)及季节、天气、计划性事件(包括广告、促销、新品、改型、新店开张等)资料。

步骤 4：辨识销售预测可能出现问题的例外品项(Identify Exceptions for Sales Forecast)。

列出销售预测可能出现问题的例外品项，如爆发性产品，尝试出人意料的大卖，对于异常的销售情形，特别要实时监控，以调整策略。

步骤 5：共同处理例外品项(Resolve/Collaborate on Exception Items)。

当异常发生时，上下游应设定方法来增加或减少销售以降低对库存的冲击。

步骤 6：建立订单预测(Create Order Forecast)。

订单预测通常由供应商货物流中心主导，基于销售预测或实际销售的结果，考量制造、仓储、运输产能等制约因素，拟定未来各时程的订单，其作业内容包括结合销售预测、因果资讯与存货政策，产生未来特定时间、特定地点品项的订单预测。基于订单预测的结果，供应商可进行产能需求规划。

步骤 7：列出订单预测可能出现问题的例外品项(Identify Exceptions for Order Forecast)。

此步骤类似步骤 4，特别要注意产品的销售/订单百分比，若比值高于 1 时，代表将会有库存发生，比值越高意味着库存越多，比值高低与其合理性，视各品项而定，借由比值的监视与控制来掌握订单异常状况的处理。

步骤 8：共同处理例外品项(Resolve/Collaborate on Exception Items)。

此步骤类似步骤 5。

(3) 协同补货。

步骤 9：下单补货(Generate Order)。

经过协同规划、协同预测阶段后，协同补货决策的困难度将大幅降低，根据事先议定的冻结期间订单的预测结果产生订单，冻结期间的长短通常相关于制造、配送的前置时间，对供应商而言，冻结期间的数量将视为已确认的需求量，零售商实际的订单传来后，供应商及时去消化此部分产能。另外，供应商也可能采取供应商管理库存方式自动补充零售商的存货，并以冻结阶段总量作为补货的规范。

本章小结

由物流发展成为供应链经历了四个相关的阶段：运输与仓储阶段、传统物流阶段、后勤物流阶段、供应链阶段。

供应链是围绕核心企业，通过对信息流、物流、资金流的控制，从采购原材料开始，制成中间产品及最终产品，最后由销售网络把产品送到消费者手中的，将供应商、制造商、分销商、零售商，直到最终用户连成一个整体的功能网链结构。供应链是一个非常复杂的网链结构，覆盖了从原材料供应商、零部件供应商、产品制造商、分销商、零售商直至最终用户的过程。供应链具有复杂性、动态性、响应性和交叉性。

从不同的角度出发，可以将供应链划分为不同的类型。根据供应链管理的对象划分，可以将供应链分为企业供应链、产品供应链和基于企业间契约关系的供应链；根据供应链的稳定性划分，可以将供应链分为稳定型供应链和动态型供应链；根据供应链的综合能力和用户需求的关系划分，可以将供应链分为平衡的供应链和失衡的供应链；根据供应链所支持的产品在市场上的表现划分，可以将供应链分为效率型供应链和响应型供应链；根据供应链驱动力的来源划分，可以将供应链分为推动式供应链和拉动式供应链。

供应链管理是指在满足一定的客户服务水平的条件下，为了使整个供应链系统成本达到最小而把供应商、制造商、仓库、配送中心和渠道商等有效地组织在一起来进行的产品制造、转运、分销及销售的管理方法。供应链管理包括计划、采购、制造、配送、退货。供应链管理的目标是在总成本最小化、客户服务最优化、总库存最小化、总周期最短化及物流质量最优化等目标之间寻求最佳平衡点，以实现供应链绩效最大化。

在实施供应链管理中，需要注意的关键问题主要有以下几个：配送网络的重构、配送战略问题、供应链集成与战略伙伴、库存控制问题、产品设计、信息技术和决策支持系统、顾客价值的衡量。

供应链管理的方法包括：快速反应、有效顾客反应和合作、计划、预测和补给。

思考与练习

1. 什么是供应链？供应链的特点有哪些？
2. 推式供应链和拉式供应链主要有哪些区别？
3. 举例说明供应链管理在当前经济环境下的重要作用。
4. 简要概述有效客户反应的定义及特点。

案例讨论

【案例1】

沃尔玛供应链管理分析

“让顾客满意”是沃尔玛的首要目标，也是保证未来成功与成长的最好投资，这是沃尔

玛数十年如一日坚持的经营理念。因此，沃尔玛为顾客提供“高品质服务”和“无条件退款”的承诺绝非一句漂亮的口号。在美国，只要是从沃尔玛购买的商品，无须任何理由，甚至没有收据，沃尔玛都无条件受理退款。沃尔玛每周都有对顾客期望和反映的调查，管理人员根据计算机系统收集的信息，以及通过直接调查收集的顾客期望即时更新商品的组合信息，组织采购，改进商品陈列摆放，营造舒适的购物环境。

沃尔玛能够及时地将消费者的意见反馈给厂商，并帮助厂商对产品进行改进和完善。过去，商业零售企业只是作为中间人，将商品从生产厂商传递到消费者手里，反过来再将消费者的意见通过电话或书面形式反馈到厂商那里。沃尔玛并没有独到之处，但是结果却差异很大。原因在于，沃尔玛能够参与到上游厂商对生产的计划和控制中去，因此能够将消费者的意见迅速反映到生产中，而不是简单地充当“二传手”或者“电话筒”。

供应商是沃尔玛的战略伙伴。早在20世纪80年代，沃尔玛就要求从交易中排除制造商的销售代理，直接向制造商订货，同时将采购价格降低2%～6%，大约相当于销售代理的佣金数额，如果制造商不同意，沃尔玛就拒绝与其合作。沃尔玛的做法造成和供应商关系紧张，一些供应商在新闻界展开了一场谴责沃尔玛的宣传活动。直到20世纪80年代末期，技术革新提供了更多督促制造商降低成本、削减价格的手段，供应商才开始全面改善与沃尔玛的关系，通过网络和数据交换系统，沃尔玛与供应商共享信息，建立伙伴关系。沃尔玛与供应商努力建立关系的另一做法是给供应商在店内安排适当的空间做商品展示，有时还在店内安排制造商自行设计布置自己商品的展示区，以在店内营造更具吸引力和更专业化的购物环境。

沃尔玛把零售店商品的进货和库存管理职能转移给供应方(生产厂家)，由生产厂家对沃尔玛的流通库存进行管理和控制。即采用生产厂家管理的库存方式(Vendor Managed Inventory，VMI)。沃尔玛让供应方与之共同管理营运沃尔玛的流通中心。在流通中心保管的商品所有权属于供应方。供应方对POS信息和ASN信息进行分析，把握商品的销售和沃尔玛的库存方向。在此基础之上，决定什么时间，把什么类型的商品，以什么方式，向什么店铺发货。发货信息预先以ASN形式传送给沃尔玛，以多频度、小数量进行连续库存补充，即采用连续补充库存方式(Continuous Replenishment Program，CRP)。由于采用VMI和CRP，供应方不仅能减少本企业的库存，还能减少沃尔玛的库存，实现整个供应链的库存水平最小化。另外，对沃尔玛来说，省去了商品进货的业务，节约了成本，同时能集中精力忙于销售活动。并且，事先能得知供应方的商品促销计划和商品生产计划，能够以较低的价格进货。这些为沃尔玛进行价格竞争提供了条件。

另外，沃尔玛不仅仅是等待上游厂商供货、组织配送，也直接参与到上游厂商的生产计划中，与上游厂商共同商讨和制订产品计划、供货周期，还帮助上游厂商进行新产品研发和质量控制方面的工作。这意味着沃尔玛总是能够最早得到市场上最有潜力的商品，当其他零售商正在等待供货商的产品目录或者商谈合同时，沃尔玛的货架上已经开始热销这款产品了。

沃尔玛还有一个非常好的系统，可以使得供应商直接进入沃尔玛的系统，该系统叫作零售链接。任何一个供应商都可以进入这个系统当中来了解他们的产品卖得怎么样。他们可以知道这种商品卖了多少，而且可以在24小时之内就看到更新数据。供货商可以及时了解自己的产品在沃尔玛的每个店中的有关情况。

沃尔玛的前任总裁大卫·格拉斯曾说过：“配送设施是沃尔玛成功的关键之一，如果说我们有什么比别人干得好的地方，那就是配送中心。”沃尔玛的第一间配送中心建立于1970

年，占地6 000平方米，负责供货给4个州的32间商场，集中处理40%的在售商品。在整个物流中，配送中心起中枢作用，将供应商向其提供的产品运往各商场。从工厂到上架，实行“无缝链接”。供应商只需将产品提供给配送中心，无须自己向各商场分发。这样，沃尔玛的运输、配送及对于订单与购买的处理等所有过程，都是一个完整的网络当中的一部分，可以大大降低成本。

随着公司的不断发展壮大，配送中心的数量也不断增加。现在沃尔玛的配送中心，分别服务于美国18个州约2 500间商场，配送中心约占地10万平方米。整个公司销售商品的85%由这些配送中心供应，而其竞争对手只有50%～65%的商品集中配送。如今，沃尔玛在美国拥有完善的物流系统，配送中心已是其中的一小部分，沃尔玛完整的物流系统不仅包括配送中心，还有更为复杂的资料输入采购系统、自动补货系统等。

供应链的协调运行是建立在各个环节主体间高质量的信息传递与共享的基础上的。沃尔玛投资4亿美元发射了一颗商用卫星，实现了全球联网。沃尔玛在全球的门店通过全球网络可在1小时之内对每种商品的库存、上架、销售量全部盘点一遍，所以沃尔玛的门店不会发生缺货现象。20世纪80年代末，沃尔玛开始利用电子数据交换系统(EDI)与供应商建立自动订货系统，该系统又称无纸贸易系统，通过网络系统，向供应商提供商业文件，发出采购指令，获取数据和装运清单等，同时让供应商及时、准确把握其产品的销售情况。沃尔玛还利用更先进的快速反应系统代替采购指令，真正实现了自动订货。该系统利用条码扫描和卫星通信，与供应商每日交换商品销售、运输和订货信息。凭借先进的电子信息手段，沃尔玛做到了商店的销售与配送保持同步，配送中心与供应商运转一致。

(资料来源：吴理门. 物流案例与分析[M]. 天津：天津大学出版社，2011.)

思考：

1. 结合案例，说明沃尔玛运用了哪些供应链管理方法？
2. 结合案例，分析零售企业若想做强，在供应链管理上应该考虑哪些问题？

【案例2】

海尔供应链管理的智慧

从1998年开始，海尔就提出要注重供应链的管理，以优化供应链为中心，在全集团范围内对原业务流程进行重新设计和再造，与国际化大公司全面接轨，强化了企业的市场应变能力，大大提升了海尔的市场快速反应能力和竞争能力，保证了企业的可持续发展。

海尔在供应链管理上，并不像一些企业那样纸上谈兵，而是针对自身的情况，做到具体问题具体分析，还会随着周边环境的改变随时调整自己的供应链管理模式。为了适应供应链管理的发展，海尔从与生产产品有关的第一层供应商开始，环环相扣，直到货物到达最终用户手中，按供应链的特性改造企业业务流程，使各个节点企业都具有处理物流和信息流的自组织和自适应能力。供应商管理有两种模式，一是竞争关系模式，二是双赢关系模式，而现代供应链管理思想的集中表现就是合作与协调。在现代供应链管理趋势下，海尔选择了双赢关系模式。双赢关系模式是一种合作的关系，强调在合作的供应商和海尔之间共同分享信息，通过合作和协商协调双方的行为。

海尔从 1998 年开始进行供应商网络的优化，打散原来的供应商体系，重新选择供应商，以形成强强联合，合作共赢。海尔的供应商从 2 200 多家优化到 721 家，其中世界 500 强企业有 59 家，从侧重质量转向侧重全过程的激励与控制。对供应商的主要激励措施是通过配额分配，配额比例由原来的人工统计数字到现在的由系统根据质量考评、供货考评和价格排名三个综合因素决定。海尔对供应商资源整合带来的效益显而易见，不仅可以采购到高质量的零部件，还给海尔带来了巨大的经济效益。

(资料来源：https://www.sohu.com/a/122301767_545630.)

思考：

海尔供应链管理的智慧之处是什么？

微课视频

扫一扫获取本章相关微课视频。

供应链的基础知识.mp4

供应链管理的基础知识.mp4

第3章 供应链管理下的物流管理

【学习目标】

1. 理解供应链管理下物流管理的特点。
2. 了解第三方物流与第四方物流。
3. 理解供应链管理与物流管理的关系。

【引导案例】

神龙汽车有限公司的供应链物流管理

神龙汽车有限公司(以下简称神龙公司)是中国东风汽车公司和法国PSA集团雪铁龙汽车公司合资，投资百亿人民币建设的现代化轿车生产企业，生产欧洲20世纪90年代ZX型富康轿车系列。

在神龙公司生产物流中，实行拉动式组织控制和小批量、多品种混流生产，向准时化和零库存挑战。供应物流、生产物流和销售物流形成一个有机的企业物流大系统。在物流管理现代化上，运输、装卸、仓储、包装、废物处理、标准化、信息管理等方面都采用了各种先进的工具和方法，具体如下。

1. 搬运系统机械化和搬运设备成套配置。
2. 商品车运输采用零公里(门到门)轿运车、铁路专用车皮和水运滚装船。
3. 包装和工位器具标准化、通用化、系列化，配以色彩管理。
4. 仓库高位立体化，实施托盘化作业。库位管理实现随机动态化，提高了库区利用率。零件出入库实行计算机管理，进行条形码识别。
5. 实行拉动式多品种混流同步化生产，在整车流和零部件流管理中开发运用了MRPⅡ与JIT相结合的管理信息系统。

神龙公司运输系统主要包括外部运输(厂外运输、厂际运输)和内部运输。厂外运输主要是指供应物流中原材料、外协件、油漆、油料、化学品等物资的运输及销售物流中商品轿车及备件的运输；厂际运输是指发动机、变速箱、车桥等主要由神龙公司襄樊工厂向武汉工厂的运输；外部运输主要由社会运输单位承担。按物料供应和运输条件，根据经济合理的原则，分别采用铁路、公路、水路或多式联运的方式。国产外协件实施200千米布点原则，也就是说，供应商位置超出200千米，即被要求在神龙公司附近设置中间库。外协件由公路运输卡车运抵工厂，按到货先后和紧急程度发通行牌进厂，凭牌卸货，卸货站台管理有序化进行。进口散装(KD)件采用集装箱多式联运的方式进行运输。通过公路→海运→江运运抵神龙公司集装箱货场。商品轿车采用铁路、公路、水路和货主自提四种运输方式。铁路运输选用双层专运轿车车皮，每节车皮可运八辆轿车。公路运输选用双层零公里运输车。每车载运八辆轿车。水运轿车直接开到长江边的码头，交港口装船发运。

(资料来源：https://www.docin.com/p-1578321173.html.)

思考：

物流在供应链管理中的作用和特点是什么？为提高供应链运行效率，神龙公司采取了哪些物流措施？

3.1 供应链管理下物流管理的特点

在传统的物流管理系统中，市场需求信息和反馈的供应信息都是逐层传递的，各企业只能根据来自其相邻下级企业的需求信息进行生产或供应决策。如果最初的需求信息不准确或不真实，它们将沿着供应链逆流而上，就会产生逐级放大的现象，当这些信息传递给最上游的供应商时，其获得的需求信息和实际需求信息相比已经发生了较大偏差，需求变异系数比下游批发商和零售商的需求变异系数大得多，从而导致严重的信息扭曲和失真。由于这种需求放大效应的影响，上游供应商往往比下游供应商维持较高的库存水平。同时，由于传统物流系统没有从整体角度进行物流规划，常常导致库存不断增加，但又无法及时满足客户的需求。这样，企业就会因物流系统的管理不善从而丧失市场机会。传统物流管理系统是纵向一体化的物流系统，各节点企业之间缺乏战略协作，供需关系不稳定，无法实现信息和资源共享，信息扭曲现象严重。供应链管理强调供应链整体的集成与协调，要求各节点企业围绕物流、信息流、资金流等进行信息资源共享和经营战略协同，从而实现各节点企业的“多赢”。与传统纵向一体化的物流管理相比，供应链管理环境下的物流管理将关注的重点从单纯的物流职能部门扩展到整条供应链上的所有部门，并注重加强与各部门成员的协同合作，通过对物流进行科学的组织计划，使物流活动在供应链各环节之间迅速形成物流关系和确定物流方向，需求信息和反馈信息不再是逐级传递，而是通过现代信息技术等将物流关系的相关信息同时传递给供应链的各个环节，并在物流活动的过程中，对其进行实时协调与控制，为供应链各环节提供实时信息，通过信息共享和集成运作使供应链各个环节的供需实现无缝连接，提高供应链的敏捷性和适应性。

供应链管理下的物流管理特点如下。

1. 战略协同性

物流管理具有战略协同性，这是供应链管理思想在物流管理中的直接体现，供应链管理环境下的物流管理系统通过各节点企业的战略协作，实现了整个物流系统的无缝连接，而无缝连接的供应链物流系统是供应链获得协调一致运作的前提条件。

2. 快捷性

通过快捷的交通运输及科学的物流事前管理和事中管理来实现快捷的物流。在供应链管理中，快捷的物流是供应链的基本要求，是保证高效的供应链的基础。

3. 低成本化

供应链管理环境下物流网络规划能力的有所增强，物流系统可以利用第三方物流、代理运输等多种形式的运输和交货手段，极大地降低了整个供应链物流系统的库存压力和安全库存水平。

4. 信息共享

供应链一体化的物流信息的流量大大增加。需求信息和反馈信息传递不是逐级传递，而是网络式的，企业通过互联网可以很快掌握供应链上不同环节的供求信息和市场信息，达到信息共享和协调一致。共享信息的增加和先进技术的应用，使供应链上任何节点企业都能及时地掌握市场的需求信息和整个供应链上的运行情况，每个环节的物流信息都能透明地与其他环节进行交流和共享，从而避免了需求信息的失真现象的发生。

5. 敏捷性

物流过程实现了敏捷化作业流程的快速重组能力，极大地提高了物流系统的敏捷性，通过消除非增值的作业过程和时间，使供应链物流系统进一步降低了成本，为实现供应链的敏捷性、精细化运作提供了基础性保证。

6. 人性化

供应链管理环境下灵活多样的物流服务，提高了服务水平和客户的满意度。通过制造商和运输部门的实时信息交换，及时地把客户关于运输、包装和装卸方面的要求传递给相关环节，提高了整个供应链对客户个性化需求的响应能力。

3.2 第三方物流与第四方物流

3.2.1 第三方物流

随着现代企业生产经营方式的变革和市场外部条件的变化，“第三方物流”(Third Party Logistics)这种物流形态开始引起人们的重视，西方发达国家先进企业的物流模式已开始向第三方物流甚至第四方物流方向转变。

1. 第三方物流的概念

第三方物流源自管理学中的“外包”，意指企业动态地配置自身和其他企业的功能和服务，利用外部资源为企业内部的生产经营服务。将“外包”引入物流管理领域，就产生了第三方物流的概念。

对于第三方物流的概念，国内外的学者都有不同的表述，尚未形成统一的定论。美国的一些专业著作将第三方物流定义为“第三方企业通过合同的方式确定回报，承担货主企业全部或部分物流活动”。具体服务形态可分为与运营相关的服务、与管理相关的服务及两者兼而有之的服务三种类型。

日本的一些学者将第三方物流定义为“为第一方生产企业和第二方消费企业提供物流服务的中间服务商组织的物流运作”。在日本理论界还有一种说法：“第一方物流是指生产企业和流通企业自己运作的物流业务；第二方物流是指提供诸如运输、仓储等单一物流功能服务的物流企业运作业务；第三方物流则是指为客户提供包括物流系统设计规划、解决方案及具体物流业务运作等全部物流服务的专业物流企业运作的物流业务。”

美国物流管理协会在 2002 年 10 月 1 日公布的《物流术语闻条 2002 升级版》中，将第三方物流解释为“将企业的全部或部分物流运作任务外包给专业公司管理经营，而这些能为顾客提供多元化物流服务的专业公司称为第三方物流供应商”。

“第三方物流”于 20 世纪 90 年代初期传入我国，目前对于这个概念的理解也是众说纷纭。如“物流社会化，又称第三方物流，是指商流与物流实行社会分工，物流业务由第三方的物流业者承接办理”“第三方物流是指既非商品供给方(生产企业)又非商品需求方(商业企业或生产企业)的第三方企业，通过契约为客户提供整个商品流通过程的服务，具体内容包括商品运输、储存配送及附加值服务等”“物流活动和配送工作由专业的物流公司或储运公司来完成，由于他们不参与商品的买卖，只提供专门的物流服务，因此是独立于买方和卖方之外的第三方，故称第三方物流”。2001 年 4 月 17 日，中国国家质量技术监督局发布的《中华人民共和国国家标准物流术语》(GB/T 18354—2001)给出的第三方物流(TPL)的定义是“第三方物流是由供方与需方以外的物流企业提供物流服务的业务模式”。在 2006 年《中华人民共和国国家标准物流术语》(修订版)中，又将第三方物流定义为“独立于供需双方为客户提供专项或系统运营的物流服务模式”。

国内外关于第三方物流概念界定的差异，实际上也是对现实中第三方物流形态多样性的一种反映。综合国内外第三方物流的概念，本书认为，第三方物流是指商品交易双方之外的第三方为商品交易双方提供部分或全部物流服务的运作模式。运输、仓储、报关等单一环节的物流服务和一体化综合性物流服务或多功能系列化物流服务，都包括在第三方物流的范畴内。

2. 第三方物流的特征

根据第三方物流的概念及第三方物流的运作方式，可分析其特征表现在以下几个方面。

1) 关系契约化

物流经营者与物流消费者之间业务关系的规范，物流联盟参加者之间责权利的划分，都是通过契约的形式来实现的。另外，第三方物流发展物流联盟也是通过契约的形式来明确各物流联盟参加者之间权责及相互联系的。

2) 服务差异化

不同物流服务需求者对物流服务有不同的需求，在对企业形象、产品特征、业务流程、顾客需求特征、竞争需要等方面有着不同的需求。这就要求第三方物流企业既要根据不同物流消费者的消费需求提供不同的物流服务和增值服务，又要根据市场竞争的需要形成自身服务特色，不断强化所提供物流服务的特色，以增强企业的竞争力。

3) 信息网络化

信息化是第三方物流的生命，信息化程度直接影响着物流的效率和效益。

4) 功能专业化

从物流设计、物流操作过程、物流技术工具、物流设施到物流管理，必须体现专门化和专业水平，这既是物流消费者的需要，也是第三方物流自身发展的基本要求。

5) 管理系统化

第三方物流需要建立现代管理系统才能满足运行和发展的基本要求。

3. 第三方物流的发展

第三方物流是随着物流理论与实践的发展而产生与发展的，所以第三方物流的发展与物流本身的发展是密不可分的。第三方物流发展的推动因素从物流服务的需求与供给双方都能找得到。

1) 放松运输管制

20 世纪 80 年代以后，世界范围内出现了放松运输管制的趋势，尽管各个国家相关法案的基本意图并不相同，但这种运输的自由化发展为运输的革新营造了有利环境。

2) 计算机和数据处理的商业化

物流部门逐渐接受计算机，计算机能完成大部分交易活动、业务控制和信息处理决策。计算机能够管理整个综合物流过程，包括采购、生产加工、制成品的产品分配等各个环节。

3) 通信技术的发展

通信技术对物流作业的影响与计算机的发展相并行。20 世纪 80 年代，经理人员开始尝试使用条码技术改进物流作业。与此同时，他们开始使用电子数据交换进行业务数据的交换，各种类型的电子数据扫描和转换能及时获得物流操作各个方面的信息。许多公司开始运用计算机把顾客、供应商连接起来，以便及时、准确地进行信息交换与数据处理，通过通信卫星实现了实时跟踪信息。快速、准确及综合信息技术致使以时间为基础的物流的形成，基于快速和可靠的信息交换的作业安排，提供了取得优秀物流表现的新的战略基础，如零库存、快速反应、连续补货和自动补货战略等。近期，信息与通信技术，包括因特网、电子标签等的使用对物流时间的影响，不断为物流过程整合的改进提供机会。

4) 全面质量管理

推动物流发展的另一个重要的力量是全面质量管理。由于全球市场竞争日趋激烈，使得工业化国家不得不从质量上求生存，产品和服务上的“零缺陷”思想很快扩展到物流操作上。企业开始认识到同样的产品，如果延期发送或损坏就不能被顾客接受。若物流表现不佳就会抵消产品的质量优势。虽然对产品的质量已有不少研究，但在物流领域对于如何提高服务质量还不太成熟。企业的高级管理层对质量的普遍重视，对物流绩效的提高形成了强大的推动力。显然，为所有客户提供统一的标准物流服务，已不再能满足质量的要求，企业不得不重新设计物流系统以满足顾客的不同需求。

5) 联盟

自 20 世纪 80 年代以来，进入了把发展合作联盟作为最佳物流模式的时代，在多年的以权力为特征的业务关系的基础上，企业开始注重潜在的合作。其中，最基本的合作形式是在组织之间发展有效的运作安排。企业开始更进一步考虑把顾客与供应商作为业务的合作伙伴，这种思想注重商业上的成功，减少了重复与浪费。联盟的发展，跨越了一系列业务与政策的各种不同操作部门。

3.2.2 第四方物流

第四方物流的概念最早由美国的埃森哲咨询公司于 1998 年提出，专门为第一方、第二

方和第三方提供物流规划、咨询和供应链管理等活动。埃森哲咨询公司将第四方物流定义为“一个供应链集成商，结合自己与第三方物流供货商和科技公司的能力，整合管理客户的资源、能力与科技”。对于这个定义，可以从以下几个方面理解。

(1) 第四方物流既不是委托企业全部物流和管理服务的外包，也不是企业自己管理和从事物流活动，而是一种中间状态，这种方式能减少委托企业投入在非核心业务的时间。其原因在于物流业务的外包虽然有一定优势，如它能降低某些业务活动的成本，改善客户服务状况，简化相应的管理关系等。同时，企业内部的物流协调与管理也有好处，它能够在组织内部培育物流管理技能，对客户服务水准和服务成本实施控制，并且与关键客户保持密切的关系和直接面对面的沟通。正是出于以上两方面的考虑，使得第四方物流并没有采用单一的模式来应对企业物流服务需求，而是将两种物流管理形态融为一体，在统一的指挥和调度下，将企业内部物流与外部物流整合在一起。

(2) 由前一个性质所决定，第四方物流组织往往是主要委托客户企业与服务供应组织(如第三方、订货服务供应商及其他组织)通过签订合资协议或长期合作协议形成的组织机构。在第四方物流中，主要委托客户企业反映了双重身份，它一方面是第四方物流的参与者，因为第四方物流运作的业务中包含了委托客户企业内部的物流管理和运作，这些活动需要企业直接参与，并且加以控制；另一方面，主要委托客户企业同时也是第四方的重点客户，它构成了第四方生存发展的基础。基于此，在第四方物流组织中，主要委托客户企业不仅有资本上的参与，而且它们也将内部的物流运作资产、人员和管理系统交付给第四方使用，第四方在使用这些资产、系统的同时，向主要委托客户企业缴纳一定的费用。

(3) 第四方物流是委托客户企业与众多物流服务提供商或 IT 服务提供商之间唯一的中介。由于第四方物流要实现委托客户企业内外物流资源与管理的集成，提供全面的供应链解决方案，所以一个或少数几个企业的资源无法应对这种要求，需要广泛整合各种管理资源，这样可能使得第四方物流在企业关系或业务关系上的管理非常复杂。尽管如此，委托客户企业若想将整个供应链运作管理的任务委托给他人，其对象也只能是第四方物流。任何由于供应链运作失误而产生的责任，必须要由第四方承担，而不管实际的差错是哪个具体的参与方或企业造成的，这是第四方物流全程负责管理的典型特征。

(4) 第四方物流大多是在第三方充分发展的基础上产生的。第四方物流的管理能力应当是非常高的，它不仅要具备业务管理方面的核心能力，还要拥有全面的综合管理能力与协调能力。其原因在于它需要整合不同参与企业的资源，并依据每个企业的具体情况进行合理安排和调度，从而形成第四方独特的服务技能和全方位、纵深化的经营诀窍，这显然不是一般企业所具备的。从发展的规律来看，第四方物流的构成主体除了主要委托客户企业外，高度发达和具有强大竞争能力的第三方才是第四方培育的沃土，这些企业由于长期以来从事物流供应链管理，完全具有相应的管理能力和专业技能，并且目前优秀的第三方已经在从事各种高附加价值活动的提供和管理，具备了部分综合协调管理的经验，这类企业最有发展成为第四方的潜力。相反，没有第三方的充分发展，特别是优秀第三方物流企业的形成和壮大，第四方物流就很难形成，因为这不是通过简单的捏合就能实现的。

根据对第四方物流概念的理解，可知第四方物流企业应具备以下四个条件。

(1) 第四方物流企业不是物流的利益方。作为物流的利益双方，应该把自身从纷繁的物流中解放出来，不断强化核心能力，在自身领域内提高竞争力。

(2) 第四方物流企业要有良好的信息共享平台，以便在物流参与者之间实现信息共享，物流的运作中产生的大量信息能够有效地强化物流计划、物流作业与物流能力，信息流是提高物流服务水平的一个关键要素。作为第四方物流的主体，要整合社会物流资源，需要有各个参与者都可以共享的信息平台才能够高效利用各个参与者的物流资源。

(3) 第四方物流企业要有较强的供应链管理能力。作为第四方物流的主体，肩负着整合所有物流资源的任务，需要有较强的供应链管理能力，才能够整合所有的物流资源，即要有集成供应链技术、外包能力、客户管理能力、供应商管理能力和大批的供应链管理的专业人才。

(4) 第四方物流企业要有区域化甚至全球化的支持力和地域覆盖能力。支持力和地域覆盖能力是第四方物流主体核心竞争力，物流的竞争很大程度上体现在覆盖的网点和其支持力度上。

由此可见，作为供应链的集成商，第四方物流是供需双方和第三方物流的领导力量，它专门为第一方、第二方及第三方提供物流规划、咨询、物流信息系统、供应链管理等服务。第四方物流不仅控制和管理特定的物流服务，而且对整个物流过程提出相应的解决方案，并且通过电子商务将整个过程集成起来。它实际上就是一种虚拟物流，是借助业内最优秀的物流供应商、技术供应商、管理咨询顾问及其他增值服务商来整合社会资源，为用户提供独特的和广泛的供应链解决方案。

3.2.3 第三方物流与第四方物流的比较

1. 发展上的比较

第三方物流与第四方物流从发展形态上各不相同。

1) 第三方物流的发展

第三方物流是由相对“第一方”发货人和“第二方”收货人而言的第三方专业企业来承担企业物流活动的物流形态。它通过与第一方或第二方的合作来提供其专业的物流服务，它既不拥有商品也不参与商品买卖，而是专门为客户提供以合同约束、以结盟为基础的，系列化、个性化、信息化的物流代理服务，具体包括设计物流系统、EDI能力、报表管理、货物集运、选择承运人、货物代理人、海关代理、信息管理、仓储、咨询、运费支付和谈判等。

2) 第四方物流的发展

虽然在某些企业看来，第三方物流运作是高效率的，但从整合社会所有的物流资源来说，第三方物流企业各自为政，有时甚至是低效率的。因此，第三方物流在一定范围内解决企业物流问题是有效的，但是解决经济发展中的物流瓶颈及电子商务中新的物流瓶颈是远远不够的，正是这一原因，才催生了第四方物流。第四方物流是企业货主为解决后勤管理、降低成本，采用外购方式给第三方物流的下游延伸的部分，它扮演承担、分享协作的角色，负责传统的第三方物流之外的职责，并且分担了更多的操作任务。它专注于供应链的整合，强调分享资源，因此成功的第四方物流组织应是在分享风险与分享回报的原则下成立的，这个组织经常以客户与第四方组织之间合资的形式出现。

2. 特点上的比较

第三方物流与第四方物流的职能不同，它们的特点也不尽相同。

1) 第三方物流的特点

第三方物流主要有关系契约化、服务个性化、功能专业化、管理系统化和信息网络化五个特点。

2) 第四方物流的特点

第四方物流通常以物流服务价格代理的形式出现，这使第四方物流走出了一条截取供应链上顶端资源组合的高起点路线，形成了第四方物流高起点、高技术含量的特点。

第四方物流的特点之一是第四方物流组织并不投入任何固定资产，而是对买卖双方及第三方物流供应商的资产和行为进行合理的调配与管理，提供一个综合性的供应链解决方案，以有效地适应需方多样化和复杂化的需求，集中所有的资源为客户完善地解决问题。第四方物流集成了管理咨询和第三方物流服务商的能力。重要的是，一个使客户价值最大化的统一技术方案的设计、实施和运作，只有通过咨询公司、技术公司和物流公司的协作才能够实现。

第四方物流的特点之二是通过对整个供应链产生影响来增加价值，即其能够为整个供应链上的所有客户带来利益。第四方物流不仅利用了客户的能力和第四方物流自身的能力，还充分利用了一批服务提供商的能力，包括第三方物流、信息技术供应商、合同物流供应商、联络中心、电信增值服务商等。总之，第四方物流通过提供一个全方位的供应链解决方案满足企业复杂的需求。这个方案既关注供应链管理的各个方面，同时又能满足客户的独特需求。

3.3 供应链管理与物流管理的关系

3.3.1 供应链管理与物流管理的区别

供应链管理与物流管理的区别主要包括以下四个方面。

1. 存在基础和管理模式不同

任何单个企业或供应链，只要存在物的流动，就存在物流管理。但是，供应链管理必须以供应链导向为前提，以信任和承诺为基础。物流管理主要以企业内部物流管理或企业间物流管理形式出现，表现为一种职能管理模式；供应链管理以流程管理为表现形式，它不是对多个企业的简单集合管理，而是对多个企业所构成的流程进行管理，是一种流程化的价值链管理模式。

2. 供应链管理范围超过物流管理范围

传统物流管理主要涉及实物资源在组织内部最优化的流程，但从供应链管理的角度来看，仅有组织内部的合作是不够的。供应链管理涉及与供应链相连的所有相关企业、部门、人员，从核心企业中上游供应商直到供应链下游的分销商的关系，只是供应链中的一个小段。供应链管理是一种垂直化的集成化管理模式，强调核心企业与相关企业的协作关系，通过信息共享、技术扩散、资源优化配置和有效的供应链激励机制等实现经营一体化，所以，供应链管理不仅是物流的逻辑延伸，也是企业自身的内部整合。

3. 管理层次不同

物流管理是对运输、仓储、配送、流通加工及相关功能进行协调与管理，通过职能的计划与管理，达到降低物流成本、优化物流服务的目的，属于运作层次的管理。供应商聚焦于关键流程的战略管理，这些关键流程跨越供应链上所有成员企业及其内部的传统业务功能，供应链管理从战略层次设计、整合与重构关键业务流程上，做出各种战略决策，包括战略伙伴关系、信息共享、合作与协调等决策。

4. 管理目标不同

供应链管理的目标在于提高顾客价值。与传统物流管理相比，供应链管理的目标不局限于降低交易成本，还在于提高顾客价值。顾客价值是顾客从已给定产品或服务中期望得到的所有利益，包括产品价值、服务价值、人员价值和形象价值。拉动整个供应链的原动力是顾客需求，因此供应链是被顾客驱动的。供应链的驱动方如图 3-1 所示。通过供应链从下游企业向上游企业传递，只有生产出具有较高顾客价值的产品才能提高整个供应链的竞争力，才能维持供应链的稳定和发展，才能保证物流、信息流、资金流在供应链上的畅通，才能发挥供应链管理的优势。

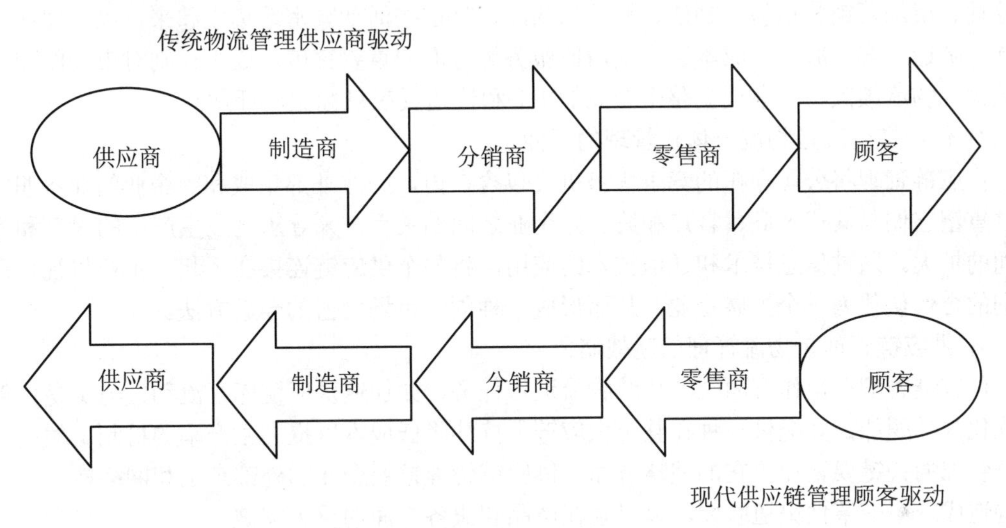

图 3-1　供应链的驱动方

3.3.2　供应链管理与物流管理的联系

供应链管理是一种流程的集成化管理，它包括从供应商到最终客户提供产品、服务和信息以创造客户价值的整个流程。供应链管理包含从原材料供应商提供产品、服务和信息以增加客户价值，到终端客户的所有流程的集成，它不再仅仅是物流的一种称呼。供应链管理涵盖了物流管理中没有的要素，如信息系统集成、计划与控制活动的协调。

1. 从物流管理角度分析

1) 物流管理是供应链的一个子集或子系统

从物流管理和供应链管理的定义来看，物流管理承担了为满足客户需求而对货物、服务从起源地到消费者的流动和储存进行计划与控制的过程。它包含内向、外向的内部、外部流动，物料回收及原材料、产成品的流动等物流活动的管理。供应链管理的对象涵盖了产品从产地到消费地传递过程中的所有活动，包括原材料和零部件的供应、制造与装配、仓储与库存管理、订单录入与订货处理、分销管理、客户交付、客户关系管理、需求管理、产品设计、预测及相关信息系统等。它连接了所有供应链上物品实体流动的计划、组织、协调与控制。换句话说，物流管理与供应链管理所涉及的管理范畴有很大的不同，物流管理是供应链管理的一个子集或子系统，供应链管理将许多物流管理以外的功能跨越企业的界限整合起来。

2) 物流管理是供应链管理的核心内容

物流贯穿整个供应链，是供应链的载体、具体形态或表现形式。它衔接供应链的各个企业，是企业间互相合作的纽带。没有物流，供应链中企业生产的产品的使用价值就无法得以实现，供应链也就失去了存在的价值，所以物流管理是供应链管理体系的重要组成部分。

2. 从供应链管理角度分析

1) 供应链管理是物流运作管理的扩张

供应链管理要求企业从关注物流活动的优化，转变到关注优化所有的企业职能，包括需求管理、市场营销和销售、制造、财务和物流，将这些活动紧密地集成起来，以实现在产品设计、制造、客户服务、成本管理及增值服务等方面的重要突破。成本控制对市场的成功非常关键，物流绩效将逐渐根据整个企业的 JIT 和快速反应目标做出评估。

2) 供应链管理是物流一体化管理的延伸

供应链管理将公司存在的竞争优势机会包含在内，关注外部集成和跨企业的业务职能，通过重塑它们与其代理商、客户和第三方企业之间的关系，来寻求企业生产率的提高和竞争空间的扩大。通过信息技术和通信技术的应用，将整个供应链连接在一起。企业将视自己和他们的合作伙伴为一个扩展企业，从而形成一种创造市场价值的全新方法。

3) 供应链管理是物流管理的新战略

供应链管理在运作方面关注传统物流运作任务，如加速供应链库存流动，与贸易伙伴一起优化内部职能，并提供一种在整个供应链上持续降低成本以提高生产率的机制。然而，供应链管理的关键要素在于它的战略方面，供应链管理扩展企业的外部定位和网络能力，将公司构造成一个变革性渠道联盟，以寻求在产品和服务方面的重大突破。

本 章 小 结

供应链管理下的物流管理特点包括：①战略协同性；②快捷性；③低成本化；④信息共享；⑤敏捷性；⑥人性化。

第三方物流是指商品交易双方之外的第三方为商品交易双方提供部分或全部物流服务的运作模式。运输、仓储、报关等单一环节的物流服务和一体化综合性物流服务或多功能系列化物流服务，都包括在第三方物流的范畴内。

第四方物流是指一个供应链集成商，结合自己与第三方物流供货商和科技公司的能力，整合管理客户的资源、能力与科技。

供应链管理与物流管理的区别在于：①存在基础和管理模式不同；②供应链管理范围超过物流管理范围；③管理层次不同；④管理目标不同。同时，供应链管理与物流管理有着密不可分的联系，主要表现在：①物流管理是供应链的一个子集或子系统；②供应链管理是物流一体化管理的延伸；③供应链管理是物流管理的新战略。

思考与练习

1. 供应链管理下的物流管理的特点有哪些？
2. 第三方物流的特征是什么？
3. 试从多个角度比较分析第三方物流和第四方物流。
4. 简述供应链管理与物流管理的联系与区别。

案 例 讨 论

冠生园集团物流外包

冠生园集团是国内唯一一家拥有“冠生园”和“大白兔”两个中国驰名商标的老字号食品集团。集团生产大白兔奶糖、蜂制品系列、酒、冷冻微波食品、面制品等食品，总计达到2 000多个品种，糖果销售额近4亿元人民币。近几年，冠生园产品的市场需求增大，但运输配送却跟不上。冠生园集团拥有的货运车辆近100辆，要承担上海市3 000多家大小超市和门店的配送，还有北京、大原、深圳等地的货物运输。淡季运力空放，旺季忙不过来，每年维持车队运行的成本费用就达上百万元。

产品规格品种多、市场辐射面大，靠自己配送运输成本高、浪费大。2002年，冠生园集团下属合资企业达能公司率先做出探索，将公司产品配送运输全部交给第三方物流。物流外包以后，不仅配送准时准点，而且费用要比自己做节省许多。冠生园公司把节约下来的资金投入到开发新产品与改进包装上，使企业又上了一个新台阶。为此，集团销售部门专门组织各企业到达能公司去学习，决定在集团系统推广其做法。经过选择比较，集团委托上海虹鑫物流有限公司作为第三方物流机构，进行“门对门”物流配送。

虹鑫物流与冠生园签约后，通过集约化配送，极大地提高了效率。每天一早，他们在计算机上输入冠生园相关的配送数据，制定出货最佳搭配装车作业图，安排准时、合理的车流路线。货物不管多少，就是两三箱也送。此外按照签约要求，遇到货物损坏，按规定赔偿。一次，整整一车糖果在运往河北途中翻入河中，物流公司掏出5万元，将掉入河中损耗的糖果全部“买下”作赔。

冠生园集团自委托第三方物流以来，产品的流通速度加快，原来铁路运输发往北京的商品途中需要七天，现在虹鑫物流运输只需两三天，而且实行的是“门对门”的配送服务。由于第三方物流配送及时周到、保质保量，使商品的流通速度加快，集团的销售额有了较大增长。此外，更重要的是，能使企业从非生产性的后道工序，即包装、运输中解脱出来，集中精力开发新产品、提高产品质量、改进包装。

(资料来源：宋扬. 第三方物流模式与运作[M]. 北京：中国物资出版社，2006，41-42.)

思考：

结合冠生园集团从物流外包中得到的好处，分析第三方物流的特征与优势，以及企业物流外包的意义。

第2篇　物流功能与过程管理篇

第4章　物流需求管理

【学习目标】

1. 了解物流需求的定义、特点及影响因素。
2. 了解物流需求预测的相关概述。
3. 掌握需求预测的方法及常见预测模型。
4. 理解需求预测的基本步骤。
5. 了解预测误差监控的基本方法。

【引导案例】

联合利华的需求预测

你从超市货架上取走一瓶清扬洗发水意味着什么？对于联合利华(中国)来说，这意味着1 500家供应商、25.3万平方米的生产基地、9个区域分仓、300个超商和经销商都因此而受到牵动。

家电、汽车等耐用消费品，能够比较容易预测消费的趋势和周期性。相比之下，快消行业的预测有点困难，因为消费者的购买频次更高，消费结构也更为复杂，同时充满着许多不确定性。如果让一个联合利华的销售人员列举他最头疼的情况，大客户采购一定是其中的一个，因为超市现有库存可能顷刻间被耗尽，货架上随即贴出明黄色的“暂时无货”标签会在一堆价签牌中发出一个不和谐的信号，告知推着购物车前来的顾客无须靠近，而他手头的工作内容会立即变为去修复这个棘手的问题。

为了避免手忙脚乱，或者说如果不想产生多余的库存，继而带来更多的成本，也不想丢掉生意，联合利华需要准确地预测出自己未来的销售情况。

这份工作的第一步看上去更像是一个需要精力和耐力的体力活，千方百计去捕捉消费者随时产生的购买行为，或者换种称呼方式为“历史销售数据”。

每一天，全国各地的联合利华销售人员在巡店后会将数据输入一个类似手机的手持终端，源源不断地把销售情况汇总到公司数据库中心的主机里，再加上直接对接着的诸如沃尔玛POS机系统和经销商的库存系统等，联合利华的管理人员不管是在上海的中国总部办公室还是在伦敦的全球总部办公室，都可以了解到在中国超过1万家零售门店每一天的销售情况。

其余还有7万多个销售终端，数据更新以周为单位。

数理逻辑高强的需求计划经理热爱这些在统计学上被视为大样本的数据来源，这可以保证对销售预测的波动能被控制在合理的水平。但是仅仅通过汇总顾客的购买行为这类数据，还不足以让需求计划经理准确预测出联合利华未来一段时间(如13周内)的销售情况。

例如，若需求计划经理要对某款洗发水背后的庞大体系有所理解，更需要了解联合利华的市场部门对特定一款洗发水所制订的具体的降价或买赠促销方案，包括在多长时间内投入多少宣传力度、覆盖多少区域或渠道等方略，这些都会影响这款洗发水最终增加的销量。因此这位需求计划经理同时也要懂营销、懂生产，需要常常去和销售、财务、市场等团队进行沟通。

联合利华按照16个品牌的产品形态划分出四大业务类别，每个品类都有这么一组团队来预测产品的销售情况。只有通过他们，诸如从超市货架上取走一瓶清扬洗发水的这一小小行为，才得以进一步影响采购生产环节的实际运作。

在超市，当洗发水成品按瓶为单位被销售出去时，联合利华的采购部门得到的信息则是原材料A和包装材料B又将会有新的需求——在采购人员的计算机里，一瓶清扬洗发水会被分解成40多种原材料，在材料清单表(Bill of Material)上化身为许多个普通人不太接触的专业名词。

(资料来源：https://doc.wendoc.com/b8ad4c4e8f54b691327ad811bcc79b09381afbd75-2.html.)

思考：

1. 结合案例，分析快消行业的需求预测较其他行业有哪些突出特点？
2. 联合利华是采用何种方法进行需求预测的，以及遵循怎样的步骤？

4.1 物流需求

4.1.1 物流需求的定义

物流需求是指一定时期内，社会经济活动对生产、流通、消费领域的原材料、成品和半成品、商品及废旧物品、废旧材料等的配置作用而产生的对物流在空间、时间和费用方面的要求，涉及运输、库存、包装、装卸搬运、流通加工及与之相关的信息需求等物流活动的诸方面。

从现代物流的特点角度分析，物流需求具有涉及面广、内涵丰富和无法进行单一计量的特点，许多物流企业(包括希望介入物流服务领域的企业)较难把握市场需求和进行市场定位。从物流的发展规律来看，现代物流服务的需求包括“量”和“质”两个方面，即从物流规模和物流服务质量中综合反映物流的总体需求。物流规模是物流活动中运输、储存、包装、装卸搬运和流通加工等物流作业量的总和。目前，在没有系统的社会物流量统计的情况下，由于货物运输是物流过程中实现位移的中心环节，因此用货物运输量变化趋势来衡量社会物流规模的变化趋势是最接近实际的。物流服务质量是物流服务效果的集中反映，可以用物流时间长短、物流费用高低、物流效率大小来衡量。

4.1.2 物流需求的特点

从本质上来说，物流需求具有普遍性、派生性、复杂性、时间性和空间性。

1. 普遍性

社会经济中所有物品的物质实体，无论处在运动状态(运输、搬运)，还是处在静止状态(储存、保管)，还是处在静动状态(包装、装卸、加工、检验)，毫不例外地都处在物流状态。它们或者是使物品发生空间位置的变动，或者是使物品发生时间位置的变动，或者是使物品发生形状性质的变动。物质是不灭的，因此物流也是普遍的，无处不在、无时不在的。

2. 派生性

物流需求是社会经济活动特别是制造与商贸企业经营活动派生的一种次生需求。随着社会经济的发展和社会分工的扩大，物资供应地与消费地趋向分离，在物品从供应地向接收地的实体流动过程中，对物流的需求(如运输、储存、装卸、搬运、包装、流通加工、配送和信息处理等)是围绕社会活动、根据实际需要展开的。物流需求不会自行发生，而是建立在社会经济需求基础之上的。

3. 复杂性

物流需求的派生性决定了其复杂性，社会经济活动千差万别，经济全球化使得供需市场时空范围无限扩大，经济总量、产业结构、投资规模、对外贸易、消费市场、资源禀赋、服务质量等都会影响物流需求，使物流需求发生变化。比如，多对多的供需市场、越来越长的产业链、越来越宽的产品线、需求时刻发生变化的消费者等。

4. 时间性

经济建设和经济发展的不同阶段对物流的需求不同，区域经济发展的水平和速度也对物流的需求量产生影响，同时，科技进步使产品生命周期缩短，经济发展使人们收入水平提高、消费观念发生较大变化，并且国家对物流业发展的政策支持、资金支持都强化了物流需求对时间变化的敏感性。

5. 空间性

考虑生产力布局、各区域经济发展的空间分布和优劣势，在一定时间内都会使物流需求呈现较大的地域差异和集中趋势，同时会对物流基础设施的规划与布局产生较大影响。中国物流与采购联合会和中国物流学会联合发布的《第三次全国物流园区(基地)调查报告(2012年)》表明：从物流园区的区域分布来看，长江中游经济区最多，为139家，然后依次是北部沿海经济区128家、西南经济区98家、黄河中游经济区93家、东部沿海经济区93家、南部沿海经济区84家、西北经济区63家、东北经济区56家。可见，经济发展的集中程度在很大程度上影响着物流需求的空间布局。

4.1.3 物流需求的影响因素

由于物流活动渗透到了生产、流通、消费整个社会经济活动过程中，与社会经济的发展存在着密切的联系，是社会经济活动的重要组成部分，因而物流需求与社会经济发展有着密切的相关性。影响物流需求的主要因素包括以下几个方面。

(1) 经济发展催生物流需求。

(2) 宏观经济政策和管理体制的变化会对物流需求产生刺激或抑制作用。

(3) 市场环境变化影响物流需求，包括国际、国内贸易方式的改变和生产企业、流通企业的经营理念的变化及经营方式的改变等。

(4) 消费水平和消费理念的变化也影响物流需求。

(5) 技术进步会对物流需求的量、质和服务范围均产生重大影响。

(6) 物流服务水平对物流需求存在刺激或抑制作用。

4.2　物流需求预测概述

物流需求预测的目标在于为社会物流活动提供物流能力供给满足物流需求的依据，以保证物流服务的供给与需求之间的相对平衡，使社会物流活动保持较高的效率与效益。在一定时期内，当物流能力供给不能满足这种需求时，将对需求产生抑制作用；当物流能力供给超过这种需求时，不可避免地造成供给的浪费。因此，物流需求是物流能力供给的基础，物流需求预测的社会经济意义亦在于此。

4.2.1　物流需求预测的定义及内容

物流需求预测是根据物流市场过去和现在的需求状况及影响物流市场需求变化的因素之间的关系，利用一定的经验判断、技术方法和预测模型，应用合适的科学方法对有关反映市场需求指标的变化及发展的趋势进行预测。

精确的需求预测可以促进物流信息系统和生产设施能力的计划和协调，可以确定产品是如何向配送中心和仓库或者零售商进行分配的。为明确责任，衡量需求预测的效果，开展物流需求预测需要建立一套包括组织、程序、动机及人事等方面的、可预测的行政管理体制，以支持预测活动的开展，在此基础上选择预测技术、实施预测过程并对其过程实行有效监控。

物流需求预测内容包括如下内容。

(1) 市场总潜力预测。

(2) 企业经营地区市场潜力预测。

(3) 企业经营地区范围内社会购买力的发展趋势预测。

(4) 企业所生产和经营产品的需求趋势预测。

(5) 产品生命周期及新产品投入市场的成功率预测。

(6) 产品市场占有情况预测。

4.2.2　物流需求预测的意义

物流需求预测对市场各方参与主体都具有积极的意义，主要表现为以下四个方面。

(1) 对政府，有利于制定物流产业经营与管理政策、产业发展规划、市场主体行为规范、相关法令条例等，并能从宏观角度，从量和度进行参照与把控。

(2) 对行业，有利于行业资源配置导向、市场进出机制制定、企业经营行为鼓励与约束机制制定、行业扶持政策制定、市场监测与管理。

(3) 对企业，有利于参与各方有效规避投资风险、有效开展招商引资、合理分配资产负债比、量化项目投资可行性。

(4) 对整个物流业设施设备配置，有利于按量按需配置设施设备，降低物流行业固定资产投资额，进一步降低物流成本占 GDP 的比重，优化物流业发展效率。

4.3 需求预测的基本步骤与方法

4.3.1 需求预测的基本步骤

为了进行有效的预测，在预测过程中需要遵循以下六个基本步骤。

1. 确定需求性质

预测的需求可以分为从属需求和独立需求。从属需求具有垂直顺序特征，如采购和制造情况，零部件的采购是为了装配成制成品，所以零部件的需求取决于制成品的装配计划。水平从属需求是一种特殊需求，需求的项目并非是为了完成制造过程，也有可能是为了完成营销过程。如在每个装运项目中包括了附属物、促销项目或经营者手册等，那么对附属物的需求预测就取决于装运项目的计划。因此，对如零部件等的从属需求的预测，可直接通过基本项目的需求估计来确定，而无须分别进行预测。

独立需求预测则是两个项目的需求毫无关系，如对洗衣机的需求有可能与对洗衣粉的需求无关，洗衣粉的预测对改善洗衣机预测将不起任何作用。这类项目主要包括大多数最终消费品和工业物资，必须单独预测。

2. 确定预测目标

明确预测目标是进行有效预测的前提。有了明确具体的预测目标，才能有的放矢地收集资料，否则就无法确定调查什么，向谁调查，更谈不上怎样进行预测。而且，预测目标的确定应尽量明细化、数量化，以利于预测工作的顺利开展。

3. 确定预测内容，收集资料，并进行初步分析

预测内容即影响物流需求的因素，一般包括：某时期的基本需求水平、季节因素、趋势值、周期因素、促销因素及不规则因素六个方面。预测者必须认识到不同因素对物流需求的潜在影响，并能适当地予以处理，对于特定项目具有重大意义的因素必须予以识别、分析并与适当的预测技术相结合。

(1) 某时期的基本需求水平是以整个展延时间内的平均值表示的，是对没有季节因素、周期因素和促销因素等成分的项目的适当预测。

(2) 季节因素通常建立在年度基础上，是对消费零售层次而言，在某几个季度，某物品的需求量较大，而在另几个季度，需求量较小的规律运动。对批发层次而言，这种季节因素先于消费需求大约一个季度。

(3) 趋势值是指在一个展延的时期内，定期销售的变化。它可以为正、为负或不确定方向，人口或消费类型的变化决定趋势值的增减，销售量随时间而增加是正的趋势值，反之，则为负的趋势值。一般情况下，由于人们消费习惯的变化，趋势方向会改变许多次。

(4) 周期因素如商业周期，一般来说，每隔 3～5 年就有一次经济波动，许多大宗商品需求就与商业周期联系紧密。

(5) 促销因素。厂商市场营销活动在某些行业会引发需求波动，对销售量有很大的影响。促销期间销售量增加，随着利用促销逐渐售出库存后销售量逐渐下降。

(6) 不规则因素是随机的或无法预测的因素。在展开一项预测的过程中，其目标是要通过跟踪和预计其他因素，使随机因素降低到最小限度。

在了解预测内容的基础上，根据预测目标收集资料并进行初步分析，观察资料结构及其性质，并以此作为选择适当预测方法的依据。

4. 选择预测方法

在需求预测中有两种方法，即经验判断法和数学模型法。经验判断法由预测者根据所掌握的资料进行数据分析，凭借专业知识和经验进行预测，这种方法多在掌握资料不够全面，预测准确度要求不高时使用。更多情况下，使用的是建立数学模型的方法，包括时间序列建模和相关性建模两种方法，这种预测相对经验判断法更准确一些。

5. 计算并做出预测

以预测目标为导向，根据选定的预测方法，利用掌握的资料，就可以具体研究，进行定性或定量分析，预测物流的需求状况。

6. 分析预测误差

根据现实资料对未来进行预测，产生误差是难免的。误差的大小反映预测的准确程度，如果预测误差过大，其预测结果就会偏离实际太远，从而失去参考价值。因此，对预测可能出现的误差进行分析是十分必要的，一方面要分析误差产生的原因，另一方面要检查预测方法的合理性。总之要使预测误差降到最小。

4.3.2 需求预测的方法

1. 定性预测法

定性预测法又称经验判断法，主要是利用市场调查得到的各种信息，根据预测者个人的知识、经验和主观判断，对市场未来发展趋势做出判断。这种方法的优点是时间短，费用省，简单易行，能综合多种因素；缺点是主观随意性较大，预测结果不够准确。常用的定性预测法有意见综合预测法、一般人员意见法、专家会议法和德尔菲法。

1) 意见综合预测法

意见综合预测法又称集合判断预测法，是指对某一预测问题先由有关专业人员和行业专家分别做出预测，然后综合全体成员的预测信息做出最终的预测结论。许多预测问题只凭预测者个人的知识和经验进行预测往往具有局限性，意见综合预测法则能集思广益，克服个人预测的局限性，有利于提高预测的质量。

例 4-1 请三位专家根据目前市场情况预测某地区明年对手机的需求量，甲预测为 20 万台，乙预测为 16 万台，丙预测为 10 万台。一个最有经验且最了解行情的人认为，三位专家的预测均有一定依据，评定甲的概率为 0.5，乙的概率为 0.4，丙的概率为 0.1。按这个概率计算，则明年该地区手机预测的需求量为

$20\times0.5+16\times0.4+10\times0.1=17.4$(万台)

2) 一般人员意见法

一般人员意见法又可分为集体意见预测法、经营人员意见预测法和客户意见预测法。

(1) 集体意见预测法，即把所有参与者的预测意见加权平均求出预测值的方法。

(2) 经营人员意见预测法，即通过听取经营人员的意见来预测市场需求的方法。其特点是简单明了，容易操作，对商品需求量、品种、规格等都可以进行预测，在实际使用中灵活主动。

(3) 客户意见预测法。即直接听取客户意见后确定预测数的方法。通过调查客户的购买意向，考虑可能出现的竞争情况之后，得出本公司产品需求的预测数。客户意见预测法可采用的方式包括：走访客户、客户座谈会、电话调查和问卷调查等。

3) 专家会议法

专家会议法是指由拥有丰富知识和经验的人员组成专家小组进行座谈讨论，互相启发、集思广益，最终形成预测结果的方法。这些专家可以是外来的专家，也可以是企业内部各职能领域的专家。此法的缺点是与会人数有限，且易受权威人士左右。

4) 德尔菲法

德尔菲法又称专家调查法，1946 年由美国兰德公司创始实行。该方法是由企业组成一个专门的预测机构，其中包括若干专家和企业预测组织者，按照规定的程序，用书面形式独立地征询专家对未来市场的意见或者判断，公司主持人将结果汇总后反馈给每个人，使他们有机会比较他人不同意并调整自己的意见。这个过程通过反复进行几次，最终将达成一致。这种方法可以避免专家组中个别有影响力的人主导整个决策过程。德尔菲法预测过程如图 4-1 所示。

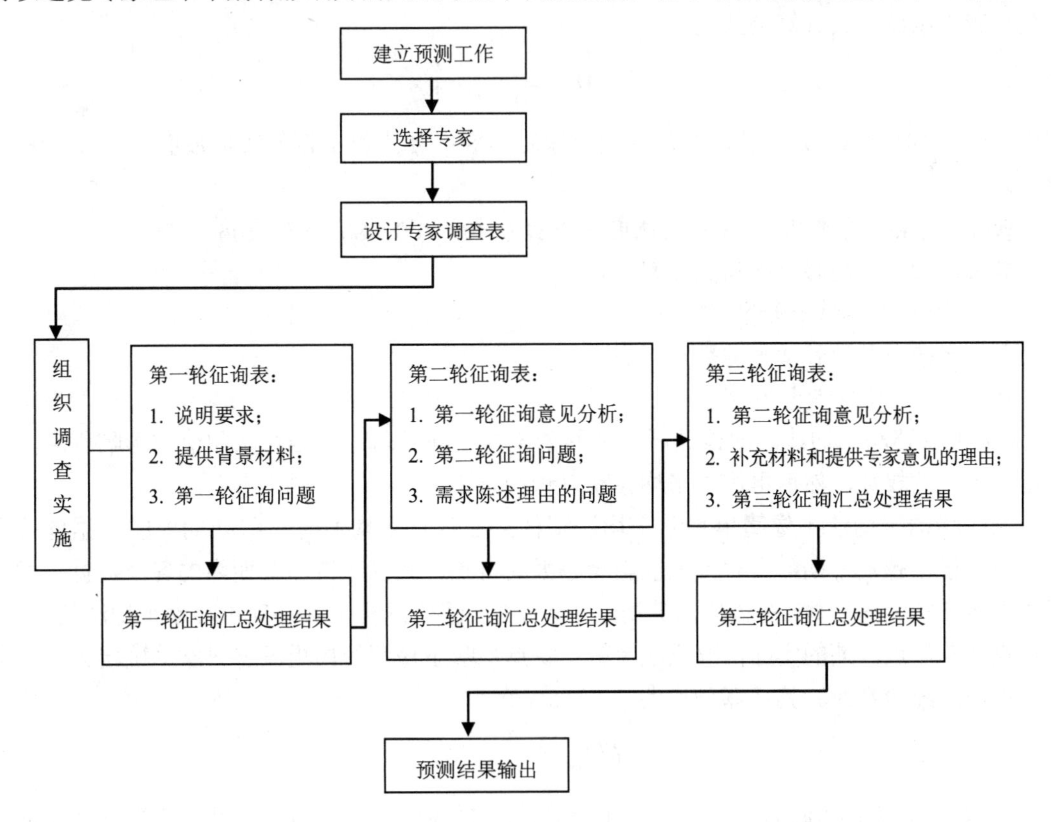

图 4-1　德尔菲法预测过程

2. 定量预测法

定量预测法是使用历史数据或因素变量来预测需求的数学模型。根据已掌握的历史统计数据，运用一定的数学方法进行科学的加工整理，借以揭示有关变量之间的规律性联系，用于预测和推测未来发展变化情况的一类预测方法。

定量预测法的优点是偏重于数量方面的分析，重视预测对象的变化程度，能对变化程度作出在数量上的准确描述。它主要把历史统计数据和客观实际资料作为预测的依据，运用数学方法进行处理分析，受主观因素的影响较少；它可以利用现代化计算方法，来进行大量的计算工作和数据处理。其缺点是比较机械，不易灵活掌握，对信息资料质量要求较高。

定量预测法主要包括：时间序列法和因果分析法。

1) 时间序列法

时间序列法使用大量历史数据估计未来数据，常用的时间序列法有以下几种。

(1) 简单预测法，即将前一时期的实际值作为下一期简单的预测值，需求稳定的产品可以使用这一预测方法。其优点是使用简单、成本低、不用数据分析、容易理解；缺点是预测精度不高。其计算公式为

$$MA_n = A_{n-1}$$

式中，MA_n 为第 n 期预测值；A_{n-1} 为第 $n-1$ 期实际值；n 为总序时项数。

(2) 移动平均法，即将预测期前几期的实际数值的算术平均数作为下期预测值。其优点是便于计算；缺点是赋予各期相同的权重，如果时间序列发生了非随机变动，该方法对这种变化反应不敏感。其计算公式为

$$MAn = \left(\sum_{i=1}^{n} A_i\right) / n$$

式中，i 为序时项数；n 为移动平均中的总序时项数；A_i 为第 i 期的实际数值；MAn 为移动平均数。

例 4-2 某库存产品 1—6 月的使用量分别为 90、100、80、85、106、95。

若求前四个月的移动平均数，则：

$(90+100+80+85) \div 4 = 88.75$

若求后四个月的移动平均数，则：

$(80+85+106+95) \div 4 = 91.5$

(3) 加权移动平均法，即根据同一个移动段内不同时间的数据对预测值的影响程度，分别给予不同的权数，然后再进行平均移动以预测未来值。

加权移动平均法不像简单移动平均法那样，在计算平均值时对移动期内的数据同等看待，而是根据越是近期数据对预测值影响越大的特点，区别对待移动期内的各个数据。对近期数据给予较大的权数，对较远的数据给予较小的权数，这样来弥补简单移动平均法的不足。其优点是对最近一期的实际情况反应灵敏；缺点是赋予每期的权重没有科学的确定方法，只能靠主观的经验判断。其计算公式为

$$MA_{n+1} = \sum_{i=n-k}^{n} A_i x_i$$

式中，MA_{n+1} 为第 $n+1$ 期加权平均值；A_i 为第 i 期实际值；x_i 为第 i 期权重；k 为移动步长。

例 4-3 某原材料供应商在前三周的需求量依次为 20、18、16，给最近一期数据赋予的权重 0.5，上一次数据赋予权重 0.3，再上一期数据分配权重 0.2，则加权平均值为

$16\times0.5+18\times0.3+20\times0.2=17.4$

(4) 指数平滑法。

① 一次指数平滑法。一次指数平滑法(Single Exponential Smoothing)，又称单一指数平滑法，是指以最后的一个第一次指数平滑。它只有一个平滑系数，而且当观察值离预测时期越久远时，权数变得越小。一次指数平滑是以一段时期的预测值与观察值的线性组合作为 t+1 期的预测值，即每个预测值是前一预测值和前一实际需求的加权平均。其计算公式为

$$F_{t+1}=\alpha Y_t+\left(1-\alpha\right)F_t$$

式中，Y_t 为 t 期的实际观测值，F_t 为 t 期预测值，α 为平滑系数 $(0<\alpha<1)$。

平滑系数 α 决定了预测对偏差调整的快慢。α 的值越接近 0，预测值对偏差的调整就越慢(即预测对时间序列做出了更大的平滑)；反之，α 的值越趋于 1，预测值对偏差的调整就越快，同时平滑效果就越差。在实际中，α 取 0.1 和 0.2 最频繁，当 0.1 这样小的数被选择使用时，由于它建立在大量的过去时间段的平均数的基础上，其反应结果将是十分缓慢和渐进的。使用较高值时，势必导致这种预计行为对实际变化做出太快反应。有了指数的平滑作用，只需要用过去预计值和过去时间段内的实际需求值的差值乘以 α，就对过去预计值做出了调整。

② 二次指数平滑法。当时间序列的变动出现直线趋势时，用一次指数平滑法来预测仍存在滞后偏差，需要进行修正。修正的方法是在一次指数平滑的基础上做二次指数平滑，利用滞后偏差的规律找出曲线的发展方向和发展趋势，然后建立直线趋势预测模型。

设一次指数平滑为 $S_t^{(1)}$，则二次指数平滑 $S_t^{(2)}$ 的计算公式为

$$S_t^{(1)}=\alpha Y_t+\left(1-\alpha\right)S_{t-1}^{(1)}$$
$$S_t^{(2)}=\alpha S_t^{(1)}+\left(1-\alpha\right)S_{t-1}^{(2)}$$

由两个平滑值可以计算线性平滑模型的两个参数：

$$\alpha_t=2S_t^{(1)}-S_t^{(2)}$$

$$\beta_t=\frac{\alpha}{1-\alpha}\left(S_t^{(1)}-S_t^{(2)}\right)$$

得到线性平滑模型：

$$F_{t+m}=\alpha_t+\beta_t m \tag{4.1}$$

式中，m 为预测的超期期数。

例 4-4 某厂某产品的销量如表 4-1 所示，用指数平滑法预测 2021 年的销售量。

表 4-1 指数平滑预测实例表

年　份	t	销售量(千台)	$S_t^{(1)}$	$S_t^{(2)}$
	0		2.30	2.30
2014	1	2.30	2.30	2.30
2015	2	3.40	2.63	2.40
2016	3	5.10	3.37	2.69
2017	4	7.20	4.52	3.24

续表

年　份	t	销售量(千台)	$S_t^{(1)}$	$S_t^{(2)}$
2018	5	9.00	5.86	4.03
2019	6	10.60	7.28	5.00
2020	7	12.00	8.70	6.11
2021	8	14.30	10.38	7.39

解：(1) 设 $\alpha=0.3$，计算一次、二次指数平滑值。

(2) 由表 4-1 建立时间序列趋势方程：

$$F_{2021+m}=\alpha_{2021}+\beta_{2021}m$$

$$\alpha_{2021}=2S_t^{(1)}-S_t^{(2)}=2\times10.38-7.39=13.37\,(\text{千台})$$

$$\beta_{2021}=\frac{\alpha}{1-\alpha}(S_t^{(1)}-S_t^{(2)})=\frac{0.3}{1-0.3}\times(10.38-7.39)=1.28\,(\text{千台})$$

(3) 求解预测值：

$$F_{2021+1}=13.37+1.28\times1=14.65\,(\text{千台})$$

2) 因果分析法

因果分析法的主要方法是一元(多元)线性回归，是利用引起需求变化的变量来推测需求变化趋势的一种预测方法。它是利用实际数据而不是预测数据来进行预测的，这些变量包括通货膨胀率、GNP、失业率、天气状况、其他产品的销售情况等。这些变量与需求变化之间或具有确定性关系(或称函数关系)，或具有不确定性关系(相关关系)，应找出这些因果关系，并据此预测需求的变化趋势。

因果分析法是从事物变化的因果关系质的规定性出发，用统计方法寻求市场变量之间依存关系的数量变化函数表达式的一类预测方法。这类预测方法在市场预测中常使用回归分析法和经济计量法。

(1) 回归分析法。当预测目标变量(称因变量)由于一种或几种影响因素变量(称自变量)的变化而变化，根据某一个自变量或几个自变量的变动，来解释推测因变量变动的方向和程度，常用回归分析法建立数学模型。

回归分析法是指在掌握大量观察数据的基础上，利用数理统计方法建立因变量与自变量之间的回归关系函数表达式，来描述它们之间数量上的平均变化关系。这种函数表达式称回归方程。

在回归分析中，当研究的因果关系只涉及因变量和一个自变量时，叫作一元回归分析；当研究的因果关系涉及因变量和两个或两个以上自变量时，叫作多元回归分析。

在回归分析中，又依据描述自变量与因变量之间因果关系的函数表达式是线性的还是非线性的，分为线性回归分析和非线性回归分析。

线性回归分析是最基本的方法，也是市场预测中的一种重要预测方法。

(2) 经济计量法。在市场经济条件下，市场作为社会经济活动的基本场所，它一方面是企业营销活动的环境，另一方面也将社会经济系统视为其环境。这种市场现象之间的系统关系，使市场变量之间的某些因果关系不能只研究自变量对因变量的影响，而忽视因变量对自变量的逆向影响或各种自变量之间的相互影响。

这样一种市场变量间相互依存的复杂关系，回归分析法往往就不能对其做出系统描述。

经济计量法就是揭示这类市场变量间复杂因果关系数量变化关系的方法。

经济计量法是在以经济理论和事实为依据的定性分析基础上，利用数理统计方法建立一组联立方程式，来描述预测目标与相关变量之间经济行为结构的动态变化关系，这组联立方程式称为经济计量模型。

4.3.3 常见的预测模型

常见的预测模型有：报童模型、灰色预测、斯坦克尔伯格模型。

1. 报童模型

报童模型是典型的单阶段、随机需求模型，主旨是寻找产品最佳订货量，来最大化期望收益或最小化期望损失。它必须在随机事件(需求实现)之前做出决策(订购多少产品)，最后在随机事件发生之后，才能了解是订购过多还是订购过少。报童模型反映了真实情况，已被应用于诸多领域，如时尚健身行业、制造及零售业的辅助决策，航空与旅馆的管理容量和评估预订等。

1) 报童模型问题描述

报童每天早晨从报社购进报纸零售，晚上将没有卖掉的报纸退回。设报纸每份的购进价为 b，零售价为 a，退回价为 c，假设 $a>b>c$，即报童出售一份报纸赚 $a-b$，退回一份报纸赔 $b-c$。报童每天购进报纸太多，卖不完会赔钱；购进太少，不够卖会少挣钱。而市场对报纸的需求量是一个随机变量。试为报童预测每天购进报纸的数目，以获得最大收入。

2) 报童模型建立过程

设在报童销售范围内，每天报纸的需求量为 r 份的概率是

$$f(r), r=1,2,\cdots,n$$

报童每天购进 n 份报纸的平均收入为 $G(n)$，如果这天的需求量 $r\leqslant n$，则售出 r 份，退回 $n-r$ 份；如果需求量 $r>n$，则 n 份将全部售出，没有退回。故此时的利润随机变量为

$$Y=\begin{cases}(a-b)r-(b-c)(n-r) & r\leqslant n\\(a-b)n & r>n\end{cases} \tag{4.2}$$

根据已知需求量 r 的分布规律 $f(r)$，得平均收入为

$$G(n)=E(Y)=\sum_{r=0}^{n}[(a-b)r-(b-c)(n-r)]f(r)+\sum_{r=n+1}^{\infty}(a-b)nf(r) \tag{4.3}$$

通常需求量 r 和购进量 n 都相当大，故将 r 视为连续型随机变量，以便于分析和计算，此时将需求量 r 的分布规律 $f(r)$ 转化为概率密度 $p(r)$ 来处理，则 $G(n)$ 变为

$$G(n)=E(Y)=\int_0^n[(a-b)r-(b-c)(n-r)]p(r)\mathrm{d}r+\int_n^{\infty}(a-b)np(r)\mathrm{d}r \tag{4.4}$$

接下来只需对 $G(n)$ 关于 n 求导后找 $G(n)$ 的最大点，即可求出最优解。

2. 灰色预测

灰色预测是就灰色系统所做的预测，灰色系统是介于白色系统和黑箱系统之间的过渡系统，其具体含义是：若某一系统的全部信息已知为白色系统，全部信息未知为黑箱系统；若部分信息已知，部分信息未知，则称为灰色系统。一般来讲，社会系统、经济系统、生态系统都是灰色系统。例如，物价系统，导致物价上涨的因素很多，但已知的却不多，因此对物价这一灰色系统的预测可以用灰色预测方法。

1) 灰色预测的种类

(1) 灰色时间序列预测。用观察到的反映预测对象特征的时间序列构造灰色预测模型，预测未来某一时刻的特征量，或达到某一特征量的时间，如国民生产总值预测、粮食产量预测、商品销售量变化预测等。

(2) 畸变预测。通过灰色模型预测异常值出现的时刻，预测异常值什么时候出现在特定时区内。

(3) 系统预测。通过对系统行为特征指标建立一组相互关联的灰色预测模型，预测系统中众多变量间协调关系的变化。

(4) 拓扑预测。将原始数据制作为曲线，在曲线上按定值寻找该定值发生的所有时点，并以该定值为框架构成时点数列，然后建立模型预测该定值所发生的时点。

2) 灰色生成数列

灰色系统理论认为，尽管客观表象复杂，但总是有整体功能的，因此必然蕴含某种内在规律。关键在于如何选择适当的方式去挖掘和利用规律。灰色系统是通过对原实时数据的整理来寻求其变化规律的，这是就数据寻求数据的现实规律的途径，即为灰色序列的生成。一切灰色序列都能通过某种生成弱化其随机性，显示其规律性。数据生成的常用方式有累加生成和累减生成。

(1) 累加生成(IAGO)。

把数列各项数据依次累加的过程称为累加过程(AGO)。由累加生成过程所得的数列称为累加生成数列。设原始数列为 $x^{(0)}=(x^{(0)}(1),x^{(0)}(2),\cdots,x^{(0)}(n))$，若对其做一次累加，便得到一次累加数列：

$$x^{(1)}=(x^{(1)}(1),x^{(1)}(2),\cdots,x^{(1)}(n))$$

若对其做 r 次累加，便得到 r 次累加数列：

$$x^{(r)}=(x^{(r)}(1),x^{(r)}(2),\cdots,x^{(r)}(n))$$

其中

$$x^{(1)}(1)=x^{(0)}(1)$$

$$x^{(1)}(2)=x^{(0)}(1)+x^{(0)}(2)$$

$$x^{(1)}(n)=x^{(0)}(1)+x^{(0)}(2)+\cdots+x^{(0)}(n)$$

$$x^{(r)}(1)=x^{(r-1)}(2)$$

$$x^{(r)}(2)=x^{(r-1)}(1)+x^{(r-1)}(2)$$

$$x^{(r)}(n)=x^{(r-1)}(1)+x^{(r-1)}(2)+\cdots+x^{(r-1)}(n)$$

即累加计算公式为

$$x^{(r)}(k)=\sum_{i=1}^{k}X^{(r-1)}(i)=\mathrm{AGO}\,x^{(r-1)}(k) \tag{4.5}$$

式中，$k=1,2,\cdots,n$。

将式(4.5)进行变换可得到

$$\begin{aligned}x^{(r)}(k)&=[x^{(r-1)}(1)+x^{(r-1)}(2)+\cdots+x^{(r-1)}(k-1)]+x^{(r-1)}(k)\\&=\sum_{i=1}^{k-1}X^{(r-1)}(i)+x^{(r-1)}(k)\\&=x^{r}(k-1)+x^{(r-1)}(k)\end{aligned} \tag{4.6}$$

例 4-5 2010—2020 年，某港口货物吞吐量原始数列为

$$x^{(0)}(t)=\{x^{(0)}(75),\ x^{(0)}(76),\cdots,\ x^{(0)}(85)\}$$
$$=\begin{Bmatrix}122929,124853,126376,127533,128105,129069,\\130675,132646,133691,134404,136401\end{Bmatrix}$$

试求 $x^{(0)}(t)$ 的一次累加生成数列 $x^{(1)}(k)$。

解：$x^{(1)}(k)=\{x^{(1)}(k),\ k=1,2,\cdots,11\}=\text{AGO}x^{(0)}(t)$
$$=\begin{Bmatrix}122929,247782,374158,501691,629796,758865,889540,\\1022186,1155877,1290281,1426682\end{Bmatrix}$$

(2) 累减生成(IAGO)。累减生成是累加生成的逆运算。

设已知生成数列：

$$x^{(1)}(k)=\{\ \}$$

对其做一次累减，即对式(4.6)做一次逆运算，得：

$$\varDelta^{(1)}(x^{(r)}(k))=x^{(r)}(k)-x^{(r)}(k-1)=x^{(r-1)}(k)$$

对其做二次累减：

$$\varDelta^{(2)}[x^{(r)}(k)]=\varDelta^{(1)}[x^{(r)}(k)]-\varDelta^{(1)}[x^{(r)}(k-1)]=x^{(r-2)}(k)$$

对其做 r 次累减：

$$\varDelta^{(r)}[x^{(r)}(k)]=\varDelta^{(r-1)}[x^{(r)}(k)]-\varDelta^{(r-1)}x^{(r-1)}[x^{(r)}(k-1)]=x^{(0)}(k) \tag{4.7}$$

所以累减运算可以使累加生成数列还原为原始数列。

例 4-6 将例 4-5 的累加数列还原为原始数列。

解：由式(4.7)得：

$x^{(0)}(k)=\varDelta^{(1)}[x^{(r)}(k)]=x^{(1)}(k)-x^{(r)}(k-1)$

则有 k=1，$x^{(0)}(1)=x^{(1)}(1)=122129$；

k=2，$x^{(0)}(2)=x^{(1)}(2)-x^{(1)}(1)=124853$；

……

k=11，$x^{(0)}(11)=x^{(1)}(11)-x^{(1)}(10)=136401$。

于是有 $\varDelta^{(1)}[x^{(r)}(k)]=\{122929,24853,\cdots,136401\}=x^{(0)}(k)$。

3) $GM(1,1)$ 模型的建模过程

灰色系统理论用到的模型，一般是微分方程描述的动态模型、时间函数形式的时间响应模型。一个 h 阶、n 个变量的 GM 模型记为 $GM(n,\ h)$。预测模型一般是 $GM(n,\ 1)$模型，即 n 阶一个变量模型，对于产品销售量、运输量、吞吐量、农业产量等特征量变化分析和预测较为适用。n 一般小于 3。n 越大，计算越复杂，而且精密度不高，所以预测时多采用 $GM(1,1)$ 模型。

设原始数列：

$$x^{(0)}(t)=(x^{(0)}(1),x^{(0)}(2),\cdots,x^{(0)}(n))$$

对其进行一次累加得生成数列：

$$x^{(1)}\left(k\right)=(x^{(1)}(1),x^{(1)}(2),\cdots,x^{(1)}(n))$$

式中，$x^{(1)}\left(i\right)=\sum_{m=1}^{i}x^{(0)}\left(m\right)$。

(1) 对 $x^{(1)}$ 建立 $GM(1,1)$模型有：

$$\frac{\mathrm{d}x^{(1)}}{\mathrm{d}t}+ax^{(1)}=u \tag{4.8}$$

将式(4.4)离散化，得：

$$x^{(0)}(k+1)+a\left\{\frac{1}{2}[x^{(1)}(k)+x^{(1)}(k+1)]\right\}=u$$

或改写为

$$x^{(0)}(k+1)+a\left\{-\frac{1}{2}[x^{(1)}(k)+x^{(1)}(k+1)]\right\}+u \tag{4.9}$$

(2) 采用最小二乘法求取特定参数 a，u。

构造矩阵 $\boldsymbol{B}$ 和向量如下。

$$\boldsymbol{B}=\begin{bmatrix}-\frac{1}{2}[x^{(1)}(1)+x^{(1)}(2)] & 1\\ -\frac{1}{2}[x^{(1)}(2)+x^{(1)}(3)] & 1\\ \vdots & \vdots\\ -\frac{1}{2}[x^{(1)}(n-1)+x^{(1)}(n)] & 1\end{bmatrix},\quad \boldsymbol{y}_N=\begin{bmatrix}x^{(0)}(2)\\ x^{(0)}(3)\\ \vdots\\ x^{(0)}(n)\end{bmatrix}$$

求得：

$$\hat{a}=\begin{bmatrix}a\\ u\end{bmatrix}=(\boldsymbol{B}^{\mathrm{T}}\boldsymbol{B})^{-1}\boldsymbol{B}^{\mathrm{T}}\boldsymbol{y}_N$$

(3) 将求解 a，u 值代入，于是 $GM(1,1)$灰微分方程 $x^{(0)}(k)+az^{(1)}(k)=u$ 的时间响应序列为

$$\hat{x}^{(1)}(k+1)=\left(x^{(1)}(0)-\frac{u}{a}\right)\mathrm{e}^{-ak}+\frac{u}{a},\quad k=1,2,\cdots,n$$

还原后有

$$\hat{x}^{(0)}(k)=\hat{x}^{(1)}(k)-\hat{x}^{(1)}(k-1)$$

4) 模型的检验

用灰色理论方法建立的模型，都需要进行模型精度检验。常用的检验方法有残差检验、后验差检验及关联度检验。

(1) 残差检验。残差检验是用原始数列 $x^{(0)}$ 与预测数列 $\hat{x}^{(0)}$ 的差值进行检验，是一种直观检验法。其计算方法如下。

残差为 $$q^{(0)}(k)=x^{(0)}(k)-\hat{x}^{(0)}(k) \tag{4.10}$$

相对误差为 $$e(k)=\frac{q^{(0)}(k)}{x^{(0)}(k)}\times 100\% \tag{4.11}$$

平均相对误差为 $$\overline{e}(k)\sum_{i=1}^{n}e(i)/n$$

要求相对误差应尽可能小，一般 $e<10\%$。

(2) 后验差检验。后验差检验按照残差的概率分布进行检验，是一种统计检验法。其计算方法如下。

求 $x^{(0)}(t)$ 的平均值：

$$\overline{x} = \frac{1}{n}\sum_{i=1}^{n} x^{(0)}(i)$$

求 $x^{(0)}(t)$ 的方差：

$$S_1 = \sqrt{\frac{1}{n}\sum_{i=1}^{n}(x^{(0)}(i) - \overline{x})^2}$$

求残差 $q^{(0)}$ 的平均值 $\overline{q}$：

$$\overline{q} = \frac{1}{n}\sum_{i=1}^{n} x^{(0)}(i)$$

求残差 $q^{(0)}$ 的方差 S_2：

$$S_2 = \sqrt{\frac{1}{n}\sum[q^{(0)}(i) - \overline{q}]^2}$$

计算后验差比值 C：

$$C = \frac{S_2}{S_1} \tag{4.12}$$

计算小误差频率 P：

$$P = \{|q^{(0)}(t) - \overline{q}| < 0.6745 S_1\}$$

要求 C 越小越好，其取值一般为 $C < 0.35$，最大不超过 0.65。要求小误差频率要大，其取值一般为 $P > 0.95$，最小不得小于 0.7。根据 C、P 值的大小，可将模型精度分为四个等级，各等级标准如表 4-2 所示。

表 4-2　精度检验等级

预测精度	一级	二级	三级	不合格
P	>0.95	>0.80	>0.70	≤0.7
C	<0.35	<0.50	<0.65	≤0.65

如果检验不合格，应对模型进行修正。

(3) 关联度检验。关联度检验是模型曲线与原始数据曲线的几何相似检验。它是以 $x^{(1)}(k)$ 的导数 $x^1(k)$ 作为参考数列，与原始数列 $x^{(1)}(k)$ 做关联检验分析，确定二者的相关程度。关联度 r 的大小一般控制在 $r \geqslant 0.7$。

3. 斯坦克尔伯格模型

1) 斯坦克尔伯格模型介绍

斯坦克尔伯格提出了一个厂商选择产量为决策变量的博弈模型。该模型是一种先动优势模型，首先行动者在竞争中取得优势。

斯坦克尔伯格示意图如图 4-2 所示，假定市场只有两个企业，企业 1 具有先动能力，是先动者(又称领导者)，企业 2 是后动者(又称跟随者)，所以企业 2 根据观察到的企业 1 的行动(产量)来选择最优行动，那么，企业 1 也知道，自己一旦选择产量 q_1 后，企业 2 将有相应的反应函数。

企业 1

领头企业，Leader

企业 2

随从企业，Follower

图 4-2　斯坦克尔伯格示意图

2) 斯坦克尔伯格模型的一般求解

假定逆需求函数：$P = a-(q_1+q_2)$

成本：$C_1 = C_2 = C$

利润：$\pi_i(q_1,q_2) = q_i(P-c), i=1,2$

给定 q_1，求企业 2 的最优选择：$\text{Max}\,\pi_2(q_1,q_2) = q_2(a-q_1-q_2-c)$

因为企业 2 是根据观察到的 q_1 来最优其选择的，那么，企业 2 实现利润最优化一阶条件，并令其为 0，则意味着企业 2 的边际收益等于边际成本，利润最大化，得出其反应曲线：

$$q_2 = \frac{1}{2}(a-q_1-c) = s_2(q_1)$$

因为企业 1 先动，并且知道企业 2 会观察到自己的行动，并做出上式的反应，即企业 1 可预测到企业 2 将根据 $s_2(q_1)$ 来选择 q_2，同理可求得企业 1 的利润函数，带入 q_2，即 $s_2(q_1)$，得：

$$\text{Max}\,\pi_1[q_1, s_2(q_1)] = q_1[a-q_1-s_2(q_1)-c]$$

由最优一阶条件得：$q_1{*} = \frac{1}{2}(a-c)$，$q_2{*} = s_2(q_1{*}) = \frac{1}{4}(a-c)$

均衡结果：$\left[\frac{1}{2}(a-c), \frac{1}{4}(a-c)\right]$

均衡：$[q_1{*}, s_2(q_1)]$

此均衡为子博弈精炼纳什均衡。

4.4　需求预测误差与需求控制

4.4.1　预测误差

1. 预测误差的概念及产生原因

预测误差是指预测结果与预测对象发展变化的真实结果的差距。确定预测误差，是为了检验预测的准确度，为决策提供可靠的依据。预测误差产生的原因是多方面的，具体产生误差的原因包括以下几个。

(1) 忽略了重要的变量，或变量发生了大的变化，或新的变量出现，使得所采用的模型不适当。

(2) 由于气候或其他自然现象的严重变化(如大的自然灾害)引起的不规则变化。

(3) 预测方法不当或错误地解释了预测结果。

(4) 随机变量的存在是固有的。

2. 常用的评价指标

常用的评价指标有四种，分别为平均绝对偏差、平均平方误差、平均预测误差和平均绝对百分误差。

1) 平均绝对偏差(MAD)

平均绝对偏差又称平均绝对离差，是整个预期内每次预测值与实际值的绝对偏差(不分正负，只考虑偏差量)的平均值，能够较好地反映预测的精度，但不容易衡量无偏性。其计算公式为

$$\mathrm{MAD}=\frac{\sum_{t=1}^{n}|A_t-F_t|}{n} \tag{4.13}$$

式中，A_t为时段t的实际值；F_t为时段t的预测值；n为整个预测期内的时段个数(或预测次数)。

2) 平均平方误差(MSE)

平均平方误差是对误差的平方取平均值，能够较好地反映预测的精度，但无法衡量无偏性。其计算公式为

$$\mathrm{MSE}=\frac{\sum_{t=1}^{n}(A_t-F_t)^2}{n} \tag{4.14}$$

式中，符号意义同式(4.13)。

3) 平均预测误差(MFE)

平均预测误差是预测误差的和的平均值，能够很好地衡量预测模型与无偏性，但不能反映预测值偏离实际值的程度。其计算公式为

$$\mathrm{MFE}=\frac{\sum_{t=1}^{n}(A_t-F_t)}{n} \tag{4.15}$$

式中，符号意义同式(4.13)。

4) 平均绝对百分误差(MAPE)

$$\mathrm{MAPE}=\left(\frac{100}{n}\right)\sum_{t=1}^{n}\left|\frac{A_t-F_t}{A_t}\right| \tag{4.16}$$

式中，符号意义同式(4.13)。

3. 预测误差监控

检验预测模型是否有效，可以将最近的实际值与偏差进行比较，看偏差是否在可以接受的范围，可采用跟踪信号法(Tracking Signal，TS)。跟踪信号法是指预测误差滚动和与平均绝对偏差的比值，是用来衡量预测结果的准确程度的。当预测每周、每月或每季都更新时，将新的已获得的实际需求量与相应预测值比较。

$$TS = \frac{RSFE}{MAD} = \frac{\sum(\text{Actual-Forecast})}{MAD} \tag{4.17}$$

正的跟踪信号表明实际需求大于预测值，负的跟踪信号则表明实际需求小于预测。一个令人满意的跟踪信号应有较低的 RSFE，其正负误差差不多同样大。也就是说，小的偏差是允许的，但偏差正负项应相互抵消，这样跟踪信号才接近于零。

一旦跟踪信号算出来以后，就要将之与预定的控制界限比较。若超过上下控制限，说明预测方法存在问题，管理人员应重新评估其所用的预测方法。

运用跟踪信号进行监控的具体手段有：自适应平滑和聚焦预测等。

1) 自适应平滑(Adaptive Smoothing)

自适应平滑是运用跟踪信号进行监控过程中的一种对预测结果进行调整的手段。它也是自适应预测中的一种重要方法。自适应预测是指由计算机监控跟踪信号，并当信号超出控制线时自动进行调整。当预测用的是指数平滑法时，首先以使预测误差最小化的原则来选取 a 和 b；接着，当计算机注意到异常跟踪信号时，自动进行 a 和 b 的调整。这就是自适应平滑。

2) 聚焦预测(Focus Forecasting)

在进行预测之前，先试验各种预测模型，然后选出预测误差最小的预测模型进行预测，这种方法称为聚焦预测。聚焦预测提供了一种合理的短期预测方法，这里的短期是指月度或季度等不到一年的一段时期。聚焦预测的一个典型作用便是严密监控和快速反应。聚焦预测是基于以下两个原则的：首先是非常复杂的预测模型并不总比简单的预测模型强；其次是不存在能适用于所有产品或服务预测的单个技术。

4.4.2 需求控制

预测需求时无论怎样谨慎仍会面临不确定性。需求的不确定性主要是指顾客对产品需求量的不确定性，还包括需求分布在时间、空间上的差异性，需求结构的变动等。牛鞭效应是供应链中需求不确定性的典型表现。需求变化之所以变得难以管理，是因为对某个需求的变更很可能影响到其他需求，进而会对企业的正常生产经营产生重大影响。这是企业非常畏惧的问题，也是必须面对与处理的问题。需求变化本是正常的，并不可怕，可怕的是需求的变化得不到控制。

需求控制的方式主要包括以下两个。

1. 设置安全库存

为了应对需求的不确定性，企业要设置一定量的安全库存。它实际上是一种企业额外持有的库存，是作为一种缓冲器用来补偿在订货提前期内实际需求量超过期望需求量，或实际提前期超过期望提前期所产生的需求。由于供应数量严重不足，下游厂商的生产可能因缺货而停滞，对最终顾客市场的供应不足则会导致销售利润萎缩，以及顾客忠诚度和产品市场占有率的下降。理想的情况是使供应链处于低需求水平，库存量能同时满足下游厂商和最终顾客的需求，供应链能实现平稳运作，当需求发生波动时，供应链能适当地在中低度需求水平之间移动。要达到这一目标，需要找到一个合适的安全库存量。

2. 控制可预测变量

在实际经济生活中，很多产品的需求都受到一些可预测变量的影响，因而需求量常常在不同时期之间波动。可预测变量包括季节性因素和非季节性因素。前者对诸如草坪修整机和滑雪衫之类的产品有影响；后者如促销和产品认同率，会导致销售出现可预测的增长或下滑。企业面对可预测变量，必须恰当地做出反应，以实现获利最大。通过供给和需求管理，可以有效地控制可预测变量，实现供应链的最终目标。

控制可预测变量一般有以下两种方法：利用生产能力、库存、转包生产来管理供给，对应供给管理；利用短期价格折扣和促销来管理供给，对应需求管理。

本 章 小 结

物流需求是指一定时期内，社会经济活动对生产、流通、消费领域的原材料、成品和半成品、商品及废旧物品、废旧材料等的配置作用而产生的对物流在空间、时间和费用方面的要求，涉及运输、库存、包装、装卸搬运、流通加工及与之相关的信息需求等物流活动的诸方面。物流需求具有普遍性、派生性、复杂性、时间性和空间性。

物流需求预测是根据物流市场过去和现在的需求状况及影响物流市场需求变化的因素之间的关系，利用一定的经验判断、技术方法和预测模型，应用合适的科学方法对有关反映市场需求指标的变化及发展的趋势进行预测。物流需求预测对政府、行业、企业、整个物流业设施设备配置等各方参与主体者都具有积极的意义。

为了进行有效的预测，在预测过程中需要遵循以下六个基本步骤：①确定需求性质；②确定预测目标；③确定预测内容，收集资料，并进行初步分析；④选择预测方法；⑤计算并做出预测；⑥分析预测误差。

需求预测的方法主要包括定性预测法和定量预测法，其中常用的定性预测法有意见综合预测法、一般人员意见法、专家会议法和德尔菲法，定量预测法主要包括时间序列法和因果分析法。

常见的预测模型包括：报童模型、灰色预测、斯坦克尔伯格模型。

预测误差是指预测结果与预测对象发展变化的真实结果的差距。常用的评价指标有四种，分别为平均绝对偏差、平均平方误差、平均预测误差和平均绝对百分误差。检验预测模型是否有效，可以采用跟踪信号法。跟踪信号法是指预测误差滚动和与平均绝对偏差的比值。运用跟踪信号进行监控的具体手段有：自适应平滑和聚焦预测等。

预测需求时无论怎样谨慎仍会面临不确定性。需求控制的方式主要包括：①设置安全库存；②控制可预测变量。

思考与练习

1. 简述物流需求的定义及影响因素。
2. 物流需求预测的内容包括哪些？有何意义？
3. 简述需求预测的方法。
4. 为何要对物流需求进行预测？有哪些具体步骤？
5. 物流需求控制的方式是什么？结合实际案例谈谈具体措施。

6. 某企业商品销售资料如表 4-3 所示。

表 4-3　某企业商品销售资料　　单位：万元

期数	1	2	3	4	5	6	7	8	9	10	11	12
销量	423	358	434	445	527	429	426	502	480	384	427	446

要求：用第 3 期、第 4 期、第 5 期移动平均法预测第 13 期的销售额。

7. 某合资企业所生产的产品年销售量如表 4-4 所示，用指数平滑法预测 2021 年的销售量。设 α=0.3，计算一次、二次指数平滑值，并列入表 4-4 中。

表 4-4　某企业 2013—2020 年的产品年销售量

年份	n	销售量	$S_t^{(1)}$	$S_t^{(2)}$
2013	1	2.3		
2014	2	3.4		
2015	3	5.1		
2016	4	7.2		
2017	5	9.0		
2018	6	10.6		
2019	7	12.0		
2020	8	14.3		

案 例 讨 论

上汽的需求预测

近几年来，随着汽车市场的高速发展，国内汽车市场保有总量已经超过 9 000 万辆，售后服务已经成为各汽车品牌竞争的焦点。配件供应是汽车售后服务的基础工作，配件需求预测又是整个汽车配件供应链中的一个关键环节。预测工作的准确性直接关系到配件供应的满足率和配件销售量，影响到客户满意度及企业的运作成本和效益。本文以配件安全库存为出发点，采用加权移动平均法进行分析，以历史销售数据为基础，对仓库配件进行全面的分类，找出不同类型配件的预测模型，以期对实际的配件需求预测工作起到一定的指导作用。

汽车维修用配件品种型号很多，公司配件仓库现有 15 000 多个配件品种，对所有配件按配件号建立不同的预测模型既不现实，也不实用。一方面，需求量小、单价低的配件，花费很大精力建立的模型的预测效果可能不一定理想，甚至误差较大而无法采用。从另一个角度来说，对所有配件采用同一种监管力度，显然也是不合理的。根据 ABC 库存管理理念，按配件销售量 (或销售频次)进行综合分类，确定配件监管力度。在微型汽车配件库存中，销量最大的配件是单价介于 10～200 元的，销售额最高的配件是单价介于 150～400 元的，而单价介于 300～2 000 元的配件是对库存保有成本影响最大的。因此，对配件预测模型进行分类，以便投入相应的管理精力，实现配件库存的优化管理。

销售预测编制又可分为中长期预测、短期预测，预测是对未来产品需求的一种估计，时间越远，预测的准确性越低，越接近现在的情况，就会做得越准确。因此可以在中长期预测的基础上展开短期预测，进一步提高预测的准确性。目前，常用的预测方法主要有移动平均法、指数平滑法、回归分析法等。关于具体的配件需求预测，公司主要将其分为以下几类按照不同的方法预测。

(1) 保养件预测。对于保养用配件空滤芯及机油滤清器等而言，其需求量大、更换周期短且更换周期规律性强，每月销量在 5 000 件以上，这些配件能否满足需求对修理企业信誉影响很大，应单独建立预测模型。因此，应采用加权移动平均法预测模型。

(2) 易损件预测。在常用维护、修理配件(如火花塞、高压线、减振器等)，每月需求频次在 8～16 次以上，销售量在 1 000 件以上，建立需求预测模型对库存影响较大，应建立需求预测模型。虽然其需求量大小不太相同，价格高低不一，但其需求特点基本相似；更换周期较长，一般在 10 个订货周期以上，在每一时段基本都有一定的需求频率发生，需求是连续的，最近时段数据比早时段数据对预测值的影响更大。因此，这类配件采用加权移动平均法预测模型。

(3) 需求呈季节性波动的配件预测。对于一部分维修用配件，其需求呈现季节性变化，如冷却、空调系统维修用配件，这些配件分为两种情况，一种是配件需求呈间断性，到一定季节时有需求，到一定季节时需求很少。这类配件有：空调皮带、空调制冷管、干燥罐、空调压缩机及其电磁离合器、暖风阀等。另一种配件的需求呈连续性变化，但是需求量高低呈季节性变化，这类配件有：防冻冷却液、水泵、暖风机、蓄电池、起动机等。对于前一种配件建立预测模型实用性较差，一般按上一年度该配件的同一时段销售量的 120%～150%订货，然后根据第一个订货周期配件销售情况及时修正下一个订货周期的订货量，到销售季节的最后一个订货周期时，应适当减少库存安全储备。对于后一种配件，可采用移动平均法加修正系数的方法进行预测，每月为一个预测时段，采样区间一般为上年同一时段前后共 3 个月移动平均值，即 n=3。

由于采用针对性强的不同的需求预测方法，上汽通用五菱汽车股份有限公司对实际配件的需求预测误差大大减小，有效地提升了客户的满意度，增强了企业竞争力。

(资料来源：张相群，杨明光. 汽车配件供应链库存分析及需求预测实例[J]. 物流科技，2011，34(08)：86-90.)

思考：

1. 上汽是如何构建需求预测系统的？
2. 上汽在需求预测过程中采用了哪些方法？这些方法的优势是什么？

第5章　物流设施规划与设计

【学习目标】

1. 了解物流设施规划与设计的定义、范围及原则。
2. 了解设施选址的战略重要性。
3. 了解影响设施选址的一般因素。
4. 理解设施选址的方法。

【引导案例】

家乐福的成功选址

Carrefour 的法文意思是“十字路口”，而家乐福的选址也不折不扣地体现这一个标准——所有的店都开在了路口，巨大的招牌 500 米开外就可以看得一清二楚。而一个投资几千万元的店，当然不会是一拍脑袋就选出店址的，其背后精密和复杂的计算，常令行业外的人士大吃一惊。

根据经典的零售学理论，一个大卖场的选址需要经过几个方面的详细测算。

第一，商圈内的人口消费能力。中国目前并没有现有的资料(GIS 人口地理系统)可以利用，所以店家不得不借助市场调研公司的力量来收集这方面的数据。有一种做法是从某个原点出发，首先测算步行 5 分钟会到什么地方，然后是步行 10 分钟会到什么地方，最后是步行 15 分钟会到什么地方。根据中国的本地特色，还需要测算骑自行车出发的小片、中片和大片半径，最后是以车行速度来测算小片、中片和大片各覆盖了什么区域。如果有自然的分隔线，如一条铁路线，或是另一个街区有一个竞争对手，商圈的覆盖就需要依据这种边界进行调整。

然后，需要对这些区域做进一步细化，计算这片区域内各居住小区详尽的人口规模和特征，计算不同区域内人口的数量和密度、年龄分布、文化水平、职业分布、人均可支配收入等指标。家乐福的做法还会更细致一些，会根据这些小区的远近程度和居民可支配收入，划定重要销售区域和普通销售区域。

第二，这片区域内的城市交通和周边商圈的竞争情况。如果一个未来的店址周围道路宽敞，交通方便。那么销售辐射的半径就可以放大。如果店址周围交通不方便，如家乐福(上海古北店)周围的公交线路不多，那么，家乐福的做法是：自己租用公交车定点在一些固定的小区间穿行，方便这些离得较远的小区居民上门一次性购齐一周的生活用品。

当然，未来潜在销售区域会受到很多竞争对手的挤压，所以家乐福也会将未来所有的竞争对手计算进去。传统的商圈分析中，需要计算所有竞争对手的销售情况、产品线组成和单位面积销售额等情况，然后将这些估算的数字从总的区域潜力中减掉，未来的销售潜力就产生了。但是这样做并没有考虑到不同对手的竞争实力，所以有些商店在开业前索性把其他商店的短板摸个透彻，以打分的方法发现它们的不足之处，如环境是否清洁，哪类产品的价格比较高，生鲜产品的新鲜程度如何等，然后依据这种精确制导的调研结果进行具有杀伤力的打击。

当然一个商圈的调查并不会随着一个门店的开张大吉而结束。家乐福的一份资料指出，顾客中有60%的顾客在34岁以下，70%是女性，然后有28%的人走路过来，45%的人通过公共汽车过来。所以很明显，大卖场可以依据这些目标顾客的信息来微调自己的商品线。能体现家乐福用心的是，家乐福在上海的每家店都有小小的不同。在虹桥门店，因为周围的高收入群体和外国侨民比较多，其中外国侨民占到了家乐福消费群体的40%，所以虹桥店里的外国商品特别多，如各类葡萄酒、泥肠、奶酪和橄榄油等，而这都是家乐福为了这些特殊的消费群体特意从国外进口的。南方商场的家乐福因为周围的居住小区比较分散，干脆开了一个迷你SHOPPINGMALL，在商场里开了一家电影院和麦当劳，增加吸引较远处人群的力度。青岛的家乐福做得更到位，因为有15%的顾客是韩国人，干脆就做了许多韩文招牌。

(资料来源：https://www.renrendoc.com/p-72807579.html.)

思考：

1. 简述零售学理论中卖场选址的特点？
2. 根据这几大特点思考，如果我们作为物流供应商，应如何考虑选址问题？

5.1 设施规划与设计概述

5.1.1 设施规划与设计的定义

设施规划与设计从“工厂设计”发展而来，重点讨论各类工业设备、服务设施的规划与设计问题是工业工程学科的重要研究领域。它以物流系统的空间静态结构(布局)为研究对象，从系统的动态结构——物流状况分析出发，探讨企业平面布置设计目标和设计原则，着重研究设计方法和设计程序(步骤)，使企业人力、物力、财力和物流、人流、信息流得到最合理、最经济、最有效的配置和安排，从根本上提高企业的生产效率，从而达到以最少的投入获得最大效益的目的。

对设施规划与设计的定义，有多种不同的表述。

美国的詹姆士·汤普金斯和约翰逊·怀特在合著的《设施规划》将其定义为：“设施规划是围绕如何使一个有形固定资产为实现其运营目标提供最好的支持做出决定。”

理查德·缪瑟和李·海尔斯在其合著的《系统化工业设施规划》将其定义为：“工业设施规划就是设计或确定怎样把一个工程建造出来，使之运行或生产。工业设施规划人员的工作，是为一个工业公司有效实现其产品的设计、制造、分发，提供所必需的工厂面积、建筑物、机器和设备。”詹姆士·爱伯尔在《工厂布置与物料搬运》中将设施设计定义为：“设施设计工程师为商品生产系统或服务系统进行分析、构思、设计并付诸实施，设计通常表现为物资设施(设备、土地、建筑物、公用事业)的一个平面布置或一种安排，用以优化人流、物流、信息流以及有效、经济、安全地实现企事业目标的措施之间的相互关系。”

《中国大百科全书》的机械工程篇将“机械工业设计”定义为“为新建、扩建或改建机械工厂进行规划、论证和编制成套设计文件。工厂设计是一项技术与经济相结合的综合性设计工作。”

综上所述，尽管各国学者对设施规划与设计的定义不同，但在下面两个方面却是一致的。

(1) 设施规划与设计的对象是新建、扩建或改建的生产系统或服务系统。

(2) 设施规划与设计的内容是通过综合分析、设计、规划、论证、修改和评价，使资源得到合理配置，使系统能够有效、经济安全地运行，实现各个组织制订的预期目标。

5.1.2 设施规划与设计的范围

设施规划与设计的范围可以分为场址选择和设施布置两部分。其中，设施设计应用于工厂等工业部门，也可以称为工业设施设计，它主要包括设施布置、物料搬运系统设计、建筑设计、公用工程设计、信息网络系统设计。

(1) 布置设计是对建筑物、机器、设备、运输通道、场地，按照物流、人流、信息流的合理需要，做出有机组合和合理配置。

(2) 物料搬运系统设计是对物料搬运的路线、运量、搬运方法、设备、储存场地等做出合理安排。

(3) 建筑设计是根据对建筑物和构筑物的功能和空间需要，满足安全、经济、适用、美观的要求，进行建筑和结构设计。

(4) 公用工程设计是对热力、煤气、电力、照明、给水、排水、采暖、通风、空调等公用技术的广泛应用。

(5) 信息网络系统设计是对信息通信的传输系统进行全面设计。

5.1.3 设施规划与设计的原则

为了达到优化系统人流、物流和信息流，有效、经济、安全地实现预期目标的目的，现代设施规划与设计应遵循如下原则。

(1) 减少或消除不必要的作业，这是提高企业生产率和降低消耗的有效方法之一。只有在时间上缩短生产周期，空间上减少用地，物料上减少停留、搬运和库存，才能保证投入资金最少，生产成本最低。

(2) 以流动的观点作为设施规划出发点，并贯穿规划设计的始终。因为生产系统的有效运行依赖于人流、物流和信息流的合理化。

(3) 运用系统的概念、系统分析的方法使系统得到整体优化。

(4) 重视人的因素，运用人机工程理论，进行综合设计，并考虑环境条件等因素对人的工作效率和身心健康的影响，包括空间大小、通道配置、色彩、照明、温度、湿度和噪声。

(5) 设施规划与设计是从宏观到微观，又从微观到宏观的反复迭代、并行设计的过程。要先进行总体方案布置设计，再进行详细配置；同时，详细布置设计方案也要反馈到总体布置方案中，对总体方案进行修正。

总之，设施规划与设计就是要综合考虑各种相关因素，对生产系统或服务系统进行分析、规划、设计，使系统资源得到合理配置。

5.2 场址选择的意义及应考虑的因素

5.2.1 场址选择的意义

场址选择是宏观经济决策问题，是一项综合性的技术经济工作，政策性和科学性很强，涉及社会、经济、政治等多方面的因素。场址选择是生产力布局的具体体现，是根据国家产业政策和工业布局、物流网络布局规划，按设计任务要求，对建场地区和工厂位置的选择。

场址选择往往与区域规划和城市规划等结合进行，以符合工业、物流和城市总体布局的要求。首先，根据工厂或服务设施规模和产品方案，了解和估算与被选设施有关的各项技术经济指标要求；然后，对可供建场的地点和场地进行现场踏勘及区域性的技术经济调查，在此基础上对各地建设条件进行具体分析评价。通过调查和分析，可选出若干个能基本满足建场要求的场址方案做技术经济比较，采用定性与定量相结合的方法进行综合论证，从而选出最优或较优的场址方案。

场址选择是否合理得当，对基本设施建设速度、生产经营管理劳动条件、生活条件、环境保护，以及城市建设与城市经济的发展等都具有重要的意义。场址选择从社会物流和企业物流合理化角度来讲，其重要意义表现在以下三个方面。

(1) 正确的场址选择和工厂布置是物流合理化的重要基础，是企业物流合理化的前提条件。从社会物流来讲，工厂或物流设施是物流系统网络上的一个节点，这个节点的空间位置直接关系到货物流动路径的长短。从企业物流来讲，只有在合理选择场址的基础上，才能对一个工厂或服务设施平面布置和物流活动进行规划和设计，使物料进出工厂或服务设施及在场内流动畅通无阻。

(2) 合理的场址选择能使生产或服务企业接近原材料、燃料产地，或者接近产品销售地，或者靠近交通运输干线，这样既有利于资源的合理开发，又能缩短运输距离、减少中间环节、降低社会物流费用，从而有利于加快企业物流速度，加快资金周转，提高企业的经济效益。

(3) 场址选择对物流系统的开发与设计有重大影响。场址所在地的自然地理条件，直接影响着工厂或服务设施的平面布置及其相应的物流线路；同时，场址的选择决定着原材料采购的方式及投入生产的方式，从而为决定企业仓库规模提供了依据。

5.2.2 场址选择应考虑的因素

1. 场址选择应考虑的外部条件

(1) 人力资源条件。大型工厂或物流中心既有许多劳动密集型作业又有许多技术工种，存在对人力资源的依赖。因此在场址选择时，必须考虑劳动力的来源，特别是熟练技术劳动力的来源。

(2) 交通运输条件。这是场址选择应考虑的重要因素之一。一般认为，场址应尽量选择靠近公路、铁路、水路、港口、机场等交通便利的地方，以利于工厂或服务设施货物运输，降低物流费用。

(3) 消费需求及其变化条件。在场址选择时要考虑消费需求及其变化趋势，根据目前和将来市场对企业生产产品的需求，选择在主要消费区或最迫切的消费地区设置工厂和服务设施，并要综合考虑生产、流通和消费的关系，促进三者的协调统一。

(4) 自然资源条件。在场址选择时，要考虑各种自然资源供应情况，如原材料、水、电、煤、气、热等能源情况，以及排水、排污和三废处理等情况。

(5) 地质、地理、水文、气象条件。在场址具体位置的确定上，要特别注意工程区域的地质、地理、水文条件，以及气温、湿度、雨量、风向等气象条件。

(6) 市场距离条件。在场址选择时，应尽量靠近有业务联系的企业，以便形成专业分工合理、相互协作的区域特色经济，促进区域专业化水平的提高，加强场际间经济联系，降低物流成本。

(7) 投资环境。在场址选择时应该考虑当地的法律规定、税收政策、治安状况、公平竞争等情况是否有利于投资。

2. 场址选择应考虑的内部条件

(1) 考虑所建场的生产规模和生产能力、产品结构特征、生产工艺要求、设备投资情况等。

(2) 所建场要能容纳全部建筑物、构筑物和场内道路和其他物流设施，有扩展伸延的余地，少占农田。

(3) 要有合理的通道条件，包括货物进出、职工上下班、消防和救护等，基本要求是既方便进出又易于安全控制。

(4) 废弃物的回收与处理场所的布置要合理，既要有利于环境保护，又要实现资源的综合利用。

5.3 场址选择的工作步骤与方法

5.3.1 场址选择的工作步骤

1. 拟定建场条件指标

场址选择的第一步应根据拟建工厂或服务设施的品种和生产规模，拟定建场条件指标，据此查明所选场址是否符合建设工厂或服务设施的要求。

1) 建场条件指标的主要内容

(1) 占地面积。占地面积包括生产/作业区、仓库区、废料场、生活区及设施区道路、铁路所需面积，同时还应考虑适当的发展用地及施工用地。上述各项用地面积均应经过细致、准确的计算，并分别列出。

(2) 工厂或服务设施总建筑面积与体积。

(3) 工厂或服务设施职工总人数、最大工作班的职工人数。

(4) 工厂或服务设施原料和燃料的种类及数量；产品品种、数量及包装；副产品品种及数量；废料的数量及性质。

(5) 货物的年运输量，运入和运出数量，货物运输和储存的特殊要求。

(6) 生产、消防及生活用水量及对水质的要求，污水量及其性质。

(7) 需用电量及供电电压等。

(8) 生活区人员总数，总建筑面积及公共福利服务设施建筑面积，生活区水、电、蒸汽等需要量。

(9) 土建工程内容和工程量。

(10) 对其他工厂或服务设施的协作要求。

2) 在拟定建场条件指标时，应注意收集和准备的资料

(1) 生产/服务性质对场址的特殊要求。

(2) 生产协作项目及条件。

(3) 工厂或服务设施总平面布置草图，包括各车间/作业区组成外形、面积及场内外运输方式。

(4) 大型或重型产品、设备的最大重量和外形尺寸。

(5) 建筑物、构筑物、水、电、蒸汽等的特殊要求。

(6) 施工期间对主要建筑材料、水、电等的需用量。

(7) 工厂或服务设施的长远发展规划。

2. 现场勘察与收集整理基础资料

准备就绪后，应进入各个备选场址现场进行勘察，对各个场址的实际情况进行深入了解，并收集各场址的基础资料。应根据工厂或服务设施的规模和特点，由有关专业技术人员共同制定场址基础资料收集提纲，按照提纲详细收集场址基础资料。通过对基础资料的收集整理，可以获得场址地形、地貌、气象、地质、交通运输等现状的详细情况，为后续选择备选地址及设计定量化模型打下基础。

3. 选定备选地址

根据现场勘察结果，对所收集的资料加以鉴定，对各个场址方案进行比较，经过综合分析论证，提出几个备选地址推荐方案，并说明推荐理由。

备选地址选择得是否恰当，将直接影响后续最优方案的确定。备选地址过多，后续优化方案的工作量将过大、成本过高；备选地址过少，则可能导致最后的方案偏离最优方案，选址定位效果差。因此，备选地址的确定是工厂或服务设施选址中非常关键的一步。

4. 优选备选地址

在备选地址确定下来以后，最后一步要做的是详细地考察若干具体地址，并在此基础上建立数学模型，通过定量计算，得到最优理论地点。

近年来，选址理论发展迅速，计算机技术也得到广泛应用，这些发展都为定量化选址方法的研究提供了有力的支持。目前已形成多种优化选址方法。

5. 综合评价优化结果

在定量分析中通常考察的是经济因素，但当我们直接应用定量模型分析结果进行选址时，常常会发现经济上最优的地点实际上是行不通的。这是因为除了经济因素，还有很多非

经济因素影响场址的确定，如前面我们介绍过的自然资源条件、人力资源条件、地质、水文、气象条件等因素。因此，在这一步要建立评价指标体系，将经济因素、非经济因素全部考虑进去，并对优化结果进行综合评价，看优化结果是否具有现实可行性。

5.3.2 场址选择的方法

近年来，随着选址理论的发展，涌现出很多选址方法，但归结起来可以分为五种主要方法：重心法、线性规划法、启发法、仿真法及综合因素评价法。这些方法既可用于单设施选址(Single Facility Location)，也可用于多设施选址(Multifacility Location)。

1. 重心法

重心法(Gravity Method)是最常用的单设施选址方法。该方法相对简单，通常只考虑运输成本对场址选择的影响。运输成本一般是运输需求量、距离及运价的函数。

问题描述：设有一坐标点(x_i, y_i)分别代表生产地和需求地，各自有一定的货物v_i，需要以一定的运价c_i运向仓库或从仓库运出，要求确定仓库的位置X^*、Y^*。

假设运输成本为TC，该仓库应处于运输成本最低的位置，数学模型为

$$\min \mathrm{TC}=\sum_{i=1}^{n} c_i v_i d_i \tag{5.1}$$

式中，d_i为从某地(x_i, y_i)到仓库(X^*, Y^*)的直线距离。

$$d_i = m\sqrt{\left(X^*-x_i\right)^2+\left(Y^*-y_i\right)^2} \tag{5.2}$$

式中，m为度量因子，将直线距离转化为实际路程。

为了使总成本最低，对X^*、Y^*分别求偏导数，令偏导数为0，则得到仓库位置的坐标值X^*、Y^*为

$$X^*=\frac{\sum_{i=1}^{n}\left(c_i v_i x_i / d_i\right)}{\sum_{i=1}^{n}\left(c_i v_i / d_i\right)}$$

$$Y^*=\frac{\sum_{i=1}^{n}\left(c_i v_i y_i / d_i\right)}{\sum_{i=1}^{n}\left(c_i v_i / d_i\right)} \tag{5.3}$$

式中，TC为总运输成本；v_i为点i的运输量；c_i为到点i的运价；d_i为从位置待定的仓库到点i的距离；x_i、y_i为产地和需求地的坐标；X^*、Y^*为位置待定仓库的坐标。

虽然式(5.3)给出了X^*、Y^*的表达式，但由于d_i是X^*、Y^*的函数，所以仍然求不出X^*、Y^*的数值，要用迭代法求X^*、Y^*的数值。写成迭代式的第k次表达式为

$$X^*(k)=\frac{\sum_{i=1}^{n}\left(c_i v_i x_i / d_{i(k-1)}\right)}{\sum_{i=1}^{n}\left(c_i v_i / d_{i(k-1)}\right)}$$

$$Y^*(k)=\frac{\sum_{i=1}^{n}\left(c_i v_i y_i / d_{i(k-1)}\right)}{\sum_{i=1}^{n}\left(c_i v_i / d_{i(k-1)}\right)} \tag{5.4}$$

$$d_{i(k-1)}=\sqrt{(X^*(k-1)-x_i)^2+(Y^*(k-1)-y_i)^2} \tag{5.5}$$

根据式(5.4)可求出最佳场址坐标(X^*, Y^*)。其具体步骤如下。

(1) 给出式(5.4)的初始条件，即假设简化重心位置为场址初始位置($X^*(0)$, $Y^*(0)$)，见式(5.3)。

(2) 令 k=1，利用式(5.5)求出 $d_{i(0)}$ 。

(3) 利用式(5.1)求出总运输费用 TC(0)。

(4) 令 k=k+1，利用式(5.4)求出第 k 次迭代结果($X^*(k)$, $Y^*(k)$)。

(5) 带入式(5.5)求出 $d_{i(k)}$ ，利用式(5.1)求出总费用 TC(k)。

(6) 若 $|TC(k+1)-TC(k)| \leqslant \varepsilon$，则说明总运费已经充分接近，最佳场址(X^*, Y^*)已经求得，可以停止迭代；否则，返回步骤(4)，继续迭代。

由上述求解过程可知，该问题适合用计算机编程求解。

通过研究发现，用式(5.3)作为最佳场址坐标求解与用计算机迭代求解，结果相差不大。因此，在实际选址过程中，为了简化计算，往往用式(5.3)的解作为最佳场址，上述方法称为重心法的简化方法。

2. 线性规划法

对大多数企业而言，其所面临的问题往往是同时决定两个或多个设施的选址，虽然问题更加复杂，但更加接近实际情况。多设施选址这一问题很普遍，因为除了非常小的公司以外，几乎所有公司的物流系统中都有一个以上的仓库。由于不能将这些仓库看成经济上相互独立的，可能的选址布局方案相当多，所以问题十分复杂，一般可以归为这样几个基本的规划问题。

第一，物流网络中应该有多少个仓库？这些仓库应该有多大规模，应位于什么地点？

第二，哪些客户指定由仓库负责供应？各个工厂、供应商或港口应指定由哪些仓库负责？

第三，各个仓库中应该存放哪些产品？哪些产品应从工厂、供应商或港口直接运送到客户手中？

线性规划法(Linear Programming Methods)是多设施选址中运用最多的一种方法。根据应用条件的不同，可分为运输规划法和混合整数规划法。

1) 运输规划法

实际生活中常常会遇到这样的问题：一个配送中心网络若干年前已经建成，但经过一段时间以后，用户及其需求发生了很大变化，需要对这个网络进行布局调整，重新分派各分销中心的配送范围及配送量。这类问题不涉及配送中心的新建，可以应用一般运输规划模型求出新的布局方案。

例 5-1 假设一个配送中心网络下属三个分销中心 A_i，现在有四个用户 B_j 需要供货，每个分销中心的供货能力 a_i 、各用户的需要量 b_j 、各分销中心与各用户之间的运输价格 c_{ij} ，如表 5-1 所示。如何安排分销中心的配送任务，才能使运输总成本 TC 最小呢？

设 x_{ij} 为分销中心 A_i 送往用户 B_j 的货物量(吨)，a_i 为分销中心的配送能力，b_j 为用户的需求量，则最小总运输成本 TC 的计算如下。

目标函数：
$$\min TC = \sum_{i=1}^{m}\sum_{j=1}^{n} c_{ij} x_{ij} \tag{5.6}$$

表 5-1　某配送中心网络供需情况

用户 \ 分销中心 运价/(元/吨千米)	B_1	B_2	B_3	B_4	配送量 a_i
A_1	3	11	3	10	700
A_2	1	9	2	8	400
A_3	7	4	10	5	900
需求量 b_j /吨	300	600	500	600	2 000

约束条件：

$$\text{s.t.}\begin{cases}\sum_{i=1}^{m}x_{ij}=b_j,\ j=1,2,\cdots,\ n\\ \sum_{j=1}^{n}x_{ij}=a_i,\ i=1,2,\cdots,\ m\\ x_{ij}\geqslant 0\end{cases} \tag{5.7}$$

解决上述运输规划模型有多种方法，目前由于计算机的普及，应用 Lingo 软件求解最为方便。下面给出计算机程序。

```
model:
sets:
dist/1..3/: a; %分销中心
user/1.. 4/: b; %用户
links(dist, user): c, x; %运价
endsets
data:
c= 3 11 3 10
   1 9 2 8
   7 4 10 5;
a= 700 400 900;
b= 300 600 500 600 ;
enddata
min= @ sum(links(i, j): c(i, j) * x(i, j));
@ for(dist(i): @ sum(user(j); x(i, j)) = a);
@ for(user(j) : @ sum(dist(i); x(i, j)) = b);
end
```

求解得到：$x_{11}=200$，$x_{12}=0$，$x_{13}=500$，$x_{14}=0$，$x_{21}=100$，$x_{22}=0$，$x_{23}=0$，$x_{24}=300$，$x_{31}=0$，$x_{32}=600$，$x_{34}=300$，$\min=8\,500$。

如表 5-2 所示为最优解。

表 5-2　最优解

用户 \ 分销中心 运价/(元/吨千米)	B_1	B_2	B_3	B_4	配送量 a_i
A_1	200		500		700
A_2	100			300	400
A_3		600		300	900
需求量/吨	300	600	500	600	2 000

上述结果表明，由配送中心 A_1 分别供应用户 B_1 和用户 B_3，供应量分别为 200 吨和 500 吨；由配送中心 A_2 分别供应用户 B_1 和用户 B_4，供应量分别为 100 吨和 300 吨；由配送中心 A_3 分别供应用户 B_2 和用户 B_4，供应量分别为 600 吨和 300 吨，总运费最小，为 8 500 元。

2) 混合整数规划法

在配送中心网络需要新建，要考虑基建投资的情况下，可以应用混合整数规划法进行多个配送中心的选址与布局。应用混合整数规划法选址和布局，首先要对配送中心的总费用及一些限制条件进行分析和抽象化，转化为整数规划模型，然后求解模型，找出最佳位置。

例 5-2　设 m 为用户数目；n 为可能设置配送中心的数目；k_j 为配送中心的基建投资；x_{ij} 为配送中心 j 满足用户 i 的需求的百分比，如果配送中心不设在 j，$y_j=0$，否则 $y_j=1$；c_{ij} 是配送中心 j 为用户 i 配送全部所需商品所花费的运输费用。如果配送中心 j 只能为用户 i 配送部分所需商品，那么需将 c_{ij} 乘以一个满足比例系数 x_{ij} 才是实际花费的运输费用。

对于全部用户来说，他们从各个配送中心取得自己所需全部产品的运输费用为

$$\sum_{i=1}^{m}\sum_{j=1}^{n}c_{ij}x_{ij}$$

如果配送中心设在 j，就产生基建费用 k_j；如果不设在 j，就不产生基建费用。因此，全部基建费用可以表示为

$$\sum_{j=1}^{n}k_j y_j$$

全部费用等于全部运输费用和全部基建费用之和，即：

$$\text{TC}=\sum_{i=1}^{m}\sum_{j=1}^{n}c_{ij}x_{ij}+\sum_{j=1}^{n}k_j y_j \tag{5.8}$$

约束条件：当配送中心设在 j 时，则所有用户由设在 j 的配送中心所取得的产品供应数量不应超过需求总量，即：

$$\sum_{i=1}^{m}x_{ij}\leqslant my_j,\ j=1,2,\cdots,n \tag{5.9}$$

每个用户的需要必须得到满足，即：

$$\sum_{j=1}^{n}x_{ij}=1,\ i=1,2,\cdots,m \tag{5.10}$$

所有 x_{ij} 必须为非负数，所有 y_j 必须为 0 或 1，即：

$$x_j \geqslant 0,\ i=1,2,\cdots,m,\ j=1,2,\cdots,n$$

$$y_j=(0,1),\ j=1,2,\cdots,n$$

这些数学表达式就构成了一个整数规划模型。

目标函数：
$$\min TC=\sum_{i=1}^{m}\sum_{j=1}^{n}c_{ij}x_{ij}+\sum_{j=1}^{n}k_j y_j \tag{5.11}$$

约束条件：
$$\text{s.t.}\ \begin{cases}\sum_{i=1}^{m}x_{ij}\leqslant my_j,\ j=1,2,\cdots,n\\ \sum_{j=1}^{n}x_{ij}=1,\ i=1,2,\cdots,m\\ y_j=0,1,\ j=1,2,\cdots,n\\ x_j\geqslant 0,\ i=1,2,\cdots,m;\quad j=1,2,\cdots,n\end{cases} \tag{5.12}$$

整数规划模型同样可用 Lingo 软件求解，其最优解就是配送中心选址的最佳可行方案。在这个最优方案中，某个用户可能从多个配送中心取得所需商品，某个配送中心也可能为多个用户服务。

3. 启发法

启发法(Heuristics Methods)是指有助于减少求解平均时间的任何原理或概念，是一种逐次逼近最优解的方法。有时，用启发法表示问题解决的经验原则。当经验原则运用在选址问题上时，这类洞悉求解过程的经验可迅速地从许多备选方案中找出较好的解决方案。虽然启发法不能保证一定找到最优解，但由于使用该方法可以很好地贴近实际情况，能够得到质量满意的解。因此，人们广泛地运用启发法来解决大型设施选址问题。

4. 仿真法

虽然提供数学最优解的选址模型在理论上是最好的，但是由于模型对实际问题的描述经常不够准确和全面，导致得到的最优解并不是实际问题的最优解。因此，需要首先对实际问题进行准确描述，而对实际问题进行准确描述的最好方法就是仿真法(Simulation Methods)。

仿真设施选址模型是以代数和逻辑语言做出对物流系统的数学表述，在计算机的帮助下，人们可以对模型进行处理，可以使用仿真模型来评估不同布局方法的效果。

仿真模型与算术选址模型不同，它要求分析员或管理人员必须明确网络中需要的特定设施。根据被挑选出来等待评估的个别仓库及其分配方案，判断这是最优的，还是接近最优的选址方案。

算术模型寻求的是最佳的仓库数量、最佳的位置、最佳的仓库规模，而仿真模型则试图在给定多个仓库、多个分配方案的条件下反复使用模型找出最优的网络设计方法。分析结果的质量和效率取决于使用者选择分析地点时的技巧和洞察力。

5. 综合因素评价法

在进行设施选址决策时，会受到许多因素的影响，它们既有经济因素(定量因素)，又有非经济因素(定性因素)，比如经济因素可以用货币量来表示，而社会、政治、环境等定性因素要通过一定的方法进行量化，并按一定的规则和经济因素进行整合，称为综合因素评价法(Comprehensive Factor Evaluation Methods)。

5.4 设施布置设计

在设施地址确定之后，下一步就应该根据企业物流规划要求和生产需要进行设施布置设计。设施布置设计是设施规划与设计的又一重要研究领域，主要研究企业在不同情况下的生产设施布置问题，并提出某种有助于布置设计的技术方法和指导方针。

5.4.1 设施布置设计的基本原则

1. 设施总平面布置设计原则

1) 满足生产要求，物流过程合理

企业设施总体布局应满足生产要求，符合工艺流程，减少物流量，同时重视各作业单位之间的关系密切程度。

2) 适应企业内外运输要求，线路短捷顺直

企业总平面布置要与企业内部运输方式相适应。根据产品产量或作业特点，可以采用铁路运输、公路运输、带式运输或管道运输等方式，根据选定的运输方式、运输设备及技术要求等，合理地确定运输线路及与之有关的部门的位置。

3) 合理用地

节约用地是我国的一项基本国策。生产企业建设中，在确保生产和安全的前提下，应尽量合理地节约建设用地。

(1) 根据送输、防火、安全、卫生、绿化等要求，合理确定通道宽度及各部门建筑物之间的距离，力求总体布局紧凑、合理。

(2) 在满足生产工艺或作业要求的前提下，将联系密切的生产厂房或作业区进行合并，建成联合厂房。此外，可以采用多层建筑物或适宜的建筑物外形。

(3) 适当预留发展用地。

4) 充分注意防火、防爆、防震与防噪声

安全生产是企业布局首先要考虑的问题，在生产危险品的部门之间应留出适当的防火、防爆间距。

5) 利用气候等的自然条件，减小环境污染

生产中产生的有害烟雾和粉尘会严重影响工作人员的身体健康，并会造成环境污染。进行设施总平面布置前，必须了解当地全年各季节风向的分布、变化、规律，利用风向变化规律避免空气污染。另外，建筑物的朝向也是设施总平面布置时应注意的问题，特别是对日照、采光和自然通风要求较高的建筑物，更应注意这个问题。

此外，还应充分利用地形、地貌、地质条件，考虑建筑群体的空间组织和造型，注意美学效果，并考虑建筑施工的便利条件。

上述设计原则涉及面非常广，往往存在相互矛盾的情况，应该根据具体条件加以考虑。

2. 设施内部平面布置设计原则

(1) 设施内部布置应保证工艺流程顺畅、物料搬运方便，尽量保持物流向前、不回流、

不滞留，减少或避免往返交叉的物流现象。

(2) 尽量减少物料搬运的距离，尤其是大宗和重量大的物料运输。

(3) 实行定置管理，确保工作环境整洁、安全。

(4) 尽量节约空间，但必须设置畅通的通道，以使作业安全、方便。

(5) 保留空间的可扩展性和设备的可调整性。

5.4.2 设施布置设计的基本要素

做好设施布置设计，要考虑众多因素，影响设施布置设计的因素是：产品、数量、生产路线、辅助服务部门、时间。

1. 产品 P(Product)

产品是指待布置的工厂所生产的产品、原材料、加工的零件，成品或设施提供服务的项目。这些资料由生产纲领(工厂的和车间的)和产品设计提供，包括项目、种类、型号、零件号、材料等。产品这一要素影响着设施的组成及其相互关系、设备的类型、物料搬运的方式等。

2. 数量 Q(Quantity)

数量是指所生产、供应或使用的商品数量或服务的工作数量。其资料由生产统计和产品设计提供，用件数、重量、体积或销售的价值表示。数量这一要素影响着设施规模、设备数量、运输量、建筑物面积等。

3. 生产路线 R(Routing)

对产品生产而言，生产路线是由加工工艺规程所形成的生产路线；对物流中心或配送中心而言，生产路线是由作业流程决定的。它影响着各作业单位之间的关系、物料搬运路线、物流设施各区域的位置等。

4. 辅助服务部门 S(Supporting Service)

辅助服务部门是指公用、辅助、服务部门，包括工具、维修、动力、收货、发运、铁路专用线、办公室、卫生站、更衣室、食堂、厕所等，由有关专业设计人员提供。这些部门是生产的支持系统，在某种意义上加强了生产能力。有时，辅助服务部门的总面积可能大于生产部门所占的面积，必须给予足够重视。

5. 时间 T(Time)

时间是指在什么时候、用多长时间生产出产品或完成某项服务。在生产流程设计中，根据时间因素可以求出设备数量、需要的面积和人员，并平衡各工序的生产能力。这些都是影响仓储、收货、发运及辅助部门配合的因素。

要完成设施布置设计，还必须在掌握五项基本要素的基础上，收集和分析其他有关因素，包括城市规划、外部协作条件、交通运输条件、地质水文条件、自然条件及关于职业安全和卫生、消防、环境保护、建筑、道路、通道等方面的技术规范、规程和标准等。

5.4.3 设施布置设计程序

1. 准备原始资料

在开始设施布置设计时，必须明确给出基本要素——P、Q、R、S、T等原始资料，同时需要对作业区域(单位)的划分进行分析，得出最佳的作业区域(单位)划分状况。

2. 物流分析和作业区域(单位)关联性分析

在物流中心的某些作业区域(单位)之间，如进货区与储存区，货物搬运是生产作业中的主要部分，其物流因素占主导地位，物流分析是布置设计中的最重要方面。对于某些辅助服务部门或某些物流量小的物流设施来说，各作业区域(单位)之间的相互关系(非物流因素)对布置设计显得更加重要。介于上述两者之间的情况，需要综合考虑物流因素与非物流因素。

3. 作业区域(单位)综合相关性分析

通过对物流因素与非物流因素影响的分析，可以最终确定作业区域(单位)间的综合相关性等级。

4. 绘制作业区域(单位)位置相关图

根据作业区域(单位)间综合相关性等级的高低，决定两个作业区域(单位)相对位置的远近，得出各作业区域(单位)的相对位置关系。这时，并没有考虑各作业区域(单位)具体的占地面积，只是得到了各作业区域(单位)的相对位置，称为位置相关图。

5. 作业区域(单位)面积相关图

先计算出各作业区域(单位)所需的占地面积，它们与设备、人员、通道及辅助装置等因素有关，然后将各作业区域(单位)的占地面积附加到作业区域(单位)位置相关图上，形成作业区域(单位)面积相关图。

6. 调整与修正

作业区域(单位)面积相关图只是一个原始布置图，还需要根据其他因素进行调整与修正。考虑的因素有搬运方式、操作方式、储存周期、可用面积等，同时还需要考虑各种实际限制条件如成本、地形和安全等条件是否允许。经过多方面考虑，对面积图进行调整得出多个有价值的可行物流设施布置方案。

7. 方案评价与选择

针对前面得出的数个方案，在设施布置方案评价指标体系下进行综合评价，选择或修正设计方案，得到最佳的布置方案图。

设施布置设计程序如图5-1所示。

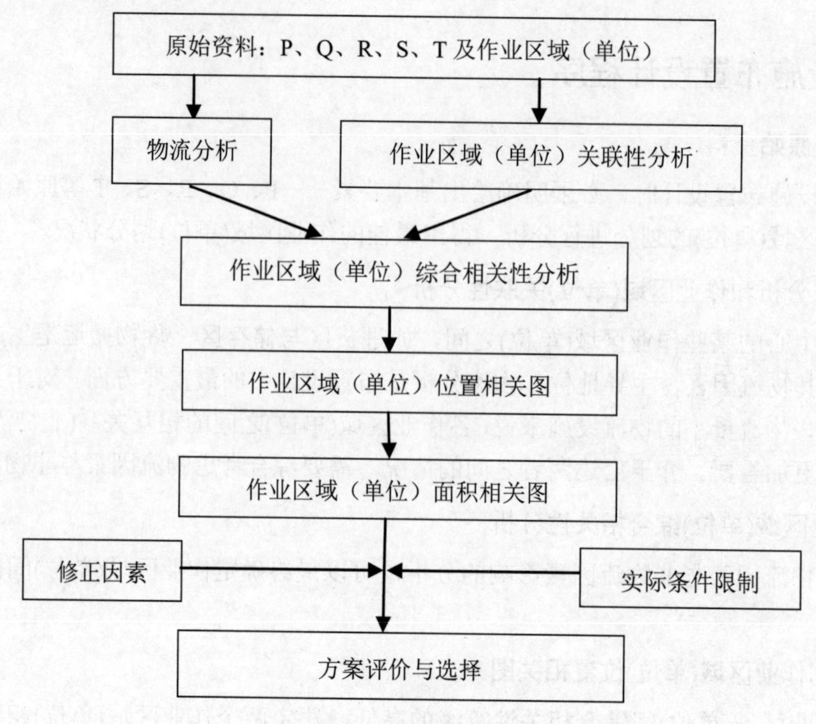

图 5-1　设施布置设计程序

本 章 小 结

设施规划与设计的对象是新建、扩建或改建的生产系统或服务系统，设施规划与设计的内容是通过综合分析、设计、规划、论证、修改和评价，使资源得到合理配置，使系统能够有效、经济、安全地运行，实现各个组织制定的预期目标。设施规划与设计主要包括设施布置、物料搬运系统设计、建筑设计、公用工程设计、信息网络系统设计。

场址选择需考虑人力资源条件，交通运输条件，消费需求及其变化条件，自然资源条件，市场距离条件，投资环境及地址、地理、水文、气象条件等外部条件，以及一些场内条件。

场址选择步骤为：拟定建场条件指标、现场勘测与收集整理基础资料、选定备选地址、优选备选地址、综合评价优化结果。

场址选择的方法有重心法、线性规划法、启发法、仿真法及综合因素评价法。

思考与练习

1. 简述场址选择的步骤和方法。
2. 设施选址有哪些影响因素？
3. 设施布置有哪些基本原则？
4. 简述设施规划与设计的研究范围。

案例讨论

从天津港危险品仓库爆炸谈设施选址与规划

2015 年 8 月 12 日 23:30 左右，天津滨海新区塘沽开发区的天津东疆保税港区瑞海国际物流有限公司所属危险品仓库发生爆炸。截至 2015 年 9 月 11 日下午 3 时，共发现遇难者总人数升至 165 人，仍有 8 人失联。早在 2001 年，国家安监局就颁布了《危险化学品经营企业开业条件和技术要求》，明确规定危险化学品仓库与周边建筑的安全距离为 1 000 米。从瑞海国际物流有限公司的官网介绍中可知，该公司占地面积 46 226 平方米，属于大型仓库，但是从爆炸现场周边地图上显示的距离来看，最近的万科海港城小区距离该公司仅为 600 米，其 3 个大型社区合计入住数超过 5 600 户居民，而轻轨东海站距离该公司也不足 1 000 米。瑞海国际物流有限公司成立于 2011 年，是天津海事局指定的危险货物监装场站和天津交委港口危险货物作业许可单位。2013 年，天津环科院对这个危险品仓库做出"环境水平风险可以接受，项目选址合理可行"的结论。2014 年 8 月，公安部门对该企业进行了多方面检查，其仓储业务中主要的商品分类，基本上都属于危险及有毒气体。瑞海国际物流有限公司环评报告有关的风险分析中，对起火爆炸的可能性做过论证，表示"不会对环境及周边人员产生显著影响"。天津港爆炸事故暴露了危险品仓库选址规划中的漏洞，不但严重违背了《危险化学品经营企业开业条件和技术要求》，也侵犯了公民的知情权，从新闻中可知，在万科获得该片土地开发权和建造居民区时，周边还是普通物流公司，附近的居民也不知道经营危险品的储存与运输业务。该公司隐藏了危险品存储的信息，未及时公开经营业务的危险性和应对措施，居民对高危险品仓库的信息了解并不充分。政府在该公司的业务转变也并未进行严格有效的审核和监管。

总之，在该危险品仓库的选址规划过程中，企业和政府并没有就选址事宜告知公众，忽视居民利益诉求的表达，漠视了公民的参与权、知情权和决策权，公民缺乏有效的途径参与到决策中，未能与企业、政府及环评安评机构进行公开平等的对话协商，让公众的生命财产面临巨大的风险。在天津港瑞海国际物流有限公司危险品仓库的选址规划中，信息不对称、程序不公正、公民主体参与缺失等多种因素叠加，使得本可以规避的风险不断集聚并爆发出来。这次悲剧使我们深刻认识到高风险邻避设施选址规划的传统决策模式已经无法适应当前的治理形势。而强调多主体平等协商对话的协商式治理和决策模式，可以弥补传统决策模式的不足，让公民真正参与到邻避设施选址规划的决策中，为规避邻避设施的风险提供新的思路。

(资料来源：马奔. 邻避设施选址规划中的协商式治理与决策——从天津港危险品仓库爆炸事故谈起[J]. 南京社会科学，2015(12)：55-61.)

思考：

综合分析设施选址的重要性。

第 6 章　仓储管理

【学习目标】

1. 熟悉仓储的概念及仓储管理的内容。
2. 理解仓储在物流系统中的作用与功能。
3. 了解仓储设施与设备。
4. 了解仓储作业的过程。

【引导案例】

亚洲国际物流技术与运输系统展览会

自 2000 年以来，亚洲国际物流技术与运输系统展览会(简称亚洲物流展)已成功举办了 19 届，作为德国汉诺威全球工业系列展的一员，CeMAT ASIA 始终秉承德国汉诺威展会科技、创新及服务的先进理念，立足中国市场，为各展商提供高端专业的展示平台。

2018 年的亚洲物流展聚焦了来自德国、意大利、美国、日本、韩国等全球各地的知名企业，重点突出物流系统集成板块，并有德马泰克、胜斐迩、TGW、Honeywell、Vanderlande、SFA、Fives、北起院、北自所、昆船、伍强、兰剑、中鼎集成、安吉智能等国内外大牌集成商参展。随着电商行业智慧物流的发展，京东首次参展，并将 X 事业部无人仓机器人中心自主研发的无人仓实景工作场景进行了动态展示，同时首次全面开放了无人仓机器人的详细解决方案。京东 X 事业部无人仓机器人中心负责人黄锋权在展会首日的 CeMAT ASIA 创新沙龙上发表了“智能科技，引领未来物流新航向”的主题演讲。

另外，由中国机械工程学会牵头组织，物流工程分会、物流与仓储分会、同济大学共同编写的《2016—2017 年度中国物流仓储装备行业发展报告》在 2018 年的 CeMAT ASIA 创新沙龙上首发；中国工业车辆创新奖(CITIA 整车类)颁奖仪式展示了中国工业车辆的创新成果；同期最重磅的活动——CeMAT ASIA 创新沙龙同样也汇聚了众多行业同人华山论剑，分析医药物流、汽车物流、全球市场、智能供应链和服装物流等热点话题。

中国物流与采购联合会副会长蔡进在会上表示：“亚洲物流展见证了中国物流装备与技术的发展，它符合中国经济的发展方向。”2019 年的 CeMAT ASIA 创新沙龙将会迎来里程碑式的 20 周年，“智慧物流”理念将再一次迎来全面升级与深化，展会的展出面积、展品质量、专业观众数量预计均将达到历史新高，一系列精彩纷呈的会议与活动将上演。在这里，物流行业的国际关键角色将汇聚一堂，共同探讨关于物流智能化、物流先进制造、物联网及物流 4.0 的潮流与未来。CeMAT ASIA 创新沙龙将是不容错过的一届盛会。

"十大产业振兴规划"之后，我国又将物流行业纳入"十二五"规划纲要。该规划纲要明确提出，"要大力发展现场物流业，加快建立社会化、信息化、专业化物流体系"。据预测，在国家加快现代物流业发展的政策支持下，中国物流装备业在 2013 年将保持 20%左右的增长，需求热点将主要集中于电子商务、冷链物流、制造业物流、服装物流、大宗商品物流等领域，传统的烟草、医药、机械、汽车、家电、邮政、图书、零售等需求领域将会随经济增长继续保持稳定发展。

(资料来源：http://www.vanzol.com/cemat/news/97156.html.)

思考：

通过阅读案例并查阅相关资料，了解近年来物流业在仓储管理中有哪些进步与发展。

6.1 仓储与仓储管理

6.1.1 仓储

1. 仓储的概念

仓储是物流系统中十分重要的构成要素，是商品流通的重要环节之一。在专业化生产条件下，为保持社会再生产过程顺利进行，必须储存一定量的物品。"仓"称仓库，是房屋建筑、大型容器或特定的场地等，具有存放和保护物品的功能；"储"表示存放以备使用，具有收存、保管、交付使用的意思。"仓储"则为利用仓库存放、储存未及时使用物品的行为。简而言之，仓储就是在特定的场所储存物品的行为。

仓储存在的原因是产品无法及时地被消费，要有一个特定的场所进行存放，就产生了静态仓储。将物品存入仓库及对存放在仓库里的物品进行保管、控制、加工、配送等的管理，便形成了动态仓储。现代仓储管理主要研究的是动态仓储。

综上，仓储是以改变物的时间状态为目的的活动，通过仓库对有形物品进行保管、控制等管理，从克服产需之间的时间差异中获得更好的效用。

2. 仓储的功能

随着现代经济的发展，物流在社会经济活动中扮演着越来越重要的角色。仓库的功能也从传统的储存功能中解放出来，并逐渐转变，增加了如发货、配送等功能，以此提高物品周转效率。从物流角度来看，仓储功能可以按照经济利益和服务利益分类。其中，经济利益包括堆存、拼装、分类和交叉、加工；服务利益包括现场储备、配送分类、组合、生产支持、市场形象。具体说明如下。

1) 储存功能

现代社会生产的一个重要特征专业化和规模化生产，劳动生产率较高，产量较大，绝大多数产品都不能被及时消费，需要经过仓储手段进行储存，这样才能避免生产过程堵塞，保证生产过程能够继续进行。另外，对于生产过程来说，适当的原材料、半成品的储存，可以防止因缺货造成的生产停顿。对于销售过程来说，储存，可以为企业的市场营销创造良机，适当的储存是市场营销的一种战略，它为市场营销中特别的商品需求提供了缓冲和有力的支持。

2) 保管功能

产成品在消费之前必须保持其使用价值，否则将会被废弃。这项任务就需要由仓储来承担，在仓储过程中对产品进行保护、管理，防止损坏而丧失价值。例如，水泥受潮易结块，使其使用价值降低，因此在保管过程中就要选择合适的储存场所，采取合适的养护措施。

3) 加工功能

根据存货人或客户要求，对保管物的外观、形状、成分构成、尺度等进行加工，使仓储物发生预期变化。加工提供了两个基本经济利益：第一，风险最小化，因为最后的包装要等到敲定具体的订购标签和收到包装材料时才能完成；第二，通过对基本产品使用各种标签和包装配置，可以降低存货水平。于是，降低风险与降低库存水平相结合，往往能降低物流系统的总成本。

4) 整合功能

整合是仓储活动的一个经济功能(见图 6-1)。通过这种安排，仓库可以将来自于多个制造企业的产品或原材料整合成一个单元，进行一票装运，有助于实现最低的运输成本，也可以减少由多个供应商向同一客户进行供货带来的拥挤和不便。为了能有效地发挥仓储的整合功能，每个制造企业都必须把仓库作为货运储备地点，或用作产品分类和组装的设施。这是因为，整合装运的最大好处就是能够把来自不同制造商的小批量货物集中起来形成规模运输，使每个制造企业都能享受到低于其单独运输成本的服务。

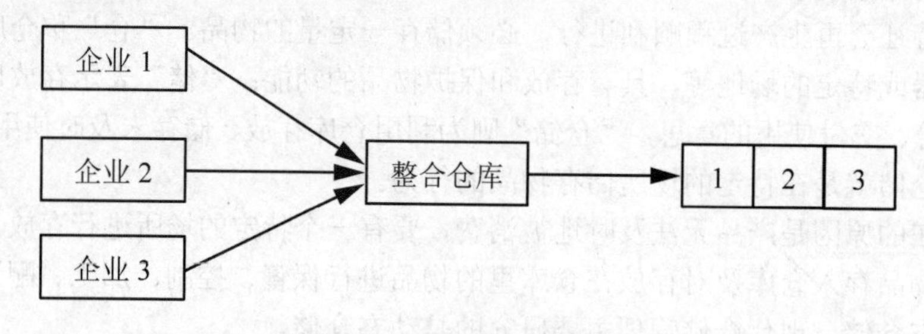

图 6-1　仓储的整合功能

5) 分类和转运功能

分类就是将来自制造商的组合订货分类或分割成个别订货，然后安排适当的运力运送给制造商指定的客户(见图 6-2)。转运就是仓库从多个制造商处运来整车货物，在收到货物后，如果货物有标签，就按照客户的要求进行分类；如果货物没有标签，就按地点分类，货物不在仓库停留，直接装到运输车辆上，装满后运往指定的零售店(见图 6-3)。同时，由于货物不需要在仓库内进行储存，因而降低了仓库的搬运费用，最大限度地发挥了仓库装卸设施的功能。

6) 支持市场形象的功能

尽管支持市场形象带来的利益不像前面几个功能带来的利益那样明显，但对于一个企业的营销主管来说，仍有必要重视仓储活动。因为从满足需求的角度来看，从一个距离较近的仓库供货远比从生产厂商处供货方便得多，同时仓库也能提供更为快捷的递送服务。这样会在供货的方便性、快捷性及对市场需求的快速反应方面，为企业树立一个良好的市场形象。

7) 市场信息的传感器

任何产品的生产都必须满足社会需求，生产者需要把握市场需求的动向。仓储量的变化是了解市场需求极为重要的途径。仓储量减少，周转量加大，表明社会需求旺盛；反之，则为社会需求不足。厂家存货增加，表明其产品需求减少或竞争力降低，或者生产规模不合适。仓储环节所获得的市场信息虽然比销售信息滞后，但更为准确和集中，而且信息成本较低。现代物流管理特别重视仓储信息的收集和反馈，将仓储量变化作为生产的决策依据之一。

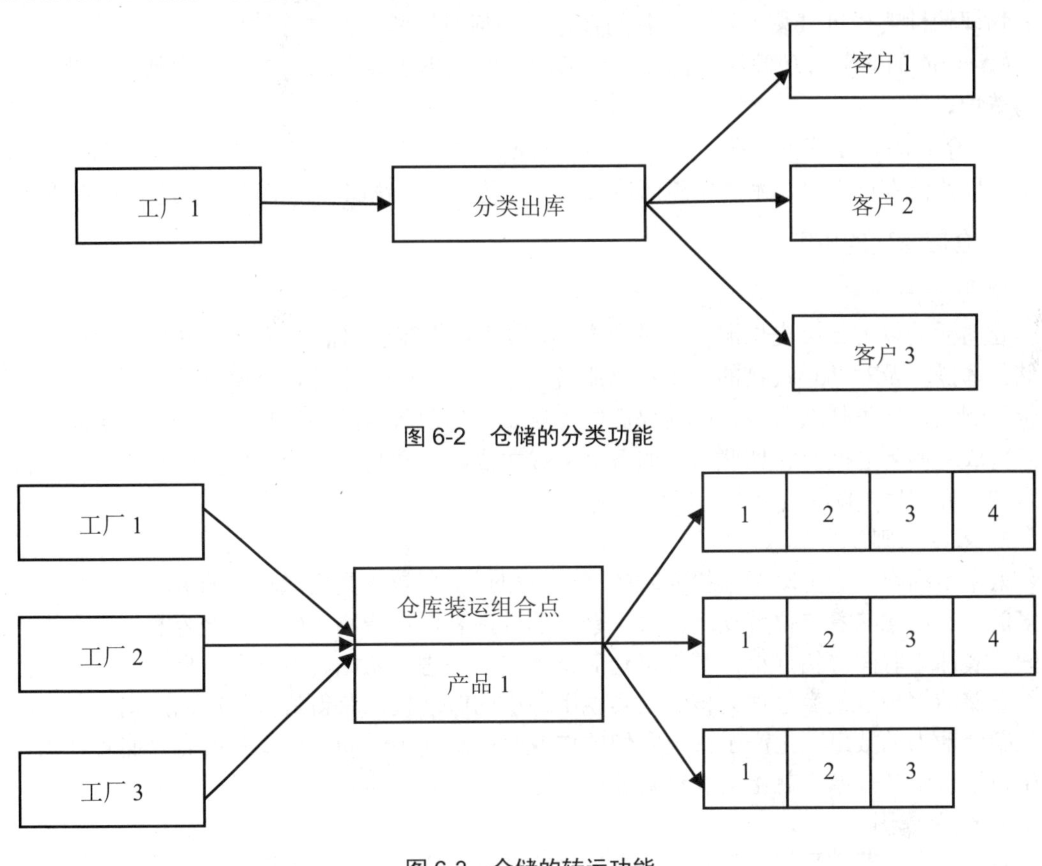

图 6-2　仓储的分类功能

图 6-3　仓储的转运功能

6.1.2　仓储管理

仓储管理(Ware Housing Management)就是对仓库及仓库内储存的物品进行管理，是仓储管理机构为了充分利用所拥有的仓储资源，提供仓储服务所进行的计划、组织、控制和协调过程。具体来说，仓储管理包括仓储资源的获得、仓库管理、经营决策、商务管理、作业管理、仓储保管、安全管理、劳动人事管理、财务管理等一系列计划、组织、控制与协调工作。

1. 仓储管理的内容

仓储管理是商品流通过程中货物储存环节的经营和管理，即商品流通过程中货物储存环节的业务经营活动，以及为提高经营效益而进行的计划、组织、监督及调节活动。仓储管理主要是从整个商品流通过程的购、销、储、运各个环节之间的关系中，对货物的收、管、发及与之相关的加工经营活动，以及围绕货物储存业务所开展的对人、财、物的运用与管理。

仓储管理的对象是仓库及库存物品，具体管理内容包括如下四个方面。

(1) 仓库的选址与建设问题，即合理规划仓储设施网络。例如，仓库的选址原则、仓库建筑面积的确定、库内运输道路与作业区域的布置等。它影响仓库的服务水平和综合成本，必须提到战略层面来处理。

(2) 仓库机械作业的选择与配置问题，即合理选择仓储设施、设备，以提高货品流通的顺畅性和保障货物在流通过程中的质量。例如，如何根据仓库作业特点和所储存物品的种类及其物理特性选择机械装备及应配备的数量；如何对这些机械进行管理，等等。

(3) 仓库的业务管理问题。例如，如何组织物品出入库，如何对在库物品进行储存、保管与养护。

(4) 仓库的库存管理问题。例如，如何根据企业生产需求状况，储存合理数量的物品，既不会导致储存过少引起生产中断而造成损失，又不会导致储存太多而占用过多的流动资金。

2. 仓储管理的原则

1) 服务原则

仓储活动以为社会提供服务为主要内容，服务是贯穿仓储活动的一条主线。仓储的定位、仓储具体操作及对储存货物的控制都以服务为中心而展开。因此，仓储管理就需要围绕服务定位。例如，提供什么服务、如何提高服务质量、如何改善服务管理等。仓储服务水平与仓储经营成本两者之间有密切联系，服务好，成本高，收费也高。仓储服务管理就是要在降低成本和提高(保持)服务水平之间保持平衡。

2) 效率原则

效率是指在一定劳动要素投入时的产品产出量。高效率是指以较少的劳动要素投入产出较多的产品，意味着单位劳动产出大。仓储的效率表现在货物周转率、仓容利用率、进出库时间、装卸车时间等指标上。高效率仓储体现出“快进、快出、多储存、保管好”的特点。

仓储的管理以效率管理为核心，实现用最少的劳动投入获得最大的产品产出。劳动的投入包括劳动力的数量、生产工具及它们的作业时间和使用时间。效率是所有仓储管理工作的基础，没有生产效率，就不会有经营效益，更不可能有优质服务。

3) 效益原则

企业生产经营的目标，就是要获得最大的经济效益，利润是经济效益的表现形式。利润大，经济效益好；反之，经济效益差。从以下公式就可看出：要实现利润最大化，需要实现经营收入最大化和经营成本最小化。

利润=经营收入-经营成本-税金

社会主义市场经济不排除为了追求利益最大化的动机，作为市场经济活动主体之一的仓储企业，也应该围绕着经济效益最大化开展和组织经营。同时，企业也应向社会承担一定责任，如维护社会安定、履行环境保护的义务和满足社会不断发展的需要等。

6.2 仓储设施与仓储设备

仓储设施与仓储设备是储存的实体，是实现储存功能的重要保证。仓储设施主要是指用于仓储的库场建筑物，它由主体建筑、辅助建筑和附属设施构成。仓储设备是指仓储业务所需的所有技术装置与机具，即仓库进行生产作业、辅助生产作业及保证仓库作业安全所必需的各种机械设备的总称。其分类如图 6-4 所示。

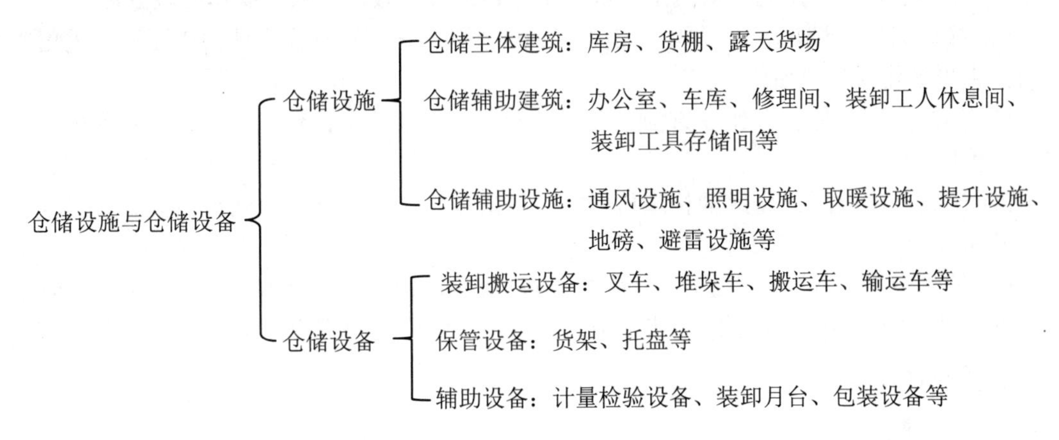

图 6-4　仓储设施与仓储设备的分类

6.2.1　仓储设施

1. 仓库的分类

仓库是保管、储存物品的建筑物和场所的总称。由于各种仓库所处的地位不同，所承担的任务不同，其储存物的品种规格繁多、性能各异，仓库的种类也就很多。可以根据不同的分类标准，将仓库分为不同类型。

1) 按使用范围分类

(1) 自用仓库。它是生产或流通企业为满足本企业经营需要而修建的附属仓库，完全用于储存本企业的原材料、燃料、产成品等货物。

(2) 营业仓库。它是一些企业专门为了经营储运业务而修建的仓库。

(3) 公用仓库。它是由国家或某个主管部门修建的为社会服务的仓库，如机场、港口、铁路的货场、库房等。

(4) 出口监管仓库。它是经海关批准，在海关监管下存放已按规定领取出口货物许可证或批件，已对外买断结汇并向海关办理完全部出口海关手续的货物的专用仓库。

(5) 保税仓库。它是经海关批准，在海关监管下专供存放未办理关税手续而入境或过境货物的仓库。

2) 按保管物品种类的多少分类

(1) 综合库。它是指用于存放多种不同属性物品的仓库。

(2) 专业库。它是指用于存放一种或某一大类物品的仓库。

3) 按仓库保管条件分类

(1) 普通仓库。它是指用于存放无特殊保管要求的物品的仓库。

(2) 保温、冷藏、恒湿恒温库。它是指用于存放要求保温、冷藏或恒湿恒温的物品的仓库。

(3) 特种仓库。它通常是指用于存放易燃、易爆、有毒、有腐蚀性或有辐射性的物品的仓库。

(4) 气调仓库。它是指用于存放要求控制库内氧气和二氧化碳浓度的物品的仓库。

4) 按建筑物结构类型分类

(1) 平房仓库。平房仓库的构造比较简单，建筑费用较低，人工操作比较方便。

(2) 楼房仓库。楼房仓库是指二层楼以上的仓库，它可以减少土地占用面积，进出库作业可采用机械化或半机械化。

(3) 高层货架仓库。在作业方面，高层货架仓库主要使用计算机控制，能实现机械化和自动化操作。

(4) 罐式仓库。罐式仓库的构造特殊，呈球形或柱形，主要用来储存石油、天然气和液体化工品等。

(5) 简易仓库。简易仓库的构造简单、造价低廉，一般是在仓库不足而又不能及时建库的情况下采用的临时代用办法，包括一些固定或活动的简易货棚等。

2. 仓库的组成

1) 主体建筑

仓库的主体建筑包括库房、货棚和露天堆场等。

(1) 库房是仓库中用于存储货物的主要建筑，多采用封闭方式，可以提供良好的储存和养护条件，一般用于储存怕风吹、雨淋、日晒及对保管条件要求较高的物品。库房主要由库房基础、地坪、墙壁、库门、库窗、柱、站台、雨棚等组成。

(2) 货棚是一种简易的仓库，为半封闭式建筑，适宜储存对温度、湿度要求不高、出入库频繁的物品及怕雨淋但不怕风吹日晒的产品。货棚的建筑形式分为有墙和无墙两种，前者只有顶棚和支柱，没有围墙；后者除有顶棚和支柱外，还在货棚两端或三面筑有围墙。货棚的保管条件不如封闭式仓库，但出入库作业比较方便，且建造成本较低。

(3) 露天堆场又称货场，是用于存放货物的露天场地，适宜存放耐风吹、雨淋、日晒，经过苫垫堆垛的货物或散装货物。货场装卸作业方便，建造成本低廉，但储存的品种有一定的局限性。

2) 辅助建筑

仓库的辅助建筑是指办公室、车库、修理间、装卸工人休息间、装卸工具储存间等建筑物。这些建筑一般设在生活区，并与存货区保持一定的安全间隔。

3) 辅助设施

仓库的辅助设施主要包括通风设施、照明设施、取暖设施、提升设施(电梯等)、地磅(车辆衡、轨道衡)及避雷设施等。

6.2.2 仓储设备

1. 装卸搬运设备

1) 叉车

叉车是一种无轨、轮胎行走式的装卸搬运车辆，如图 6-5 所示。叉车主要用于车站、码头、仓库和货场的装卸、堆垛、拆垛、短途搬运等作业，既可以进行水平运输，也可以进行垂直堆码。叉车有如下特点。

(1) 通用性。叉车在物流的各个领域都有所应用。它和托盘配合，扩大了应用范围，也提高了作业效率。

(2) 机械化程度高。叉车是装卸和搬运一体化的设备。

(3) 机动灵活。叉车外形尺寸小，轮距较小，调头转向比较容易，能在其他机械难以到达的作业区域内使用。

(4) 节约劳动。叉车仅仅依靠驾驶员就能完成对货物的一系列作业，无须装卸工人的辅助劳动。

图 6-5 叉车

2) 堆垛机

堆垛机是自动化立体仓库中专用的装卸搬运设备，它在高层货架之间的巷道内来回穿梭运行，将巷道口的货物存入货格，或者取出货格内的货物运送到巷道口，如图 6-6 所示。

图 6-6 堆垛机

堆垛机的额定载重量一般为几十千克到几吨，其中 0.5 吨的使用较多。它的行走速度一般为 4～120m/min，升降速度一般为 3～30m/min。

3) 搬运车

搬运车是为了改变货物的存放状态和空间位置而使用的小型车辆的总称，如图 6-7 所示。

搬运车主要包括以下三种类型。

图 6-7　搬运车

(1) 手推车。手推车是依靠人力驱动，在路面上水平运输货物的小型搬运车。手推车搬运作业距离一般小于 25m，承载能力一般在 500kg 以下。其特点是轻巧灵活、易操作、转弯半径小，是输送较小、较轻货物的一种短距离运输工具。手推车的构造形式多种多样，适应于不同种类、性质、重量、形状的货物和道路条件。手推车的选用首先应考虑货物的形状和性质。当搬运多品种货物时，应选用通用手推车；而搬运单一品种货物时，则应选用专用手推车，以提高搬运效率。

(2) 牵引车。牵引车俗称拖头，用来牵引挂车，本身没有承载货物的平台，不能单独运输货物。牵引车只在牵引时才和挂车连在一起，把挂车拖到指定地点。装卸货时，牵引车与挂车脱开，再去牵引其他挂车，从而提高设备利用率。

(3) 电瓶搬运车。电瓶搬运车有固定的载货平台，可载重运输，也可用作牵引。电瓶搬运车车体小而轻，动作灵活，使用时清洁卫生。电瓶搬运车适合在平坦路面上行驶，以减轻蓄电池震动。由于没有防爆装置，电瓶搬运车不宜在有易燃易爆物品的场所内工作。

4) 输送机

仓储用输送机主要用于输送托盘、箱包件或其他有固定尺寸的集装单元货物，如图 6-8 所示。也有用于输送散料的输送机，但不多见。

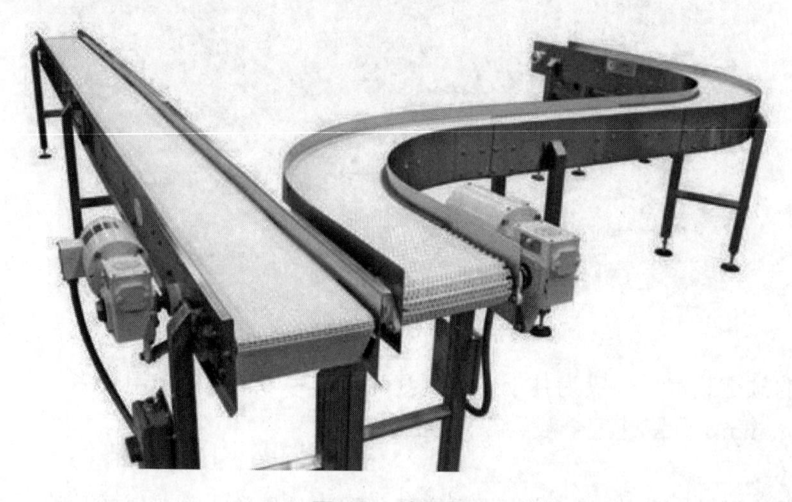

图 6-8　输送机

输送机可分为重力式和动力式两类。重力式输送机因滚动体的不同，可分为滚轮式、滚筒式和滚珠式三种形式；动力输送机以电动机为动力，根据驱动介质的不同，可以分为辊子输送机、皮带输送机、链条式输送机和悬挂式输送机等。

输送机在运输中，货物的装卸均在输送过程不停顿的情况下进行，不需要经常启动和制动。输送机的结构比较简单，造价较低。可选用多台输送机构成输送系统，从而实现物流的行动化。

2. 保管设备

1) 货架

在仓储设备中，货架是指专门用于存放成件货物的保管设备，由立柱片、横梁以及斜撑等构件组成。以下介绍几种常见的货架。

(1) 层架。层架由主柱、横梁和层板构成，分成数层，层间用于存放货物，如图 6-9 所示。层架具有结构简单、省料、适用性强等特点，便于货物的收发。但是，层架存放物品数量有限，是人工作业仓库的主要储存设备。轻型层架适用于小批量、零星收发的小件物品的储存。中型和重型层架要配合叉车等工具储存大件、重型物品，其应用领域广泛。

图 6-9　层架

(2) 托盘货架。此种货架是存放装有货物托盘的货架，应用最为广泛，如图 6-10 所示。货架沿仓库的宽度方向分成若干排，排与排之间有巷道，可供堆垛起重机或叉车运行。每排货架沿仓库纵向分成若干列，在垂直方向又分为若干层，从而形成大量货格。托盘货架的每块托盘均能单独存入或取出，无须移动其他托盘。横梁高度可根据货物的尺寸灵活调整，适用于存放各种类型的货物。配套设备简单，能快速地安装和拆卸，货物装卸迅速，能提高仓库的空间利用率。托盘货架配合堆垛起重机和叉车进行存取作业，可提高劳动生产率，便于使用计算机进行库存管理和控制，是仓储管理机械化和自动化的基础。

(3) 抽屉式货架。抽屉式货架与层架相似，区别在于抽屉式货架层格中有抽屉，如图 6-11 所示。它属于封闭式货架，具有防尘、防潮、避光的作用，用于比较贵重的小件货物的存放，或用于怕尘土、怕湿的贵重货物的存放，如刀具、量具、精密仪器、药品等的存放。

(4) 悬臂式货架。悬臂式货架又称树枝形货架，由中间立柱向单侧或双侧伸出悬臂而成，如图 6-12 所示。悬壁可以是固定的，也可以是可调节的，结构轻巧，载重能力好。悬臂式货架一般用于储存长条形状材料和不规则货物，如圆钢、型钢、木板等。此种货架可采用起重机起吊作业，也可采用侧面叉车和长料堆垛机作业。

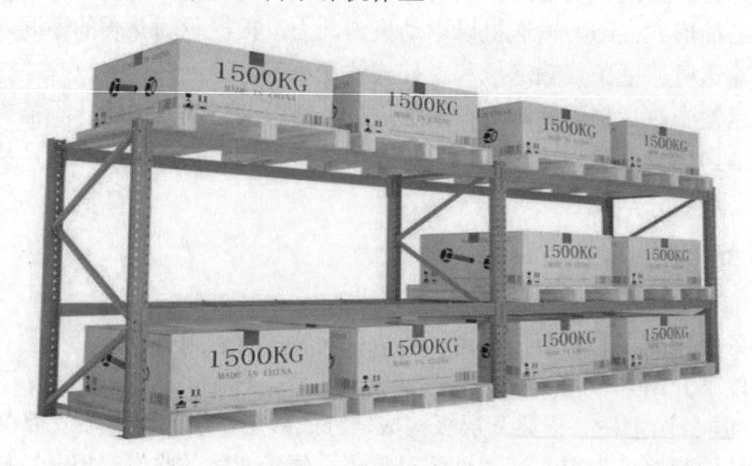

图 6-10　托盘货架

图 6-11　抽屉式货架

图 6-12　悬臂式货架

(5) 驶入式货架。驶入式货架又称进车式货架，采用钢质结构，钢柱上有向外伸出的水平突出构件，如图 6-13 所示。当托盘送入时，突出的构件将托盘底部的两个边托住，使托盘承担横梁的作用。当架子没有放托盘货物时，货架正面便成了无横梁状态，这时就形成了若干通道，可方便地出入叉车等作业车辆。驶入式货架是高密度存放货物的货架，库容利用率可达 90%以上。但是，由于叉车只能从正面驶入，库存货物很难实现先进先出，因此，每条巷道只宜保管同一种、不受保管时间限制的货物。

图 6-13　驶入式货架

(6) 移动式货架。移动式货架又称动力式货架，其底部安装有运行车轮，通过电动机驱动，可在水平导轨上直线移动，为叉车存取货物提供作业通道，如图 6-14 所示。移动式货架使仓库储存密度大大增加，单位面积储存量是托盘式货架的两倍左右，可直接存取每件货物，不受先进先出的限制。这种货架的缺点是成本高、施工慢。

图 6-14　移动式货架

除上述六种货架外，常用的还有重力式货架、U 形架、阁楼式货架、旋转式货架等。

2) 托盘

托盘是为了便于装卸、运输、保管货物，由可以承载单位数量物品的负荷面和叉车插口构成的装卸用垫板，如图 6-15 所示。托盘是一种随着装卸机械化而发展起来的重要集装器具，叉车与托盘配合使用形成有效的装卸系统，大大提高了装卸机械化水平。目前，托盘作为实现单元化货物装载运输的重要工具，正在被各行各业所认识和接纳，应用越来越广泛。

国际上，托盘尺寸现有四个系列，即 1200 系列(1 200mm×800mm 和 1 200mm×1 000mm)、1100 系列 (1 100mm×1 100mm) 、 1140 系列 (1 140mm×1 140mm) 、 1219 系列 (1 219mm×1 016mm)。中国国家标准规定的托盘尺寸共有三种：800mm×1 200mm、800mm×1 000mm 和 1 000mm×1 200mm。

图 6-15　托盘

3. 辅助设备

1) 计重计量设备

计重计量设备主要用于商品进出时的计量、点数，以及存货盘点、检查等，计重计量的装置，如地磅、轨道衡、电子秤、电子计数器、流量仪、皮带秤、天平仪及较原始的磅秤、转尺等。计重计量设备要有如下四个特征，即准确性、灵敏性、稳定性、不变性。

电子秤是以传感器为感应元件，以电子电路放大、运算及显示面板为一体的计重装置，按工作方式可分为台式和吊秤式。电子吊秤是一种挂钩式称重装置(又称拉力计式)，一般用于单元化集装货物的计重计量场所。其计重范围较宽，大吨位计重一般与起重机配合使用，由于装置处于高空，计量不便于读数，其计量数据可采用无线设备发送到显示终端。

电子汽车衡作为称量车装货物的设备，由于其称量快、准确度高、数字显示、数据可传输、操作维护方便等特点，已完全取代了旧式机械地磅，广泛应用在货场、仓库、码头、建筑等批量物料的称重计量场合。

现在，称重技术进步很快，还有不停车称量的动态电子汽车衡和物流分拣系统中的传送带式动态电子计重衡，均能在短时间内实现运动物体的准确称重。

2) 检验设备

检验设备是指商品进入仓库验收和在库内测试、化验及防止商品变质、失效的机具、仪器，如温度仪、测潮仪、吸潮器、烘干箱、风幕(设在库门处，隔离内外温差)、空气调节器、商品质量化验仪器等。在规模较大的仓库里这类设备使用较多。

3) 装卸月台

月台的基本功能是：在车辆依靠处、装卸货物处、货物暂存处，利用月台能方便地将货物装车或卸车，实现物流网络中线与节点的衔接转换。

月台的主要形式有高月台和低月台。高月台是指月台高度与车辆货台高度基本保持一致的月台。车辆停靠时，车辆货台与月台处于同一作业平面，有利于使用车辆进行水平装卸，使装卸合理化。低月台是指月台和仓库地面处于同一高度的月台，有利于在月台与仓库之间进行搬运。此外，低月台也有利于叉车作业。低月台的装卸车作业不如高月台方便，可以在车辆和仓库之间安装输送机，使输送机的载货平面与车辆货台保持同等高度。

4) 包装设备

在物流过程中，会频繁地进行装卸、搬运、运输和堆码等物理性活动，为了保护物料和提高效率，需要适当地包装和集装措施。包装是指采用打包、装箱、灌装和捆扎等操作技术，使用箱、包、袋、盒等适当的容器、材料和辅助物等，将物品包封并予以适当标志的工作，是包装物和包装操作的总称。

物流包装设备是指完成全部或部分包装过程机器的总称。类别有裹包包装机械、充填包装机械、灌装包装机械、封口机械、贴标机械、捆扎机械、热成型包装机械、真空包装机械、收缩包装机械和其他包装机械等。

4. 自动化设备

1) 高层货架

高层货架有多种类型。按照建筑材料不同划分，可分为钢结构货架、钢筋混凝土结构货架等；按照货架的结构特点不同划分，可分为固定式货架和可组装、可拆卸的组合式货架；按照货架的高度不同划分，分为小于5m的低层货架、5～15m的中层货架、15m以上的高层货架。自动化立体仓库货架一般是由钢材或钢筋混凝土制作的高层货架。

2) 自动化输送设备

常用的搬运输送设备有各种堆垛起重机、高架叉车、辊子或链式输送机、巷道转移台车、升降机、自动导引车等。

巷道堆垛起重机是自动立体仓库的主要搬运取送设备，它主要由立柱、载货台、货叉、运行机构、卷扬机构和控制机构组成。

液压升降台、辊式输送机、台车、叉车、托盘等是自动化立体仓库的主要运输设备，与堆垛超重机相互配合，构成完整的装卸搬运系统。

3) 控制系统

控制系统控制堆垛起重机和各种搬运输送设备的运行、货物存入与拣出，是自动化立体仓库的“指挥部”和“神经中枢”。自动化立体仓库的控制形式有手动自动控制、随机自动控制、远距离控制和计算机全自动控制四种。计算机全自动控制又分为脱机、联机和实时联机三种形式。随着物流自动化和智能化的发展，计算机在仓库控制中将发挥越来越重要的作用。

6.3 仓储作业

仓储作业管理是对货物进入库场储存所进行的卸货、搬运、清点数量、检查质量、装箱、整理、堆码、办理入库手续等一系列操作活动的控制和管理。

6.3.1 入库前准备

仓储作业的第一个步骤是入库前的准备工作，一般有以下几个方面。

1. 人员准备

安排好负责质量验收的技术人员或用料单位的专业技术人员，以及配合数量验收的装卸搬运人员。

2. 资料准备

搜集并熟悉待验商品的有关文件，如技术标准、订货合同等。

3. 器具准备

准备好验收用的检验工具，如衡器、量具等，并校验准确。对某些特殊商品的验收，如毒害品、腐蚀品、放射品等，还要准备相应的防护用品。

4. 货位准备

确定验收入库时的存放货位，计算和准备堆码、苫垫材料。

5. 订货准备

大批量商品的数量验收，必须要有装卸搬运机械的配合，应做好设备的申请调用工作。

6. 作业操作顺序安排

根据商品入库的数量、时间、品种做好接货、搬运、堆码等各环节的协调配合；在机器操作条件下，安排好定人、定机的作业序列。

6.3.2 验货收货

仓储作业的第二个步骤是验货收货。物品入库，只是物品在整个物流供应链上的短暂停留，而准确的验货和及时的收货能够加强仓储作业的效率。在仓储的具体作业中，主要包括以下几个步骤。

1. 货物点收

这是收货的第一道工序，由仓库收货人员与运输人员或运输部门进行货物的交接。在货物运达之前，库场收货人员应根据堆存计划或与客户签订的储存合同对将要入库的货物情况进行熟悉，如票数、货名、数量、尺寸、标志、性质和包装等。货物运到库场后，库场收货人员应根据货主或运输单位开列的有效凭证，先将大件(或整件)货物数量进行清点核准。大数验收可以采用逐件点数计总和集中堆码点数两种方法。逐件点数时可以借助计算器，以免出错。对于货物品种单一、包装大小一致、数量较多的货物，采用集中堆码点数的方法较好。集中堆码点数就是先将货物按同样垛形整齐地堆放在库场上，然后根据长、宽、高各方向上的件数相乘便可得出货堆总件数。

2. 检查包装和标志

对每件货物及其标志进行仔细检查，以鉴定货物包装是否完整、牢固，有无破损、受潮、油污等情况，并仔细核对货物标志，看是否与单证记载一致。

3. 办理交接手续

货物经过上述工序后，库场收货人员便可根据情况决定是否收货。对于满足收货条件的，可在交接清单上签收，并写上需要注明的情况，以便分清仓库与运输部门的责任。对于不符合收货要求的，可在交接清单上注明，并拒收货物。

4. 质量验收

质量验收即鉴定商品的质量指标是否符合规定。质量鉴定分为感官鉴定和理化鉴定两种方法。感官鉴定一般由仓库保管员在验收商品过程中凭感官检查商品的包装、外观；理化鉴定则需按技术业务部门提出的要求，由专门质量检查部门进行复杂的技术检验。

5. 办理入库手续

货物验收后，由保管员或收货员根据验收结果在入库单上签收，并将货物存放的库房号、货位号标注在入库单上，以便记账、查货和发货。经复核签收的多联入库单由仓库保管员、记账员及货主分别保存。其中，货主联作为货主的存货凭证。

6.3.3 存货保管

仓储作业的第三个步骤是存货保管。物品进入仓库进行保管，需要安全、经济地保持好物品原有的质量水平和使用价值，防止由于不合理保管所引起的物品磨损、变质及流失等现象。其具体步骤如下。

1. 分区、分类和编号

分区是指存放性质相类似货物的一组仓库建筑物和设备。货位编号可根据仓库的库房、货场、货棚和货架等存货场所划分若干货位，按其地点和位置的顺序排列，采用统一规定的顺序编号。

2. 堆码和苫垫

货物堆码是指货物入库存放的操作方法，它关系到货物保管的安全、清点数量的便利，以及仓库容量利用率的提高。

3. 盘点

货物的盘点对账是定期或不定期核对库存货物的实际数量与货物保管账上的数量是否相符，检查有无残缺和质量问题等。盘点可分为定期盘点和不定期盘点。定期盘点属于全面盘点，一般每季度一次；不定期盘点是在仓库发生货损货差时盘点。盘点的具体做法包括：盘点数量、盘点重量、货账核对、账账校对，并进行问题分析，找出原因，做好记录，及时反映等。盘点的时间因盘点方法的不同而不同。定期盘点，一年 1～2 次；不定期盘点，一年 1～6 次；每日每时盘点，一日 1～3 次。

4. 养护

养护必须注意以下几点：①安排适宜的保管场所。从有利于货物养护的角度来考虑货物存储的分区、分类方法是否合理。②认真控制库房温湿度。保管员应掌握各种货物对温湿度的基本要求，搞好库房的温湿度调节，采取适当的方法，保证货物对通风、密封和吸潮的要求。保管员应定期对仓库的温湿度进行监测，并做记录。③做好货物在库质量检查工作。④保持仓库的清洁卫生。⑤健全仓库货物养护组织。可以根据仓库规模的大小设专职或兼职养护员，也可设养护小组和养护实验室等机构。

6.3.4 发货出库

仓储作业的最后一个步骤是发货出库。仓库管理员根据业务部门开出的商品出库凭证，进行物品的搬运和简易包装，然后发货。

1. 商品出库方式

送货与自提是两种基本的发货方式，此外，还有取样、移仓、过户等。

2. 商品出库作业

它主要包括两项内容：发货前准备和发放商品出库。发货前准备一般包括：原件商品的包装整理；零星商品的组配、备货和包装；待运商品机具用品、组装的场地准备；劳动力的组织安排等。商品出库作业流程是：核账—记账—配货—复核—发货。

3. 发货检查

对发货工作的实际情况进行检查，控制仓库出口处的差错。发货的检查工作主要有：①确定按传票规定量发货，既不多发，也不少发。对于相冲突的库存发货，一定要认真权衡发货量。②确认应发货的对象。③确认发货的品种，即对发货的商品进行核对。④检查所发商品及商品的质量。⑤确定发货时间和发货顺序。⑥核对运货车与发放商品。

本 章 小 结

仓储是商品流通的重要环节之一，也是物流活动的重要支柱。仓库的功能可以按照经济利益和服务利益进行分类。其中，经济利益包括堆存、拼装、分类和交叉、加工；服务利益包括现场储备、配送分类、组合、生产支持、市场形象。仓储管理就是对仓库及仓库内储存的物品进行管理，是仓储机构为了充分利用所拥有的仓储资源，提供仓储服务所进行的计划、组织、控制和协调过程。仓储作业包括入库前准备、验货收货、存货保管和发货出库四个阶段。

思考与练习

1. 仓储在物流管理中有怎样的地位和作用？
2. 仓储管理有哪些内容？
3. 简述货物进库的作业流程。

案例讨论

当当网仓库管理模式

在目前电子商务业务“井喷”的背景下。各家B2C对用户的争夺也日益激烈，提升用户体验和加强用户黏性是每家电子商务公司都面临的课题，而价格日益同质化的情况下，企业背后拼的就是整个供应链的效率。在艾瑞咨询发布的B2C电子商务网站市场影响力报告中，当当网以398.4的综合评分位列第一。当当网之所以能够取得这样的成绩，与其近期优化自己的供应链系统、提升物流速度和效率的举措是分不开的。

1. 在配送模式上选择了第三方物流的方式

当当网在大型城市建立了自己独立的配送中心，以自身为主，同时相应地在物流高峰期借助第三方的力量；在小型城市及偏远地区以邮政方式为主，基本完全采用第三方物流的配送模式。

2. 仓库管理模式

当当网采取自建仓库管理模式，目前当当网经营20万种图书、上万种CD/VCD及众多的软件、上网卡等商品，是中国经营商品种类最多的网上零售店。这种模式的优点是:

(1) 可以更大限度地控制仓储。

(2) 管理更加灵活，当当网管理者可以按照企业要求和产品的特点对仓库进行设计和布局。

(3) 长期仓储的成本更低，可以形成一种规模经济。

(4) 可以使当当网树立良好的企业形象。因为当当网是中国经营商品种类最多的网上零售店，对库存管理的要求高，当当网自建仓库可以给顾客一种长期持续经营的良好印象，有助于提高企业的竞争优势。

当当网自建仓库管理模式的决策依据如下。

(1) 当当网的商品周转量大，因此可以把固定成本均匀到大量的存货中，自建仓库更经济。

(2) 需求稳定性是当当网自建仓库的一个非常关键的因素。稳定的需求使当当网具有稳定的周转量，因此自建仓库的运作更为经济。

(3) 当当网建的6个仓库分别在北京、广州、南京、上海等地，这些地区的订单量集中，市场密度大，许多供应商相对集中，这样有利于当当网提高企业对供应链稳定性和成本的控制能力。

3. 系统支撑下的即时出库

要想将每个订单都快速、准确地出库配送需要IT系统的强大支撑。商品入库系统自动记录了每件商品的库存位置。在成千上万的订单中，系统自动把仓库中同样的商品、同一区域的商品，分配在一张拣货单上，这张拣货单在系统中生成时，上面所有的商品已经按照路径排列了顺序，拣货员按照顺序拣货，在仓库中走的是优化的路线，不会走回头路。这样大大提高了拣货的效率。

4. 对于仓库的货品摆放，系统会进行优化

所有商品在当当网的系统中都有销售记录，哪些商品动销率比较高，哪些商品次之，系统都会根据数据进行计算。那些动销率比较高的商品会被摆放在离出口更近的地方。但动销率不是固定不变的，有些季节性产品，如电风扇、羽绒服等动销率变化明显的商品，在系统中会设计一些参数，使管理人员到一定时期就会对其仓储位置进行调整或者退货给供应商。另外，一些促销产品在当当网首页主推的商品的动销率也比较高，会被优先储存于更方便的位置。

5. 多个储物分仓和供应商优化管理

在当当网的系统里，将每个仓库覆盖的区域进行了数据统计。一个用户在当当网前台下的订单，在后台，系统会自动分配给最近的仓库。比如，南京客户的订单会自动分配给上海仓，而重庆客户的订单则会自动分配给成都仓。另外，当当网有一个团队专门管理供货商，在系统里，每个供货商的供货周期及供货能力都有记录，然后根据每个商品对应的供货商的供货周期设定补货提醒，以达到库存最优化。

6. 当当网仓库管理成本低的原因

资金流通周期短。当当网极少用现金采购，但相比之下，同当当网的合作，图书供应商4个月便能收回货款，“当当网上的图书价格要比地面书店平均低30%以上，就是这个原因”。

综上所述，电商的仓管管理模式是电商在生产经营和部门管理过程中的重要环节，仓储成本是电商企业物流成本的重要组成部分，因此选择适当的仓储管理模式，既可以保证企业的资源供应，又可以有效地控制仓储成本。

(资料来源：当当网仓库管理模式的案例分析，百度文库.
https://wenku.baidu.com/view/3923c052a66e58fafab069dc5022aaea988f4176.htm.)

思考：

简述当当网仓储模式及其优势，并回答这种模式给物流管理过程及当当网的发展带来了哪些具体的影响。

第 7 章　库存管理

【学习目标】

1. 理解库存的概念、功能和作用。
2. 了解库存管理相关术语及评价指标。
3. 掌握确定型库存控制模型和随机型库存控制模型。
4. 理解库存管理的基本原理和方法。
5. 掌握库存系统建模与仿真。

【引导案例】

娃哈哈的烦恼：库存积压导致产品价差体系不稳

2012 年，还在扩张的中国最大的食品饮料生产企业——娃哈哈，开始面临一些问题：老产品销量下滑、新产品未及时跟上、经销商过度压库等。

从 2009 年到 2011 年，娃哈哈这三年的发展速度虽然仍保持平稳增长，但有逐渐变缓的趋势，增速更是连续三年下降。销量下滑导致库存问题，对娃哈哈的经销商来说，则出现了两个问题：人为造成的库存不足和压库。知情人士表示，这是因为部分经销商对市场前景不看好，而且娃哈哈部分产品终端销售乏力，所以经销商主动控制销量下滑产品的进货量，从而造成部分产品的库存明显不足。也有一部分经销商为了完成娃哈哈规定的年度任务，从而拿到返点及各种奖励，就按规定不断进货，但终端销售不畅导致产品大量积压，而经销商却对该部分未出库销售的存货开具发票或销售出库单并确认为收入。最后，经销商为了集中解决库存进行低价促销，与公司的价格政策相左，导致产品价差体系不稳，娃哈哈逐渐丧失了产品在零售市场上的定价权。

针对上述问题，娃哈哈集团董事长兼总经理宗庆后表示：“现在首先要求经销商把库存卸掉，卸空最好，但要通过脚踏实地地研发市场而非压库完成”，“要把价格提上去，价格提升上去首先要让零售商先提价。现在先花点钱把价差以其他方式补给他，否则他一下子不接受。我们的产品投资回报高，他就会先解决我们的库存”。

同时，为了更好地推新品，宗庆后提出了两个方案：一个是加大产品利差，从而推动零售商为自己的产品做推广；另一个是集中力量推新品，通过铺天盖地的广告和促销活动快速占领市场。

娃哈哈目前主推的新品是启力和锌爽。以往，消费者宣传往往是娃哈哈的营销短板，公司推新品缺少系统性规划。《中国好声音》的一夜爆红，也打响了启力这一品牌的知名度，让娃哈哈尝到了品牌营销的甜头。据悉，娃哈哈 2012 年 12 月的广告计划，启力就占了 50%。“产品在年前能不能成功，消费者启动活动及促销活动的开展起 50%左右的决定作用”，娃哈哈内部人士表示。

通过一系列强有力的营销手段，到 2013 年年末，娃哈哈供应链上的库存逐渐降低，产品价差体系也逐步恢复了稳定。

(资料来源：中国物流学会，http://www.chinawuliu.com.cn.)

思考：

1. 导致娃哈哈库存积压的原因是什么？
2. 娃哈哈是怎样解决该问题的？

7.1 库存管理概述

对于一个企业而言，库存可能是其最为昂贵的成本之一。在一些企业中，库存成本在总成本中所占比例甚至超过了 10%。尽管制造行业比服务行业拥有更多的库存，但是有效的库存管理对于这两个行业来说都起着至关重要的作用。库存管理直接影响着一个企业能否有效地分配其资产到生产和服务中去。对于制造业和服务业来说，发展一个有效的库存控制系统可以有效地减少资源浪费和缺货等情况的发生，但是如何建立一个这样的系统是一个复杂的问题。适量的库存对于企业的制造生产和其他活动起到支持作用，而过量的库存是企业库存管理能力较弱的一个标志。因此，如何合理地把控库存量成为企业急需解决的重要问题。

7.1.1 库存的基本概念

库存是指将暂时处于闲置状态的在未来使用的资源，即为了满足未来需求而暂时闲置的有价值的资源。一般情况下，人为设置库存是为了防止短缺，就好比水库里的水一样，储存起来以备不时之需。库存具有保障生产过程连续性、分摊订货费用、快速满足订货需求的作用。库存的设置是由于人们无法预测未来的需求变化而不得不采用的应付外界变化的方法。

“库存”并不是在现代产生的概念，一般而言，只要有物质生产活动，就会有随之而来的库存问题。例如，古代人在春夏时候播种作物，待秋季收获，将谷物储存起来，以维持冬季或者来年的生存。这个过程就是一个简单的生产与库存过程。然而，当代社会的物质生产方式和以前已经有了很大的差别，所以生产组织形式表现出高度的专业化和信息化。

在库存管理理论中，物品需求根据重复程度可分为两种基本类型：单周期需求和多周期需求。单周期需求对应一次性订货问题，这种需求的特征是偶发性和物品生命周期短，因而很少重复订货，如报纸或特定节假日用品。例如，没有人会购买昨天的报纸，也没有人会在春节过后去买春联，这些都是单周期需求。多周期需求是在长时间内需求反复发生，库存需要不断补充。我们日常所见的多数都是多周期需求。

多周期需求的库存又分为独立需求库存与相关需求库存。独立需求库存的需求变化独立于人们的主观控制能力之外，数量与出现的频率是随机的、不确定的、模糊的。独立需求是对一个企业最终产品的需求，这种需求会受到潮流、季节及一般市场条件的影响。例如，对全地形车的需求就是一种独立需求，用来组装全地形车的电池、头灯、密封件和垫圈等属于相关需求。独立需求的需求量不能通过物料需求计划从其他物资的需求推算得出，因此，独立需求只能根据市场行情进行预测。相关需求库存的需求数量和需求时间与其他变量存在一定的相互关系，可以通过一定的结构关系推算得出。相关需求是一种内在需求，是对生产最终产品所需物料的需求，如半成品、零部件、原材料都属于相关需求。由于相关需求与最终产品需求存在着某种依赖关系，所以相关需求可能会产生突发性的变化，特别是在最终产品大批量生产的情况下。只要最终产品可以确定，相关需求就可以被全部计算出来。

不管是独立需求库存控制还是相关需求库存控制，都要解决如下问题：如何优化库存成本？怎样平衡生产与销售计划以满足一定的交货要求？怎样避免浪费，避免多余的库存？怎样避免缺货损失？归根到底，库存控制主要解决三个问题：确定库存检查周期、确定订货量、确定订货点。

7.1.2 库存的功能和作用

由于库存是将有价值的资源暂时闲置起来，包括所有的原材料、购买的产品、半成品、零部件及产成品等。库存的主要功能是对市场上的不确定性进行缓冲，以及分离或者打破供应链中各阶段之间的依赖关系。例如，保持一定数量的产品作为安全库存和缓冲库存，可以用来缓冲由于供应、需求或供货时间的波动所带来的不确定性。当生产线上的某些工作中心停工进行维护和修理时，适量的库存可以保证其他工作中心不间断地工作。库存的作用主要包括以下两个方面。

1. 积极作用

1) 解决供需在时间上、方式上的潜在矛盾

一般情况下，供应方与需求方之间存在产品供应和产品需求的时间差及需求方式上的差异，库存可以在供应和需求之间进行时间上和方式上的调整。产品在到达最终客户之前要经过一个漫长的生产和分配过程，即使最短的周期也要包括制订生产计划、原材料采购、生产和销售等时间。因此，企业备有适当存货，可以缩短前置时间，解决供应与需求方式上的差异，并及时满足需求。

2) 调整产品价格和降低成本

生产的产品，产出多少就销售多少、消费多少，不进行库存管理，当价格暴跌、暴涨时，就会影响到供应链中产品成本的高低。为了防止这种情况的发生，需要把产品保管在仓库里，达到调整产品价格的目的。此外，带有数量折扣的大量采购也可以降低库存成本，进而降低生产与销售成本。一定的库存量也可以防范需求的波动和季节性产品的风险。

3) 保持各个环节运作的独立性

有了存货，没有必要把供应链中的生产者直接与消费者连接在一起，也没有必要强迫消费者来适应生产的要求。库存可以使相互依存的业务(零售、分配、生产和采购)独立开来，同时可以将紧密相连的供应-生产-销售过程中的各个环节分离出来，使每个环节都能以更经

济、更有效的方式去独立经营。

4) 对不确定因素进行缓冲

供应链是一个复杂的系统，面临许多不确定因素，如需求量估计偏差、产量变化、设备故障、天灾、发运延误、天气异常等因素。如果企业有适量的库存，就能对不可预测的或计划外的事件有所防范，起到一定的缓冲作用。

5) 提供客户服务平台

供应链通过维持一定的库存，在客户需要的时候提供及时、准确的货物供应服务，可以增强供应链的快速反应能力，提高客户的满意度。

2. 消极作用

1) 占用资金

库存变现不仅需要一定的时间周期，而且还可能面临折现甚至失去价值的风险。在企业总资产保持不变的情况下，库存增加会造成流动资金的减少。流动资金对企业的经营活动至关重要，因而库存是对其他可以立即变现的流动资金的占用。

2) 产生库存成本

库存会产生一定成本，包括库存占用资金的利息、储存保管费用、保险费用和价值损失费用等。

3) 掩盖生产经营中的问题

供应链管理过程中可能会有很多致命问题，如人员绩效差、库存结构不合理、机器故障率高、盲目采购、送货延迟和计划错误等。这些问题都可能被高库存水平所掩盖。一旦库存水平下降，这些暗礁便会“水落石出”，会给供应链带来重大打击。

4) 使得需求虚增

大量库存的囤积还可能导致市场上某些物资供给不足，造成一种需求大于供给的假象，扰乱市场环境，甚至会造成严重的社会问题。

7.1.3 库存管理相关术语

库存管理中有一些名词及相关术语和对应的符号，现做如下解释。

1. 需求量

需求量(D)是指用户来到仓库所提货物的数量，有时也称作需求率，指单位时间内的需求量。

2. 订货量

订货量(Q)是指企业根据需求，为补充某种物资的库存量而向供货厂商一次订货或采购的数量。

3. 订货间隔期

订货间隔期(T)是指两次订货时间间隔或订货合同中规定的两次进货之间的时间。

4. 订货提前期

订货提前期(L)是指从发现库存量已经下降到规定水平或以下，开始进行补货或采购之时算起，直到物资进入仓库验收为止的一段时间。

5. 安全库存量

安全库存量(S)是指由于需求量和订货提前期一般都是随机变量，为防止未来物资供应或需求的不确定性因素(如大量突发性订货、交货意外中断或突然延期等)而准备的缓冲库存，其大小取决于供应和需求的不确定性、顾客服务水平，以及缺货成本和库存持有成本。那么，究竟持有多大的安全库存才能对需求和完成周期的不确定性进行预防和缓冲？这主要是由企业希望达到的客户服务水平所决定的，通常用在存货周期内不会出现断货的概率来表示服务水平。

比如，95%的客户服务水平，意味着订货至交货这段前置时间内有5%的概率需求大于安全库存。需求呈正态分布情况下的服务水平的计算如图7-1所示。服务水平的计算公式为

$$服务水平=1-断货概率 \tag{7.1}$$

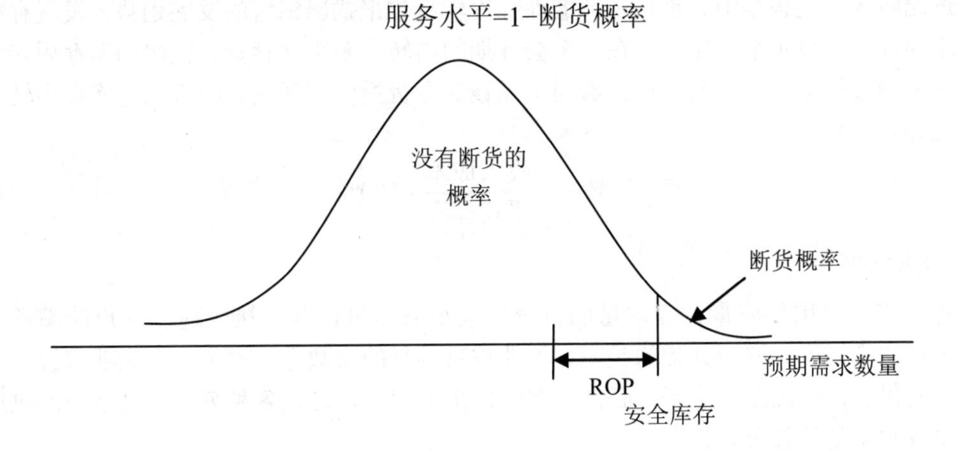

图 7-1　需求呈正态分布情况下的服务水平

由此可见，顾客服务水平较高，安全库存量增加并导致缺货成本较低、库存持有成本较高；相反，顾客服务水平较低，安全库存量减少并导致缺货成本较高、库存持有成本较低。因此，在确定安全库存时要注意同时权衡服务水平、缺货成本和库存之间的关系。

7.1.4　库存成本及库存控制的评价指标

有效管理库存的底线是控制库存成本和最大限度地减少脱销。按不同的方式，库存成本可以划分为多种类型，如直接成本和间接成本，固定成本和可变成本，订货成本、库存持有成本和缺货成本。

直接成本是指与所生产的产品有直接关系的成本，如用于生产一单位产成品所消耗的原材料和劳动力。间接成本是指不能与所生产产品形成直接关系的成本，如装修维护、设备及工厂安全。固定成本与产出量无关，如设备、建筑物、工厂安全等。可变成本随着产出量的变化而变化，直接材料和劳动力是可变成本。

订货成本是指企业实现一次订货所需要的直接可变成本。通过采购或其他途径获得物品或者原材料时所发生的费用，也就是向外部供应商发出采购订单的成本或内部的生产准备成本。

库存持有成本是指为了保持库存而发生的成本。订货成本包括采购准备阶段的管理和文书费用，以及其他与采购直接相关的费用。库存持有成本包括手续费、仓储费用、保险、失

窃、贬值、税收及资金成本。

缺货成本是因为企业内部或者外部供应中断，不能及时满足市场需求而造成的损失。它包括原材料终端造成的停工损失、产成品库存缺货造成的延迟发货损失、企业采用紧急采购解决库存中断而承担的紧急额外采购成本等。当企业的产品用户得不到它的全部订单时，叫作外部缺货，而当组织内部某一个部门得不到它的全部订货时，叫作内部缺货。

无论在制造业还是服务业中，库存都发挥着重要作用。库存控制的好坏直接影响企业的经济效益。通过一系列有效的评价指标对库存控制的效率进行比较分析，找出其中隐藏的问题，可以有效地提高企业的控制水平。库存控制的指标有以下四种。

1. 库存周转率

库存周转率可以衡量单位库存资金用于供应商的效率，反映企业的库存控制水平。企业可以通过比较各个销售渠道、销售环节的库存周转次数来找出销售的发展趋势，发现存在的问题。库存周转率显示了一家公司在一个会计期间周转了多少次存货。更快的库存周转通常被视为一个积极的信号，表明公司能够用一元钱的存货投资实现更多的收入。库存周转率的计算公式为

$$\text{库存周转率}=\frac{\text{收入成本}}{\text{平均库存}}\times 100\% \tag{7.2}$$

2. 服务水平

服务水平一般用供应量占需求量的百分比大小来衡量，其直接表现为客户的满意度程度，如客户的忠诚度、取消订货的频率、不能按时供货的次数等。对于一个企业来说，为了保证正常的供应，提高服务水平，必须设置一定量的库存，防止各种突发事件造成的供应链中断。服务水平的计算公式为

$$\text{服务水平}=\frac{\text{供应量}}{\text{需求量}}\times 100\% \tag{7.3}$$

3. 缺货率

缺货率是一个衡量企业服务水平的指标。如果一个企业经常延期交货，不得不使用加班生产、加急运输的方式来弥补库存不足时，说明这个企业库存控制的效率很低。但是，当延期交货成本低于节约库存成本时，企业可以选择延期交货，这样可以使企业的总成本最低。缺货率的计算公式为

$$\text{缺货率}=\frac{\text{缺供用户数}}{\text{供货用户数}}\times 100\% \tag{7.4}$$

4. 平均供应费用

平均供应费用反映供应每单位库存物资所消耗的成本。单位供应费用越高，说明其总成本较高，企业的库存效率越低，尽量降低单位供应费用可以降低企业成本，提高企业管理效率。平均供应费用的计算公式为

$$\text{平均供应费用}=\frac{\text{年库存总成本}}{\text{年供应总额}} \tag{7.5}$$

7.2 库存模型

7.2.1 与库存有关的费用

1. 库存量增加而上升的费用

(1) 资金成本。库存资源本身有价值，占用了资金。这些资金本可以用于其他活动来创造新的价值，库存使这部分资金闲置起来，造成机会损失。

(2) 仓储空间费用。要维持库存就必须建造仓库、配备设备，还有供暖、照明、修理、保管等。以上所产生的开支都是维持仓储空间的费用。

(3) 物品变质和陈旧。在闲置过程中，物品会发生变质和陈旧，如金属生锈、药品过期、油漆褪色、鲜活食材变质。

(4) 税收和保险。

2. 随库存量增加而下降的费用

(1) 订货费。订货费与发出订单活动和收货活动有关，包括评判要价、谈判、准备订单、通信、收货检查等，它一般与订货次数有关，与一次定多少无关。

(2) 调整准备费。加工零件一般需要准备图纸、工艺和工具，需要调整机床，安装工艺设备，这些活动都需要时间和费用。如果花费一次调整准备费能多加工一些零件，则分摊在每个零件上的调整准备费就少，但是扩大加工批量会增加库存。

(3) 购买费和加工费。采购或加工的批量大，可能会有价格折扣。

(4) 生产管理费。加工批量大，为每批工件做出安排的工作量就会少。

(5) 缺货损失费。批量大则发生缺货的情况就少，缺货损失就小。

3. 库存总费用

计算库存总费用一般以年为时间单位，年库存费包括以下四项。

(1) 年维持库存费(Holding Cost)，用 C_H 表示。顾名思义，它是维持库存所必需的费用，包括资金成本、仓库及设备折旧、税收、保险、陈旧化损失等。这部分费用与物品价值和平均库存量有关。

(2) 年补充订货费(Reorder Cost)，用 C_R 表示。它与全年发生的订货次数有关，一般与一次订多少无关。

(3) 年购买费(加工费)(Purchasing Cost)，用 C_P 表示。它与价格和订货数量有关。

(4) 年缺货损失费(Shortage Cost)，用 C_S 表示。它反映失去销售机会带来的损失、信誉损失及影响生产造成的损失。它与缺货多少、缺货次数有关。

若用 C_T 表示年库存总费用，则有 $C_T = C_H + C_R + C_P + C_S$。

7.2.2 确定型库存控制模型

需求库存模型大体可以分为两类：一类称为确定型库存控制模型，即模型中的数据，如需求量与提前期，皆为确定的数值；另一类称为随机型库存控制模型，即模型中含有随机变量，而不是确定数值。本节将按确定型库存控制模型和随机型库存控制模型两大类，分别介绍一些常用的库存模型。

首先讨论最简单的库存模型，即需求不随时间变化的确定型库存控制模型，这类模型的有关参数如需求量、提前期是已知、确定的值，而且在相当长一段时间内稳定不变。显然这样的条件在现实生活中是很难找到的。实际上，只要所考虑的参数的波动性不大，就可以认为是确定型的库存问题。经过数学抽象概括的库存模型虽然不可能与现实完全等同，但对模型的探讨将加深我们对库存问题的认识，其模型的解也将对库存系统的决策提供帮助。此类模型有四种，分为不允许缺货、允许缺货两种情况，每种情况又分为瞬时到货、延时到货两种情形。

1. 不允许缺货，瞬时到货模型

不允许缺货，瞬时到货模型，即经济订购批量模型。经济订购批量模型又称整批间隔进货模型，英文为 Economic Order Quantity(EOQ)。该模型适用于整批间隔进货、不允许缺货的库存问题，即某种物资单位时间需求量为常数 D，库存量以单位时间消耗数量 d 的速度逐渐下降，经过时间 T 后，库存量下降到零，此时开始订货并随机到货，库存量由零上升为最高库存量 Q，然后开始下一个储存周期，形成多周期库存模型，经济订货批量假设下的库存量变化如图 7-2 所示。

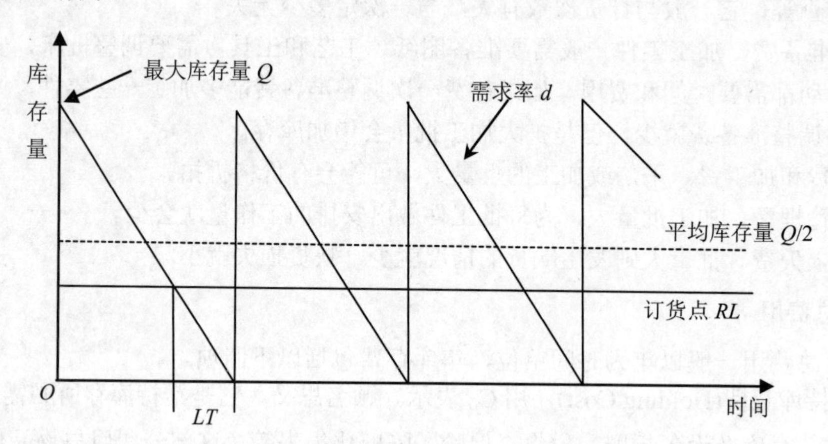

图 7-2　经济订货批量假设下的库存量变化

经济订货批量模型是固定订货批量模型中的一种，可以用来确定企业一次订货的数量。当企业按照经济订货批量来订货时，可实现订货成本和储存成本之和最小化。该模型假设条件如下。

(1) 外部对库存系统的需求率已知，需求率均匀且为常量。年需求量用 D 表示，单位时间需求率以 d 表示。

(2) 一次订货量无最大最小限制。

(3) 采购运输均无价格折扣。

(4) 订货提前期已知，且为常量。

(5) 订货费与订货批量无关。

(6) 维持库存费是库存量的线性函数。

(7) 不允许缺货。

(8) 补充率为无限大，全部订货一次交付。

(9) 采用固定量系统。

令 p 表示年利率，H 表示单位时间的库存成本，P 为货物的单价，S 为单次订货费用。根据假设条件，可得

$$C_T = C_H + C_R + C_P = H\frac{Q}{2} + S\frac{D}{Q} + PD \tag{7.6}$$

对 Q 求导，令一阶导数为零，得经济订货批量 $\text{EOQ}=\sqrt{\frac{2DS}{H}}$ (7.7)

年订货次数 $n=D/\text{EOQ}$ (7.8)

订货点 RL=dLT (7.9)

年最低总费用 $C_T = \frac{H}{2}\sqrt{\frac{2DS}{H}} + \frac{DS}{\sqrt{\frac{2DS}{H}}} + PD = \sqrt{2DSH} + PD$ (7.10)

三种成本之间的关系如图 7-3 所示。

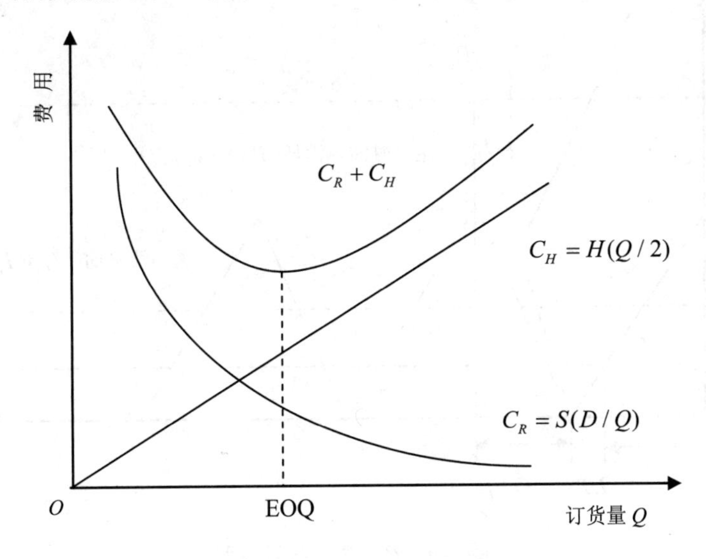

图 7-3　三种成本之间的关系

例 7-1　某公司每年需要某零件 10 000 件，每件价值 1 元。每次订货费用估计为 25 元，存储费约为货物价值的 12.5%。其他条件均符合基本经济订货模型，问每次订多少货物才能使库存总费用最小？

解：根据题意，有

S=25 元/次

D=10 000 件/年

H=1×12.5%=0.125 元/件·年

每次最优订货数量为

$$Q^* = \sqrt{\frac{2SD}{H}} = \sqrt{\frac{2\times 25\times 10\,000}{0.125}} = 2\,000(\text{件})$$

该公司每次订货 2 000 件，则每年需订货 10 000/2 000=5 次，每年总存储费用为

$C(Q)=0.125×2\ 000/2+25×5=250$(元)

2. 不允许缺货，延时到货模型

经济生产批量(Economic Production Lot，EPL)，又称经济生产量。由于生产系统调整准备时间的存在，在补货成品库存的生产中有一个一次生产多少的经济性问题，即经济生产批量。在此模型中，相关成本最终确定为两项，即变动订货成本和变动储存成本，在确定生产批量时，以生产准备成本替代订货成本，成本内容不变。经济生产批量是生产中大量使用的模型，在包装企业中，经济批量生产应用比较广泛。

经济生产批量的假设条件与经济订货批量模型大体相同，在库存为零时进行生产，生产率为 p_r，若 p_r 大于需求率 d，则库存以(p_r-d)的速度上升，经过时间 t_p，库存达到 $I_{\max}$。此时生产停止，库存按需求率 d 下降。当库存减少为零时再生产。Q 是在 t_p 时间内生产的量，又是一个补充周期 T 内消耗的量。经济生产批量模型如图 7-4 所示。

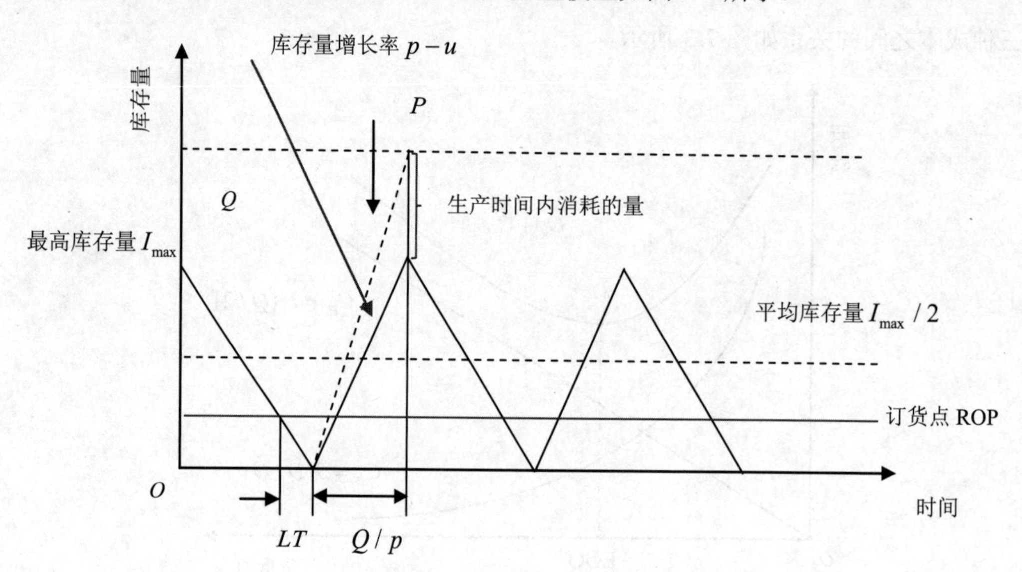

图 7-4 经济生产批量模型

最大库存量：$I_{\max}=t_p\left(p_r-d\right)$ (7.11)

生产批量：$Q=p_r t_p$ (7.12)

生产时间：$t_p=\dfrac{Q}{p_r}$ (7.13)

年库存总费用：$C_T=\dfrac{HQ}{2}\left(1-\dfrac{d}{p_r}\right)+s\dfrac{D}{Q}+PD$ (7.14)

经济生产批量：$\text{EPL}=\sqrt{\dfrac{2DS}{H\left(1-\dfrac{d}{p_r}\right)}}$ (7.15)

例 7-2 某纺织厂生产外套衣服面料，生产率是 2 500m/天；已知市场需求均匀、稳定，每年(按 250 天计算)市场需求量为 180 000m，每次生产的调整准备费为 175 元，单位维持库

存费用是 0.40 元/m*年，求：

(1) 工厂的经济生产批量 EPL 是多少？

(2) 每次开工，工厂需要维持生产多少天才能完成任务？

(3) 最高库存水平是多少？

解：根据题意得，

$$\text{EPL}=\sqrt{\frac{2DS}{H\left(1-\dfrac{d}{p_r}\right)}}=\sqrt{\frac{2\times 180\,000\times 175}{0.40\times\left(1-\dfrac{180\,000}{2\,500\times 250}\right)}}=14\,873\,(\text{m})$$

生产持续时间为 $t_p=\dfrac{Q}{p_r}=\dfrac{14\,873}{2\,500}$=5.95(天)

平均日需求量 $d=D/250$=180 000/250=720(m)

在开工的 5.95 天中，工厂生产了 14 873m 面料，与此同时，工厂还销售了 5.95×720=4 284(m)面料，因此，在完工时的库存就是最大库存，为 14 873−4 284=10 589(m)，

$I_{\max}=\dfrac{Q}{1-\dfrac{d}{p_r}}=14\,873-1-\dfrac{720}{2\,500}=10\,590(\text{m})$。

3. 允许缺货，瞬时到货模型

1) 模型假设

(1) 在一定时间 t_1 内补充库存 Q。

(2) 需求速度 D，允许缺货。

(3) 其余假设同不允许缺货，瞬时到货模型。

2) 库存状态

该模型的库存量变化如图 7-5 所示。

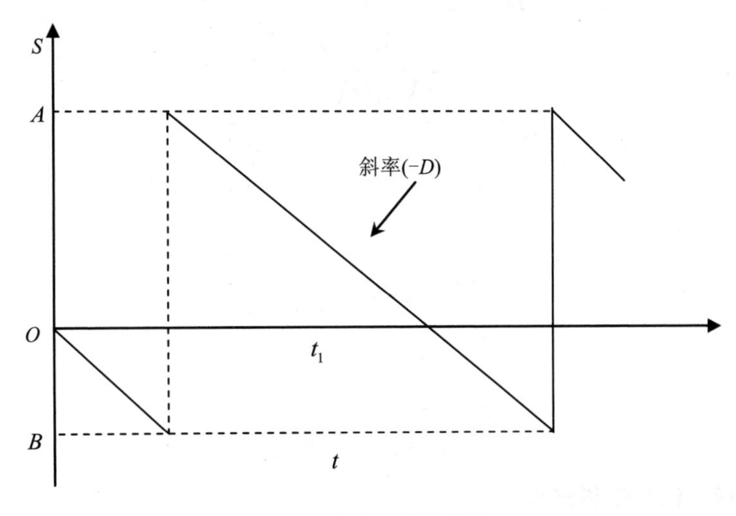

图 7-5 库存量变化状态

3) 建立模型

假设初期库存为 S，经过时间 t_1 后库存全部消耗完毕，即 S=0。显然，t_1 内的平均库存量

为$\frac{1}{2}S$，而每一循环 t 内最大缺货量为 D_t-S，平均缺货量为：$\frac{1}{2}(D_t-S)(t-t_1)$。

由库存变化状态图中相似三角形的比例可得：$\frac{t_1}{t}=\frac{S}{D_t}$。代入上述平均缺货量和平均库存量公式中，可得 t 内的平均库存量：

$$\frac{1}{2}S\frac{t_1}{t}=\frac{1}{2}\frac{S^2}{D_t}$$

平均缺货量：

$$\frac{1}{2}(D_t-S)(t-t_1)=\frac{1}{2}(D_t-S)\left(t-\frac{S}{D}\right)=\frac{1}{2}\frac{(D_t-S)^2}{D}$$

平均总费用为

$$C_{(t,S)}=\frac{1}{t}\left(\frac{1}{2}\frac{C_1S^2}{D}+\frac{1}{2}\frac{C_2(D_t-S)^2}{D}+C_3\right)$$

用平均总费用函数求 t 与 S 的偏导并令其为零，得

$$\frac{\partial C}{\partial S}=\frac{1}{t}\left(\frac{C_1S}{D}-\frac{C_2(Dt-S)}{D}\right)=0$$

$$t^*=\sqrt{\frac{2C_3(C_1+C_2)}{C_1DC_2}}=\sqrt{\frac{2C_3}{C_1D}}\sqrt{\frac{C_1+C_2}{C_2}}$$

求解得

$$S=\frac{C_2Dt}{C_1+C_2}$$

解得

$$\frac{\partial C}{\partial t}=-\frac{1}{t^2}\left(\frac{1}{2}\frac{C_1S^2}{D}+\frac{1}{2}\frac{C_2(Dt-S^2)}{D}+C_3\right)+\frac{1}{t}C_2(Dt-S)=0$$

$$t^*=\sqrt{\frac{2C_3}{C_1D}}\sqrt{\frac{C_1+C_2}{C_2}} \tag{7.16}$$

$$S^*=\sqrt{\frac{2DC_3}{C_1}}\sqrt{\frac{C_2}{C_1+C_2}},\quad Q^*=\sqrt{\frac{2DC_3}{C_1}}\sqrt{\frac{C_1+C_2}{C_2}} \tag{7.17}$$

相应的平均订购费用为

$$C(t^*,S^*)=\sqrt{2C_1C_3D}\sqrt{\frac{C_2}{C_1+C_2}} \tag{7.18}$$

最大缺货量为

$$B^*=\sqrt{\frac{2DC_3}{C_2}}\sqrt{\frac{C_1}{C_1+C_2}} \tag{7.19}$$

4. 允许缺货，延时到货模型

1) 模型假设

(1) 需求是连续均匀的，即需求速度 D 为常数。

(2) 补充需要一定时间。不考虑拖后时间，只考虑到货时间，即一旦需要，补货可立刻

开始，但供应需一定周期。假设供应是连续均匀的，也就是说供应速度 P 为常数。同时，设 $P>D$。

(3) 单位存储费为 C_1，单位缺货费为 C_2，订购费为 C_3。不考虑货物价值，则库存量变化如图 7-6 所示。

2) 库存状态

与 EOQ 模型相比，该情形的库存变化更复杂，其中$[0,t]$为一个库存周期，t_1 时刻开始供应，t_3 时刻结束供应；$[0,t_2]$时间内库存为零，t_1 时达到最大缺货量 B。$[t_1,t_2]$时间内产量一方面以速度 D 满足需求，另一方面以速度$(P-D)$弥补$[0,t_1]$时间内的缺货，至 t_2 时刻缺货补足。$[t_2,t_3]$时间内产量一方面以速度 D 满足需求，另一方面以速度$(P-D)$增加库存，至 t_3 时刻达到最大库存量 A，并停止供应。$[t_3,t]$时间内以库存满足需求，库存以速度 D 减少，至 t 时刻存储降为零，进入下一个储存周期。

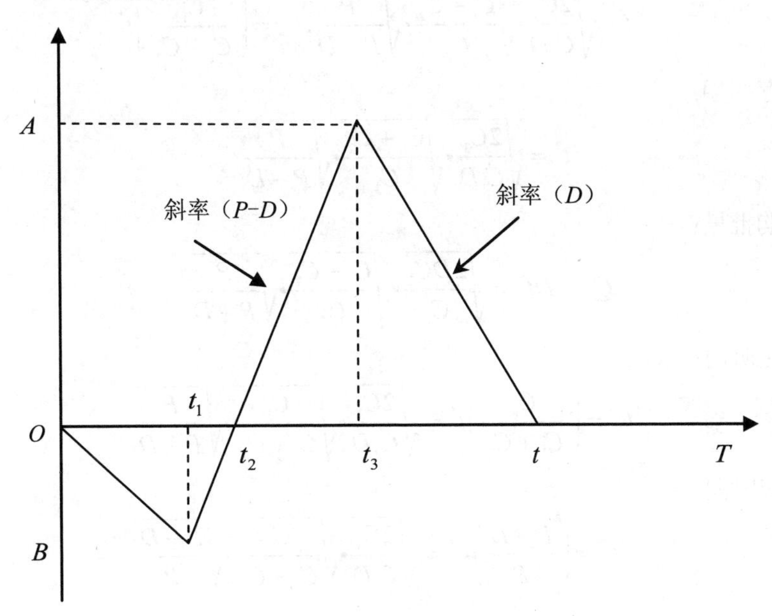

图 7-6 库存量变化

3) 建立模型

根据模型假设条件和存储状态图，首先导出$[0,t]$时间内的平均总费用(即费用函数)，然后确定最优库存策略。

从$[0,t_1]$看，最大缺货量为 $B=Dt_1$。

从$[t_1,t_2]$看，最大缺货量为 $B=(P-D)(t_2-t_1)$，故有 $Dt_1=(P-D)(t_2-t_1)$，从中解得

$$t_1=\frac{P-D}{P}t_2$$

从$[t_2,t_3]$来看，最大库存量为 $A=(P-D)(t_3-t_2)$。

从$[t_3,t]$来看，最大库存量为 $A=D(t-t_3)$。故有 $(P-D)(t_3-t_2)=D(t-t_3)$，从中解得

$$t_3-t_2=\frac{D}{P}(t-t_2)$$

在[0,t]时间内，储存费为$\frac{A}{2}C_1(t-t_2)=\frac{1}{2}C_1(P-D)(t_3-t_2)(t-t_2)$，缺货费为$\frac{1}{2}C_2Dt_1t_2$，故[0,t]时间内平均总费用为$\frac{1}{t}\left[\frac{1}{2}C_1(P-D)(t_3-t_2)(t-t_2)+\frac{1}{2}C_2Dt_1t_2+C_3\right]$，整理后得

$$C(t_1,t_2)=\frac{(P-D)D}{2P}\left[C_1t-2C_1t_2+(C_1+C_2)\frac{t_2^{\ 2}}{t}+\frac{C_3}{t}\right]$$

解方程组：

$$\frac{\partial C(t,t_2)}{\partial t}=0$$

$$\frac{\partial C(t,t_2)}{\partial t_2}=0$$，得

$$t=\sqrt{\frac{2C_3}{C_1D}}\bullet\sqrt{\frac{C_1+C_2}{C_2}}\bullet\sqrt{\frac{P}{P-D}},t_2^{\ *}=\left(\frac{C_1}{C_1+C_2}\right)t^*$$

最优储存周期：

$$t^*=\sqrt{\frac{2C_3}{C_1D}}\bullet\sqrt{\frac{C_1+C_2}{C_2}}\bullet\sqrt{\frac{P}{P-D}} \tag{7.20}$$

经济订购批量：

$$Q^*=Dt^*=\sqrt{\frac{2DC_3}{C_1}}\bullet\sqrt{\frac{C_1+C_2}{C_2}}\bullet\sqrt{\frac{P}{P-D}} \tag{7.21}$$

缺货补足时间：

$$t_2^{\ *}=\left(\frac{C_1}{C_1+C_2}\right)t^*=\sqrt{\frac{2C_3}{C_2D}}\bullet\sqrt{\frac{C_1}{C_1+C_2}}\bullet\sqrt{\frac{P}{P-D}} \tag{7.22}$$

开始供应时间：

$$t_1^{\ *}=\left(\frac{P-D}{P}\right)t_2^{\ *}=\sqrt{\frac{2C_3}{C_1D}}\bullet\sqrt{\frac{C_1}{C_1+C_2}}\bullet\sqrt{\frac{P-D}{P}} \tag{7.23}$$

结束供应时间：

$$t_3^{\ *}=\frac{D}{P}t^*+\left(\frac{P-D}{P}\right)t_2^{\ *} \tag{7.24}$$

最大库存量：

$$A^*=D(t^*-t_3^{\ *}) \tag{7.25}$$

最大缺货量：

$$B^*=Dt_1^{\ *} \tag{7.26}$$

平均总费用：

$$C^*=\frac{1}{t}\left[\frac{1}{2}C_1(P-D)(t_3-t_2)(t-t_2)+\frac{1}{2}C_2Dt_1t_2+C_3\right]=\frac{2C_3}{t^*} \tag{7.27}$$

对于确定型储存问题，上述四个模型是最基本的模型。在每个模型的最优库存策略的各个参数中，最优储存周期t^*是最基本的参数，其他参数和它的关系在各个模型中都是相同的。根据模型假设条件的不同，各个模型的最优储存周期t^*之间也有明显的规律性。

一个储存问题是否允许缺货或补充是否需要时间，完全取决于对实际问题的处理角度，不存在绝对意义上的不允许缺货或绝对意义上的不需要时间补充。如果缺货引起的后果或损失十分严重，则从管理的角度应当提出不允许缺货的建模要求；否则，可视为允许缺货的情况。至于缺货损失的估计，应当力求全面和精确。如果补充需要的时间相对于储存周期是微不足道的，则可考虑补充不需要时间的假设条件；否则，需要考虑补充时间。在考虑补充时间时，必须分清拖后时间和生产时间，两者在概念上是不同的。

除上述独立需求的四个常用库存模型之外，还有更为复杂的库存模型，如随机型库存控制模型、报童模型等，有兴趣的读者可以参考相关资料和研究文献，限于篇幅，此处就不进一步介绍了。

7.2.3 随机型库存控制模型

随机型库存控制模型考虑了实际情况中客户需求的不确定性，将客户需求设为某种随机数。由于需求的波动性较大，必须设置安全库存以保证库存控制的可靠性。随机型库存控制模型通常采用周期性库存检查策略和连续性库存检查策略，来解决何时补货及补多少货的问题。其中，周期性库存检查策略包括(t,S)策略和(t,R,S)策略两种；连续型库存检查策略包括(Q,R)策略和(R,S)策略两种。

1. (t,S)策略

(t,S)策略是定期检查一次库存，并发出一次订货，订货量根据当前库存量与最大库存量确定。

(t,S)策略如图 7-7 所示，若在检查库存时的库存量为I，为了把现有库存补充到最大库存S，订货量为 $S-I$。经过一定的时间(即补货提前期)，库存得到补充之后，再经过一个固定的检查周期 t，又发出一次订货，经过一定的时间，库存又达到新的量。如此周期性地检查库存，不断补给。该策略不设订货点，只设定固定检查周期和最大库存量。但该策略适用于不是很重要的或者使用量不大的物资。

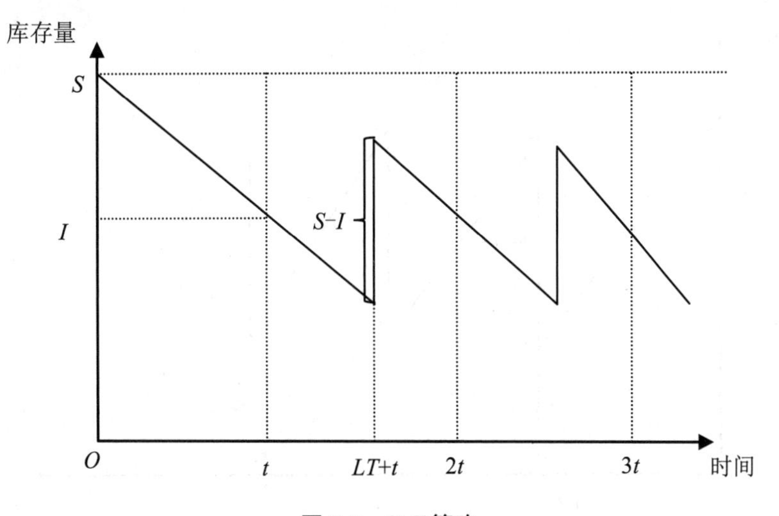

图 7-7 (t,S)策略

2. (*t*,*R*,*S*)策略

(*t*,*R*,*S*)策略是在(*t*,*S*)策略的基础上加入了固定的订货点水平 *R*。

(*t*,*R*,*S*)策略如图 7-8 所示。*t* 为固定的检查周期，*S* 为最大库存量，*R* 为固定点水平，即安全库存。当经过一定的检查周期 *t* 后，若库存低于订货点 *R*，则发出订货，订货量为 *S*−*I*，否则，不定货。经过一定的补货提前期后库存得到补充，到下一个库存检查点时再将剩余库存与安全库存相比较，以确定是否订货，如此周期性地循环。该策略适用于使用量不大，但价值较高的物资。

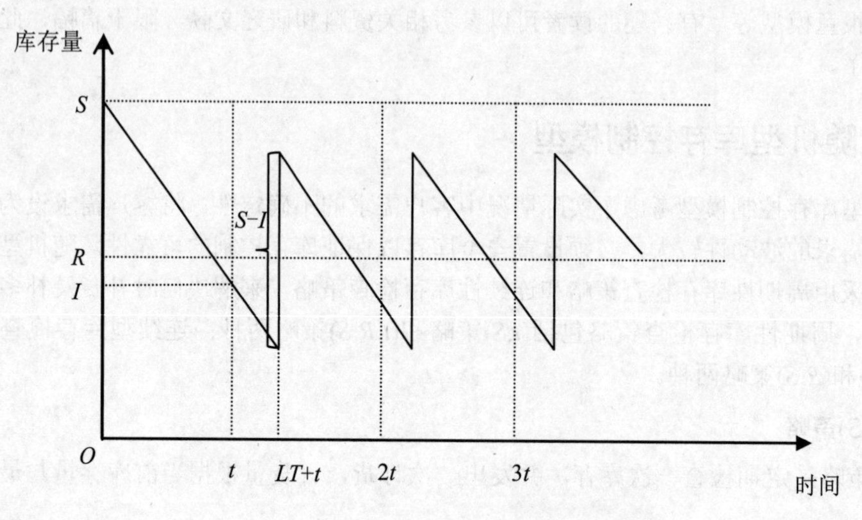

图 7-8 (*t*, *R*, *S*)策略

3. (*Q*,*R*)策略

(*Q*,*R*)策略是对库存进行连续检查，当库存降到订货点水平 *R* 时，即发出一个订货，每次订货量保持不变，都为固定值 *Q*。(*Q*,*R*)策略如图 7-9 所示。该策略适用于需求量大、缺货费用较高、需求波动性不大的情况。

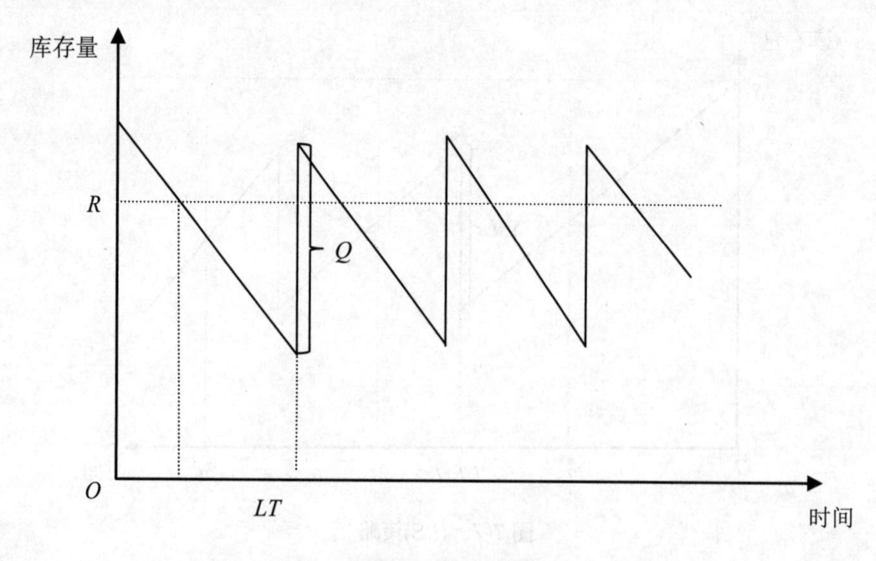

图 7-9 (*Q*,*R*)策略

4. (*R*,*S*)策略

(*R*,*S*)策略是指连续检查库存状态，当发现库存低于订货点水平 *R* 时，开始订货，订货后使最大库存保持为常量 *S*，若发出订单时库存量为 *I*，则其订货量即为 *S*–*I*。(*R*,*S*)策略如图 7-10 所示。该策略适用于需求量大、缺货费用高、需求波动性大的情况。

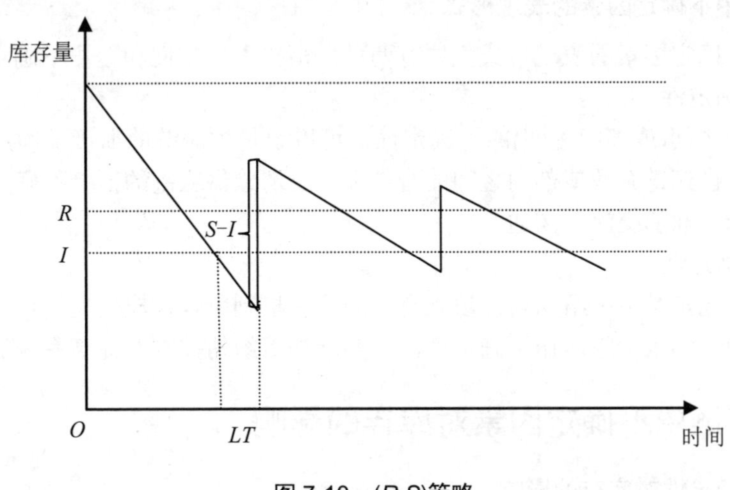

图 7-10 (*R*,*S*)策略

7.3 供应链下的库存管理

7.3.1 供应链中的不确定性来源

1. 供应链中不确定因素的来源

供应链中不确定因素的来源主要有三个方面：供应商的不确定性、生产者的不确定性、顾客的不确定性。

1) 供应商的不确定性

它主要表现在提前期的不确定性和订货批量的不确定性等。供应商的不确定性的原因是多方面的，如供应商生产、经营系统发生故障导致延迟供应，供应商的供应商供货延迟，由于交通导致运输延迟等。

2) 生产者的不确定性

它主要集中在制造商生产系统的不可靠性上，如机器故障、计划执行偏差等。生产者生产过程中在制品有库存的原因，也表现在其对需求的处理方式上。生产计划是一种根据当前的生产系统的状态和未来情况做出的对生产过程的模拟，用计划的形式表达模拟的结果，用计划来驱动生产的管理方法。但是，生产过程的复杂性使计划并不能精确地反映企业的实际生产条件和预测生产环境的改变，这不可避免地造成计划与实际执行的偏差。生产控制的有效措施能够对生产的偏差给予一定的修补，但是生产控制必须建立在对生产信息的实时采集与处理上，使信息及时、准确、快速地转化为生产控制的有效信息。

3) 顾客的不确定性

其主要原因有需求预测偏差、购买力波动、从众心理和个性特征等。通常，需求预测的

方法有一定的模式或假设条件，假设需求按照一定的规律运行或表现一定的规律特征，但是任何预测方法都存在某些缺陷而无法确切地预测需求的波动和顾客心理反应。在供应链中，不同的节点企业相互间的需求预测的偏差进一步加剧了供应链的放大效应及供应链的信息扭曲。

2. 供应链中不确定因素的表现形式

供应链中不确定因素的表现形式主要有两种：衔接不确定性和运作不确定性。

1) 衔接不确定性

企业与企业之间(或部门之间)的不确定性，可以说是供应链的衔接不确定性，这种不确定性主要表现在供应链企业或部门之间的合作上。要消除供应链的衔接不确定性，需要增强企业之间或部门之间的交流与沟通。

2) 运作不确定性

系统运行不稳定是由于组织内部缺乏有效的控制机制所致，控制失效是组织管理不稳定和不确定的根源。为了消除运作不确定性，需要增加组织的控制，提高系统的可靠性。

7.3.2 供应链中不确定因素对库存的影响

1. 衔接不确定性对库存的影响

传统供应链的衔接不确定性普遍存在，主要表现在企业之间的独立信息体系现象。由于各个企业之间相互竞争，企业总是为了各自的利益进行自我信息封闭，因此企业之间的合作仅仅是贸易上的短时性合作，人为地增加了企业之间的信息壁垒和沟通障碍，不得不为应对不确定性而建立库存，库存的存在实际上就是信息不畅与封闭的结果。虽然企业各个部门和企业之间都有信息交流和沟通，但这些远远不够。企业之间的信息交流更多的是在企业内部而非企业之间进行的。信息共享程度差是传统供应链不确定性增加的一个原因。

传统的供应链中信息是逐级传递的，即上游供应链企业根据下游供应链企业的需求信息做相应的生产和决策。而在集成的供应链系统中，供应链的各个节点企业都能共享顾客信息，也就是说信息不再是线性传递的过程而是网络传递过程和多信息源的反馈过程。建立合作伙伴的新型企业合作模式，并通过建立跨组织的信息系统为供应链的各个企业提供共同的需求信息，有利于推动企业间的合作与交流。企业有了确定的需求信息，就可以在制订生产计划时，减少为了应对需求波动而设立的库存，使生产计划更加精确可行。

2. 运作不确定性对库存的影响

供应链企业之间的衔接不确定性可通过建立具有战略伙伴关系的供应链联盟或者加强供应链企业之间的协作而加以削减，上述，合作关系同时可以消除运作不确定性对库存的影响。当企业之间的合作关系得以改善时，企业的内部生产运作管理也大大得以改善。因为当企业之间的衔接不确定性因素减少时，企业的生产控制系统就能摆脱这种不确定因素的影响，使生产系统的控制实时和准确。只有在供应链的条件下，企业才能获得对生产系统有效控制的有利条件，消除生产过程中不必要的库存现象。

在传统企业的生产决策过程中，供应商或分销商的信息是生产决策的外生变量，无法预见外在需求或供应的变化信息，或者获得的是延迟信息；与此同时，库存管理的策略也是考虑独立的库存点而不是采用共享信息，因而库存成了维系生产运作正常运行的必要条件。当生产系统形成网络时，不确定性就开始在生产网络中传播，几乎所有的生产者都希望拥有库存来应对生产系统内外的不测变化。

在不确定性较大的情况下，为了维持一定的用户服务水平，企业也常常维持一定的库存以提高服务水平。在不确定性存在的情况下，高服务水平也必然提高库存量。

7.3.3 供应商管理库存

为了适应供应链管理模式下的库存管理要求，供应链管理环境下的库存管理方法必须做出相应的改变。长期以来，企业生产过程中的库存管理都是各自为政的。流通环节中的每一个部门都是管理自己的库存，零售商、批发商、供应商都有自己的库存，供应链的各个环节都有自己的库存控制策略。由于各自的库存策略不同，因此会不可避免地发生生产需求扭曲的现象，即所谓的需求放大现象，无法使供应商快速地响应用户需求。在供应链管理环境下，供应链的各个环节活动都应该是同步进行的，而传统的库存控制方法已经无法满足这一需求。近年来，随着供应链管理思想的不断进步，出现了一种新的供应链库存管理方法，即供应商管理库存(Vendor Managed Inventory，VMI)。VMI 打破了传统各自为政的库存管理模式，体现了供应链的集成化管理思想，适应市场不断变化的要求，是一种新的有代表性的库存管理思想。

VMI 是一种很好的供应链库存管理策略，它是一种在用户和供应商之间的合作性策略，以对双方来说都是最低的成本优化产品的可获性，在一个相互同意的目标框架下由供应商管理库存，这样的目标框架被经常性地监督和修正，以产生一种连续改进的环境。VMI 的目标是通过供需双方的合作试图降低供应链的总库存，而不是将制造商的库存前移到供应商的仓库里，从而真正地降低供应链上的总库存成本。

关于 VMI 也有其他不同的定义，这里不做更多的阐述，但归纳起来，该策略的关键措施主要体现以下几个原则。

(1) 合作性原则。在实施该策略时，互相信任与信息透明是很重要的。供应商和用户都要有较好的合作精神，才能够互相保持良好的合作。

(2) 互惠原则。VMI 不是关于成本如何分配或由谁来支付的问题，而是关于减少成本的问题。通过该策略使双方的成本都获得减少。

(3) 目标一致性原则。双方都明白各自的责任，观念上达成一致的目标。如库存放在哪里，什么时候支付，是否要管理费，要花多少管理费等问题，并且体现在框架协议中。

(4) 连续改进原则。使供需双方都共享利益和消除浪费。

VMI 的主要思想是供应商在用户的允许下设立库存，确定库存水平和补给策略，并拥有库存控制权。精心设计与开发的 VMI 系统，不仅可以降低供应链的库存水平、降低成本，还可以使用户获得高水平的服务、改进资金流，与供应商共享需求变化的透明性并获得更多用户的信任。

1. 具体形式

VMI 的实施并不仅仅只有某种单一模式，供应商对于零售商的库存控制程度在每条供应链上也并不是完全一致的，根据供应商对零售商的库存控制程度，我们可以把 VMI 的具体形式分为以下四种。

(1) 供应商提供内含所有产品的存货决策软件技术，但真正的决策权在零售商手上，由零售商拥有存货的决定权并进行存货控制。实际上在这种形式下，供应商对于存货的管理与控制能力是很有限的，一定程度上来说，供应商受制于零售商，并不算是真正意义上的VMI。

(2) 当拥有一定的信息技术能力后，供应商不仅提供技术支持进行存货决策，而且从零售商所在地，替零售商进行存货管理与决策，在技术不能为其提供支持时，供应商派人管理与决策零售商库存决策，但不管是否拥有技术，存货的所有权依然属于零售商，所以供应商在进行存货决策时影响程度依然不高。

(3) 供应商从零售商所在地，代表零售商进行存货管理与决策，并且拥有存货的所有权。依据这种方式，供应商几乎已经承担了所有责任，他们的决策很少会受到零售商的影响与干涉，供应商非常清楚自己产品的实际销售情况，并且在一定程度上可以参与到销售活动的过程中。从某种意义上来讲，这是一种完整的VMI。

(4) 供应商并不从属于零售商的所在地，但是会派专人前往零售商所在地进行库存管理与决策，并且在这种模式下，供应商拥有存货的所有权，库存的实际水平由供应商完全控制。从一定程度上来讲，第四种模式属于真正意义上供应商库存控制VMI。

2. 实施过程中应注意的问题

1) 双方企业合作模式的发展方向问题

双方企业管理高层应该进一步加强企业之间的合作和信任，供应商管理库存原本由快速反应(QR)、有效客户反应(ECR)等供应链管理策略发展而来，由于买方企业相对供应商来说是产品的需求方，所以在整个VMI策略实施中占主导地位，但随着双方企业合作越来越紧密，双方企业谁也离不开谁。随着时间的推移，双方企业相互之间的地位也会趋于均衡，所以供应商管理库存也应当做出适当调整，一种新的供应商管理模式——联合计划预测补充(CPFR)很可能是VMI的发展方向，它和供应商管理库存的主要区别在于：它所涉及的双方企业的业务面更加宽广，不像供应商管理库存那样只涉及双方企业的销售、库存等系统，而且双方企业的地位更加平等，可以说它应该是买方企业和供应商长期实施供应链策略的长期选择方向。

2) 产品采购数量和采购价格的调整问题

在实施供应商管理库存的初期阶段，由于客观市场环境的影响，终端市场产品的需求可能不会因为实施供应商管理库存而发生比较大的改变，加上买方企业不会在刚刚实施供应商管理库存后，就对供应商的采购价格做出上升调整，所以初期阶段实施供应商管理库存所带来的利益大部分被买方企业攫取了。而在长期全面实施供应商管理库存后，买方企业会因为自己成本的下降，利用核心竞争力——市场营销能力，来调整自己的产品销售价格，以获得更多的市场份额，获得更多的消费者，那么双方企业的采购价格和数量就会做出调整。调整的方式主要通过事先双方企业签署协议来达成，但在长期实施VMI过程中，调整的频率可能会比较大，所以双方企业都应该对采购数量、价格频繁变化做好充分的准备，以免在签署协议时产生矛盾和不信任。

3) 长期利益分配问题

长期实施供应商管理库存后，双方企业的利润相对于实施供应商管理库存之前，都会得到提高，但买方企业和供应商获得利益的多少是不相等的。从整个供应商管理库存实施的过程来看，供应商承担了大部分工作，虽然双方企业在实施前达成协议对实施供应商管理库存所需要的投资共同分担，但大部分好处仍然被买方企业据为己有。这主要是因为买方企业相对供应商来说是产品的需求方，在整个供应链中属于上游企业，在整个供应链管理中占主导地位。在长期全面实施供应商管理库存的过程中，双方企业应该对整个利润在责权对等的基础上进行分配。分配可以依据双方企业的会计财务系统提供的双方企业成本大小按比例通过签署协议来执行，分配的方式多种多样，可以通过实物(如投资设备)分配，人员培训分配，或者直接现金分配也可以。

4) 实际工作的不断调整问题

因为供应商管理库存所带来的效益并非一朝一夕就能显现出来(买方企业可能除外)，所以一旦实施，必将是一个长期的过程，因此在长期实施供应商管理库存时，双方企业的实际工作应该不断地调整，以适应整个供应商管理库存的实施。

7.3.4 联合库存管理

VMI 是一种供应链集成化运作的决策代理模式，它把用户的库存决策权代理给供应商，由供应商代理分销商或批发商行使库存决策的权力。联合库存管理则是一种风险分担的库存管理模式。

联合库存管理的思想可以从分销中心的联合库存功能谈起。地区分销中心体现了一种简单的联合库存管理的思想。传统的分销模式是销售商根据市场需求直接向工厂订货，需要经过一段较长时间才能将货送达，因为顾客不想等待那么久，所以各销售商不得不进行库存备货，但是这样大量的库存使销售商难以承受，以至于破产。据估计，美国通用汽车公司销售500 万辆轿车和卡车，平均价格为 18 500 美元，销售商维持 60 天的库存，库存费是车价值的 22%，一年总的库存费用达到 3 亿～4 亿美元，而采用地区分销中心可以大大减缓库存浪费的问题。采用地区分销中心后的销售方式，各销售商只需要少量的库存，大量的库存由地区分销中心储备，也就是各销售商把库存的一部分交给地区分销中心负责，从而减轻销售商的压力。地区分销中心就发挥了联合库存管理的功能。地区分销中心既是一个商品的联合库存中心，同时也是需求信息的交流与传递枢纽。

近年来，在供应链企业之间的合作关系中，更加强调双方的互利合作关系，联合库存管理就体现了战略供应商联盟的新型企业合作关系。

在传统的库存管理中，把库存分为独立需求和相关需求两种库存模式进行管理。相关需求库存采用物料需求计划处理，独立需求库存采用订货点办法处理。一般来说，产成品库存管理为独立需求库存问题，而在制品和零部件及原材料的库存控制问题为相关需求库存问题。

联合库存管理是针对供应链系统中由于各个节点企业的相互独立库存运作模式导致的需求放大现象，提高供应链同步化程度的一种有效方法。联合库存管理与供应商管理用户库存不同，它强调双方同时参与，共同制订库存计划，是供应链中所有库存管理者基于彼此之间的协调性来考虑如何保持供应链相邻的两个节点之间的库存管理者对需求的预期保持一致，从而消除了需求放大的现象。任何相邻节点需求的确定都是供需双方协调的结果，库存管理不再是各自位置独立运行的过程，而是变成供应链连接的纽带和协调中心。图 7-11 给出了协调中心联合库存管理的供应链系统模型。基于协调中心的库存管理和传统库存管理模式相比，有以下几个优点。

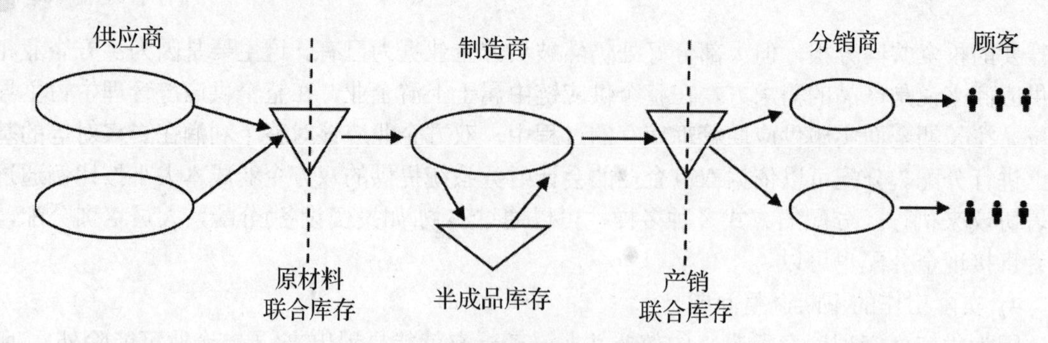

图 7-11　供应链活动过程模型

第一，为实现供应链同步化运作提供了条件和保证。

第二，减少了供应链管理中的需求扭曲现象，降低了库存的不确定性，提高了供应链的稳定性。

第三，库存作为供需双方的信息交流和协调的纽带，可以暴露供应链管理中存在的缺陷，为提高供应链管理水平提供依据。

第四，为实现零库存管理、准时采购及精益生产供应链管理创造条件。

第五，进一步体现了供应链管理的资源共享和风险分担的原则。

联合管理系统把供应链管理系统进一步集成为上游和下游两个协调管理中心，有助于消除由于供应链各个环节之间的不确定性和需求信息扭曲现象导致的供应链的库存波动。通过协调管理中心，供需双方共享需求信息，可以发挥提高供应链的运作稳定性的作用。

相关的实施策略如下。

1. 建立供需协调管理机制

为了发挥联合库存管理的作用，供需双方应从合作的精神出发，建立供需协调管理机制，明确各自的目标和责任，建立合作沟通的渠道，为供应链的联合库存管理提供有效的机制。没有一个协调的管理机制，就不可能进行有效的联合库存管理。建立供需协调管理机制，要从以下四个方面着手。

(1) 建立共同合作目标。要建立联合库存管理模式，首先供需双方必须本着互惠互利的原则，建立共同的合作目标。为此，要理解供需双方在市场目标中的共同之处和冲突点，通过协商形成共同目标，如用户满意度、利润增长和风险规避等。

(2) 建立联合库存的协调控制方法。联合库存管理中心担负着协调供需双方利益的角色，起协调控制器的作用，因此需要对库存优化的方法进行明确确定。这些内容包括库存如何在多个需求商之间调节与分配，库存的最大量和最低库存水平、安全库存的确定，需求的预测等。

(3) 建立一个信息沟通的渠道或信息共享系统是供应链管理的特色之一。为了提高整个供应链的需求信息的一致性和稳定性，减少由于多重预测导致的需求信息扭曲，应增加供应链各节点对所获信息的及时性和透明性。基于此，应该建立一种信息沟通的渠道或系统，以保证需求信息在供应链中的畅通和准确性。可以将条码技术、扫描技术、POS 系统和 EDI 集成起来，并且充分利用因特网的优势，在供需双方之间建立一个畅通的信息沟通桥梁和联系纽带。

(4) 建立利益的分配、激励机制。要有效运行基于协调中心的库存管理，必须建立一种公平的利益分配制度，对参与协调库存管理中心的各个企业(供应商、制造商、分销商或批发商)进行有效的激励，防止机会主义行为，增加协作性和协调性。

2. 发挥两种资源计划系统的作用

为了发挥联合库存管理的作用，在供应链库存管理中应充分利用目前比较成熟的两种资源管理系统：MRPII(Manufacturing Resource Planning)和 DRP。原材料库存协调管理中心应采用制造资源计划系统 MRPII，而产品联合库存协调管理中心则应采用物资资源配送计划DRP，以此在供应链系统中把两种资源计划系统很好地结合起来。

3. 建立快速响应系统

快速响应系统是在 20 世纪 80 年代末由美国服装行业发展起来的一种供应链管理策略，目的是减少供应链中从原材料到用户过程的时间和库存，最大限度地提高未来供应的运作效率。

快速响应系统在美国等国家的供应链管理中被认为是一种有效的管理策略，经历了三个发展阶段。第一个阶段是商品条码化，通过对商品的标准化识别处理加快订单的传输速度；第二个阶段是内部业务处理的自动化，采用自动补库与 EDI 数据交换系统提高业务自动化水平；第三个阶段是采用更有效的企业间的合作，消除供应链组织之间的障碍，提高供应链的整体效率，如通过供需双方合作，确定库存水平和销售策略等。

目前，快速响应系统在欧美等国家的应用已到达第三个阶段，通过联合计划、预测与补货等策略进行有效的用户需求反应。美国的 Kurt Salmon 协会经调查分析认为，实施快速响应系统后供应链效率大有提高；缺货大大减少；通过供应商与零售商的联合协作保证 24 小时供货；库存周转速度提高 1～2 倍；通过敏捷制造技术，企业的产品中有 20%～30%是根据用户的需求制造的。快速响应系统需要供需双方的密切合作，因此协调库存管理中心的建立为快速响应系统发挥更大的作用创造了有利的条件。

4. 发挥第三方物流系统的作用

第三方物流系统又称物流服务提供者(Logistics Service Provider，LSP)，它为用户提供各种服务，如产品运输、订单选择、库存管理等。第三方物流系统的产生是由一些大的公共仓储公司通过提供更多的附加服务演变而来的，另外一种产生形式是由一些制造企业的运输和分销部门演变而来的。把库存管理的部分功能代理给第三方物流系统管理，可以使企业更加集中精力于自己的核心业务，第三方物流系统起到了供应商和用户之间联系的桥梁作用。第三方物流系统可以为企业带来诸多好处，包括减少成本、使企业集中于核心业务、获得更多的市场份额、获得一流的物流咨询、改进服务质量、快速进入国际市场等。

除此之外，还有多级库存与优化控制等库存管理方法，以及战略库存控制工作流管理等，每种库存管理方法都能为企业带来经济效益。

7.4 库存系统建模与仿真

7.4.1 库存系统概述

库存系统是指由供应链中企业设置的各个库存节点及其构成的库存网络、库存控制决策及与库存密切相关的生产与运输作业共同构成的体系。供应链中的每个节点企业都有自己的原材料、在制品、产品库存，这些企业内的库存存在一定的内部供需关系，这样整个供应链的库存系统成了一个互相关联的网络。大量的物料从这个网络中通过，形成动态的流动和存储过程，最终完成整个系统对最终用户需求的响应。通常情况下，库存系统并不是由单独的一个个库存点构成的，多个库存点构成的库存系统在企业生产运作中更为常见，我们将其称为分布式库存系统。分布式库存系统是由多个库存点组成的分布式库存网络。各个库存点储存的产品相互具有可替代性，库存点之间可基于一定的协议或者统一协调指令进行库存的相互转移，从而达到提高服务水平、分担库存风险、降低库存成本的目的。

从系统仿真的角度来看，库存系统是典型的离散事件系统，在输入系统的客户需求推动下，库存系统中的库存量一直处于动态变化中。当库存系统中包括多级供需方、多种供求关系时，由于大量不确定性因素的影响，对系统分析与优化的难度增大，因此很难用解析的方法准确把握系统中事件与活动状态的变化。离散事件系统仿真却能够准确地记录系统中各个环节的变化情况，并根据这些记录得到系统各个评价指标的统计结果。

目前，对供应链环境下的库存系统仿真研究中，主要关注的是牛鞭效应的定量研究、信息共享对供应链库存控制影响的研究、不同竞争与合作模式对库存控制影响的研究及供应链库存控制绩效评价等。例如，用仿真方法比较一般预测的库存补充策略和基于合作预测的库存补充策略对供应链性能的影响；管理库存模式和传统供应链库存模式对供应链绩效的影响；等等。

7.4.2 生产-库存系统仿真

1. 实验目的

(1) 学习仿真技术在库存管理和生产-库存领域的应用。

(2) 了解库存控制策略仿真的概念。

(3) 培养复杂系统的抽象建模能力，并注意局部细节问题。

(4) 在实验练习中学习仿真结果分析的概念，以及稳态型仿真、终止型仿真及置信区间等相关概念。

(5) 加深学生对仿真技术的全面认识。

2. 使用软件

软件名称：Flexsim 3.0。

所属公司：Flexsim 公司。

主要功能：离散事件系统仿真。

3. 实验要求

(1) 实验前预习，阅读预习资料。

(2) 按照老师指导的实验步骤进行实验。

(3) 提交实验报告。

4. 实验内容

系统描述与系统参数如下。

某企业要投产一条简单的加工线，生产-库存系统平面布置示意图如图 7-12 所示。

该企业认为市场行情好，能制造出来就能卖得出去，因此选择了传统的面向推动式库存的生产模式。系统假设和系统生产、储存发货流程描述如下。

(1) 保证原材料是充足的。

(2) 原材料送至机器 M1 前，每耗时 uniform(120,20)s 加工出一件半成品；一单位原材料能加工出 10 件半成品。

(3) 依次送到其他各道工序加工：送到机器 M2 前加工，每件半成品加工时间为 uniform(5,2)min；送到机器 M3 前加工，加工时间 normal(300,30)s；送到机器 M4 前加工，加工时间为 normal(6,1)min；最后成为成品。

(4) 每加工两个半成品之间需要 uniform(60,10)s 的调整时间。

(5) 原材料经过四道工序加工成成品，入成品库储存；假设仓库容量足够大。

(6) 当机器 M1 加工完一个原材料时，立即从原材料库中提料，保持持续生产。

(7) 当有订单或需求到达时，按照需求提货出库，订单到达时间间隔服从随机分布 uniform(500,10)min；每个订单的需求量为 normal(80,5)个单位的产品。

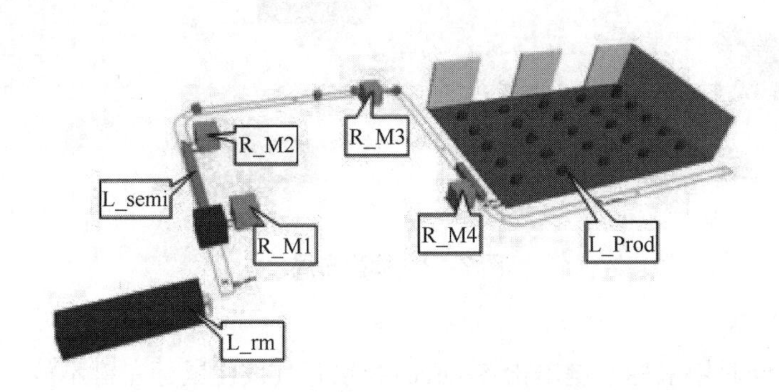

图 7-12　生产-库存系统平面布置

实验要求如下。

对这样一个生产库存系统进行建模仿真，分别按连续一个月(每天按 24h 计算)运行和每次运行 24h 重复 30 次仿真运行，连续监测库存信息，即库存量随时间变化的情况，并统计有无缺货发生，如有缺货发生，则缺货率和缺货量为多少。

假设存在以下情况，试建模仿真分析。

(1) 预测认为：每次需求量接近 normal(80,5)的随机分布，分析这个投产方案的规划是否合理？生产中有没有瓶颈？库存随时间的变化是怎样的情况？

(2) 假设市场需求扩大，每次需求量增长为 normal(90,5)的随机分布，仍然采用原来的配置方案，是否还能满足市场需求？为了满足需求从而占领市场，则从扩大生产能力的角度如何调整系统的资源配置？

5. 实验步骤

(1) 将实际问题抽象成两个子系统：生产模块和库存控制模块。

(2) 按要求编写生产系统的逻辑代码。

(3) 编写库存控制系统的逻辑代码。

(4) 调试模型。

(5) 运行输出与结果分析。

(6) 系统调整与分析。

6. 具体仿真步骤

1) 构建模型布局

打开 Flexism3.0，新建一个模型。从对象库中拖放所需的对象到建模视图中，并根据实验内容的描述修改各实体的名字，模型布局如图 7-13 所示。

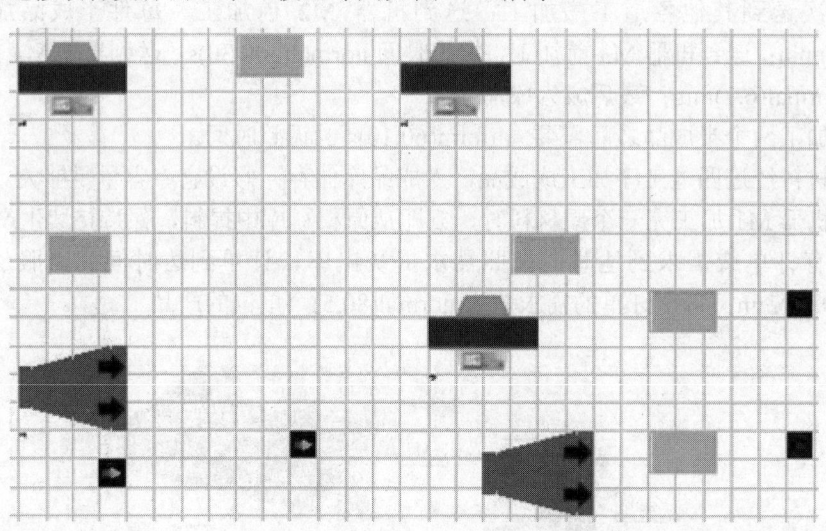

图 7-13 模型布局

2) 定义工件流程

按住 A 键，同时用鼠标左键单击 Source 对象并且按住鼠标左键不放，然后拖动至 M1 对象。此时会出现一条黄线连接 Source 和 M1 对象。然后松开鼠标左键，黄线将变成一条黑线，表示 Source 对象和 M1 对象的端口已经连接上。同理，连接 M1 与 Queue1、Queue1 与 M2、M2 与 Queue2、Queue2 与 M3、M3 与 M4、M4 与 PartQueue、Sourceorder 与 Separatororder、Separatororder 与 BackOrderQueue。连接后的模型如图 7-14 所示。

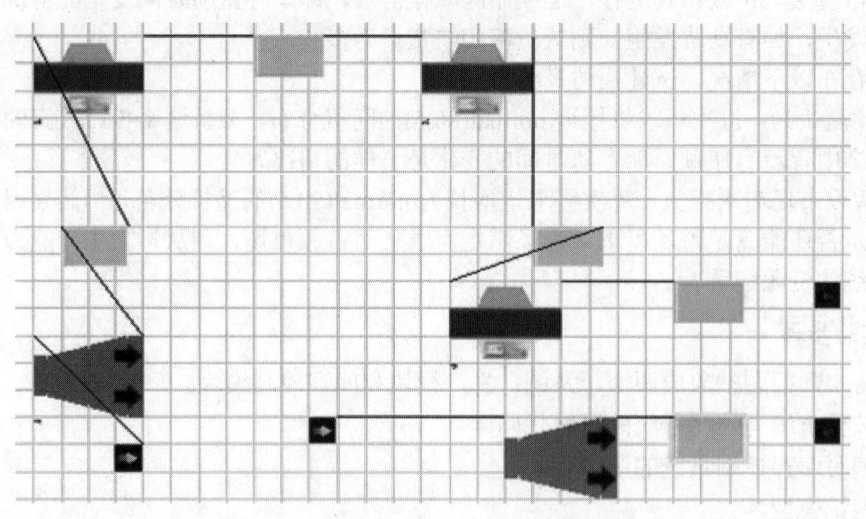

图 7-14 连接后的模型

3) 发生器参数设置

双击 Source 对象，打开其参数对话框，修改产品流出间隔时间，从“到达时间间隔”下拉列表框中选择“常值”并将参数修改为 0，如图 7-15 所示。

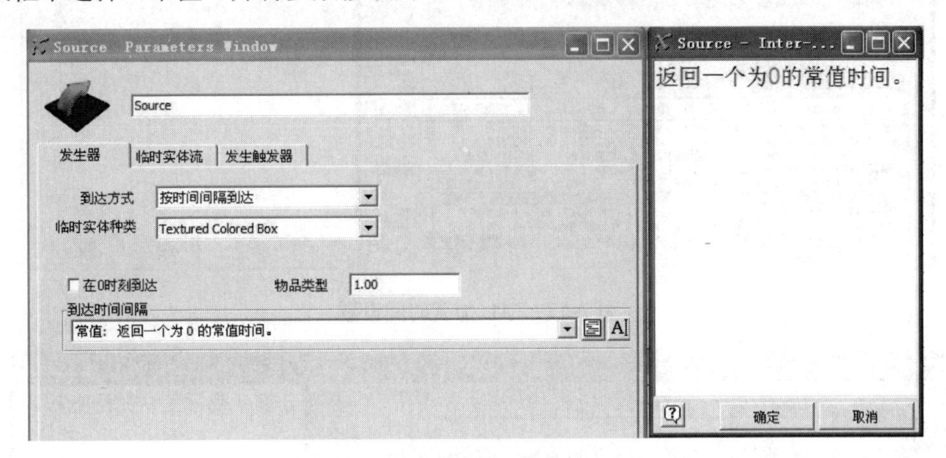

图 7-15 原材料到达时间

如上所述在 Sourceorder 的“到达时间间隔”下拉列表框中选择使用均匀分布并将参数修改为：最小值为 600，最大值为 30 000，如图 7-16 所示。

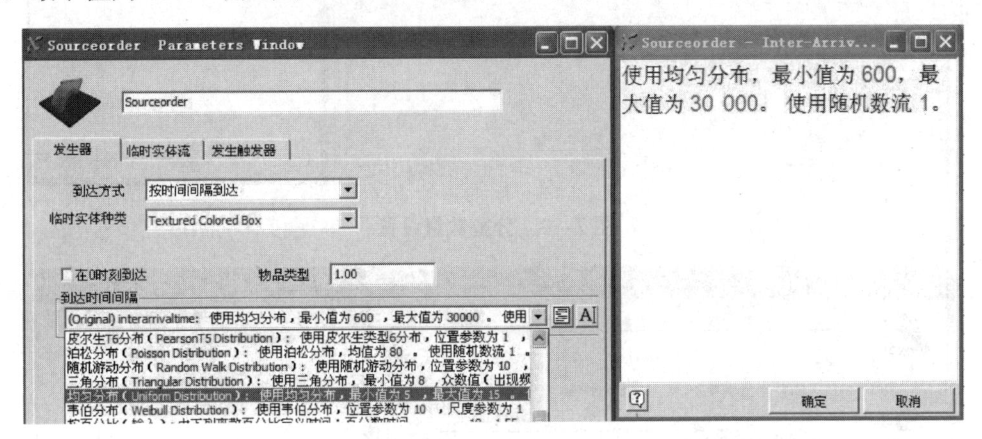

图 7-16 订单发生器

4) 处理器及暂存区参数设置

双击 M1 对象，打开其参数对话框，修改处理时间，从“处理时间”下拉列表框中选择“均匀分布”；修改选项的默认参数，单击 Template 按钮修改其中的棕褐色的参数值，将最小值设为 20，最大值设为 120，如图 7-17 所示。分解器界面中选中“一般分解”，选择“指定数量”，并将参数设置为“10”，如图 7-18 所示。同理，将 Separatororder 的处理时间设置为返回一个为 0 的常值时间，将分解器的“指定数量”参数设置为 normal(80,5)。

双击 M2 对象，打开其参数对话框，修改处理时间，从“处理时间”下拉列表框中选择“均匀分布”；修改选项的默认参数，单击 Template 按钮修改其中的棕褐色的参数值，将最小值设为 120，最大值设为 300，如图 7-19 所示。同理，将 M3 的处理时间设置为 normal(300,30)s，M4 的处理时间设置为 normal(360,60)s。

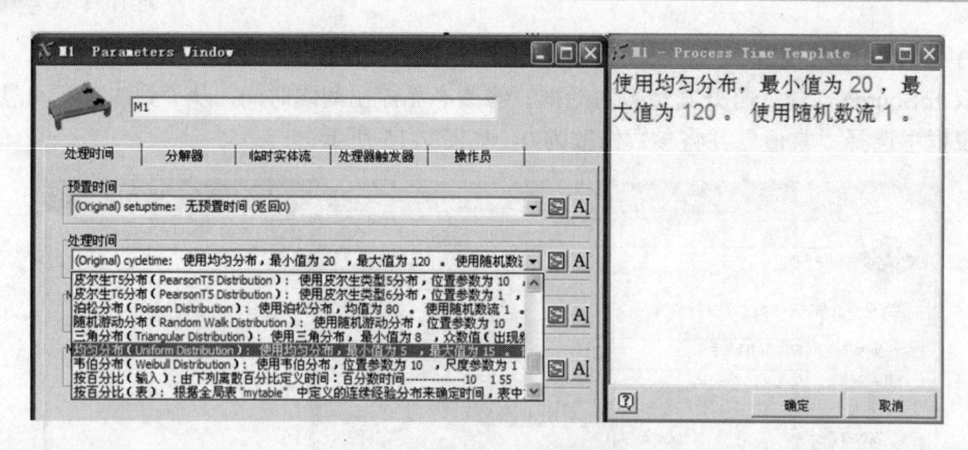

图 7-17　M1 加工时间设置

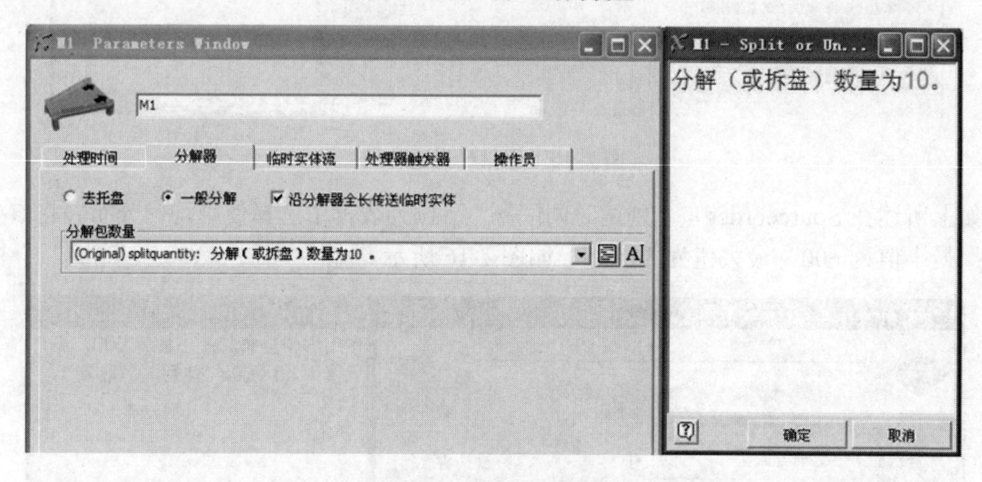

图 7-18　分解数量设置

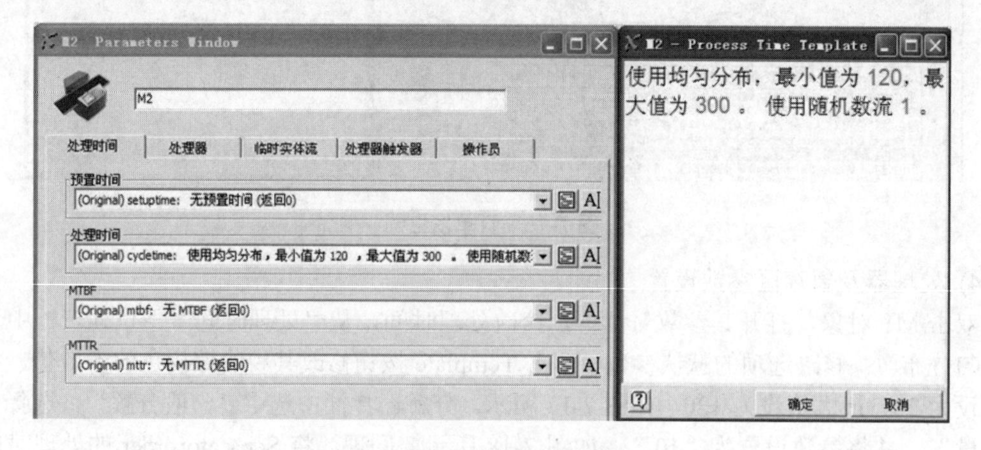

图 7-19　M2 处理时间设置

5) 订单-库存设置

将 PartQueue 的容量设置为 10 000，在“暂存区触发器”界面中单击“收集结束触发”后的“AI”键弹出如图 7-20 所示的窗口。

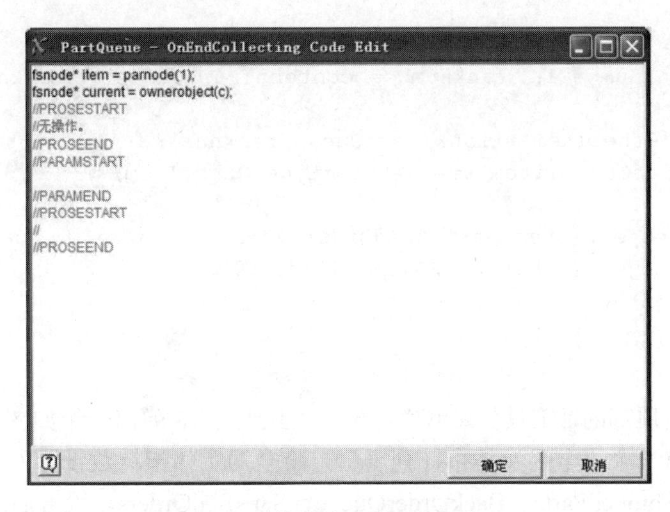

图 7-20　收集结束触发代码窗口

在该代码窗口中输入以下代码。

```
fsnode* item = parnode(1);
fsnode* current = ownerobject(c);

//PROSESTART
//库存代码设定
//PROSEEND
//PARAMSTART

//PARAMEND
//PROSESTART
//
//PROSEEND
for (int ranknum = 1;  ranknum <= content(BackOrderQueue);  ranknum++)
{
    fsnode *OtherItem = rank(BackOrderQueue,ranknum);
    if( getitemtype(item) == getitemtype(OtherItem) )
    {
       moveobject(item,ShippedParts,0);
       moveobject(OtherItem,SatisfiedOrders,0);
       return 0;
    }
}
```

同理打开 BackOrderQueue 的“收集结束触发”的代码窗口，并在窗口中输入如下代码：

```
fsnode* item = parnode(1);
fsnode* current = ownerobject(c);

//PROSESTART
//订单代码设置
//PROSEEND
//PARAMSTART
//PARAMEND
//PROSESTART
//
```

```
//PROSEEND
for (int ranknum = 1;  ranknum <= content(PartQueue);  ranknum++)
{
    fsnode *OtherItem = rank(PartQueue,ranknum);
    if( getitemtype(item) == getitemtype(OtherItem) )
    {
        moveobject(item,SatisfiedOrders,0);
        moveobject(OtherItem,ShippedParts,0);
        return 0;
    }
}
```

单击软件界面顶部的“工具”菜单栏，选择“工具栏”，弹出一个如图 7-21 所示的窗口；单击全局指针弹出一个“全局实体指针列表”，将全局实体指针数设置为 4，并分别在每行输入 PartQueue、ShippedParts、BackOrderQueue、SatisfiedOrders，设置后的“全局实体指针列表”如图 7-22 所示。

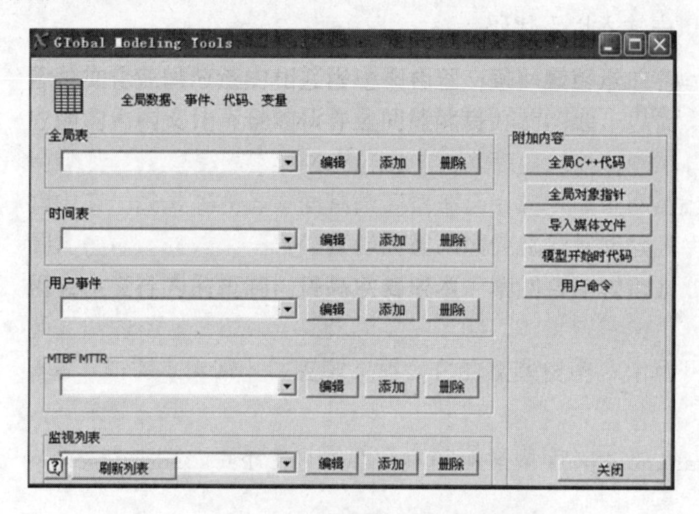

图 7-21　全局数据、事件、代码、变量窗口

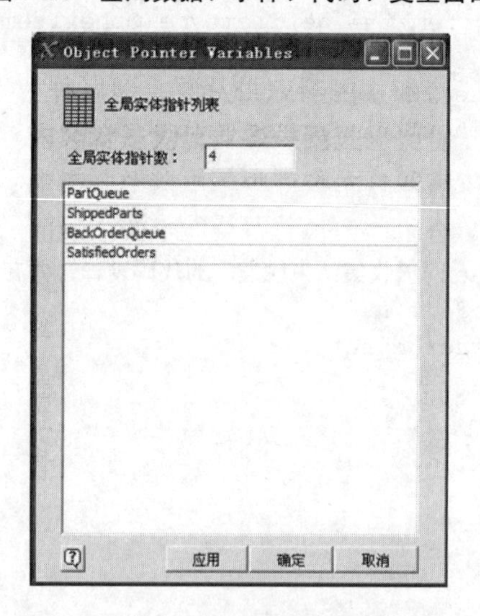

图 7-22　全局实体指针设置

6) 编译运行仿真

先单击“编译”按钮，再单击“运行”按钮，如图 7-23 所示。

图 7-23　编译运行

7) 分析仿真结果

将需求量设置为服从 normal(80,5)的随机分布的生产库存系统模型，按每月 30 天、每天 24h 连续运行后的统计如图 7-24 所示。

1	Flexsim Standard Report										
2	Time:	2592000									
3											
4	Object	content	contentmin	contentmax	contentavg	input	output	staytimemin	staytimemax	staytimeavg	current
5	Sourceorder	0	0	0	1	0	182	0	0	0	5
6	Separatoror	0	0	81	0	182	14537	0	0	0	1
7	BackOrderQu	7319	0	7320	3838.40516	14537	7218	0	1347280	699582.2633	8
8	Source826	0	0	0	1	0	1725	0	4261.306641	1494.373574	4
9	M1	1	0	9	5.396961	1725	17240	0	4229.89209	782.612269	4
10	Queue1	10000	0	10000	9861.47496	17240	7240	0	2543923.25	1268444.993	8
11	M2	1	0	1	0.999962	7240	7239	121.021286	578.787292	358.434178	4
12	M3	1	0	1	0.999891	7229	7228	89.787476	578.787292	358.954215	4
13	Queue2	10	0	10	9.982315	7239	7229	0	4272.122559	3580.754123	8
14	Queue3	9	0	10	9.904874	7228	7219	0	4272.122559	3558.387481	8
15	M4	1	0	1	0.9998	7219	7218	137.153671	587.016357	359.46939	21
16	PartQueue	0	0	14	0.014675	7218	7218	0	5207.648926	5.276376	6
17	ShippedPart	1	1	14	0	7218	0	0	0	0	7
18	SatisfiedOr	1	1	14	0	7218	0	0	0	0	7

图 7-24　生产库存运行统计报告

从图 7-24 的数据中我们可以看出，BackOrderQueue(订单需求量)的 input(需求)为 14537，output(满足量)为 7218。由此可见，该生产系统并不能满足需求，其缺货量为 7319，缺货率高达 50.34%。观察该系统的统计报告的 contentavg 列(平均容量)Queue1 为 9861，Queue2 的值约为 10，Queue3 的值也约为 10，不难发现该生产系统的最大瓶颈发生在 Queue1 之后的处理器 M2，由于 Queue2、Queue 的平均库存值也较大，因此说明该 M3 与 M4 的处理环节也需要进行改进。

如果该系统不变，扩大市场需求量为 normal(90，5)的随机分布，那该系统市场满足率将更低，如图 7-25 所示。

1	Flexsim Standard Report										
2	Time:	2592000									
3											
4	Object	content	contentmin	contentmax	contentavg	input	output	staytimemin	staytimemax	staytimeavg	current
5	Sourceorder	0	0	0	1	0	181	0	0	0	5
6	Separatororder	0	0	98	0	181	16267	0	0	0	1
7	BackOrderQueue	9068	0	9068	4755.08733	16267	7199	0	1471741.75	770376.819	8
8	Source826	0	0	0	1	0	1723	0	4261.306641	1491.805231	4
9	M1	8	0	9	5.398001	1723	17222	0	4229.89209	781.212992	4
10	Queue1	10000	0	10000	9861.11755	17222	7222	0	2537303.5	1265273.853	8
11	M2	1	0	1	0.999962	7222	7221	121.021286	578.787292	358.402886	4
12	M3	1	0	1	0.999891	7211	7210	89.787476	578.787292	358.924174	2
13	Queue2	10	0	10	9.982269	7221	7211	0	4272.122559	3580.596376	8
14	Queue3	10	0	10	9.904623	7210	7200	0	4272.122559	3558.155831	8
15	M4	1	0	1	0.9998	7200	7199	137.153671	587.016357	359.431111	2
16	PartQueue	0	0	14	0.014716	7199	7199	0	5207.648926	5.290301	6
17	ShippedParts	1	1	14	0	7199	0	0	0	0	7
18	SatisfiedOrder	1	1	14	0	7199	0	0	0	0	7

图 7-25　市场需求量增大后的系统统计报告

改进方法：考虑到市场需求大于生产系统的生产能力，该系统需要从扩大生产力的角度出发解决问题。发展生产力可以减少单位处理环节的时间，提高效率。从本系统的实际情况可以看出，如果要满足市场需求，必须将处理器的处理时间进行大幅改变，设置为极小的时间值，这在实际生产环境中很难做到。因此，在这里建议增加每个环节处理器的数量，同一个环节多个处理器并行运行，以提升生产系统的生产能力。

本 章 小 结

库存是指将在未来使用的资源暂时处于闲置状态，是为了满足未来需求而暂时闲置的有价值的资源。库存的作用主要包括以下两个方面。其中，积极作用包括：①解决供需在时间上、方式上的潜在矛盾；②调整产品价格和降低成本；③保持各个环节运作的独立性；④对不确定因素进行缓冲；⑤提供客户服务平台。消极作用主要表现为以下四个方面：①占用资金；②产生库存成本；③掩盖生产经营中的问题；④使得需求虚增。

库存管理有一些名词及相关术语和对应的符号，分别是：需求量(D)；订货量(Q)；订货间隔期(T)；订货提前期(L)；安全库存量(S)。按不同的方式，库存成本可以分为直接成本和间接成本、固定成本和可变成本、订货成本、库存持有成本和缺货成本。

库存控制的指标有：①库存周转率；②服务水平；③缺货率；④平均供应费用。

需求库存模型大体可以分为两类：一类称为确定型库存控制模型，即模型中的数据，如需求量与提前期皆为确定的数值；另一类称为随机型库存控制模型，即模型中含有随机变量，而不是确定的数值。确定型库存控制模型分为四种类型：①不允许缺货，瞬时到货模型；②不允许缺货，延时到货模型；③允许缺货，瞬时到货模型；④允许缺货，延时到货模型。随机型库存控制模型的四种类型包括：①(t,S)策略；②(t,R,S)策略；③(Q,R)策略；④(R,S)策略。

供应链中的不确定因素的来源主要有三个方面：供应商的不确定性、生产者的不确定性、顾客的不确定性。供应链运作不确定性对供应链库存的影响分为：衔接不确定性和运作不确定性对库存的影响。近年来，随着供应链管理思想的不断进步，出现了一种新的供应链库存管理方法即供应商管理库存(VMI)。VMI 打破了传统各自为政的库存管理模式，体现了供应链的集成化管理思想，适应市场不断变化的要求，是一种新的有代表性的库存管理思想。

库存系统是指由供应链中企业设置的各个库存节点及其构成的库存网络、库存控制决策及与库存密切相关的生产与运输作业共同构成的体系。目前，对供应链环境下的库存系统仿真研究中，主要关注的是牛鞭效应的定量研究、信息共享对供应链库存控制影响的研究、不同竞争与合作模式对库存控制影响的研究及供应链库存控制绩效评价等。

思考与练习

1. 简述供应链库存管理的核心思想。
2. 对整个供应链来说，什么是库存？请举例说明。
3. 如何理解供应链中的不确定性？它对供应链管理会产生怎样的影响？如何控制供应

链运作过程中的不确定性？

4. 阐述 VMI 管理思想。如果你是一位采购经理，如何在实际管理运营中运用 VMI？

5. 某公司每年要按单价 10 元购买 5 400 套轴承组合件。单位维持库存费为每年每套轴承 8 元，每次订购费用为 30 元。试求经济订货批量和年订货次数。

6. 某零件在计划年度总需求量为 12 500 件，年工作日为 250 天，加工车间边生产边入库，生产率为 80 件/日，单件成本为 50 元，年库存费用率为 10 元/件，设备调整费为 40 元/次。求经济生产批量。

7. 某厂一年需要某种物料 6 400 吨，采购费用每次 100 元，每吨物料一年保管费用为 128 元，每缺货一吨会造成损失 160 元。怎样确定经济采购批量和按期入库量？

8. 某企业经营某种产品，正常供应条件下每天可接受 100 件该产品。根据历年经营数据统计，每天销售 80 件。存储费每件每天 2 元，缺货费每件每天 5 元，每次订购准备费为 800 元。求最优库存策略。

案例讨论

降低备件库存资金 提高企业竞争力

钢铁企业是资金密集型产业，投入产出大，为保证能源供应、生产、运输、销售的正常运转，有一定数量的存货储备是必要的。但就目前钢铁企业存货库存管理现状而言，存在采用增大库存量来弥补生产管理上的不足和防止供应中断的现象，因此，存货储备过量的现象十分普遍，造成了人力、物力及财力的积压浪费。

鞍钢集团攀枝花钢钒有限公司(以下简称攀钢钒公司)，是大型中央企业鞍钢集团的核心企业，经营范围包括铁、钢、钒冶炼及加工、冶金技术开发、咨询、服务等。公司现已具备年产铁 600 万吨、钢 550 万吨、钒制品(以 V2O5 计)2 万吨以上、发电量 35 亿千瓦时的综合生产能力。近年来，公司坚持走差异化和精品化发展道路，形成了以 350km/h 高速铁路重轨为代表的大型型材，以汽车大梁板、冷轧家电板为代表的板材，以高钒铁、钒氮合金为代表的钒制品三大系列产品，是我国技术最先进的钢轨生产企业，西部最大的板材生产企业和国内最大、世界第二的钒制品生产企业。

攀钢钒公司备件降储管理存在的问题：

(1) 攀钢钒公司备件的积压库存和死库存问题较为突出。究其原因主要是在未实行全公司库房统管和 EYS 系统上线前，由于管理手段缺乏，全公司的库存和机旁备件信息无法实现共享，备件计划准确性差，造成备件重复储备、过量储备、消耗缓慢。另外，三期工程建设期间，由于对新上设备备件裂化趋势和使用寿命不熟悉，过度储备的情况较多。

(2) 由于许多备件的消耗无法准确地预测，备件计划管理工作和定额储备工作在实际操作上有一定的难度。攀钢钒公司目前的设备维修工作已经由过去落后的事后维修改进为预防维修、改进维修和事后维修相结合的维修方式，但由于备件的消耗规律多样，即使是同一种备件，由于设备使用和维护的条件不同，其损耗的规律也不完全一样。比如，同是吊车备件，均热炉环境下和废钢场环境下使用的吊车故障点就会不一样，相应的备件损耗就有较大的差别。这也在一定程度上加大了降库存工作的难度。

(3) 备件的机旁库存问题。使用部门将备件领出，并未直接使用，而是放在了机旁的仓库中，形成了账外库、库外库。由于攀钢钒公司每个单位每月都有相应的备件消耗指标，如果当月尚有余额，为缓解以后的压力，管理人员会先领出不使用，这样就会造成备件消耗信息的失真，增加了备件管理和降库存工作的难度。

攀钢钒公司给出的解决方案：

(1) 2011 年 6 月，公司设备与资产管理系统正式投入使用，对于备件编码在原有的 EYS 系统上做了改进，使得编码反映的备件是唯一的，充分利用计算机对备件进行管理，及时掌握库存备件及消耗情况，大大提高了反应能力。

(2) 针对积压备件和“死库存”较多的难题，抓好备件库存精细化管理，组织公司各二级单位对现有备件库存按专业类型进行分析并清理，制定备件修复优秀成果奖励办法，鼓励各单位加强厂内设备小型技改，对诸如阀门、减速机等标准件的修、配、改、代工作，实现库存备件的充分利用，积极消化积压库存；建立积压备件和“死库存”档案，放在网上进行促销，最大限度地降低备件库存资金占用。

(3) 继续完善备件定额。制定合理的库存定额，要求管理者组织车间、厂矿及部门的备件管理人员，对备件的年度消耗和最低储备进行审核、分类、汇总，在总结历年备件消耗情况的基础上，结合生产需要、生产设备技术状况及备件市场的价格发展趋势，制定一个合理的库存定额，但“磨刀不误砍柴工”，定额工作做好做扎实了，才能为备件的计划管理工作做好铺垫。

(4) 加强备件的计划管理工作，以计划准确性和备件利库降储为重点，严格控制备件采购计划。备件计划管理是备件管理工作的核心，是组织备件采购和供应的依据。在编制计划前，首先要开展调查研究、收集基础资料、了解有关情况，只有这样才能增加备件计划的准确性和可靠性；其次要清点库存、检查备件台账；最后在编制需求计划时，必须充分了解设备的检修状况。生产部门的设备管理人员和装备部提出备件计划的依据也应该是备件库存信息的反馈，应当在做好备件库存管理工作的基础上，利用 ERP 平台，综合各部门的需求，做出优化的备件计划。

(5) 对机旁备件实物状态进行了全面的清理，加强机旁备件的管理，加大机旁备件的调用力度。

(6) 推进备件零库存管理，大力减少资金占用。零库存管理方式就是系统中的活动只有在需要的时候才发生，不会产生闲置的零部件(处于等待或库存状态)，从而也就不会产生库存。备件零库存管理是目前国际上大型企业或专业性很强的制造行业行之有效的备件管理方式，是一种社会化大协作方式，实行备件零库存管理，减少了库存备件资金占用，加快了企业资金的周转，避免了因备件长期储备而造成的浪费。但是，在实际中绝对的零库存往往是不可能的，管理者应当根据企业的库存状况及实际需要，有选择地进行备件零库存管理。

在市场竞争日益激烈的今天，应该：既要保证设备安全稳定的运行，又要全力降低采购成本；既要确保产品的性能、质量，又要提高资金的使用效率；既要满足生产需要，又要保证备件合理储备，不造成积压。因此，降低存货库存资金占用，推行现代化、科学化的备件管理，是企业的共同课题。企业只有做好了这一课题，加速资金周转，才能在行业低迷时期立于不败之地。

(资料来源：汤雅竹. 降低备件库存资金 提高企业竞争力——基于攀钢钒公司的案例分析[J]. 冶金财会，2014(10):24-26.)

思考：

1. 攀钢钒公司在库存管理上存在的问题？是如何解决的？
2. 举例说明库存管理对重工业企业有何意义？

微课视频

扫一扫获取本章相关微课视频。

库存管理.mp4

第 8 章　装卸搬运、包装与流通加工管理

【学习目标】

1. 理解装卸搬运、包装、流通加工的概念。
2. 了解常用的搬运设备、包装材料以及流通加工类型。
3. 掌握包装的技术、流通加工的作用。
4. 理解搬运合理化、包装合理化和流通加工合理化的内涵。

【引导案例】

云南双鹤医药有限公司的物流“瓶颈”

云南双鹤医药有限公司是北京双鹤这艘医药航母部署在西南战区的一艘战舰，是一个以市场为核心、以现代医药科技为先导、以金融支持为框架的新型公司，是西南地区经营药品品种较多、较全的医药专业公司。

虽然云南双鹤已形成规模化的产品生产和网络化的市场销售，但其流通过程中物流管理严重滞后，造成物流成本居高不下，不能形成价格优势。这严重阻碍了物流服务的开拓与发展，成为公司业务发展的“瓶颈”。

装卸搬运活动是衔接物流各环节活动正常进行的关键，而云南双鹤恰好忽视了这一点。其搬运设备的现代化程度低，只有几个小型货架和手推车，大多数作业仍处于人工作业为主的原始状态，工作效率低，且易损坏物品。另外，仓库设计不合理，造成长距离搬运，并且库内作业流程混乱，形成重复搬运，大约有 70%的无效搬运，这种过多的搬运次数，既损坏了商品，也浪费了时间。

(资料来源：百度文库，https://wenku.baidu.com/view/01190860f5335a8102d220d9.html.)

思考：

如何运用你所了解的知识帮助云南双鹤解决难题？

8.1 装卸搬运

物品装卸搬运活动渗透到物流各环节、各领域，是联系物流活动各子系统的功能，是物流顺利进行的关键。装卸搬运活动伴随着物流的始终，成为提高物流效率、降低物流成本、改善物流条件，保证物流质量最重要的物流环节之一。

8.1.1 装卸搬运概述

1. 装卸搬运的概念

装卸是指物品在指定地点以人力或机械装入运输设备或卸下，其结果是物品的垂直位移。搬运则是指在同一场所内对物品进行水平移动的物流作业，其结果是物品的水平位移。在物流实践中，装卸和搬运往往是密不可分的，因此，通常合称“装卸搬运”，即在同一地域范围内进行的，以改变物品存放状态和空间位置为主要目的的作业活动。在强调物品存放状态的改变时，常用“装卸”一词；在强调物品空间位置的改变时，常使用“搬运”一词。

2. 装卸搬运的作用

无论在生产领域还是在流通领域(生产领域的装卸搬运通常被称为“物料搬运”)，装卸搬运都是影响物流速度和物流费用的重要因素，在物流系统中发挥着如下作用。

(1) 衔接生产各阶段和流通各环节的转换。在物流作业过程中，从一个环节转换到另一个环节，几乎都伴随着装卸搬运活动，运输、储存、包装等环节一般都以装卸搬运为起点和终点。例如，货物需要从仓库搬运至运输工具处并装到运输工具上才能进行运输，运至储存地之后又要从运输工具上卸下并搬运至仓库或货场才能进行储存。

(2) 保障生产和流通各环节作业的顺利进行。虽然装卸搬运活动本身不产生有形产品，但其工作质量却对生产和流通的其他环节有着很大影响。如果生产过程中的物料搬运不能适应生产要求，就可能导致停工。如果流通过程中的装卸搬运出现问题，就可能导致货物滞留于某一环节，从而中断流通过程。

(3) 影响物流活动的效率。在物流过程中，装卸搬运是不断出现、反复进行的，并且每次装卸活动都要耗费时间，而这时间的长短是决定物流速度的关键。并且在进行装卸搬运操作时，一般都要发生人员或机械与货物的直接接触，从而可能造成货物破损、散失、损耗、混合等损失。因此，装卸搬运的效率直接影响着物流活动的效率。

3. 装卸搬运的流程

不同的装卸搬运作业，其具体流程也不尽相同，但无论哪一种都要经过作业前的准备、作业的实施和作业的绩效评价三个基本阶段。

1) 装卸搬运作业前的准备

装卸搬运作业前的准备是进行具体的装卸搬运作业操作前的规划和组织工作。在这一阶段，通常要明确装卸搬运作业的任务，确定装卸搬运作业的方式，规划装卸搬运作业过程，选择装卸搬运的工具和设备，组织装卸搬运作业的人员。

2) 装卸搬运作业的实施

这一阶段是根据准备阶段的各项规划和组织结果，进行具体的装卸搬运操作。

3) 装卸搬运作业的绩效评价

它是对装卸搬运作业的事前计划与控制以及事后的分析与评估，以衡量其作业活动的投入、产出状况。对作业绩效的评价有助于发现装卸搬运作业过程中存在的问题，并进一步寻找解决方案。

4. 装卸搬运作业分类

物流过程中的装卸搬运作业形式有很多种，按照不同的标准可以进行不同的分类。

1) 按作业场所不同分类

车间装卸搬运，即在车间内各道工序之间进行的装卸搬运活动。这类装卸搬运作业主要以保证生产过程的顺利完成为目的，对原材料、在制品、半成品、零部件、产成品进行分拣、取放、堆码和输送。

站台装卸搬运，即在车间或者仓库外的站台进行的各种装卸搬运作业，包括装车、卸车，集装箱的装箱、掏箱、搬运等。

港口装卸搬运，即在港口进行的各种装卸搬运活动，包括装船和卸船作业，在港口前沿与后方之间进行的搬运作业，港口后方的铁路车辆和汽车的装卸作业，港口理货场的搬运作业等。

铁路装卸搬运，即在铁路车站进行的装卸搬运活动。其具体包括铁路车辆在货场及站台的装卸作业，汽车在铁路货物和站旁的装卸作业，铁路仓库和理货场的分拣、配货、中转作业等。

仓库装卸搬运，即在仓库、堆场、物流中心等场所内进行的装卸搬运活动，包括挪动移位、堆码、取放、分拣配货等。

2) 按作业对象不同分类

单件作业，即对单件货物逐件进行装卸搬运。对于又长又大的笨重货物、形状特殊的货物以及集装作业会增加危险的货物等，通常采用单件装卸搬运作业。

集装作业，即为了方便装卸搬运作业，将货物进行临时捆扎或装箱，以集零为整，形成装卸搬运单元，再对其进行装卸搬运的具体操作。其主要包括捆货作业、集装箱作业、托盘作业、网装作业等。

散装作业，即针对物流过程中无固定形态的散装货物，如矿石、煤炭、粮食、化肥等进行的装卸搬运活动。对于散装货物，既可以利用连续输送设备进行连续搬运作业，也可将其集合成装卸搬运单元再进行作业。

3) 按作业特点不同分类

堆垛拆垛作业，又称为“堆码取拆”，即对货物进行堆放、拆垛、高垛和高垛取货等作业，通常在货场、仓库、车厢、船舱等场所进行。

分拣配货作业，即将货物按品种、用途、到站、去向、货主等不同特征进行分类的作业活动。

挪动移位作业，即改变货物空间位置的作业。挪动移位作业是为了进行堆垛、拆垛、分拣、配货等作业而发生的，具体包括货物的水平、垂直、斜行等移动搬运作业以及由这几种形式组成一体的作业。

4) 按作业方式不同分类

吊装吊卸作业，也称垂直装卸，即利用各种起重设备对货物进行装卸，以改变货物垂直方向的位置为主要目的的作业。

滚装滚卸作业，也称水平装卸，即利用各种轮式、履带式车辆通过站台、渡板等开上开下装卸货物，用叉车、平移机来装卸集装箱、托盘或单件货物。它是以改变货物水平方向的位置为主要目的的作业。

8.1.2 装卸搬运的设备

1. 装卸搬运设备的分类

1) 按作业性质分类

按装卸及搬运两种作业性质的不同可分为以下三类。

(1) 装卸机械。单装卸功能的机械种类不多，手动葫芦最为典型，固定式吊车如卡车吊、悬臂吊等吊车虽然也有一定的移动半径，也有一点搬运效果，但基本上还是看成单一功能的装卸机具。

(2) 搬运机械。单功能的搬运机具种类较多，如各种搬运车、手推车及斗式、刮板式输送机之外的各种输送机等。

(3) 装卸搬运机械。物流科学很注重装卸、搬运两功能兼具的机具，这种机具可将两种作业操作合二为一 ，因而有较好的系统效果。属于这类机具的有叉车、港口中用的跨运车、车站用的龙门吊以及气力装卸输送设备等。

2) 按机具工作原理分类

按机具工作原理分类，可分为以下五类。

(1) 叉车类。其包括各种通用和专用叉车。

(2) 吊车类。其包括门式、桥式、履带式、汽车式、岸壁式、巷道式等各种吊车。

(3) 输送机类。其包括辊式、滚轮式、皮带式、链式、悬挂式等各种输送机。

(4) 作业车类。其包括手车、手推车、搬运车、无人搬运车、台车等各种作业车辆。

(5) 管道输送设备类。其指的是以泵、管道为主体的，输送液体、粉体的装卸搬运一体化设备。

3) 按有无动力分类

按有无动力可分为以下三类。

(1) 重力式装卸输送机。辊式、滚轮式等输送机属于此类。

(2) 动式装卸搬运机具。其包括内燃式及电动式两种，大多数装卸搬运机具属于此类。

(3) 人力式装卸搬运机具。其用人力操作作业，主要是小型机具和手动叉车、手车、手推车、手动升降平台等。

2. 装卸搬运设备的选择

1) 以满足现场作业为前提

(1) 装卸机械首先要符合现场作业的性质和物资特点、特性要求。例如，在有铁路专用线的车站、仓库等，可选择门式起重机；在库房内可选择桥式起重机；在使用托盘和集装箱作业的生产条件下，可尽量选择叉车乃至跨载起重机。

(2) 机械的作业能力(吨位)与现场作业量之间要形成最佳的配合状态。对于装卸机械吨位的具体确定，应对现场要求进行周密的计算、分析。在能完成同样作业效能的前提下，应选择性能好、节省能源、便于维修、利于配套、成本较低的装卸机械。

(3) 其他影响条件。影响物流现场装卸作业量的最基本的因素是吞吐量，此外还要考虑堆码、卸垛作业量、装卸作业的高峰量等因素的影响。

2) 控制作业费用

装卸机械作业发生的费用主要有设备投资额、装卸机械的运营费用和装卸作业成本等。

(1) 设备投资额。设备投资额是平均每年机械设备投资的总和(包括购置费用、安装费用和直接相关的附属设备费用)与相应的每台机械在一年内完成装卸作业量的比值。

(2) 装卸机械的运营费用。装卸机械的运营费用是指某种机械一年的运营总支出(包括维修费用、劳动工资、动力消耗、照明等)与机械完成的装卸量的比值。

(3) 装卸作业成本。装卸作业成本是指在某一物流作业现场，机械每装卸一吨货物所支出的费用，即每年平均设备投资支出和运营支出的总和与每年装卸机械作业现场完成的装卸总吨数之比。

3. 装卸搬运机械的配套

1) 装卸搬运机械配套的含义

装卸搬运机械配套是指根据现场作业性质、运送形式、速度、搬运距离等要求，合理选择不同类型的相关设备。

2) 装卸搬运机械配套的方法

按装卸作业量和被装卸物资的种类进行机械配套，在确定各种机械生产能力的基础上，按每年装卸 1 万吨货物需要的机械台数、每台机械所担任装卸物资的种类以及每年完成装卸货物的吨数进行配套。

此外，还可以采用线性规划方法来设计装卸作业机械的配套方案，即根据装卸作业现场的要求，列出数个线性不等式，并确定目标函数，然后求出各种设备的最优台数。

8.1.3 装卸搬运合理化

1. 防止无效装卸

无效装卸是指消耗在有用货物的必要装卸劳动之外的多余装卸劳动。具体反映在以下几个方面。

1) 过多的装卸次数

在整个物流过程中，货损发生的主要环节是装卸环节，装卸作业又是反复进行的，从发生的频数来讲，其超过其他任何活动。所以过多的装卸次数必然导致损失的增加。同时，装卸又会大大减缓整个物流的速度，它又是降低物流速度的重要因素。采用集装方式，进行多式联运，能够有效地避免对于单件货物的反复装卸搬运处理。

2) 过大的包装装卸

包装过大过重，在装卸时反复在包装上消耗较大的劳动，这一消耗不是必需的，因而形成无效劳动。

3) 无效物质的装卸

进入物流过程的货物，有时混杂着没有使用价值的各种掺杂物，如煤炭中的矸石、矿石中的水分、石灰中的未烧熟石灰及过烧石灰等。在反复装卸时，对这些无效物质反复消耗劳动，形成了无效装卸。由此可见，装卸搬运如能防止上述无效装卸，则可大大节约装卸劳动，使装卸合理化。

2. 充分利用重力和消除重力影响

在装卸时考虑重力因素，可以利用货物本身的重量，进行有一定落差的装卸，以减少或根本不消耗装卸的动力，这是合理化装卸的重要方式。

在装卸时尽量消除或削弱重力的影响，也会获得减少体力劳动及其他劳动消耗的合理性。使货物平移，从甲工具转移到乙工具上，这就能有效地消除重力影响，实现合理化。

3. 充分利用机械

规模效益早已是大家所接受的，在装卸时也存在规模效益问题，主要表现在一次装卸量或连续装卸量要达到充分发挥机械最优效率的水准。为了更多地降低单位装卸工作量的成本，对装卸机械来讲，也有“规模”问题，装卸机械的能力达到一定规模，才会有最优效果。追求规模效益的方法，旨在通过各种集装实现间断装卸时一次操作的最合理装卸量，从而使单位装卸成本降低，同时也通过散装实现连续装卸的规模效益。

4. 提高装卸搬运活性

装卸搬运活性是指从物的静止状态转变为装卸搬运运动状态的难易程度。如果很容易转变为下一步的装卸搬运而不需过多地做装卸搬运前的准备工作，则活性就高；如果难于转变为下一步的装卸搬运，则活性就低。

为了对活性有所区别，并能有计划地提出活性要求，使每一步装卸搬运都能按一定活性要求进行操作，对于不同放置状态的货物做出不同的活性规定。“活性指数”就是标定活性的一种方法。活性指数分为0～4五个等级，如表8-1所示。

表8-1　活性指数

放置状态	需要进行的作业				活性指数
	整　理	架　箱	提　起	托　运	
散放地上	需要	需要	需要	需要	0
置于一般容器	不需要	需要	需要	需要	1
集装化	不需要	不需要	需要	需要	2
无动力车	不需要	不需要	不需要	需要	3
动力车辆或传送带	不需要	不需要	不需要	不需要	4

由于装卸搬运是在物流过程中反复进行的活动，因而其速度可能决定整个物流速度，如果每次装卸搬运的时间缩短，多次装卸搬运的累计效果则十分可观。因此，提高装卸搬运活性对装卸搬运合理化来说是很重要的因素。

5. 减少不必要的装卸环节

从物流过程分析，装卸作业环节不仅不增加货物的价值和使用价值，反而有可能增加货物破损的可能性和相应的物流成本。系统地分析研究物流过程各个装卸作业环节的必要性，取消、合并装卸作业和次数，避免进行重复的或可进行也可不进行的装卸作业，是减少不必要装卸环节的重要保证。

6. 提高装卸作业的连续性

必须进行的装卸作业应按流水作业原则运作，各工序间应密切衔接；必须进行的换装作业，也应尽可能采用直接换装方式。

7. 相对集中装卸地点

装载、卸货地点的相对集中，可以提高装卸工作量，易于采用机械化作业方式。在货物堆场上，应将同类货物的作业集中在一起进行，以便于采用装卸的机械化、自动化作业。

8. 力求装卸设备、设施、工艺等标准化

为了促进物流各环节的协调，要求装卸作业各工艺阶段间的工艺、设备、设施、效率与组织管理工作相协调。装卸作业的工艺、设备、设施、货物单元或包装、运载工具、集装工具、信息处理等作业的标准化、系列化、通用化，是装卸作业实现机械化、自动化的基本前提。

8.2 包　装

8.2.1 包装概述

1. 包装的概念

在我国《包装通用术语》国家标准 GB 4122—1983 中，对包装有明确定义：“所谓包装是指在流通过程中保护商品，方便储存，促进销售，按一定技法而采用的容器及辅助物等的总体名称，也包括为了达到上述目的而进行的操作活动。”

由以上定义可知，在物流活动中，包装这一概念包含了静态和动态两层含义。包装的静态含义是指能够合理容纳商品、保护商品在流通过程中尽可能地免受各种外在不良因素的影响，顺利实现商品价值和使用价值的物体，如用各种包装材料制成的包装容器。而包装的动态含义则是指将商品置于包装物保护之下的工艺操作过程，如对商品进行包裹、捆扎等。在社会再生产过程中，包装是生产的终点，也是物流的起点。从生产的角度来看，包装是产品生产的最后一道工序，对产品的包装一旦完成， 就意味着该产品可以从生产领域进入流通领域。从物流的角度来看，对产品的包装完成之后，该产品就具备了流通的能力，就可以经过装卸搬运、储存、运输等一系列物流活动，最终销售给消费者。

2. 包装的功能

包装在商品流通过程中发挥着重要的作用。

1) 保护商品

保护商品是包装最基本和最主要的功能。在流通过程中，商品不可避免地会受到各种外界因素的影响，具体包括以下内容。

(1) 外力的作用。例如，在商品运输过程中的震动、颠簸和冲击；在搬运装卸过程中的意外跌落；在储存过程中由于堆码摆放层数过多而导致底层商品承重过度等。

(2) 外部自然环境的作用。例如，气温的升高或降低导致产品变质，阴雨天气或有害气体致使商品霉变、生锈等。

(3) 有害生物的作用。例如，鼠、虫对商品的啃咬和蛀蚀；霉菌等微生物对商品的侵害。

这些影响因素有可能损害商品的使用价值。因此，良好的包装可以防止商品在流通过程中受外力作用而破损变形，防止商品受环境影响而发生化学变化，防止商品由于异物的混入而受到污染，还可以防止商品的丢失、散失和盗失等。

2) 方便商品的流通与消费

包装具有按需要将产品以某种单位集中的功能，即单元化的功能。因此，可以根据商品本身的特性、物流的方式和条件以及消费的情况，较为灵活地决定商品的包装单位，并使包装形态、包装材料、包装标识、包装拆卸的难易程度等要素与之相适应，从而为装卸、运输、验收、储存、计量、销售等各个环节的作业以及消费者的购买和使用创造便利的条件。例如，用桶、罐等包装容器对液态商品进行封装，以便运输；将零售的小件商品集装成较大的包装单位以便于装卸、搬运和储存，而拆除大包装后即可单件销售，以满足消费者的购买和使用要求；包装容器上的鲜明标记，可以方便物流过程中对商品的识别和清点；关于商品的说明可以指导消费者正确地使用商品。

3) 促进商品的销售

包装被形象地比喻为“无声的推销员”，消费者在销售现场首先接触到的是产品的包装。因此消费者对产品包装的印象往往会成为其对商品的“第一印象”，包装的形态像广告一样发挥着宣传产品的作用。美观的商品包装可以增加产品的美感，吸引消费者的注意，激发消费者的购买欲望与购买动机，促使消费者产生购买行为。尤其在商品质量相同的条件下，包装的状况在消费者制定购买决策的过程中发挥着重要的作用。

3. 包装的分类

根据其功能、形态、技术、材料及内装物，可相应地对包装进行如下分类。

1) 按包装功能不同分类

按包装功能分类主要有商业包装、工业包装和运输包装。商业包装是以促进商品销售为主要目的的包装，通过外包装的图案、文字、色彩等的美化，吸引消费者对产品产生兴趣，从而使其做出购买产品的行为。工业包装是生产企业对单件商品进行包装，主要目的是保护产品，防止产品变质、变形、污染、侵蚀，同时避免其在搬运、运输中受损等。运输包装是为了满足产品运输要求而实施的包装，它具有保障产品的安全，方便储运、装卸，加速交接、点验等作用。考虑运输包装时，必须综合考虑包装费用和损失成本，如玻璃等低价产品，允许有一定的损失率，没有必要为方便运输而投入过高的包装费用。

2) 按包装形态不同分类

按包装形态分类主要有逐个包装、内包装、外包装等。逐个包装是指最终交到消费者手中的最小包装，这种包装一般突出包装的促销功能。内包装是指包装货物的内部包装，主要是为了保护产品，防止产品受潮、受热或在运输中受损等。货物的外包装主要是为了便于运输、装卸和保管而对产品外部进行的装箱、捆绑等作业。

3) 按包装技术不同分类

按包装技术分类主要有防湿包装、防锈包装、缓冲包装、收缩包装、真空包装等，该分类同时体现了包装的不同目的。

4) 按包装材料不同分类

按包装材料分类主要有纸箱包装、木箱包装、玻璃瓶包装、塑料包装、金属包装等。

5) 按商品类别不同分类

按商品类别分类主要有食品包装、药品包装、蔬菜包装、机械包装、危险品包装等。

8.2.2 包装的材料

包装材料不仅影响包装的质量、被包装物的安全性，同时对物流成本也有很大的影响。因此，在考虑包装时，必须充分了解包装材料的性能、价格及被包装物的形态、流通方式、流通条件等，从而选定最适合的包装材料，使之既满足包装的要求，又不会造成不必要的浪费，进而降低物流成本。

包装材料一般都有一定的吸湿、抗震、防光等性能，由于具有不同的物理、化学性能，不同的包装材料适用于不同用途的包装。目前，主要的包装材料有以下几种。

1. 纸及纸制品

纸及纸制品具有价格低廉、透气性好、化学性质稳定、无毒及本身重量较轻等特点，作为包装材料被广泛应用于各种货物的包装。但是，纸及纸制品的抗压性差、防潮性差、防火性差，所以它们常被用来与其他包装材料进行复合，以弥补其缺陷，制成性能良好的多功能包装材料。纸及纸制品一般包括以下几种。

(1) 牛皮纸，如图 8-1 所示。它具有一定的抗水性及韧性，主要用来包装书籍等。

(2) 玻璃纸，如图 8-2 所示。它是一种半透明的纸制品，具有防油、防潮、防水等特性，主要用于油性物质的包装。

(3) 植物羊皮纸。它是一种用硫酸处理过的纸制品，具有防潮、防湿、韧性强等特性。

(4) 沥青纸、油纸、蜡纸，如图 8-3、图 8-4 所示。它具有很强的抗油、防水、防潮等性能。

(5) 瓦楞纸，如图 8-5 所示。它具有抗震性、缓冲性，纸箱一般都是用瓦楞纸，以防止货物在运输中受到震动而损坏。

图 8-1　牛皮纸

图 8-2　玻璃纸

图 8-3　沥青纸

2. 塑料及塑料制品

作为包装材料，塑料的优势主要表现在：具有很好的抗拉、抗压等性能，可防潮，同时还具有良好的绝缘性和密封性，化学性质稳定，易于加工，价格低廉等。但是由于塑料的废弃物对环境会产生污染，所以通常被称为“白色垃圾”，而且有些塑料制品有毒。因此，在广泛使用塑料作为包装材料的同时，也要考虑到废弃物的处理和有毒材料的应用范围。

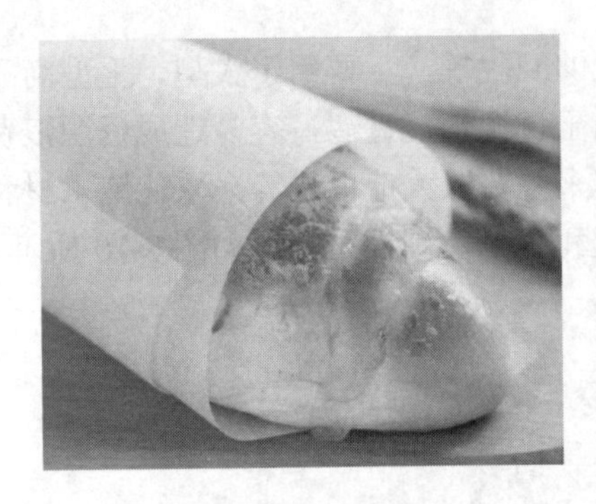

图 8-4　油纸

图 8-5　瓦楞纸

目前，主要的塑料包装材料有以下几种。

(1) 聚乙烯膜，如图 8-6 所示。它是一般的塑料薄膜，广泛用于各个领域的包装。

(2) 聚丙烯编织袋，如图 8-7 所示。它具有很好的抗拉性、韧性，且防水、防潮，主要用于石灰等建筑材料的包装。

图 8-6　聚乙烯膜

图 8-7　聚丙烯编织袋

(3) 聚苯乙烯泡沫，如图 8-8 所示。它具有很好的抗震性，一般用于货物的内包装，以防止货物在运输、搬运中受到震动而损坏。

(4) 聚氯乙烯。它是一种有毒的塑料制品，但造价低廉，用于包装建筑材料等。

(5) 钙塑材料，如图 8-9 所示。它具有化学稳定性、耐高温，有良好的隔热性、耐水性，生活中放鸡蛋的盒子一般就是用钙塑材料制成的。

图 8-8　聚苯乙烯泡沫

图 8-9　钙塑材料

3. 木材及木制品

木材及木制品是长期以来最常用的包装材料，其优点是具有较强的抗冲击能力、易于加工、价格低廉、取材方便、不生锈、不易腐蚀、能够回收等，主要用于大型、重型商品的外包装和怕挤压的贵重物品的包装。木材及木制品由于资源消耗过多，容易造成资源浪费，同时易燃、易受虫蛀、干燥后易变形等。因此，近年来主要以人造板材等来取代纯木材和木制品作为包装材料，主要有胶合板、纤维板、密度板和复合木制板材等，如图 8-10 所示。

图 8-10　木材

4. 金属材料

金属材料有良好的机械强度和较强的抗冲击能力，可塑性和韧性都很好，作为包装材料可以保护货物不受损坏。另外，金属材料作为外包装材料，具有一定的光泽度，延伸均匀，所以外观也很漂亮。但是金属的加工工艺要求较高，又具有一定的导电和导热性、价格昂贵，一般只有在特定情况下才被用作包装材料。例如，铝合金由于重量轻而被广泛用于航空货物的包装，航空集装箱也是由铝合金制成的；再如，镀锡薄板(马口铁)，由于其密封性较好、重量轻，所以被广泛用于饮料等食品的外包装，如图 8-11 所示。

图 8-11　金属包装

5. 玻璃和陶瓷

玻璃和陶瓷的优点包括无毒无味、防渗透、防变味、防串味、绝缘性好、造价较低、易于加工等，它们被广泛用于调料、酒类、药类等食品的包装，如图 8-12、图 8-13 所示。陶瓷兼具很好的耐酸、耐碱性，因此它还被广泛用于化工原料、建筑材料的包装。但是由于两者都容易破碎，且体积较大、重量较重，不便于装卸、搬运，因此在包装中也受到很大的局限，除特殊需要，一般应尽量避免采用这两种材料对体积大、批量大的货物进行包装。

6. 复合包装材料

复合包装材料由两种或两种以上不同特性的包装材料复合而成，取各自的优点，制成一种性能更好的新型包装材料。这样的包装材料由于充分考虑到节约资源、降低成本等问题，因此具有很好的发展前景。

图 8-12　玻璃

图 8-13　陶瓷

8.2.3　包装的技术

物品种类繁多，性能与包装要求各异，因此在包装设计与作业中，必须根据物品的类别、性能及其形态选择相适应的包装技术和方法，从而以最适宜的方法保障物品在物流各环节作业中的安全，以最低消耗，完好地把物品送到用户手中。

1. 缓冲包装技术

缓冲包装技术又称为防震包装技术，是指为了缓解商品受到冲击和震动，确保其外形和功能完好而设计的具有缓冲减震作用的包装技术。它主要有以下几种方法。

(1) 全面缓冲。即产品或内包装的整个表面都用缓冲材料衬垫的包装方法。

(2) 部分缓冲。即仅在产品或内包装的拐角或局部使用缓冲材料。

(3) 悬浮式缓冲。即先将产品置于纸盒中，产品与纸盒间的各面均用柔软的泡沫塑料衬垫妥当，盒外用帆布包装装入胶合板箱，然后用弹簧吊在外包装内，使其悬浮吊起。

2. 防潮包装技术

防潮包装技术是指在物品流通过程中，为防止因空气中的潮气(水蒸气)而发生潮湿、凝结以及进一步发生霉变等的包装技术。采用透湿度低或透湿度为零的材料包装，使包装物与外界潮湿的大气相隔绝，或者为进一步控制包装容器内的湿气在包装中放入干燥剂。干燥剂有化学干燥剂和物理干燥剂。现代防潮包装中，应用最广泛的材料为聚乙烯、聚丙烯、聚氯乙烯、聚苯乙烯、聚酯、聚偏二氯乙烯等。

3. 防锈包装技术

防锈包装技术是指在运输、储存金属制品与零部件时，为了防止其生锈而降低使用价值或性能所采用的包装方法。金属生锈是由于空气中的污染物质和溶解在水蒸气中的物质附着于金属表面，发生化学反应。防锈最常采用的方法就是使用防锈剂，分为防锈矿油和汽化性防锈剂两种。

4. 防霉包装技术

防霉包装技术是指为防止因霉菌侵袭内部物导致长霉影响产品质量，而采取一定防护措施的包装技法。它主要有冷冻包装、高温杀菌法、真空包装、使用防霉剂等。

5. 防虫包装技术

防虫、鼠害等包装技术是在包装主物品时，放入一定量的驱虫剂以达到防虫害的目的。包装物品的容器也应当作防虫处理。例如，竹片或条筐必须经过消毒或蒸煮处理，所用糨糊应加放防腐剂，防止害虫滋生。注意不要使处理包装材料的药剂直接接触所包装的物品。

6. 危险品包装技术

危险品包装技术就是按照危险品的性质、特点，按照有关法令和规定专门设计的包装技术与方法。危险品的运输包装上必须标明不同性质类别的危险货物标志，以及装卸搬运要求标志。对于不同危险品所采取的方法不同，具体有以下几种。

(1) 易燃易爆物品，如过氧化氢有强烈的氧化性，遇到微量不纯物质和受热，就会急剧分解引起爆炸。防爆包装方法是采用塑料桶包装，然后将塑料桶装入铁桶或木箱中，每件净重不超过 50 千克，并有自动放气的安全阀，当桶内的压力达到一定的气体压力时，能自动放气。

(2) 腐蚀性物品，注意避免物品与包装容器的材料发生化学作用。如金属类的包装容器，要在容器内壁涂上涂料，防止腐蚀。对有毒物品防毒的主要措施是严密包装不透气。

(3) 气体置换包装，是采用不活泼气体(氮气、二氧化碳等气体)置换包装容器中的空气的一种包装技术。目的是通过改变密封容器中气体的组成成分，降低氧气的浓度，从而抑制微生物的活动，达到防霉、防腐和保鲜的目的。

(4) 真空包装技术，是在容器封口之前抽成真空，使密封后的容器内基本没有空气的一种包装技术。目的是避免或减少脂肪氧化，抑制某些霉菌和细菌的生长。

(5) 收缩包装技术，是用收缩薄膜将要包装的物品包裹，然后对收缩薄膜进行有关处理(如加热处理)，使薄膜收紧并紧贴物品的包装技术方法。

(6) 拉伸包装技术，是用机械装置在常温下将弹性薄膜拉伸后，将待包装物品紧裹的一种包装技术。这种技术可以提高物流效率、方便仓储与使用。

7. 防水包装技术

防水包装技术是指防止水侵袭到包装物内部而采用的包装技术。其做法是采用某些防水材料阻隔层，并有防水黏结剂或衬垫、密封等措施，以防止水进入包装内部。防水包装多选用的材料有：包装外壁框架材料，如木材、金属、瓦楞纸板三大类；内衬材料，如各种防水包装用纸、涂布复合塑料薄膜、铝箔或铝塑复合膜等；防水涂料，如石蜡、清漆等。

8.2.4 包装合理化

1. 包装合理化的概念

包装合理化，是指在包装过程中使用适当的材料和适当的技术，制成与物品相适应的容器，以节约包装费用、降低包装成本，既满足包装保护商品、方便储运、有利销售的要求，又提高包装的经济效益的包装综合管理活动。包装合理化主要表现在以下几个方面。

(1) 包装的轻薄化。由于包装只是起保护的作用，对产品使用价值没有任何意义，因此在强度、寿命、成本相同的条件下，更轻、更薄、更短、更小的包装，可以提高装卸搬运的效率。

(2) 包装的单纯化。为了提高包装作业的效率，包装材料及规格应力求单纯化，包装规格应标准化，包装形状和种类也应单纯化。

(3) 符合集装单元化和标准化的要求。包装的规格与托盘、集装箱关系密切，也应考虑到与运输车辆、搬运机械的匹配，从系统的观点制定包装的尺寸标准。

(4) 包装的机械化与自动化。为了提高作业效率和包装现代化水平，各种包装机械的开发和应用是很重要的。

(5) 注意与其他环节的配合。包装是物流系统组成的一部分，需要和装卸搬运、运输、仓储等环节一起综合考虑、全面协调。

(6) 利于环保。包装是产生大量废弃物的环节，处理不好可能造成环境污染。包装材料最好可反复多次使用并能回收再生利用。在包装材料的选择上，还要考虑是否对人体健康有影响，对环境是否造成污染，即要选择所谓的“绿色包装”。

2. 不合理包装

不合理包装是指在现有条件下可以达到的包装水平实际没有达到，从而造成了包装过剩、包装污染等问题。目前，不合理的包装主要有以下形式。

(1) 包装不足。主要包括：包装强度不足，使得包装防护性不足；包装材料水平不足，不能起到防护和促进销售的作用；包装容器的层次和容积不足，造成被包装物损失。包装成本过高，一方面，可能使包装成本支出大大超过减少损失可能获得的效益；另一方面，包装成本在商品成本中比重过高，损害消费者的利益。

(2) 包装过剩。主要包括：包装材料选择过高、包装物强度设计过高、包装技术过高、包装层次过多、包装体积过大。

(3) 包装污染。主要包括：包装材料中大量使用的纸箱、木箱、塑料容器等，要消耗大量的自然资源；商品包装的一次性、豪华性，甚至采用不可降解的包装材料，严重污染环境。

3. 包装合理化的实现途径

要实现包装合理化，需要从以下几方面加强管理。

(1) 采用先进的包装技术。包装技术的改进是实现包装合理化的关键。要推广诸如缓冲包装、防锈包装、防湿包装等包装方法，使用不同的包装技法，以适应不同商品的装卸、储存、运输要求。

(2) 向反复使用的周转包装发展。

(3) 采用单元装载技术，即采用托盘、集装箱进行组合运输。托盘、集装箱是包装、输送、储存三位一体的物流设备，是实现物流现代化的基础。

(4) 实现包装的物流形态。对于需要大量输送的商品(如水泥、煤炭、粮食等)来说，包装所消耗的人力、物力、资金、材料非常大，若采用专门的散装设备，则可获得较高的技术经济效果。散装并非不要包装，它是一种变革了的包装，即由单件小包装向集合大包装转变。

(5) 从物流总体的角度出发，用科学的方法确定最优包装。对包装产生影响的第一因素是装卸，不同的装卸方法决定着包装的不同。目前，我国铁路运输，特别是公路运输，大多采用手工装卸，因此包装的外形和尺寸就要适合人工操作。另外，装卸人员素质低、作业不规范会直接造成商品损失。因此，引进装卸技术，提高装卸人员素质，规范装卸作业标准等都会相应促进包装、物流的合理化。对包装有影响的第二个因素是保管，在确定包装时，应根据不同的保管条件和方式采用与之相适合的包装强度。对包装有影响的第三个因素是运输，运输工具类型、输送距离长短、道路情况等都对包装有影响。

8.3 流 通 加 工

8.3.1 流通加工概述

流通加工是流通过程中的加工活动，是为了方便流通、方便运输、方便储存、方便销售、方便用户以及物资充分利用、综合利用而进行的加工活动。

流通加工是物流中具有一定特殊意义的物流功能，是在物品从生产地到使用地的过程中，根据需要施加包装、分割、计量、分拣、刷标志、栓标签、组装等简单作业的总称。

流通加工和一般生产加工相比较，在加工方法、加工组织、生产管理方面无显著区别，但在加工对象、加工程度方面差别较大。其差别主要表现以下方面。

(1) 加工目的的区别。流通加工的主要目的是方便流通、方便运输、方便储存、方便销售、方便用户和物资充分利用；而生产加工的目的在于创造物资的使用价值，使它们能成为人们所需要的商品。

(2) 加工对象的区别。流通加工的对象是进入流通过程的商品，具有商品的属性；而生产加工的对象不是最终产品，而是原材料、零配件及半成品。

(3) 加工内容的区别。流通加工大多是简单加工，主要是解包分包、裁剪分割、组配集合、废物再生利用等；而生产加工一般是复杂加工。

(4) 所处领域的区别。流通加工处在流通领域，由流通企业完成；而生产加工处在生产领域，由生产企业完成。

8.3.2 流通加工的类型

根据不同的目的，流通加工具有以下 10 种不同的类型。

1. 为适应多样化需要的流通加工

生产部门为了实现高效率、大批量的生产，其产品往往不能完全满足用户的要求，如木材改制成枕木、板材、方材等加工。

2. 为方便消费、省力的流通加工

根据下游生产的需要，将商品加工成生产后可直接使用的状态。例如，根据需要将钢材定尺、定型，按要求下料；将水泥制成混凝土拌合料，使用时只需稍加搅拌即可使用等。

3. 为保护产品所进行的流通加工

在物流过程中，为了保护商品的使用价值，延长商品在生产和使用期间的寿命，防止商品在运输、储存、装卸搬运、包装等过程中遭受损失，可以采取稳固、改装、保鲜、冷冻、涂油等方式。例如，水产品、肉类、蛋类的保鲜、保质的冷冻加工、防腐加工等。还有为防止金属材料的锈蚀而进行的喷漆、涂防锈油等措施，运用手工、机械或化学方法除锈；木材的防腐朽、防干裂加工；煤炭的防高温自燃加工；水泥的防潮、防湿加工等。

4. 为弥补生产领域加工不足的流通加工

由于受到各种因素的限制，许多产品在生产领域的加工只能到一定程度，而不能完全实

现终极的加工。例如，木材如果在产地完成成材加工或制成木制品的话，就会给运输带来极大的困难，所以，在生产领域只能加工到圆木、板、方材这个程度，进一步的下料、切裁、处理等加工则由流通加工完成。钢铁厂大规模的生产只能按规格生产，以使产品有较强的通用性，从而使生产能有较高的效率，取得较好的效益。

5. 为促进销售的流通加工

流通加工也可以起到促进销售的作用，如将过大包装或散装物分装成适合依次销售的小包装的分装加工，将以保护商品为主的运输包装改换成以促进销售为主的销售包装。例如，红酒从原产地用橡木桶海运至香港，在香港进行分装至玻璃瓶中，再贴上红酒的销售标签，再进行分销配送至消费者手中，以起到吸引消费者、促进销售的作用；将蔬菜、肉类洗净切块以满足消费者要求等。

6. 为提高加工效率的流通加工

许多生产企业的初级加工由于数量有限，加工效率不高，而流通加工以集中加工的形式，解决了单个企业加工效率不高的弊病。它以一家流通加工企业的集中加工代替了若干家生产企业的初级加工，促使生产水平有了一定的提高。

7. 为提高物流效率、降低物流损失的流通加工

有些商品本身的形态使之难以进行物流操作，而且商品在运输、装卸搬运过程中极易受损，因此需要进行适当的流通加工加以弥补，从而使物流各环节易于操作，提高物流效率，降低物流损失。例如，造纸用的木材磨成木屑的流通加工，可以极大提高运输工具的装载效率；自行车在消费地区的装配加工可以提高运输效率，降低损失；石油气的液化加工，使很难输送的气态物转变为容易输送的液态物，也可以提高物流效率。

8. 为衔接不同运输方式、使物流更加合理的流通加工

在干线运输和支线运输的节点设置流通加工环节，可以有效解决大批量、低成本、长距离的干线运输与多品种、少批量、多批次的末端运输和集货运输之间的衔接问题。在流通加工点与大生产企业间形成大批量、定点运输的渠道，以流通加工中心为核心，组织对多个用户的配送，也可以在流通加工点将运输包装转换为销售包装，从而有效衔接不同目的的运输方式。例如，散装水泥中转仓库把散装水泥装袋、将大规模散装水泥转化为小规模散装水泥的流通加工，就衔接了水泥厂大批量运输和工地小批量装运的需要。

9. 生产—流通一体化的流通加工

依靠生产企业和流通企业的联合，或者生产企业涉足流通，或者流通企业涉足生产，对生产与流通加工进行合理分工、合理规划、合理组织，统筹进行生产与流通加工的安排，这就是生产—流通一体化的流通加工形式。这种形式可以促成产品结构及产业结构的调整，充分发挥企业集团的经济技术优势，是目前流通加工领域的新形式。

10. 为实施配送进行的流通加工

这种流通加工形式是配送中心为了实现配送活动，满足客户的需要而对物资进行的加工。例如，混凝土搅拌车可以根据客户的要求，把沙子、水泥、石子、水等各种不同材料按比例要求装入可旋转的罐中。在配送路途中，汽车边行驶边搅拌，到达施工现场后，混凝土已经均匀搅拌好，可以直接投入使用。

8.3.3 流通加工的作用

1. 方便流通、方便运输、方便储存、方便销售、方便用户

例如，钢板裁剪，薄板厂生产出来的薄板为 60 吨一卷，运输、吊装、储存都非常方便，但运到金属公司销售给用户时，有的用户只买几米，为了方便销售、方便用户，就需要金属公司用切板机将钢板切割、裁剪成适合用户使用的形状尺寸，用户买回去就可以直接使用。因此，钢板裁剪这种流通加工就起到了方便流通、方便运输、方便储存、方便销售、方便用户的作用。其他如钢筋或圆钢裁制成毛坯、木材锯板等都具有这样的作用。

2. 降低用户成本

用量小或临时需要的用户，缺乏进行高效率初级加工的能力，依靠流通加工可使用户省去进行初级加工的机器设备的投资及人力，降低了成本。目前发展较快的初级加工有净菜加工、将水泥加工成生混凝土、将原木或板方材加工成门窗，以及冷拉钢筋、冲制异形零件、钢板预处理、整形、打孔等加工。

3. 提高生产效率和流通效率

采用流通加工，生产企业可以进行标准化、整包装生产，这样做适应大生产的特点，提高了生产效率，节省了包装费用和运输费用，降低了成本；流通企业可以促进销售，增加销售收入，也提高了流通效率。

4. 提高加工效率及设备利用率

可以建立集中加工点，采用效率高、技术先进、加工量大的专用机具和设备。这样做的好处：一是提高了加工质量，二是提高了设备利用率，三是提高了加工效率。其结果是降低了加工费用及原材料成本。

5. 充分发挥各种输送手段的最高效率

从流通加工到消费环节这一阶段距离短，主要是用汽车和其他小型车辆来配送经过流通加工后的多规格、小批量、多用户的产品。这样可以充分发挥各种输送手段的最高效率，加快输送速度，节省运力、运费。

6. 可实现废物再生、物资充分利用和综合利用，提高物资利用率

例如，集中下料可以优材优用、小材大用、合理套裁，具有明显的提高原材料利用率的效果。

8.3.4 流通加工合理化

1. 不合理流通加工的形式

流通加工是在流通领域中对生产的辅助性加工，从某种意义上来讲，它不仅是生产过程的延续，还是生产本身或生产工艺在流通领域的延续。这个延续可能有正反两方面的作用，一方面可能有效地起到补充完善的作用，但是也必须估计到另一个可能性，即对整个过程的负效应，各种不合理的流通加工都会产生抵消效益的负效应。

几种不合理的流通加工形式如下。

1) 流通加工地点设置不合理

流通加工地点设置即布局状况是决定整个流通加工是否有效的重要因素。一般而言，为衔接单品种大批量生产与多样化需求的流通加工，加工地设置在需求地区才能实现大批量的干线运输与多品种末端配送的物流优势。为方便物资的流通，加工环节应设在产出地，设置在进入社会物流之前。如果将其设置在物流之后，即设置在消费地，不但不能解决物流问题，反而在流通中增加了一个中转环节，因而也是不合理的。即使在产地或需求地设置流通加工的选择是正确的，还有流通加工在小地域范围的正确选址问题，如果处理不善，仍然会出现不合理的现象。这种不合理主要表现在交通不便，流通加工与生产企业或用户之间距离较远。

2) 流通加工方式选择不当

流通加工方式包括流通加工对象、流通加工工艺、流通加工技术、流通加工程度等。流通加工方式实际上是与生产加工的合理分工分不开的。分工不合理，本来应由生产加工完成的，却错误地由流通加工完成；本来应由流通加工完成的，却错误地由生产过程完成。这些都是不合理的加工方式。

流通加工不是生产加工的代替，而是一种补充和完善。一般而言，如果工艺复杂、对技术装备要求较高，或加工可以由生产过程延续，或可以轻易解决，都不宜再设置流通加工环节，尤其不宜与生产过程争夺技术要求较高、效益较高的最终生产环节，更不宜利用一个时期市场的压迫使生产者变成初级加工者或前期加工者，而流通企业完成装配或最终形成产品的加工制造。如果流通加工方式选择不当，就会出现与生产夺利的恶果。

3) 流通加工作用不大，形成多余环节

有的流通加工过于简单，或对生产及消费者的作用都不大，甚至有时由于流通加工的盲目性，不但未能解决品种、规格、质量、包装等问题，反而增加了流通环节，这也是流通加工不合理的重要形式。

4) 流通加工成本过高，效益不好

流通加工之所以有生命力，重要优势之一是有较大的产出投入比，因而有效地起着补充完善的作用。如果流通加工成本过高，则不能实现以较低投入获得更高使用价值的目的。

2. 流通加工合理化措施

流通加工合理化的含义是实现流通加工的最优配置，不仅要做到避免各种不合理流通加工，使流通加工有存在的价值，还要做到最优的选择。为避免各种不合理现象，对是否设置流通加工环节，采用什么样的技术装备等问题，需要做出正确的抉择。实现流通加工合理化主要考虑以下几方面。

1) 加工和配送相结合

这是将流通加工设置在配送点中，一方面按配送的需要进行加工，另一方面加工又是配送业务流程中分货、拣货、配货中的一环。加工后的产品直接投入配货作业，无须单独设置一个加工的中间环节，使流通加工有别于独立的生产，而使流通加工与中转流通巧妙地结合在一起。同时，由于配送之前有加工，可使配送服务水平大大提高，这是当前对流通加工做合理选择的重要形式，并已在煤炭、水泥等产品的流通中表现出较大的优势。

2) 加工和配套相结合

在对配套要求较高的流通中，配套的主体来自各个生产单位。但是，完全配套有时无法全部依靠现有的生产单位，进行适当的流通加工，可以有效地促成配套，充分发挥流通的桥梁与纽带功能。

3) 加工和合理运输相结合

流通加工能有效衔接干线运输与支线运输，促进两种运输形式的合理化。利用流通加工，在支线运输转干线运输或干线运输转支线运输这种必须停顿的环节，不进行一般的支转干或干转支，而是按干线或支线运输合理的要求进行适当加工，从而大大提高运输及运输转载水平。

4) 加工和合理商流相结合

通过加工能有效促进销售，使商流合理化，也是流通加工合理化的考虑方向之一。通过加工，提高了配送水平，是加工与合理商流相结合的一个成功例证。此外，通过简单地改变包装加工，形成方便的购买量；通过组装加工，解决用户使用前进行组装、调试的难处，都是有效促进商流的例子。

5) 加工和节约相结合

节约能源、节约设备、节约人力、减少耗费是流通加工合理化的重要考虑因素，也是目前我国设置流通加工时，考虑其合理化较普遍的形式。

本 章 小 结

本章主要介绍了装卸搬运、包装和流通加工的相关知识点。其具体包括：装卸搬运的概念、作用、作业流程及作业分类，装卸搬运设备的分类和选择以及装卸搬运合理化；包装的定义、功能、分类，以及常见的包装材料、包装常用技术和包装合理化；流通加工的概念、类型、作用以及合理化。

思考与练习

1. 简述装卸搬运的特征。
2. 分析装卸搬运合理化的措施。
3. 简述包装的功能。
4. 举例说明流通加工的类型。
5. 什么是流通加工合理化？如何做到流通加工合理化？

案 例 讨 论

迪安食品公司鲜牛奶配送

迪安食品公司打算在墨西哥市场投放牛奶制品和冷冻蔬菜，对于这家有 23 亿美元资产、总部设在芝加哥、仅在美国从事销售活动的公司来说，这是一项重大的举措。由于北美自由贸易协定允许开放墨西哥市场，迪安食品公司正在利用机会将其产品介绍给 9 000 万新消费者。

牛奶是一种特别吸引人的产品，因为墨西哥新鲜牛奶短缺，而人口中有一半人年龄在18岁以下(主要喝牛奶者)，并且因为政府的限价，还没有什么动力驱使批发商和零售商推销该产品。在投入这项冒险事业之前，迪安指派了两名经理去研究墨西哥的市场营销和物流需求，还寻求与专业厂商Tetra Pak公司合作，这是它的包装供应商之一，经营着一家大型的墨西哥公司。首先，迪安通过建立一家合资企业把目标对准墨西哥奶制品市场，该合资企业期望配送商有经验处理迪安的牛奶和奶制品，将其装运到边界城镇。墨西哥现在消费迪安的EI Paso奶制品公司的1/3的产品，迪安食品的合资企业仍然需要解决几个问题。第一个问题是冷藏问题，因为绝大部分的产品是在小型的“夫妻”店里出售的，这类店里几乎没有什么冷藏设备，因为产品的堆放空间缩小了，在货架上的保存期也缩短了，迪安就把加仑壶包装改成小纸箱包装。第二个问题与超市有关，这些超市常常通宵停电，造成冰激凌产品反复地融化和冻结，损害了产品的质量。迪安正在考虑的一个解决办法就是自己购买冰箱并对店里24小时维持供电进行补贴。第三个问题是墨西哥缺少奶牛场，这一短缺正在迫使迪安考虑发展与原奶生产商的关系，而不是实际经营这些奶牛场。第四个是低质量牛奶的问题，因为墨西哥几乎没有有关产品质量控制的法律规章，所出售的全部牛奶中有40%未经巴氏法灭菌就直接输送到消费者手中。

(资料来源：http://www.56885.net/news/2007314/14196.html.)

思考：

1. 牛奶在物流配送中有什么特殊要求？
2. 结合本案例，迪安食品公司鲜牛奶是如何实现流通加工的？
3. 中国的牛奶企业是如何流通加工的？用一个企业来加以说明。

第 9 章 运输与配送管理

【学习目标】

1. 理解运输的概念及运输功能。
2. 了解运输方式、运输选择方式及影响因素。
3. 掌握运输成本。
4. 掌握运输规划及运输规划的一般模型。
5. 掌握运输合理化的基本条件及表现形式。
6. 了解配送的基本概念、作用和分类。
7. 理解配送中心的概念、分类和作业流程。
8. 掌握配送模式和配送管理。
9. 掌握配送的合理化措施。

【引导案例】

京东：科技赋能“无接触配送服务”

人工智能、物联网等智能信息化技术在新型冠状病毒感染的肺炎疫情的物流服务中备受重视，无人配送、自动化分拣等技术得到广泛使用。为了降低疫区配送人员在高危环境下配送时被感染的风险，京东积极响应国家“科技抗疫”号召，连续启动各项智能科技的应急保障措施，首先在武汉开设了“无接触式配送”的服务模式。2020 年 2 月 5 日，一台神秘装置从京东物流仁和站出发，沿着街道一路前行，灵巧地躲避着车辆和行人，穿过建设二路路口，顺利将医疗物资送到了武汉第九医院，如图 9-1 所示。

除了无人配送，基于自动驾驶技术的积累，京东还联合行业伙伴研发出了室内和室外不同场景的消杀机器人。这些消杀机器人能在机场、高铁站、商城等人员流动性大的环境下进行自动消毒，配备高压喷头、紫外线灯管、空气消毒机等装备，自动检测体温和是否佩戴口罩。

图 9-1　京东配送机器人

(资料来源：http://stock.10jqka.com.cn/20201023/c624243276.shtml.)

思考：

科技赋能的价值是什么，如何理解国家创新驱动战略的意义？

9.1　运　　输

9.1.1　运输的概念

运输是指用设备和工具将物品从某一地点向另一地点运送的物流活动，其中包括集货、分配、搬运、中转、装卸、分散等一系列操作。

由于时间长、距离远，运输活动消耗的能源和动力较多，运输成本一般要占物流总成本的 50%左右。合理地组织运输，无论是在企业物流的组织中，还是在国民经济中都占有举足轻重的地位。

9.1.2　运输管理概述

社会产品的生产和需求在时间和空间上存在差异，生产布局和各地区经济发展不平衡，导致有些产品此地有余而彼地不足；生产与消费存在时间上的差异，导致有些产品此时有余而彼时不足。这些都要靠流通过程加以调节，尤其是运输，它是物流过程中最主要的增值活动。

经济学家哈努科夫在讨论运输与生产力布局的关系时指出：“运输是社会生产力的组成部分，同时也是物质资料生产的一般必要条件，它对生产配置和社会劳动生产率有巨大的影响。现代大生产要求按时供应大量的原料、燃料和材料，并将产成品从生产地输出到消费区去。为了完成这个任务，就必须要有发达的运输。”中国经济学家方举也曾指出：“交通运输是社会生产必备的一般条件，是整个经济的主要基础。生产、分配、交换和消费，必须通过运输的纽带才能得到有机的结合。生产的社会化程度越高，商品经济越发达，生产对流通的依赖性越大，运输在再生产中的作用越重要。”可以说运输是物流的核心业务，是物流运作与管理不可缺少的一部分。

从现代物流视角来看运输，其发展的着眼点是减少运输数量，缩短运输距离，避免交叉迂回运输，提高运输效率，减低运输成本，从而安全、准确、及时、保质保量地为客户提供服务。

9.1.3 运输的功能

在物流管理过程中，运输主要提供产品转移和产品储存功能。

1. 产品转移

运输的主要目的就是以最短的时间、最低的成本将产品转移到规定地点。运输的主要功能就是将产品在价值链中实现位移，从而产生空间效用和时间效用。

2. 产品储存

运输的另一大功能就是对产品在运输期间进行临时储存，也就是说将运输工具(车辆、船舶、飞机、管道等)作为临时储存设施，而且这种储存是免费的、自然的储存。总之，运输是把物流系统连接在一起的纽带，是物流过程中不可缺少的组成部分，快速有效的物流必须具备良好的运输条件，没有运输就没有物流。

9.2 运 输 方 式

9.2.1 运输方式的分类

不同运输方式的服务质量、技术性能、方便程度、管理水平，会影响不同层次物流系统对运输方式的选择。物流管理者必须了解各种运输方式及其特点，才能做出合理选择。

1. 铁路运输

铁路基本上运输的是距离长、运输速度慢的原材料(煤、圆木、化工品、价值低的制成品，如食品、纸张和木制品)，且较多地运输至少一整车的批量货物。相对较慢的速度和每天较短的运距反映了这样的事实，即货运列车的大部分时间(86%)都花在装卸作业、车站内的货物搬运、车厢的分类和列车编组，或是在车辆需求淡季被闲置在一旁。

铁路部门以两种法定形式提供运输服务，即公共运输和自营运输。公共运输的承运人向所有托运人提供运输服务，受相应政府机构的经济和安全法规约束。相反，自营运输是托运人自我服务的运输形式，通常仅为运输所有人服务。由于自营运输的范围有限，所以无须使用法规予以管辖。几乎所有的铁路运输都属于公共运输。

公共承运人(Common Carrier)提供的铁路长途运输服务主要是整车运输(Carload，CL)。整车运输是指事先约定的运输批量，一般接近或超过一节火车车厢的平均运力，适用特定运价。铁路也会使用针对多个车厢的大宗运输的每担(Hundred Weight，英担，合 100 磅)运价，该运价低于零担(Less than Carload，LCL)运价，说明大批量运输的搬运成本更低。目前，铁路货物运输几乎全部采用整车运输，反映了大批量运输的趋势，所使用的车辆也更大。

铁路部门还向托运人提供众多的特种服务，从散货(如煤和谷物)运输到需要特殊设备的冷冻品和新汽车的运输。其他服务还包括保证在一定时间内运到的快递服务；各种中途装卸服务(Stop-off Privilege)，允许在起讫点之间的经停点装卸部分货物；上门取货和送货服务；变更卸货地和再托运服务，允许绕行，在中途变更最终目的地。

2. 公路运输

公路运输是最普遍的一种运输方式。公路运输的主要优点是灵活性强、建设期短、投资较低，易于因地制宜，对收到站设施要求不高；可以采取“门到门”的运输形式，发货者门口直到收货者门口，而不需转运或反复装卸搬运。公路运输的运输单位小，运输量和汽车台数与操作人员数成正比，不能产生大批量输送的效果。动力费和劳务费较高，特别是长距离输送中缺点较为显著。此外，由于在运输过程中，司机的自由意志起主要作用，容易发生交通事故，对人身、货物、汽车本身造成损失。由于汽车数量的增多，会产生交通堵塞，使汽车运行困难，同时产生的废弃噪声也造成了环境污染。高速公路和封闭式公路的建设为公路的长途运输创造了便利条件。公路运输也可作为其他运输方式的衔接手段。公路运输的经济半径一般在 200km 以内。

3. 航空运输

航空运输的单位成本高，因此，主要适合运载的货物有两类：一类是价值高、运费承担能力很强的货物，如贵重设备的零部件、高档产品等；另一类是紧急需要的物资，如救灾抢险物资等。

航空运输的主要优点是速度快，不受地形的限制，在火车、汽车都达不到的地区也可依靠航空运输。在实际的物流运作中，航空运输主要采取的方式有以下 3 种。

1) 班机运输

班机是指在固定时间、固定路线、固定始发站和目的站间飞行的飞机。通常班机使用客货混合飞机，一些大的航空公司也有开辟定期全货机航班的。班机具有定时、定航线、定站等特点，因此适用于运输急需物品、鲜活货物以及时令性货物。

2) 包机运输

包机运输是指包租整架飞机或由几个发货人联合包租一架飞机来运送货物。因此包机又分为整包机和分包机两种形式，前者适用于运送数量较大的货物；后者适用于有多个发货人，货物到达站是同一个地点的货物运输。

3) 集中托运

集中托运是指航空发运公司把若干单独发运的货物组成一整批货物，用一份货运单整批发运到预定目的地，由航空货运公司在那里的代理人收货、报送、分货后交给实际收货人。集中托运的运价比班机运价低 7%～10%，因此发货人比较愿意将货物交给航空公司安排。

4. 水上运输

水运是使用船舶运送客货的一种运输方式。水运主要承担大数量、长距离的运输，是在干线运输中起主力作用的运输形式。在内河及沿海，水运也常作为小型运输工具使用，担任补充及衔接大批量干线运输的任务。水运的主要优点是成本低，能进行低成本、大批量、远距离的运输。但是水运也有显而易见的缺点，主要是运输速度慢，受港口、水位、季节、气候影响较大，因而一年中中断运输的时间较长。水运有以下四种形式。

1) 沿海运输

沿海运输是使用船舶通过大陆附近沿海航道运送客货的一种方式，一般使用中、小型船舶。

2) 近海运输

近海运输是使用船舶通过大陆邻近国家海上航道运送客货的一种运输形式，视航程可使用中型船舶，也可使用小型船舶。

3) 远洋运输

远洋运输是使用船舶跨大洋的长途运输形式，主要依靠运量大的大型船舶。

4) 内河运输

内河运输是使用船舶在陆地内的江、河、湖、川等水道进行运输的一种方式，要使用中、小型船舶。

5. 管道运输

管道运输的服务能力都十分有限。利用管道运输的最经济可行的货物是原油及其成品。当然，也有一些实验性做法，将固体产品悬浮在液体中运输，成为“浆液”或将固体产品放入圆桶中，在液体中顺序运输。如果这些实验被证实是经济的，那么管道运输服务范围就可以大大拓宽。早期人们曾使煤悬浮在液体中运输，但是因为腐蚀管道未在市场上推广开来。

从运输时间来看，管道运输是所有运输方式中最可靠的，因为造成运输时间变化的可得因素很少出现。天气不是重要因素，泵站设备也非常可靠。此外，除非在托运人希望使用管道运输时，其他托运人恰巧也正在使用管道设施，管道运输可得性一般也不受限制。管道运输中，产品的灭失和损坏很少，原因如下。

(1) 液体和气体不像制成品那样易受损坏。

(2) 危及管道运输的灾难屈指可数。当灾难真正发生时，即使许多管道运输承运人形式上是自营运输承运人，但由于管道运输具有公共承运人的地位，所以还要对货物的灭失和损坏承担责任。

以上五种运输方式的特点是物流企业在选择运输方式时的参考指标。对我国物流企业来说，在选择运输服务方式时最关注的是运输成本问题，而各种运输方式中对运输成本影响显著的营运特性主要是运价、运输时间(速度)、货物灭损情况(安全可靠性)以及运输方式的可得性(运输方式服务于任何给定的两个地点间的能力)。五种运输方式的各运营特性如表 9-1 所示。

表 9-1　各种运输方式相关营运特性

营运特性	铁　路	公　路	水　路	航　空	管　道
运价	3	2	5	1	4
速度	3	2	4	1	5
可得性	2	1	4	3	5
可靠性	3	2	4	5	1
能力	2	3	1	4	5

9.2.2 运输方式选择的影响因素

物流企业可以根据所需运输服务的要求，参考不同运输方式的不同营运特性，进行最优的选择，使所获得的运输服务成本最低。当然，有时单靠一种运输方式无法实现最低成本，往往需要几种运输方式的组合才能实现。为了选择正确的运输方式降低运输成本，必须综合考虑以下几个因素。

1. 价格

运输服务价格是指在途运费加上提供额外服务的所有附加费或运输端点费用。如果是使用受雇运输，运输服务的总成本就是货物在两点间运输收取的运费加上所有的附加费，如保险费、装卸费、终点的送货费等。如果是自用费用运输，运输服务成本就是分摊到该次运输中的相关成本，如燃油成本、人工成本、维修成本、设备折旧和管理成本等费用。

不同运输方式的成本相差很大。航空运输是最昂贵的，管道运输和水上运输则是最便宜的，而公路运输又比铁路运输昂贵。但是这种成本比较，是使用运费收入除以所运货物的总吨数得到的比值，并不能确切地反映各种运输方式的综合效益。在实际运营中，必须根据实际运费、运输时间、货物的性质以及运输安全等进行综合比较。

2. 运输时间

运输时间通常指货物从起点运输到终点所耗费的平均时间。运输时间长短从两个方面影响运输费用：第一，货物价值由于其适用期有限可能造成的损失，如水果、蔬菜等；或因为其时间价值的适用期有限而造成的损失，如报纸、时装等。第二，货物在运输过程中由其价值表现的资本占用费用，对高价值货物或货运量很大的货物，这可能占据一大部分的成本。因此，平均运输时间是一个重要的运输服务指标。不同的运输方式，提供的货物平均运输时间是不同的。如果要对不同运输服务进行对比，即使涉及一种以上的运输方式，也最好是用门到门运送时间来进行衡量。

在考虑运输时间时，还要注意到一个问题，即运输时间的变化。运输时间的变化是指各种运输方式下多次运输间出现的时间变化。它是衡量运输服务的不确定性的指标。起止点相同，使用同样运输方式的每一次运输的在途时间不一定相同，因为天气、交通拥挤、中途暂停次数、合并运输所费的时间不同等都会影响在途时间。一般来说，运输时间的变化率的排序与运输时间的顺序大致相同。也就是说，铁路的运输时间变化最大，航空运输最小，公路运输介于中间。但是要注意的是，如果从变化率与平均运输时间的比值来看，则航空运输最不可靠，而公路运输是最可靠的。

3. 灭失与损坏

灭失与损坏，也就是运输质量中的安全性问题。

承运人有义务合理速遣货物，并以恰当的审慎避免货物的灭失和损坏。但是如果由于自然原因、托运人过失或承运人无法控制的其他原因造成货物的灭失和损坏，则承运人可以免除责任。虽然在委托人准确陈述事实的情况下，承运人会承担给托运人造成的直接损失，但托运人应该在选择承运人之前认识到会有一定的转嫁成本。托运人承受的最严重的潜在损失是客户服务。运输延迟或运到的货物不能使用意味着给客户带来不便，或者会导致库存成本上升，会造成缺货或延期交货的增多。托运人如果要进行索赔，需要花时间搜集相关的证据，费周折准备适当的索赔单据，在索赔处理过程中还要占用资金，如果索赔只能通过法庭解决，可能还涉及很高的费用。显然，对承运人的索赔越少，用户对服务越满意。对可能发生的货物破损，托运人的普遍做法是增加保护性包装，而这些费用最终也一定由用户承担。

由此可见，价格、运输时间以及货物的灭失与损坏，直接或间接地影响着物流运输成本。因此，在选择运输方式时，上述三个因素是物流管理者首先要考虑的因素。

9.2.3 运输方式的选择

1. 单一运输方式的选择

单一运输方式，就是选择一种运输方式提供运输服务。它可以根据上述五种运输方式的特点，结合自身需要进行合理选择。

2. 多式联运的选择

多式联运就是选择使用两种以上的运输方式联合起来提供运输服务。多式联运的主要特点是在不同的运输方式之间自由变换运输工具，以最合理、最有效的方式实现货物运输过程。例如，将卡车上的集装箱装上飞机，或铁路车厢被拖上船等。多式联运的组合方法有很多，但在实际中，这些组合并不都是实用的，一般只有铁路与公路联运、公路或铁路与水路联运得到较为广泛的运用。

铁路与公路联运，又称为公铁联运或者驮背运输，是指在铁路平板车上载运卡车拖车，通常运距比正常的卡车运输长。它综合了卡车运输的方便、灵活与铁路长距离运输经济的特点，运费通常比单纯的卡车运输要低。这样，卡车运输公司可以延伸其服务范围，而铁路部门也能够分享到某些一般只有卡车公司单独运输的业务，同时托运人也可得以在合理价格下享受长距离“门到门”服务的便捷。因此，铁路与公路联运成为最受欢迎的多式联运方式。

公路或铁路与水路联运，也称为鱼背运输，即将卡车拖车、火车车厢或集装箱转载驳船或船舶上进行长途运输。这种使用水路进行长途运输的方式，是最便宜的运输方式之一，在国际多式联运中应用广泛。航空与公路联运的应用也较广泛，即将航空货物与卡车运输结合起来。这种方式所提供的服务和灵活性可与公路直达运输相比拟。此外由于两种以上运输方式的连接所具有的经济潜力，所以多式联运吸引了托运人和承运人。多式联运的发展可以给物流计划者带来很大的经济效益，这种发展增加了系统设计中的可选方案，从而可以降低物流成本、改善服务。

3. 运输中间商的选择

运输中间商，一种是运输承包公司，一种是运输代理人。运输承包公司是不具有运输工具或只具有少量短途运输工具，而以办理货运业务(或兼办客运业务)为主的专业运输业务企业。采用运输承包发运货物时，可以把有关货运工作委托给运输承包公司，由他们负责办理货物运输全过程中所发生的与运输有关的事务，并与掌握运输工具的运输企业发生托运与承运的关系。特别是对于一些运输条件较高、面对千家万户的运输，比如零担货物的集结运输，由于零担货物批数多、重量小，不仅可以方便货主，提高运输服务质量，还可以通过运输承包公司的货物集结过程，化零为整，提高运输效率和运输过程的安全可靠性。

运输代理人接受委托人的委托，代办各种运输业务并按提供的劳务收取一定的报酬，即代理费、佣金或手续费。作为代理人一般都经营运输多年、精通业务、经验比较丰富，而且熟悉各种运输手续和规章制度，与交通运输部门以及贸易、银行、保险、海关等有着广泛的联系和密切的关系，从而具有有利条件为委托人代办各种运输事项，因此委托代理去办一些事比自己亲自办理还要便利。代理在运输业中的发展十分迅速，物流企业可以根据代理人的不同性质和范围进行选择。

4. 自用运输的选择

所谓自用运输，就是使用自家的运输设备运输自有的、承租的或是委托的货物活动。例如，拥有或租用火车车皮、客车汽车、货用飞机及运输船舶运输自己的，或自己承租的，或自己受委托货物等，都是自用运输。拥有自用运输设备，具有更大的控制力和灵活性，可以随时适应客户的需要，这种高度的反应能力可以缩短企业交货时间，减少库存和减少缺料的可能性，同时可以不受商业运输公司服务水平和运价的限制，有利于改善和客户的关系。但是，自用运输有一个很大的弊端，就是运输成本高。主要原因就是回空问题，回空成本要计入运出或运入的单程货运成本内，这样货运成本实际是单程成本的两倍，因此，企业是选择运输中间商还是选择自用运输，一定要做好成本的比较工作，选择最佳运输方式。

5. 运输方式的定量分析

所谓的定量分析，就是对所选择的运输方式的各种指标(即影响因素)绩效进行评分，给出衡量值，然后物流管理运输部门根据各种指标的重要程度给出不同的权重，用权重乘上运输方式的绩效衡量值就得到运输方式在该评估因素中的等级，将个别因素等级累计起来就得到运输方式的总等级。如果绩效的衡量值和权重分值越高，表示绩效越好，评估指标越重要，那么总等级分值越高的运输方式越好；反之，如果绩效衡量值和权重分值越低，表示绩效越好，评估指标越重要，那么总等级分值越低的运输方式越好。

如表 9-2 所示，以选择承运人为例来说明这种定量分析的方法。此处选择一个 3 分制的评定标准，承运人绩效的评定范围从“1——绩效好”到“3——绩效差”，各评估指标的权重值范围为“1——高度重要，2——一般重要，3——低度重要”。这样，我们可以计算表 9-2 中承运人的总等级为 26。按照此方法，承运人的总等级分值最低的，应该是最佳承运人。

表 9-2　承运人选择评估标准

评估因素	相对重要性	承运人绩效	承运人等级
成本	1	1	1
中转时间长度	3	3	9
中转时间可靠性	1	2	2
能力	2	2	4
可达性	2	2	4
安全能力	2	3	6
承运人总等级	26		

在目前的物流环境中，由于各种新型运输形式的出现，各种承运方式能提供的服务和能力在不断增长，这就使选择运输方式比过去更加复杂，评估也变得更加困难。因此物流公司必须慎重考虑许多因素，对其进行定性和定量分析以求选择最佳运输方式。

9.3 运 输 成 本

要开发有效的物流战略，成功地洽谈运输合同，就有必要了解该行业的经济理论。对于运输成本，需要讨论两个问题：第一是影响运输成本的因素，第二是成本结构。

9.3.1 影响运输成本的相关因素

1. 距离

距离是影响运输成本的主要因素，因为它直接对劳动力、燃料和维修保养等变动成本发生作用。

2. 装载量

大多数物流活动存在着规模经济，装载量的大小也会影响运输成本。装载量增加时，每单位重量的运输成本减少。这是因为装载、运送及管理成本等固定成本可以分摊到每一个装载量中，这就意味着为利用规模经济，小批量的装载应整合成更大的装载量。

3. 产品密度

产品密度是产品的质量和体积之比，它把重量和空间方面的因素综合考虑。钢铁、罐装食品、建筑材料等物品的密度较大，而电子产品、衣服、玩具等产品的密度较小。通常，密度小的产品每单位重量所花费的运输成本比密度大的产品要求高。

对单一车辆而言，通常受空间的限制比受重量的限度要大。产品的密度越高，可以把固定运输成本分摊到更多的重量上去，使每单位重量的运输成本降低。所以，增加产品密度一般可以降低运输成本。

4. 空间利用率

空间利用率是指产品的具体尺寸及其对运输工具的空间利用程度的影响。由于某些产品具有不规则尺寸和形状以及超重或超长等特征，通常不能很好地利用空间。例如，谷类、矿石以及石油产品可以完全地装满容器，能很好地利用空间，而汽车、机械设备等的空间利用率不高；标准形状的物体比形状不规则的物体能更好地利用空间。空间利用率还受到装运规模的影响，大批量产品往往能相互嵌套，能更好地利用空间。

5. 搬运的难易程度

显然，同质的产品和可以用通用设备搬运的产品比较容易搬运，特别的搬运设备则会提高总的运输成本。例如，重大装备物流中的大容量发电组、炼钢厂的熔炉等设备，在运输过程中，需要实施道路交通管制、桥梁加固、电线杆转移等多种特殊防护措施，成本远远高于普通物品的运费。

6. 责任

责任主要关系到货物损坏风险和导致索赔事故，对产品要考虑的因素是易损坏性、货运财产损害责任、易腐蚀性、易被盗窃性、易自燃性或自爆性以及每磅的价值。价值高的产品一般比较容易受损，也容易被盗窃，承运人承担的责任就越大，索要的运输费用也就越高。

承运人必须通过向保险公司投保来预防可能发生的索赔，否则有可能要承担任何可能损坏的赔偿责任。托运人可以通过改善保护性包装，或者通过减小货物灭失损坏的可能性来降低其风险，最终降低运输成本。

7. 市场因素

除了与产品本身属性相关的因素外，市场因素也对物流成本有重要影响。影响比较大的市场因素有以下几个。

(1) 同种运输方式间的竞争以及不同种运输方式间的竞争。

(2) 市场的位置。

(3) 政府对承运人限制的现状和趋势。

(4) 运输活动的季节性等。

另外，运输通道流量和通道流量均衡等市场因素也会影响运输成本。运输通道指的是从始发地到终点的移动。因为车辆最后必须回到始发地，它们要么另外找到待运的货物，要么空车返回。例如，我国公路运输中，广州—乙地、乙地—甲地、甲地—广州等路线的运输量比较大而且比较平衡；而有些线路，如乙地到重庆、成都的货物运输不平衡性较大。当发生空车返回时，有关劳动、燃料和维修保养等费用仍然按照原先的“全程”运输支付。理想的情况就是平衡运输，即运输通道两端的流量相等，但由于生产地点与消费地点需求的不平衡，通道两端流量相等的情况很少见。物理系统的设计必须考虑这方面的原因，并尽可能地增加回程运输。

以上从托运人角度讨论了 7 种影响运输成本的主要因素，企业物流与运输管理人员需要了解这些因素的影响程度，掌握产品和装运的特点，使运输费用降到最低。

9.3.2 运输成本的分类

决定运输价格的关键是每种运输服务的成本特征。公正、合理的运价遵循价格反映服务成本的特点。因为每种服务都有自己独特的成本特征，所以在给定条件下，某一种运输方式的优势可能是其他服务方式无法相比的。

1. 固定成本和可变成本

运输服务涉及许多成本，如人工成本、燃油成本、维护成本、端点成本、线路成本、管理成本及其他成本。这些成本可以人为地分成随服务量或运量变化的可变成本和不随服务量或运量变化的固定成本。当然，如果考察的时期足够长，运量足够大，所有的成本都是可变的。但为了对运输服务进行定价，就有必要将在承运人“正常”运量范围内没有变化的成本视作固定资本，其他成本视作可变成本。具体而言，固定成本主要包括获取路权的成本和维护成本、端点设施成本、运输设备成本和承运人管理成本。可变成本主要包括线路运输成本，如燃油和人工成本、设备维护成本、装卸成本、取货和送货成本。

需要说明的是，以上并非对固定成本和可变成本的准确分类，就像不同运输方式之间的成本差异显著一样，随着考察的范围不同，固定成本和可变成本的分类也有所不同。所有成本都有部分固定特征，部分可变特征，将成本划分到这一类或那一类只是角度不同的问题。在途运费有两个重要的影响因素：运距和运量。在每种情况下，固定成本和可变成本略有不同。为证明这一点，我们来看一下铁路运输成本特征。如图 9-2a 所示。

总的服务成本随服务运输距离的不同而变化。因为燃油的用量决定于运输距离，使用人工的数量是距离(时间)的函数，所以会有这样的成本结构。这些都是可变成本。铁路运输的固定成本很高，因为铁路部门拥有自己的铁路线、站点、调车场和设备。后来的这些成本不随货物运距的变化而改变。固定成本和可变成本的总和就是总成本。与上述情况不同，图 9-2b 表示的是随托运人运量变化的铁路成本函数。

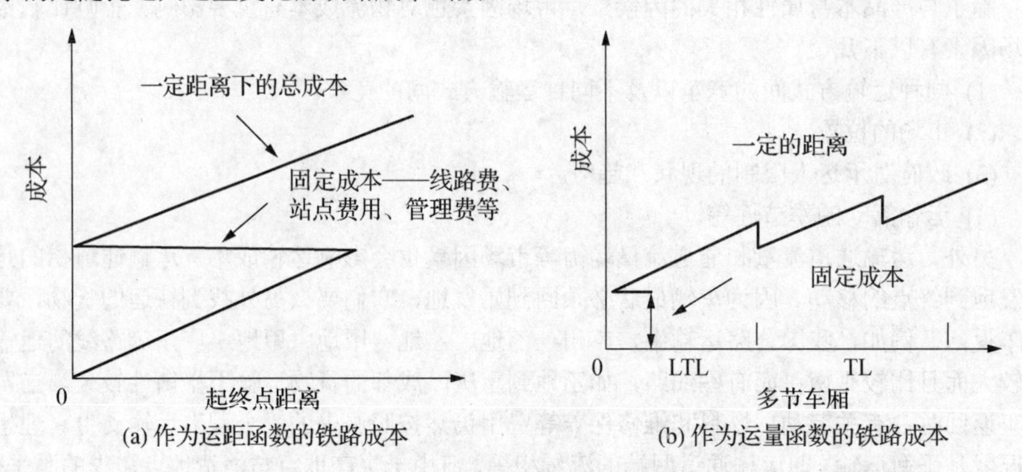

图 9-2　运量和运距函数的铁路成本(收入)曲线

此时，途中的人工成本是不变的，但装卸成本是可变的。如果运量不少于整个车厢或整列货车，将带来成本的显著下降，导致总成本曲线在零担(LTL)、整车(TL)和多节车厢运量之间不连续。大批量运输运价的降低通常与这些成本的下降同步。

2. 联合成本和公共成本

联合成本是指决定提供某种特定运输服务而产生的不可避免的费用，如运输返回的空车费用等。当承运人决定把货物从 A 地运往 B 地时，意味着这项决定中已经产生了从地点 B 到地点 A 的回程运输的联合成本。于是，这种联合成本要么必须由从地点 A 至地点 B 的运输补偿，要么必须找一位有回程货的托运人以得到补偿。加大回程运输是降低联合成本的有效手段。

公共成本是指承运人代表所有托运人或某个分市场的托运人支付的费用，如端点站、路桥费或管理部门收取的费用。这类费用通常是按照装运数量分摊给托运人。控制运输管理成本的方法可以从加快信息化水平、提高效率入手。

9.4 运输规划

9.4.1 运输规划概述

1. 运输规划的概念

物资运输规划是物资运输计划和调度人员制订运输计划的科学方法。它的基础内容就是根据给定的运输任务，确定从多个供应点通过运输网络将货物最经济地运输到多个用户的方案。

2. 运输规划的原则

1) 运输规划要符合国家长远规划

运输规划应在国家的发展规划指导下制定。交通运输建设规模和发展速度要适应经济和社会发展的需要，使运输能力的增长与经济和社会的运输需求保持着合理的比例关系；交通运输网的布局要适应工农业生产的布局、商业外贸布局、旅游布局以及人口分布的需要。

2) 运输规划要符合国情

中国地势西高东低，东部和中部的经济、交通较发达；西部地域广阔，多为高原、大山，自然条件较差，交通不便，但资源丰富，极有发展前途。编制运输规划既要看到发展，也要考虑中国实际情况。对于资源密集的西部地区，运输规划应因地制宜采用大规模、大运量、低成本的运输方式，如水运、铁路水路联运、公路水路联运等。总之，编制运输规划应根据中国实际情况，不宜贪大求全，要讲究经济效益，讲究实用。

3) 运输规划要适应社会生产发展和市场需求

发展生产，交通运输应先行。事实上，交通运输是构造和奠定市场经济体制的重要物质基础，是社会主义市场不可缺少的组成部分，不发展运输市场，难以建设统一、有序、高效的全国市场体系。所以编制运输规划要注意适应社会生产的发展和市场要求。

4) 运输规划要科学合理

运输规划是对未来运输的一种调控方式，应做到科学合理。具体来说，制定运输规划时既要考虑当前利益，也要考虑长远利益；既要考虑局部利益，也要考虑整体利益；既要考虑运输企业内部的利益，也要考虑与运输企业相关的各方面的利益；采用综合的方法，即将定性与定量方法结合起来。

9.4.2 物资运输规划问题的一般模型

假设要从 m 个生产厂分别将货物运输到 n 个用户，从第 i 个生产厂运输到第 j 个用户的运量 X_{ij} 既要满足供应厂的可供应量(资源)$a_i(i=1,2,\cdots,m)$的条件，又要满足用户的需求量(汇量)$b_j(j=1,2,\cdots,n)$的条件。物资运输规划问题的一般模型为

$$\begin{aligned}&\min F=\sum_{i=1}^{m}\sum_{j=1}^{n}c_{ij}X_{ij}\\&\sum_{j=1}^{n}X_{ij}=a_i\ \ (i=1,2,\cdots,m)\\&\sum_{i=1}^{m}X_{ij}=b_j\ \ (j=1,2,\cdots,n)\\&X_{ij}\geqslant 0\end{aligned}\tag{9.1}$$

式(9.1)中，c_{ij} 为运价系数。

求解步骤：

(1) 建立初始运输表格。初始运输表格就是包含所有源点和所有汇点，并且源、汇点间的运价系数齐全、供需平衡的单纯形表格。当 $\sum_i a_i \neq \sum_j b_j$ 时，要设立虚源和虚汇，化为平衡模型。如果源点和汇点之间有多条路径，应当取其中的最短路径为运价系数。

(2) 用最小元素法求初始解。在初始运价表格中，依次优先从最小的运价系数的格开始，

分配由源量和汇量允许的最大调运量，直到所有源量分配完毕、所有汇量都得到满足为止。填上解的这些格称作基本格，它们的个数应当有 $m+n-1$ 个。

(3) 对求出的解进行位势法检验。先由基本格根据 $c_{ij}=u_i+v_j$ 的关系，求行位势 u_i 和列位势 v_j，然后判断非基本格单纯形系数 $z_{ij}=c_{ij}-u_i-v_j$ 是否不小于零，如果所有的单纯形系数都不小于零，则得到最优解，退出。否则，进入下一步。

(4) 对解进行回路法调整。以单纯形系数 z_{ij} 负值最大的基本格为起点，向左右格为起点，向左右前进，碰到基本格就拐弯，构造出闭合回路，并在各顶点依次标注“+”号和“-”号。然后从标注“-”号的各格中找到最小的调运量为调整量，并在回路中将所有带“-”号的格的调运量分别减去这个调运量(这时消除了一个基本格)、将所有带“+”号的格的调运量依次加上这个调运量(这时添加了起点一个基本格)，就得到一个改进解。然后转到步骤(3)。

【例 9-1】多分支多闭合回路运输网络图如图 9-3 所示，求调运方案。

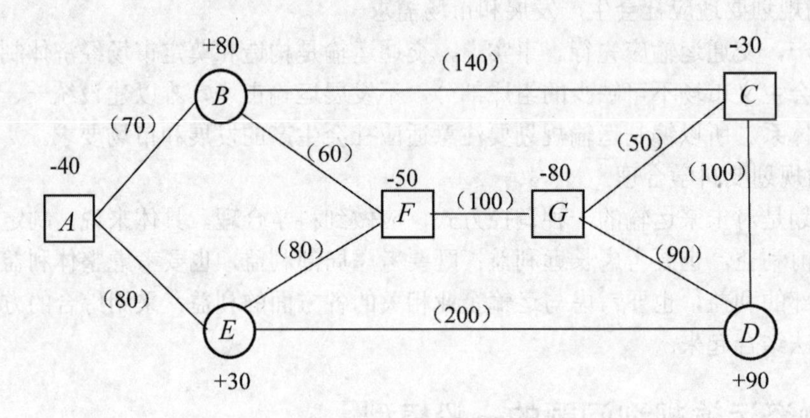

图 9-3　多闭合回路运输网络

解：第一步，先根据运输网络图建立初始运输表格，如表 9-3 所示。表中的最左一列和最右一列分别是源点和对应的源量 a_i，最上一行和最下一行分别是汇点和对应的汇量 b_j，中间主体部分的每一格带半括弧的数字都是相应源点到相应汇点的运价系数 c_{ij}，并且总源量等于总汇量，供需平衡。

表 9-3　初始运输表

	A	C	F	G	源量 a_i
B	70)	140)	60)	160)	80
D	280)	100)	190)	90)	90
E	80)	230)	80)	180)	30
汇量 b_j	40	30	50	80	

第二步，用最小元素法求初始解。

首先，最小元素为 60，对应由 B 到 F 的运量，对应的源量是 80、汇量是 50，所以允许分配的最大的调运量是 50，填入该格中，得到一个基本格。这样，F 列已得到满足，后面不再填了。

接着，剩下的各格中，找最小元素为 70，对应由 B 运到 A，对应的源量还剩 30(虽然原来是 80，但已经分配 F 点 50)、汇量 40，所以允许最大调运量是 30。并且 B 行已经得到满足，以后不能再填了。同样，依次填上各个基本格，到所有源量分配完、所有汇量都得到满足，共得到 $m+n-1=3+4-1=6$(个)，如表 9-4 所示。

表 9-4　源量分配表

	A	C	F	G	源量 a_i
B	30	140)	50	160)	80
D	280)	10	190)	80	90
E	10	20	80)	180)	30
汇量 b_j	40	30	50	80	

第三步，位势法检验。

先由基本格根据的关系，求行位势 u_i 和列位势 v_j：

假设 $u_1=0$，由 $c_{11}=u_1+v_1=70$，得 $v_1=70$，由 $c_{13}=u_1+v_3=60$，得 $v_3=60$；

再由 $v_1=70$，$c_{31}=u_3+v_1=80$，得 $u_3=10$；

再由 $u_3=10$，$c_{32}=u_3+v_2=230$，得 $v_2=220$；

再有 $v_2=220$，$c_{22}=u_2+v_2=100$，得 $u_2=-120$；

再有 $u_2=-120$，$c_{24}=u_2+v_4=90$，得 $v_4=210$。

这样就求出了所有的行位势和列位势：

$u_1=0$，$u_2=-120$，$u_3=10$，$v_1=70$，$v_2=220$，$v_3=60$，$v_4=210$

再由行位势 u_i 和列位势 v_j 根据公式，判断非基本格的单纯形系数 z_{ij} 是否大于等于 0。

因为：

$$z_{12}=c_{12}-u_1-v_2=140-0-220=-80;$$
$$z_{14}=c_{14}-u_1-v_4=160-0-210=-50;$$
$$z_{21}=c_{21}-u_2-v_1=280+120-70=330;$$
$$z_{23}=c_{23}-u_2-v_3=190+120-60=250;$$
$$z_{33}=c_{33}-u_3-v_3=80-10-60=10;$$
$$z_{34}=c_{34}-u_3-v_4=180-10-210=-40.$$

从中发现，负值最大的是 z_{12}，对应 B 与 C 的交点格。

第四步，回路法调整。以负值最大的 B 与 C 交点格为起点，遇基本格拐弯构造闭合回路，并依次填上“+”号和“-”号，如表 9-5 所示。以负顶角中最小的数字为调整量(20)，在各个顶角分别加上或减去这个调整量，得到一个新的解，如表 9-6 所示。

表 9-5　回路调整表

	A	C	F	G	源量 a_i
B	70)30	140)	60)50	160)	80
D	280)	10	190)	80	90
E	10	20	80)	180)	30
汇量 b_j	40	30	50	80	

表 9-6　调整后的解

	A	C	F	G	源量 a_i
B	70)10	20	60)50	160)	80
D	280)	10	190)	80	90
E	30		80)	180)	30
汇量 b_j	40	30	50	80	

再返回第三步检验。先求行位势和列位势，再求单纯形系数，发现所有的非基本格单纯形系数都大于或等于 0，这个解就是满意解，即调运方案如图 9-4 所示。

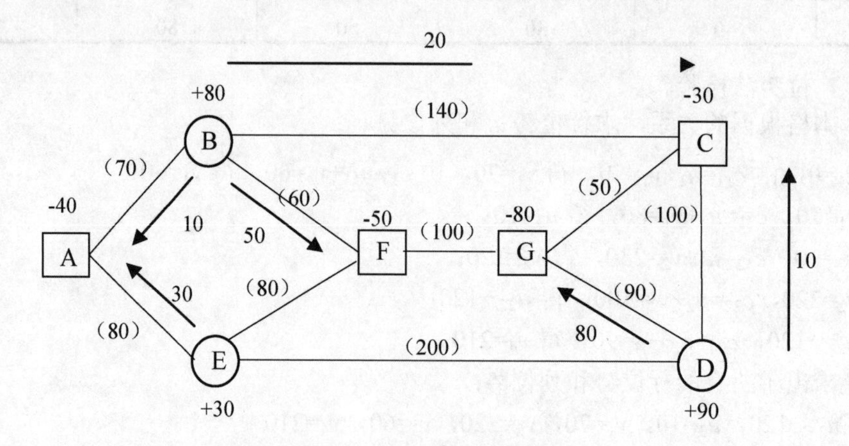

图 9-4　多闭合回路调运方案

9.5　运输合理化

9.5.1　运输合理化的概念

1. 运输合理化的概念

运输合理化就是从物流运输系统整体出发，按流通规律来组织货物的运输，以最少的消耗来完成货物的运输，获取最大的经济效益。即选择合理的运输路线和工具，使货物经最短的路径、最少的环节、最快的速度和最少的劳动力消耗从出发地运到客户要求的地点。

2. 运输合理化的影响因素

影响运输合理化的因素非常多，其中起决定性作用的有以下 5 个方面，称为运输合理化的“五要素”。

1) 运输距离

运输距离的长短是用来判断运输是否合理的一个最基本因素，因为运输经济技术指标的关键因素大多和运输距离存在强正相关关系，如运输时间、运输费用、货损货差等。缩短运输距离不仅具有宏观的社会效益，还具有微观的企业效益。

2) 运输环节

在每一次运输过程中，当货物需要中转时，必然会增加装卸、搬运、分拨、包装等一项

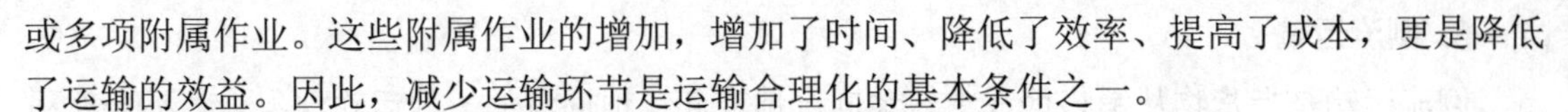

或多项附属作业。这些附属作业的增加，增加了时间、降低了效率、提高了成本，更是降低了运输的效益。因此，减少运输环节是运输合理化的基本条件之一。

3) 运输方式

各种运输方式都有它的优势和劣势，合理地选择运输方式，根据各种运输方式的特点进行装卸、搬运、包装等附属作业是运输合理化的重要一环。

4) 运输时间

在整个物流系统中，运输是最耗费时间的物流活动之一，尤其是在长距离运输的情况下，运输对于时间的占用更加明显。缩短运输时间对缩短整个物流所需的时间具有决定性的意义。缩短运输时间可以明显地加速运输工具的周转，更好地发掘运力，提高车船的周转次数。

5) 运输费用

运输费用在全部物流成本中占有非常大的比例，是衡量运输是否合理的一个重要标志，也是判断企业采取的运输措施是否有效的依据。运输费用一定程度上决定了整个物流系统的竞争能力。

9.5.2 不合理运输

不合理运输是在现有条件下可以达到其运输水平而未达到，从而造成了运力浪费、运输时间增加、运费超支等问题的运输形式。目前，常见的不合理运输形式有下面几种。

1. 车船空驶

车船空驶指的是车辆、船只等运输工具没有装载任何货物进行运输的情况。车船空驶是最严重的不合理运输形式，是对运力的极大浪费，使运输工具的效率下降，增加了运输成本。

2. 迂回运输

迂回运输是舍近取远的一种运输，是指可以选取短距离运输而不选取，却选择路程较长的路线进行运输的一种不合理形式。

3. 对流运输

对流运输又称“相向运输”或“交错运输”，是指同一种货物或者互为替代的货物在同一线路上或平行线路上进行相对方向的运送，而与对方运程的全部或部分发生重叠交错的运输。对流运输会造成运力的浪费，增加运输成本，产生无效的运输工作量。

4. 重复运输

重复运输是指本来可以直接将货物运到目的地，但却因为某些原因，在未达目的地时就将货卸下，再重新装运送达目的地。这是重复运输的一种形式，另一种形式是同品种货物在同一地点同时运进又同时运出。重复运输的最大弊端是增加了非必要的中间环节，延缓了流通速度，增加了费用，增大了货损。

5. 过远运输

过远运输是指调运物资时舍近求远，不是就近选择供货地点，而是从较远的地方组织货源，造成了运输工具不必要的长途运行。过远运输会增加运力被占用的时间，降低运输工具和物资周转的速度，使得流动资金被长时间占用，容易产生大量的货损。

6. 倒流运输

倒流运输是指货物从销售地或中转地向产地或起运地回流的一种运输现象。其不合理程度要甚于对流运输，因为来回两程的运输都是不必要的，这就造成了双程的浪费。

7. 运力选择不当

没有发挥各种运输工具的优势，不正确地利用运输工具造成的不合理现象，称为运力选择不当。常见的有以下几种形式：①弃水走陆；②铁路、大型船舶的过近运输；③运输工具承载能力选择不当。

8. 托运方式选择不当

在运输决策中，可以选择最好的托运方式而未选择，造成运力浪费及费用支出加大的不合理运输称为托运方式选择不当。例如，应选择整车未选择，反而采取零担托运；应当直达运输而选择了中转运输；应当中转运输而选择了直达运输等，都属于这一类型的不合理运输。

9.5.3 运输合理化的措施

运输合理化是实现物流合理化的关键一步，运输合理化的有效措施有以下几个方面。

1. 提高运输工具实载率

充分利用运输工具的额定能力，减少车船空驶和不满载行驶的情况，减少浪费，从而实现运输的合理化。

2. 减少动力投入、增加运输能力

减少投入、提升产出，提高效益。运输的投入主要是能耗和基础设施的建设，在设施建设已定型和完成的情况下，尽量减少能源投入是少投入的核心。

这方面的有效措施有：①满载超轴，在机车能力允许的情况下，加挂车皮；②水运拖排和拖带法，如竹、木等物资的运输，利用竹、木本身浮力，不用运输工具载运，采用拖带法运输，可省去运输工具本身的动力消耗；③顶推法，用机动船顶推前进的航行方法；④汽车挂车，在充分利用动力能力的基础上，增加运输能力；⑤选择大吨位汽车。

3. 发展直达运输

直达运输是追求运输合理化的重要形式，其对合理化的追求要点是减少中转、过载、换载，提高运输速度，省去装卸费用，降低中转货损。

4. 合理配载运输

充分利用运输工具的容积和载货重量，合理安放货物，选择合适的载运方法，以实现合理化。

5. 进行必要的流通加工

由于某些产品的自身形态问题，使得运输的合理化难以实现，所以需要对产品进行适当加工，以有效解决合理运输问题。

6. 发展特殊运输技术和运输工具

依靠科技进步是运输合理化的重要途径。例如，专用散装及罐车解决了粉状和液状物运输损耗大、安全性差等问题；袋鼠式车皮、大型半挂车解决了大型设备整体运输问题。

9.6 配　送

配送是物流系统的重要内容，是衔接生产与流通的重要环节。配送是现代市场经济体制和现代信息技术及物流思想的综合产物。配送与送货有着本质的区别。现代企业界已然认识到配送是企业经营活动的重要组成部分，合理的配送能给企业带来更高的效益，是企业增强自身竞争力的重要手段。

9.6.1 配送的概念

日本 1991 年的《物流手册》中将配送表述为：“从配送中心到顾客之间的物品空间的转移”。我国物流术语标准将配送定义为：“在经济合理区域范围内，根据客户要求，对物品进行拣选、加工、包装、分割、组配等作业，并按时送达指定地点的物流活动。”这个概念说明了以下几方面的内容。

(1) 配送是根据用户的订货要求进行的。配送活动是以用户为出发点，具有明显的服务性。用户在配送中处于主导地位，配送组织者必须树立“用户第一”“质量第一”的观念。

(2) 配送是“配”与“送”的有机结合。配送可以利用有效的分拣和配货功能来实现低成本、快速度地“送”，以较低的送货成本有效地满足客户需求。

(3) 配送的实质是现代送货。配送是一种送货方式，但它又区别于传统的送货。传统送货多属于偶然性的行为，是完全被动且依靠自发意识的行为；而配送是一种有固定组织、固定渠道、固定装备设施、固定管理和技术力量、固定制度规范的依靠现代化生产力和物流科技的流通组织形式。

(4) 配送是一种中转形式。配送是货物从配送据点送至用户的一种特殊送货形式，更多地表现为一种中转型送货，并不是从工厂直接送货到用户。

(5) 配送强调作业方式的合理性。配送者必须以用户的要求为依据来追求作业的合理性，并以此为基础来实现双方都有利可图的商业目的。

9.6.2 配送的作用

1. 对物流系统进行完善及优化

第二次世界大战结束之后，大吨位、高效率运输力量的出现，使干线运输无论在铁路、海运还是公路方面都达到了较高的水平，长距离、大批量的运输降低了成本。但是，在所有干线运输之后，大多要辅以支线或小搬运，这种支线运输及小搬运是物流过程的一个薄弱环节。这个环节和干线运输有着许多的不同之处，如要求灵活性、适应性、服务性，这些要求导致了运力利用不合理、成本增加等问题。

2. 提高了末端物流的经济效益

通过配送的方式，增大经济批量未达到经济地进货，将各种商品集中一起进行一次发货，代替分开向不同用户小批量发货，达到经济地发货，使末端物流经济效益提高。

3. 通过集中库存使企业实现低库存或零库存

企业在实现了高水平的配送之后，特别是采取准时配送方式之后，可以完全依靠配送中心的准时配送而不需保持自己的库存。这时，生产企业只要保持少许保险储备，就可以实现多年追求的“零库存”，从库存的包袱中解脱出来，释放出大量的储备资金，从而改善企业的财务状况。实行集中库存时的库存总量远低于不实行集中库存时各企业分散的总量，并提升了调节能力，提高了社会经济效益。此外，采用集中库存可利用规模经济的优势，使单位存货成本下降。

4. 对物流事务进行简化，以方便用户

采用配送方式，用户只需向一处订购或和一个进货单位联系就可订购到货物，不像以往需去许多地方才能订到，只需组织对一个配送单位的接货便可代替现有的高频率接货，因而大大减轻了用户的工作量和负担，节约了成本。

5. 提高供应保证程度

因受到库存费用的制约，生产企业的供应保证程度很难提高。采取配送方式，配送中心可以比任何单位企业的储备量更大，因而对每个企业而言，中断供应、影响生产的风险便相对缩小，使用户免去了短缺之忧。

9.6.3 配送的环节

配送中心通过备货、储存、分货、配送、装车、运送等环节，完成最终的配送。

1. 备货

备货是配送的准备工作、基础工作，主要包括筹集货源、订货、采购、进货以及相关的质量检查、结算、交接等工作。配送的优势之一是可以集中用户的需求进行一定规模的备货。备货是决定配送成败的基础工作，其成本对整个配送系统的运作成本有很大的影响，过高的成本将降低配送效率。

2. 储存

储存有储备和暂存两种形态。配送储备是按一定时期的经营要求而存储，主要是消费者对客户的商品资源需求，这种类型的储备数量大，储备结构也比较完善，视货源及到货情况，可以有计划地确定周转储备及保险储备的结构及数量。保证配送的储备更多可以选择在设定的配送中心外另立仓库来解决。暂存是具体执行短期配送计划时，按配送要求在理货场地所做的少量储存准备。由于总体储存效益取决于储存总量，所以这部分暂存数量仅对配送效率产生影响，而不会影响储存的总效益，因而在数量上不必过于严格控制。还有一种形式的暂存，是在出库指令已经下达，而且经过分拣、配货之后，装车之前所形成的发送货载的暂存，其目的主要是调节配送与送货的时间节奏，暂存时间不长。

3. 分拣及配货

分拣及配货是配送有别于其他物流形式的独特的功能要素，也是配送成败的一项重要支持性工作。分拣及配货是完善送货、支持送货的准备性工作，是不同配送企业在送货时进行竞争和提高自身经济效益的必然趋势。有了分拣及配送就会大大提高送货服务水平，对于面对非单一客户且种类繁多的共同配送模式更是如此。分拣及配货是决定整个配送系统水平的关键要素。

4. 配装

在单个用户配送数量不能达到车辆的有效载运负荷时，就存在如何集中不同用户的配送货物进行搭配装载以充分利用运能、运力的问题，这就需要配装。与一般送货的不同之处在于，通过配装送货可以大大提高送货水平，更重要的是，对于为多个客户提供配送服务的配送企业来说极大地降低了送货成本。配装既是配送系统中有现代特色的功能要素，又是共同配送区别于一般配送、单一送货的具有现代物流特点的功能要素。

5. 配送运输

配送运输属于运输中的末端运输，是与干线运输完全不同的概念。配送与一般运输的区别在于：配送是较短距离、较小规模、频率较高的运输形式，一般选择汽车作为运输工具。配送与干线运输的另外一个区别是配送运输的路线选择及时间窗口问题是一般干线运输所没有或无须重视的。干线运输的干线是唯一的运输线，而配送运输由于配送用户多，一般城市交通路线又较复杂，而且由配送终端的资源配置问题所决定的时间窗口的单一性，使得如何组合最佳配送路线、如何使配装和路线以及配送终端客户有效衔接等成为运输的难点，也是配送中难度最大的工作，对配送效率及配送成本会产生直接影响。

6. 流通加工

流通加工是物流系统的构成要素之一，但是流通加工区别于一般的生产活动。生产是使一件物品产生某种形态或具有某种使用功能的活动，流通阶段的加工即物流加工，处于不易区分生产还是物流的中间领域，目的在于提高物流系统效率，即“保存加工和同一物品的形态转换加工等，都是一种为提高物流运转率而进行的加工活动”。当然，流通加工环节的功能并不是配送系统必须考虑的要素，但是，流通加工是为了提高物流运转率而进行的活动，消费市场的多样化需求决定了流通加工对增加服务内容、提高客户服务水平具有推动作用。

9.6.4 配送的类型

在不同的流通环境下，为了满足不同产品、不同企业的要求，国内外创造出了多种形式的配送方式。这些配送方式都有各自的优势，但同时也有一定的局限性。

1. 按配送主体所处的行业划分

1) 制造业配送

制造业配送包括围绕制造企业所进行的原材料、零部件的供应配送，各生产工序上的生产配送以及企业为销售产品而进行的销售配送。制造业配送的各个部分在客户需求信息的驱动下连成一体，通过各自的职能分工与合作，为企业的生产和销售服务。

2) 农业配送

农业配送是一种特殊的、综合的农业物流活动，是在农业生产资料、农产品的送货基础上发展起来的。它是指在与农业相关的经济合理区域范围内，根据客户要求，对农业生产资料、农产品进行分拣、加工、包装、分割、组配等作业，并按时送达指定地点的农业物流活动。

3) 商业配送

商业企业的主体包括批发企业和零售企业，二者对于配送的理解、要求、管理等都不相同。批发企业配送的客户一般都不是最终消费者，而是零售企业。因此，批发企业必然要求其配送系统能够满足零售客户多批次、少批量的订货要求，还要具有一定的流通加工能力。零售企业配送的客户大多是各类消费者，一方面由于经营场所的面积有限，它们总是希望上游供应商(包括批发企业)能向其提供小批量的商品配送；另一方面为了满足各种不同客户的需要，它们又希望尽可能多地配备商品。

4) 物流企业配送

物流企业是专门从事物流活动的企业，物流企业配送并不像前面三类企业一样拥有货物的所有权，而是根据所服务客户的需求，为客户提供配送支持性服务。现在，比较常见的物流企业配送就是快递企业所提供的“门到门”配送。

2. 按配送组织者划分

1) 配送中心配送

这类配送活动的组织据点是配送中心，一般规模较大， 拥有配套的设施、设备等条件。配送中心配送的专业性较强，一般都与用户建有相对固定的协作关系，配送设施与工艺都是按照用户的要求专门设计的，所以配送中心具有配送能力强、配送品种多、配送数量大等特点，是配送活动最主要的形式。但由于这类配送业务的服务对象固定，所以灵活性和机动性较差。而且由于规模大、投资高，中小型配送经营者往往难以承担，从而抑制了这类配送活动的进一步发展。

2) 仓库配送

它一般是以仓库为据点进行的配送，也可以是原仓库在保持储存保管功能的前提下，增加部分配送职能，或经过对原仓库进行改造，使其成为专业的配送中心。

3) 商店配送

商店配送的组织者一般是商业或物资系统的门市网点。它是指除了自身日常的零售业务外，商店还将本店经营的产品按用户的要求配齐，或代用户外订外购一部分本店平时不经营的商品后，再与本店的商品搭配，一起送达用户的业务形式。从某种意义上讲，商店配送也是一种销售配送。连锁商店配送是商店配送的一种主要形式，它又分为两种情况：一种是专门成立为连锁商店服务的配送企业，这种配送企业除主要承担连锁商店的配送任务外，还兼有为其他用户提供服务的职能；另一种是存在于连锁商店内的配送组织，其主要任务是服务于自身的连锁经营，不为其他的用户提供配送服务。

4) 生产企业配送

对于新鲜的牛奶、面包或蛋糕等保质期较短的商品，为了减少流通环节、压缩流通时间，生产企业经常以自身的车间或成品仓库为据点，直接面向客户进行配送，这就是生产企业配送。这种类型的配送业务大多由生产企业自己完成，也有的是由第三方物流企业完成。

3. 按配送商品的种类和数量划分

1) 单(少)品种大批量配送

这类配送的特点是客户所需的商品品种较少甚至是单一的品种，但所需商品的批量较大。由于这类配送活动的品种单一、批量大，可以实现整车运输，可使车辆满载并使用大吨位车辆进行运送。

2) 多品种少批量配送

这类配送的特点是用户所需单个商品的数量少，但品种较多，因此在进行配送时，组织者要先根据用户的要求，将所需的各种物品配备齐全后，再凑成整车装运送达客户。

3) 成套配套配送

这种配送的特点是用户所需的商品必须是成套的。例如，装配性的生产企业为了生产某种整机产品，需要多种不同的零部件，配送组织者就要将所需的全部零部件配齐，并按客户的生产节奏定时送达生产企业，以便生产企业将成套零部件送入生产线装配整机产品。

4. 按配送时间和数量划分

1) 定时配送

定时配送是指按规定的时间间隔进行的配送，每次配送的品种和数量可按计划执行，也可以根据用户的实际需要以双方商定的信息联络方式通知配送品种及数量。它还可以细分为日配送和“准时-看板”方式配送等形式。

2) 定量配送

定量配送是指按规定的批量在一个指定的时间范围内进行的配送。这种配送方式由于配送的数量比较固定，所以备货工作较为简单，实践中还可以与客户进行协商，以托盘、集装箱或车辆为单位进行计量。

3) 定时定量配送

定时定量配送是指按照规定的时间和数量进行的配送，它兼有定时配送和定量配送的特点，要求有较高的配送管理水平。

4) 定时定线配送

定时定线配送是指在规定的运行路线上，按照事先制定的到达时间表进行运作的配送。采用这种配送方式，客户就可按照预定的时间到预定的地点去接货。这种配送方式可以为众多的中小型客户提供极大的方便。

5) 即时配送

即时配送是指根据客户临时确定的配送时间和数量，随即进行配送的方式，是一种灵活性要求很高的应急配送方式。采用这种方式，客户可以将安全储备降低为零，以即时配送代替安全储备，实现零库存经营。

5. 按配送经营形式划分

1) 销售配送

销售配送的主体是销售企业，它常被销售企业作为销售战略措施的一部分加以利用，所以也称为促销型配送。这种配送的对象和客户一般都是不固定的，配送对象和用户的确定主要取决于市场状况，配送的随机性较强。大部分商店的送货上门服务就属于这种类型的配送。

2) 供应配送

供应配送是指用户为了自己的供应需要而采用的配送。它往往是由用户或用户集团组建的配送据点集中组织大批量进货，然后向本企业或企业集团内的若干企业进行配送。商业系统内的连锁商店就广泛采用这种配送方式。这种方式既可以保证企业的供应能力和供应水平，又可以通过批量进货获取价格折扣，降低供应成本。

3) 销售与供应一体化配送

对于用户及其所需物品基本固定的配送业务，销售企业在进行销售的同时，还可以为用户提供有计划的供应服务。在此过程中，销售者既是配送活动的组织者，又是用户的供应代理人。这种配送形式有利于形成稳定的供需关系，有利于采用先进的计划技术和手段，有利于保持流通渠道的稳定等。

4) 代存代供配送

代存代供配送是指客户把属于自己的货物委托给配送企业进行代存代供，甚至委托其代为订货，然后由配送企业组织对自己进行配送。这种配送形式的特点是，货物的所有权不发生变化，变化的只是货物的时空位置，配送企业仅从代存代供业务中获取服务费，而不能直接获取商业差价。

6. 按加工程度划分

1) 加工配送

加工配送是指配送与流通加工相结合，在配送据点设置流通加工环节，或由流通加工中心与配送据点组建成的统一实体完成的配送。流通加工与配送的结合，可以使流通加工更加具有针对性，使得配送企业不但可以依靠送货服务或销售经营取得收益，还可以通过流通加工取得增值收益。

2) 集疏配送

集疏配送一般只改变产品的数量组成，不会改变产品本身的物理或化学性质，是与干线运输相配套的一种配送方式。比如，大批量进货之后再小批量多批次地发货，或者通过零星集货形成一定的批量之后再送货等，都属于集疏配送的范畴。

7. 按配送企业的专业化程度划分

1) 综合配送

综合配送的特点是，配送的商品种类较多，且来源渠道不同，但都在同一个配送据点内组织对用户的配送。综合配送使用户无须与所需商品的全部供应商进行联系，而只要与配送企业进行联系即可，大大减轻了客户的采购与供应负担。

2) 专业配送

专业配送是指按产品性质和状态划分专业领域的配送方式。这种方式可以合理配置配送资源，优化配送的工艺流程，以提高配送的作业效率。流通实践中的各种中小型金属材料、燃料煤、水泥、木材、平板玻璃、化工产品、生鲜食品等的配送，都属于专业配送。

9.7 配送中心

9.7.1 配送中心的概念

配送中心是接受并处理末端用户的订货信息，对上游运来的多品种货物进行分拣，根据用户订货要求进行拣选、加工、组配等作业，并进行送货的设施和机构。中华人民共和国国家标准《物流术语》中规定，从事配送业务的物流场所和组织，应符合下列条件。

(1) 主要为特定的用户服务。

(2) 配送功能健全。
(3) 完善的信息网络。
(4) 辐射范围小。
(5) 高频率、多品种、小批量、多批次配送。
(6) 以配送为主，储存为辅。

9.7.2 配送中心的分类

从理论上和配送中心的作用上来划分，可以把配送中心分成许多种类。下面仅就已在实际中运转的配送中心类别概述如下。

1. 按销售主体划分

1) 生产厂商配送中心

即以流通管理能力极强的厂家，在建立零售制度的同时，通过配送中心迅速向用户配送的体制。

2) 以批发为主的配送中心

即将各生产厂家的商品集中起来，配送的商品可以是单品种也可以是多品种，配送的对象主要是零售商，也可以是直接用户。

3) 以零售为主的配送中心

即将来自不同供应商的货物集中在配送中心，然后根据用户的需求通过配送的形式送至其所指定的地点。

2. 按配送中心的层次划分

1) 主配送中心

它是从工厂接受配送货物，并由其下级配送中心即子配送中心进行输送的形式。主配送中心的地理位置一般是地方的中心城市。

2) 子配送中心

它处于主配送中心和配送用户的中间环节。子配送中心完成配送的货物后，再由主配送中心有效地补充。

3. 按配送中心承担的流通职能划分

1) 供应配送中心

即专门为某个或某些用户(如联营商店、联合公司)组织供应的配送中心。例如，为大型连锁超级市场组织供应的配送中心；代替零件加工厂送货的零件配送中心，使零件加工厂对装配厂的供应合理化。

2) 销售配送中心

即以销售经营为目的，以配送为手段的配送中心。建立销售配送中心大致有3种类型：第一种是生产企业为本身产品直接销售给消费者而建立的配送中心，这种类型的配送中心在国外很多；第二种是流通企业建立的配送中心，流通企业将建立配送中心作为经营的一种方式以扩大销售，我国目前拟建的配送中心大多属于这种类型，国外的例证也很多；第三种是流通企业和生产企业联合的协作性配送中心。比较来看，国外和我国的发展趋向，都向以销售配送中心为主的方向发展。

4. 按配送领域的广泛程度划分

1) 城市配送中心

即以城市范围为配送范围的配送中心。由于城市范围一般处于汽车运输的经济里程内，这种配送中心可直接配送到最终用户，且采用汽车进行配送，这种配送中心往往和零售经营相结合。由于运距短、反应能力强，因而从事多品种、小批量、多用户的配送较有优势，“北京市食品配送中心”就属于这种类型。

2) 区域配送中心

即以较强的辐射能力和库存准备，向省(州)际、全国乃至国际范围的用户配送的配送中心。这种配送中心配送规模较大，用户规模也较大，配送批量也较大，往往既配送给下一级的城市配送中心，也配送给营业所、商店、批发商和企业用户，虽然也从事零星的配送，但不是主体形式。

5. 按配送中心的内部特性划分

1) 储存型配送中心

储存型配送中心是有很强储存功能的配送中心。一般来讲，在买方市场，企业成品销售需要有较大库存支持，其配送中心可能有较强的储存功能。在卖方市场，企业原材料、零部件供应需要有较大库存支持，这种供应配送中心也有较强的储存功能。大范围配送的配送中心，需要有较大库存，也可能是储存型配送中心。我国目前已建的配送中心，都采用集中库存形式，库存量较大，多为储存型。例如，美国赫马克配送中心拥有一个有 163 000 个货位的储存区，可见存储能力之大。

2) 流通型配送中心

流通型配送中心基本上没有长期储存功能，仅以暂存或随进随出方式进行配货、送货的配送中心。这种配送中心的典型方式是，大量货物整进并按一定批量零出，采用大型分货机，进货时直接进入分货机传送带，分送到各用户货位或直接分送到配送汽车上，货物在配送中心仅做稍许停滞。例如，阪神配送中心，中心内只有暂存货物，大量储存则依靠一个大型补给仓库。

3) 加工型配送中心

加工型配送中心以加工产品为主，在其配送作业流程中储存作业和加工作业居主导地位。由于流通加工多为单品种、大批量产品的加工作业，并且是按照用户的要求安排的，因此，对于加工型配送中心，虽然进货量比较大，但是分类、分拣工作量并不太大。此外，因为加工的产品品种较少，一般都不单独设立拣选、配货等环节。通常，加工好的产品(特别是生产资料产品)可直接运到按用户户头划定的货位区内，并且要进行包装、配货。

6. 按配送中心的专业化情况划分

1) 专业配送中心

专业配送中心大体上有两个含义：一个是配送对象、配送技术属于某一专业范畴，有一定的综合性，综合这一专业的多种物资进行配送，如多数制造业的销售配送中心，我国目前在石家庄、上海等地建的配送中心大多采用这一形式；另一个是以配送为专业化职能，基本不从事经营的服务型配送中心，如蒙克斯帕配送中心。

2) 柔性配送中心

从某种程度上讲，柔性配送中心是与专业配送中心相辅相成的配送中心，这种配送中心不向固定化、专业化方向发展，而向能随时变化、对用户要求有很强的适应性、不固定供需关系、不断发展配送用户并改变配送用户的方向发展。

9.7.3 配送中心的作业流程

不同类型的配送中心，其作业流程的长短不一、内容各异，但作为一个整体，其作业流程又是统一的、一致的。

所谓配送中心的一般作业流程是指作为一个整体来看待，配送中心在进行货物配送作业时所展现的工艺流程。从一定意义上说，一般作业流程也就是配送中心的总体运动所显示的工艺流程。

配送中心的一般作业流程是以中、小件杂货配送为代表的配送中心流程，由于货种多，为保证配送，需要有一定储存量，属于有储存功能的配送中心。理货、分类、配货、配装的功能要求较强，一般来讲，很少有流通加工的功能。配送中心的一般作业流程如图 9-5 所示。

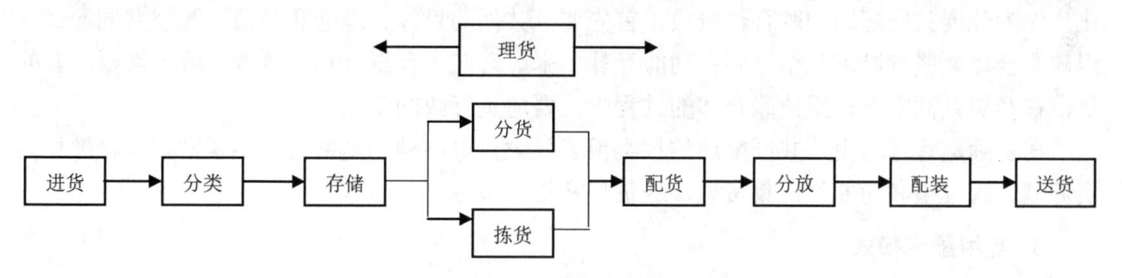

图 9-5 配送中心的一般作业流程

9.8 配送模式与配送管理

9.8.1 配送模式

配送模式是企业对配送所采取的基本战略和方法。企业具体采用哪种配送模式要考虑以下因素：配送对企业的重要程度、企业的配送能力、市场规模与地理范围、保证服务及配送成本等。根据国内外的发展经验及我国的配送理论与实践，本节主要介绍以下几种配送模式。

1. 自营配送模式

它是指企业物流配送的各个环节由企业自身筹建并组织管理，实现对企业内部及外部货物配送的模式。这种模式有利于企业供应、生产和销售的一体化作业，系统化程度相对较高，既可满足企业内部原材料、半成品及成品的配送需要，又可满足企业对外进行市场拓展的需求。其不足之处表现在，企业为建立配送体系的投资规模将会大大增加，在企业配送规模较小时，配送的成本和费用也相对较高。

2. 共同配送模式

共同配送是物流配送企业之间为了提高配送效率以及实现配送合理化所建立的一种功

能互补的配送联合体，如图 9-6 所示。它的优势在于有利于实现配送资源的有效配置，弥补配送企业功能的不足，促使企业配送能力的提高和配送规模的扩大，更好地满足客户需求，提高配送效率，降低配送成本。

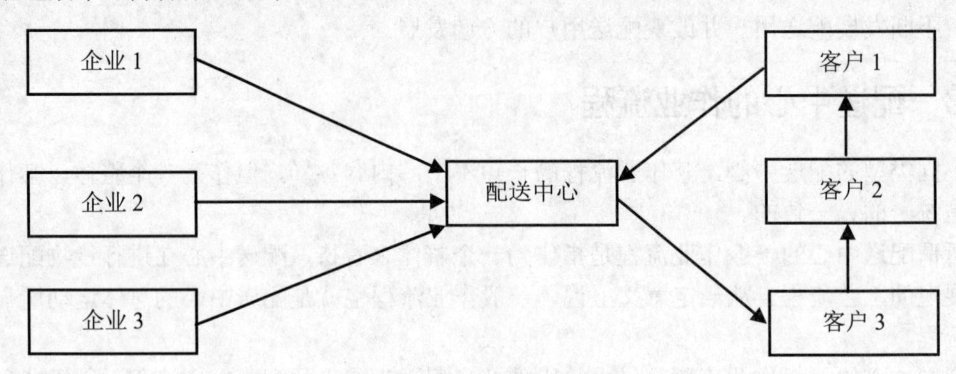

图 9-6　共同配送模式

共同配送的核心在于充实和强化配送的功能，提高配送效率，实现配送的合理化和系统化。作为开展共同配送的联合体成员，首先要有共同的目标、理念和利益。开展共同配送、组建联合体要坚持以下几个原则：功能互补、平等自愿、互惠互利、协调一致。需要注意的是，在开展共同配送、组建联合体的过程中，要避免行政的干预。

在实际运行过程中，共同配送的种类很多，大体可归纳为紧密型、半紧密型和松散型；资源型、管理型和功能型；集货型、送货型和集送型等。

3. 互用配送模式

互用配送模式是几个企业为了各自利益，以契约的方式达成某种协议，互用对方配送系统而进行的配送模式，如图 9-7 所示。这类配送方式的优点在于企业不需要投入较大的资金和人力，就可以扩大自身的配送规模和范围，但需要企业有较高的管理水平以及与相关企业的组织协调能力。与共同配送模式相比较，互用配送模式的特点主要有以下几个。

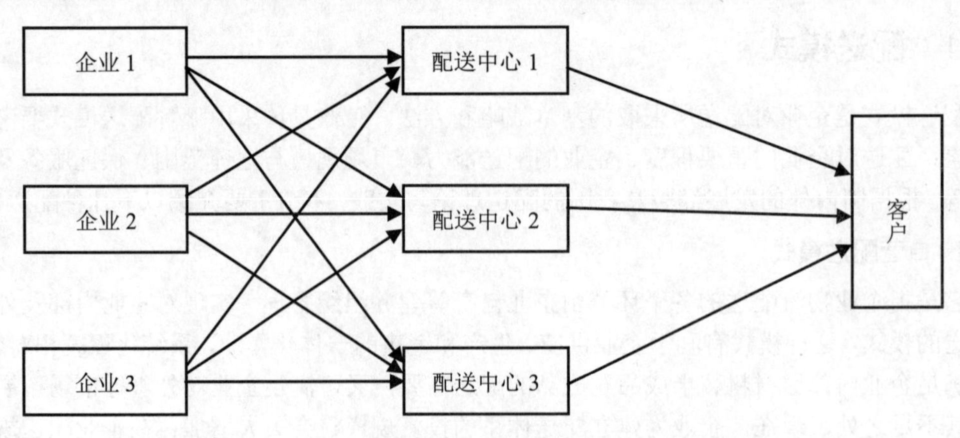

图 9-7　互用配送模式

(1) 互用配送模式的目标在于提高自己的配送功能，以企业自身服务为核心；共同配送模式旨在建立配送联合体，以强化配送功能为核心，为社会服务。

(2) 互用配送模式强调企业自身作用，共同配送模式意在强调联合体的共同作用。

(3) 互用配送模式的稳定性较差，共同配送模式的稳定性较强。

(4) 互用配送模式的合作对象既可以是经营配送业务的企业，也可以是非经营配送业务的企业；共同配送模式的合作对象需要是经营配送业务的企业。

9.8.2 配送管理

配送管理是指为了以最低的配送成本达到用户所满意的服务水平，对配送活动进行计划、组织、协调和控制。

按照配送管理进行的顺序，可以将配送管理划分为3个阶段：计划阶段、实施阶段和评价阶段。

1. 配送计划阶段

配送计划是指配送企业或配送中心在一定时间内编制的生产计划。它是配送中心生产经营的首要职能和中心环节。

配送计划的主要内容应包括配送的时间、车辆选择、货物装载及配送路线、配送顺序等的具体选择。

2. 配送实施阶段

配送计划的实施过程，通常分为以下5个阶段。

1) 下达配送计划

下达配送计划，即通知用户和配送点，以使用户按计划准备接货，使配送点按计划组织送货。

2) 配送点配货

各配送点按配送计划落实货物和运力，对数量、种类不符合要求的货物，组织进货。

3) 下达配送任务

下达配送任务，即配送点向运输部门、仓库、分货包装及财务部门下达配送任务，各部门组织落实任务。

4) 发送

理货部门按要求将各用户所需的各种货物，进行分货、配货、配装，并将送货交接单交驾驶员或随车送货人。

5) 配达

车辆按规定路线将货物送达用户，用户点接后在回执上签字。配送任务完成后，财务部门进行结算。

3. 配送服务质量评价阶段

配送服务质量评价是衡量配送服务是否能够满足货主或本企业的配送要求，是否能保证货物安全、快速、准确、及时的送达。当配送计划完成后，对配送计划的执行情况进行直观、具有可操作性的评价，除了定性评价之外，更重要的是能够定量评价。

9.9 配送合理化

9.9.1 配送合理化的判断

对于配送合理化与否的判断，是配送决策系统的重要内容，目前国内外尚无一定的技术经济指标体系和判断方法，以下7种是判断配送合理与否的重要标志。

1. 库存标志

库存是判断配送合理与否的重要标志，具体指标有以下两方面。

1) 库存总量

在一个配送系统中，库存是从分散于各个用户转移给配送中心实行一定程度的集中库存。在实行配送后，配送中心库存数量加上各用户在实行配送后库存数量之和应低于实行配送前各用户库存量之和。

2) 库存周转

由于配送企业的调剂作用，以低库存保持高的供应能力，库存周转一般总是快于原来各企业库存周转。此外，从各个用户角度进行判断，各用户在实行配送前后的库存周转比较，也是判断合理与否的标志。

2. 资金标志

总的来讲，实行配送应有利于资金占用降低及资金运用的科学化。具体判断指标如下。

1) 资金总量

用于资源筹措所占用流动资金总量，随储备总量的下降及供应方式的改变而下降。

2) 资金周转

从资金运用来讲，由于整个节奏加快、资金充分发挥作用，同样数量的资金，过去需要较长时期才能满足供应要求，配送之后，在较短时期内就能达此目的。

3) 资金投向的改变

资金分散投入还是集中投入，是资金调控能力的重要反映。实行配送后，资金必然应当从分散投入改为集中投入，以增加调控作用。

3. 成本和效益标志

总效益、宏观效益、微观效益、资源筹措成本都是判断配送合理化的重要标志。由于总效益及宏观效益难以计量，在实际判断时，常以按国家政策进行经营、完成国家税收及配送企业和用户的微观效益来判断。对于配送企业而言(在满足用户要求，即投入确定的情况下)，企业利润反映了配送合理化程度。对于用户企业而言，在保证供应水平或提高供应水平的(产出一定)前提下，供应成本的降低，反映了配送的合理化程度。

4. 供应保证标志

实行配送，各用户最担心的是供应保证程度降低，这并不是简单的心态问题，更可能是要承担风险的实际问题。配送的重要一点是必须提高而不是降低对用户的供应保证能力，才算实现了合理。供应保证能力可以从以下方面判断。

(1) 缺货次数实行配送后，必须下降才算合理。

(2) 配送企业集中库存量。对每一个用户来讲，其数量所形成的保证供应能力高于配送前单个企业保证程度。

(3) 即时配送的能力及速度。即时配送的能力及速度是用户出现特殊情况的特殊供应保障方式，这一能力必须高于未实行配送前用户紧急进货能力及速度才算合理。特别需要强调一点，配送企业的供应保障能力是一个科学合理的概念，而不是无限的概念。具体来讲，如果供应保障能力过高，超过了实际的需要，属于不合理。因此，追求供应保障能力的合理化也是有限度的。

5. 社会运力节约标志

末端运输是目前运能、运力使用不合理、浪费较大的领域，因而人们寄希望于配送来解决这个问题，这也成了配送合理化的重要标志。运力使用的合理化是依靠送货运力的规划和整个配送系统的合理流程及与社会运输系统合理衔接实现的。送货运力的规划是任何配送中心都需要花力气解决的问题，可以简化判断如下：社会车辆总数减少，而承运量增加；社会车辆空驶减少；一家一户自营运输减少，社会化运输增加。

6. 用户企业仓库、供应、进货人力物力节约标志

配送的重要作用是以配送代劳用户。因此，实行配送后，各用户库存量、仓库面积、仓库管理人员减少为合理：用于订货、接货、供应的人减少才为合理。真正解除了用户的后顾之忧，配送的合理化程度则可以达到高水平。

7. 物流合理化标志

配送必须有利于物流合理。可以从以下几方面判断：是否降低了物流费用：是否减少了物流损失；是否加快了物流速度；是否发挥了各种物流方式的最优效果；是否有效衔接了干线运输和末端运输；是否不增加实际的物流中转次数；是否采用了先进的管理方法及技术手段。

9.9.2 不合理配送的表现形式

对于配送合理与否，不能简单判定，也很难有一个绝对的标准。企业效益是配送的重要衡量标志，配送的决策是全面、综合决策，在决策时要避免由于不合理配送出现所造成的损失，但有时某些不合理现象是伴生的，要追求大的合理，就可能派生小的不合理。因此，虽然这里只单独论述不合理配送的表现形式，但要防止绝对化。

(1) 资源筹措的不合理。配送是通过筹措资源的规模效益来降低资源筹措成本的，如果不是集中多个用户需要进行批量筹措资源，而仅仅是为某一两个用户代购代筹，对用户来讲，不仅不能降低资源筹措费，反而会增加配送企业的代筹代办费，因而是不合理的。资源筹措不合理还有其他表现形式，如配送量计划不准、资源筹措过多或过少、在资源筹措时不考虑建立与资源供应者之间长期稳定的供需关系等。

(2) 库存决策不合理。配送的一个重要作用是能够充分利用集中库存总量并使之低于各用户原本分散的库存总量，从而降低用户平均分摊的库存负担。因此，配送企业必须依靠科学管理来实现一个低总量的库存，否则就会出现只是库存转移，而未解决库存降低的不合理的现象。配送企业库存决策不合理还表现在储存不足、不能保证随机需求、失去了应有的市

场等方面。

(3) 价格不合理。总的来讲，配送的价格应低于不实行配送时用户自己进货的购买价格加上自己提货、运输、进货成本总和，这样才会使用户有利可图。有时候，由于配送服务水平较高，即使价格稍高用户也是可以接受的，但这不能是普遍的原则。如果配送价格普遍高于用户自己进货的价格，损伤了用户利益，就是一种不合理的表现。

(4) 配送与直达的决策不合理。一般的配送总是增加了环节，但是这个环节的增加，可降低用户平均库存水平，不但抵消了增加环节的支出，还能取得剩余效益。但是如果用户使用批量大，可以直接通过社会物流系统均衡批量进货，与通过配送中转送货比较可能更节约费用，在这种情况下，不直接进货而进行配送，就属于不合理范畴。

(5) 送货过程中的不合理运输。多个用户集中配送与用户自提比较，可大大节省运力和运费，如果不能利用这一优势，仍然是一户一送，车辆达不到满载(即时配送过多过频时会出现这种情况)，就属于不合理。此外，前面所提及的不合理运输的若干表现形式在配送中都可能出现，会使配送变得不合理。

(6) 经营观念的不合理。在开展配送时，有许多情况是由于经营观念不合理，使得配送的优势无从发挥，损坏了配送的形象，这是需要注意避免的不合理现象。例如，配送企业利用配送手段，向用户转嫁资金、库存困难；在库存过大时，强迫用户接货，以缓解自己库存压力；在资源紧张时，将用户委托资源挪作他用等。

9.9.3 配送合理化的途径

借鉴国内外企业推行配送合理化的经验，可以采取以下措施推进配送的合理化。

(1) 推行专业化配送。通过采用专业设备、设施及操作程序，降低配送过分综合化的复杂程度及难度，进而取得较好的配送效果。

(2) 推行加工配送。通过加工和配送结合，充分利用本来应有的中转求得配送合理化。同时，通过加工加强与下游市场的紧密联系。

(3) 推行共同配送。通过共同配送，可以整合物流资源，以最近的路程、最低的配送成本完成配送，从而追求配送合理化。

(4) 实行送取结合。通过与用户建立稳定、密切的协作关系，在配送时，将用户所需的物资送到，再将该用户生产的产品用同一车运回，使得用户成品再次成为配送中心的配送产品，或者代存代储，免去生产企业的库存包袱。

(5) 推行准时配送系统。准时配送是配送合理化的重要内容，准时配送可以帮助企业实施低库存或零库存，同时也是物流一致性的极致表现。从国外的经验看，准时供应配送系统是现在许多配送企业实现配送合理化的重要手段。

本 章 小 结

运输是指用设备和工具将物品从某一地点向另一地点运送的物流活动，其中包括集货、分配、搬运、中转、装卸、分散等一系列操作。

在物流管理过程中，运输主要提供产品转移和产品储存两大功能。运输方式包括铁路运输、公路运输、航空运输、水上运输、管道运输。

运输方式选择的影响因素包括：①价格；②运输时间；③灭失与损坏。

运输方式的选择方式包括：①单一运输方式的选择；②多式联运的选择；③运输中间商的选择；④自用运输的选择；⑤运输方式的定量分析。

影响运输成本的相关因素有：①距离；②装载量；③产品密度；④空间利用率；⑤搬运的难易程度；⑥责任；⑦市场因素。

运输成本可包括：①固定成本和可变成本；②联合成本和公共成本。

物资运输规划，是物资运输计划和调度人员制订运输计划的科学方法。它的基础内容就是根据给定的运输任务确定如何从多个供应点通过运输网络将货物最经济地运输到多个用户。

通过运输的合理化，可以有效地控制各种运杂费的产生，从而提高产品流通的效率，为企业带来更多的市场延伸价值。然而，目前我国物流运输业仍然处在起步发展的阶段，还有许多的问题亟待解决。为此，如何提高我国物流运输业的管理水平，充分发挥我国铁路、公路、水运、航空和管道等各种运输方式的特性和综合运输的优势，推行合理运输，扬长避短，对于现代物流的发展和企业竞争能力的提升有着非常重要的作用。

配送是在经济合理区域范围内，根据用户要求，对物品进行拣选、加工、包装、分割、组配等作业，并按时送达指定地点的物流活动。

配送对于企业而言具有重要的作用，完善了输送及整个物流系统，提高了末端物流的效益；通过集中库存使企业实现低库存或零库存；“简化事务，方便用户”，提高供应保证程度等。配送按照不同的划分标准可以分为不同的类型。配送主要是连接配送中心和用户。配送中心的工作流程主要有订单处理、备货、储存、分拣及配货、配装、运输等环节。随着现代化流通渠道的多样化，配送的模式也呈现多样化发展的趋势，有自营配送模式、共同配送模式、互用配送模式。

配送管理是指为了以最低的配送成本达到用户所满意的服务水平，对配送活动进行计划、组织、协调和控制。判断配送合理与否的主要标志有：库存标志、资金标志、成本和效益标志、供应保证标志、社会运力节约标志、人力物力节约标志、物流合理化标志。配送合理化措施有推行专业化配送、推行加工配送、推行共同配送、实行送取结合和推行准时配送系统。

思考与练习

1. 简述运输的概念。
2. 影响运输方式选择的因素有哪些？
3. 影响运输成本的相关因素是什么？
4. 运输规划要遵循哪些原则？
5. 配送的作用有哪些？
6. 简述几种配送模式。
7. 简述配送中心的作业流程。
8. 判断配送是否合理的标志有哪些？

案例讨论

【案例1】

沃尔玛降低运输成本的学问

沃尔玛公司是世界上最大的商业零售企业，在物流运营过程中，尽可能地降低成本是其经营的哲学。沃尔玛有时采用空运，有时采用船运，还有一些货品采用卡车公路运输。在中国，沃尔玛百分之百地采用公路运输，所以如何降低卡车运输成本，是沃尔玛物流管理面临的一个重要问题，为此他们主要采取了以下措施。

(1) 沃尔玛使用一种尽可能大的卡车，大约有16米加长的货柜，比集装箱运输卡车更长或更高。沃尔玛把卡车装得非常满，产品从车厢的底部一直装到最高，这样非常有助于节约成本。

(2) 沃尔玛的车辆都是自有的，司机也是它的员工。沃尔玛的车队大约有5 000名非司机员工，还有3 700多名司机，车队每周每一次运输可以达7 000～8 000公里。沃尔玛知道，卡车运输是比较危险的，有可能会出交通事故，因此，对于运输车队来说，保证安全是节约成本最重要的环节。沃尔玛的口号是“安全第一，礼貌第一”， 而不是“速度第一”。在运输过程中，卡车司机们都非常遵守交通规则。沃尔玛定期在公路上对运输车队进行调查，卡车上面都带有公司的号码，如果看到司机违章驾驶，调查人员就可以根据车上的号码报告，以便于进行惩处。沃尔玛认为，卡车不出事故，就是节省公司的费用，就是最大限度地降低了物流成本。由于狠抓了安全驾驶，运输车队已经创造了300 万公里无事故的记录。

(3) 沃尔玛采用全球定位系统对车辆进行定位，因此在任何时候，调度中心都可以知道这些车辆在什么地方，离商店有多远，还需要多长时间才能运到商店，这种估算可以精确到小时。沃尔玛知道卡车在哪里，产品在哪里，就可以提高整个物流系统的效率，有助于降低成本。

(4) 沃尔玛的连锁商场的物流部门，24小时进行工作，无论白天或晚上，都能为卡车及时卸货。另外，沃尔玛的运输车队利用夜间进行从出发地到目的地的运输，从而做到了当日下午进行集货，夜间进行异地运输，翌日上午即可送货上门，保证在 15～18 个小时内完成整个运输过程，这是沃尔玛在速度上取得优势的重要措施。

(5) 沃尔玛的卡车把产品运到商场后，商场可以把它整个地卸下来，而不用对每个产品逐个检查，这样就可以节省很多时间和精力，加快了沃尔玛物流的循环过程，从而降低了成本。这里有一个非常重要的先决条件，就是沃尔玛的物流系统能够确保场所得到的产品是与发货单上完全一致的产品。

(6) 沃尔玛的运输成本比供货厂商自己运输产品要低，所以厂商也使用沃尔玛的卡车来运输货物，从而做到了把产品从工厂直接运送到商场，大大节省了产品流通过程中的仓储成本和转运成本。沃尔玛的集中配送中心把上述措施有机地组合在一起，做出了一个最经济合理的安排，从而使沃尔玛的运输车队能以最低的成本高效率地运行。当然，这些措施的背后包含了许多艰辛和汗水，相信我国的本土企业也能从中得到启发，在中国创造出沃尔玛式的奇迹来。

(资料来源：马绝尘. 沃尔玛降低运输成本的学问[J]. 中国物流与采购，2003(19)：27.)

思考：

1. 结合案例，谈谈沃尔玛在降低运输成本方面做了哪些努力？
2. 结合案例，你认为自营物流和外包物流哪个更有利，为什么？

【案例 2】

盒马鲜生的最后一公里

盒马鲜生是阿里巴巴对线下超市完全重构的新零售业态。盒马是超市，是餐饮店，也是菜市场，但这样的描述似乎又都不准确。消费者可到店购买，也可以在盒马 APP 下单。而盒马最大的特点之一就是快速配送：门店附近 3km 范围内，30 分钟送货上门。

盒马鲜生多开在居民聚集区，下单购物需要下载盒马 APP，只支持支付宝付款，不接受现金、银行卡等任何其他支付方式。

实际上，在强推支付宝支付背后，是盒马未来将对用户消费行为数据进行挖掘的野心。阿里巴巴为盒马鲜生的消费者提供会员服务，用户可以使用淘宝或支付宝账户注册，从最近的商店查看和购买商品。盒马未来可以跟踪消费者购买行为，借助大数据做出个性化的建议。

与传统零售最大的区别是，盒马运用大数据、移动互联网、智能物联网、自动化等技术及先进设备，实现人、货、场三者之间的最优化匹配，从供应链、仓储到配送，盒马都有自己完整的物流体系。

不过，这一模式也给盒马的前期投入带来了巨大成本。公开报道显示，侯毅曾透露，盒马鲜生的单店开店成本在几千万元不等。

能做到 30 分钟的配送速度，在于算法驱动的核心能力。据店员介绍，店内挂着金属链条的网格麻绳是盒马全链路数字化系统的一部分。盒马的供应链、销售、物流履约链路是完全数字化的。从商品的到店、上架、拣货、打包、配送任务等，作业人员都是通过智能设备去识别和作业的，简易高效，而且出错率极低。整个系统分为前台和后台，用户下单 10 分钟之内分拣打包，20 分钟完成 3km 以内的配送，实现店仓分离。

(资料来源：朱传波. 物流与供应链管理—新商业 • 新链接 • 新物流[M]. 北京：机械工业出版社，2018.)

思考：

1. 与传统的门店和电商相比，盒马鲜生是一家什么类型的企业？
2. 盒马鲜生如何做到 30 分钟配送上门的服务？

微课视频

扫一扫获取本章相关微课视频。

运输管理.mp4

物流配送.mp4

第 10 章　物流信息管理

【学习目标】

1. 掌握物流信息和物流信息技术的含义。
2. 熟悉物流信息技术的原理及特点。
3. 掌握物流信息系统的含义、特征、结构和功能。
4. 熟悉物流信息系统的开发与设计。

【引导案例】

海尔集团利用 GIS 降低售后服务成本

海尔集团的顾客服务实行网上派工制，电话中心收到客户信息后，利用全国联网的派工系统在 5 分钟之内将信息同步派送到离用户距离最近的专业维修服务网点。

1. 原先的售后服务流程

在海尔的服务管理中，用户报修的流程是这样的：首先，用户打电话报修，登记用户信息，关键是用户所处的位置，然后工作人员手工选择离该用户最近的维修网点，手工网上分派任务，之后维修工程师上门服务。

看起来，这样的报修流程没有问题，但是存在不少漏洞。例如，在登记用户信息时，接线员可能对该地址不熟悉，那么接线员就无法确定用户的位置，而在手工选择离该用户最近维修网点的环节，该接线员又不清楚哪个网点离报修地点最近。针对这些情况，海尔为上门维修的服务商按照距离配发津贴，其额度以距离远近来计算。刚开始，海尔使用的是"人海+人脑"的战术。先记住各个城市网点的分布情况，然后根据用户提供的信息，将维修任务派送到业务员认为最近的网点。之后，业务员使用纸质地图量出用户点至维修网点的大概距离进行费用结算。纸质地图本身就存在较大的测量误差，同时，当手工量出 15km 时，会有服务商说量的路是直的，而实际路是弯的，要求多加 5km，维修费就这样溜出去了。

很显然，这种通过手工方法得到的信息，在准确性、正确性和详细程度上都有很大问题。与此同时，人海战术直接带来的是成本的上升。

2. 基于 GIS 的售后服务

2006 年，海尔引入了由中科院旗下超图公司开发的 GIS 系统，在售后服务中增加了空间分析功能和地理信息处理能力。GIS 系统包含了全国所有的县级道路网和 200 个城市的详细道路信息，还记录了全国 100 多万条地址信息。在如此海量的地理信息基础上，售后服务系统可以在很短时间内计算出距离用户最近的网点，以及网点到用户家的详细路径描述和距离，并及时将这些信息派送到最合理的服务网点。

应用 GIS 之后，海尔的售后服务流程变为：用户打电话报修，接线员登记用户的关键位置信息；接线员记录后，系统自动匹配用户地址，并计算出距离用户最近的网点；之后自动将维修信息派送到网点，网点维修工程师再上门服务。整个地址匹配和服务商挑选工作由系统自动完成，无须手工操作，堵住了服务漏洞。同时，系统自动匹配，每次处理的时间缩短到 0.1 秒以内，大大提高了客服部门的效率。在 GIS 系统的支持下，海尔客服部门现在每天可以处理 10 万次左右的服务请求，得以满足全国用户的需求。

(资料来源：朱传波. 物流与供应链管理——新商业·新链接·新物流[M]. 北京：机械工业出版社，2018.)

思考：

简述基于 GIS 的售后服务与原来的售后服务相比有哪些好处。

10.1 物流信息概述

在供应链日常运作中，供应链上的企业之间发生着频繁的物流、资金流、信息流的交换，彼此之间的协调运作对供应链的整体绩效影响很大。供应链绩效取决于供应链所有成员的综合行为，一个较薄弱的环节都有可能对整条供应链的其他各个节点产生负面影响。因此，对供应链的管理不可能采用行政手段，因为企业之间的关系在法律上是平等的，供应链的管理只能通过共享利益来调控。为了提高企业和整个供应链的竞争能力，供应链成员需要通过一定的机制来协调各种运作决策。

10.1.1 物流信息的定义

信息是能反映事物内在本质的外在表现，类似图片、声音、文件等就是事物内容、形式和发展变化的反映。而物流信息是反映物流各种活动内容的知识、数据、情报、图像、数据、文件的总称。它随着物流活动的产生而产生，与物流活动过程如运输、仓储、装卸、包装以及配送等紧密地结合在一起，是物流活动进行所不可缺少的必要条件。另外，物流信息还包含与其他流通活动有关的信息，如商品交易信息和市场信息等。这些信息在物流供应链中流动，使得供应链能够做到协调控制、快速反应。

现代物流的重要特征是物流的信息化，现代物流也可以看作货物实体流通与信息流通的结合。在现代物流运作过程中，通过使用计算机、通信、网络等技术手段，大大加快了物流信息的处理和传递速度，从而使物流活动的效率和快速反应能力得到提高。

10.1.2 物流信息的特点

和其他领域的信息相比，物流信息的主要特点表现在以下几个方面。

(1) 物流信息量大，信息种类繁多。因为物流是大范围的活动，所以物流信息的来源也

是在大范围内的。每次信息的处理活动，都要涉及大批量的信息输入和输出，而且这些信息的产生、加工和应用在形式、时间、地点上经常是不一致的。

(2) 物流信息动态性强。物流信息动态性十分强，而信息价值的衰减速度也很快，这就对信息工作的及时性要求较高。在大系统中，强调及时性，信息的收集、加工、处理应快速。

(3) 物流信息联系性强。物流活动是多环节、多因素、多角色共同参与的活动，目的就是实现产品从产地到消费地的顺利移动，因此在该活动中所产生的各种物流信息必然存在十分密切的联系，如生产信息、运输信息、储存信息、装卸信息间都是相互关联、相互影响的。这种相互联系的特性是保证物流各子系统、供应链各环节以及物流内部系统与物流外部系统相互协调运作的重要因素。

10.1.3 物流信息的分类

1. 按发生的范围分

按发生的范围分，物流信息可分为物流系统内部信息和物流系统外部信息。

1) 物流系统内部信息

物流系统内部信息包括物品流转信息、物流操作信息、物流控制信息、物流管理信息。例如，物品的状态信息、货物跟踪信息。

2) 物流系统外部信息

物流系统外部信息包括市场信息、同行信息、政策信息、区域物流系统信息等。例如，货主信息、运输供求、合作伙伴的情况。

2. 从物流信息的方向来分

按物流信息的方向来分，物流信息可分为正向物流信息和逆向物流信息。

1) 正向物流信息

正向物流信息是物流对象从起源地到消费地的流动和储存以满足顾客要求的过程中产生的相关信息。

2) 逆向物流信息

逆向物流信息是指物流对象从消费点到起点，达到回收价值和适当处置的过程中产生的相关信息。例如，关于物品回收数量及不确定性的信息、再制造物品、零件及物料的市场需求信息，物品回收处理及废物处置的信息等。

3. 按物流信息的稳定程度分

按物流信息的稳定程度不同，可将物流信息分为静态信息和动态信息。例如，国家的政策法规、物流作业周期、供应商信息等是静态信息；国际国内市场物流报价信息、物资配送、销售情况等为动态信息。大多数企业外部信息的稳定程度较低。静态信息是相对的，随着企业生产经营的变化及市场竞争条件的变化，静态信息也会发生变化，如企业要定期地修改物流作业周期，增加供应商信息等。因此，静态信息处理的关键是信息的利用，动态信息处理的关键是信息的搜集、存储、加工等。

10.1.4 物流信息的作用

通过对物流信息的收集、传递、存储、处理、输出等，获取的信息可成为决策依据，对整个物流活动起指挥、协调、支持和保障作用，其主要作用有以下几点。

(1) 沟通联系的作用。物流活动通过各种指令、计划、文件、数据、报表、凭证、广告、商情等物流信息，建立起各种纵向和横向的联系，沟通生产厂、批发商、零售商、物流服务商和消费者，从满足各方的需要。因此，物流信息是沟通物流活动各环节之间的桥梁。

(2) 引导和协调的作用。物流信息以物资、货币及物流当事人的行为等作为信息载体进入物流供应链中，同时反馈的信息也随着信息载体反馈给供应链上的各个环节，依靠物流信息及其反馈可以引导供应链结构的变动和物流布局的优化，协调物资结构，使供需之间平衡；协调人、财、物等物流资源的配置，促进物流资源的整合和合理使用等。

(3) 管理控制的作用。通过移动通信、计算机信息网、电子数据交换(EDI)、全球定位系统(GPS)等技术实现物流活动的电子化，如货物实时跟踪、车辆实时跟踪、库存自动补货等，用信息化代替传统的手工作业，实现物流运行、服务质量和成本等的管理控制。

(4) 辅助决策分析的作用。物流信息是制定决策方案的重要基础和关键依据。物流信息可以协助物流管理者鉴别、评估及比较物流战略和策略后的可选方案，在物流信息的帮助下，能够对车辆调度、库存管理、设施选址、资源选择、流程设计以及有关作业比较和收益分析等做出科学决策。

10.2 物流信息技术

10.2.1 条码技术

1. 条形码技术概述

条形码技术是在计算机应用实践中产生和发展起来的一种自动识别技术。它是实现快速、准确采集数据的有效手段。条形码技术的应用解决了数据录入和数据采集的“瓶颈”问题，为企业物流管理提供了有力的技术支持。

条形码是由宽度不同、反射率不同的条和空，按照一定的编码规则(码制)编制而成的，用以表达一组数字或字母符号信息的图形标识符，即条形码是一组粗细不同，按照一定的规则安排间距的并行线条图形。常见的条形码是由反射率相差很大的黑条(简称条)和白条(简称空)组成的，这种用条、空组成的数据编码可以供机器识读，而且很容易译成二进制数和十进制数。这些条和空可以有多种不同的组合方法，构成不同的图形符号，适用于不同的场合。因而，条形码的研究和应用已成为目前国际包装业研究的一个重要课题。

由于不同颜色的物体，反射的可见光的波长不同，白色物体能反射各种波长的可见光，黑色物体则吸收各种波长的可见光。当条形码扫描仪光源发出的光照射到黑白相间的条形码上时，反射光聚焦后，照射到条形码扫描仪的光电转换器上，光电转换器接收到与白条和黑条相应的强弱不同的反射光信号，并转换成相应的电信号输出到条形码扫描仪的放大整形电路。白条、黑条的宽度不同，相应的电信号持续时间长短也不同。

2. 条码技术的系统要求

条码技术是电子与信息科学领域的高新技术，所涉及的技术领域较广，是多项技术相结合的产物。经过多年的研究和应用实践，条码技术现已发展成为较成熟的实用技术。

条码应用系统由条码、识读设备、电子计算机及通信系统组成。应用范围不同，条码应用系统的配置也不同。一般来讲，条码应用系统的应用效果主要取决于系统的设计。系统设计主要考虑下面几个因素。

(1) 条码设计。条码设计包括确定条码信息元、选择码制和符号版面设计。

(2) 符号印制。在条码应用系统中，条码印制质量对系统能否顺利运行关系重大。如果条码本身质量高，即使性能一般的识读器也可以顺利地读取。虽然操作水平、识读器质量等是影响识读质量不可忽视的因素，但条码本身的质量始终是系统能否正常运行的关键。据统计资料表明，在系统拒读、误读事故中，由条码标签质量所引起的事故占事故总数的50%以上。因此，在印制条码符号前，要做好印刷设备和印刷介质的选择，以获得合格的条码符号。

(3) 识读设备选择。条码识读设备种类很多，如光笔、CCD 阅读器、激光枪、台式扫描器等，各有优缺点。在设计条码应用系统时，必须考虑识读设备的使用环境和操作状态，以做出正确的选择。

3. 条码技术的特点

条码技术是电子与信息科学领域的高新技术，所涉及的技术领域较广，是多项技术相结合的产物，经过多年的长期研究和应用实践，现已发展成为较成熟的实用技术。在信息输入技术中，采用的自动识别技术种类很多。与其他识别技术相比，条码作为一种图形识别技术有如下特点。

(1) 简单。条码符号制作容易，扫描操作简单易行。

(2) 信息采集速度快。普通计算机的键盘录入速度是 200 字符 1 分钟，而利用条码扫描录入信息的速度是键盘录入的 20 倍。

(3) 采集信息量大。利用条码扫描，一次可以采集几十位字符的信息，而且可以通过选择不同码制的条码增加字符密度，使录入的信息量成倍增加。

(4) 可靠性高。键盘录入数据，误码率为三百分之一；利用光学字符识别技术，误码率约为万分之一。而采用条码扫描录入方式，误码率仅有百万分之一，首读率可达 98%以上。

(5) 灵活、实用。条码符号作为一种识别手段可以单独使用，也可以和有关设备组成识别系统实现自动化识别，还可和其他控制设备联系起来实现整个系统的自动化管理。同时，在没有自动识别设备时，也可实现手工键盘输入。

(6) 自由度大。识别装置与条码标签相对位置的自由度要比光学字符识别大得多。条码通常只在一维方向上表示信息，而同一条码符号上所表示的信息是连续的，这样即使是标签上的条码行号在条的方向上有部分残族，仍可以从正常部分识读正确的信息。

(7) 设备结构简单、成本低。条码符号识别设备的结构简单，操作容易，无须专门训练。与其他自动化识别技术相比较，推广与应用条码技术所需费用较低。

10.2.2 无线射频识别技术

无线射频识别(Radio Frequency Identification，RFID)技术是一种非接触式的自动识别技术，它通过射频信号自动识别目标对象并获取相关数据。系统能够在复杂的多步骤供应网络中跟踪产品供应情况，是理想的高效供应链管理解决方案，使众多的行业受益匪浅。与旧的条码印刷相比，无线射频识别技术具有资料可更新、方便辨识、资料储存容量更大、可重复使用、可同时读取数种资料及更高安全性的优点。目前，RFID 技术已经被广泛应用于各个领域，从门禁管制、牲畜管理，到物流管理，皆可以见到其踪迹。

1. 无线射频识别系统的组成

物流和供应链管理中使用的 RFID 设备由应答器、阅读器、天线和其他周边设备组成。

(1) 应答器。应答器即所谓的电子标签，放置在要识别的物体上，里面包含该物体的 EPC 码(Electronic Product Code)属性信息。应答器通常没有自己的供电电源，只是在阅读器的响应范围之内，应答器通过其自带的耦合元件获得所需能量才是有源的。

(2) 阅读器。阅读器又称扫描器，扫描应答器获取电子标签数据，取决于所使用的结构和技术，可以是读或写读装置，可分为固定阅读器和手持阅读器。

(3) 天线。天线是应答器和阅读器的耦合元件，阅读器通过天线发射和接收电磁波信息。为了确保处于不同角度的标签都能够被阅读器扫描到，通常一个阅读器可以接多个天线。

(4) 其他设备。例如，识别结果提示装置，此装置可以以发声或灯光显示提示识别结果正确与否，方便管理人员及时对识别结果进行判断；标签打印机，用于在电子标签表面打印所需要的文字和条码，有时可能仍然需要对此条码进行扫描。

对于供应链中的企业而言，只有 RFID 设备是不够的，还需要购买或开发支持 RFID 技术的应用信息系统，通过系统接口和 EDI、XML 等技术与外部应用系统集成，实现信息的双向流动。

2. 无线射频识别系统的工作原理

阅读器通过发射天线发送一定频率的射频信号，当应答器(电子标签)进入发射天线工作区域时产生感应电流，应答器(电子标签)获得能量被激活；应答器(电子标签)将自身编码等信息通过内置发送天线发送出去；阅读器接收天线接收到从应答器(电子标签)发送来的射频信号，经天线传送到阅读器，阅读器对接收的信号进行解调和解码，然后送到后台主系统进行相关处理；主系统根据逻辑运算判断该电子标签的合法性，针对不同的设定做出相应的处理和控制，发出指令信号控制执行机构动作。

3. 无线射频识别技术的特点

RFID 和条码从概念上来看，两者很相似，目的都是快速准确地确认追踪目标物体。但 RFID 与条码是两种不同的技术，有不同的适用范围。两者之间最大的区别是条码是“可视技术”，扫描仪在人的指导下工作，只能接收它视野范围内的条码。相比之下，RFID 识别不要求看见目标，RFID 标签只要在接收器的作用范围内就可以被读取。条码本身还具有其他缺点：标签被划破、污染或是脱落，扫描仪就无法辨认目标；条码只能识别生产者和产品，并不能辨认具体的商品；贴在所有同一种产品包装上的条码都一样，无法辨认哪些产品先过期；等等。

具体来说，与条码对比，RFID 技术的特点主要集中在以下几个方面。

(1) 快速扫描。条码一次只能有一个标签受到扫描；RFID 辨识器可同时辨识读取数个 RFID 标签。

(2) 体积小型化、形状多样化。RFID 在读取上不受尺寸大小与形状限制，无须为了读取精确度而配合纸张的固定尺寸和印刷品质。此外，RFID 标签更可往小型化与多样化形态发展，以应用于不同产品。

(3) 抗污染能力和耐久性强。传统条码的载体是纸张，容易受到污染，但 RFID 对水、油和化学药品等物质具有很强的抵抗性。此外，由于条码是附于塑料袋或外包装纸箱上的，所以特别容易受到折损；RFID 卷标则是将数据存在芯片中，可以免受污损。

(4) 可重复使用。现今的条码印刷上去之后就无法更改，RFID 标签则可以重复地增加、修改、删除 RFID 卷标内储存的数据，方便信息的更新。

(5) 穿透性和无屏障阅读。在被覆盖的情况下，RFID 能够穿透纸张、木材和塑料等非金属或非透明的材料，并能够进行穿透性通信。而条码扫描机必须在近距离且没有物体阻挡的情况下，才可以辨读条码。

(6) 数据的记忆容量大。一维条码的容量是 50B，二维条码的容量可储存 2～3000B，RFID 最大的容量则有数 MB。随着记忆载体的发展，数据容量也有不断扩大的趋势。未来物品所需携带的资料量会越来越大，对卷标所能扩充容量的需求也相应增加。

(7) 安全性。RFID 承载的是电子式信息，数据内容可经由密码保护，不易被伪造及变造。

10.2.3 电子数据交换技术

电子数据交换技术(Electronic Data Interchange，EDI)，中文可译为“电子数据交换”或“电子资料联通”。EDI 采用标准化的格式，利用计算机网络进行业务数据的传输和处理，是一种在公司之间传输订单、发票等作业文件的电子化手段，被称作“无纸贸易”。ISO 于 1994 年确认了 EDI 的技术定义：将贸易(商业)或行政事务处理按照一个公认的标准变成结构化的事务处理或信息数据格式，从计算机到计算机的电子传输。

1. 电子数据交换技术的组成

1) 用户接口模块

EDI 系统能自动处理各种报文，但是界面友好的人机接口仍是必不可少的。用户接口模块包括用户界面和查询统计。

(1) 用户界面。用户界面是 EDI 系统的外包装，它的设计是否美观、使用是否方便，直接关系到 EDI 系统产品的外在形象。

(2) 查询统计。查询统计帮助管理人员了解本单位的情况，打印或显示各种统计报表，了解市场变化情况，及时调整经营方针策略等。

2) 内部接口模块

内部接口模块(也称联系模块)是 EDI 系统和本单位内的其他信息管理系统或数据库的接口。EDI 在处理完订单审核、生产组织、货运安排及海关手续办理等事务，将有关结果通知其他信息系统，或印出必要文件进行物理存档。一个单位信息系统应用程度越高，内部接口模块也就越复杂。

3) 报文生成及处理模块

报文生成及处理模块接受来自用户接口模块和内部接口模块的命令和信息，按照 EDI 标准生成订单、发票、合同以及其他各种 EDI 报文和单证，然后将“通信模块”发给其他 EDI 用户。

报文生成及处理模块能自动处理其他 EDI 系统发来的 EDI 报文，按照不同的 EDI 的报文类型，应用不同的过程进行处理。一方面从信息系统中取出必要的信息回复给发来单证的

EDI 系统，另一方面将单证中的有关信息送给本单位其他信息系统。

4) 格式转换模块

格式转换模块将各种单证按 EDI 结构化的要求做结构化处理，包括语法上的压缩、嵌套、代码转换以及 EDI 语法控制等。同样，经过通信模块接收到的结构化的 EDI 报文，也要做非结构化的处理，以便本单位内部的信息管理系统做进一步处理。

5) 通信模块

该模块是 EDI 系统与 EDI 通信网络的接口。通信模块负责在接收到 EDI 用户报文后，进行审查和确认。根据 EDI 通信网络的结构不同，该模块的功能也有所不同。但基本的通信功能如执行呼叫、自动重发、合法性和完整性检查、出错报警、自动应答、通信记录、报文拼装和拆卸等是必须具备的。

2. 电子数据交换技术实施过程

EDI 技术实施过程就是用户将相关数据从自己的计算机信息系统传送到有关交易方的计算机信息系统的过程，该过程因用户应用系统及外部通信环境的差异而不同。在 EDI 增值服务的条件下，这个过程分为以下几个步骤。

(1) 发送方将要发送的数据从信息系统数据库中提取，转换成平面文件。

(2) 将平面文件翻译为标准 EDI 报文，并组成 EDI 信件，接收方从 EDI 信箱收取信件。

(3) 将 EDI 信件拆分并译成平面文件。

(4) 将平面文件转换并送到接收方信息系统中进行处理。

3. 电子数据交换技术的特点

(1) EDI 的使用对象是不同的组织之间，EDI 传输的企业间的报文，是企业间信息交流的一种方式。

(2) EDI 所传送的资料是一般业务资料，如发票、订单等，而不是一般性的通知。

(3) EDI 传输的报文是格式化的，是符合国际标准的，这是计算机能够自动处理报文的基本前提。

(4) EDI 使用的数据通信网络一般是增值网、专用网。

(5) 数据传输由收送双方的计算机系统直接传送、交换资料，不需要人工介入操作。

(6) EDI 与传真或电子邮件的区别是：传真与电子邮件，需要人工的阅读判断处理才能进入计算机系统。人工将资料重复输入计算机系统中，既浪费人力资源，也容易发生错误，而 EDI 不需要再将有关资料人工重复输入系统。

10.2.4 地理信息系统技术

地理信息系统(Geographic Information System，GIS)是 20 世纪 60 年代开始迅速发展起来的地理学研究技术，是多种学科交叉的产物。顾名思义，地理信息系统是处理地理信息的系统。地理信息是指直接或间接与地球上的空间位置有关的信息，又常称为空间信息。一般来说，GIS 可定义为："用于采集、存储、管理、处理、检索、分析和表达地理空间数据的计算机系统，是分析和处理海量地理数据的通用技术。"从 GIS 系统的应用角度，可进一步定义为："GIS 由计算机系统、地理数据和用户组成，通过对地理数据的集成、存储、检索、操作和分析，生成并输出各种地理信息，从而为土地利用、资源评价与管理、环境监测、交通运输、经济建设、城市规划以及政府部门行政管理提供新的知识，为工程设计和规划、管理决策服务。”

1. 地理信息系统的组成

GIS 的应用系统由 5 个主要部分构成，即硬件、软件、数据、人员和方法。

(1) 硬件。硬件是指操作 GIS 所需的一切计算机资源。目前的 GIS 软件可以在很多类型的硬件上运行，从中央计算机服务器到桌面计算机，从单机到网络环境。一个典型的 GIS 硬件系统除计算机外，还包括数字化仪、扫描仪、绘图仪、磁带机等外部设备。

(2) 软件。软件是指 GIS 运行所必需的各种程序，主要包括计算机系统软件和地理信息系统软件两部分。地理信息系统软件提供存储、分析和显示地理信息的功能与工具。主要的软件部件有：输入和处理地理信息的工具；数据库管理系统工具；支持地理查询、分析和可视化显示的工具；使用这些工具的图形用户接口。

(3) 数据。数据是一个 GIS 应用系统最基础的组成部分。空间数据是 GIS 的操作对象，是现实世界经过模型抽象的实质性内容确定，展示了 GIS 对现实世界的信息表达与分层。一个 GIS 应用系统必须建立在准确合理的地理数据基础上，数据来源包括室内数字化和野外采集，以及其他数据的转换。数据包括空间数据和属性数据，空间数据的表达可以采用栅格和向量两种形式，空间数据表现了地理空间实体的位置、大小、形状、方向以及几何拓扑关系。

(4) 人员。人是地理信息系统中重要的构成要素，GIS 不同于一幅地图，它是一个动态的地理模型，仅有系统软硬件和数据还不能构成完整的地理信息系统，需要人进行系统组织、管理、维护和数据更新、系统扩充完善以及应用程序开发，并采用空间分析模型提取多种信息。因此，GIS 应用的关键是掌握实施 GIS 来解决现实问题的人员素质。

(5) 方法。这里的方法主要是指空间信息的综合分析方法，即常说的应用模型。它是在对专业领域的具体对象与过程进行大量研究的基础上总结出的规律的表示。GIS 应用就是利用这些模型对大量空间数据进行分析综合来解决实际问题，如基于 GIS 的矿产资源评价模型、灾害评价模型等。

2. 地理信息系统的工作任务

(1) 输入。在地理数据用于 GIS 之前，数据必须转换成适当的数字格式。从图纸数据转换成计算机文件的过程叫作数字化。对于大型的项目，现代 GIS 技术可以通过扫描技术来使这个过程全部自动化。目前，许多地理数据已经是 GIS 兼容的数据格式，这些数据可以从数据提供商那里获得并直接装入 GIS 中。

(2) 处理。对于一个特定的 GIS 项目来说，有可能需要将数据转换或处理成某种形式以适应所使用的系统。例如，地理信息适用于不同的比例尺(街道中心线文件的比例尺也许是 1:100 000；邮政编码是 1: 100 000)。在这些信息被集成以前，必须转变成同一比例尺。这可以是为了显示的目的而做的临时变换，也可以是为了分析所做的永久变换。GIS 技术提供了许多工具来处理空间数据和去除不必要的数据。

(3) 管理。对于小的 GIS 项目，把地理信息存储成简单的文件就足够了。但是，当数据量很大而且数据用户数很多时，最好使用一个数据库管理系统，来帮助存储、组织和管理数据。一个数据库管理系统就是用来管理一个数据库的计算机软件。

(4) 查询和分析。GIS 提供简单的鼠标单击查询功能和复杂的分析工具，为管理者和类似的分析家提供及时的信息。当分析地理数据用于建筑模式和趋势，或提出某种假设性设想时，GIS 技术实际上正在被使用。现代的 GIS 具有许多有力的分析工具，如接近程度分析和覆盖范围分析。

(5) 可视化。对于许多类型的地理操作，最终结果最好是以地图或图形显示，图形对于存储和传递地理信息非常有效，地图显示可以集成在报告、三维观察、照片图像和多媒体的其他输出中。

3. 地理信息系统的特点

(1) 有采集、管理、分析和输出多种地理空间信息的能力，具有空间性和动态性。

(2) 以地理研究和地理决策为目的，以地理模型方法为手段，具有区域空间分析、多要素综合分析和动态预测能力，产生高层次的地理信息。

(3) 由计算机系统支持进行空间地理数据管理，并由计算机程序模拟常规的或专门的地理分析方法，作用于空间数据，产生有用信息，完成人类难以完成的任务。

10.3 物流信息系统

既然物流信息有如此重要的作用，那么企业物流管理者就应该对它进行有效的管理。物流的信息管理就是对物流信息的搜集、整理、存储传播和利用的过程，也就是将物流信息从分散到集中，从无序到有序，从产生、传播到利用的过程，同时对涉及物流信息活动的各种要素，包括人员、技术、工具等进行管理，实现资源的合理配置。千头万绪的信息单单靠人力是无法完成的，这就需要信息系统进行分析处理。

10.3.1 物流信息系统的含义

物流信息系统是一种由人、计算机(包括网络)和物流管理规则组成的集成化系统。它将硬件和软件结合在一起，对物流活动进行管理、控制和衡量。其中，硬件部分包括计算机、输入输出设备、网络设备和储存媒体等；软件部分包括用于处理交易、管理控制、决策分析和制订战略计划的系统和应用程序。

10.3.2 物流信息系统的特征

物流信息系统具有集成化、模块化、实时化、网络化和智能化等特点。随着社会经济的发展和科技的进步，物流信息系统正在向信息分类集成化、系统功能模块化、信息采集在线化、信息存储大型化、信息传输网络化、信息处理智能化，以及信息处理界面的图形化方向发展。

(1) 集成化。集成化是指物流信息系统将业务逻辑上相互关联的部分连接在一起，为企业物流活动中的集成化信息处理工作提供基础。在系统开发过程中，数据库的设计、系统结构以及功能的设计等都应该遵循统一的标准、规范和规程(即集成化)，以避免出现“信息孤岛”现象。

(2) 模块化。模块化是指把物流信息系统划分为各个功能模块的子系统，各子系统通过

统一的标准来进行功能模块开发，然后再集成、组合起来使用，这样就能既满足不同管理部门的需要，也保证了各个子系统的使用和访问权限。

(3) 实时化。实时化是指借助于编码技术、自动识别技术、GPS 技术、GIS 技术等现代物流技术，对物流活动进行准确、实时的信息采集，并采用先进的计算机与通信技术，实时进行数据处理和传送物流信息。

(4) 网络化。网络化是指通过 Internet 将分散在不同地理位置的物流分支机构、供应商、客户等连接起来，形成一个复杂但有密切联系的信息网络，从而通过物流信息系统这个联系方式实时地了解各地业务的运作情况。物流信息中心将对各地传来的物流信息进行汇总、分类，以及综合分析，并通过网络把结果反馈传达下去，以指导、协调、综合各个地区的业务工作。

(5) 智能化。智能化物流信息系统现在虽然缺乏十分成功的案例，但物流信息系统正在向这个方向发展。比如，企业决策支持系统中的知识子系统，它就负责搜集、存储和智能化处理在决策过程中所需要的物流领域知识、专家的决策知识和经验知识。

10.3.3 物流信息系统的结构

通常认为，物流信息系统中最主要的子系统包括订单管理系统(Order Management System，OMS)、仓储管理系统(Warehouse Management System，WMS)和运输管理系统(Transport Management System，TMS)。每个子系统包括各种交易信息，也是决策支持工具，帮助企业或组织为特定的物流活动制订计划。这些子系统之间相互存在信息交换，整个物流信息系统与其他信息系统之间也相互交换信息，构成了一体化的信息系统。

1. 订单管理系统

订单管理系统是物流信息系统的前端。客户在需要产品时会下订单，这些信息最早传到订单管理系统。在物流信息系统中，需要通过复杂的应用软件来处理复杂的订单管理环节，如接收订单、整理数据、订单确认、交易处理(包括信用卡结算及赊欠业务处理)等。

(1) 接收订单。其作用是接收并确认订单来源。当系统收到一份订单时，会在管理人员的协助下审核订单信息的完整性和准确性，并自动识别该订单的来源以及下订单的方式，统计顾客是通过何种方式(电话、传真、电子邮件等)完成的订单。之后，系统会自动根据库存清单检索订单上的货物目前是否保有存货。

(2) 支付处理。系统会自动根据客户提交订单时提供的支付信息处理信用卡业务以及赊欠账业务。如果客户填写的支付信息有误，系统将及时通知顾客进行更改或者选择其他合适的支付方式。同时，系统会和企业财务系统相联系审核客户的资信状况。

(3) 订单确认与处理。信息系统会在管理人员的参与下判断是否可以按照客户要求的时间配送货物，并为顾客发送订单确认信息。随后，格式化订单会被发送到离客户最近的配送中心或工厂，制订生产计划或扣减库存、安排运输，并准备发票。在整个过程中，订单管理系统同仓储管理系统、企业财务系统等系统之间存在密切的信息交流和互动。例如，顾客通过互联网下订单后，需要物流系统迅速查询库存清单、查看存货状况，而这些信息随后又通过订单确认程序再度回馈给顾客。

2. 仓储管理系统

如上所述，仓储管理系统与订单管理系统联系密切，某些仓储管理系统本身就包括订单管理系统。该信息子系统主要协助管理物流系统中位于存储状态的货物及其相关信息，其主要功能包括收货管理、入库管理、库存管理、拣货管理等。

(1) 收货管理。这是货物进入仓储管理系统的入口。产品从运载工具上卸下之后，系统自动或借助手动方式利用条形码或无线射频识别系统将货物相关信息输入仓储管理系统。通过比对产品编号、供货商编号，可以得到所进货物的详细信息。

(2) 入库管理。针对需要在仓库中短期存储的货物，系统会根据产品的物理属性、存储要求检索出仓库现有空间和库位信息，根据事先设定的存储规则，指定货物应该存放的地点及作业方式。

(3) 库存管理。系统将持续对仓库内的存货水平进行监测，随时提供仓库内存货清单，并自动或在管理人员的配合下完成存货补给工作。自动补货系统会利用设定的再订货点法自动生成订单，要求供货商补进存货。

(4) 拣货管理。仓储管理系统会在接收到订单信息后，根据订单内容安排货物的分拣、包装及发运任务。在这个阶段，有的仓库还会提供一些增值服务，如根据客户特殊需求对物品进行包装等。因此，需要根据设定的规则生成有效的拣货单、发运单。

3. 运输管理系统

运输管理系统的主要目标包括根据运输需求选择运输方式或指定承运人、制订运输计划、进行货物跟踪、运费单审核和处理投诉等。

(1) 选择运输方式/承运人。运输管理系统可以根据每个订单对运输服务的要求、货物自身的特点和承运人的服务能力来选择运输服务质量和成本的最优组合，确定最佳的运输方式，选择报价合理、服务优质的承运人。

(2) 运输计划。它包括将不同批次的货物拼成一批，集中运输以减少运输成本，合理安排运输时间和线路等，根据不同情况将生成发送计划、车辆调度计划等。

(3) 货物跟踪。越来越多的承运人可以向货主提供货物跟踪服务，通过条形码、无线射频设备、GPS 设备等可以轻易获知货物所在位置，并通过网络或其他通信手段随时通报给客户。

(4) 运费单审核和投诉处理。由于承运人的运费计算系统往往十分复杂，计算机控制的运输管理系统可以快速搜索出运输的最低成本，并与运费单进行比较。如果客户针对运费进行投诉，可以通过系统很快地进行处理。

10.3.4 物流信息系统的功能

物流信息系统的主要功能是进行物流信息的收集、存储、传输、加工整理、维护和输出，为物流管理者及其他组织管理人员提供战略、战术及运作决策的支持，以达到组织的战略竞优，提高物流运作的效率与效益。物流信息系统是物流系统的神经中枢，它作为整个物流系统的指挥和控制系统，可以分为多种子系统或者多种基本功能。通常，可以将其基本功能归纳为以下几个方面。

1. 数据收集

物流数据的收集首先是将数据通过收集子系统从系统内部或者外部收集到预处理系统中，并整理成系统要求的格式和形式，然后再通过输入子系统输入到物流信息系统中。这一过程是其他功能发挥作用的前提和基础，如果一开始收集和输入的信息不完全或不正确，在接下来的过程中得到的结果就可能与实际情况完全相左，这将会导致严重的后果。因此，在衡量一个信息系统性能时，应注意它收集数据的完善性、准确性，以及校验能力、预防和抵抗破坏的能力等。

2. 信息存储

物流数据经过收集和输入阶段后，在其得到处理之前，必须在系统中存储下来。即使在处理之后，若信息还有利用价值，也要将其保存下来，以供以后使用。物流信息系统的存储功能就是要保证已得到的物流信息能够不丢失、不走样、不外泄，整理得当，随时可用。无论哪一种物流信息系统，在涉及信息的存储问题时，都要考虑到存储量、信息格式、存储方式、使用方式、存储时间、安全保密等问题。如果这些问题没有得到妥善的解决，信息系统是不可能投入使用的。

3. 信息传输

在物流系统中，物流信息一定要准确、及时地传输到各个职能环节，否则信息就会失去其使用价值。这就需要物流信息系统具有克服空间障碍的功能。物流信息系统在实际运行前，必须要充分考虑所要传递的信息的种类、数量、频率、可靠性要求等因素。只有这些因素符合物流系统的实际需要时，物流信息系统才是有实际使用价值的。

4. 信息处理

物流信息系统最根本的目的就是要将输入的数据加工处理成物流系统所需要的物流信息。数据和信息有所不同，数据是得到信息的基础，但数据往往不能直接利用，而信息是从数据加工得到的，可以直接利用。只有得到了具有实际使用价值的物流信息，物流信息系统的功能才算发挥。

5. 信息输出

信息的输出是物流信息系统的最后一项功能，也只有在实现了这个功能后，物流信息系统的任务才算完成。信息的输出必须采用便于人或计算机理解的形式，在输出形式上力求易读易懂，直观醒目。

以上 5 项功能是物流信息系统的基本功能，缺一不可。而且，只有这 5 个过程都没有出错，最后得到的物流信息才具有实际使用价值，否则就会造成严重后果。

10.3.5 物流信息系统的开发与设计

1. 物流信息系统开发的基本条件与基本原则

1) 物流信息系统开发的基本条件

物流信息系统的开发需要一些基础条件。从目前已经建立和使用的物流信息系统来看，一个成功的物流信息系统的开发必须具备以下几个基本条件。

(1) 领导重视。“信息系统是一把手工程”就是指企业领导必须重视物流信息系统的开发。企业物流信息系统是一项复杂的系统工程，它涉及企业的组织结构、规章制度、业务流程、人员管理等诸多要素，这些都是专业技术开发人员所不能解决的。国内外开发物流信息系统的实践表明，企业领导的重视程度直接影响到物流信息系统的成败。

事实证明，企业信息系统将使企业各级管理者更直接、快速、清楚地了解并掌握企业的运作现状和运作环境。物流信息系统的使用在早期主要以提高业务层员工的工作效率为目标，这种应用所产生的效果极为有限。物流信息系统只有应用于企业中高层才可能产生巨大的效果，因此，为企业中高层所使用的信息系统正在开发或将被开发出来。“企业信息系统就是为企业决策者所开发的”也会被人们所接受。因此，企业各级管理者必须真正重视信息系统的开发。

(2) 管理及物质基础。物流信息系统的开发应具备以下管理及物质基础：①科学、规范的管理。只有在合理的管理机制、完善的规章制度、稳定的生产秩序、科学的管理方法下，才能充分发挥物流信息系统的最大效率。②业务流程的标准化、规范化。当现行的业务流程不符合现代化的管理思想和理念，不适应竞争的市场环境时，则必须进行业务流程重组，即按照合适的、先进的、现代化的管理思想和理念，采取删除、合并、新增的方法，变革现行的业务流程，使之与市场环境相适应。③专门的机构与人员。企业必须像管理资金、人力等资源那样，有专门的机构、人员从事企业信息系统的管理，统一规划企业信息系统平台的建设。企业的运作、决策将会越来越依赖于信息系统，因此，必须有相适应的规章制度使系统能正常运行。有了相应的专门机构、人员，企业就会由被动开发变为主动开发。只有这样，企业信息系统才能真正成为“企业针对环境带来的挑战而做出的基于信息技术的解决方案”。④要有相应的用于物流信息系统开发的物质基础，包括系统的硬件设备、硬件设施、软件开发费用和软件维护费用等。

(3) 技术条件。物流信息系统开发应具备的技术条件主要包括：①信息的标准化。建立物流信息的相关标准是信息共享的前提。结合物流实际，在物流中应该标准化的信息有以下几种：一是运输货物分类及编码。对全国主要货物应有统一的分类方法及编码，可以借鉴海关对国际贸易的税则归类，为计算机管理创造最基本条件。二是统一物流专业词汇。物流用语常常因地区或国家不同而有不同的含义，在传递信息时可能会引起误解和发生差错。因此，统一专业词汇，使其有明确的内涵和外延，是信息交流的重要前提。三是单据、账票、卡片的标准化，包括在流通过程中所使用的各种主要单据、表格的标准化。四是信息传递方式的标准化，包括统一软件、统一传递方式的标准化等。②数据选择、积累和数据库的建立。物流信息绝大部分都可转化为数据，选择及积累数据是建立信息系统的重要基础。没有数据作为对象，信息系统无从谈起。在初建数据库时，要决定数据选择及积累方式，可以通过搜集尽量少的数据达到基本掌握全系统运行状况的目的。③工作程序的确立。工作程序的确立即制定数据传递的顺序及处理数据的权力限制。无论采用何种方式建立信息系统，都应首先设计工作程序。例如，在采用文件传递方式时，应确定手工汇总及整理信息程序；在采用电子计算机方式时，则应设计相应的软件，才能使整个工作有条不紊地进行。④确定信息发布方式及建立基础设施。现代化物流信息数量大，因此，搜集、汇总、储存、处理和发布信息必须有与之相适应的手段。物流信息绝大部分可以数据化，故可以方便地利用计算机。建立计算机局域网或广域网是建立现代化物流必须进行的工作。现代物流信息传递和交换也需要通过合适的其他通信设施来完成，如电话线路和传真。

(4) 物流信息人才的培养。从大量的物流信息中选择少量关键性内容，不同的人会有不同的选择。这样，信息的搜集、分类、存储的水平就会有高低之分。因此，需要有专门的既懂物流知识，又有信息处理知识的人才来从事物流信息的开发。而物流信息系统的成功不仅依赖于专业人员，还需要培训系统终端用户。因为用户不仅要熟悉系统的操作，更重要的是在使用系统的过程中，能够提出对系统的改进意见，这就需要对终端用户进行培训。

2) 物流信息系统开发与设计的基本原则

物流信息系统的开发与设计一般应遵循以下原则。

(1) 完整性原则。它具体包括功能的完整性与系统开发的完整性。功能的完整性就是根据企业物流管理的实际需要，制定的系统能全面、完整覆盖物流管理的信息化要求。系统开发的完整性是指在开发、设计物流信息系统时要制定相应的管理规范，如开发文档的管理规范、数据格式规范、报表文件规范，以保证系统开发和操作的完整性、可持续性。

(2) 可靠性原则。系统开发、设计的可靠性包括在正常情况下的可靠性及在非正常情况下的可靠性。系统在正常情况下是可靠运行的，实际就是要求系统的精确性和稳定性。精确性可以解释为物流信息系统的报告与实物计数或实际状况相比所达到的程度。物流信息必须精确地反映当前状况和定期活动，以衡量顾客订货和存货水平。当实际存货和信息系统存货之间存在较低的一致性时，就有必要采取缓冲存货或安全存货的方式来适应这种不确定性。而稳定性是指物流管理系统要能在正常情况下达到系统设计的预期精度要求，不管输入的数据多么复杂，只要是在系统设计要求的范围内，都能输出可靠结果。

非正常情况下的可靠性包括两层含义：一是指系统的灵活性。物流信息系统必须具有灵活性，以满足系统用户和顾客两方面的需求。物流信息系统必须有能力提供能迎合特定顾客需要的数据。二是指物流信息系统必须以异常情况为基础，突出问题和机会。物流信息系统应该具有强烈的异常性导向，以结合决策规则去识别一些要求管理部门注意并做出决策的异常情况。这样，计划人员或经理人员就能够把他们的精力集中在最需要引起注意的情况或者能提供的最佳机会来改善服务或降低成本的情况。就物流信息系统本身而言，这种可靠性是指系统在软、硬件环境发生故障的情况下仍能部分使用和运行。一个优秀的信息系统也是一个灵活的系统，在设计时就必须针对一些紧急情况做出应对措施。

(3) 可得性原则。可得性是保证对消费者做出反应以及改进管理决策的必要条件。当企业需要获得有关物流活动的重要数据时，如订货和存货状况等，物流信息系统必须具有容易而又始终如一的可得性，提供需要的信息。可得性的另一个方面是存取所需信息。无论是管理者、消费者，还是供应商，物流作业分散化的性质，都要求对信息具有存取能力，并且能从国内甚至世界范围内的任何地方得到更新。这样，信息的可得性就能减少作业上和制订计划上的不确定性。

(4) 及时性原则。它是指系统状态(诸如存货水平)以及管理控制(诸如每天或每周的功能记录)的及时性。及时的管理控制是在还有时间采取正确的行动或使损失减少到最低程度的时候提供信息。概括地说，及时的信息减少了不确定性并识别了种种问题，减少了存货需要量，增加了决策的精确性。

(5) 经济性原则。企业是趋利性组织，追逐经济利益是其活动的最终目的，每一次投入都会考虑产出。因此在系统的投入中也要做到以最小投入取得最大效益，软件的开发费用必须在保证质量的情况下尽量压缩。同时，系统投入运行后，必须保持较低的运行维护费用，减少不必要的管理费用。

2. 物流信息系统开发与设计的功能要求和技术要求

1) 物流信息系统开发与设计的功能要求

一个全新的物流信息系统在设计和实施过程中要考虑的功能要求如下。

(1) 数据交换。局域网、广域网和客户服务器结构的使用，为物流信息系统带来了分散性、敏感性、灵活性的好处，同时使整个企业物流系统甚至整个供应链的数据一体化。但是如何在不同的系统进行数据交换，如何与其他类型数据库进行良好的数据转换，已成为物流信息系统新的课题。尽管分布式数据库技术的发展正致力于解决这一问题，但是能够从LOTUS和EXCEL等应用软件接收数据，拥有和其他系统、数据库的良好接口是物流信息系统的一个基本功能要求。

(2) 数据控制。伴随着数据的透明度和共享性的增加，对数据控制的难度在成几何级数增加。这种数据控制一方面表现在能够控制数据的权限，保障数据的安全性；另一方面则更为重要，就是能够进行智能化分析，在浩如烟海的信息中找出有用的东西，并且把数据和信息转换成使用知识的能力，吸取和分享知识，使信息管理成为一种至关重要的竞争资源，从而完成“如果怎样，将会怎样”的分析。

(3) 范围。如前所述，过去认为只是为了物流活动才利用信息，如今则认为只有掌握信息，物流活动才能开展。这说明，物流信息系统的应用范围不仅要涵盖自己企业整个物流作业系统，控制和支配各个作业环节，还要考虑相关的供应链上各企业的信息和物流操作。此外，3PL企业的信息系统应该能够灵活地进行拆分，这样在进行一些企业的物流咨询时就可以方便地分拆定制，提出解决方案，同时使自己的物流信息系统增值，如推出属于中小企业的单机版、网络版的仓储管理等。

(4) 算法。在数据分析过程中，首先要解决的是信息系统算法的优良性问题。在20世纪80年代，计算机的运算处理能力还很薄弱，算法的优良性将决定信息系统的反应能力。而目前变得更小的硬件尺寸和日益强大的处理能力已经把信息技术的应用从管理者和顾客服务代表的桌面上延伸到现场，信息分析范围更为广泛。面临着经济、原料、市场竞争及客户等方面不断增加的不确定性，信息系统算法的优良性将决定系统的反应处理能力、寻找及确认最优方案的能力以及物流决策的有效性。

(5) 演示。物流信息系统的演示能力表现在两方面：一方面系统内的各种呈报文件应广泛使用图表和流程图来说明物流运作实践、流程和网络的变化；另一方面物流信息系统应该针对客户，建立起报告和展示的能力，从而达到展示系统吸引客户的目的。

2) 物流信息系统开发的技术要求

一个全新的物流信息系统在设计和实施过程中要考虑的技术要求有以下方面。

(1) 运作要求。物流信息系统首先应考虑与现有硬件、计划硬件和系统软件相匹配，不要盲目求快、求新，“适合的才是最好的”。其次是操作便捷，要能够有效地降低前台工作人员的劳动强度，提高工作效率。最后对网络客户输入数据的确认及远程对数据的打印要有良好的控制。

(2) 设计质量。物流信息系统要考虑总体软件设计并使软件修改方便。结构化设计技术、模块程序、仿真技术和窗口可视化技术等的应用将使信息系统更易于设置、学习和使用。物

流信息系统的设计和开发所要做到的就是体现先进的物流管理思想，并把这种思想贯穿于实际操作中。同时物流信息系统本身应该具有一定的柔性，以便对信息系统进行升级更新。

(3) 技术复杂性。作为管理人员，要考虑到信息系统的易用性和可维护性。那些有着大量功能、处理灵活的软件要求更高的安装与维护技术水平，而学习或提供这些技巧是困难的，代价是昂贵的。

本章小结

物流信息就是物流活动的内容、形式、过程及发展变化的反映，它表示了品种、数量、时间、空间等各种需求信息在同一个物流系统内，在不同的物流环节中所处的具体位置。在物流活动中，供给方与需求方需要进行大量的信息交换和交流。物流信息特殊性主要表现在：信息源点多、分布广、信息量大、种类繁多、动态性强。物流信息的作用主要是：沟通联系、引导和协调、管理控制、辅助决策分析等。

物流信息系统中应用了大量的先进信息技术，具有代表性的是：条码技术、无线射频识别技术、电子数据交换技术及地理信息系统技术。物流条码是物流过程中用以标识具体实物的一种特殊代码，是由一组黑白相间的条、空组成的图形，利用识读设备可以实现自动识别、自动数据搜集。无线射频识别技术是一种非接触式的自动识别技术，它通过射频信号自动识别目标对象并获取相关数据。无线射频识别设备由应答器、阅读器、天线和其他周边设备组成，具有快速扫描、体积小型化、形状多样化、抗污染能力和耐久性、可重复使用、穿透性和无屏障阅读、数据的记忆容量大、安全性等特点。电子数据交换技术是采用标准化的格式，利用计算机网络进行业务数据的传输和处理，同时也是一种在公司之间传输订单、发票等作业文件的电子化手段，由用户接口模块、内部接口模块、报文生成及处理模块、格式转换模块、通信模块等组成。地理信息系统技术是用于采集、存储、管理、处理、检索、分析和表达地理空间数据的计算机系统，是分析和处理海量地理数据的通用技术。它由硬件、软件、数据、人员和方法几个部分组成，主要任务包括：输入、处理、管理、查询和分析、可视化等。

物流信息系统是一种由人、计算机和物流管理规则组成的集成化系统，其主要构成要素包括硬件、软件、数据库和数据仓库、相关人员以及企业管理制度与规范等。它具有集成化、模块化、实时化、网络化和智能化等特点。物流信息系统的结构包括：订单管理系统、仓储管理系统和运输管理系统。物流信息系统的基本功能包括：数据收集、信息存储、信息传输、信息处理、信息输出等。

在开发与设计物流信息系统时，应遵循完整性原则、可靠性原则、可得性原则、及时性原则和经济性原则。在设计和实施过程中需要进一步考虑的功能要求有数据交换、数据控制、范围、算法和演示，此外，还要注意以下 3 个方面的技术性要求：运作要求、设计质量和技术复杂性。

思考与练习

1. 物流信息的特点有哪些？
2. 物流信息技术包含哪些？
3. 简述条码技术、无线射频技术、电子数据交换技术、地理信息系统技术的原理及特点。
4. 什么是物流信息系统？
5. 物流信息系统有哪些部分组成？

案例讨论

沃尔玛的物流信息系统

美国人山姆·沃尔顿于 1962 年创立沃尔玛百货有限公司。在短短的几十年间，它由一家小型折扣商店发展成为世界上最大的零售企业。在沃尔玛实现短时间发展壮大、超越对手，坐上世界零售企业头把交椅的各种因素中，强大的物流信息系统起着至关重要的作用。依靠自身的信息系统，沃尔玛每年要满足全球 4 000 多家连锁店对 8 万种商品的配送需要，每年的运输量超过 78 亿箱，总行程 6.5 亿千米。所有这一切，如果没有完善的物流信息系统是根本不可能实现的。强大的物流信息系统一方面是建立在强大的技术支持上，另一方面是依靠有效的内部控制模式。

1. 控制环境对信息系统的大力支持

控制环境是指对建立、加强或削弱特定政策、程序及其效率产生影响的各种因素，具体包括企业的董事会、企业管理人员的品行、操守、价值观、素质与能力，管理人员的管理哲学与经营观念、企业文化、企业各项规章制度、信息沟通体系等。企业控制环境决定其他控制要素能否发挥作用，是其他控制要素发挥作用的基础，直接影响到企业内部控制的贯彻执行以及企业内部控制目标的实现，是企业内部控制的核心。实际上，这里的控制环境指的就是公司治理结构。那么，沃尔玛是如何做的呢？早在 20 世纪 80 年代初期，沃尔玛就拥有了自己的一个卫星系统，这在当时几乎是不可想象的。起初，沃尔玛的所有者与管理层对此曾持不同的见解。在提出要建立自己的卫星系统时，山姆·沃尔顿是不太赞成的。他认为沃尔玛的信息系统已经在同行业中处于领先地位，不必再投入如此多的资金。然而公司的其他高层，包括几位董事和技术总监，深知投资新技术对公司发展和控制成本、提高管理水平的重要性，他们不断地向山姆施压，以大量的数据证明了建立卫星系统的可行性以及将会给沃尔玛带来的巨大效益。在其他高管的不懈努力下，山姆终于被说服了。待意见统一后，沃尔玛花费了大约 7 亿美元建成目前拥有的计算机和卫星系统。可以说，如果没有高层人员对建立信息系统的强力支持，如果沃尔玛是一个人说了算的企业，如果沃尔玛没有有效的权力制衡机制，其控制环境肯定是不稳定的，它也不可能有今天的规模和地位。

2. 引进信息技术时应有的风险意识

环境控制和风险评估，是提高企业内部控制效率和效果的关键。沃尔玛在不断引进新技术的基础上仍保持着非常谨慎的态度。每次有哪位主管想建立新系统时，公司总要求他们认真地对应用这个系统后可能带来的风险进行评估，并且谨慎地选择系统的应用范围，循序渐进、逐渐推广。1981 年，沃尔玛开始试验利用商品条形码和电子扫描仪实现存货自动控制。公司选定几家商店，在收款台安装读取商品条形码的设备。两年后，试验范围扩大到 25 家店；1984 年，试验范围扩大到 70 家店；1985 年，公司宣布将在所有的商店安装条形码识别系统，当年又扩大了 2 000 多家。到 20 世纪 80 年代末，沃尔玛所有的商店和配送中心都安装了电子条形码扫描系统。一个系统从试验到全面应用相隔差不多 10 年时间，其风险意识之强由此可见一斑。从以上两点看，沃尔玛已经把信息系统的建设看作整个企业的战略组成部分之一。企业的董事、部门的主管以及技术员工都参与到了信息系统的组建过程，人力、物力和资金的投入虽然很多，但企业的成果更是丰厚。

3. 对信息系统设置相应的控制环节和程控活动

这是确保管理层的指令得以实现的政策和程序，旨在帮助企业保证其针对“使企业目标不能达成的风险”采取必要行动。在建立了卫星系统后，沃尔玛针对这个交互式的通信系统重新设定了一系列的控制活动。沃尔玛总部的计算机和各个发货中心及各家分店的计算机连接，商店付款台上的激光扫描仪会把每件货物的条形码输入计算机，再由计算机进行分类统计。当某一货品库存减少到一定数量时，计算机会发出信号，提醒商店及时向总部要求进货，总部安排货源后，送至离商店最近的一个发货中心，再由发货中心的计算机安排发送时间和路线。这样，从商店发出订单到接到货物并把货物摆上货架销售，一整套工作完成只要 36 小时。这保证了它在拥有巨大规模的同时仍保持高效。

4. 内部控制进行监督

企业内部控制是一个过程，这个过程通过纳入管理过程的大量制度及活动来实现。要确保内部控制制度切实执行且执行的效果良好，能够随时适应新情况等，内部控制就必须被监督。沃尔玛的卫星系统可以监控到全集团的所有店铺、配送中心和经营的所有商品以及所有商品每天所发生的一切与经营有关的购销调存情况。沃尔玛在建立卫星系统后，其物流程式发生了质的变化。以卫星控制台为核心，沃尔玛利用统一产品代码 UPC (Universal Product Code)进行货品管理。经理们选择一件商品，扫描一下该商品的 UPC 代码，不仅可以知道商场目前有多少这种商品以及订货量是多少，而且知道有多少正在运输到商店的途中，会在什么时候运到。这些数据都通过主干网和通信卫星传递到数据中心。管理人员不但能实时地对销售情况、物力情况等进行监控，还可知道当天回收多少张失窃的信用卡、信息卡认可体系是否正常工作，并监督每日做成的交易数目。沃尔玛的数据中心也与供货商建立了联系，从而实现了快速反应的供应链管理。厂商通过运营系统可以进入沃尔玛的计算机分销系统和数据中心，直接从 POS 得到某供货商的商品流通动态信息，如不同店铺及不同商品的销售统计资料、沃尔玛各仓库的调配状态、销售预测、电子邮件与付款通知等，以此作为安排生产、供货和送货的依据。整个运作过程协调有序，减少了无效的程序，提高了效率。通过这个信息系统，管理人员掌握到第一手的数据，并对日常运营与企业战略做出分析和决策。

5. 扩大信息沟通范围，与供货商共享信息

一个良好的信息与沟通系统有助于提高内部控制的效率和效果。企业须按某种形式在某个时间段之内取得适当的信息，并加以沟通，使员工顺利履行职责。需要特别注意的是，沃尔玛的信息不仅供内部分店使用，而且与供货商共享。卫星系统每天可将销售点的数据，快速、直接地传递给4 000多家供货商，以便供货商及时备货，适应市场需求。对沃尔玛来说，他们的物流链已经远远超出了本公司的范围，其供货商也被包括进来。20世纪80年代末，通过计算机联网和电子数据交换系统与供货商分享信息，从而建立起伙伴关系。沃尔玛与供货商的关系都是很友好的，因为沃尔玛认为共享信息的收益肯定是大于风险的，与供货商共享信息是要坚持做下去的事情。通过与供货商建立伙伴关系，可以让供货商知道沃尔玛的库存情况以便决定是否需要供货。比如，皇后公司和沃尔玛合作将两家公司的计算机进行联网，让供货商随时了解其商品在沃尔玛各分店的销售和库存变动情况，并据此调整公司的生产和发货，从而提高了效率，降低了成本。

(资料来源：亚太博宇. 经典案例[J]. 中国物流与采购，2004年5月.)

思考：

沃尔玛的信息系统有什么特点？

第 3 篇　供应链功能篇

第 11 章　供应链设计与构建

【学习目标】

1. 理解供应链设计的内容、原则、策略及步骤。
2. 掌握供应链的结构模型。
3. 了解供应链中企业的角色分类。
4. 理解供应链构建的关键因素与基本原则。
5. 掌握供应链构建的基本步骤。

【引导案例】

雅芳的供应链设计

雅芳是世界上领先的美容产品直销商，除了化妆品、护肤品、香水和人身护理用品之外，还生产范围广泛的礼品，包括珠宝、女式内衣和时尚饰品。它通过 390 万独立的销售代表向 145 个国家的消费者销售。

雅芳最初的重点是营销和销售，多年来一直忽视了供应链的管理。回顾 20 世纪 80 年代，雅芳仅在欧洲 6 个国家设立了分支机构，每一个分支机构都有独自的工厂和仓库来供应当地的市场。这些分支机构都是独立运作的，有独立的信息系统，但却没有整体的计划，也没有共同的生产、营销和分销体系。到了 20 世纪 90 年代初期，雅芳就开始把它的关键品牌进行全球化，通过推出新产品、新包装和广告活动来改变自己的形象，以争取更年轻的消费者。这样公司面临的首要问题是销售周期与供应链不匹配。在大部分欧洲市场，雅芳每三个星期就会开展一轮新的销售活动——推出新的宣传材料、新的赠品和促销活动。这种短销售周期是雅芳直销模式的基石。短销售周期需要一个灵活、反应灵敏的供应链，这一点雅芳做得不够。它的工厂根据预测生产每一种产品，然后在每三周一次的销售活动开始前把货物运到各个国家的仓库。通常，某些产品会大受欢迎，分支机构会向工厂下紧急补充订单。然而，产品要经过从原材料到生产、再到分销的整个供应链循环，平均需要 12 周的时间。这种时间上的不匹配导致每一次销售活动的过程中都会出现一些仓促行动和大量的低效率现象。雅芳依靠员工的竭诚服务来满足消费者的需求，毫不顾及成本。但是，随着业务的增长，满足不同市场和精确预测不同产品需求的难度越来越大。由于 40%～50%的品种的销售都会超出预期，工厂要经常打断进度表，从生产一种产品转到生产另一种产品。其转换成本很高，因为工厂的设计模式是适应于大批量生产的，滞销的产品也会带来高昂的成本。在每一个销售周期里都会有些产品的销售量小于预测数，所以雅芳积压的商品逐渐增加，存货水平高达150天。

为此，雅芳重新设计供应链，保留了它在德国的工厂，同时把其他工厂都集中到了波兰。这个措施扩大了雅芳在新兴市场的核心部分的生产能力。同时，雅芳还提高了主要成本的效率，这主要是因为劳动力成本降低了。此外，雅芳还在波兰建立了一个集中的存货中心，为公司在欧洲的分支机构服务。

雅芳还努力使它的包装盒标准化，以降低成本，提高效率。公司过去认为每一种产品都应该有不同的包装瓶和形状，但它现在意识到，也可以用瓶盖、颜色和标签来实现产品的差异化，生产变得更加灵活，因为转换时间通常是零。供应商现在可以用更有效的高速生产线生产雅芳的包装盒，产品成本也会降低。雅芳还优化了供应商数量，请供应商帮忙设计一些成本效率较高的新包装瓶。在很多情况下，雅芳不得不调整自己的方法，以便供应商能够以成本效率更高的方式生产。

(资料来源：https://www.sohu.com/a/377940173_653366.)

思考：

1. 雅芳是如何设计和优化供应链的？
2. 供应链设计对企业的意义何在？

11.1　供应链设计概述

设计科学合理的供应链是十分必要的，它是对企业模型的设计，从企业整体角度去勾画蓝图。有效的供应链设计可以改善客户服务水平，降低系统成本，提高工作效率和竞争力；而无效的供应链设计则会导致资源浪费和无效活动，甚至失败。因此，作为供应链运作的一个重要环节，应重视供应链的设计问题。

供应链设计是以用户需求为中心，运用新的观念、新的思维、新的手段从企业整体角度去勾画企业蓝图和服务体系。供应链设计的目的在于通过降低库存、减少成本、缩短提前期、实施准时制生产与供销、提高供应链的整体运作效率，使企业的组织模式和管理模式发生重大变化，最终达到提高用户服务水平、达到成本和服务之间的有效平衡、提高企业竞争力的目的。

11.1.1　供应链设计的内容

战略层面的供应链设计的主要内容包括：供应链的成员及合作伙伴选择、网络结构设计以及供应链运行基本规则的设计。

(1) 供应链成员及合作伙伴选择。一个供应链是由多个供应链成员组成的。供应链成员包括了为满足客户需求，从原产地到消费地，供应商或客户直接或间接的相互作用的所有公司和组织。

(2) 网络结构设计。供应链网络结构主要由供应链成员、网络结构变量和供应链间工序

连接方式组成。为了使复杂的网络更易于设计和合理分配资源，有必要从整体出发进行网络结构的设计。

(3) 供应链运行基本规则的设计。供应链上各节点企业之间的合作是以信任为基础的，信任关系的建立和维系除了各个节点企业的真诚和行为之外，必须有一个共同平台，即供应链运行的基本规则，其主要内容包括：协调机制、信息开放与交互方式、生产物流的计划与控制体系、库存的总体布局、资金结算方式、争议解决机制等。

11.1.2 供应链设计的原则

在供应链的设计过程中，应遵循一些基本的原则，以保证供应链的设计能满足供应链管理思想得以实施和贯彻，供应链设计原则如图 11-1 所示。

1. 自上而下和自下而上相结合的原则

在系统建模设计方法中，存在两种设计方法，即自上而下和自下而上的方法。前者是从全局走向局部的方法，后者是一种从局部走向全局的方法；自上而下是系统分解的过程，而自下而上则是一种集成的过程。在设计一个供应链系统时，往往是先由主管高层做出战略规划与决策，规划与决策的依据来自市场需求和企业发展规划，然后由下层部门实施决策，因此供应链的设计是自上而下和自下而上的综合。

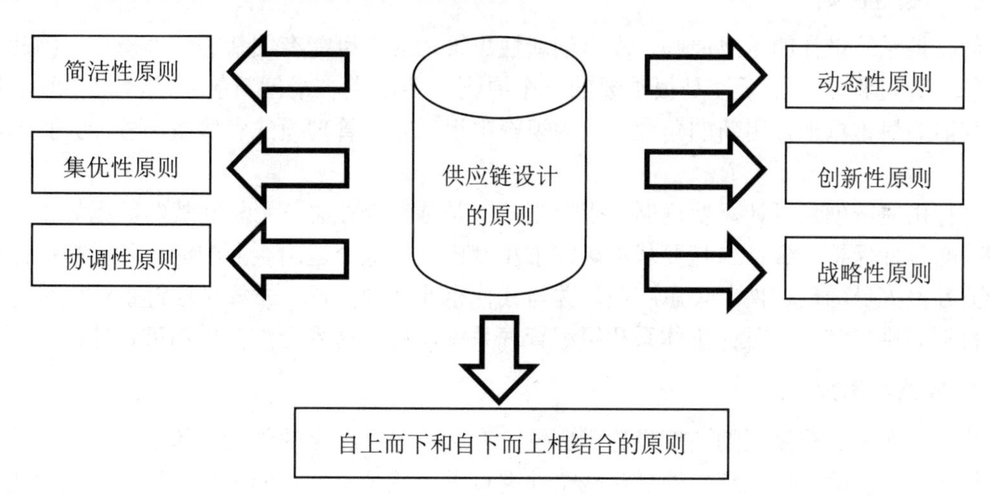

图 11-1 供应链设计的原则

2. 简洁性原则

为了能使供应链具有灵活快速响应市场的能力，供应链的每个节点都应是简洁而有活力的，这样才能实现业务流程的快速组合。例如，供应商的选择就应遵循少而精的原则，通过和少数供应商建立战略伙伴关系，实施 JIT 采购和准时生产，有利于减少采购成本。生产系统的设计更应以精益思想(Lean Thinking)为指导，从精益的制造模式到精益的供应链是企业努力追求的目标。

3. 集优性(互补性)原则

供应链的各个节点的选择应遵循强强联合的原则，从而达到资源外用的目的。每个企业只集中精力致力于各自的核心业务过程，就像一个独立的制造单元(独立制造岛)，这些所谓的单元化企业具有自我组织、自我优化、面向目标、动态运行和充满活力的特点，能够实现供应链业务的快速重建。

4. 协调性(协作性)原则

供应链绩效好坏取决于供应链合作伙伴关系是否和谐，取决于供应链动态连接合作伙伴的柔性程度。因此，利用协作性原则建立战略伙伴关系的合作企业关系模型是实现供应链最佳绩效的保证。系统和谐性是描述系统是否形成了充分发挥系统成员和子系统的能动性、创造性及系统与环境的总体协调性。只有和谐而且协调的系统才能避免各个节点企业产生利益本位主义而动摇组成系统的各个节点企业之间的关系，从而发挥最佳的效能。

5. 动态性(不确定性)原则

不确定性在供应链中随处可见，这是在研究供应链运作效率时都提到的问题。由于不确定性的存在，导致需求信息的扭曲，因此需要预见各种不确定因素对供应链运作的影响，减少信息传递过程中的信息延迟和失真。降低安全库存总是和服务水平的提高相矛盾的，增加透明性，减少不必要的中间环节，提高预测的精度和时效性对降低不确定性的影响都是极为重要的。

6. 创新性原则

创新是系统设计的重要原则，没有创新性思维，就不可能有创新的管理模式，因此在供应链的设计过程中，创新性是很重要的一个原则。要产生一个创新的系统，就要敢于打破各种陈旧的思维框框，用新的角度、新的视野审视原有的管理模式和体系，进行大胆的创新设计。

进行供应链创新设计，要遵循几点原则：一是须在企业总体目标和战略的指导下进行，并与战略目标保持一致；二是要从市场需求角度出发，综合运用企业的能力和优势；三是发挥企业各类人员的创造性，集思广益，并与其他企业共同协作，发挥供应链整体优势；四是建立科学的供应链、项目评价体系和组织管理系统，进行技术经济分析和可行性论证。

7. 战略性原则

从核心企业战略发展的角度设计供应链，有助于建立稳定的供应链体系模型，因此，供应链的建模应有战略性观点，通过从战略性观点考虑减少不确定的影响。从供应链的战略管理角度来看，供应链建模的战略性原则还体现在供应链发展的长远规划和预见性上。供应链的系统结构发展应和企业的战略规划保持一致，在企业战略指导下进行。

11.1.3 供应链设计的策略

1. 基于产品的供应链设计策略

供应链的设计首先要明确用户对企业产品的需求是什么，产品生命周期、需求预测、产品多样性、提前期和服务的市场标准都是影响供应链设计的重要问题，必须设计出与产品特性相一致的供应链，也就是所谓的基于产品的供应链设计策略。

1) 产品类型

不同类型的产品对供应链设计有不同的要求，高边际利润、不稳定需求的革新性产品的供应链设计就不同于低边际利润、有稳定需求的功能性产品。两种不同类型产品的比较如表 11-1 所示。

表 11-1　两种不同类型产品的比较(在需求上)

需求特征	功能性产品	革新性产品
产品寿命周期/年	>2	1～3
边际贡献/%	5～20	20～60
产品多样性	低(每一目录 10～20)	高(每一目录上千个)
预测的平均边际错误率/%	10	40～100
平均缺货率/%	1～2	10～40
季末降价率/%	0	10～25
按订单生产的提前期	半年～1 年	1 天～1 周

从表 11-1 中可以看出，功能性产品需求具有稳定性、可预测性。这类产品的寿命周期较长，但它们的边际利润较低，经不起高成本供应链的折腾。功能性产品一般用于满足用户的基本要求，如生活用品(柴米油盐)、男式套装、家电、粮食等，其特点是变化很少；功能性产品的供应链设计应尽量减少供应链中物理功能的成本。

革新性产品的需求一般难以预测，寿命周期较短，但利润空间大。这类产品是按订单制造，如计算机、流行音乐、时装等。生产这种产品的企业在没接到订单前不知道干什么，接到订单就要快速制造。革新性产品供应链设计应该少关注成本而更多地关注向客户提供所需属性的产品，重视客户需求并对此做出快速反应，因此特别强调速度和灵活性。

2) 基于产品的供应链设计策略

供应链从功能上可以划分为两种：有效性供应链(Efficient Supply Chain)和反应性供应链(Responsive Supply Chain)。有效性供应链主要体现供应链的物理功能，即以最低的成本将原材料转化成零部件、半成品、产品；反应性供应链主要体现供应链的市场中介功能，即把产品分配到满足用户需求的市场，对未预知的需求做出快速反应等。

当知道产品和供应链的特性后，就可以设计出与产品需求一致的供应链。设计策略如表 11-2 所示。

表 11-2　供应链设计与产品类型策略矩阵

供应链策略	功能性产品	革新性产品
有效性供应链	匹配	不匹配
反应性供应链	不匹配	匹配

策略矩阵代表可能的产品和供应链的 4 种组合，与功能性产品相匹配的有效性供应链能够降低供应链中的物理成本，扩大市场占有率，但对创新功能产品的需求是很难做出准确预测的，这时反应性供应链才能抓住产品创新机会，以速度、灵活性和质量获取高边际利润。管理者可以根据这个理论得出供应链设计策略，判断企业的供应链流程设计是否与产品类型一致。在实践中，由于市场行情、用户需求、企业经营状况等因素的影响，产品与供应链之间是否匹配并非绝对，匹配与不匹配会随着情况的变化而变化，关键在于企业能否随即做出

调整，完善企业实际运营的供应链设计策略。

2. 基于成本的供应链设计策略

1) 基于成本核算的供应链设计的模型假设

选择节点企业对供应链设计来说十分重要，常用的选择节点企业的方法是成本优化法。为了便于分析供应链成本，对有关因素做如下假设。

假设 1：节点企业以 i 表示(其中供应链层次以 $a=1,2,\cdots,A$ 表示，一个层次上节点企业的序号以 $b=1,2,\cdots,B$ 表示，所以一个节点 i 可以表示为 $i_{a,b}$)，如图 11-2 所示。

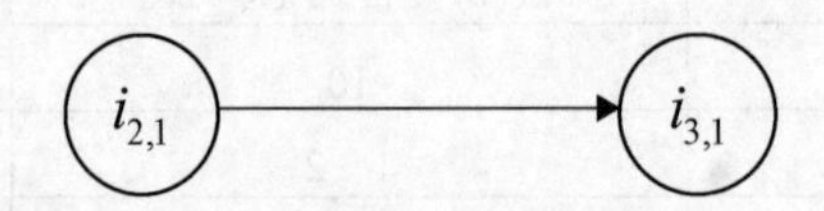

图 11-2 节点企业

假设 2：物料单位成本随着累计产量的增加和经验曲线的作用而降低。成品、零部件、产品设计、质量工程的改善都可以使单位物料成本降低。

假设 3：假定从一个节点企业到另一个节点企业的生产转化时间在下一个节点企业的年初。

假设 4：当一个节点企业在年初开始生产时，上一节点企业的工时和原材料成本根据一定的技术指数转化为此节点企业的初值。

假设 5：全球供应链管理中，围绕核心企业核算成本，汇率、通货膨胀率等转换为核心企业所在国家的标准。

2) 供应链成本结构及其函数

供应链成本主要包括：物料成本、劳动力成本、运输成本、设备成本和其他变动成本等。其成本函数分别构造如下。

(1) 物料成本函数。从假设 2 可知，物料成本随累计产量的增加而降低，供应链的总物料成本为

$$M_{it}=m_i im_{it}y_{it}\int_0^n n_t^{f_i}\,\mathrm{d}n_t \tag{11.1}$$

式中，M_{it} —— i 节点企业在 t 年生产 n_t 产品的总物料成本(时间转化为当地时间)；

m_i —— i 节点企业的第一个物件的物料成本(时间坐标轴的开始点)；

im_{it} —— i 节点企业 t 年的物料成本的通货膨胀率；

y_{it} —— i 节点企业 t 年的产量；

n_t —— 第 t 年内的累计产量；

f_i —— $\lg(F_i)/\lg(2)$；

F_i —— 物料成本经验曲线指数，$0\leqslant F_i\leqslant 1$；

n —— 累计单位产量，$n=1,2,\cdots,n$。

(2) 劳动力成本函数。供应链的节点企业可能分布在本国的不同地方，也可能分布在世界各地，各地的劳动力价值、成本无法统一衡量，这里直接以工时为基础计算供应链的劳动力成本。

$$L_{it}=l_i il_{it}y_{it}\int_0^n n_t^{g_i}\,\mathrm{d}n_t \tag{11.2}$$

式中：L_{it}—— i 节点企业在第 t 年(时间转化为当地时间)生产 n_t 产品的总劳动成本；

l_i—— i 节点企业的单位时间劳动成本；

il_{it}—— i 节点企业 t 年的单位工时的通货膨胀率；

n_t—— 第 t 年内的累计产量；

g_i—— $\lg(G_i)/\lg(2)$；

G_i—— 劳动力学习经验曲线指数，$0 \leqslant G_i \leqslant 1$。

(3) 运输成本函数。运输成本是影响供应链总成本的重要因素之一，交货频率和经济运输批量都决定着运输成本的大小。假定从节点 i 到节点 m 的单位成本为 s_{im}，is_{it} 为 i 节点企业 t 年运输的通货膨胀率，m 节点在第 t 年的累计需求为 d_{mt}，所以供应链的总运输成本为 T_{it}，公式可表示为

$$T_{it} = \sum_{m=1}^{m} S_{im} is_{it} d_{mt} \tag{11.3}$$

(4) 设备和其他变动成本函数。假定 u_i、v_i 分别代表 i 节点企业的一个单位的设备和其他变动成本(如管理费用等)，其通货膨胀率指数分别为 iu_{it} 和 iv_{it}，在 t 年 i 节点企业生产 n_t 单位产品的总的设备和变动成本为

$$U_{\mathrm{it}} = (u_{it} iu_{it} + v_i iv_{it}) n_t \tag{11.4}$$

(5) 供应链的总成本函数。以上成本都是针对一定时间轴上可能的 i 节点企业的组合，在时间 T 内相关的节点 i 组成一个节点组合序列，用 k 表示，所有可能的节点组合序列用 K 表示，对于每个节点组合序列 k，供应链的总成 $\mathrm{TC}(k)$ 表示为

$$\mathrm{TC}(k) = \sum_{t=1}^{T} \{\sum_{i \in k} (M_{it} + L_{it} + T_{it} + U_{it}) e_{it} PU_{it}\} \tag{11.5}$$

式中，M_{it}、L_{it}、T_{it}—— 意义同上；

e_{it}—— 汇率(i 节点企业对核心企业的汇率)；

P—— 企业确定的销售价格；

U_{it}—— i 节点企业在 t 年的现值折扣率；

k—— 一个节点组合序列。

而一个节点组合序列的平均单位成本用下式表示：

$$\mathrm{CAU}(k) = \mathrm{TC}(k) / N_T \tag{11.6}$$

式中，N_T—— 节点企业数量。

11.1.4 供应链设计的步骤

基于产品和服务的供应链设计步骤可以概括性地归纳为以下 10 步，如图 11-3 所示。

1. 分析核心企业的现状

这个阶段的工作重点在于对核心企业的供应需求管理现状进行分析和总结。如果核心企业已经有了自己的供应链管理体系，则对现有的供应链管理现状进行分析，以便及时发现在供应链的运作过程中存在的问题，或者哪些方式已出现或可能出现不适应时代发展的端倪，同时挖掘现有供应链的优势。本阶段的重点不是评价供应链设计策略中哪些更重要和更合适，而是研究供应链设计的方向或设计定位，同时将可能影响供应链设计的各种要素分类罗列出来。

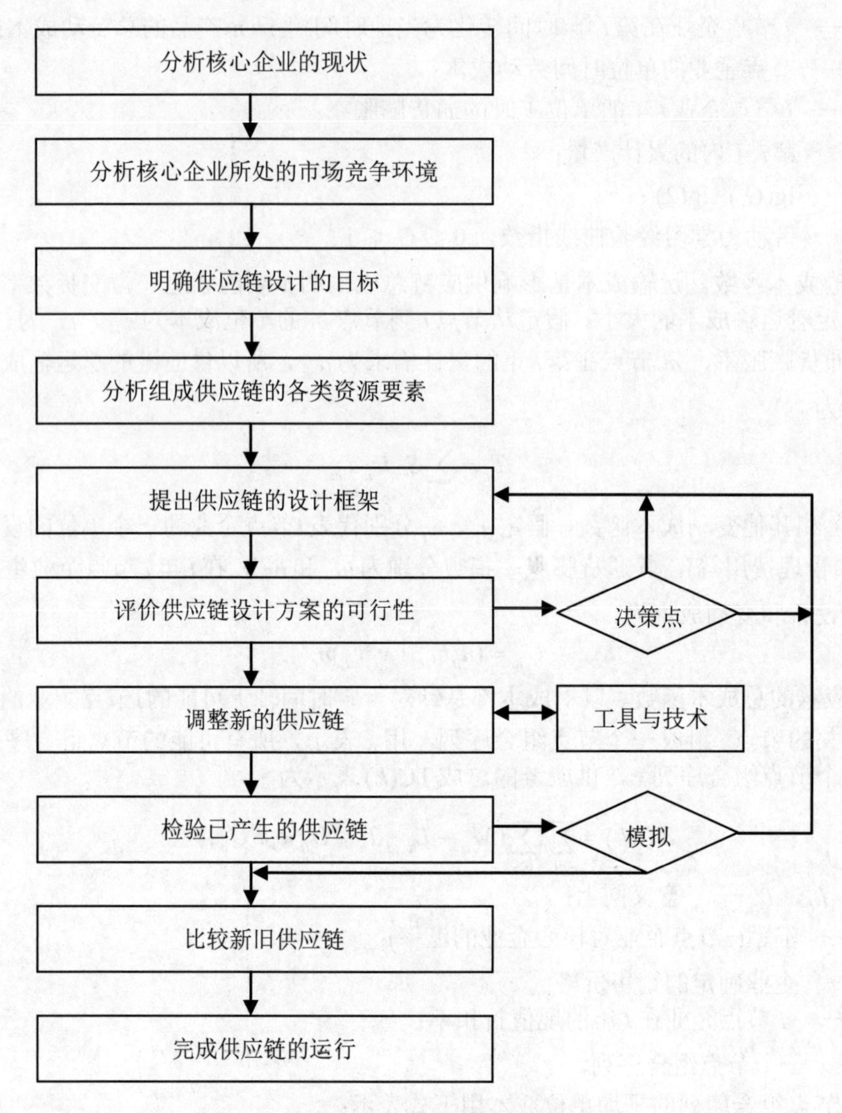

图 11-3　供应链设计步骤

2. 分析核心企业所处的市场竞争环境

通过对核心企业现状分析，了解企业内部的情况；通过对市场竞争环境的分析，知道哪些产品的供应链需要开发，现在市场需求的产品是什么，有什么特别的属性，对已有产品和需求产品的服务要求是什么；通过对市场各类主体，如用户、零售商、生产商和竞争对手的专项调查，了解到产品和服务的细分市场情况、竞争对手的实力和市场份额、供应原料的市场行情和供应商的各类状况、零售商的市场拓展能力和服务水准、行业发展的前景，以及诸如宏观政策、市场大环境可能产生的作用和影响等。这一步的工作成果是有关产品的重要性排列、供应商的优先级排列、生产商的竞争实力排列、用户市场的发展趋势分析以及市场不确定性的分析评价的基础。

3. 明确供应链设计的目标

基于产品和服务的供应链设计的主要目标在于获得高品质的产品、快速有效的用户服务、低成本的库存投资、低单位成本的费用投入等几个目标之间的平衡，从而最大限度地避免目标之间的冲突。同时，还需要实现以下基本目标：进入新市场；拓展老市场；开发新产品；调整老产品；开发分销渠道；改善售后服务水平；提高用户满意程度；建立战略合作伙伴联盟；降低成本；降低库存；提高工作效率。在这些设计目标中，有些目标很大程度上存在冲突，有些目标是主要目标、有些目标是首要目标，这些目标的实现级次和重要程度随不同企业的具体情况而有所区别。

4. 分析组成供应链的各类资源要素

本阶段要对供应链上的各类资源，如供应商、用户、原材料、产品、市场、合作伙伴与竞争对手的作用、使用情况、发展趋势等进行分析。在这个过程中要把握可能对供应链设计产生影响的主要因素，同时对每一类因素产生的风险进行分析研究，给出风险规避的各种方案，并将这些方案按照所产生作用的大小进行排序。

5. 提出供应链的设计框架

分析供应链的组成，确定供应链上主要的业务流程和管理流程，描绘出供应链物流、信息流、资金流、作业流和价值流的基本流向，提出组成供应链的基本框架。在这个框架中，供应链中各组成成员，如生产制造商、供应商、运输商、分销商、零售商及用户的选择和定位是这个步骤必须解决的问题，另外，组成成员的选择标准和评价指标应该基本上得到完善。

6. 评价供应链设计方案的可行性

供应链设计框架建立之后，对供应链设计的技术可行性、功能可行性、运营可行性、管理可行性进行分析和评价。这不仅是供应链设计策略的罗列，而且还是进一步开发供应链结构、实现供应链管理的关键的、首要的一步。在供应链设计的可行性分析的基础上，结合核心企业的实际情况以及对产品和服务发展战略的要求，为开发供应链中技术、方法、工具的选择提供支持。同时，这一步还是一个方案决策的过程，如果分析认为方案可行，就可继续进行下面的设计工作；如果方案不可行，就需要重新进行设计。

7. 调整新的供应链

供应链的设计方案确定以后，这一步可以设计产生与以往有所不同的新供应链。因此需要解决以下关键问题：供应链的详细组成成员，如供应商、设备、作业流程、分销中心的选择与定位、生产运输计划与控制等；原材料的供应情况，如供应商、运输流量、价格、质量、提前期等；生产设计的能力，如需求预测、生产运输配送、生产计划、生产作业计划和跟踪控制、库存管理等；销售和分销能力设计，如销售分销网络、运输、价格、销售规则、销售/分销管理、服务等；信息化管理系统软、硬平台的设计；物流通道和管理系统的设计等。在供应链设计中，需要广泛地应用许多工具和技术，如归纳法、流程图、仿真模拟、管理信息系统等。

8. 检验已产生的供应链

供应链设计完成以后，需要对设计好的供应链进行检测。通过模拟一定的供应链运行环境，借助一些方法、技术对供应链进行测试、检验或试运行。如果模拟测试结果不理想，就返回第五步重新进行设计；如果没有什么问题，就可以实施了。

9. 比较新旧供应链

如果核心企业存在旧供应链，通过比较新旧供应链的优势和劣势，结合它们运行的现实环境的要求，可能需要暂时保留旧供应链上某些不科学或不完善的作业流程和管理流程，待整个市场环境逐步完善时再用新供应链上的规范流程来取代。尽管新供应链流程采用科学规范的管理，但在有些情况下，它们取代过时陈旧的流程仍需要一定的过程。所以，比较核心企业的新旧供应链，有利于新供应链的有效运行。

10. 完成供应链的运行

供应链的出现必然会带来供应链的管理问题。不同特征的供应链，其管理特征、内涵、方法及模式也有所不同。

11.2 供应链的常见结构模型

了解和掌握供应链结构模型对有效指导供应链的设计是十分必要的，本章着重从企业与企业之间关系的角度考察两种供应链的拓扑结构模型。

11.2.1 供应链的链状模型

供应链的链状模型是指供应链的各成员企业构成链条结构的节点，物流、信息流、资金流构成供应链的连线。链状模型是一种最简单的静态模型，表明供应链的基本组成和轮廓概貌，如图 11-4 所示。

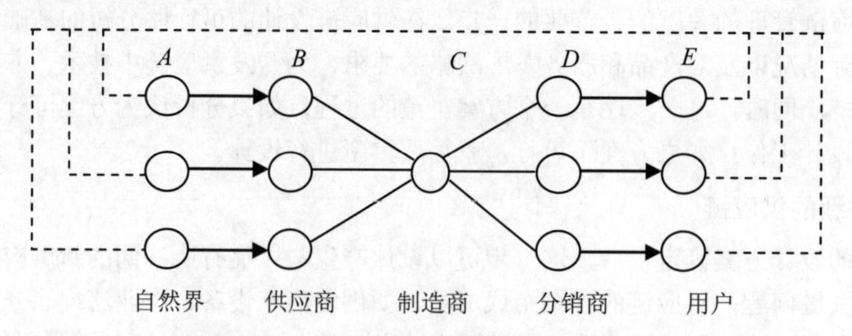

图 11-4 供应链结构模型Ⅰ：链状模型

模型Ⅰ(见图 11-4)清楚地表明产品的最初来源是自然界，如矿山、油田、橡胶园等，最终去向是用户。产品因用户需求而生产，最终被用户所消费。产品从自然界到用户经历了供应商、制造商和分销商三级传递，并在传递过程中完成产品加工、产品装配等转换过程，被用户消费掉的最终产品仍回到自然界，完成物质循环。模型Ⅰ只是一个简单的静态模型，表明供应链的基本组成和轮廓概貌，进一步地可以将其简化成链状模型Ⅱ，如图 11-5 所示。

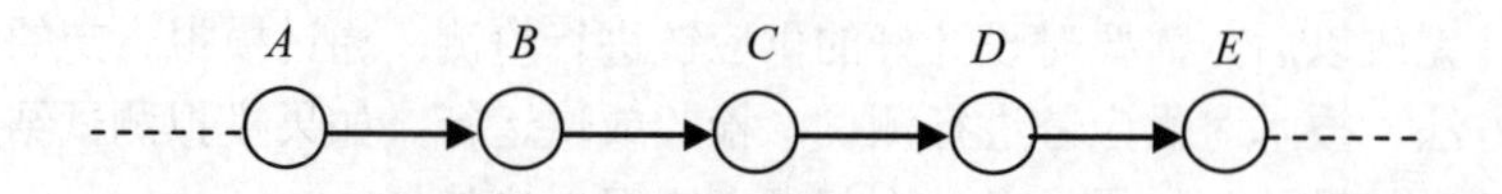

图 11-5 供应链结构模型Ⅱ：链状模型

模型Ⅱ是对模型Ⅰ的进一步抽象，它把企业都抽象成一个个的点，称为节点，并用字母或数字表示。节点以一定的方式和顺序联结成一串，构成一条供应链。在模型Ⅱ中，若假定 C 为制造商，则 B 为供应商，D 为分销商；同样地，若假定 B 为制造商，则 A 为供应商，C 为分销商。在模型Ⅱ中，产品的最初来源(自然界)、最终去向(用户)以及产品的物质循环过程都被隐含抽象掉了。从供应链研究便利的角度来讲，把自然界和用户放在模型中没有太大的作用，模型Ⅱ侧重于供应链中间过程的研究。

1. 供应链的方向

在供应链上除了流动着物流(产品流)和信息流外，还存在着资金流。物流的方向一般都是从供应商流向制造商，再流向分销商。在特殊情况下(如产品退货)，产品在供应链上的流向与上述方向相反。但由于产品退货属非正常情况，退货的产品也非本书严格定义的产品，所以本书不予讨论。我们依照物流的方向来定义供应链的方向，以确定供应商、制造商和分销商之间的顺序关系。模型Ⅱ中的箭头方向即表示供应链的物流方向。

2. 供应链的级

在模型Ⅱ中，定义 C 为制造商时，可以相应地认为 B 为一级供应商，A 为二级供应商，而且还可递归地定义三级供应商、四级供应商；同样可以认为 D 为一级分销商，E 为二级分销商，并递归地定义三级分销商、四级分销商。一般地讲，一个企业应尽可能考虑多级供应商或分销商，这样有利于从整体上了解供应链的运行状态。

11.2.2 供应链的网状模型

现实中，产品供应关系十分复杂，一个厂商会与多家厂商相互联系。因此，在模型Ⅱ中，C 的供应商可能不止一家，而是有 $B_1,B_2,\cdots,B_n$ 等 n 家，分销商也可能有 $D_1,D_2,\cdots,D_m$ 等 m 家。动态地考虑，C 也可能有 $C_1,C_2,\cdots,C_k$ 等 k 家，这样模型Ⅱ就转变为一个网状模型，即供应链的模型Ⅲ(见图 11-6)。网状模型更能说明现实世界中产品的复杂供应关系。在理论上，网状模型可以涵盖世界上所有厂家，把所有厂家都看作是其上面的一个节点，并认为这些节点存在着联系。当然，这些联系有强有弱，而且在不断地变化着。通常，一个厂家仅与有限个厂家相联系，但这不影响我们对供应链模型的理论设定。网状模型对供应关系的描述性很强，适合于对供应关系的宏观把握。

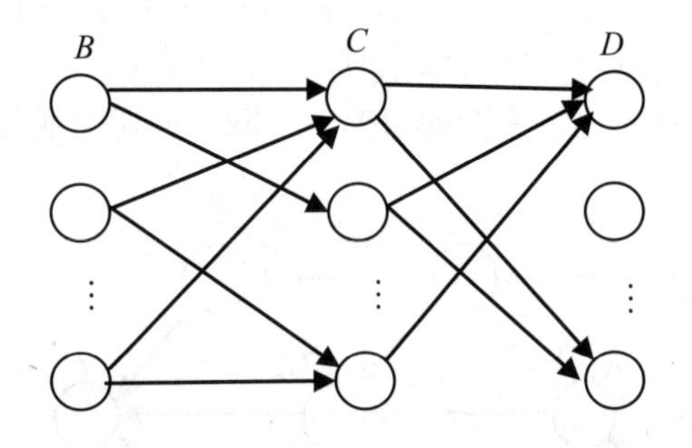

图 11-6 供应链结构模型Ⅲ：网状模型

1. 入点和出点

在网状模型中，物流做有向流动，从一个节点流向另一个节点。这些物流从某些节点补充流入，从某些节点分流流出。我们把这些物流进入的节点称为入点，把物流流出的节点称为出点。入点相当于矿山、油田、橡胶园等原始材料提供商，出点相当于用户。图 11-4 中 A 节点为入点，E 节点为出点。对于有的厂家既为入点又为出点的情况，出于对网链表达的简化，将代表这个厂家的节点一分为二，变成两个节点：一个为入点，一个为出点，并用实线将其框起来。如图 11-7 所示，A_1 为入点，A_2 为出点。同样地，对于有的厂家对另一厂家既为供应商又为分销商的情况，也可将这个厂家一分为二，甚至一分为三或更多，变成两个节点：一个节点表示供应商，一个节点表示分销商，也用实线将其框起来。如图 11-8 所示，B_1 是 C 的供应商，B_2 是 C 的分销商。

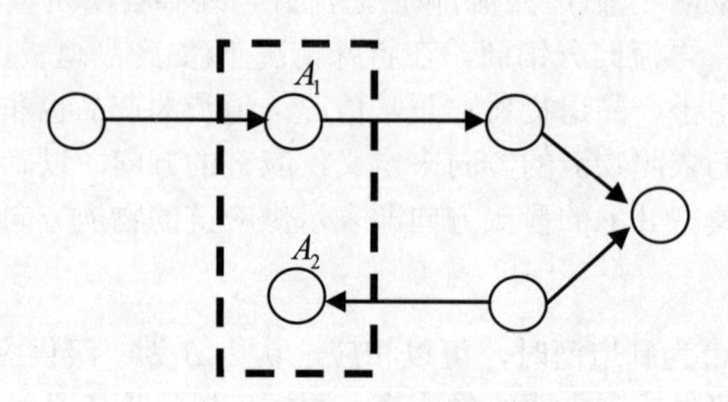

图 11-7　包含入点和出点的厂商

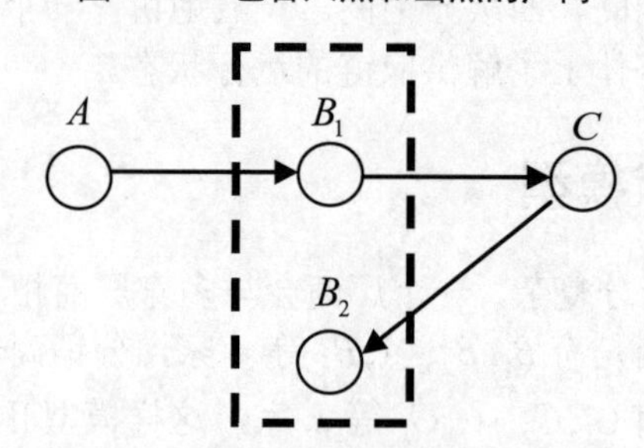

图 11-8　包含供应商和分销商的厂家

2. 子网

有些厂家规模非常大、内部结构也非常复杂，与其他厂家相联系的只是其中一个部门，而且内部存在着产品供应关系，用一个节点来表示这些复杂关系显然不行，这就需要将表示这个厂家的节点分解成很多相互联系的小节点，这些小节点构成一个网，称之为子网。在引入子网概念后，研究图 11-9 中 C 与 D 的联系时，只需考虑 C_1 与 D 的联系，而不需要考虑 C_2、C_3、C_4 与 D 的联系，这就简化了无谓的研究。子网模型对企业集团是很好的描述。

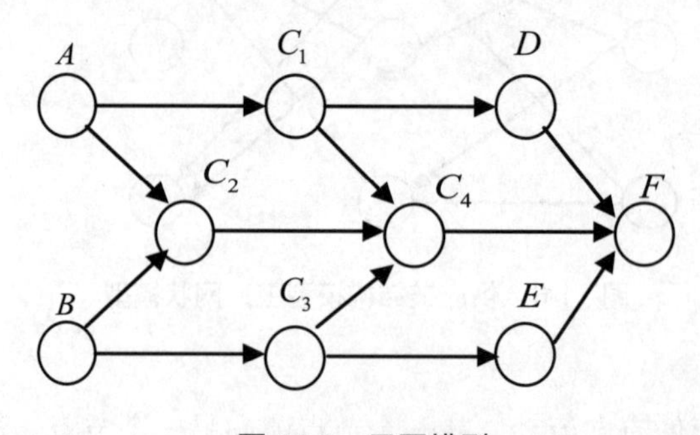

图 11-9　子网模型

11.3 供应链的构建

为了提高供应链管理的绩效，除了必须有一个高效的运行机制外，建立一条高效、精简的供应链，也是极为重要的一环。虽说供应链的构成不是一成不变的，但在实际经营中，不可能随意改变供应链上的节点企业。因此，作为供应链管理的一项重要环节，无论是理论研究人员还是企业实际管理人员，都非常重视供应链的构建问题。

11.3.1 供应链中企业的角色分类

企业通过分析、选择供应链的结构，实施供应链管理，可以达到降低成本、改善顾客服务、减少库存、提高响应能力、增强企业综合实力的目的，实现自身和社会资源的优化配置。企业在不改变基础设施和业务的情况下，在实施供应链管理前后有着截然不同的效果。从前面的分析中可以看出，供应链不是企业之间简单的组合，而是通过协调与合作形成的一个有机统一体。在供应链这个有机统一体中，每个企业都是供应链的组成部分，不同的企业发挥着不同的作用，正是这种差别决定了企业的不同角色。在供应链的构建过程中更要针对不同的企业角色，遵循一定的原理。

1. 供应链成员企业类别

根据供应链节点企业在供应链中的地位、重要程度，可以将企业分为供应链管理的主体企业和客体企业。

1) 主体企业

主体企业是指在供应链管理中占主动地位，对供应链的业务起主导作用，参与或退出都会使供应链产生明显变化，在本行业中具有较强实力和行业地位，或者拥有决定性资源的节点企业。

2) 客体企业

客体企业是指在供应链中不起主导作用，扮演被动响应角色的企业。

2. 供应链成员企业群体类别

根据供应链上主体企业的个数，可以将供应链的企业群体分为卫星式企业群体和团队合作式企业群体。

1) 卫星式企业群体

卫星式企业群体中只有一个主体企业，供应链的表现形式为以主体企业为核心的卫星式，如图 11-10 所示。

卫星式企业群体组成的供应链形势比较稳定，唯一的主体企业对供应链的运作具有较强的决策权和控制力。主体企业不仅对供应链在最终产品市场上竞争力的提高起到关键作用，还能够帮助客体企业参与到新的市场中去。因为通过与相对强势的主体企业的合作，客体企业可以相对容易地利用主体企业的资源，提高自身的竞争力，所以客体企业具有较强的合作意愿。因为主体企业的强势，所以在供应链的权利、利润分配上通常会向主体企业倾斜，这又进一步激发了主体企业的合作意愿。

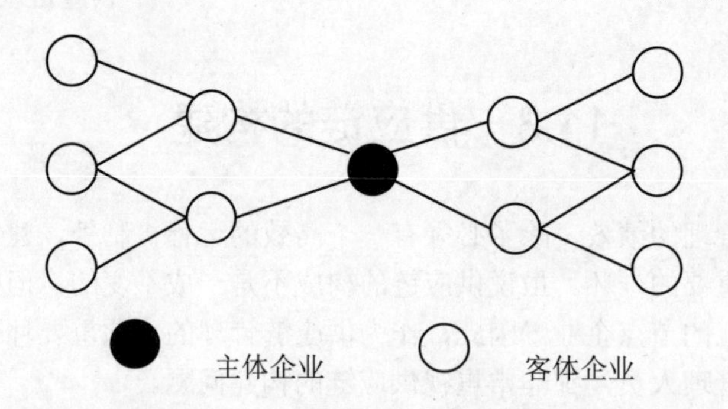

图 11-10　供应链卫星式企业群体

因此，由卫星式企业群体组成的供应链一般比较稳定，在供应链决策中产生严重分歧的可能性较小，有利于供应链的管理。但在供应链可持续发展方面，通常只有具有市场前瞻性的主体企业才会在供应链的技术改造、流程重组、结构调整方面投入大量精力，而客体企业对供应链改进的意愿并不强烈，还需要主体企业推动才能同步。

2) 团队合作式企业群体

团队合作式企业群体中有不止一个主体企业，供应链的表现形式是以主体企业为主线，以其他客体企业为旁支的团队式，如图 11-11 所示。

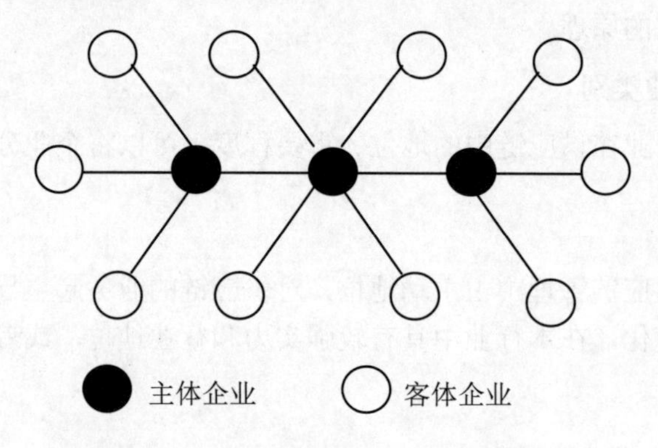

图 11-11　供应链团队式合作群体

由团队式企业群体组成的供应链的一个最大的特点，就是通过多个主体企业间的强强联合，可以实现优势互补，给企业带来巨大的收益。但是在决策方面，由于主体企业的势均力敌，难免有碰撞和摩擦，增加合作难度，加上矛盾调和困难，使得整个供应链稳定性不强，供应链上任何两个企业的合作破裂，都会影响到整个企业群体的稳定，甚至导致整个供应链合作的失败。不过，在推动供应链继续发展方面，作为主干的主体企业的前瞻性意识比较强烈，可以群策群力，对供应链整体的带动性也更强。

11.3.2　供应链构建的关键因素与原则

供应链构建需要遵循一定的原则，其中也包含一些关键因素。只有把握好了关键因素，进行供应链构建时才能保证高效和准确性。

1. 供应链构建的关键因素

供应链构建的关键因素有 4 个，分别是战略目标、战术方案、计划模式与运作数据。如

图 11-12 所示，4 个关键因素各包含一些主要的分支因素，在构建供应链的过程中，以这 4 个关键因素为着手点，在对其进行详细分析和分解的基础上，进行供应链模型的构建。4 个关键因素中运作数据是最基础层级的因素，往上是计划模式和战术方案，这 3 个因素都是构建供应链的基础层级的因素，而战略目标是高层级的因素，是对所构建的整个供应链模型进行整体评估和控制的因素。全部 4 个关键因素按照金字塔排列，共同构成了供应链模型。

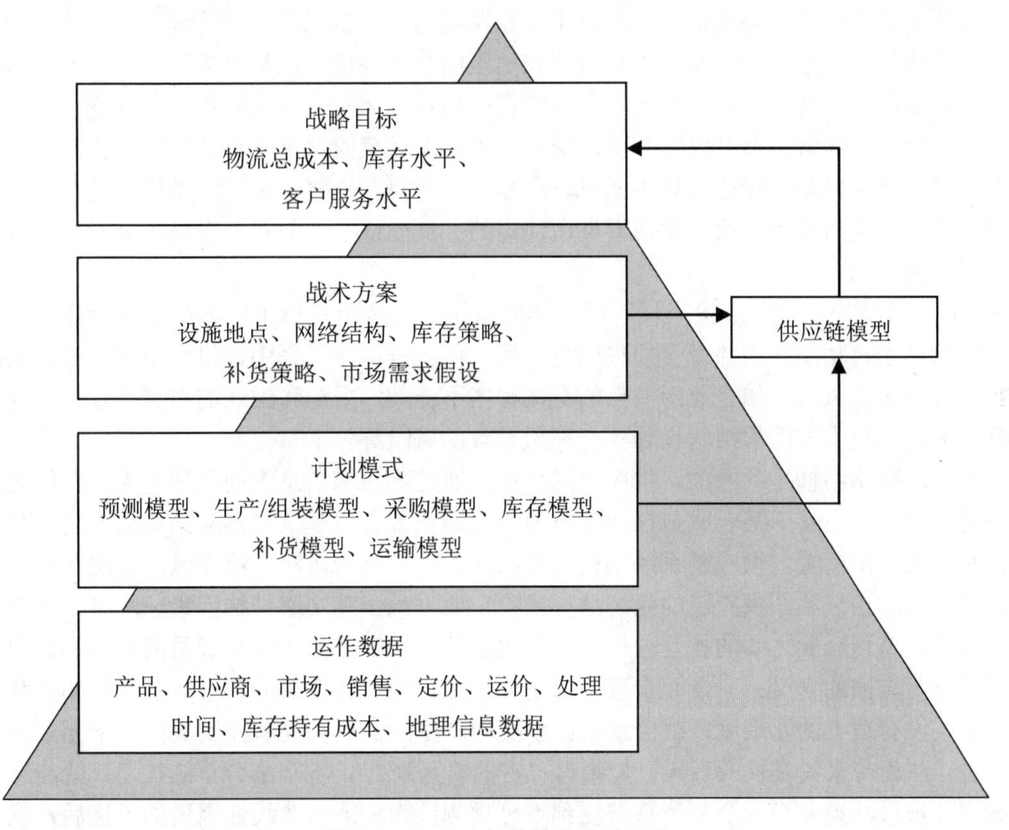

图 11-12　供应链构建的关键因素

2. 供应链构建的原则

1) 响应客户

客户是供应链中唯一真正的资金流入点，任何供应链都只有唯一的收入来源——客户。因此，供应链的设计要考虑客户优先的原则。客户服务由客户开始，也以客户终止，客户最能感受到供应链中复杂的相互影响的全部效应。供应链的设计必须具有高度柔性和快速响应能力，能够满足客户的现实需求和潜在需求。

2) 明确定位

供应链是由原料供应商、制造商、分销商、零售商、物流与配送商和消费者组成。一条富有竞争力的供应链要求组成供应链的各成员都具有较强的竞争力，不管每个成员为整个供应链做什么，都应该是专业化的，而专业化就是优势。在供应链中总会有处于从属地位的企业。任何企业都不可能包揽供应链的所有环节，它必须明确自己在供应链中的定位与优势，根据自己的优势来确定自己的位置，制定相关的发展战略，例如，对自己的业务活动进行调整和取舍，着重培养自己的业务优势等。

3) 防范风险

由于受到自然和非自然因素的影响，供应链的运作实际上也存在着风险。具体来说，包括系统环境风险、系统结构风险、行为主体风险和协作风险。

(1) 系统环境风险。系统环境风险是指由环境因素导致的风险，分为一般环境因素风险和具体环境因素风险。一般环境因素风险包括自然灾害风险、社会风险、经济风险、技术风险和文化风险等。具体环境是企业赖以生存和发展的、与企业的经营管理有直接关系的系统环境。具体环境因素风险包括如供应链所在地区的物流环境、原料供应形势、产品销售行情等变化形成的供应链风险，即市场环境风险。市场环境风险具体包括市场需求变动风险、市场竞争风险、市场营销体系风险和生产资料的价格变动风险。整个行业的动荡将对归属该行业的供应链带来风险。行业市场不景气、产品需求下滑，这将不是某一条供应链合力所能解决的问题，而是由整个行业的生命周期所决定的。供应链之间的竞争形势也会对供应链的生存有极大的影响。

(2) 系统结构风险。一般来说，供应链的系统结构风险是指供应链的结构设计不合理可能造成的供应链功能丧失并遭受损失的可能性。供应链构建过程中，组织结构设计的缺陷将带来巨大的运营风险，如企业间节点的交接程序不合理、采购和配送的布点不合理导致成本的升高，信息技术方面的结构设计不合理所导致的风险等。

供应链网络结构是动态的，供应链网络成员通过物流和信息流而联结起来，它们之间的关系是不确定的，其中某一成员在业务方面稍微调整都会引起供应链网结构的变动。具体而言，从供应链结构看，供应链系统结构风险有四大类：供应风险、流程风险、配送网络设计风险和网络结构风险。供应链的系统结构风险主要来源于其网络结构因素。网络结构风险是指与供应链节点企业之间的相互合作和一体化相关的风险，如供应链成员的退出等。网络结构因素有两方面的含义：一是冗余度，二是复杂性。供应链系统的各个环节之间如果联系过于紧凑，没有适当的冗余度，就会使得微小扰动产生的扩展在没有控制的情况下无限制地传递下去，从而带来灾难性的后果。如果有一定的“冗余”，各个部分小的扰动，就能够在小系统内部被缓冲掉。当一个复杂系统受到不可预测性为特征的非线性因素的干扰后，就会扰乱原有供应链系统内的正常秩序，许多确定性关系被不确定性关系所替代，使得由随机性和不确定性引起的后发事件发生在混沌与秩序的边缘，产生不可测度的多样性后果。

(3) 行为主体风险。行为主体风险主要从供应链的主体企业角度分析，主要行为主体风险有：主体企业的主营业务运作风险与物流业务外包风险。

一方面，供应链主体企业作为一个独立的企业个体必然存在着企业的管理风险。随着企业的规模扩大，经营者的素质如果不能及时提升，仍然采用传统的管理手段，可能出现管理混乱或财务管理失控，资金大量被挪用；或部门之间不协调，效率低下，直接影响生产与经营，丧失盈利机会；或质量问题、安全问题频出，损失严重；或决策失误造成有形及无形资产流失。随着全球经济一体化进程不断加速和企业 ERP 系统的应用，信息的传播、处理和反馈速度大大加快，并具有全球性、即时性和直接性的显著特征，倘若企业的内部和外部对信息的披露不充分、不及时，或者企业当局不能及时有效地捕捉到内部和外部信息，企业的决策风险将加大。

另一方面，自 20 世纪 80 年代以来，物流外包已经成为商业领域的大趋势，制造商纷纷将自己的物流业务外包给专业提供物流服务的外部物流服务提供商(即第三方物流，Third

Party Logistics)。尽管对生产企业而言，物流业务外包不失为一种好的策略，但业务外包中也会存在很多潜在的风险，如何正确认识、正确对待和控制风险就显得尤为重要。生产企业物流业务外包的风险主要表现在外包企业的有限理性、逆向选择风险、代理企业的败德风险、锁定风险和物流行为风险。其中“锁定”即“套牢”的意思，是指外包企业由于某些原因不得不与承包企业保持业务关系，如果中止这种业务关系将付出高昂的代价。承包企业可以利用“锁定”效应在外包续约谈判中相要挟，企业将处于要么接受不利的契约条款，要么支付昂贵的转移成本的两难境地。“锁定”风险直接导致了业务外包谈判和决策成本的提高，甚至造成新的成本，如重新选择承包商的转移成本等。

(4) 协作风险。供应链是一个多参与主体的复杂系统，不同参与主体之间不能很好地沟通协作形成的供应链风险称为协作风险。协作风险有很多种表现形式，如合作伙伴间不同的企业文化和管理模式发生冲突、合作伙伴的流动性改变、伙伴的投入和承担的风险与获得的收益不相称、伙伴间沟通联络的渠道不通畅、合作协议有漏洞致使合作各方权责不明、核心技术外泄或关键信息外泄、合作伙伴采取的技术思想和技术平台不同导致技术衔接问题、伙伴间的数据统计口径和时限不一致造成信息传递不顺或失真、信息系统安全问题、违约信用风险。供应链构建的协作风险主要有：管理风险、资金风险、技术风险、企业间文化差异风险、信息风险和合作伙伴关系风险。

因此，在供应链的结构设计中应对各种风险因素进行度量和说明，了解各种不确定性因素对系统范围所产生的影响，并制定相应的防范措施。

11.3.3 供应链构建的基本步骤

供应链是由供应商、制造商、分销商、零售商通过物流信息流、资金流相互连接而成的有机系统。其中，供应商和分销商往往会有很多家，节点企业之间在战略、资源和能力等方面相互依赖，构成了较复杂的“供应—生产—销售”网，即供应链网。构建供应链需按照一定的基本步骤进行，并结合具体供应链的特点。每条供应链都是一个有机的组织，供应链的成员企业需要明确自己在供应链上的定位与角色，做出相应的发展战略，发挥积极作用，提高整个供应链的效益与效率。供应链的构建过程主要有以下 7 个步骤。

1. 明确企业在现存供应链中所处的位置

现代供应链具有复杂性与交叉性的特点，是一个供应网链。供应链节点企业的组成跨度不同，供应链往往由多个、多类型的成员企业构成。一个企业由于业务的多样化，在一条供应链中是核心企业，但是在另一条供应链中它可能就不是核心企业了，而是非核心的客体企业，成员企业可通过对业务的梳理来整理企业现阶段所拥有的供应链。

2. 确定企业的核心业务与核心能力

根据供应链成员企业的业务，确定核心竞争力，通过突出自己独特的核心能力来加强竞争力，而把非核心业务外包给其他企业，确保核心业务良好高效运营。

3. 选择并确定适合本企业的供应链

根据企业产品和服务的特性，选择与确定适合本企业的供应链。不同行业的不同公司处在不同类型的供应链上，一个企业内部由于业务的不同，可能会需要几条不同的供应链。不

同业务需要配备不同的供应链，但有时不同业务却可以共用一条供应链。当根据成员企业产品或服务的性质将其分为功能性产品和创新性产品后，进而根据服务对象的物流特性，大致可选效率型供应链和快速反应型供应链与之匹配。

4. 明确企业在供应链中的定位

明确企业在供应链中的定位并判断是否有能力成为核心企业。由于供应链是在企业间的合作中经过磨合形成的，表现为一种战略伙伴关系，不像企业集团可通过行政手段形成。核心企业是通过供应链上的共同利益所产生的凝聚力把成员企业联系起来。判断一个企业能否成为供应链上的核心企业，需要考虑的因素有：企业规模及其在行业中的影响力、企业创新能力、企业的商誉、企业的文化价值观、企业的信息化程度和企业战略目标。

5. 修正原有供应链并制定发展战略

如果企业在现阶段还没有能力成为供应链上的核心企业，或是已经有更具实力的企业在主导供应链，那么该企业作为供应链上的非核心企业，应根据核心企业战略与本企业战略的一致性程度及财务现状等来确定是否终止进行该项业务。如果继续该项业务，应积极配合供应链的有效运作，参与供应链协调策略、供应链评价体系制定，与核心企业形成紧密战略联盟，从供应链中分得利益，并在满足供应链服务要求的基础上使得成本最小化。同时，加强自己的核心业务，稳固自己的地位，抓住机会，开拓新的供应链。

如果通过前 4 步的分析，企业发现有能力成为核心企业，则可以考虑以整合价值链为起点建立以本企业为中心的供应链，把握供应链的主动权，就能更有效地处理供应链间节点企业的协调，提高供应链的整体实力。

6. 核心企业供应链设计

核心企业供应链设计主要考虑以下几点。

(1) 合作伙伴与合作方式的确定。要确定合作者能提供价廉质优的产品和服务，同时要求合作方企业信息化工作达到实施供应链关系的要求，并对合作方的合作范围、方式、协作服务的质量要求等有明确的协议，以避免可能发生的纠纷。

(2) 供应链战略的制定。组织供应链上的成员共同商讨供应链设计问题，以整个供应链为出发点，保证整个供应链的运行效率，才能真正保证每一个供应链合作伙伴的利益，有利于明确供应链战略与目标，达成共识，成为一个高效率团体，从而提高供应链的竞争力。

(3) 合理的供应链评价体系。建立可量化的供应链评价标准，通过一定的方法、技术进行测试、检验已设计实现的供应链流程，不断进行调整与优化。

7. 动态调整

无论是否成为供应链的核心企业，随着企业核心竞争力的发展与市场竞争的变化，企业须重新明确自身在供应链中的定位，制定相应的供应链发展战略，从而不断地优化供应链。

综上所述，供应链构建的步骤形成一个闭环，它为供应链成员企业如何进行供应链构建与决策提供一个基本的参考，如图 11-13 所示。

图 11-13 为一般企业在供应链竞争中提供了供应链构建的基本步骤，通过分析企业所处供应链中的不同位置，在供应链构建中采取不同的措施，从而使成员企业在供应链中发挥最佳的作用。

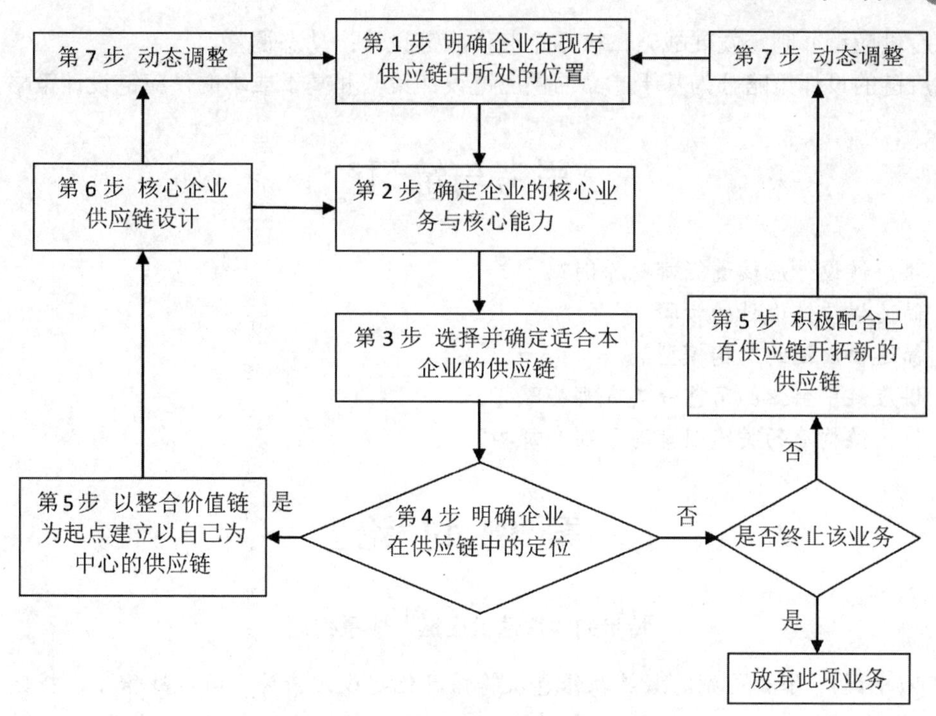

图 11-13 供应链构建的基本步骤

本章小结

供应链设计的主要内容包括：①供应链的成员及合作伙伴选择；②网络结构的设计；③供应链基本规则的设计。

在供应链的设计过程中，应遵循一些基本原则，分别是：①自上而下和自下而上相结合的设计原则；②简洁性原则；③集优性(互补性)原则；④协调性(协作性)原则；⑤动态性(不确定性)原则；⑥创新性原则；⑦战略性原则。

基于产品和服务的供应链设计步骤可以归纳为：①分析核心企业的现状；②分析核心企业所处的市场竞争环境；③明确供应链设计的目标；④分析组成供应链的各类资源要素；⑤提出供应链的设计框架；⑥评价供应链设计方案的可行性；⑦调整新的供应链；⑧检验已产生的供应链；⑨比较新旧供应链；⑩完成供应链的运行。

供应链的结构模型分为链状模型和网状模型。供应链链状模型是指供应链的各成员企业构成链条结构的节点，物流、信息流、资金流构成供应链的连线，是一种最简单的静态模型，表明供应链的基本组成和轮廓概貌。现实中，产品供应关系十分复杂，一个厂商会与多家厂商相互联系，因此网状模型更能说明现实世界中产品的复杂供应关系。

供应链成员企业类别包括：主体企业；客体企业。供应链成员企业群体类别包括：卫星式企业群体；团队合作式企业群体。供应链构建的关键因素有 4 个，分别是战略目标、战术方案、计划模式与运作数据。供应链构建的原则包括：响应客户；明确定位；防范风险。

供应链的构建过程主要有以下 7 个步骤：明确企业在现存供应链中所处的位置；确定企业的核心业务与核心能力；选择并确定适合本企业的供应链；明确企业在供应链中的定位；

修正原有供应链并制定发展战略；核心企业供应链设计；动态调整。

供应链的设计策略分为基于产品的供应链设计策略和基于成本的供应链设计策略。

思考与练习

1. 供应链设计应该遵循哪些原则？
2. 简述供应链设计的步骤。
3. 简述供应链的结构模型。
4. 供应链中企业的角色分类有哪些？
5. 供应链构建的关键因素与原则有哪些？

案 例 讨 论

特步的“快速供应链”体系构建

特步(中国)有限公司副总戴吴联银喜欢将信息化建设比喻为“解放战争”，将庞大且复杂的供应链体系堪称“渡江战役”。特步由OEM厂发展至现如今的知名企业，其2011年营收增幅位列本土五大运动品牌之首，发展至今累计销售额达到238亿元。如此迅猛的扩张势头及品牌普及性，都要求特步将自身定位一再提升并期以更高要求，因而长期性全民皆兵的“解放战争”需要在企业内部打响。

号角嘹亮，构建在即

在供应链体系方面，相对于其他鞋服行业，无论休闲还是正装，体育用品行业的发展是相对较缓的。吴联银分析了体育用品行业的独特属性：“所有运动品牌均是从鞋业起家，并深受西方阿迪、耐克等品牌影响，建立了这个行业夹带科技成分设计的规则，通常是提前一年研发，提前半年订货，所以这个行业整体都通常以期货为主，这在一定程度上阻碍了企业对于市场的把握。”众多品牌都希望规避这种风险，纷纷开始尝试现货制，使传统期货只占70%～80%，其余靠现货供应来调整，然而收效并不明显。其原因主要在于各方的心理愿景和利益不一，众多代理商还是习惯于大批量提货。另外，基于对自身销售任务的掌控和完成把握度，公司内部的品牌运营商对于小批现货供应也较为抵触，宁愿把风险转移到渠道商处。此外，供应链源头的厂商也不是很配合这样的改进。然而从市场竞争态势和渠道商的压力等方面考虑，公司管理层不得不正视这一问题，在策略上和双方利益上进行博弈。

在当前的电子商务销售模式中，高脱销是体育用品行业面临的重大疑难问题，企业须利用IT建设来及时采集信息来响应市场。如果信息反馈延迟，等产品进入促销期再着手弥补正季的脱销问题已经没有意义。作为一个定位在“时尚”的运动品牌，特步在市场反应和供应方面必须有更高的要求，必须更快响应市场的变化才能保持优势的品牌路线。基于此，特步2008年起着手建设“快速供应链体系”，通过供应链整合和配置资源，及时反映市场供求的变幻莫测。特步提出的“快速供应链”有两层含义：一是要缩短整个供应链的周期，提前3个月订货要远好于提前半年订货的反应能力；二是在产品上市之后建立一定的机制，在市场销售情况上进行预测，对于翻单及时进行处理和反馈，积极配合产品正价销售的阶段，以免在短暂一个月的正价期转入促销期后为时已晚。

逆境重重，攻守相较

“特步每款鞋服的起订量大概至少是几万件的规模”，吴联银介绍道：“一季上市 300 款至 500 款，加之颜色、尺码的翻倍更造成了数量的庞大。”这种大规模的货品产出和需求致使长期以来整个供应链体系的配套资源已经习惯于这样的大批量运作，想改善之前供应链的结构是相对较难的。

从研发角度来讲，设计研发也分波段周期，不能完全按市场变化周期快速反应，决策层企图把大批量的阶段式运作改成小批量的连续运作，即把大车间改成流水线，减轻所面临的压力大和执行力弱的问题。ZARA 有着引领业界发展的快速供应链体系，倘若想真正建立类似系统，就要克服传统管理模式和运作模式等方面的挑战，同时也需要外部大环境来匹配和认同这样的改革举措，否则会导致很大的风险和成本。然而随着市场竞争的加剧，吴联银坚信这种快速供应链会被广泛地接受。

可喜的是，这个新快速供应链机制的提出，提升了对特步内部的科学管理，“但是从外部财务系统的数据衡量上来讲，目前尚未真正体现出其效果”，吴联银梳理了近年来的回忆，分析了遭受革新逆境的因素。

首先，目前的行业大环境和陈旧规则限制了一些改良措施的具体落地。“比如，2009—2010 年我们遭遇‘用工荒’，产量十分紧张，各品牌期货的实现率均不高，仅完成 70%左右，更无法保证小单现货的供货。”

2010—2011 年，特步管理层的主要策略在于谋求恢复和稳定，到 2012 年年初关于供应链新战略的部署才开始取得一些成效。“竞争形势促使我们将周期向前赶。然而，在我们屡次订货会的过程中，厂家往往还是习惯于通过订货来锁定产能，事先估量出货，导致我们不得不提前预订”，吴联银无奈地讲述。可见，仅靠一家企业来打破行业的既定游戏规则是十分具有挑战性的。

其次，快速推动供应链的阻碍也来源于内部人员和部门的不积极作为，如营销团队、渠道商、总代理不愿意配合，他们在主观上也希望货品早些被预订一空，以降低自身的销售压力。

另外需要提及的是，快速供应货品的成本也比大批期货的预订成本高，因为货品批量偏小，信息沟通链又较长，因而在大货供应链体系中这种模式的维系并非易事。“但是如果用另外一条供应链，找一些小厂家来做原活的翻单，又并不合适，因为缺少技术方面的准备”，吴总补充道。

快速响应，出师决胜

“山重水复疑无路”，市场的召唤与竞争的瓶颈激励特步将传统战术转为主攻，借助信息化管理手段，积极投身供应链“快速响应”的策略部署上来。

供应链从“一单一流一结”向“集中采购、共享库存、分单发料”转变，形成第一块战略高地。这一战略的提出对特步的价值非常大。吴联银介绍道，“在以前供应链水平不太稳定的情况下，生产订单的调整非常频繁，某几个物料缺少，就会导致大批订单都无法投料，如果每一单都缺少那么一两个物料，100 张单子里面，可能就只有 50 多个单子能投产。由于生产都是按单的，不能随意调配原材料，否则会导致仓库混乱。可见，传统的签单供应方式丝毫没有市场变通的效能，会阻碍企业的生产与销售前景。”

要想快速响应供应链系统，供应商管理必须得到强化，这是特步部署的第二块战略高地。

通过供应商协同平台实现管理输出，使得特步和供应商管理与业务紧密结合。让供应链计划预测与计划调整更准确，更具有可操作性。利用供应商平台加强对重点供应商的管理与考核，帮助供应商提升管理和服务质量。

由于特步的法人结构多，既要满足业务人员简化业务操作的要求，又要满足财务管理需要，要想在不同公司中进行财务管理，难度是很大的。料价的核实与结算就促成了特步第三块战略高地。经过努力，特步的供应链协作财务管理部门做到了按款核料、按料核价、按单发料、按单结算，实现了集中采购及库存共享，供应商只与统一的业务接口结算，根据送货指令将材料运送到不同的制造厂，推动内部调拨的自动实现。

第四块战略高地就是强化计划管理，实现从原材料采购到总仓发货的一系列工作计划更具可操作性。这样能够给供应商更充裕的准备时间，使其运作节奏更加合理。

快速供应链系统对于特步的营销团队来说，可根据供应商管理平台收集生产进度、预排发货，入仓后根据预排分货，能够做到成品的预先收发货计划；结合仓储提升、优化检货程序，提升仓库利用率和发货效率；利用组合销售概念，提升产品规划在终端的表现力。

巩固链，战略全球

供应链链主(Chain Leader)通常指的是在整个供应链中占据了优势地位，对整个供应链或者供应链中的大部分企业的资源配置和应用具有较强的直接或间接影响力，而且对整个供应链的价值实现予以最强烈关注，肩负着提升整个供应链绩效重任的核心企业。在整个供应链条的庞大森林中，特步就像是链主，充当着狮王的身份。大宗原材料供应商如大型面料商们在供应链中的地位要相对弱一点，因为他们会垄断上游的资源。而那些辅料供应商和加工厂，包括特步的诸多代理商，均处于比较强势的地位。而如果在整个体育运动品产业供应链条中衡量企业的地位，则要取决于品牌自身以及公司的规模和能力，它与品牌在市场中的地位和排名是完全匹配的，特步也在此一直名列前茅。

为了巩固自身供应链条中的链主地位，吴联银表示，希望优化整个供应链体系，将着眼点落实于建立特步全球物流运作管理系统，构建实现原材料物流和成品物流的总体规划、合理布局、快速响应、精确执行的全球物流运作管理体系，完成企业物流管理从物权优先到效率优先的转变。

特步的物流乃至供应链全球战略眼光，信息化必须肩负重任。作为管理层面，需时时关注 IT 部门的薄弱环节并进行优先建设，让 IT 与业务和管理制度的优先改进保持同步并具有相应的规划性。另外 IT 建设也涉及人的因素：比如公司高层是否有改良的意愿，作为 CIO 又如何说服管理层接纳这样的意愿并启动项目等。正如吴联银副总裁所言，“不仅是供应链体系，特步这一系列的改革走下来肯定又要披荆斩棘。由于企业的管理水平还跟不上系统的要求，而系统的运行又是与管理水平紧密关联的，所以要攻克很多管理上的顽疾。我们一直贯彻业务先行、IT 提升的策略；我们坚信 IT 虽然做不了从无到有的事情，但可以做从有到优的事情。”历史上的“渡江之战”贵在作战手法与合围之谋，当下的这场快速供应链的开拓战役，同样需要 IT 的支撑、管理的优化及部门与链条上下游间的协力配合。

(资料来源：http://www.scmor.com/view/1186.)

思考：

1. 简述特步进行快速供应链构建的背景。
2. 相比之前的供应链，特步快速供应链结构有哪些优势？

第 12 章　供应链合作伙伴关系

【学习目标】

1. 理解供应链合作伙伴关系的含义及发展。
2. 了解实施供应链合作伙伴关系的意义。
3. 了解供应链合作伙伴关系选择的主要原则及因素。
4. 理解供应链合作伙伴关系的评价步骤和标准。
5. 掌握供应链合作伙伴关系选择的方法及模型。

【引导案例】

本田公司(Honda)与其供应商的合作伙伴关系

位于俄亥俄州的本田美国公司，强调与供应商建立长期战略合作伙伴关系。本田公司总成本的 80%都用在向供应商的采购上，这在全球范围是最高的。因为它选择离制造厂近的供应源，所以能与供应商建立更加紧密的合作关系，更好地保证 JIT 供货。制造厂库存的平均周转周期不到 3 小时。1982 年，27 个美国供应商为本田美国公司提供价值 1 400 万美元的零部件，而 1990 年，有 175 个美国的供应商为它提供超过 22 亿美元的零部件。大多数供应商与它的总装厂之间的距离不超过 150 里。在俄亥俄州生产的汽车零部件本地率达到 90%(1997 年)，只有少数的零部件来自日本，强有力的本地化供应商的支持是本田公司成功的原因之一。

本田公司与供应商之间是一种长期相互信赖的合作关系。如果供应商达到本田公司的业绩标准就可以成为它的终身供应商。本田公司也在以下几个方面提供支持帮助，使供应商成为世界一流的供应商。

(1) 2 名员工协助供应商改善员工管理。
(2) 40 名工程师在采购部门协助供应商提高生产率和质量。
(3) 质量控制部门配备 120 名工程师解决进厂产品和供应商的质量问题。
(4) 在塑造技术、焊接、模铸等领域为供应商提供技术支持。
(5) 成立特殊小组帮助供应商解决特定的难题。
(6) 直接与供应商上层沟通，确保供应商的高质量。
(7) 定期检查供应商的运作情况，包括财务和商业计划等。

(8) 外派高层领导人到供应商所在地工作，以加深本田公司与供应商之间的相互了解及沟通。

本田与唐纳利(Donnelly)公司的合作关系就是一个很好的例子。本田美国公司从1986年开始选择唐纳利为它生产全部的内玻璃，当时唐纳利的核心能力就是生产车内玻璃，随着合作的加深，双方之间的关系越来越密切(部分原因是相同的企业文化和价值观)，本田公司开始建议唐纳利生产外玻璃(这不是唐纳利的强项)。在本田公司的帮助下，唐纳利建立了一个新厂生产本田的外玻璃。他们之间的交易额在第一年为500万美元，到1997年就达到6 000万美元。在俄亥俄州生产的汽车是本田公司在美国销量最好、品牌忠诚度最高的汽车。事实上，它在美国生产的汽车已经部分返销日本。本田公司与供应商之间的合作关系无疑是它成功的关键因素之一。

(资料来源：http://blog.sina.com.cn/s/blog_629711f70100moz6.html.)

思考：

1. 本田美国公司在维持伙伴关系方面做了哪些有特色的工作？
2. 企业之间良好伙伴关系的核心要素是什么？
3. 由此案例，如何理解中国坚定不移发展全面合作伙伴关系战略？

12.1 供应链合作伙伴关系概述

供应链管理能否取得预期效果的关键在于供应链企业之间是否协调运作，而解决这个问题要看供应链合作伙伴关系管理的好坏。因此，供应链管理的重要一点就是关于供应链合作伙伴关系的选择与评价。企业想要在全球的竞争中得到持续稳定的发展，必须将自身业务与合作伙伴业务集成在一起，消除相互之间的隔阂和障碍，从整个供应链的角度考虑如何实现产品价值，只有这样才可以使企业在竞争激烈的情况下保持自身的发展优势。

12.1.1 供应链合作伙伴关系的含义

供应链合作伙伴关系可以视为供需双方在一定时期内共享信息、共担风险、共同获利的一种战略性协议关系。目前，供应链合作伙伴关系的定义是：为了实现特定目标而在供应链内部的两个或两个以上独立的成员之间形成的一种协调关系。供应链内部企业之间的关系，总的来说有两种：供应商与制造商的关系、制造商与经销商的关系。其目的是为了协调它们之间的利益，保持战略伙伴之间行为的一贯性，提高整个供应链的运作绩效，产生更大的竞争优势。

供应链的战略合作关系是随着集成化供应链管理思想的出现而形成的，是供应链中的企业为了达到特定的目标和利益形成的一种不同于简单交易关系的新型合作方式。供应链合作伙伴关系的目的是降低供应链总的交易成本，提高对最终客户需求的响应速度，降低供应链上的库存水平，增强信息共享，加强彼此的交流，保持战略伙伴相互之间操作的一贯性，从而获得更大的竞争优势，以实现供应链各个企业的财务状况、质量、产量、交货期、客户满意度和业绩水平的改善和提高。显然，战略合作伙伴关系强调企业之间的合作和信任。

实施供应链合作伙伴关系意味着新产品和技术的共同开发、数据信息交换、市场机会共享和风险共担。在供应链合作伙伴关系环境下，制造商不再只考虑价格，反而更加注重选择更加优质的服务质量、技术革新、产品设计等方面都较好的供应商进行合作。

供应商合作伙伴关系发展的主要特征是从过去的以产品、物流业务交往为核心开始转向以资源集成、合作为核心。在系统、集成和合作思想的指导下，供应商和制造商把它们之间的相互需求和技术集成在一起，为制造商提供最有用的产品。因此，制造商与供应商不仅仅是物质上的交换，还包括一系列可见或者不可见的服务的整合，如研发、流程设计、信息共享、物流服务等。

12.1.2 供应链合作伙伴关系的发展演进

已有研究表明，人们对供应链管理模式的认识大多强调的是企业间的战略伙伴问题，这种新型的企业关系是供应链管理模式形成的基础，也是供应链管理模式与传统模式的根本区别。

传统关系阶段：1975 年以前，市场基本上是供不应求的。企业为了应对这种现状，就要做出应对措施，如改进工艺与技术，提高生产率；扩大生产规模，降低单位产品成本。企业之间各自做自己的工作，竞争也比较温和、友好，竞争压力较轻、稳定。

自由竞争时期：20 世纪 70 年代到 80 年代初期，市场上产品供应日趋饱和，企业之间的竞争也非常激烈，竞争压力很大。

合作关系时期：20 世纪 80 年代后期，市场竞争激烈、混乱，消费者对产品的要求日益提高。质量之间的相互竞争使得企业开始将竞争战略转向纵向一体化以确保最终产品的稳定。企业之间的合作比较密切，具有一定的战略性。

伙伴关系时期：到了 20 世纪 90 年代，市场变化加快，一体化经营开始反应迟缓，不能满足市场的需求，失去市场机会的风险、投资风险、行业风险都开始慢慢增大，企业开始从纵向一体化转向横向一体化，采取快速响应市场变化的竞争策略。企业之间确立合作伙伴关系，彼此之间的经营合作具有一定的层次性、能动性，虽然竞争压力很大，但是比较稳定。

战略联盟时期：20 世纪 90 年代后期，由于科技进步和经济全球化的快速发展，经营难度和竞争压力逐渐增大，企业之间需要关系更加紧密的合作，慢慢开始产生双赢的合作机制。企业之间的竞争压力非常大，这种压力是企业为了更好地实现自身发展的需要，更好地适应环境不断变化的需要。

从历史上看，企业关系的演变过程大概也经历了以下 3 个阶段。

1. 传统的企业关系

从传统的企业关系过渡到创新的合作企业关系模式，经历了以生产物流相结合的特征关系(20 世纪 70—80 年代)转到战略协作伙伴为特征的合作伙伴关系(20 世纪 90 年代)。在传统的企业关系中，供应链管理等同于物流管理，企业之间的关系就是简单的交易双方的买卖关系。在这种企业关系中，企业管理的理念是以生产为基础的，供销处于次要的、附属的地位。企业之间很少进行沟通与合作。

2. 物流同步关系

从传统的以生产为中心的企业关系模式向物流关系转化，JIT 等先进的物流管理思想起着重要的作用。为了达到整个生产的均衡化和物流的同步化，必须要加强各个部门之间、企

业之间的合作与沟通交流。但是，基于简单的物流关系的企业合作关系，可以被看作是处于作业层和技术层方面的合作。在信息共享、服务支持、并行工程、群体决策、柔性化与敏捷制造等方面都不能很好地适应越来越激烈的市场竞争的需要，企业需要的是更高层次的合作与集成，于是才产生了基于企业战略伙伴之间的关系。

3. 合作伙伴关系

到目前为止，基于战略合作伙伴关系的企业体现了内外资源集成与优化利用的思想。基于这种运作模式的产品制造过程，从产品研究开发到投放市场，这中间的周期大大缩短，同时顾客定制化程度更高，模块化、简单化产品、标准化组件的生产模式使企业在多变的市场中的柔性和敏捷性都有了显著的提高，虚拟制造与动态联盟加强了外包业务这种策略的应用。这是一种高级别企业集成模式。在这种企业关系中，市场竞争的策略最明显的变化就是基于时间的竞争和价格的竞争。

12.1.3 供应链合作伙伴关系与传统供应商关系的区别

在当今激烈的竞争环境下，供应链合作伙伴关系强调直接的、长期的合作，强调共同努力以实现共同的计划和解决共有的问题，强调相互之间的信任与合作。这种关系与传统的关系模式有着很大的差别，主要体现在以下几点。供应链合作关系与传统供应商关系的区别如表 12-1 所示。

表 12-1 供应链合作关系与传统供应商关系的区别

项　目	传　统	供应链合作关系
相互交换的主体	物料	物料、服务
供应商选择的标准	强调价格	多标准、多准则
稳定性	变化频繁	长期、稳定、密切合作
合同性质	单一	开放合同(长期)
供应批量	小	大
供应商数量	大量	少而精
供应商规模	小	大
供应商的定位	当地	国内、国外
信息交流	信息专有	信息共享
技术支持	不提供	提供
质量控制	检查控制	质量保证
选择范围	投标评估	广泛评估可增持的供应商

除了上述的区别之外，供应链企业在战略上是相互合作的关系，必须重视各个企业之间的利益。供应链取得的总利润需要在供应链的各个环节进行相互之间的配合，这样才能体现出合作的价值和对合作者的尊重。

传统企业在合作过程中仅仅强调的是自身局部的利润的提高，但忽视了由于双方合作而产生的更大的利润。对企业而言，与其他企业特别是与供应商建立合作伙伴关系，将会达到以下的效果。

(1) 加快产品开发、上市的速度。供应链成员企业之间建立合作伙伴关系之后，制造商可以通过外包将繁杂、零碎、不擅长的生产任务交给其他企业，自己则致力于核心竞争业务，从而发挥各自的优势，使新产品的开发制造过程简化，上市时间缩短。

(2) 降低成本。供应链合作伙伴的目的就是实现总成本最低化。由于双方之间实现合作、信息共享，企业可以实现零库存，减少库存成本；同时由于建立了长期的合作伙伴关系，固定的交易对象与供应商数目减少，可以大大降低交易费用；供应商供应质量的提高，可以降低制造商生产中的不确定性，保证生产过程的连续性和成本的持续下降。

(3) 提高用户满意度。用户满意度包括产品的质量保证、产品制造过程保证和售后服务的保证。在供应链的管理模式下，企业之间建立合作伙伴关系，通过外包，节省成本，从而不断地满足用户的需求，提高用户满意度。

12.1.4 建立供应链合作伙伴关系的重要意义

1. 有利于形成基于战略合作伙伴的企业集成模式

建立供应链战略合作伙伴关系的价值之一体现在企业集成模式的形成上面，战略伙伴关系的企业集成模式如图 12-1 所示。

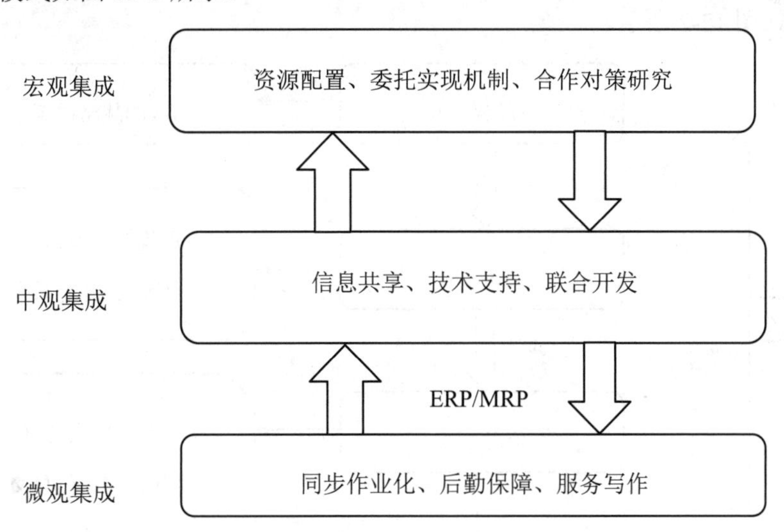

图 12-1 战略伙伴关系的企业集成模式

与合作伙伴建立战略伙伴关系之后，企业在宏观、中观和微观层面都很容易实现相互之间的集成。在宏观层面，主要是实现企业资源的优化配置、企业合作以及委托实现；在中观层面，主要在信息技术的支持和联合开发的基础上实现信息共享；在微观层面，主要是实现同步化、集成化的生产计划与控制，并实现物流保障和服务协作等业务的职能。

2. 有利于建立战略伙伴关系的质量保证体系

企业必须将客户的需求贯穿于整个设计、加工和配送的过程中，企业不仅要关心产品质量，还要关心广告、服务、原材料供应、销售、售后服务等活动的质量。这种基于供应链全流程以并行工程为基础的质量思想称为“过程质量”，通过实施供应链各个节点企业的全面质量管理，实现“零缺陷”输入和“零缺陷”输出，实现精益供应链的目的。同时，想要获

得令顾客满意的产品质量，人们普遍认为质量功能开发是实现供应链质量保证的有效方法。作为一种全面质量管理的理想模式，质量功能开发能将客户实际需求反映到企业制造的全过程中，通过产品质量功能的配置满足顾客的需求，从而提高顾客的满意度。在这个过程中，质量控制的标准直接来自顾客，从而能够消除产品多余的功能质量，尽量消除浪费，满足精益生产的目的，形成顾客对质量、工程、零件特性和工艺操作质量要求的牵引作用。

3. 有利于战略伙伴关系中的技术扩散与服务协调

具有战略合作伙伴关系的供应链，企业的竞争优势并不是因为企业有形资产的联合和增加，而是企业成为价值链的一部分，实现了知识的优化组合，达到企业之间的强强联合。同时，通过信息的共享，企业把精力用于企业最具有创新能力的活动，运用集体的智慧提高了应变能力和创新能力。

21 世纪知识经济时代的供应链管理，信息技术的作用越来越大。供应链管理在管理的过程中知识与技术的扩散，与传统意义上的信息流是不同的。企业并不是拥有了合适的软件系统和充分的信息就能使其竞争能力显著增强，而是要合理利用知识链，确定各项具体技术在知识链中的每一个环节所起的作用，注意那些能显著提升企业创新能力的知识与信息的合理运用。因此，必须重视知识主管和信息主管在企业中的作用。知识主管与信息主管在企业中的作用模型如图 12-2 所示。

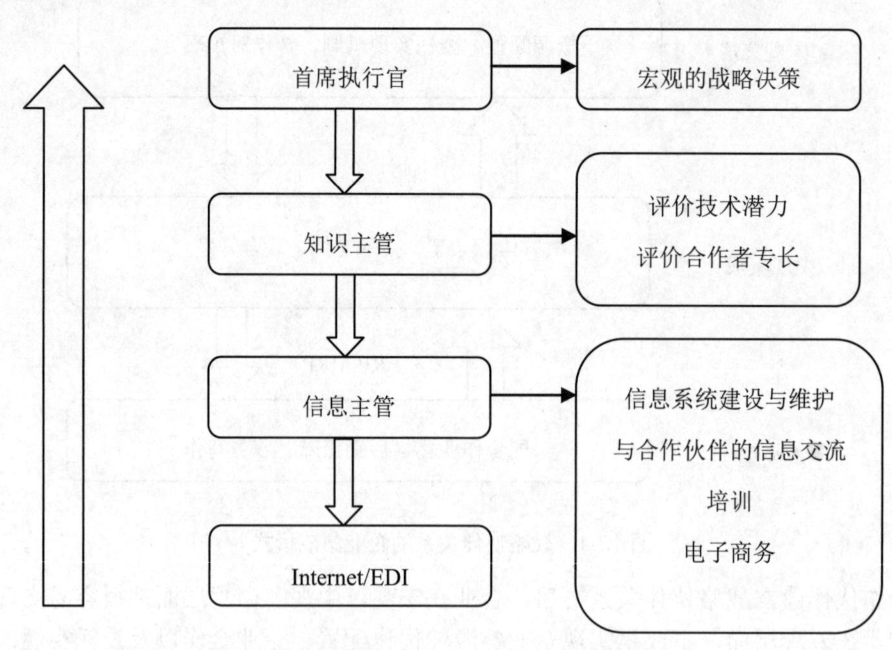

图 12-2　知识主管与信息主管在企业中的作用模型

关于技术扩散机制的研究，国内外学者从经济学、组织行为学、信息传播学、市场渗透、空间转移的原理等方面对技术扩散现象进行了研究。互联网等信息技术的出现改变了原有的知识与技术扩散的途径。供应链管理是 21 世纪信息化时代的主流管理模式，自然要面对合作企业之间的技术与知识的扩散和协作支持问题，传统的企业技术合作模式和扩散机制对供应链管理为基础的企业技术扩散而言也不完全适用。

4. 有利于提高供应链对顾客订单的响应速度

速度是供应链竞争优势的关键，供应链中制造商要求在供应商环节加快生产运作速度，通过缩短供应链总体周期时间，达到降低成本和提高质量的目的。想要缩短周期时间，关键在于缩短采购时间、流入物流运输时间、流出物流运输时间和设计制造时间。所以加强供应链合作伙伴关系运作的意义重大。

通过实施建立供应商与制造商之间的战略合作伙伴关系，可以达成以下目标。

对于制造商(买方)：

- 降低成本；
- 实现数量折扣、稳定而有竞争力的价格；
- 提高产品质量和降低库存水平；
- 改善时间管理；
- 缩短交货提前期和提高可靠性；
- 提高面向工艺的企业规划；
- 实现更好的产品设计和更快的对产品变化的反应速度；
- 强化数据信息的获取和管理控制。

对于供应商(卖主)：

- 保证有稳定的市场需求；
- 更好地了解或理解用户需求；
- 提高运作质量；
- 提高零部件生产质量；
- 降低生产成本；
- 提高对买主交货期改变的反应速度和柔性；
- 获得更高的利润。

对于双方：

- 改善相互之间的交流；
- 实现共同的期望和目标；
- 共担风险和共享利益；
- 共同参与产品和工艺开发，实现相互之间的工艺集成；
- 减少投机思想和投机的可能性；
- 增强矛盾冲突的解决能力；
- 在订单、生产、运输上实现规模效益，降低成本；
- 减少管理成本；
- 提高资产利用率。

尽管存在众多好处，但是仍有许多潜在的风险会影响供应链战略合作关系的参与者。另外，过分地依赖一个合作伙伴，可能在合作伙伴不能满足期望要求时造成惨重损失。同时，企业可能因为对战略合作关系的失控、过于自信、合作伙伴的过于专业化等原因使自身的竞争力受到影响。企业可能高估供应链战略合作伙伴关系的利益而忽视了潜在缺陷。因此，企业必须对传统合作关系和合作战略关系策略进行正确的对比，再做出最后的决策。

这种战略伙伴关系体现了对企业内外资源的集成与优化应用。基于这种企业环境的产品制造过程，从产品研究开发到投放市场，大大缩短了供应链周期，顾客满意度也更高。企业集成从原来的中低层次的内部业务流程重构上升到企业间的协作，形成了一种更高级别的企业集成模式。

12.2 供应链合作伙伴关系管理

12.2.1 供应链合作伙伴关系管理的含义及内容

供应链是围绕核心企业通过物流、信息流、资金流将供应商、制造商、分销商和最终客户组成一个整体的功能链。供应链中的成员企业既是后一个成员企业的供应商，也是前一个成员企业的采购商，供需关系贯穿整个供应链，供应链自身的供应商及成员企业在合作中由于信息不对称、利益冲突而引起的种种矛盾，注定供应链是一个需要管理的系统，管理的目标就在于使整个供应链获得的利益大于各成员企业单独获得的利益之和。

1. 供应链合作伙伴关系管理的含义

供应链作为一种特殊的组织形式，它的管理直接关系到供应链整体的效益，由于供应链是由多个独立的经济利益主体构成，如何管理各个成员企业之间的利益关系就显得至关重要。供应链合作伙伴关系管理就是要对供应链企业间的关系进行管理，建立解决问题的管理机制、渠道和平台，即供应链关系管理是以合作思想为关系协调的指导思想，广泛采用各种协调理论分析工具和技术实现手段，通过协商、谈判、约定、沟通等管理方式，建立供应链企业关系管理机制和管理渠道，达到同时改善和优化供应链整体绩效和成员企业绩效的目标。

2. 供应链合作伙伴关系管理的内容

从供应链合作伙伴关系管理的定义得知，供应链合作伙伴关系管理的对象是供应链企业间以供需交易关系为主体的一系列关系总和，包括供应链企业间物流、资金流、信息流的管理和企业间的合作关系的管理。从供应链关系管理问题的解决途径和手段来看，可以将供应链关系管理的内容归纳为以下 3 个层次。

(1) 供应链企业间的信息共享。这是供应链关系协调的基础层次。信息共享在供应链的运营中具有举足轻重的作用，也是供应链关系管理的一个重要的基础。如果没有信息的有效传递和共享，必然会导致供应链关系的不协调，如“牛鞭效应”。信息的有效共享是供应链协调的第一步。

(2) 供应链企业间的经济利益协调。这是供应链关系协调的中间环节。为保证供应链的竞争力，必须防止成员企业片面追求自身利益最大化的行为。但是，由于供应链固有的外部性的限制，不可能要求成员企业无偿地放弃自身利益而维护供应链的整体利益。显而易见，只有供应链整体利益大于不存在战略合作时各企业利益之和时，供应链才可能维持下去。因此，核心企业必须从战略角度出发，挖掘出所处的供应链与其他供应链不同的竞争优势，保证供应链的利益，并将增加的利益进行公平合理的分配。

(3) 供应链企业间的信任。这是供应链管理中的较高层次。供应链中的信任主要有两个方面，一方面是核心企业对其他成员企业的信任，这主要是一种忠诚信任。这种信任可以通过签订约束性的合同，或加大其他企业寻找新的战略伙伴的机会成本来实现。另一方面是其他成员企业对核心企业的信任，这主要是一种能力信任。

12.2.2 供应链合作伙伴关系管理的措施

1. 建立公平机制

获利是形成合作伙伴关系的动力，程序公平则是维持良好合作伙伴关系的基础，无论合作伙伴实力的强弱，他们在参与供应链运作时应一律平等，按照事先规定的流程办事。程序公平能使合作伙伴在心理上平衡，促进相互间的信任，确保供应链良性运转。合作伙伴可以对核心企业的决策提出异议，表明自己的观点和立场，双方就有关问题进行沟通协商，得到对双方都更为有利的解决方案。除了在出现问题的时候进行沟通外，核心企业与合作伙伴之间在平时也要加强交流，对公司的相关政策、行动、流程予以解释，一方面可以增进双方的了解和信任，另一方面也有利于发现新的合作机会。

2. 加强信息共享

在供应链中，各个企业的订单决策都是根据相邻成员的订单量，按照一定的方法进行预测。由于上游企业不直接接触终端市场，整条供应链中的订单信息会发生放大现象，也就是所谓的“牛鞭效应”。牛鞭效应产生的这种需求不真实情况，会对企业排产或销售造成极大的压力。通过信息共享，企业可以直接根据来自零售商的信息安排企业的生产，随时监控下游成员企业的库存情况，以及上游企业的供货能力，从而有效地减少“牛鞭效应”的潜在影响，降低整条供应链的需求不确定性。

实现供应链合作伙伴间信息共享可以通过多种途径，主要有完善企业信息系统平台、构建第三方系统平台和建立公共平台 3 种方式。

(1) 完善企业信息系统平台。供应链合作伙伴间通过完善企业信息系统平台，协调供应链企业间的信息系统，从而实现信息快速、准确传递。核心企业可以把信息直接传递给合作伙伴，合作伙伴可以直接把核心企业传递来的信息存放在自己的数据库中。

(2) 构建第三方系统平台。在供应链中引入第三方信息企业，由第三方信息企业建设公共数据库，收集外部信息资料，加工处理与供应链相关的信息，向供应链企业提供额外的信息服务。

(3) 建立公共平台。通过建设公共平台，实现企业内部信息数据库和信息平台数据库间的数据传输和处理的计算机自动化。信息平台服务商只对平台进行维护或根据客户的需求开发新的功能模块，不提供具体的信息服务，共享信息的种类和要求由供应链相关企业商定。

在实现信息共享的过程中，核心企业可以根据自身的财务及经营状况，选择合适的信息传输手段，只要能够将有价值的信息及时准确地传递给对方也就达到了信息共享的目的。

3. 建立信任机制

信任是企业合作的基础。合作双方签订合同时，很难拟定出覆盖一切偶然因素的合同，在这种情况下，只有建立了相互信任的关系，才能弥补合同的不足。对于供应链企业来说，信任就意味着遵守合同，按时交货、按时付款、保持一贯的高质量、严格遵守合同条款。一般来说，企业会对合作企业建立信誉记录，形成有效的信任考察机制。然而在建立对方的考核机制时，企业也应该树立自己的信誉形象。在企业之中享有良好的声誉会使本公司更容易找到合适的联盟伙伴，也会使对方更加信任自己，从而使合作关系更长久。构建信任机制的措施如下。

1) 协调供应链合作伙伴目标

在供应链的发展过程中，经常会出现两种情况：①与伙伴目标存在冲突，但在供应链建立初期有所掩盖；②目标在开始时是一致的，但随着时间的推移逐渐产生冲突。这就需要在合作的过程中不断调整目标，使其满足整体利益的需求，即一切从供应链整体的绩效需要出发。一般来讲，供应链中可能会存在相互冲突的长期目标，这主要是因为合作伙伴既希望从供应链中得到好处，又极力保持相当程度的自主权。自主权的存在会导致供应链目标的潜在冲突，目标的不一致就会促使各方为了各自的利益采取机会主义的行为，导致信任关系的破裂。因此，各方都要随时对供应链状况和发展目标进行定期的检查，以确保供应链目标的协调一致。

2) 协调供应链企业间文化

统一的供应链文化能减少合作伙伴间的矛盾和冲突，确保信任关系受到最小的干扰和破坏。要形成统一的供应链文化，就需要核心企业的管理人员敏锐地意识到各伙伴的文化差异，通过跨企业的管理培训、鼓励非正式接触、提高行为和策略的透明度等措施，努力消除彼此间的隔阂，使各种文化在供应链中相互渗透和相互交融，最终形成各方都能接受的信仰和文化基础，使供应链内不同文化背景的伙伴之间能够良好的沟通，以促进信任关系的建立和发展。

3) 提高欺骗成本

在信息不对称的情况下，要使每个合作伙伴的行为理性化，就必须在供应链内部建立防止相互欺骗和防止机会主义行为的机制，提高欺骗成本，增加合作收益。提高欺骗成本，可从以下 3 个方面入手。

(1) 提高退出壁垒。如果伙伴退出供应链，那么它的某些资产，如场所资产、人力资产和商誉都将受到很大损失。

(2) 供应链可以通过伙伴相互间的不可撤回性投资来“锁住”对方，各伙伴像关心自己的利益一样来关心其他成员和整个供应链的兴衰，消除通过欺骗得益的可能性。

(3) 供应链可以通过保护性合同或合法的契约来阻止机会主义行为，也就是要对不诚信行为进行惩治。这样的合约条款可使合作伙伴清楚行为预期，消除投机心理，同时也可提高对其他合作伙伴的信任度。

增加合作收益的一个重要内容就是为伙伴提供隐性“担保”，利用供应链拥有的无形资产，如信誉、商标等使参与供应链的伙伴由于供应链本身的声誉和影响力，在客户心中树立起良好的商誉和品牌形象，从而获得较高的经济效益，使各合作伙伴都认识到，建立合作伙伴关系能比单干获得更大利益。

4. 建立激励机制

核心企业在建立信任机制后，应当加强建立激励机制(Encourage Mechanism)，没有有效的激励机制，就不可能维持良好的合作伙伴关系。激励的手段包括以下 3 方面。

(1) 价格、订单激励。在供应链管理中，各个企业在战略上是相互合作关系，但是并不能忽略企业的自身利益。价格确定要考虑供应链利润在所有企业间的分配，以及供应链的优化所得额外收益在所有企业间的均衡。对供应商来说，高的价格能增强企业合作的积极性，不合理的低价会挫伤企业合作的积极性。但是，价格激励本身也隐含着一定风险，这就是逆向选择问题。制造商在挑选供应商时，由于过分强调低价格的谈判，他们往往选中了报价较低的企业，将一些整体水平较好的企业排除在外，其结果影响了产品的质量、交货期等。

因此，使用价格激励机制时要谨慎从事，不可一味强调低价策略。除此之外，在供应链内的企业也需要订单激励。一般地说，一个制造商拥有多个分销商，多个分销商的竞争来自于制造商的订单，更多的订单对分销商是一种有效激励。

(2) 建立淘汰机制。在供应链合作伙伴关系中，为了能有效地使整个供应链的整体竞争力保持在一个较高的水平，核心企业必须建立起有效的淘汰机制，在供应链系统中形成一种危机激励机制，让各成员企业产生危机感，供应链上各成员企业为了维持长期的战略合作关系及其既得利益就会从各个方面注意自己的行为。

(3) 新产品的共同研发。在供应链合作伙伴关系中，通过让可靠的合作伙伴参与新产品的开发和新技术的研制，并在其中占有相对合理比例的股份，可以调动合作伙伴的积极性，形成稳定的战略合作伙伴关系。另外，还可以对合作伙伴进行必要的投资，以维护这种合作关系。例如，核心企业可以从整体利益出发，对合作伙伴进行有关设备、流程设计、技术培训、技术创新等方面的投资。

5. 动态合同控制

动态合同即柔性合同(Flexibility Contract)，在内容上视合作伙伴工作进展和市场变化情况设置相应的弹性条款，在形式上采用以序列合同为基础的合同形式，即若需要自动续签下一项合同，必须完成现有合同所规定的任务，并达到相应的标准。同时，合同内容体现出对于完成阶段任务并达标的，给予相应的褒奖和优惠，动态合同执行过程中配以相应的动态检查机制、激励与惩罚机制、利益分配和风险分担机制和清算机制。动态合同具有以下优点。

(1) 核心企业将所负责的任务或项目分割成不同的部分或阶段，避免一次性将任务全部交给一个合作伙伴而出现被套牢的现象，从而有效避免因合作伙伴选择不当所带来的风险。

(2) 动态合同在形式上采用序列合同的形式，能有效地激励合作伙伴按时、按质、按量的完成所承担的任务；否则，不仅会损害自身的信誉，得不到足额的报酬，而且还会失去自动续签下一阶段项目或任务合同的机会。

(3) 内容上可根据工作进展和市场变化情况，设置可灵活选择的条款，有利于供应链合作伙伴关系的协调管理和双赢目标的实现。

(4) 能够进行动态检查，有利于随时了解合作伙伴的实际工作情况，为下一阶段的决策提供依据，同时也可以减少合作伙伴的弄虚作假等行为的发生，起到检查和监督作用。

12.3 供应链合作伙伴关系的选择

12.3.1 供应链合作伙伴关系选择的主要原则

在合作伙伴的选择评价过程中，应根据不同的供应链所面临的市场的具体情况制定不同的评价选择原则和标准，一般有如下 4 个通用性原则。

1. 核心竞争力原则

供应链的合作伙伴都应为供应链贡献自己的核心竞争力，具备了核心竞争力的企业，才可以使各个企业的竞争力相结合并提高整条供应链的运作效率。

2. 总成本核算原则

供应链管理就是要实现总成本最小，实现多赢的战略目标，因此，就要求合作伙伴之间具有良好的相互信任的关系，减少连接成本。

3. 风险最小原则

供应链运营具有一定的风险性，如市场风险的存在，只是这些风险在供应链的各个节点得到了重新的分配，因为各个企业之间面临着不同的组织结构、技术标准、企业文化和管理理念。因此必须认真考虑风险问题，降低供应链整体运营的风险。

4. 企业战略思想的异同

企业的价值观和战略思想主要表现在市场策略是否一致，注重价值还是注重质量，是否遵守市场规律等，如果供应链中的成员战略思想差异较大，企业是很难实现彼此之间的合作的。违反上述原则会极大地影响供应链的效率，难以满足供应链“外部经济性”的要求，不能保证快速迎合市场机遇的目的，会给供应链的整体运营带来巨大的隐患。由于具体的问题不同，在选择合作伙伴时要根据自身企业的实际情况认真考虑。

12.3.2 供应链合作伙伴关系选择的主要因素

合作伙伴关系的选择会受多种因素的影响，主要包括以下几个方面。

1. 价格

这里的价格主要是指供应商所供给的原材料、初级产品或消费品组成部分的价格，供应商的产品价格决定了消费品价格和整个供应链的投入产品比，对生产商和销售商的利润率产生一定程度的影响。

2. 质量

质量主要是指供应商所供给的原材料、初级产品或者最终消费品的组成部分的质量。这些产品的质量是供应链的生存之本，产品的使用价值是以产品质量为基础的。如果最终进入市场的产品是质量劣质的，该产品将会缺乏竞争力，并很快退出市场。供应商所提供的产品质量是消费品质量的关键所在，因此质量是一个关键的因素。

3. 交货周期

对于企业和供应链系统，市场是外在系统，它的波动或变化都会导致企业或者供应链的变化或波动，市场的不确定性会导致供应链各级库存的波动。由于交货提前期的存在，必然会造成供应链各级库存变化的滞后性和库存的逐级放大效应。交货提前期越短，库存量的波动越小，企业对市场的反应越快，对市场反应的灵敏度也越高。

4. 产品柔性

在全球竞争加剧、产品需求日新月异的情况下，企业生产的产品必须要多样化，以更好地适应现在消费者的个性化的需求，以此达到占有市场和获取利润的目的。所以，很多企业采用了 JIT 的生产方式，为了提高企业产品的市场竞争力，就必须要开发出有柔性的生产能力。企业的柔性生产能力是以供应商的品种柔性为基础的，供应商的品种柔性决定了消费品的种类。

5. 设计能力

产品的更新是企业市场发展的动力，供应链的集成是未来企业管理的发展方向。产品的研发和设计不仅仅是生产商分内的事，集成化供应链要求供应商也应承担部分研发和设计工作。因此，在选择供应伙伴时应考虑设计能力因素。

6. 其他影响因素

除了上述影响因素之外，其他影响因素包括项目管理能力、供应商的地理位置、供应商的库存水平等。中国企业在20世纪90年代末期选择合作伙伴时，主要考虑的标准是产品的质量，其次是价格，还有就是交货提前期，品种的柔性也是考虑的重要因素之一。然而，从近几年的数据显示，中国企业评价选择合作伙伴时存在诸多问题：一是选择的方法不科学，企业在选择时考虑的主观因素较多，有时会根据企业的印象来选择确定合作伙伴；二是选择的标准不健全，如今选择标准多集中在企业的产品质量、价格、柔性、交货准时性、提前期和批量等方面，没有形成一个系统、全面、综合的评价指标体系，不能对合作伙伴作出具体全面的评价；三是选择的机制不配套，各个部门各行其是，选择的流程往往过于形式化，最终根据个人的喜好来确定合作伙伴；四是对供应链合作伙伴的重要性认识不足，对待合作伙伴的态度较差。这些形形色色的问题都会影响企业建立合作伙伴关系的基础，对整个供应链都是不利的。

12.3.3 供应链合作伙伴关系选择的步骤和标准

1. 供应链合作伙伴关系选择的步骤

合作伙伴的综合评价选择可以归纳为以下几个步骤，企业必须确定各个步骤的开始时间，每一个步骤对企业来说都是动态的(企业可自行决定先后和开始时间)，并且每一个步骤也都是一次改善业务的过程。

1) 分析市场竞争环境(需求、必要性)

市场需求是企业一切活动的驱动源。建立基于信任、合作、开放性交流的供应链长期合作关系，必须首先分析市场竞争环境，其目的在于找到针对哪些产品的市场开发供应链合作关系是有效的、现在的产品需求是什么、产品的类型和特征是什么，以确认用户的需求，确认是否有建立供应链合作关系的必要。若已建立供应链合作关系，则根据需求变化确认供应链合作关系变化的必要性，确认合作伙伴评价选择的必要性；同时分析现有合作伙伴的状况，分析、总结企业存在的问题。

2) 建立合作伙伴选择目标

企业必须确定合作伙伴评价程序如何实施、信息流程如何运作、由谁负责，而且必须建立实际的目标。其中降低成本是主要目标之一，合作伙伴评价、选择不仅仅是一个简单的评价、选择过程，其自身也是企业本身和企业与企业之间的一次业务流程重构过程，实施得好，其自身就可带来一系列的利益。

3) 建立合作伙伴评价标准

合作伙伴综合评价的指标体系是企业对合作伙伴进行综合评价的依据和标准，是反映企业本身和环境所构成的复杂系统不同属性的指标，是按隶属关系、层次结构有序组成的集合。

企业要根据系统全面性、简明科学性、稳定可比性、灵活可操作性的原则，建立集成化供应链管理环境下合作伙伴的综合评价指标体系。不同行业、企业，不同产品需求，不同环境下的合作伙伴评价应是不一样的，但不外乎都涉及合作伙伴的业绩、设备管理、人力资源开发、质量控制、成本控制、技术开发、用户满意度、交货协议等可能影响供应链合作关系的方面。

4) 成立评价小组

企业必须建立一个小组以控制和实施合作伙伴评价。小组成员以来自采购、质量、生产、工程等与供应链合作关系密切的部门为主，组员必须有团队合作精神、专业技能。评价小组必须同时得到制造商企业和合作伙伴企业最高领导层的支持。

5) 合作伙伴参与

一旦企业决定实施合作伙伴评价，评价小组必须与初步选定的合作伙伴取得联系，确认它们是否愿意与企业建立供应链合作关系，是否有获得更高业绩水平的愿望。企业应尽可能早地让合作伙伴参与到评价的设计过程中来。然而由于企业力量和资源是有限的，企业只能与少数的、关键的合作伙伴保持紧密合作，所以参与的合作伙伴不能太多。

6) 评价合作伙伴

评价合作伙伴的一个主要工作是调查、收集有关合作伙伴的生产运作等全方位信息。在收集合作伙伴信息的基础上，可以利用一定的工具和技术方法进行合作伙伴的评价。在评价过程的最后有一个决策点，根据一定的技术方法选择合作伙伴。如果选择成功，就开始实施供应链合作关系；如果没有合适的合作伙伴可选，就返回步骤 2 重新开始评价选择。

7) 实施供应链合作关系

在实施供应链合作关系的过程中，市场需求将不断变化，可以根据实际情况的需要及时修改合作伙伴评价标准，或重新开始合作伙伴评价选择。在重新选择合作伙伴的时候，应给予原有合作伙伴足够的时间以适应变化。

2. 供应链合作伙伴关系的评价标准

在评价时，主要考虑以下几点。

(1) 系统全面的评价。供应链合作伙伴涉及诸多方面的绩效，首先要在企业经营、技术研发、生产管理、财务控制、人力资源开发、市场开拓等多个方面对合作伙伴进行系统全面的综合评价，形成供应链合作伙伴评价一级指标。

(2) 逐层细化评价。在供应链合作伙伴评价的一级指标的基础上，逐层细化形成子指标来对供应链合作伙伴进行深入细致的评价，可能一级指标或者二级指标的评价结果还存在不足，因此评价的指标一定要逐层细化，形成三级、四级的指标，逐步建立较为完善的供应链合作伙伴评价指标体系。

(3) 信息的真实性的评价。评价结论来源于生产实践，合作伙伴的日常表现、综合竞争的很多信息都需要数据的支撑，所以供应链合作伙伴评价一定要建立在具体客观的数据之上，才能使得评价结果具有一定的现实意义。

根据调查研究，影响企业合作伙伴选择的主要因素可归为 4 类：企业业绩、生产能力、质量系统和企业环境。为了有效地评价和选择合作伙伴，可以构建 3 个层次的综合评价指标体系：第一层是目标层，包含以上 4 个主要因素，影响合作伙伴选择的具体因素建立在指标体系的第二层，与其相关的细分因素建立在第三层。合作伙伴综合评价指标如图 12-3 所示。

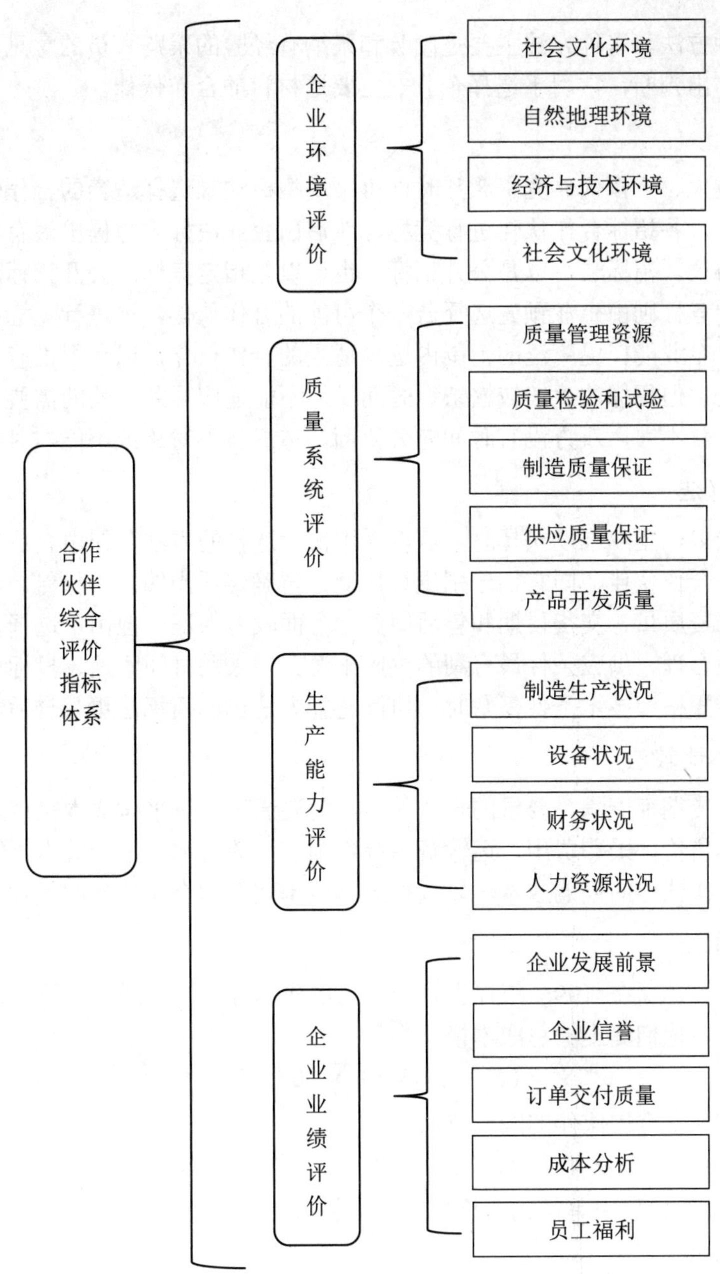

图 12-3 合作伙伴综合评价指标

12.3.4 供应链合作伙伴关系选择的方法

通过多年的理论与实践的发展，目前选择合作伙伴的方法较多，一般要根据供应单位的多少、对供应单位的了解程度以及对物资需要的时间是否紧迫等要求来确定。现今，国内外常用方法综述如下。

1. 直观判断法

直观判断法是根据征询和调查所得的数据资料并结合人的主观认识，对合作伙伴进行分析、评价的一种方法。这种方法主要是倾听和采纳有经验的采购人员的意见，或者直接由采购人员凭经验作出判断，常用于选择企业非主要原材料的合作伙伴。

2. 招标法

当采购数量大、合作伙伴竞争激烈时，可采用招标法来选择适当的合作伙伴。它是由企业发布招标条件，各招标合作伙伴进行竞标，然后由企业决标，与提出最有利条件的合作伙伴签订合同或协议。招标法可以是公开招标，也可以是指定竞标。公开招标对投标者的资格不予限制；指定竞标则由企业预先选择若干个可能的合作伙伴，再进行竞标和决标。招标方法的竞争性强，企业能在更广泛的范围内选择适当的合作伙伴，以获得供应条件有利的、便宜而适用的物资。但招标法手续较繁杂、时间长，不能适应紧急订购的需要，主要是因为订购者对投标者了解不够，双方没有时间充分协商，造成货不对路或不能按时到货的后果。

3. 协商选择法

在供货方较多、企业难以抉择时，可以采用协商选择的方法，即由企业先选出供应条件较为有利的几个合作伙伴，同它们分别进行协商，再确定适当的合作伙伴。与招标法相比，协商选择法在物资质量、交货日期和售后服务等方面较有保证。但由于选择范围有限，不一定能得到价格最合理、供应条件最有利的供应来源。当采购时间紧迫、投标单位少、竞争程度小、订购物资规格和技术条件复杂时，协商选择方法也比招标法更为合适。

4. 采购成本比较法

对质量和交货期都能满足要求的合作伙伴，需要通过计算采购成本来进行比较分析。采购成本一般包括售价、采购费用、运输费用等各项支出的总和。采购成本比较法是通过计算分析各个不同合作伙伴的采购成本，以选择采购成本较低的合作伙伴的一种方法。

5. ABC 成本法

鲁德霍夫和科林斯在 1996 年提出基于活动的成本分析法。通过计算合作伙伴的总成本来选择合作伙伴，他们提出的总成本模型为

$$S_i^B = (P_i - P_{\min}) \times q + \sum_j C_j^B \times D_{ij}^B \tag{12.1}$$

式中，S_i^B——第 i 个合作伙伴的成本值；

P_i——第 i 个合作伙伴的单位销售价格；

$P_{\min}$——合作伙伴中单位销售价格的最小值；

q——采购量；

C_j^B——因企业采购相关活动导致的成本因子 j 的单位成本；

D_{ij}^B——因合作伙伴 i 导致的在采购企业内部的成本因子 j 的单位成本。

S_i^B 这个成本模型用于分析企业因采购活动而产生的直接和间接成本的大小，企业将选择值最小的合作伙伴。

6. 层次分析法

层次分析法是 20 世纪 70 年代由著名运筹学家萨蒂提出的，韦伯等提出利用层次分析法选择合作伙伴。它的基本原理是根据递阶结构的目标、子目标(准则)、约束条件、部门等来评价方案，采用两两比较的方法确定判断矩阵，然后把判断矩阵的最大特征根对应的特征向

量的分量作为相应的系数，最后综合给出各方案的权重(优先程度)。该方法让评价者对照相对重要性函数表，给出因素两两比较的重要性等级，可靠性高、误差小。但在遇到因素众多、规模较大的问题时，该方法容易出现问题，如判断矩阵难以满足一致性要求，往往难以进一步对其分组。它作为一种定性和定量相结合的工具，目前已在许多领域得到了广泛的应用。

另外，蒂默曼提出的合作伙伴评价分类法(Categorical Method)，温德和罗宾森、格理格利提出的标重法(Weighted Point Plan)，这些都可以用于合作伙伴的选择，但它们在供应链环境下应用都存在一些问题。因为没有考虑具体的环境，所以不能有效地对合作伙伴进行评价和选择。

12.4 供应链合作伙伴选择模型

目前在进行供应链合作伙伴选择时，出现了多种模型，如层次分析模型、Tosis 模型、模糊综合评价模型、灰色关联分析模型等。下面将主要介绍层次分析模型、Topsis 模型和模糊综合评价模型 3 种。

12.4.1 基于层次分析的合作伙伴选择模型

1. 模型概述

AHP(Analytic Hierarchy Process，层次分析法)是美国运筹学家 T. L. Saaty 教授于 20 世纪 70 年代提出的一种实用的多方案或多目标的决策方法。目前，AHP 方法已经被广泛认为是简单、有效的多目标决策方法。它综合考虑了客观因素和主观因素，将定性与定量结合起来，把一个复杂问题的相关组成因素按照内在联系分组，形成有序的递阶层次结构，通过两两因素之间的对比方式，确定各因素的相对重要性，同时合理有效地利用人的经验和判断力确定各因素的重要性排序，为供应链合作伙伴选择提供理性判断。AHP 方法可以有效处理那些很难用简单的数学解析形式或者是难以完全定量解决的问题，由于它的这种广泛应用的特性，AHP 方法为现实生活中的多目标、多规则决策问题提供了解决途径。AHP 方法评价选择供应链合作伙伴的过程如图 12-4 所示。

2. 模型建立的基本步骤

1) 建立层次结构模型

首先明确问题所涉及的因素，并对其进行分类，同时建立一个各因素之间相互关联的递阶层次结构模型。其中顶层是目标层，一般只有一个因素，中间层为准则层，最底层为决策层。层次结构模型如图 12-5 所示。

2) 构造判断矩阵

对于同一层次的元素，通过两两重要度比较，组成模糊比较矩阵。设模糊比较矩阵 $\boldsymbol{A}=(X_{ij})_{n\times n}$，同时满足 $X_{ij}=1/X_{ji}$，$X_{ii}=1$。在特定的情况下，模糊比较矩阵的元素具有传递性，且满足一致性要求。模糊判断矩阵的形式如下：

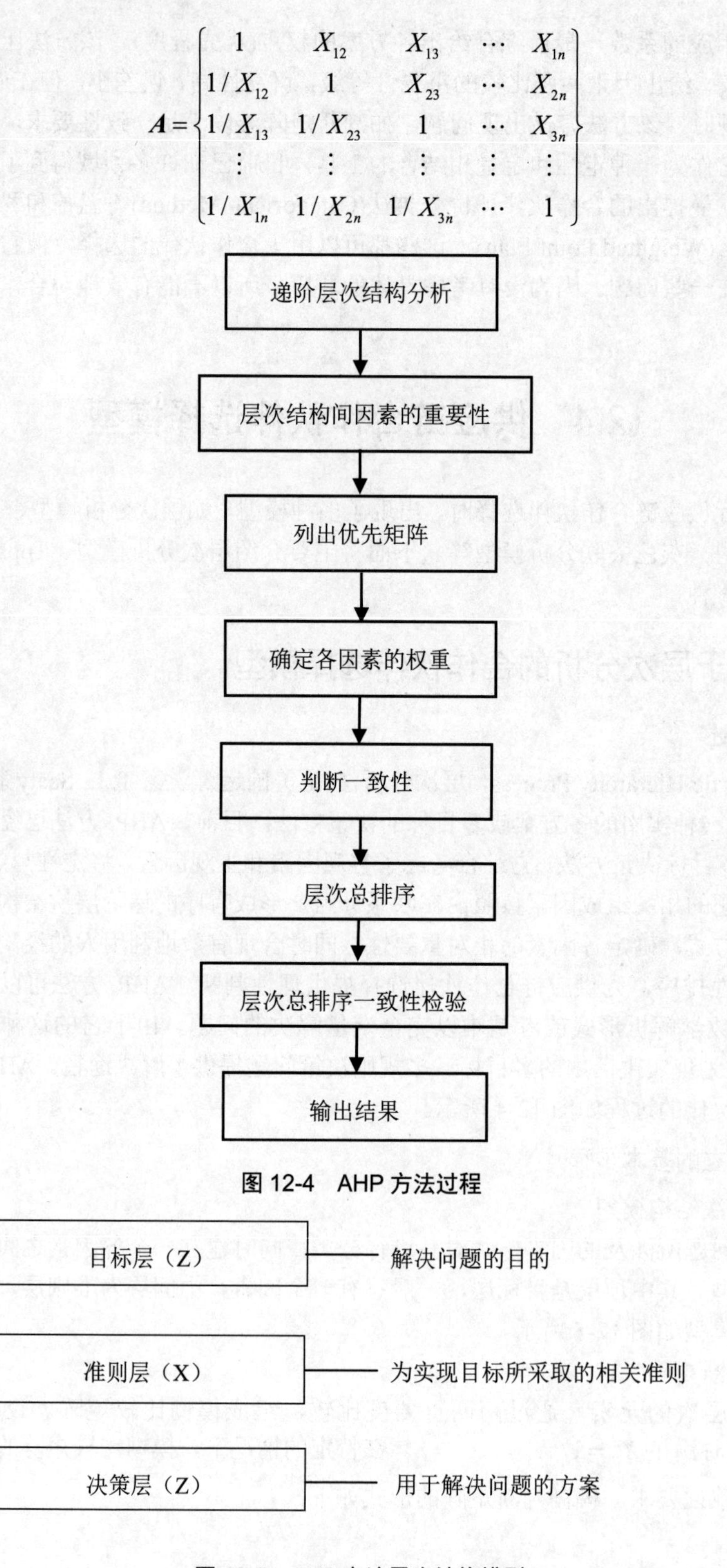

$$A=\begin{Bmatrix} 1 & X_{12} & X_{13} & \cdots & X_{1n} \\ 1/X_{12} & 1 & X_{23} & \cdots & X_{2n} \\ 1/X_{13} & 1/X_{23} & 1 & \cdots & X_{3n} \\ \vdots & \vdots & \vdots & \vdots & \vdots \\ 1/X_{1n} & 1/X_{2n} & 1/X_{3n} & \cdots & 1 \end{Bmatrix}$$

图 12-4　AHP 方法过程

图 12-5　AHP 方法层次结构模型

要比较同一层因素对上一层因素的影响，比较他们对于目标层 Z 的重要性。相对比较比例标度如表 12-2 所示。

表 12-2　相对比较比例标度

标度 X_{ij}	含　义
1	X_i 跟 X_j 影响度相同
3	X_i 比 X_j 的影响度稍强
5	X_i 比 X_j 的影响度强
7	X_i 比 X_j 的影响度明显的强
9	X_i 比 X_j 的影响度绝对强
2，4，6，8	X_i 比 X_j 的影响度在以上两个等级之间
1，1/2，…，1/9	X_i 比 X_j 的影响度跟上面的相反

3) 数据量化处理

根据上面的判断矩阵，计算判断矩阵 $\boldsymbol{A}$ 的最大特征根$\lambda_{\max}$和经过归一化处理的特征向量集 $\boldsymbol{w}=(\boldsymbol{w}_1,\boldsymbol{w}_2,\cdots,\boldsymbol{w}_n)^{\mathrm{T}}$。首先根据判断矩阵 $\boldsymbol{A}$，求得其最大特征根，再根据公式 $\boldsymbol{Aw}=\lambda_{\max}\boldsymbol{w}$，求得特征向量 $\boldsymbol{W}$ 并将所得结果归一化处理，将归一化处理所得出的特征向量 $\boldsymbol{w}=(\boldsymbol{w}_1,\boldsymbol{w}_2,\cdots,\boldsymbol{w}_n)^{\mathrm{T}}$ 作为本层次元素 $X_1,X_2,\cdots,X_n$ 对目标层 Z 的排序权重。

4) 判断矩阵的一致性检验

检验判断矩阵的一致性是要求矩阵中的元素满足 $X_{ij}\times X_{jk}=X_{ik}$，决策者根据各元素的相互重要性对评判矩阵各元素赋值，但是有时也会出现违背逻辑一致性的情况，比如“A 比 B 重要，B 比 C 重要，但是 C 比 A 重要”。为了防止判断矩阵一致性偏离太大，需要对判断矩阵的一致性指标 CI 进行检验。具体为：

$CI=\dfrac{\lambda_{\max}-n}{n-I}$，$n$ 为判断矩阵的阶数。(其中 CI 越大，$\boldsymbol{A}$ 的不一致性程度越大。)

正常情况下，低阶的判断矩阵(一阶或二阶)具有完全的一致性，但是对于高阶矩阵，它的一致性指标 CI 跟同阶的一般随机一致性指标 RI 之比，称之为判断矩阵的随机一致性比例，$CR=CI/RI$。当 $CR<0.1$ 时，判断矩阵 $\boldsymbol{A}$ 的一致性在允许范围内；当 $CR>0.1$ 时，判断矩阵 $\boldsymbol{A}$ 的一致性需要修正。对于 1～9 阶判断矩阵，平均随机一致性指标 RI 的值如表 12-3 所示。

表 12-3　1～9 阶矩阵的平均随机一致性指标

阶数	1	2	3	4	5	6	7	8	9
RI	0.00	0.00	0.58	0.90	1.12	1.24	1.32	1.41	1.45

5) 层次总排序

计算同一层次所有因素对于最高层(总目标)相对重要性的排序，称为层次总排序。这一过程是由最高层次到最低层次逐层进行的。若上一层次 A 包含 m 个元素 $A_1,A_2,\cdots,A_m$，其层次总排序权值分别为 $a_1,a_2,\cdots,a_m$，下一层次 B 包含 n 个因素 $B_1,B_2,\cdots,B_n$，它们对于因素 A_j 的层次单排序权值分别为 $b_{1j},b_{2j},\cdots,b_{nj}$(当 B_k 与 A_j 无联系时，$b_{kj}=0$)。此时，B 层次总排序权值如表 12-4 所示。

表 12-4 层次总排序权值

层次 B	A_1	A_2	…	A_m	B 层次总排序权值
层次 A	a_1	a_2	…	a_m	
B_1	b_{11}	b_{12}	…	b_{1m}	$\sum_{j=1}^{m} a_j b_{1j}$
B_2	b_{21}	b_{22}	…	b_{2m}	$\sum_{j=1}^{m} a_j b_{2j}$
⋮	⋮	⋮		⋮	⋮
B_n	b_{n1}	b_{n2}	…	b_{nm}	$\sum_{j=1}^{m} a_j b_{nj}$

6) 层次总排序一致性检验

这一步骤也是从高到低逐层进行的。如果 B 层次某些因素对于 A_j 单排序的一致性指标为 C_{Ij}，相应的平均随机一致性指标为 R_{Ij}，则 B 层总排序随机一致性比率为

$$CR = \frac{\sum_{j=1}^{m} a_j CI_j}{\sum_{j=1}^{m} a_j RI_j} \tag{12.2}$$

类似地，当 $CR<0.10$ 时，认为层次总排序结果具有满意的一致性，否则需要重新调整判断矩阵的元素取值。

3. 基于层次分析的合作伙伴选择模型应用

下面以淮矿现代物流公司为例来谈谈如何用 AHP 法对供应链合作伙伴选择进行综合评价分析。淮矿现代物流公司是一家由淮南矿业集团原物资供销公司改制新建的集采购、物流和物管等职能于一体的综合现代化的大型物流企业，涉及领域包括煤炭、电力、煤化工、煤机制造、生态环境、房地产、技术服务等各个方面，其壮大离不开淮南现代物流产业布局逐步完善和淮南矿业集团的飞速发展。随着业务规模的不断扩大，其发展过程中存在的问题也在不断出现。目前首先要解决的就是如何构建一个高效运作的供应链结构问题，如何选择好具有战略意义的合作伙伴是其中的关键所在。选择的好坏直接影响以后的进一步健康发展和现代企业制度能否真正意义上的建立，也关系到企业发展问题能否合理解决。

现假设淮矿物流决定对现有合作伙伴供应商进行重新选择和评估，经过一系列的招投标工作后，最终确定了 4 家符合相关条件的供应商进行最终打分考核。其递阶层次结构如图 12-6 所示。

在相关专家综合权衡下，最终认定质量因素是这次选择长期合作伙伴考虑的最重要因素，专家运用定性分析法给其分值为 1；其次是价格因素，专家给其分值为 2；第三为交货提前期因素，专家给其分值为 5；最后考虑准时性因素，专家定性评估值为 7。其判断矩阵如表 12-5 所示。

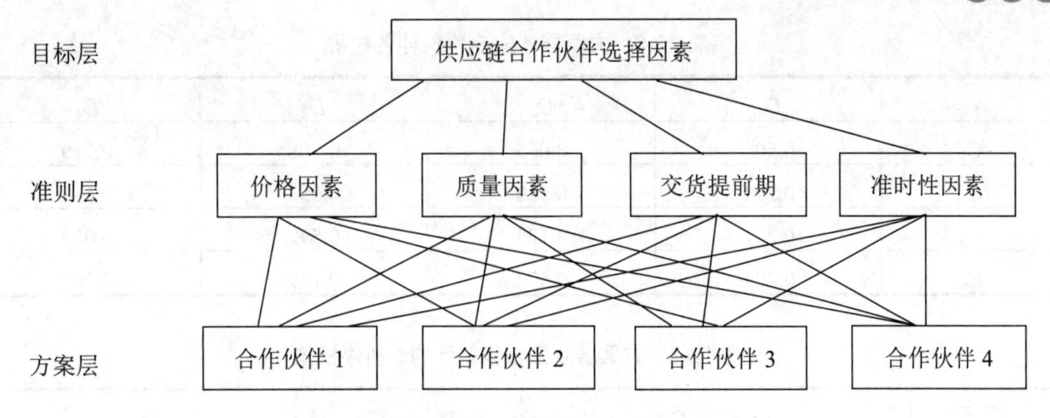

图 12-6 可供选择的合作伙伴的递阶层次结构

表 12-5 准则层四因素判断矩阵

B	质量因素 C_1	价格因素 C_2	提前期因素 C_3	准时性因素 C_4	$\sum_{j=1}^{n} b_{ij}$
质量因素 C_1	1	2	5	7	2.081
价格因素 C_2	1/2	1	3	5	1.188
提前期因素 C_3	1/5	1/3	1	3	0.497
准时性因素 C_4	1/7	1/5	1/3	1	0.234

w_1=2.081/(2.081+1.188+0.497+0.234)=0.520

w_2=1.188/(2.081+1.188+0.497+0.234)=0.297

w_3=0.497/(2.081+1.188+0.497+0.234)=0.124

w_4=0.234/(2.081+1.188+0.497+0.234)=0.059

$\boldsymbol{W}=(w_1,w_2,w_3,w_4)$

$T=(0.520,0.297,0.124,0.059)^{\mathrm{T}}$

$(\boldsymbol{BW})_1 = \mathrm{b}_{11} \times w_1 + b_{12} \times w_2 + b_{13} \times w_3 + b_{14} \times w_4 = 2.147$

$(\boldsymbol{BW})_2 = 1.224$

$(\boldsymbol{BW})_3 = 0.504$

$(\boldsymbol{BW})_4 = 0.233$

分别求出后，代入判断矩阵 $\boldsymbol{B}$ 的最大特征值 λ，得出 λ=4.066。

$CI = (4.066 - 4) / (4 - 1) = 0.022$

$CR = 0.022 / 0.90 = 0.024 < 0.1$

所以 B 一致性较好，W 可以接受。

然后，再分别计算各合作伙伴的权重和一致性，设 D_1 为合作伙伴 1，D_2 为合作伙伴 2，D_3 为合作伙伴 3，D_4 为合作伙伴 4。分别求解，得 4 家合作伙伴各权重如表 12-6 所示。

最后结合 B 的权重系数，得出总排序权重如表 12-7 所示。

可见，D_1 权重最大，应该首先选择 4 项条件均最佳的合作伙伴 1，第二是 D_3 权重，选择合作伙伴 3，第三是 D_4 为合作伙伴 4，最后才选择 D_2 为合作伙伴 2。

表 12-6 方案层 4 家合作伙伴各权重

	D_1	D_2	D_3	D_4
C_1	0.508	0.065	0.308	0.119
C_2	0.274	0.119	0.054	0.553
C_3	0.231	0.123	0.592	0.054
C_4	0.209	0.572	0.109	0.109

表 12-7 方案层 4 家合作伙伴的总排序权重

准则层	C_1	C_2	C_3	C_4	方案层 D 的总排序权重
方案层	0.520	0.297	0.124	0.059	
D_1	0.508	0.274	0.231	0.209	方案层各数×D_1=0.386
D_2	0.065	0.119	0.123	0.572	方案层各数×D_2=0.118
D_3	0.308	0.054	0.592	0.109	方案层各数×D_3=0.255
D_4	0.119	0.553	0.054	0.109	方案层各数×D_4=0.239

12.4.2 基于 Topsis 的合作伙伴选择模型

Topsis 模型被称为“优劣解距离法”，多用于解决多目标决策的问题。通过构建多指标体系的正、负理想解，并以逼近正理想解和远离负理想解为基准，评估各可行方案。利用该方法可以为供应链合作伙伴的选择做出参考。

1. Topsis 模型的具体实施步骤

Topsis 计算步骤如下。

1) 数据规范化处理

对同趋势的数据矩阵进行归一化处理，使用下式对数据进行归一化处理。

$$Y_{ij} = \frac{b_{ij}}{\sqrt{\sum_{i=1}^{n} b_{ij}}} \tag{12.3}$$

式中，b_{ij} 为合作伙伴优选指标的初始值，Y_{ij} 为 b_{ij} 的规范化值，i=1,2,3,…；j=1,2,3,…。

2) 确定正理想解 y^+ 和负理想解 y^-

式如下：

$$\begin{aligned} y^+ &= (y_{\max 1}, y_{\max 2}, \cdots, y_{\text{maxm}}) \\ y^- &= (y_{\min 1}, y_{\min 2}, \cdots, y_{\text{minm}}) \end{aligned} \tag{12.4}$$

式中，y^+ 为正理想解，y^- 为负理想解。

3) 计算欧式距离

计算公式为

$$S_i^+ = \sqrt{\sum_{j=1}^{n}(Y_{ij\max} - Y_{ij})^2}$$
$$S_i^- = \sqrt{\sum_{j=1}^{n}(Y_{ij\min} - Y_{ij})^2} \tag{12.5}$$

式中，S_i^+为评价向量到正理想解的距离，S_i^-为评价向量到负理想解的距离。

4) 选择最优合作伙伴

根据各个方案与理想解的相对接近度 L_i，L_i越大，表示 i 方案越适合。计算公式为

$$L_i = \frac{S_i^-}{S_i^+ + S_i^-} \tag{12.6}$$

2. 基于 Topsis 的合作伙伴选择模型应用

PPP 模式具有主体复杂、投资大、风险大、周期长等特点，单一的社会资本因自身实力有限而较难独立完成 PPP 项目。为此，财政部颁布《PPP 项目合同指南(试行)》等文件，明确规定允许具有投资能力、建设能力、运维能力的社会资本通过联合体形式参与 PPP 项目，单一的投资公司一般没有施工、运行维护的资质和能力，需要联合具备相关能力的企业共同组成联合体去投标，以实现投资、建设、运维全寿命周期的集成和整合。选择适当的联合体合作伙伴是 PPP 项目成功的主要影响因素之一。由于 Topsis 决策模型具有计算简便且易于对比分析的优点，下面采用 Topsis 模型对 PPP 项目的联合体选择进行研究。

依据指标体系构建原则，借鉴已有 PPP 项目合作伙伴指标体系研究、公私合作伙伴关系研究、PPP 项目合作伙伴三阶段选择机制研究等研究成果，构建 PPP 项目联合体合作伙伴选择指标体系，一级指标 1 个，二级指标 4 个，三级指标 13 个。具体指标体系如表 12-8 所示。

表 12-8 合作伙伴选择指标体系

一级指标	二级指标	三级指标	备 注
联合体选择	公司信誉	资质等级 C_{11}	定量指标
		公司信用等级 C_{12}	定量指标
		PPP 项目合同履约率 C_{13}	定量指标
	财务能力	流动资金 C_{21}	定量指标
		融资金额 C_{22}	定量指标
		融资成本 C_{23}	定量指标
		资金结构合理性 C_{24}	定性指标
	建设运维能力	专业能力 C_{31}	定性指标
		PPP 项目从事人员数量 C_{32}	定量指标
		施工现场管理水平 C_{33}	定性指标
		设备、硬件等维护水平 C_{34}	定性指标
	组织管理能力	组织结构 C_{41}	定性指标
		风险管理水平 C_{42}	定性指标

注：资质等级以特级、一、二、三级分别为 8 分，6 分，4 分，2 分；信用等级以 AAA 级企业、AA 级企业、A 级企业、B 级企业、C 级企业分别为 10 分，8 分，6 分，4 分，2 分。

下面以河南省 X 河道治理 PPP 项目为例，经政府相关部门审批后招标公告依据相关法规公开发布。Q 投资有限公司主要经营范围有灌区、各型水库、河道治理、水权交易、水生态建设、河道治理等，该投资有限公司计划竞争 X 河道治理 PPP 项目，因施工技术方面缺少专业人员，故该投资有限公司计划选择一家可以长期稳定合作的施工企业，组建 PPP 项目联合体。经初步筛选后，有 A、B、C、D 4 家施工企业可供选择。因此，Q 投资有限公司需对上述 4 家施工企业进行评估，择优选择施工企业组建 PPP 项目联合体，以竞争该 X 河道治理 PPP 项目。

现邀请 5 个专家依据施工单位的实际情况对定性指标进行打分，打分标准如表 12-9 所示。

表 12-9　定性指标评分标准

指　标	极　差	差	一　般	良　好	优　秀
正指标	1	3	5	7	9
逆指标	9	7	5	3	1

得出原始数据如表 12-10 所示。

表 12-10　合作伙伴选择指标体系原始数据

指　标	A	B	C	D
$C_{11}(/)$	8	8	6	6
$C_{12}(/)$	10	8	8	4
$C_{13}(\%)$	65	53	68	34
C_{21}(亿)	10.8	8.9	9.4	8.3
C_{22}(亿)	58	53	61	34
$C_{23}(\%)$	0.46	0.51	0.43	0.55
$C_{24}(/)$	7	5	5	7
$C_{31}(/)$	9	7	7	9
C_{32}(人)	53	55	44	33
$C_{33}(/)$	7	7	5	7
$C_{34}(/)$	5	7	5	5
$C_{41}(/)$	9	9	7	7
$C_{42}(/)$	7	7	9	9

将表 12-10 中的逆指标采用倒数法进行同向化处理，代入式(12.3)，对同向化的数据进行归一化处理，得出归一化矩阵。将归一化矩阵代入式(12.4)—式(12.6)，得出 4 家施工企业到正、负理想解的欧氏距离，以及相对贴近度。

具体计算结果数值如表 12-11 所示。

由表 12-11 的计算结果得知施工企业 A 综合指标的相对贴近度为 0.623，在 4 家施工企业中得分最高。4 家施工企业的排序为 $L_A>L_D>L_B>L_C$，即施工企业 A 的相对贴近度最大，最逼近理想解，是 4 家施工企业中最适宜选用的合作伙伴对象。

表 12-11　联合体比选

社会资本联合体	正理想 S_i^+	负理想 S_i^-	相对贴近度 L_i
A	0.330	0.545	0.623
B	0.494	0.415	0.457
C	0.558	0.387	0.409
D	0.485	0.514	0.515

12.4.3　基于模糊综合评价的合作伙伴选择模型

模糊综合评价法不同于简单的评价方法，它是一种综合的评价方法，其评价原理构建在模糊数学的理论基础上，然后将边界定论不清晰的因素及定量分析较难进行的因素进行量化处理，以便于统计评价。

为了客观与科学地选择评价候选的合作伙伴，可先采用泰尔(Theil)不均衡指数代替层次分析法计算各评价指标的权重，从而降低人为因素可能造成的误差，再结合模糊综合评价法，对可能合作的企业进行综合评价，运用多级模糊综合运算解决评价过程中的模糊性问题。

1. 基本步骤

1) 基于 Theil 不均衡指数的权重值计算

假若现在有 n 家待合作的企业，每家待合作企业均有 1 个评价指标，现请 m 个专家对待合作企业的二级指标进行评价，每个指标的 m 个评判值为 $x_{ij}^r\,(r=1,2,\cdots,m)$，用 $1\times n$ 阶矩阵 $\boldsymbol{X}=(x_{ij})_{l\times n}$ 表示每个待合作的企业评价指标的最终评判值。标准化后的矩阵 $\boldsymbol{Y}=(y_{ij})_{l\times n}$，有

$$x_{ij}=\frac{\sum_{i=1}^{m}x^{r}{}_{ij}}{q},\ y=\frac{x_{ij}}{\sum_{j=1}^{n}x^{r}{}_{ij}},\text{其中 } i=1,2,\cdots,1;\ j=1,2,\cdots,n;\ r=1,2,\cdots,m$$

Theil 不均衡指数为 $T=\frac{1}{n}\sum_{j=1}^{n}\frac{x_j}{x}\log\frac{x_j}{x}$，运用这个指数公式，计算第 i 个评价指标的不均衡度 $T_i=\log n+\sum_{i=1}^{n}y_{ij}\log y_{ij}$，各指标的权重 $\omega_i=\frac{T_i}{\sum_{i=1}^{k}T_i}(i=1,2,\cdots,1)$，根据这两个公式可以分别计算出一、二级指标权重。

2) 对候选合作伙伴进行模糊综合评价

一般可通 3 个步骤建立模糊综合评价数学模型。

(1) 建立因素集、评价集和权重集，并将权值归一化。

设评价对象的因素 $U=\{u_1,u_2,\cdots,u_n\}$，评价集 $V=\{v_1,v_2,\cdots,v_n\}$，V 是与 U 中相应评价标准分级的集合因素。由 Theil 不均衡指数计算得到的一、二级指标权重，作为模糊评价法的一、二级指标权重 $\boldsymbol{\omega}$，$\boldsymbol{\omega}_i$。

(2) 确定模糊关系矩阵。

若有 m 个专家评价某指标结果为很好、好、一般、较差、差的评价的人数为

(m_1,m_2,m_3,m_4,m_5)，则评语集合$(m_1/m,m_2/m,m_3/m,m_4/m,m_5/m)$为指标隶属度集合，得到模糊综合评价矩阵为

$$
\boldsymbol{R}=\begin{pmatrix} r_{11} & r_{12} & \cdots & r_{1m} \\ r_{21} & r_{22} & \cdots & r_{2m} \\ \cdots & \cdots & \cdots & \cdots \\ r_{n1} & r_{n2} & \cdots & r_{nm} \end{pmatrix}
$$

其中$r_{nm}=S_k\Big/\sum_{k=1}^{m},S_k$是第$k$级评语的频次。

(3) 综合评价矩阵计算。

$\boldsymbol{E}_i=\boldsymbol{\omega}_i\times\boldsymbol{R}_i$，$i$=1,2,…,$n$，其中$E_i$是一级指标的模糊评价向量，归化后为$\tilde{\boldsymbol{E}}$，一级指标的评价矩阵为$\boldsymbol{E}=[\tilde{\boldsymbol{E}}_1\ \ \tilde{\boldsymbol{E}}_2\ \ \tilde{\boldsymbol{E}}_3\ \ \tilde{\boldsymbol{E}}_4\ \ \tilde{\boldsymbol{E}}_5]^T$，综合评价向量$\boldsymbol{B}=\boldsymbol{\omega}\times\boldsymbol{E}=(b_1,b_2,\cdots,b_5)$，规化后为$\widetilde{\boldsymbol{B}}=(\widetilde{b_1},\widetilde{b_2},\widetilde{b_3},\widetilde{b_4},\widetilde{b_5})$，采用加权平均法，$O=\sum_{j=1}^{s}v_jb_j$，最终得到每家单位的最终得分。

2. 基于模糊综合评价的合作伙伴选择模型应用实例

当前应用型大学要获得可持续发展，只有坚持“工学结合、校企合作”，寻求好的企业合作伙伴，达到互利互惠，校企双方才能得到更好的发展。现代学徒制下，把应用型大学看作是一个制造单位，那么“原材料”则是由生源地进入这个制造单位的学生，加工过程是应用型大学辅以学生专业技能差异化培养，其“产品”则是用人单位所需要的合格毕业生，这样就构建了一条应用型大学人才培养供应链，并且在这个供应链上的各节点是一个不可分割的有机整体。苏州某应用型大学位于德企之乡，以“双元制”教育闻名职教界，每年主动上门要求合作的企业比较多，现以苏州新太铜高效管有限公司、克恩-里伯斯(太仓)有限公司、固瑞特模具(太仓)有限公司、亿鸿环保机械(苏州)有限公司 4 家高新技术企业作为候选对象，选择合作伙伴的具体步骤如下。

1) 评价对象集、评价集确定

把上述 4 家企业分别用O表示，评价对象集为$O=\{O_1,O_2,O_3,O_4\}$，评价集$V=V_1,V_2,\cdots,V_5$，{很好，好，一般，较差，差}，且等级对应的分数分别为 95 分，85 分，75 分，65 分，55 分。

2) 评价指标权重确定

现邀请与这 4 家企业有密切联系的政府机关人员 3 名、行业专家 3 名、应用型大学专家 3 名，分别对 4 个候选企业二级指标进行打分，运用 Theil 指数计算，得到一、二级指标权重，如表 12-12 所示。

表 12-12　候选企业一、二级指标权重

一级指标	权　重	二级指标	权　重
企业信誉度 U_1	0.3812	企业经营状况 U_{11}	0.4125
		顾客满意度 U_{12}	0.4255
		企业形象 U_{13}	0.1620

续表

一级指标	权重	二级指标	权重
企业投入度 U_2	0.2514	投入资源种类 U_{21}	0.4256
		投入资源数量 U_{22}	0.3278
		投入方式 U_{23}	0.2466
校企兼容度 U_3	0.2145	战略目标兼容 U_{31}	0.2547
		管理风格兼容 U_{32}	0.3712
		文化兼容 U_{33}	0.2147
		地位兼容 U_{34}	0.1594
校企匹配度 U_4	0.1529	资源与能力的匹配度 U_{41}	0.2188
		人力资源的匹配度 U_{42}	0.7812

3) 候选企业综合评价

(1) 确定评价隶属矩阵。

9 位专家基于评价集对各指标进行了评价，经整理后得出各评价指标的隶属矩阵，下面仅以克恩-里伯斯(太仓)有限公司为例。

$$\boldsymbol{R}_1=\begin{bmatrix}0.6667 & 0.3333 & 0.000 & 0.0000 & 0.0000\\ 0.7788 & 0.1111 & 0.1111 & 0.0000 & 0.0000\\ 0.5566 & 0.2222 & 0.2222 & 0.0000 & 0.0000\end{bmatrix}$$

$$\boldsymbol{R}_2=\begin{bmatrix}0.8889 & 0.1111 & 0.0000 & 0.0000 & 0.0000\\ 0.2222 & 0.6667 & 0.1111 & 0.0000 & 0.0000\\ 0.6667 & 0.3333 & 0.0000 & 0.0000 & 0.0000\end{bmatrix}$$

$$\boldsymbol{R}_3=\begin{bmatrix}0.1111 & 0.5556 & 0.3333 & 0.0000 & 0.0000\\ 0.5556 & 0.3333 & 0.1111 & 0.0000 & 0.0000\\ 0.3333 & 0.4445 & 0.2222 & 0.0000 & 0.0000\\ 0.2222 & 0.6667 & 0.1111 & 0.0000 & 0.0000\end{bmatrix}$$

$$\boldsymbol{R}_4=\begin{bmatrix}0.3333 & 0.4445 & 0.2222 & 0.0000 & 0.0000\\ 0.2222 & 0.6667 & 0.1111 & 0.0000 & 0.0000\end{bmatrix}$$

(2) 计算模糊综合评价矩阵。

根据隶属矩阵 $\boldsymbol{R}_1$，$\boldsymbol{R}_2$，$\boldsymbol{R}_3$，$\boldsymbol{R}_4$，可以求出二级指标模糊综合评价指标，经过归一化处理，得到二级指标评价。

$$\boldsymbol{E}_1=\begin{bmatrix}0.4125 & 0.4255 & 0.1620\end{bmatrix}\begin{bmatrix}0.6667 & 0.3333 & 0.0000 & 0.0000 & 0.0000\\ 0.7788 & 0.1111 & 0.1111 & 0.0000 & 0.0000\\ 0.5566 & 0.2222 & 0.2222 & 0.0000 & 0.0000\end{bmatrix}=\begin{bmatrix}0.6963 & 0.2208 & 0.0827 & 0 & 0\end{bmatrix}$$

同理：

$$\boldsymbol{E}_2=\begin{bmatrix}0.6165 & 0.3480 & 0.0364 & 0 & 0\end{bmatrix}$$

$$\boldsymbol{E}_3=\begin{bmatrix}0.3415 & 0.4669 & 0.1916 & 0 & 0\end{bmatrix}$$

$$\boldsymbol{E}_4=\begin{bmatrix}0.2465 & 0.6181 & 0.1354 & 0 & 0\end{bmatrix}$$

对 $\boldsymbol{E}_1$，$\boldsymbol{E}_2$，$\boldsymbol{E}_3$，$\boldsymbol{E}_4$ 进行归一化处理，结果如下：

$\tilde{\boldsymbol{E}}_1 = [0.6878 \quad 0.2192 \quad 0.0930 \quad 0 \quad 0]$

$\tilde{\boldsymbol{E}}_2 = [0.6045 \quad 0.3398 \quad 0.0557 \quad 0 \quad 0]$

$\tilde{\boldsymbol{E}}_3 = [0.3314 \quad 0.4867 \quad 0.1819 \quad 0 \quad 0]$

$\tilde{\boldsymbol{E}}_4 = [0.2415 \quad 0.6274 \quad 0.1311 \quad 0 \quad 0]$

将一级指标权重 ω 与一级指标评价矩阵 $\boldsymbol{E} = \left[\tilde{\boldsymbol{E}}_1 \quad \tilde{\boldsymbol{E}}_2 \quad \tilde{\boldsymbol{E}}_3 \quad \tilde{\boldsymbol{E}}_4 \quad \tilde{\boldsymbol{E}}_5\right]^T$ 相乘，得到评价向量：$\boldsymbol{B} = \boldsymbol{\omega} \times \boldsymbol{E} = [0.5222 \quad 0.3629 \quad 0.1108 \quad 0 \quad 0]$，归一化处理，

$\tilde{\boldsymbol{B}} = [0.5114 \quad 0.3519 \quad 0.1367 \quad 0 \quad 0]$

所以 $O_1 = 95 \times 0.5114 + 85 \times 0.3519 + 75 \times 0.1102 + 65 \times 0 + 55 \times 0 = 86.76$

同理，其他 3 家企业得分为

$O_2 = 95 \times 0.080\,6 + 85 \times 0.379\,9 + 75 \times 0.539\,5 + 65 \times 0 + 55 \times 0 = 80.41$

$O_3 = 95 \times 0.07\,9 + 85 \times 0.454\,8 + 75 \times 0.466\,2 + 65 \times 0 + 55 \times 0 = 81.13$

$O_4 = 95 \times 0.125\,3 + 85 \times 0.487\,1 + 75 \times 0.387\,6 + 65 \times 0 + 55 \times 0 = 82.38$

得到 4 家企业的得分排名为　$O_1 > O_2 > O_3 > O_4$。

所以应选择苏州新太铜高效管有限公司作为合作伙伴。

本章小结

供应链合作伙伴关系是指在供应链内部两个或两个以上独立的成员之间形成的一种协调关系，以保证实现某个特定的目标或效益。建立供应链合作伙伴关系的目标在于通过提高信息共享水平，减少整个供应链产品库存总量、降低成本和提高整个供应链的运作绩效。

实施供应链合作伙伴关系的意义在于：①有利于形成基于战略合作伙伴的企业集成模式；②有利于建立战略伙伴关系的质量保证体系；③有利于战略伙伴关系中的技术扩散与服务协调；④有利于提高供应链对顾客订单的响应速度。

供应链关系管理的内容可归纳为 3 个层次：供应链企业间的信息共享；供应链企业间的经济利益协调；供应链企业间的信任。

供应链合作伙伴关系管理的措施包括：建立公平机制；加强信息共享；建立信任机制；建立激励机制；动态合同控制。

供应链合作伙伴关系选择的主要原则包括：核心竞争力原则；总成本核算原则；风险最小原则；企业战略思想的异同。

合作伙伴关系的选择会受多种因素的影响，主要包括以下几个方面：①价格；②质量；③交货周期；④产品柔性；⑤设计能力；⑥其他影响因素。

合作伙伴的综合评价选择可以归纳为以下 7 个步骤：①分析市场竞争环境(需求、必要性)；②建立合作伙伴选择目标；③建立合作伙伴评价标准；④成立评价小组；⑤合作伙伴参与；⑥评价合作伙伴；⑦实施供应链合作关系。

供应链合作伙伴关系选择的常用方法包括：直观判断法；招标法；协商选择法；采购成本比较法；ABC 成本法；层次分析法。

思考与练习

1. 讨论供应链合作伙伴关系与传统供应商之间的关系，并举例说明。
2. 建立供应链合作伙伴关系有哪些重要意义？
3. 简述供应链合作伙伴关系的含义及内容。
4. 供应链合作伙伴关系选择的主要原则有哪些？
5. 简述供应链合作伙伴关系的评价步骤和标准。

案 例 讨 论

星巴克经营之道：选对合作伙伴

星巴克的成功证明，即使是大公司也需要合作伙伴的帮助来达成公司目标。实际上，星巴克成功的一个主要因素就是其战略伙伴关系。1993 年，星巴克与美国巴诺连锁书店联手向书店顾客推出了咖啡产品。为进一步在书店市场立足，星巴克 1995 年与加拿大连锁书店 Chapters 公司达成合作关系。1996 年，星巴克与百事可乐公司建立了合资企业北美咖啡联合公司，销售罐装的星巴克星冰乐混合咖啡饮料。同年，星巴克又与美国最大的冰淇淋生产商 Dreyer's Grand Ice Cream 连手推出了星巴克冰淇淋和星巴克冰淇淋棒，很快成了美国销售最火爆的冰淇淋。2001 年，又与凯悦饭店达成伙伴关系。为展示并完成社会承诺，星巴克还同许多组织形成了合作关系，其中有保护国际(Conservation International)、国际救助发展组织(CARE)、“魔术师”埃文约翰逊的约翰逊发展公司、Jumpstart 等。通过与适当的公司建立战略合作关系，星巴克才得以达成目标、开拓新市场并增长其底线。要想自己的小公司成功，你必须认识到单凭自己不能满足目标市场的需要。你需要别的企业家或公司的帮助，共同合作和承担金融风险。合作伙伴不一定是凯悦酒店或者百事可乐这样的大公司，但是要能帮你进入新的市场，更快地将你的产品和服务推向市场。战略伙伴关系能让你和星巴克一样增强市场竞争力，并跟上技术革新的迅猛变化。

(资料来源：https://zhidao.baidu.com/question/1543782127569932707.html.)

思考：

1. 星巴克在不同阶段选择不同的合作伙伴有何意义？
2. 如何理解“战略伙伴关系能让你和星巴克一样增强市场竞争力，并跟上技术革新的迅猛变化”？

第 13 章　供应链绩效评价

【学习目标】

1. 理解供应链绩效评价的概念、特点及作用。
2. 了解供应链绩效评价体系及程序。
3. 了解供应链绩效评价的内容。
4. 掌握供应链绩效评价的指标。
5. 掌握供应链绩效评价方法。

【引导案例】

弗莱克斯特罗尼克斯的成功之道

电子制造服务(EMS)商弗莱克斯特罗尼克斯自两年前便面临着一个既充满机遇又充满挑战的市场环境。但是，弗莱克斯特罗尼克斯公司面临的境遇并不罕见，许多其他行业的企业在它们的供应链中面临着同样的问题，主要涉及供应链的各个环节——采购、制造、分销、物流、设计、融资等。

1. 供应链绩效控制的传统方法

惠普、3Com、诺基亚等高科技原始设备制造商(OEM)出现外包趋势，来自电子制造服务业的订单却在减少，弗莱克斯特罗尼克斯公司同时受到来自制造成本和直接材料成本大幅度缩减的压力，供应链绩效控制变得日益重要起来。与其他公司一样，弗莱克斯特罗尼克斯公司的首要业务规则是改善交易流程和数据存储，通过安装交易性应用软件，企业能快速减少数据冗余和错误。例如，产品和品质数据能够通过订单获得，而且与库存状况及顾客账单信息保持一致。第二个规则是将采购、车间控制、仓库管理和物流等操作流程规范化。这主要是通过供应链实施软件，如仓库管理系统等实现的，分销中心能使用这些软件接受、选取和运送订单货物。

控制绩效的两种传统方法是指标项目和平衡计分卡。在指标项目中，功能性组织和工作小组建立和跟踪那些被认为是与度量绩效最相关的指标。然而，指标项目这种方法存在很多的局限性。为了试图克服某些局限性，许多公司采取了平衡计分卡项目。虽然概念上具有强制性，但绝大多数平衡计分卡作为静态管理“操作面板”实施，不能驱动行为或绩效的改进。

弗莱克斯特罗尼克斯公司也被供应链绩效控制的缺陷苦苦折磨着。

2. 供应链绩效管理周期

弗莱克斯特罗尼克斯公司实施供应链绩效管理带给业界很多启示：供应链绩效管理有许多基本的原则，可以避免传统方法的缺陷；交叉性功能平衡指标是必要的，但不是充分的；供应链绩效管理应该是一个周期，包括确定问题，明确根本原因，以正确的行动对问题作出反应，连续确认处于风险中的数据、流程和行动。

弗莱克斯特罗尼克斯公司认为，定义关键绩效指标、异常条件以及当环境发生变化时更新这些定义的能力，是优秀供应链绩效管理系统的一个特征。一旦异常情况被确认了，需要知道潜在的根本原因、可采取的行动的选择路线以及这种可选择行为的影响，以正确的行动对异常的绩效作出快速响应是必要的。但是，一旦响应确定，只有无缝、及时地实施响应，企业才能取得绩效的改进。

(资料来源：http://www.yuloo.com/news/0910/318739.html.)

思考:

优秀的供应链绩效管理需要具备哪些特征?

13.1 供应链绩效评价的概述

企业要维持正常的生产，就必须有可靠的供应商为其提供各种各样的物资，供应商对企业而言起着非常重要的作用。供应商管理是企业保证物资供应、确保采购质量和节约采购成本的重要环节。从传统的供应商管理发展到现在的供应链下的供应商管理，各个企业在供应商管理方面有了很大的创新。为了克服传统的供应商管理理念的局限，我们有必要通过多方面的努力，去了解、选择、开发供应商，合理使用和控制供应商，为企业生产提供稳定可靠的物资供应保障。

13.1.1 供应链绩效评价的概念、特点及作用

1. 供应链绩效评价的概念

供应链绩效评价是指围绕供应链管理的目标，对供应链整体、各个环节的运作状况和各环节之间的协作关系等进行的事前、事中与事后的分析评价。供应链绩效评价如图 13-1 所示。其目的一是判断绩效计划的实施能否在各种约束条件下达到预定目标，二是分析绩效计划与实际结果的差距及原因，为进一步的绩效改进奠定基础。

2. 供应链绩效评价的特点

(1) 供应链绩效评价侧重于供应链整体绩效评价。它是根据供应链管理运行机制的基本特征和目标，反映供应链整体运营状况和上下节点企业之间的运营关系，而不是孤立地评价某一节点的运营情况。供应链绩效评价不仅要评价该节点企业的运营绩效，还要考虑该节点企业的运营绩效对其上下节点企业或整个供应链的影响。

(2) 基于业务流程的绩效评价。单个企业的绩效评价一般是基于职能的评价，评价对象

是企业的内部职能部门或者职工个人。基于部门职能的企业绩效评价如图 13-2 所示。供应链绩效评价一般是基于业务流程的绩效评价，如图 13-3 所示，其目的不仅是要获知企业或供应链的运作状况，更重要的是要找出优化企业或供应链的流程。

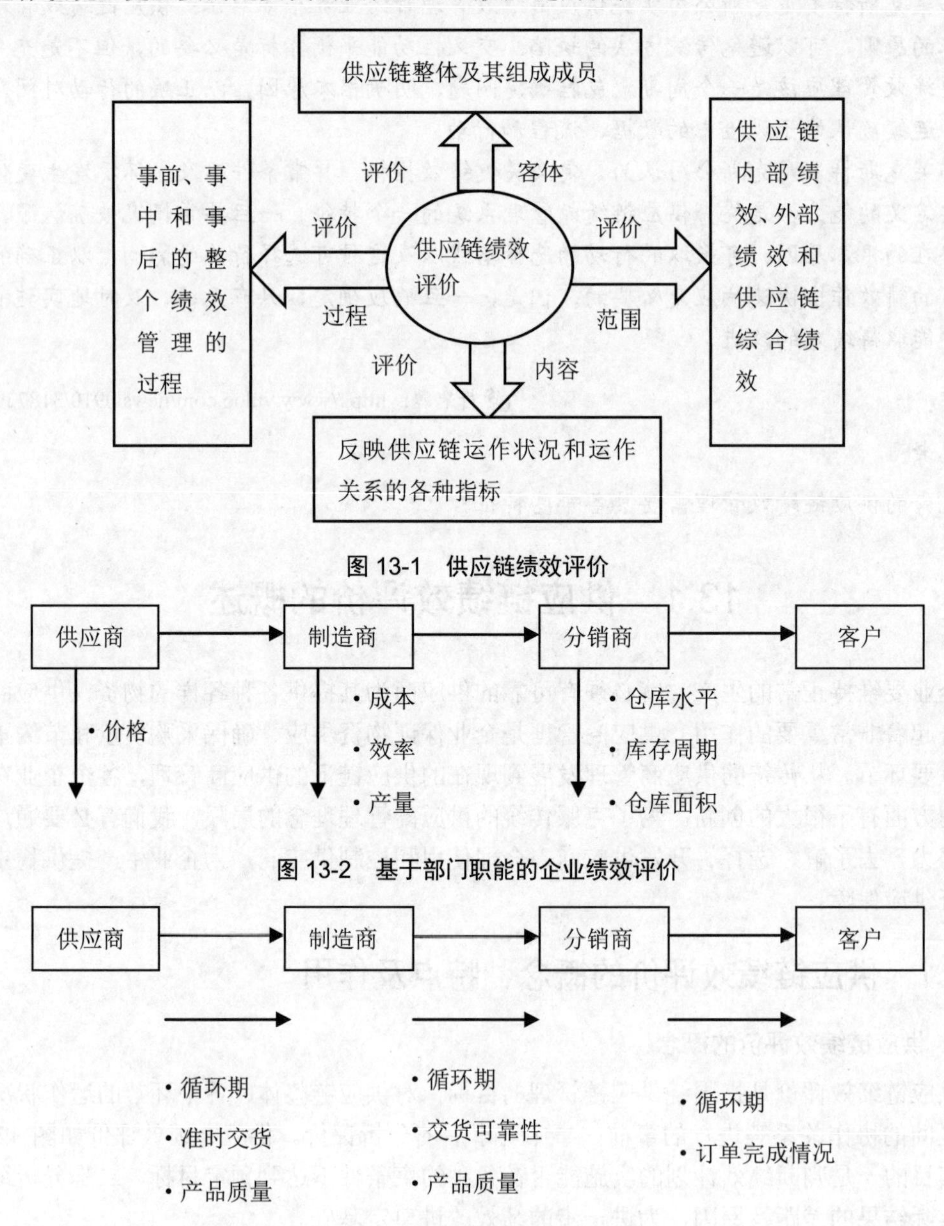

图 13-1　供应链绩效评价

图 13-2　基于部门职能的企业绩效评价

图 13-3　基于业务流程的绩效评价

3. 供应链绩效评价的作用

(1) 为改进供应链营运奠定基础。对整个供应链的运行效果作出评价，可以反映供应链的整体竞争能力、供应链成员间的合作状态。管理者能够充分掌握整个供应链的运行状况并通过分析找出不足及其原因，为进一步改进供应链营运奠定基础。

(2) 对成员企业具有督促和激励的作用。在对供应链上各个成员企业的行为及成绩做出评价的基础上，可以通过吸收新的相关企业加盟，剔除不良企业，督促和激励各成员企业不断提高管理水平。

(3) 为企业和社会提供更好的产品或服务。通过供应链绩效评价，促进供应链的各级企业(供应商)为客户提供更高水平的产品或服务，从而提高整个社会的产品质量水平和服务水平。

13.1.2 供应链绩效评价体系

作为供应链绩效管理系统的子系统，供应链绩效评价也有自己完整的体系，这个体系要解决的是谁来评价、评价什么、如何评价以及评价结果怎样等问题。一个完整的供应链绩效评价体系一般由以下几部分组成。

1. 评价的主体和客体

一个运作良好的供应链应该有一个强有力的评价组织。绩效评价的主体即负责领导和指挥所有评价活动的组织，一般是以供应链核心企业作为发起者，由供应链中其他关键业务伙伴组成。绩效评价的客体即评价对象，就是整个供应链及其成员企业。

2. 绩效评价目标

供应链绩效评价目标是根据主体需求确定的，是整个绩效评价工作的指南。绩效评价目标应有助于供应链管理的战略实施，服务于供应链管理的整体目标。绩效评价目标的制定受时间、外部环境、供应链组织机构和供应链成员企业特别是核心成员企业及其变化的影响。

3. 绩效评价指标

供应链绩效评价指标设立的目的是明确绩效评价的内容。客体本身具有多方面特征，只有依据客体的特性和系统目标，选择适当的评价指标并组成指标体系，才能有效地进行供应链的绩效评价。

4. 绩效评价标准

绩效评价标准是各个绩效评价指标应该达到的水平，它是评价客体绩效状态的标准。绩效标准要适当，定得过低，起不到激励和绩效改进的作用；定得过高，会令人感到可望而不可即，影响成员企业的士气。绩效评价标准应保持相对的稳定，一经确立，就应该以正式文件形式固定下来，并在一段时间内保持不变。

5. 绩效评价方法

没有科学的评价方法，就不能得出正确的评价结论。供应链绩效评价方法是供应链绩效评价的具体手段，必须选择适当的方法，通过对各具体指标的评价值进行计算，提出最终目标评价，最后再与评价标准比较，得出评价结论。

6. 绩效评价报告

绩效评价报告是绩效评价的结论性文件，是供应链实施激励措施和绩效改进的主要依据。通过比较绩效评价指标的具体数值与预先确定的绩效评价标准，可以找出差别，并分析产生差别的原因和责任，为改进供应链绩效提供客观依据。

7. 激励与改进

评价的目的在于激励组织行为和改进绩效。激励是对绩效评价客体的良好行为进行的强化，是对良好绩效创造者所付出努力和所承受风险的补偿。绩效改进则是根据绩效评价报告的分析结果，有针对性地采取一些改进措施，以便进一步提高绩效水平。

13.1.3 供应链绩效评价的程序

一般来说，供应链绩效评价程序如图 13-4 所示。

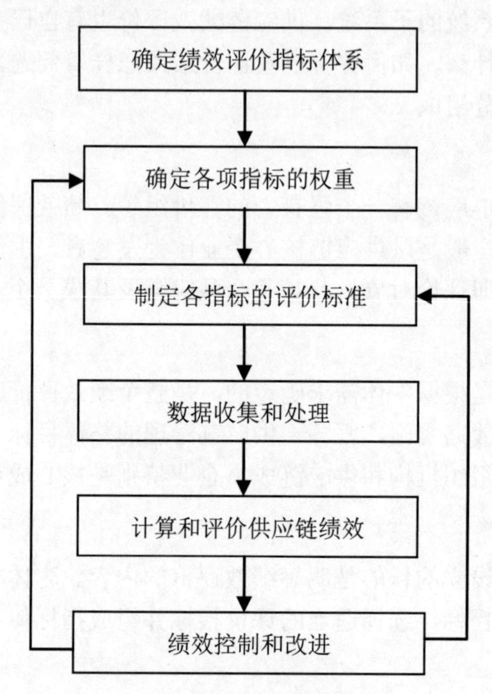

图 13-4 供应链绩效评价程序

1. 确定绩效评价指标体系

根据供应链绩效的影响因素、绩效评价的原则和范围，采用一定的方法，如主成分分析法和二元对比排序法等，合理地选择绩效评价指标，确定相互联系的绩效评价指标体系。

2. 确定各项指标的权重

根据各项指标在指标体系中的地位和作用，赋予它们不同的权重。有关权重的确定方法有很多，如层次分析法和模糊诊断法等，可以根据客观实际和绩效评价工作的需要予以确定。

3. 制定各指标的评价标准

供应链绩效指标评价标准的确定有以下 3 种方式。

(1) 历史标准，即根据供应链运作绩效的历史数据，结合供应链实时信息和市场变化等情况，确定新的绩效评价指标标准。

(2) 国家标准或行业标准，即政府有关部门或行业协会制定的管理标准。

(3) 标杆标准，即以业绩优秀的供应链为学习和借鉴的标杆，将其绩效指标作为评价本供应链绩效的标准。

4. 数据收集和处理

要按照供应链绩效评价的要求进行数据收集。在收集数据工作中，会出现数据冗余、数据错误、数据空缺和不同源数据一致性问题，因此应对原始数据进行处理，包括去除冗余、纠错、缺失值处理和属性归一处理等。

5. 计算和评价供应链绩效

首先，选择适当的方法，对收集和处理的数据进行计算，确定反映供应链绩效的具体指标，将绩效计算结果与绩效评价指标标准值进行比较，得出绩效评价初步结论。然后，由专家对各项指标进行评分，按照事先确定的权重得出供应链整体绩效的综合评分，进一步得出整体绩效评价结果。

6. 绩效控制和改进

分析绩效评价结果，找出供应链中存在问题的环节，并对其进行调整和改造。同时，根据实际情况提高或降低有关指标的标准值，或者改变某些指标在体系中所占权重，对原绩效评价体系进行修改等。

13.2 供应链绩效评价的内容及指标体系

13.2.1 供应链绩效评价的内容

供应链绩效评价主要包括以下三个方面内容。

1. 内部绩效衡量

内部绩效衡量主要是对供应链上企业的内部绩效进行评价，着重将企业的供应链活动和过程同以前的作业或者目标进行比较。常见的评价指标如下。

(1) 成本。绩效评价最直接的指标是完成特定运营目标所发生的真实成本。绩效成本代表的是以金额表示的销售量百分比或每个单位数量的成本。

(2) 客户服务。客户服务指标用来考察供应链内部企业满足用户或下游企业需要的相对能力。

(3) 生产率。生产率是衡量组织绩效的一个指标，用于评价生产某种产品的投入和产出之间的相对关系，通常用比率或指数表示。生产率指标有三种基本类型：静态、动态和替代性。

(4) 资产衡量。资产衡量的焦点是为了实现供应链的目标而对该设施和设备的资产及流动资本的使用进行评价。设施、设备和存货是企业的重要组成部分，资产衡量指标着重对存货等流动资本如何能快速周转，以及固定资产如何能产生投资回报率等方面进行衡量。

(5) 质量。质量指标是全过程评价最主要的指标，用来确定一系列活动的效率。然而，由于质量范围广阔，所以很难衡量。目前人们最感兴趣的是“完美订货”，它是物流运作质量的最终评价标准，用于评价一张订单是否顺利地通过了订货管理程序的过程，即接受订单、信用结算、库存、分拣、配货、票据处理等，每个环节都不能出差错，快速而无人为干扰。

2. 外部绩效衡量

外部绩效衡量主要是对供应链上的企业之间的运行状况进行评价。主要指标如下。

(1) 客户满意度。客户满意度评价可以使物流绩效评价迈向最高层。这种评价可以由企业或行会组织调查或者系统的订货跟踪，主要是询问关于供应链企业与竞争者的绩效，如可靠性、订发货周期、信息的可用性、问题的解决和产品的支撑等。

(2) 最佳实施基准。基准是综合绩效评价的一个重要方面，最佳实施基准集中在对比组织指标上的实施和程序。越来越多的供应链企业应用最佳实施基准，将它作为企业运行与相关行业或非相关行业的竞争对手或最佳企业比较的一种技术。

3. 综合供应链绩效衡量

综合供应链绩效的衡量主要从客户服务、时间、成本、资产等方面展开。

(1) 客户服务。客户服务衡量的内容包括“完美订货”、客户满意程度和产品质量。它衡量供应链企业所能提供的总的客户满意度。

(2) 时间。时间主要衡量企业对客户要求的反应能力，也就是从客户订货开始到客户使用产品为止需要多少时间，包括装运时间、送达客户的运输时间和客户接收时间。

(3) 成本。供应链的总成本包括订货完成成本、原材料取得成本、总运输成本、与物流相关的财务和管理信息系统成本、制造劳动力和库存的间接成本等。

(4) 资产。资产方面的绩效管理主要针对包括库存、设施及设备等相当大的资产，集中评价在特定资产水平支持下的销售量水平，主要测定资金周转时间、库存周转天数、销售额与总资产比率等资产绩效。

13.2.2 供应链绩效评价的具体指标

供应链绩效评价指标体系反映了整个供应链业务流程的绩效评价。整个供应链是指从最初供应商开始直至最终客户为止的整条供应链。在这里，综合考虑指标评价的客观性和实际可操作性，可以提出如下反映整个供应链运营绩效的评价指标。

1. 供应链业务流程的绩效评价指标

此类指标主要采用产销率指标来表示。其计算公式为

$$\text{产销率}=\frac{\text{一定时间内已销售的产品数量}(S)}{\text{一定时间内已生产的产品数量}(P)} \tag{13.1}$$

因为 $S \leqslant P$，所以产销率≤1。

产销率指标可以分为以下 3 个具体指标。

(1) 供应链节点企业的产销率。

$$\text{供应链节点企业的产销率}=\frac{\text{一定时间内节点企业已销售的产品数量}}{\text{一定时间内节点企业已生产的产品数量}} \tag{13.2}$$

该指标反映了供应链节点企业在一定时间内的经营状况。

(2) 供应链核心企业的产销率。

$$\text{供应链核心企业的产销率}=\frac{\text{一定时间内核心企业已销售的产品数量}}{\text{一定时间内核心企业已生产的产品数量}} \tag{13.3}$$

该指标反映了供应链核心企业在一定时间内的产销经营状况。

(3) 供应链产销率：

$$供应链产销率=\frac{一定时间内供应链节点企业已销售的产品数量之和}{一定时间内供应链节点企业已生产的产品数量之和} \tag{13.4}$$

该指标反映了供应链在一定时间内的产销经营状况，其时间单位可以是年、月、日。随着供应链管理水平的提高，时间单位可以取得越来越小。该指标也反映了供应链资源(包括人、财、物、信息等)的有效利用程度，其值越接近 1，说明资源利用程度越高。同时，该指标还反映了供应链库存水平和产品质量，其值越接近 1，说明供应链成品库存量越小。

2. 平均产销绝对偏差指标

平均产销绝对偏差指标可以用公式表示为

$$平均产销绝对偏差=\sum\frac{|P_i-S_i|}{n} \tag{13.5}$$

式中，n 表示供应链节点企业的个数；P_i 表示第 i 个节点企业在一定时间内生产产品的数量；S_i 表示第 i 个节点企业在一定时间内已生产的产品中销售出去的数量。该指标反映了在一定时间内供应链的总体库存水平。其值越大，说明供应链成品库存量越大，库存费用越高；反之，则说明供应链成品库存量越小，库存费用越低。

3. 产需率指标

产需率是指在一定时间内节点企业已生产的产品数量与其上层节点企业(或客户)对该产品的需求量的比值。它具体分为如下两个指标。

(1) 供应链节点企业的产需率：

$$供应链节点企业的产需率=\frac{一定时间内节点企业已生产产品的数量}{一定时间内上层节点企业对该产品的需求量} \tag{13.6}$$

该指标反映了上、下层节点企业之间的供需关系。产需率越接近 1，说明上、下层节点企业之间的供需关系越协调，准时交货率越高；反之，则说明下层节点企业准时交货率越低或者企业的综合管理水平越低。

(2) 供应链核心企业的产需率：

$$供应链核心企业的产需率=\frac{一定时间内核心企业已生产产品的数量}{一定时间内用户对该产品的需求量} \tag{13.7}$$

该指标反映了供应链整体的生产能力和快速响应市场能力。若该指标数值大于或等于 1，则说明供应链整体生产能力较强，能快速响应市场需求，具有较强的市场竞争能力；若该指标数值小于 1，则说明供应链生产能力不足，不能快速响应市场需求。

4. 供应链产品出产(或投产)循环期(Cycle Trime)

当供应链节点企业生产的产品为单一品种时，供应链产品出产循环期是指产品的出产节拍；当供应链节点企业生产的产品品种较多时，供应链产品出产循环期是指混流生产线上同一种产品的出产间隔。由于供应链管理是在市场需求多样化经营环境中产生的一种新的管理模式，其节点企业(包括核心企业)生产的产品品种较多，因此，供应链产品出产循环期一般是指节点企业混流生产线上同一种产品的出产间隔期。它具体可分为如下两个指标。

(1) 供应链节点企业(或供应商)零部件出产循环期。该循环期指标反映了节点企业库存水平以及对其上层节点企业需求的响应程度。该循环期越短，说明该节点企业对其上层节点企业需求的快速响应性越好。

(2) 供应链核心企业产品出产循环期。该循环期指标反映了整个供应链的在制品库存水平和成品库存水平，同时反映了整个供应链对市场或客户需求的响应能力。核心企业产品出产循环期决定着各节点企业产品出产循环期，即各节点企业产品出产循环期必须与核心企业产品出产循环期合拍。该循环期越短，说明整个供应链的在制品库存量和成品库存量就越少，总的库存费用也越低；另外也说明供应链管理水平比较高，能快速响应市场需求，具有较强的市场竞争能力。

缩短核心企业产品出产循环期，应采取如下措施：使供应链各节点企业产品出产循环期与核心企业产品出产循环期合拍，而核心企业产品出产循环期与客户需求合拍；可采用优化产品投产计划或采用高效生产设备或加班加点来缩短核心企业(或节点企业)产品出产循环期。其中，优化产品投产顺序和计划来缩短核心企业(或节点企业)产品出产循环期是既不需要增加投资又不需要增加人力和物力的好方法，而且见效快，值得推广。

5. 供应链总运营成本指标

供应链总运营成本包括供应链通信成本、供应链总库存费用及各节点企业外部运输总费用。它反映了供应链的运营效率。具体分析如下。

(1) 供应链通信成本包括各节点企业之间的通信费用，如 EDI、互联网的建设和使用费用、供应链信息系统开发和维护费等。

(2) 供应链总库存费用包括各节点企业的在制品库存和成品库存费用、各节点企业之间的在途库存费用。

(3) 各节点企业外部运输总费用等于供应链所有节点企业之间运输费用的总和。

6. 供应链核心企业产品成本指标

供应链核心企业产品成本是供应链管理水平的综合体现。根据核心企业产品在市场上的价格确定出该产品的目标成本，再向上游追溯到各供应商，确定出相应的原材料、配套件的目标成本。只有当目标成本小于市场价格时，各个企业才能获得利润，供应链才能得到发展。

7. 供应链产品质量指标

供应链产品质量是指供应链各节点企业(包括核心企业)生产的产品或零部件的质量。其主要包括合格率、废品率、退货率、破损率、破损物价值等指标。

8. 供应链节点关系指标

(1) 准时交货率。准时交货率是指上层供应商在一定时间内准时交货的次数占其总交货次数的百分比。供应商准时交货率低，说明其协作配套的生产能力达不到要求，或者对生产过程的组织管理跟不上供应链运行的要求。

(2) 成本利润率。成本利润率是指单位产品净利润占单位产品总成本的百分比。在市场经济条件下，产品价格是由市场决定的，因此，产品的成本利润率越高，说明供应商的盈利能力越强，企业的综合管理水平越高。在这种情况下，供应商的合作积极性必然增强，必然对企业的有关设施和设备进行投资和改造，以提高生产效率。

(3) 满意交货率。满意交货率是指交货质量合格的产品交货次数占产品总交货次数的百分比。它反映了供应商的交货准时性和准确性。

(4) 响应提前期。这是节点企业之间的响应时间，即它的客户为了在预定时间收到所订货物而需要提前下单的时间。这个时间相对来说越短越好，可以减少等待的时间，提高上、下层企业的衔接程度，可以使供应链更加通畅，绩效更好。

9. 供应链客户服务指标

(1) 柔性。柔性是指产品和服务符合客户个性化需求的程度。随着柔性制造系统、成组技术和计算机集成制造技术等技术的应用，满足客户个性化的特殊要求已成为可能。供应商要想留住客户，灵活、定制化的要求必须满足。

(2) 客户咨询时间。客户咨询时间是一家公司向客户提供其所需信息所花费的时间。某些情况下，客户会询问或者要求告知订单状况或者库存和配送等方面的信息。这些信息能帮助客户安排他们的活动，帮助公司留住客户，因此，提供在线信息是客户服务的重要组成部分，是提升竞争力的重要措施。

(3) 售后服务。供应链的功能并不是把产品交给客户就结束，售后服务对客户来说是很重要的。例如，及时提供客户需要的售后服务，能使企业在客户心中留下良好的印象，使得客户对企业产品和服务的认同感和满意度得以提高，这将使企业获得良好的收益。

(4) 客户保有率。其计算公式为

$$\text{客户保有率}=\frac{\text{重复购买的客户数}}{(\text{期初客户数}+\text{期末客户数})/2} \tag{13.8}$$

该指标反映了供应链的客户忠诚度水平。

(5) 新客户增长率。其计算公式为

$$\text{新客户增长率}=\frac{\text{新客户数量}}{\text{期初客户数量}} \tag{13.9}$$

该指标反映了供应链吸引新客户的能力。

13.3 供应链绩效评价的方法

供应链绩效评价方法随着绩效评价理论的发展得到了丰富，主要有标杆法、神经网络算法、灰色关联法等。

13.3.1 标杆法

标杆法又称基准法，起源于20世纪70年代末、80年代初美国学习日本的运动中。标杆法由美国施乐公司于1979年首创，是现代西方发达国家企业管理活动中支持企业不断改进和获得竞争优势的最重要的管理方式之一。西方管理学界将其与企业再造、战略联盟一起并称为20世纪90年代的三大管理方法。

施乐、摩托罗拉、IBM、杜邦、通用等公司纷纷采用标杆法，在全球范围内寻找行业内外管理实践最好的公司进行标杆比较，努力超越标杆企业，它们都成功地获得了竞争优势。此后，西方企业开始把标杆法作为获得竞争优势的重要思想和管理工具，通过标杆管理来优化企业实践，提高企业经营管理水平和核心竞争力。

目前，对供应链绩效的研究更注重集成化供应链的整体绩效，因此采用标杆法进行整体比较更符合系统均衡性的要求。运用标杆法提高了供应链绩效评价的科学性，减少了主观性和随意性，能够真正实现以事实为基础的比较，而且标杆法更有针对性，更注重对实际供应链的改善效果，使管理者和利益相关者能够有针对性地提出管理改进方向。因此，标杆法在供应链评价中具有不可替代的优势。

标杆法就是将本企业经营的各方面状况和环节与竞争对手或行业内外一流的企业进行对照分析的过程，是一种评价自身企业和研究其他组织的手段，是将外部企业的持久业绩作为自身企业的内部发展目标并将外界的最佳做法移植到本企业的经营环节中的一种方法。实施标杆法的公司必须不断对竞争对手或一流企业的产品、服务、经营业绩等进行评价来发现优势和不足。

1. 标杆法的主要作用

标杆法的主要作用主要体现在以下 5 个方面。

(1) 通过与竞争对手的标杆比较，有助于确定和比较竞争对手经营战略的组成要素。

(2) 通过分析行业内外一流企业的标杆，可以从任何行业中最佳的企业、公司那里得到有价值的情报，用于改善本企业的内部经营，建立起相应的赶超目标。

(3) 跨行业的技术性的标杆，有助于技术和工艺方面的跨行业渗透。

(4) 通过对竞争对手的标杆比较，对客户的需求做对比分析，可发现本企业的不足，从而将市场、竞争力和目标的设定结合在一起。

(5) 通过比较竞争对手的标杆，可进一步确定企业的竞争力、竞争情报、竞争决策以及相互关系。

2. 标杆法的步骤

标杆管理的具体实施内容因行业与企业而异。不用行业有不同的衡量标准，要根据企业自身所处行业的发展前景，结合企业发展战略，考虑成本和收益，来确定企业标杆管理计划。企业坚持系统优化的思想，追求企业总体最优，根据获益的可能性确定标杆管理的内容、环节、先后次序，并逐层深化。

标杆管理一定要注重可操作性，标杆管理的具体实施大致分为以下 4 个步骤。

(1) 确定标杆内容。企业实施标杆管理，要先确定标杆项目和标杆目标。分析最佳模式与寻找标杆项目是一项比较烦琐的工作，需要开发一套标杆研究策略。首先实地考察并搜集标杆数据；其次对标杆数据进行处理、分析；最后与企业自身同组数据进行比较，进一步确立企业自身应该改进的地方，必要时还需要借助外部咨询和外部数据库。另外，在分析对比同行业的企业时，不仅需要参照行业第一，更重要的是还要参照一些与自身情况相近的企业，从而全面地确定威胁与机会、优势与劣势，只有这样才能最终制定出可操作的、可实现的分步实施目标。

(2) 制订具体策略与计划。这个步骤是实施标杆法的关键，在这个环节中，一方面要创造一种环境，使企业中的人员能够自觉和自愿进行学习与变革，以实现企业的目标；另一方面要制订一系列切实有效的策略和计划，在实践中不断地修正目标和方法，最终赶上并超过标杆目标。这个步骤也是创造企业核心竞争力的关键环节。标杆本身并不能解决企业存在的问题，企业必须根据与标杆的比较，采取切实的行动来实现既定的目标。

(3) 比较与系统学习。将本企业指标与标杆指标进行全面比较，找出差距，分析差距产生的原因，然后提出缩小差距的具体行动计划与方案。在实施计划之前，企业应当培训全体员工，让员工了解企业的优势和不足，并尽量让员工参与具体行动计划的制订。

(4) 效果评估与改进。实施标杆法是一个长期的渐进过程。在每一轮学习完成时都需要重新检查和审视标杆研究的假设和标杆管理的目标，从而不断提升实施效果。标杆法只有起点，没有终点，企业将在持续的学习中不断把握机遇，提升优势，避免危机并发扬优势。

3. 成功的标杆管理对企业的基本要求

标杆管理需要企业内部各方面的积极参与，管理者应有充分信心达到标杆目标。标杆管理是一门应用学科，仅仅通过书本和培训难以完全掌握，必须通过实践不断完善、不断修正方向。实践中失误不可避免，但是管理者应尽量避免一些无谓的损失。成功的标杆管理活动对现代企业主要有以下基本要求。

(1) 高层管理人员的兴趣与支持。

(2) 实施者对企业运作和改进要求有充分的了解。

(3) 接受新观念，改变陈旧思维方式的坦诚态度。

(4) 致力于持续的标杆管理。

(5) 有能力把企业运作与战略目标紧密结合起来。

(6) 能将财务和非财务信息集成起来，供管理层和员工使用。

(7) 选择一个公正的第三者在不公开企业名称的情况下来集成和提供竞争性数据。

标杆管理是一个需要关注细节和需要大量时间、经费的过程。世界一流公司使用它作为企业不断改进计划的部分，但它并非仅适用于大公司，企业要生存，要获得竞争能力，就要全面实施标杆管理。

13.3.2　神经网络算法

人造神经网络(ANN)是 20 世纪 80 年代后期迅速发展的一门新兴学科，ANN 可以模拟人脑的某些智能行为，如直觉、灵感和形象思维等，具有自学习、自适应和非线性动态处理等特征。将 ANN 应用于供应链控制环境下的绩效评价，旨在建立更加接近于人类思维模式的定性与定量相结合的综合评价选择方法。通过对给定样本模式的学习，获取评价专家的知识、经验、主观判断对目标重要性的倾向，当作出综合评价时，该方法可再现评价专家的经验、知识和直觉思维，从而实现定性分析与定量分析的有效结合，也可以较好地保证合作伙伴综合评价效果的客观性。

13.3.3　灰色关联法

灰色关联法是灰色系统理论的一个分支，是一种从信息的非完备性出发，研究和处理复杂系统的理论。它通过分析参考序列与比较序列的曲线几何形状的接近程度来判断变化趋势的接近程度。灰色关联法常常被作为多指标体系的综合评价方法(灰色关联评价法)，一般选取最优方案为参考序列，与之关联越大的方案越优。与传统的多因素评价方法相比，灰色关联分析的目的是揭示因素间关系的强弱，操作对象为因素的时间序列，最终结果表现为依据关联度对被评价对象作出的排序。

13.4　供应链绩效评价的模型

13.4.1　平衡记分卡模型

1. 平衡记分卡模型介绍

平衡记分卡(Balanced Scorecard，BSC)模型，简称BSC模型，最早于1992年由哈佛教授Robert Kaplan与诺顿研究所最高行政长官David Norton共同提出，并在随后的文献中得到进一步的丰富和发展。BSC不仅是一种评价体系，而且是一种管理思想的体现，其最大特点是集评价、管理、沟通于一体。具体来讲，通过将短期目标和长期目标、财务指标和非财务指标、滞后型指标和超前型指标、内部绩效和外部绩效结合起来，使管理者的注意力从短期目标实现转移到兼顾战略目标。

该体系分别从财务、顾客、内部过程、学习和创新角度建立评价体系。其中，财务指标显示企业的战略及其实施和执行是否正在为供应链的改善做出贡献；顾客指标显示顾客的需求和满意程度；内部过程指标显示企业的内部效率；学习和创新指标显示企业未来成功的基础。

唐国锋、王丰等利用平衡记分卡法，从供应链业务流程、财务、客户、学习及发展4个方面建立绩效评价指标体系。龙子泉、高伟(2004)在对平衡记分法与基准法分析的基础上，提出了供应链绩效评价的基准平衡记分法，克服了传统的单一财务评价的模式，把财务评价与非财务评价置于新的评估体系之下。

平衡记分法分为4个方面，代表了3个利害相关的群体：股东、客户、员工，确保企业组织从系统视角进行战略实施。平衡计分卡四方面绩效指标的关系如图13-5所示。

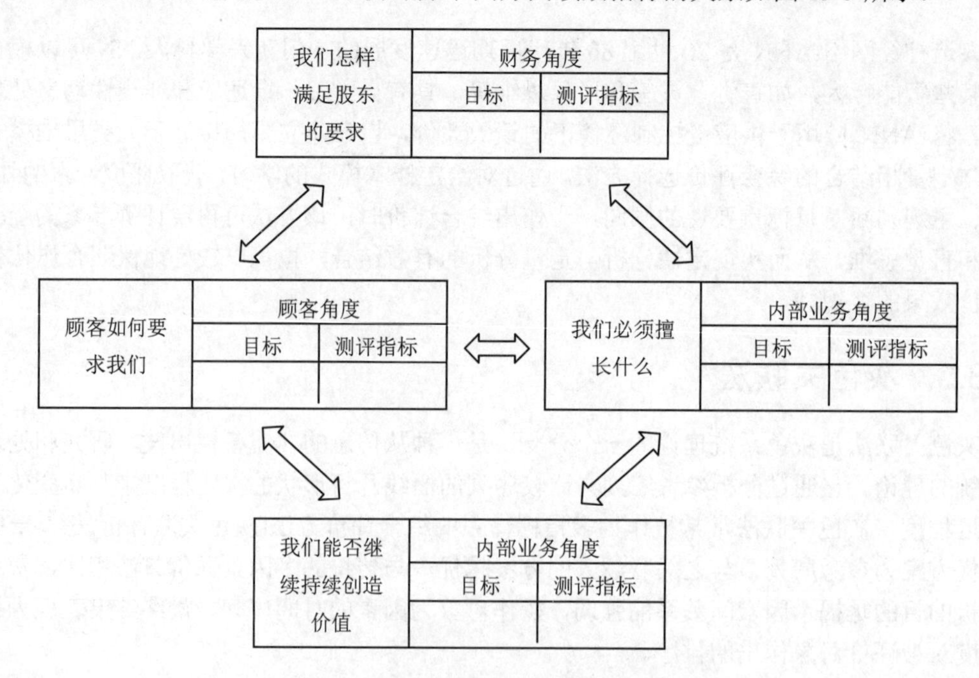

图13-5　平衡计分卡四方面绩效指标的关系

(1) 客户角度。企业为了获得长远的财务业绩，就必须创造出客户满意的产品和服务。平衡记分法给出了两套绩效评价方法：一是企业为客户服务所期望达到绩效而采用的评价指标，主要包括市场份额、客户保有率、客户获得率、客户满意程度等；二是针对第一层指标进行逐层细分，制定出评分表。

(2) 流程角度。这是平衡记分法突破传统绩效评价的显著特征之一。传统绩效评价方法虽然加入了生产提前期、产品质量回报率等评价，但是往往停留在单一部门的绩效评价上，仅靠改造这些指标，只是有助于组织生存，但不能形成组织独特的竞争优势。平衡记分法从满足投资者和客户需要的角度出发，从价值链上针对内部的业务流程进行分析，提出了 4 种绩效属性：质量导向的评价、基于时间的评价、柔性导向的评价和成本指标的评价。

(3) 改进角度。平衡记分法实施的目的和特点之一就是避免短期行为，强调未来投资的重要性。同时，并不局限于传统设备的改造升级，而是更注重于员工系统和业务流程的投资，注重分析满足需求的能力和现有能力的差距，将注意力集中在内部技能和能力上，这些差距将通过员工培训、技术改造、产品服务得以弥补。相关指标包括新产品开发循环期、新产品销售比率、流程改进效率等。

(4) 财务角度。企业各个方面的改善只是实现利润目标的手段，而不是手段本身。企业所有的改善都应通向财务目标。平衡记分法将财务方面作为所有目标评价的焦点。如果说每项评价方法是综合绩效评价制度这条纽带的一部分，那么因果链上的结果还是归于“提高财务绩效”。

2. 平衡记分卡模型构建及应用

美国著名的管理会计专家卡普兰(Robert Kaplan)和诺朗研究出的平衡分卡，是基于企业绩效的评价系统。自诞生之日起，在企业绩效评价中取得了很大成效，但它并不是企业的专利，在改进政府及非营利性机构的管理上，同样取得了满意的效果。基于这样的实际，平衡记分卡在中国高校绩效管理中也就有了实施的可能。

平衡记分卡作为战略式绩效管理工具，具有一定的先进性。对于高校而言，使命是平衡记分卡最核心的部分，甚至可以取代财务层面成为最高层面上的指导依据。在保留财务指标的同时，将影响绩效的动因，如顾客、内部业务流程、学习与成长注入绩效管理中。将高校的愿景、战略和绩效管理结合起来，使高校的愿景和发展战略转化为具体的部门目标和测评指标，达到财务指标与非财务指标、短期指标与长期指标、内部指标与外部指标、动态指标与静态指标、领先指标与滞后指标的平衡。只有这样，才能把学校的使命与战略转化成一套全方位、多角度的运作目标和绩效目标，更好地保证使命的实现。高校绩效评价平衡记分卡模型如图 13-6 所示。

高校的战略相当于一棵大树。只有“根深”(学习与成长)、“枝壮”(内部业务流程)、“叶茂”(财务)、最后才能“结果”(顾客满意)，4 个维度有机统一，缺一不可，共同构成高校绩效管理考评系统。就其核心而言，从以下 4 个维度进行理解、诠释。

(1) 顾客维度。顾客维度要回答的是“如何为顾客提高服务以实现愿景？”这是高校发展的重要因素和必要条件。高校的成功、声誉取决于顾客，高校的顾客主要有学生、家长、用人单位和社会；主要评价指标有学生满意度、用人单位满意度、社会满意度等。

(2) 财务维度。财务维度要回答的是“如何创造最大的社会效益？”企业最终目标是获取利润，而高校作为非营利性组织，财务目标并不是终极追求，为社会培养出优秀人才、提

供科研成果转化和知识服务是其最终目的。但是，高校要维持正常运行，就要有各项开支，同样需要资金投入，重视财务指标。主要评价指标有收入情况、支出情况和财务风险等。

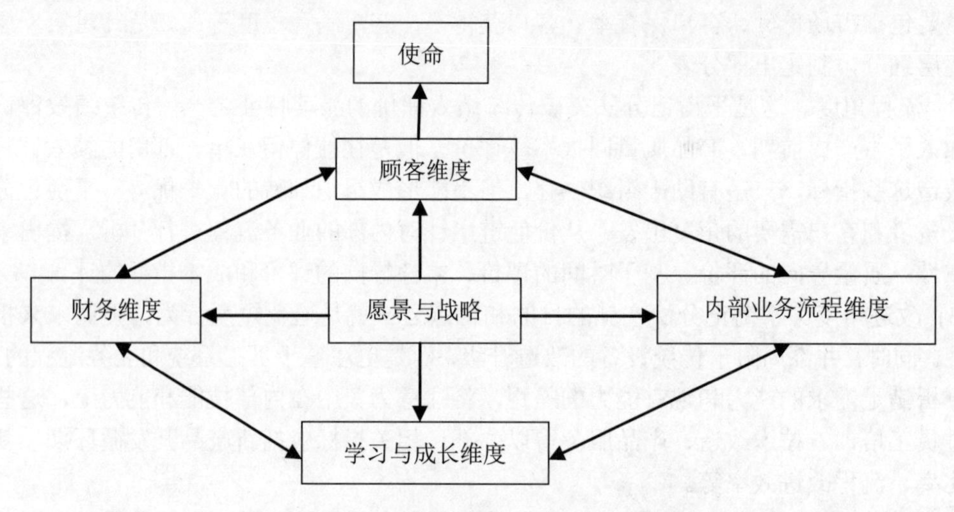

图 13-6　高校绩效评价平衡记分卡模型

(3) 内部业务流程维度。内部业务流程维度要回答的是“如何改进业务以满足顾客需要？”从高校战略的规划到知识产出，再到合格人才的输送，业务流程伴随活动的始终，并为战略最终实施提供保障。主要评价指标有学科建设、师资队伍建设、校园文化和内部管理等。

(4) 学习与成长维度。学习与成长维度要回答的是“如何继续提高并创新？”该维度是其他所有层次的基础，是组织开展一切活动和能力建设的基石。高校面临复杂多变的外部环境和市场需求，要实现长期的可持续发展并创造出价值，就必须不断地学习与创新。主要评价指标有创新力、学习力等。高校具体平衡记分卡指标如表 13-1 所示。

表 13-1　高校平衡记分卡指标

维 度	内 容	指 标
顾客维度(30%)	学生满意度	学历、学位获得率
		就业率
		考研率、考博率
		对学校的认同感
	用人单位满意度	学生的工作业绩
		科研成果转化率
		辞职率
	社会满意度	高校的排名
		录取分数线
		第一志愿报考率
		著名校友人数

续表

维 度	内 容	指 标
财务维度(20%)	收入情况	财政拨款增长率
		事业收入增长率
		科研收入增长率
		培训收入增长率
		社会赞助、校友捐赠情况
	支出情况	生均培养成本
		教学支出比率
		科研支出比率
		基础设施投入比率
	财务风险	经费自给率
		资产负债率
		净现金流
内部业务流程维度(30%)	学科建设	国家重点学科数
		一级学科数
		国家重点实验室数
		国内国际学术交流数
	师资队伍建设	师生比
		名师人数
		教授的比率
		博士学位教师的比率
	校园文化	校园环境
		学习氛围
		师生精神面貌
	内部管理	高校的工作流程
		管理创新情况
学习与成长维度(20%)	创新力	在核心、权威期刊发表的论文数
		科研成果获国家奖励数
		专利数
	学习力	培训人次、费用
		教工薪酬激励机制满意度
		员工意见采纳率

13.4.2 供应链运作参考模型

1. SCOR 概述

SCOR 是 1996 年年底由供应链协会(Supply Chain Council International，SCCI)开发支持

发布的，适合于不同工业领域。为了帮助企业更好地实施有效的供应链，1996 年春美国波士顿两家咨询公司 PittiglioRabin Todd & McGrath(PRTM)和 AMR Research(AMR)牵头成立了供应链协会，并于当年年底发布了 SCOR。SCOR 是第一个标准的供应链流程参考模型，是供应链的诊断工具，它涵盖了所有行业。SCOR 使企业间能够准确地交流供应链问题，客观地评测其性能，确定性能改进的目标，并影响今后供应链管理软件的开发。流程参考模型通常包括整套流程定义、测量指标和比较基准，以帮助企业开发流程改进的策略。SCOR 不是第一个流程参考模型，但却是第一个标准的供应链参考模型。SCOR 如图 13-7 所示。

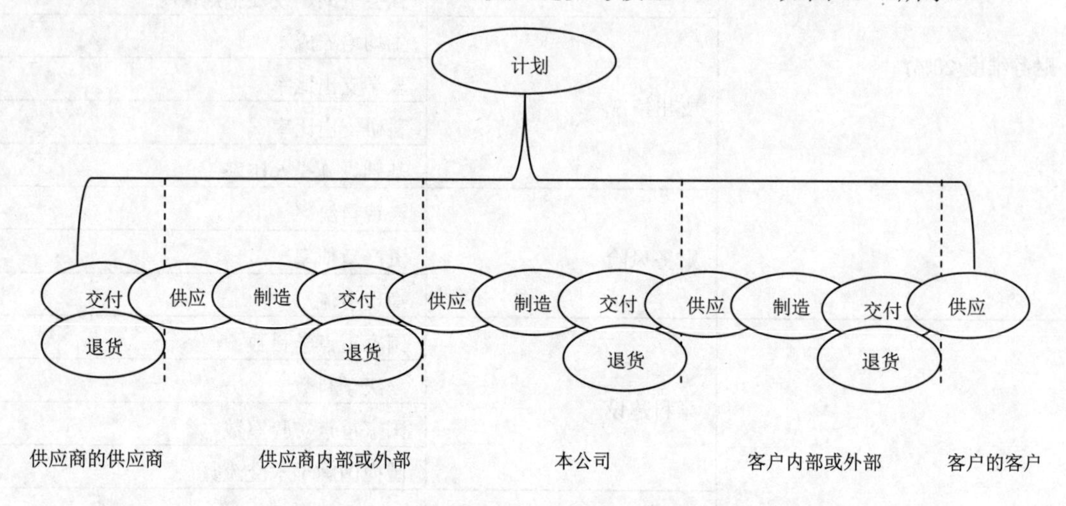

图 13-7　SCOR

供应链委员会提出 SCOR 的目的是开发、维护、测试并验证跨行业的供应链过程标准，它提供了通用的供应链结构、标准的术语定义、与评价有关的通用标准和最佳实施分析，是可用于评价、定位和实施供应链应用软件的通用模型。

SCOR 的范围是所有与客户互动的环节(包括从收到客户订单到客户付款)，所有的物流过程(包括从供应商的供应商到客户的一切关于设备、供货、备件、散装品、软件等的流动)以及所有的市场互动活动(包括从理解市场总需求到完成每个订单)。由此可以看出，SCOR 并不是对每一个商业流程或活动进行描述，特别是 SCOR 不会涉及销售和市场(需求产生)、产品开发、研发以及客户售后服务流程。

SCOR 已经发展成可以用来描述与满足客户需求所有环节相关联的全部商业活动的一个模型，模型围绕计划、供应、制造、交付和退货这 5 个基本管理流程展开，该模型可以用一系列标准定义对任何非常简单或者非常复杂的供应链进行描述，从而使不同类型的行业都可以通过标准化的供应链参考模型对其供应链进行深度分析。SCOR 已经成功地应用于供应链改进的全球项目和地区项目。

2. SCOR 的层次和内容

对 SCOR 的应用开发包括 3 个基本层次和 1 个附加的执行层次。这些层次对应着企业期望对所属供应链流程管理开发的不同深度。根据开发的不同层次，SCOR 会呈现出不同的结果，表现出企业供应链流程的实际状况，发现现存的低效或荣誉环节，然后企业就可以对现有供应链进行流程重组。

1) 战略决策层

第 1 个层次(顶层)是 SCOR 的最高层次，主要是从企业的战略决策角度定义供应链的范围和内容，SCOR 分析企业需要达到何种极小目标和战略发展方向。该层规定了 SCOR 的范围和内容，并明确定义了计划、供应、制造、交付和退货过程的类型，是企业确立供应链性能和目标的基础。企业通过对第 1 层 SCOR 的分析，可根据下列供应链运作性能指标做出基本的战略决策：①交付性能：按时或提前完成订单/计划的比率；②交付速度：成品库接到订单 24 小时内交付的比率；③完成订单性能；④生产的柔性；⑤资金周转的时间；⑥资金周转次数；⑦完成订单提前期；⑧供应链管理总成本；⑨供应链响应时间；⑩存货供应天数。然而，企业不可能对上述所有供应链性能指标都进行评价和优化。因此，企业可以根据实际情况，合理地选择对企业的成功最为重要的指标，评价其供应链性能。

2) 供应链的配置层

SCOR 在这个层次将描述出供应链流程的基本布局结构。在这个层次里确认了企业的基础流程，并将每一个流程都按照 SCOR 的 30 个基本流程的分类规则进行定位，这样就可以直观地体现出企业采购—制造—发运的具体过程，每个流程定义都包括一系列具体的操作步骤。例如，库存产品采购流程中包括计划产品发送时间表、产品入库、确认产品、库存转移等操作步骤。这些具体的操作步骤在 SCOR 中都有非常细致的定义。

SCOR 的第 2 个层次包括以下一些具体的分析步骤。

(1) 在这个层次上建立一个实际的供应链地理分布图。

(2) 根据地理分布情况，把供应链中每一个流程都按照 SCOR 的元素定义描述出来，然后将供应链中的各流程分成模块中的子项元素，做出流程图。

(3) 将流程中元素进行分解，通过流程元素定义，每个流程都可以再描述出一系列的具体步骤，如从输入到输出的具体操作环节。此时，企业通过使用 SCOR 可以了解每一个流程元素需要哪些信息输入，并期望哪些信息输出。企业主要在这一层上进行战略调节。

3) 信息的收集分析层

SCOR 的第 3 个层次定义了企业是否能在特定市场中取得成功的竞争实力。该层次所选择的有效指标将通过实际情况和目标的对比直接地体现出供应链整体表现。

SCOR 中规定了一些基本的衡量企业竞争能力的关键指标，如订单完成率、供应链响应时间等。企业可以根据在第 1 个层次中确定的目标要求，从中选择一些关键指标进行信息收集和分析。收集正确的信息资料是一个困难的过程，一般的做法是通过调查或研究公司的财务和运营报告获得。如果这些资料难以收集整理，通用的做法是运用标杆法和其他同类企业做对比估算。取得资料数据后，可以利用记分卡的形式分析现有指标执行情况和目标的差距，归纳出这些指标表现的情况，比较是达到目标，还是差距很大。把选定的绩效指标进行分解，纳入到流程图中去。再将记分卡分析出的实际绩效表现数据归纳到流程图中去，就可以把供应链运作中的绩效表现不佳的环节和操作步骤体现出来，企业就可以发现有哪些流程环节影响绩效指标的表现，一目了然地发现影响供应链整体表现的瓶颈环节。企业主要在这一层上调节作业战略。

4) 实施层

第 4 个层次(底层)也被称为 SCOR 的执行层次，它定义了在变化的商业条件下实现竞争优势的实践行为。在实施层次，企业可以利用 SCOR 分析出的结果进行整体计划、开发和构

架，去支持新的产品流程。虽然这个层次不包括在 SCOR 的体系定义中，是实施供应链的优化和有效整合，却能够对企业提高竞争力起到极为关键的作用。这也是企业用 SCOR 的现实意义所在。这层随企业的具体情况而异，因此，SCOR 并没有进行具体的定义。

SCOR 是一个崭新的基于流程管理的工具，国外许多公司已经开始重视、研究和应用 SCOR。大多数公司都是从 SCOR 的第 2 个层次开始构建供应链，此时常常会暴露出现有流程的低效问题，因此需要时间对现有的供应链进行重组。典型的做法是减少供应商、工厂和配送中心的数量，有时公司也可以取消供应链中的一些环节。供应链重组工作完成，就可以进行性能指标的评测和争取最佳业绩的工作。SCOR 中的所有流程元素都附有流程元素的综合定义：循环周期、成本、服务/质量和资金的性能属性；与这些性能属性相关的评测尺度，以及软件特性要求。供应链模型采用了流程参考模式，包括分析公司流程和目标的现状，对作业绩效量化，与目标数据进行对照。

SCOR 是用来对复杂性不等以及不同行业的供应链进行分析评价的工具，因此供应链协会把重点放在了前 3 个层次，没有对具体组织的商业活动、系统或信息流设计做出定义。每一个组织在运用 SCOR 进行供应链改进时需要根据自身组织流程、系统和实践的情况对模型的内容进行扩充，至少扩充到第 4 个层次。

SCOR 是一个业务流程参考模型，描述的是流程而不是功能。换句话说，SCOR 关注的是流程中所涉及的活动，而不是进行活动的个人或组织。SCOR 的独特性及其成功实施很大程度上来源于对与特定形式下供应链实施相联系的流程元素、矩阵、最佳实践及特征的利用。流程参考模型的形成需经历以下 4 个步骤。

(1) 业务流程重组：找出目前业务流程的状态，设计出想要达到的未来状态。

(2) 衡量：把相近公司的营运业绩量化，参照“最佳实施”标准建立本企业内部目标。

(3) 最佳实施分析：归纳造就“最佳实施”的管理及所应用软件的特征。

(4) 流程参考模型：整合前 3 个元素，形成模型框架。

企业应用 SCOR 可建立标准的过程描述，并能有效地评价供应链过程；利用评验及最佳实施数据，可优化供应链节点企业的活动，并进行定量分析以提高某一过程可能带来的潜在利益；将适用的软件产品与标准的供应链过程进行匹配，可以权衡该产品是否满足要求。目前，SCC 成员都支持将 SCOR 作为企业实施供应链管理标准过程的参考模型。

3. 供应链运作参考模型应用

建筑供应链的运作过程就是物流、资金流和信息流双向传递的过程，而对于物流、资金流和信息流的管理和控制也贯穿于建筑供应链的计划、采购、制造、交付和回收的整个业务流程中。业务流程管理是建筑供应链管理的核心过程，而对业务流程管理效果的评价是建筑供应链绩效评价的关键组成部分。

SCOR 模型是目前建筑供应链领域中应用范围较广、影响范围较大的模型，其强调对具有可操作性的业务流程管理环节进行核心评价。但是根据建筑供应链绩效评价指标体系的设计原则，SCOR 模型定义的评价指标应用到建筑供应链的绩效评价中还存在对建筑行业不具有针对性等问题。下面以 SCOR 模型作为基础模型，通过参考国内外关于建筑企业绩效评价指标体系的相关文献和实践调研人员的相关意见，引入了财务管理和持续发展两个角度的指标，对 SCOR 模型的单一业务流程指标进行了改进，构建了更有效、科学的能够全面反映建筑供应链运作状态的绩效评价指标体系。

综合之前的研究，结合建筑供应链的特点和指标关键影响因素，从业务流程指标、财务管理指标和持续发展指标为顶层指标并逐级分解，构建建筑供应链绩效评价指标体系。基于SCOR模型的建筑供应链绩效评价指标体系如表13-2所示。

表13-2 基于SCOR模型的建筑供应链绩效评价指标体系

第一层	第二层	第三层	指标含义说明
业务流程角度	供应链可靠性	竣工准时率	反映建筑供应链按时保质地交付工程或完成合同的能力
		合同完全执行率	
		工程质量优良率	
	供应链反应性	工期计划完成率	反映建筑供应链的运作速度
	供应链敏捷性	供应链响应时间	反映建筑供应链对内外部环境或施工条件变化等的反应时间
		供应商生产灵活性	
		工程中标率	
财务角度	成本管理	供应链管理总成本	反映建筑供应链运作过程中产生的成本
		施工总成本	
		MRO成本	
	利润管理	净利润增长率	反映建筑供应链运作的利润空间和水平
		工程报酬率	
	资产管理	固定资产周转率	反映建筑供应链对资产管理的效率以及对资产增值的贡献率
		资产增长率	
持续发展角度	创新发展能力	新技术采用率	反映在多变的市场条件下建筑供应链吸收新技术和发展新产品或服务的能力
		员工培训率	
		新产品开发成功率	
	信息共享能力	信息共享率	反映建筑供应链系统中各个相关企业之间的信息交流能力和资源共享状况
		信息准确率	
	供应链协作能力	供应商准时交货率	反映建筑供应链的协调稳定性和合作关系
		供应商产品合格率	
	环境保护能力	材料回收率	反映建筑供应链管理系统的环境友好程度和对于环境保护的贡献度
		资源利用率	
		环境影响度	

1) 业务流程角度

业务流程是建筑供应链管理系统运作的基础和支撑，也是建筑供应链绩效评价的核心要素，对业务流程的绩效评价可以直观地找到相应环节的管理弊端和不足，并据此形成管理优化战略，辅助管理者优化建筑供应链管理系统。以SCOR模型的业务流程角度绩效指标为基础，融合建筑供应链特点，从建筑供应链的可靠性、反应性和敏捷性3个角度评价建筑供应链的业务流程管理能力。

(1) 供应链可靠性。建筑供应链的可靠性强调整个建筑供应链在规定的环境条件、地点

和时间等按照规定的质量完成项目合同需求功能的能力，也就是指建筑供应链在合理运作的条件下，其正常运行的能力。建筑供应链的可靠性可由竣工准时率、合同完全执行率和工程质量优良率等指标进行衡量和评价。

(2) 供应链反应性。建筑供应链的反应性强调建筑企业运作整个供应链的速度，主要通过供应链运作的柔性管理来体现，它决定着建筑供应链运作系统能否适应突如其来的大量工程变更和外部环境变化。建筑供应链的反应性可由工期计划完成率来衡量。

(3) 供应链敏捷性。建筑供应链的敏捷性强调从整个建筑供应链的角度出发进行综合考虑、决策和绩效评价，使建筑承包企业与链条其他企业合作共同降低建筑产品市场价格，并对市场需求进行快速反应，以提高整个建筑供应链各个环节的边际效益，实现合作利益共享。建筑供应链的敏捷性主要考核整个供应链体系的灵活度和对外界变化的反应程度，主要由供应链响应时间和工程中标率等指标进行评价。

2) 财务管理角度

财务管理水平是衡量建筑供应链经济管理水平的关键要素，供应链管理体系不同于传统的企业管理体系，不能简单地将企业财务指标应用到供应链的绩效评价中。根据建筑供应链的管理特点和评价原则，结合建筑供应链的业务流程运作模式，从成本、利润和资产 3 个角度构建了建筑供应链财务管理角度的评价指标。

(1) 成本管理。成本是指伴随着建筑供应链的实施和运作而产生的相关成本，主要分为管理建筑供应链系统的总成本、建筑施工业务流程运作的总成本以及 MRO 成本等。

(2) 利润管理。利润是指运作建筑供应链管理系统为建筑承包企业带来的盈利空间，主要可以用净利润增长率和工程报酬率来衡量。

(3) 资产管理。资产管理涉及建筑供应链运作过程的效率管理问题，可以从资产利用率和周转率两个角度来考虑，主要可以用固定资产周转率、资产增长率和资产负债率等指标进行评价。

3) 持续发展角度

建筑供应链能否使用外部多变的市场环境，在市场中占据主导地位，不但要依靠业务流程的有效运作和财务管理的经济合理，还要看它的未来发展潜力，即建筑供应链的持续发展能力。上例以建筑供应链的物流、信息流和资金流的运作模式为基础，结合建筑企业的社会责任，从供应链的创新发展能力、信息共享能力、链条协作能力和环境保护能力 4 个角度设立了建筑供应链持续发展角度的评价指标。

(1) 创新发展能力。创新发展能力是指建筑供应链管理系统需要不断推陈出新，设计开发新的产品和服务，以便提升建筑供应链的应用范围和市场地位。创新发展能力是建筑供应链保持成长能力和竞争实力必不可少的要素之一。建筑供应链的创新发展能力可以从新技术采用率、员工培训率、资金投入比率和新产品开发成功率等指标进行评价。

(2) 信息共享能力。信息的共享和传递是企业建立长久合作关系的基础，而建筑供应链合作伙伴之间只有保持密切有效的信息共享，才能保证整个供应链持续发展和优化。建筑供应链的信息共享能力可以从信息共享率和信息准确率两个方面进行衡量。

(3) 供应链协作能力。建筑供应链的竞争能力是链条上各个节点合作企业竞争力的集成，是建筑承包商与业主、分包商、供应商或监理等相互协作关系的直接作用成果，同时，供应链的协作能力在某种程度还能体现合作企业间的关联性、协调性和同步性，因此供应链协作能力对于建筑供应链的未来发展具有很重要的作用。建筑供应链的协作能力可以从供应商准时交货率、供应商产品合格率和合作伙伴满意度等方面进行评价。

(4) 环境保护能力。绿色化是建筑供应链的发展趋势，社会效益是建筑供应链效益水平的重要构成要素，而环境保护能力是对建筑供应链社会效益的直观体现，是从社会责任角度对建筑供应链绩效的衡量。建筑供应链的环境保护能力可以从材料可回收率、资源利用率和环境影响度 3 个方面进行评价。

13.4.3 其他模型

除了最常用于供应链绩效评价的平衡记分卡和供应链运作参考模型之外，还有几种模型也用在供应链模型中，如物流记分卡模型、经济增加值模型和基于作业成本模型。

1. 物流记分卡模型

物流记分卡(The Logistics Score Card)由国际物流资源公司(Logistics Resources International Inc)开发，该公司是专门从事供应链物流方面咨询、顾问的企业。物流记分卡推荐使用一套集成的绩效指标，分成以下几个类别。

(1) 物流财务绩效指标(如投资回报率及开支等)。

(2) 物流生产率绩效指标(如每小时发送订购数及运输工具利用率等)。

(3) 物流质量绩效指标(如库存精确性及运输损毁率等)。

(4) 物流循环时间绩效指标(如运输时间及订单接收时间等)。

物流记分卡专门针对供应链物流分发管理的财务、生产力、质量及周转期等进行分析。

2. 经济增加值模型

经济增加值(Economic Value Added，EVA)是美国斯特恩·斯图尔特咨询公司(Stem Stewart&Co)于 20 世纪 80 年代提出的，背景是因为当时的企业评价主要集中于短期的财务绩效(比如每年或每季度的利润和税收)，而很少考虑股东的长远利益(如人力资源的培养、新产品开发等)。为了弥补传统方法的缺陷，一些财务分析家提倡预估企业的投资回报率和经济价值增值。

EVA 是指企业资本收益与资本成本之间的差额，也就是指企业税后营业净利润与全部投入资本(借入资本和自有资本之和)成本之间的差额。EVA 最大的特点就是从股东角度重新定义企业的利润，考虑了企业投入的所有资本(包括权益资本)的成本。EVA 指标的设计着眼于企业的长期发展，鼓励经营者进行能给企业带来长远利益的投资决策。

EVA 是评价企业经营业绩和考核企业资本保值增值的核心指标，企业追求其净利润大于权益资本利润。

EVA 值计算公式为

$$\mathrm{EVA} = \mathrm{NOPAT} - IC \times \left[\frac{D}{D+E}K_{\mathrm{D}} + \frac{E}{D+E}(R_{\mathrm{F}} + R_{\mathrm{P}})\right] \tag{13.10}$$

式中，NOPAT 为税后营业净利润；IC 为投资成本；D 为长期负债；E 为所有者权益；K_{D} 为长期负债成本；R_{F} 为无风险投资报酬率；R_{P} 为风险投资补偿率。

3. 基于作业成本模型

基于作业成本模型(Activity-Based Costing，ABC)，简称ABC模型，是一种基于价值链分析的成本模型。价值链的概念是由美国学者迈克尔·鲍特(Michael Porter)于1985年提出的。

基于作业成本的方法是克服了传统财务统计方法的不足，将财务评价和业务运作结合了起来。这个方法将业务流程分解成单个成本驱动的活动，并评估每一个活动需要的资源(如时间、成本等)。这种方法使得供应链业务流程的成本和真正生产率评估较之传统的财务统计方法更有效。例如，使用ABC模型让组织或供应链能更精确地评估某一个特定顾客或面向某一市场特定产品的成本。ABC模型不是取代传统的财务统计方法而是提供对供应链成本绩效更精确的理解。ABC模型使得供应链绩效评价指标更好地与业务流程及活动的人力、材料、设备等资源相联系，精确评估了供应链业务流程的生产率和成本。

用ABC模型来对供应链进行成本管理可以基于质量功能配置(Quality Function Deployment，QFD)的供应链产品开发、基于价值的增值等供应链管理运作新模式的需要。从集成供应链角度出发，供应链的成本控制模式如图13-8所示。

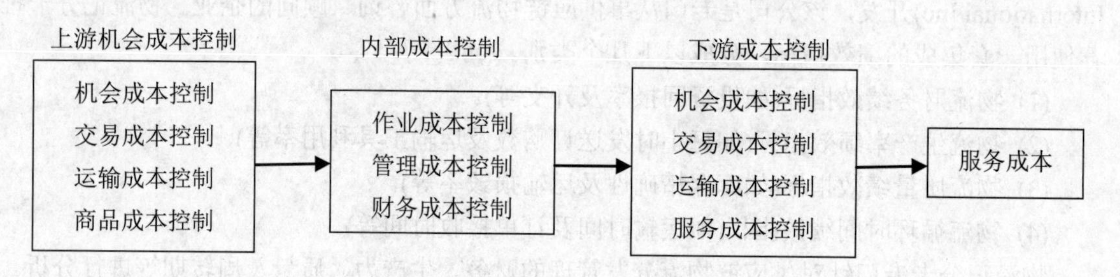

图13-8 供应链的成本控制模式

本章小结

供应链绩效评价是指围绕供应链管理的目标，对供应链整体、各个环节的运作状况和各环节之间的协作关系等进行的事前、事中与事后的分析评价。供应链绩效评价的特点包括：供应链绩效评价侧重于整体绩效评价；基于业务流程的绩效评价。供应链绩效评价的作用有：为改进供应链营运奠定基础；对成员企业具有督促和激励的作用；为企业和社会提供更好的产品或服务。

一个完整的供应链绩效评价体系一般由以下几部分组成：评价的主体和客体；绩效评价目标；绩效评价指标；绩效评价标准；绩效评价方法；绩效评价报告。供应链绩效评价程序包括以下几个环节：确立绩效评价指标体系；确定各指标的权重；制定各指标的评价标准；数据收集和处理；计算和评价供应链绩效；绩效控制和改进。

供应链绩效评价主要包括以下三方面内容：内部绩效衡量、外部绩效衡量、综合供应链绩效管理。供应链绩效评价指标体系反映了整个供应链业务流程的绩效评价，具体包括：供应链业务流程的绩效评价指标；平均产销绝对偏差指标；产需率指标；供应链产品出产(或投产)循环期；供应链总运营成本指标；供应链核心企业产品成本指标；供应链产品质量指标；供应链节点关系指标；供应链客户服务指标。

供应链绩效评价方法包括：标杆法、神经网络算法、灰色关联法等。

供应链绩效评价模型包括：平衡记分卡模型、供应链运作参考模型、物流记分卡模型、经济增加值模型和基于作业成本模型等。

思考与练习

1. 简述供应链绩效评价的概念、特点及作用。
2. 供应链绩效评价程序包括哪几个环节？
3. 供应链绩效评价指标主要包括哪些？
4. 供应链运作参考模型分为哪几个层次？
5. 标杆管理的作用有哪些？简述标杆管理的具体步骤。

案例讨论

平衡记分卡应用案例：联想集团

平衡记分卡的特点是始终把战略和愿景放在其变化和管理过程中的核心地位，通过清楚地定义战略，始终如一地进行组织沟通，并将其与变化驱动因素联系起来，构建“以战略为核心的开放型闭环组织结构”，使财务、客户、内部流程、学习与成长四因素互动互联，浑然一体。联想集团公司的平衡记分卡是这样运用的。

2002 年 4 月联想集团贯彻实施“自由联想，互通互联”战略，强势介入移动通信领域；2002 年联想移动过市场关、过技术关、过管理关首战告捷，手机销量达多万台，令业界瞩目；2006 年联想移动成为国内一流、国际著名的手机厂商。应该来说，美好前景蓝图已经规划，成败与否取决于团队的执行能力。而一个团队的执行能力，取决于是否能将战略目标分解成可操作的战术动作，然后以脚踏实地的务实精神和不达目的誓不罢休的毅力，不折不扣地贯彻落实。其中构建与公司经营发展状态相适应的业绩管理体系则是将战略目标分解成可操作的战术动作关键的节点。所以，我们得思考这样一个战略性的问题：我们需要一种怎样的业绩管理体系，方能保障公司的中长期战略能有效实现，保障公司具有可持续发展所需的竞争力？一是纯粹依靠手机业务拉动增长来实现呢，还是仅仅依靠强化内部管理业务流程？是依靠赶时髦的搞资金运作、资本运作和品牌运作，还是依靠提倡“亦虚亦实”的企业文化？都不是！我们必须构建这样一种价值导向的业绩管理体系：它能及时有效地反映公司的综合经营状况，使业绩评价趋于平衡和完善，利于公司中长期平衡稳健发展。唯有如此，公司方能“长治久安”，我们方能“美梦成真”。于是，一个能将公司策略变为行动方案的架构——“平衡记分卡”业绩管理体系来到了我们身边。

(资料来源：https://www.docin.com/p-2158752294.html.)

思考：

平衡记分卡绩效考核方法应用的环境是什么？

第 14 章　供应链协调管理

【学习目标】

1. 理解牛鞭效应的产生原因及改进方法。
2. 理解曲棍球棒效应产生的原因及改进方法。
3. 了解激励的基本理论及激励模式。
4. 了解供应链契约的概念、参数及作用。
5. 理解供应链契约的模型。

【引导案例】

信息技术是否能够消除牛鞭效应？

雀巢公司与家乐福公司在确立了亲密伙伴关系的基础上，采用各种信息技术，由雀巢为家乐福管理它所生产产品的库存。雀巢为此专门引进了一套 VMI(Vender Management Inventory，供应商管理库存)信息管理系统，家乐福也及时为雀巢提供其产品销售的 POS 数据和库存情况，通过集成双方的管理信息系统，经由 Internet/EDI 交换信息，就能及时掌握客户的真实需求。为此，家乐福的订货业务情况为：每天 9:30 以前，家乐福把货物售出与现有库存的信息用电子形式传送给雀巢公司；在 9:30～10:30，雀巢公司将收到的数据合并至供应链管理 SCM 系统中，并产生预估的订货需求，系统将此需求量传输到后端的 APS/ERP 系统中，依实际库存量计算出可行的订货量，产生建议订单；在 10:30，雀巢公司再将该建议订单用电子形式传送给家乐福；然后在 10:30～11:00，家乐福公司确认订单并对数量与产品项目进行必要的修改之后回传至雀巢公司；最后在 11:00～11:30，雀巢公司依照确认后的订单进行拣货与出货，并按照订单规定的时间交货。这样，由于及时地共享了信息，上游供应商对下游客户的需求了如指掌，无须再放大订货量，有效地消除了牛鞭效应。

(资料来源：https://blog.e-works.net.cn/10826/articles/31693.html.)

思考：

1. 供应链中牛鞭效应产生的根源在哪里？
2. 雀巢公司是如何消除牛鞭效应的？

14.1 供应链中的协调问题及改进方法

在供应链日常运作中，企业之间发生着频繁的物流、资金流、信息流的交换，企业之间的协调运作对供应链的整体绩效有重要影响。供应链绩效是供应链成员行为共同作用的结果，每一个较薄弱的环节都有可能对供应链的其他各个节点产生负面影响。鉴于企业之间的关系在法律上是平等的，供应链的管理不能采用行政手段，只能通过共享利益来调控。为了提高企业和供应链的竞争能力，供应链成员需要通过一定的机制来协调各种运作决策。

14.1.1 牛鞭效应的产生及改进方法

1. 牛鞭效应的定义

“需求变异放大”现象又称为“牛鞭效应”(Bullwhip Effect)，这是对需求信息在供应链传递中扭曲现象的一种描述。其具体含义为：当供应链中的节点企业只根据相邻的下级企业的需求信息进行生产或供应决策时，需求信息的不真实性会沿着供应链逆流而上，使订货量产生逐级放大现象，到达源头供应商时，其获得的需求信息与实际消费市场中的顾客需求信息存在着很大偏差，需求变异将实际需求量放大了，受需求放大效应的影响，上游供应商往往比下游供应商维持着更高的库存水平。这种现象反映了供应链上需求的不同步，它说明供应链库存管理中的一个普遍现象——“看到的是非实际的”。牛鞭效应如图 14-1 所示，图中显示了需求变异放大原理和需求变异加速放大过程。由于这种图形类似于美国西部牛仔赶牛使用的长鞭，所以被形象地称为牛鞭效应或长鞭效应。

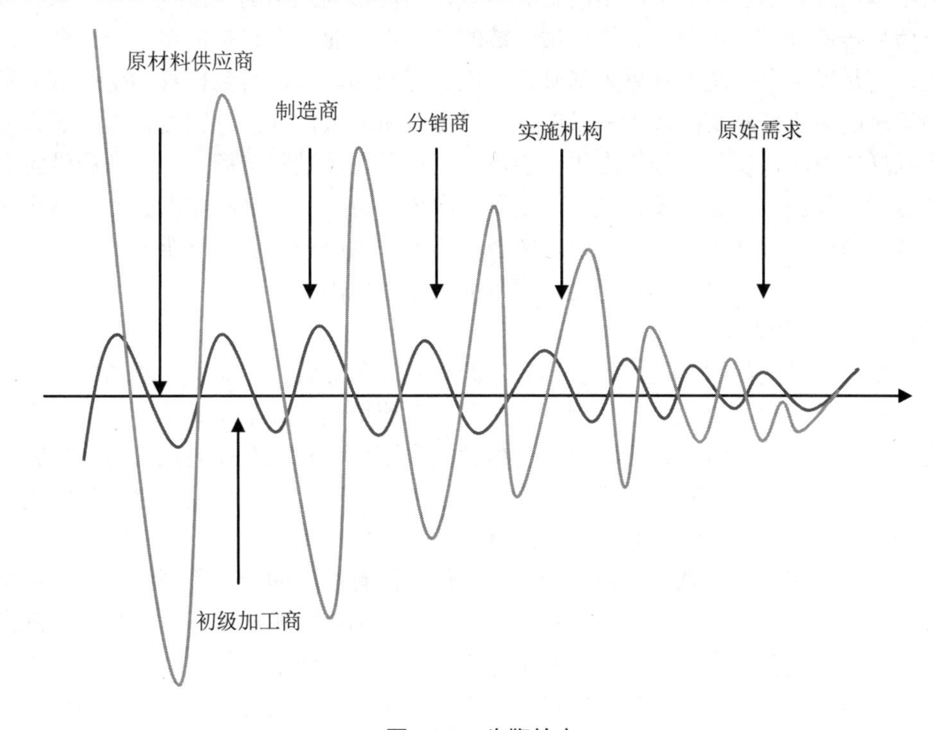

图 14-1 牛鞭效应

这种越往供应链上游(从零售商到分销商，到生产商)波动性越大的现象叫作牛鞭效应，因为它就像牛鞭甩动时振幅的增加。该术语最初被宝洁公司用来描述它们在尿不湿供应链中观察到的现象，宝洁在考察公司最畅销的尿不湿时，发现零售商销售的波动性并不大，但当他们考察分销中心向宝洁公司的订单时，却发现波动性显著增大了，进一步考察宝洁公司向其他供应商的订货时，其订货量变化更大了。尿不湿的最终需求(最终由婴儿消费)是稳定合理的，但是零售商向它们的尿不湿生产工厂提出的需求却变动极大。不仅有宝洁公司，其他公司如惠普在考察打印机的销售时也曾发现过这一现象。牛鞭效应不能提升供应链的绩效，在供应链的任何一点，变动性的增加都会导致供应链整体的变动。

2. 牛鞭效应产生的原因

早在初期，一些学者就对需求放大现象有一定的研究，如 Sterman 教授在美国 MIT 做的“啤酒游戏”揭露了供应链中各节点企业间由于信息不对称、需求混乱和追求个体效益最大化等因素导致了需求信息扭曲放大。研究表明，牛鞭效应是导致供应链低效和损失的主要原因，减弱它是保持供应链健康发展的重要措施。Heckert，Miner 和 Lewis 在研究供应链运行状况时发现，伴随供应链流通环节的增多，整个供应链总成本会随之增大，他们认为供应链的高效运转将受到供应链企业数量的影响，企业数量越多，产品流通环节就会越多，成本的损失就会越大。

现在，人们对牛鞭效应已经有了更深一步的研究，将其产生的原因归纳为以下几个方面。

1) 需求预测

在供应链运作中，企业通常先接收下一级企业的需求信息，并将其作为自身需求预测的根据来决定自身的生产计划和原料的需求计划，所以需求预测的信息是导致供应链上产生牛鞭效应的根本原因。销售商的下游是消费者市场，其对市场做出的最接近实际需求的预测，并将需求信息传递到上一级企业。然而供应链的各节点企业并不只是依靠下一级企业订单来进行决策，而是以来自下游的订单为基础，再次进行预测，从而得到自身的生产需求量。当供应链最下游的零售商对实际市场需求的预测稍微有所放大，并向分销商订货，那么分销商也会基于同样的考虑，在需求预测上进一步放大，那么在经过制造商、供应商和供应商的供应商的预测后，预测需求会被逐级放大，使得供应链上游企业预测的需求会比市场实际需求大得多，商品的产量远远大于实际消费者需要，增加了供应链上各节点企业的库存压力，增加了供应链的总成本。所以需求预测是牛鞭效应的主要原因之一。

2) 供应链的组织结构

供应链是多层次的组织结构，各节点企业间有着复杂的合作、竞争、动态博弈等性质的供需贸易。在供应链中，供应商、生产者、客户在供应链运作环境中属于不同的独立主体，每一个企业都有目的、利益点、运营手段和内部组织结构，独立企业通过交易互相影响凝聚成了特有的供应链，便于不断地适应市场变化和未来的生存和生产环境，整个供应链在这种相互关联制约下，井然有序地运行着。供应链上不仅有物流和资金流，还包括了复杂的信息流、知识流，且存在着相互竞争和协同的关系。供应链有统一的指令和规划，各企业相互协调、相互配合，能提高供应链管理效率，从而最大化地利用资源和市场，提高产品满意度，提高供应链的整体效益。由于市场环境的不确定性，要求企业之间的供需交易及时调整，以便适应市场。当某一产品不再被市场所接受，那么产品供应链随之解体，当市场出现新产品时，适应新产品的企业将构建新的供应链。

供应链上各个企业互相影响，同时与供应链以外的企业也有联系，很容易受到市场变化的影响，如消费者也会和销售商发生相互影响。供应链不仅是一个错综复杂的系统，其包含的组成实体又都是复杂的系统，相互之间有较大的差异，因此供应链是非线性链条。在复杂且易变的市场环境下，一些重要的特质和情况是随机形成的，这就要求供应链节点企业能够灵活、及时、准确地应对，以尽快适应新的市场变化的要求。

3) 短缺博弈

传统的销售商会按照市场需求预测进行订货，基于在保证补货期间内不断货的考虑，然而在实际情况中，总有一些销售商不知道自身的补货订单是否会按时到达。假如在市场需求不断增加的情况下，供应商未能及时地加大生产力度，则销售商需要等待更多的时间才能补充货源，一些销售商可能会因此失去一部分市场，造成企业损失。高需求的产品在供应链内往往会处于短缺的状态，这样制造商会在各个分销商或者零售商之间调配供给这些产品。通常是当需求量大于供给量时，理性的决策是按照用户的订货量比例分配现有的库存供应量。例如，总的供应量只有订货的50%，合理的配给方法是所有的用户获得其订货的50%。用户为了获得更大的分配额的供给量，故意夸大其订货需求量，当需求下降时，订单又突然消失。也就是说销售商会增加订货量，加大安全库存，以便于处理由于供货不及时导致的不必要损失。当销售商有意加大订货量，会误导供应商以为市场需求大大增加，从而导致供应商加大自身生产力，导致供应链上的商品产量过剩，增加供应链的库存和运输成本，造成资源浪费，财产损失。所以短缺博弈是导致牛鞭效应增大的一个重要因素。

4) 产品价格变化

产品的定价变化策略可以分为两种情况：一种是批量折扣，批量折扣会极有可能扩大供应链内订单数量的规模，使供应链上各个阶段尤其是安全库存的增加；另外一种则是由于批发、预购、促销等活动引起的价格波动，如库存成本小于因价格折扣所获得的利益，销售人员会愿意预先多买，这样订货就不能真实地反映需求的变化，因此就产生了“需求放大现象”。

理想的市场运作模式是按需生产消费，库存和运输成本最小化，企业生产均衡，消费者市场稳定的模式。然而在实际的消费者市场，存在激烈的竞争，许多销售商会采取刺激消费者购买的策略，如降低价格、附赠商品等措施来吸引消费者大量购买商品，并超过其实际需求量，消费者就会囤积库存。当商品恢复到市场价格时，消费者便会减少消费，这一系列行为会导致销售商对消费者市场需求预测不稳定，从而影响整个供应链的牛鞭效应。

5) 供给补货的时间延长

供应链在运行过程中存在着一定的时间延迟，主要包括物流延迟和信息延迟。在制造商完成商品生产到将产品交到消费者手中仍旧需要多个环节，产生的延迟就是物流延迟，主要分为两种：运输延迟和交货延迟。运输延迟是商品在运输过程中的消耗时间；交货延迟是中间环节收到订单到货物交付所需时间。同样，由于消费者的需求信息不能被及时地传递到制造商处，而是要通过漫长的零售商和分销商的处理才能被制造商所知，之后安排生产计划和采购计划，这些过程中也产生了信息延迟。供给补货的时间越长，计算在内的预测需求就越多，变动也将更大，牛鞭效应也越强。

总而言之，通过对以上几点的分析，由于缺少信息交流和共享，企业无法掌握下游分销商和零售商的真正需求和企业的供货能力，只能自己多储存货物。同时，供应链上无法实现存货信息的互通和转运调拨，只能各自持有高额库存，从而导致了牛鞭效应。

3. 牛鞭效应的危害

牛鞭效应不仅会造成各个节点企业的库存增大，利润下降，占用资金，同时也导致了企业经营风险增大以及整个供应链运作的低效率。资源的无效率利用，使得供应链各个节点企业的计划和管理难度增大。除此之外，还可能造成以下的一些危害，具体可以归纳为以下几条。

(1) 从分销商到生产商接到的订单的变动性要比顾客需求的变动性大得多，使得生产企业进入无序状态，无法了解市场真正的需求量。

(2) 当某种产品大量销售时，供应链的库存却无法做到迅速减少，造成流动资金的大量占用和固定资产利润率低下。

(3) 各个节点企业从自身利益出发，而不是从整个供应链的运作考虑，因此导致整个供应链的利益很难维护。

(4) 由于牛鞭效应而导致供应链节点企业之间的不信任增加，合作最终变成短期行为，不利于供应链联盟的形成和发展。

4. 牛鞭效应的改进方法

1) 信息共享

要减轻牛鞭效应，就应该在供应链的各个阶段之间更好地实现信息共享。信息扭曲的根源在于多级供应链需求信息的传递，每一个节点企业的预测需求均成为上游节点企业订货策略的放大因子，并具有累积效应。消除信息扭曲的方法是供应链上的每一个节点企业必须在自身需求中排除下游节点企业订货决策对上游企业的影响，这就要求供应链上的每个节点企业根据最终产品市场的实际需求进行自身的需求预测。当零售商的订购量波动剧烈的时候，供应商要正确地预测出需求趋势是极为困难的，即使所有的供应商都对数据做出过度反应也不足为奇。经常为供应商提供掌握消费者需求的机会，供应商就能够更好地预测出需求趋势，并做出相应计划。

但是仅仅共享当前的需求数据是不足以缓解牛鞭效应的，需求同时也会受到零售商定价、推销、促销、广告和组合计划等因素的影响。所以，只有当供应商了解零售商会对产品进行何种处理，供应商才能精确预测出某种产品的销售量。缺乏这种信息，供应商可能无法为零售商计划推动的产品配备足够的生产能力，也可能会为零售商不感兴趣的产品配备过多的生产能力。但如果供应商和零售商可以共享它们的计划，那么就可以避免这种错误了。不仅零售商和它的上游企业共享信息很有效，供应商与它的下游企业共享信息也很有帮助。

2) 缩短提前期

在传统运作方式下，企业为了最大限度地减少订单处理和运输成本，通常通过确定经济订货量来降低成本，而库存相关成本被认为是不能减少的。因此，要缓解因批量订购而出现的牛鞭效应的影响，降低订货成本与运输成本是供应链管理的关键。首先，找到减少订单处理和运输成本的方法，要求需求方通过增加订货次数，以最低的订货成本快速地将需求传递给供应商，企业可以通过 EDI 技术、计算机辅助订单管理技术或订货看板管理技术来实现，但这些技术的应用前提是企业具有基于网络信息伙伴关系的稳定的战略联盟的供应链。其次，要求小批量的物流传递可以通过低成本来完成，实现的方法只能是通过第三方物流的配送优化系统。在引入第三方物流企业后，存储成本是可以减少乃至消除的。第三方物流企业通过供应链及时、准确、高效的配送体制，使供应链节点企业得以实现最低库存，甚至零库存，从而大大降低成本。最后，由于货车运费并不取决于运输量，因此运输成本会与小批量目标产生冲突，所以满载对于商家而言的激励很大。在搬运过程中也会存在着规模经济，所以整箱运输要比单件运输便宜，整托盘运输比单箱运费要便宜。

3) 提高供应链的透明度

目前，供应链企业可通过共享生产能力与库存信息、风险共担和利益共享的策略来应对供应短缺所导致的牛鞭效应。事实上，这种策略最终导致联合库存管理的出现。联合库存管理需供应商与客户同时参与，共同制订库存控制计划，使供需双方能相互协调，使库存管理成为供需双方连接的桥梁和纽带，从而降低牛鞭效应。

4) 建立战略伙伴关系

通过建立合作伙伴关系可以有效地缓解牛鞭效应。供需双方在合作伙伴关系中相互信任、信息共享。这样，双方就可以了解对方的供需能力和实际的情况，避免或减少了货物短缺情况下的博弈行为，从而减少牛鞭效应的产生。

14.1.2 曲棍球棒效应的产生及改进方法

1. 曲棍球棒效应的定义

曲棍球棒效应(Hockey-stick Effect)又称曲棍球杆现象，是指在某一个固定的周期(月、季或年)，前期销量很低，到期末销量会有一个突发性的增长，而且在连续的周期中，这种现象会周而复始，其需求曲线的形状类似于曲棍球棒，因此在供应链管理中被称为曲棍球杆(Hockey-stick)现象。这种现象在许多公司里面很常见，其管理者认为这是供应链所面临的很大的问题。这种现象对公司的生产和物流运作都会产生非常不利的影响，在初期生产和物流能力被闲置，但是在期末又会形成物流能力的紧张甚至短缺。

2. 曲棍球棒效应的负面影响

物流行业中曲棍球棒现象的出现，给物流企业的运作带来很多负面的影响。突发性的订单增长使物流企业需要更多的物流人员和设施以满足顾客的需求，任务量剧增使得企业全力运转依然无法满足需求，以致向外部寻求支援。这种情况使公司在订单旺季的时候要增加更多的人力和物力，送货延误也明显增多，企业服务水平明显降低；而到了订单淡季，多余的资源得不到安排而不得已闲置起来，造成了极大的浪费。物流的曲棍球棒效应是一种需求波动的表现，这种需求波动打乱了物流企业的运作，加大了企业的物流承受压力。需要注意的是，这种需求波动并不是终端市场需求的真实反映，而是一种需求扭曲现象。例如，“双 11”大促销起源于近些年来逐渐流行起来的促销。淘宝的成功让 11 月 11 日这一天变成了网络购物狂欢节，更多网商纷纷参与造节。2013 年 11 月 11 日，以淘宝网为代表的主要网商处理超过 6 000 万件快递，是 2012 年“双 11”最高峰 3 500 万件的 1.7 倍。数据显示，2013 年 11 月的快递量远超其他月份的快递量，网购快件量占到总量快件的 60%以上，11 月份快递的需求显然被“双 11”活动拉高了许多。

在快速消费品行业，曲棍球棒现象非常普遍，销售人员一般负责某个指定区域的销售工作，区域内有几个到十几个经销商，公司为了促使经销商更多地购买商品，普遍采用总量折扣的价格政策，这种促销政策也是造成曲棍球棒现象的一个根源。在营销战略中，价格折扣往往被公司用来作为提高分销渠道利润和抢占市场份额的利器，在较长的时期，公司主要采用基于补货或订单批量的折扣方式，但是近年来基于买方在某一固定周期(月、季、年)的累计购买量的折扣方式(即总量折扣)开始流行，在快速消费品行业更为普遍。

这种现象对企业会产生不利的影响，主要包括以下三点。

(1) 销量不增加，奖金支出增加。这是由销售薪酬引起销售曲棍球棒效应带来的主要危害。例如，蝴蝶花公司的销售队伍薪酬设计方案如下：销售员工的薪酬由底薪、佣金、奖金组成。薪酬条例规定：①基本佣金达到每月 3 万元的销售额(2.8 万～3 万元之间都算完成任务)，给予 500 元/月；②销售奖金超出 3 万元的，按照实际销售额的 10%给予提成；③每月考核一次，下月发放。这种佣金与奖金设计会出现什么情况呢？第一个月销售额 1 万元，第二个月为 5 万元，销售员就可以在第二个月拿 5 000 元奖金。这就是曲棍球棒效应。假设他这两个月都是 3 万元的销售业绩，他只能拿 1 000 元的奖金。

(2) 管理成本增加，浪费严重。订单提前或滞后问题频繁发生，必然会使渠道网络出现信息与物流的牛鞭效应，从而给生产和物流运作带来很多浪费，如会增加生产企业与经销商的库存及库存管理的费用，导致支出大幅度增加。因为公司必须按照最大库存量建设或租用仓库，某几个月订单处理员、物流作业员和相关设备闲置，而在季度末大家手头的工作又太多，拼命加班也处理不完，错误率与送货延误率增加。

(3) 会带来虚假销量，即移库销售，导致第二年度制定的销售指标偏高。不论是什么原因，为了抢占经销商库存和资金或为了年关冲销量，很多企业都喜欢想方设法地给经销商压货，而这种压货的销量，对企业而言只是库存的转移并不是实际的销售，但从销售数据上它会增加当年的销量，会让领导“有信心”给明年下更多的任务，这就是年底年初销售员大量流动的根本原因。

3. 曲棍球棒效应的改进方法

为了消除总量价格折扣政策导致的曲棍球棒现象，最好的办法就是宝洁公司提出的“天天低价”策略。然而，由于商业模式的惯性和市场不成熟，目前在快速消费品行业，基于总量的价格折扣方式仍然盛行，很少有公司运用“天天低价”策略。为了解决这个困扰许多公司的难题，本节结合某些企业的实践，提出一种可行的解决方案。在快速消费品行业，公司通常会经营不同品牌和不同包装规格的多种产品。为了消除曲棍球棒现象以平衡物流，公司可以采用总量折扣和定期对部分产品降价相结合的方式。假定公司向经销商提供两种规格的产品，当经销商的两种产品月累计进货量达到一定的数量以后，公司根据该数量向经销商提供一定的返利，即批量折扣的价格折扣政策。在具体运用这个策略时，公司可以适当降低返利率，然后在考核周期的初期降低其中一种产品的转让价格，在期中再将其价格调高。在这种策略下，经销商为了投机，会在初期多订降价产品，而在期末为了拿到返利而增加另一种产品的进货，期中进行正常补货，其订货量将变得相对均衡，从而缓和公司出库中的周期性曲棍球棒现象，使销售物流更为平稳，以减轻公司库存和物流能力的压力，提高物流运作的效率和效益。这种方式还能使经销商在不同时期的订货比较单一，可以减少双方订单处理的工作量，并增加公司产品的生产批量，从而提高生产的规模效益、减少转产的频次。

除此之外，公司还可以对不同的经销商采用不同的统计和考核周期，从而让经销商的这种进货行为产生对冲，以缓和公司出货中的曲棍球棒现象。公司通过延长考核周期可以减少曲棍球棒现象出现的频率，并通过缩短考核周期减小出库波动的幅度。此外，通过与经销商共享需求信息和改进预测方法，公司能够更准确地了解经销商的外部实际需求，从而更好地设计折扣方案，最好的方法是公司能够根据每期经销商的实际销量提供折扣方案，但由于信息不对称，公司很难了解经销商的实际销售情况，或需要付出很大的人力、物力去调查和统计数据，可能会得不偿失。

14.2 供应链中的激励理论及激励模式

14.2.1 供应链中激励问题的提出

当企业竞争扩展变成供应链与供应链之间的竞争时，哪一条供应链更具有活力，能够产生更多的整体收益，这条供应链上的所有企业将会获得竞争优势。因此，各种活动集成的程度对竞争优势起着关键的作用，支持着整个供应链上的企业在激烈竞争中胜出。即使减少了牛鞭效应对供应链的不利影响，但也不能保证整条供应链的绩效会实现最佳。在大多数情况下，供应链中的各个成员总是首先考虑优化自身的绩效，其次再去考虑整体的绩效，这种自我优化的意识导致了供应链的低效率与不协调。解决牛鞭效应需要供应链企业之间的合作和信息共享，但是，由于供应链成员之间缺乏相关的组织机构进行监督和管理，传统的控制机制无法在供应链中发挥作用，不能通过行政手段来解决这些问题。因此，为了能够很好地协调并整合一致的供应链，将如何才能让整个供应链获得竞争优势，消除整个供应链流程上一些不必要和不产生增值效应的环节，加强供应链中各企业间的紧密协作与整合，促进供应链中物流和信息流的畅通？从信息经济学的角度来看，就是要通过激励机制以降低供应链内各个企业间的交易成本，以最大可能地获取流程的增值效应。于是就要通过建立供应链企业之间的激励机制，通过一定的激励机制来保证企业成员之间形成更加紧密的战略合作伙伴关系，合作伙伴共同分担风险、共同分享收益，使得企业之间的目标与供应链整体目标协调一致，从而提高供应链的整体竞争优势。

14.2.2 供应链中的激励理论

激励理论是关于组织或个体对另一个个体的激励的理论。从经济学来讲，主要是考虑在有限的资源情况下，通过相应的资源分配以实现对个体的最好的激励效果。每一个企业都包含着人与人的契约，并且所有者、经营者以及企业内各个体之间都存在着不同的信息获取，有着在自身不同的效用函数，在信息不对称即效用函数不同的情况下，对员工及一个组织的激励，实际上就是通过一定的制度安排以降低交易费用，让激励双方实现效用最大化。从委托代理理论视角来讲，激励实施者与被激励对象间存在着一种委托代理关系，随着信息不对称问题越来越引起人们关注，激励实际上可以看成在信息不完全的情况下，通过激励措施以使得代理人违约成本上升，从而改变支付函数，实现帕累托改进。实际上，供应链激励就是为了降低整个供应链的交易成本。因此，如果将供应链中的合作关系看成一种委托代理关系，供应链是通过激励措施以使得被激励者做出更加利于整个供应链的行为选择。

供需关系实际上是一种委托-代理关系，就是居于信息优势委托方与处于信息劣势的市场参加者之间的相互关系。在这种关系中存在两种问题：一是对委托人而言，信息非对称带来的逆向选择问题；二是对代理人而言，存在道德风险问题。例如，某一大型汽车制造商为

了促进其汽车在市场上的销售，向销售商推出了一个促销激励措施。公司规定，只要销售商的销售额达到一定数额，年底时制造商将付给销售商一笔奖励资金。同时，为了帮助经销商，制造商出面向银行签订了分期付款的协议。此举推出以后，曾出现一阵销售热潮，库存量明显下降。但是，到年底一算账，制造商发现有问题，原来销售商为了扩大销售，纷纷下调价格出售汽车，结果汽车卖出不少，经销商也得到实惠，但制造商则损失惨重，制造商不得不承受低价销售的损失。这样使本来就步履艰难的生产经营活动更加雪上加霜，于是制造商不得不检讨该项措施的价值，第二年重新制定新的促销战略。

此例说明，制造商的出发点是激励经销商多卖汽车，希望在给自己带来效益的同时经销商也能获得一定利益。但是事与愿违，此激励措施不但没有发挥正常的作用，反而给企业造成了一定的损失。原因在于委托—代理过程中的风险，最为常见的是不完全信息下决策的风险和代理人的道德风险。由于信息非对称现象在经济活动中相当普遍，而许多经济合同又都是在信息非对称条件下执行的，就难免出现道德风险问题。

另外，供应链的各个节点企业是在相互之间充分信任基础上展开合作，各节点企业之间达到很好的协调，这条链上的节点企业必须达到同步、协调运作，才有可能使所有企业都能受益。要进行有效的合作与协调，组织之间需要一种有效的激励机制。在节点企业内部一般有各种各样的激励机制，以加强部门之间的合作与协调，但是当涉及企业之间的激励时，困难就大得多，信任风险的存在更加深了问题的严重性，相互之间缺乏有效的监督机制和激励机制是供应链企业之间合作不稳固的原因。因此要建立稳固的供应链，使各节点企业都能获得比未参与供应链前较多的利润，进而使整个供应链获利，建立一套适合于供应链企业的激励机制是十分有必要的。

14.2.3 供应链中的激励模式

想要保持供需双方长期合作的双赢关系，对供应商的激励是非常重要的。在供应链中每个下层企业都可看成供应商，没有有效的激励机制，就不可能维持良好的供应关系。激励机制的设计上要体现公平、一致的原则。例如，给予供应商一定的价格折扣和柔性合同，以及采用赠送股权等方式，使供应商和需求方分享成功的同时，也使供应商从合作中体会到双赢的好处。有效的激励机制，还可以防止机会主义行为，增加协作性和协调性。激励的目标主要是通过某些激励手段，调动委托人和代理人的积极性，兼顾合作双方的共同利益，消除由于信息不对称和败德行为带来的风险，使供应链的运作更加顺畅，从而实现供应链企业共赢的目标。要想合理地选择供应链企业的激励模式，必须首先了解激励模式的内容，主要包括以下几个方面。

1. 价格激励

在供应链的环境下，各个企业在战略上是互相合作关系，但是各个企业的利益不能被忽视。供应链的各个企业间的利益分配主要体现在价格上，价格包含供应链利润在所有企业间的分配、供应链的优化而产生的额外收益或损失在所有企业间的均衡。供应链优化所产生的额外收益或损失大多数时候是由相应企业承担，但是在许多时候并不能辨别相应对象或者相应对象错位，因而必须对额外收益或损失进行均衡，这个均衡通过价格来反映。

2. 信息共享激励

信息共享是供应链管理的特色之一，为了提高整个供应链需求信息的一致性和稳定性，减少由于多重预测导致的需求信息扭曲，应增加供应链各方对需求信息获得的及时性和透明性。为此应建立一种信息沟通的系统或渠道，以保证需求信息在供应链中的畅通和准确。

3. 信誉激励

企业信誉是一个企业的无形资产，反映了企业的社会地位。企业信誉来自于供应链内其他企业的评价和在公众中的声誉。委托-代理理论认为在激烈的竞争市场上，代理人的代理量决定其收入，代理量决定于其过去的代理质量和合作水平。从长期来看，代理人必须对自己的行为负完全的责任。因此，即使没有显性激励合同，代理人也有积极性努力工作，因为这样做可以改进自己在代理人市场上的声誉，从而提高未来的收入。

4. 新技术、新产品的共同开发

新产品、新技术的共同开发和共同投资也是一种激励机制，它可以让供应商全面掌握新产品的开发信息，有利于新技术在供应链企业中的推广和开拓供应商的市场。供应链管理实施得好的企业，都将供应商、经销商甚至用户结合到产品的研究开发工作中来，按照团队的工作方式展开全面合作。在这种环境下，合作企业也成为整个产品开发中的一分子，其成败不仅影响制造商，而且也影响供应商及经销商，因此，每个人都会关心产品的开发工作，这就形成了一种激励机制，构成对供应链上企业的激励作用。

14.3 供应链契约概论

供应链上的各成员企业或部门相互关联又相互独立，如果各成员企业都追求自身利益最大化，供应链将出现所谓的“多重边际化”效应，供应链的分散决策下的收益低于集中决策下的收益，存在一定的改进空间。因此，决策者往往通过制定契约来使分散决策供应链的收益达到集中决策供应链的收益水平。

14.3.1 供应链契约的概述

1. 供应链契约的定义

供应链契约是指通过合理设计契约，减少合作双方的机会主义行为，促进企业之间的紧密合作，确保有效完成双方的订单交付，保证产品质量，提高用户满意度，降低供应链成本，提高整条供应链的绩效及每一个成员企业的绩效。

2. 供应链契约的类型

供应链契约包括以下几个类型。

1) 退货契约，也叫回购契约

即供应商对零售商没有卖掉的产品以小于批发价的价格进行回购，故该契约的转移利润就是在上述批发价契约所付利润的基础上，扣除那些没有卖掉的产品的回购值。其目的是给销售商一定保护，引导销售商增大采购，使需求不确定性产生，而后针对分散决策供应链具有需求则更新的批发价合同引起的双重边际化问题，利用收益共享合同进行分析并得到解决方案及一些有用的策略。

2) 供应链收益共享契约

供应链收益共享契约是指零售商将一定比例的销售收益交付供应商，以获得较低的批发价格，改进供应链运作绩效的一种协调方式。这一契约最先出现在音像租赁行业，后被推广到其他行业。

3) 数量折扣，又称批量作价

这是企业对大量购买产品的顾客给予的一种减价优惠。一般购买量越多，折扣也越大，以鼓励顾客增加购买量，或集中向一家企业购买，或提前购买。数量折扣又可分为累计数量折扣和一次性数量折扣两种类型。

4) 批发价格契约

批发价格契约中仅有批发价格是固定的，零售商根据批发价格来决定自己的订货量。此时，供应商根据销售商的订购量组织生产。供应商的利润是固定的，零售商的利润取决于其产品的销售量，但同时零售商也要承担产品的库存处理，风险完全由零售商承担，销售商承担产品未卖出去的一切损失。

5) 数量弹性契约

数量弹性契约是指零售商的实际订货量可以在其提前提交的订货量基础上进行一定范围内的变动，零售商在对下一个销售周期进行预测之后，提供给供应商一个订货量，供应商以此为基础组织生产，零售商在获得了确定的市场需求之后，只能在供应商所允许的范围之内确定实际订货量，无论最后市场需求是超过还是低于零售商的预测，此时零售商和供应商共同承担市场风险。

14.3.2 供应链契约的参数

随着对供应链契约的研究日益加深，人们不断建立新的契约模型，并深度发掘契约模式中潜在的意义，致力于将供应链契约应用到实际的管理中。供应链契约本质上研究的是契约参数。通过设置不同的参数，可以构建出多种不同的契约模型。例如，在研究超储存的退货问题时，就构成了回购契约；在研究供应链中的利润分配问题时，就形成了利润共享契约。因此，根据不同的契约参数为出发点，就能够以不同类型的供应链契约为对象研究。

不同参数的具体设定会影响到供应链契约的作用，如数量折扣契约中折扣百分比的设计、最低购买数量契约中最低购买数量限定的确定，以及利润共享契约中利润分享参数大小的确定等都会影响契约的效果。在供应链的合作中，供应链契约的目标是为了优化供应链绩效、提高供应链竞争能力，确保契约双方共同获利。因此，供应链契约的参数设定必须对供应链节点企业起到激励和约束作用，以及激励节点企业的合作潜力，促进企业之间建立紧密的合作，使节点企业通过致力于增加整个供应链的利润来增加企业自身的收益。一般来说，供应链契约的参数主要有以下几点。

1. 决策权的确定

在传统合作模式下，契约决策权的确定并不是双方合作讨论的结果，几乎每个企业都有自己的一套契约模式，并按照该模式进行各自的日常交易活动。但是在供应链环境下，供应链契约决策权却发挥着相当重要的作用，因为在供应链契约模式下，合作双方要合作讨论契约的内容，共同进行风险的共担以及利润的共享。

2. 价格

价格是契约双方最关心的内容之一，价格可以表现为线性的形式或者非线性的形式。合理的价格使得双方都能获利。卖方在不同时期、不同阶段都会有不同的价目表，一般都会随着订货量的增大和合作时间的延长而降低，以激励买方重复订货。

3. 订货承诺

买方一般根据卖方的生产能力和自身的需求量提出数量承诺。订货承诺大体有以下两种方式：一种是最小数量承诺，另外一种是分期承诺。对于单个产品，最小数量承诺意味着买方承诺其累积购买量必须超过某特定数量，即最低购买数量；对于多品种产品，进行最小数量承诺要求购买金额要超过某最低量，即最低购买价值承诺。使用分期承诺时，买方会在每一个周期开始之前，提出该期的需求量。从一定意义上说，前者给出总需求量，有利于卖方做好整个契约周期内的生产计划，但是万一市场发生变化，绝大部分市场风险便转移到卖方身上；后者则要求买方在各个期初给出当期的预计订货量承诺，进行了风险共担，使卖方的风险有所降低，同时也迫使买方加强市场决策的有效性。

4. 订货柔性

任何时候买方提出购买货物的数量，卖方一般都会提供一些柔性，以调整供应数量。契约会细化调整幅度和频率，这种柔性包括价格、数量以及期权等量化指标。在这种情况下，一方面卖方在完成初始承诺后，可以提供或者不提供柔性所决定的服务补偿；另一方面买方也能从中获得一定的收益，当市场变动影响其销售时，就可以使用柔性机制的作用来避免更大的损失。同时柔性也提供了强有力的约束，使合作双方在契约执行过程中更多地考虑自身利益，改善经营，使两者都可以从长期角度受益。

5. 利润分配原则

企业最根本的目的都是实现自身利润的最大化，因此在设定契约参数的时候，分配原则通常是企业协商的重点。供应链契约往往以企业的利润作为建模的基础，在合作双方之间划分供应链的整体渠道收益就是利润的分配问题。供应链的利润分配主要遵循利益共享和风险共担原则。在实际利润的分配过程中供应链的核心企业具有决定性的影响，它在供应链成本、交易方式、利润激励等方面都有着举足轻重的作用。

6. 退货方式

一般而言，退货对卖方是非常不利的，因为它要承担滞销产品带来的风险和成本。但事实上，实施退货政策能有效激励买方增加订货，从而扩大销售额，增加双方收入。从某种意义上讲，如果提高产品销售量带来的收入远大于滞销产品所带来的固定成本，或者卖方有意扩大市场占有率，那么实施退货给双方带来的利益远远大于其各自将要承担的风险。

7. 提前期

在质量、价格可比的情况下，提前期是买方关注的重要因素之一。同时，提前期会导致需求信息的放大，产生牛鞭效应，这对卖方而言也很不利。因此有效地缩短提前期，不仅可以降低安全库存水平，节约库存成本，提高客户服务水平，更好地满足供应链在时间方面竞争的要求，同时也可以减少牛鞭效应的影响。

8. 质量控制

在采购管理中，质量控制主要是由供应商来完成的，企业在必要的时候才会对质量进行抽查。因此，关于质量控制的要求应该明确各个质量职责，还应该激励供应商提高其质量水平。质量问题是买卖双方谈判的矛盾所在。对卖方而言，提高原材料或零部件的质量，则意味着产品成本的增加；而对买方而言，只有在价格不变的前提下，保障原材料或零部件的质量，提高产成品的合格率，才能增加收益。因此，买卖双方在设计契约的过程中，可针对质量条款采取如进行质量方面的奖励或惩罚等，以达到双赢的目的。

9. 激励方式

对节点企业的激励是使节点企业参与供应链的一个重要条件，激励条款应包含激励节点企业提高质量控制水平、供货准时水平和供货成本水平等内容，节点企业业务水平的提高意味着业务过程更加稳定可靠，同时也会降低费用。

10. 信息共享机制

供应链节点企业之间任何有意隐瞒信息的行为对整个供应链系统都是不利的，信息交流和共享是供应链的采购管理良好运行的保证。因此，契约中应对信息交流提出保障措施，如规定双方互派通信员和规定每月举行信息交流会议等，防止信息交流出现问题。

以上所述是供应链契约设定参数时需要考虑的因素。此外，在契约的签订过程中，还需要考虑众多复杂因素的一些动态的、不断重复的博弈过程。

14.3.3 供应链契约的作用

如上所述，供应链契约的类型多种多样，虽然有不少契约的理论模型与实际情况存在着一定的差距，但是其结论仍然能够为管理者们在做出决策时提供依据，因而具有极高的管理意义。在实际运作的过程中，企业使用较多的契约类型，有回购契约、收入共享契约和数量折扣契约等。供应链契约的使用能够给企业带来相当可观的收益，同时既能够克服牛鞭效应和双重边际效应等多种不利影响，有效地实现供应链成员间的协调运作，还可以保障供应链企业之间的合作关系，其作用主要表现为以下方面。

1. 降低牛鞭效应的影响

供应链的信息失真导致了牛鞭效应，这种放大的效应对于供应链企业具有非常大的危害。供应链契约可以很好地降低牛鞭效应的影响，主要表现为供应链契约的签订降低了供应链中的库存。由于供应链契约同时具有柔性和相对稳定的优点，所以在供应链中，每个企业不必像以前那样维持较高的安全库存。

一般而言，企业通常致力于如何实现自身利益的最大化，因此，当需求信息在供应链中逐级放大时，便导致了牛鞭效应。供应链企业间的合作将原来的局部优化行为转为整体利益最大化，而供应链契约的特征可以使这种合作具体化，防止合作行为成为“纸上谈兵”。

2. 实现供应链系统的协调，消除双重边际效应

如前所述，供应链的双重边际效应是指当供应链各节点企业都试图最优化自己的利润

时，不可避免地损害了供应链的整体利润。供应链契约就是为了尽量减少损害而提出的一种解决办法。

供应链契约通过调整供应链的成员关系来协调供应链，使分散决策模式下供应链的整体利润与集中系统下的利润尽可能相等。即使无法实现最好的协调(与集中系统下的利润完全相等)，也可能存在帕累托最优解，使得每一方的利润至少不低于原来的利润。因此，供应链各节点企业可以通过签订不同类型的供应链契约，来克服由于双重边际化所导致的供应链低效率以及渠道利润的减少，使供应链达到最佳协调。

3. 增强了供应链成员的合作关系

建立协调供应链的好处有目共睹，但这种协调是基于相互信任的前提。供应链是由于多个企业组成的联合体，彼此之间没有任何产权上的联系，而仅仅是动态的合作关系。然而，供应链契约可以以书面的形式保证合作企业的权利和义务，使这种权利和义务具有法律效应，这样即使信任机制不健全，也可以实现供应链合作的紧密合作，加强信息共享，相互进行技术交流和提供技术支持。

供应链合作关系产生了额外利润，额外利润的分配是决定供应链能否继续保持合作关系的一个重要因素。供应链契约模型研究了利润的分配模式，通过企业之间的协商，将利润在供应链的各个节点企业中进行了分配。契约的特性就是要体现利益共享和风险共担原则，从而使供应链成员企业达到帕累托最优。

随着契约利润参数的改变，供应链承担的风险在供应链的不同阶段之间发生了转移，从而影响了零售商和供应商的决策，稳固了他们之间的长期合作伙伴关系，同时提高了供应链的总体收益。

此外，还可以通过修改契约的激励模式，为合作企业创造更好的优惠条件，减少彼此之间的不信任感，实现双赢，进一步促进并增强供应链中节点企业的合作关系。

14.4 供应链契约模型

14.4.1 供应链契约的基本模型

1. 基本假设

(1) 供应链是由单一供应商和单一零售商组成的二级供应链，供应商和零售商单独决策，即该供应链为分散式决策供应链。

(2) 销售商面临一个随机的市场需求，当市场需求>订货量时，零售商存在缺货成本；当市场需求<订购量时，零售商存在过量的持有成本。

(3) 根据 LF 博弈(Leader-Follower Game)理论，假设供应商是领导者、零售商是追随者，供应商给出一套契约参数，零售商根据这些参数确定最优订货量。

(4) 供应商和零售商是风险中性和完全理性的，即两者均根据自身利润最大化进行决策。

(5) 产品市场是开放的，有关销售价格、需求分布和库存成本参数等信息是对称的。

2. 符号说明

(1) X 表示市场需求。

(2) $F(x)$表示需求 x 的分布函数。

(3) $f(x)$表示需求 x 的概率密度函数。

(4) μ 表示市场需求 X 的期望值，$\mu = E(X) = \int_0^{\infty} xf(x)\mathrm{d}x$。

(5) C 表示单位产品的生产成本。

(6) C_r 表示单位产品的销售成本。

(7) w 表示供应商给零售商的单位产品批发价。

(8) p 表示产品的单位零售价格。

(9) Q 表示销售季节前，零售商向供应商订购的产品数量。

(10) C_e 表示单位库存成本。

(11) C_u 表示单位产品缺货造成的损失。

(12) V 表示销售季节过后，零售商将库存产品进行处理销售的单位价格，且 $V<C$。

零售商的期望销售量为

$$\begin{aligned} S(Q) &= E\min(Q,X) = \int_0^{\infty}(Q \wedge x)f(x)\mathrm{d}x \\ &= \int_0^{\infty}\int_0^{Q\wedge x}\mathrm{d}yf(x)\mathrm{d}x = \int_0^{Q}(1-F(y))\mathrm{d}y = \int_0^{Q}\overline{F}(x)\mathrm{d}x \end{aligned} \tag{14.1}$$

零售商的期望库存量为

$$I(Q) = E(Q-X)^+ = E\max(Q-X,0) = E(Q-\min(Q,X)) = Q - S(Q) \tag{14.2}$$

零售商的期望缺货量为

$$L(Q) = E(X-Q)^+ = E\max(X-Q,0) = E(X-\min(Q,X)) = \mu - S(Q) \tag{14.3}$$

3. **基本模型**

由前面的假设及符号说明，可求得零售商的期望利润为

$$\Pi_R = pS(Q) + vI(Q) - C_eI(Q) - C_\mu L(Q) - wQ \tag{14.4}$$

供应商的期望利润为

$$\Pi_s = (w-C)Q \tag{14.5}$$

故供应链的期望整体利润为

$$\begin{aligned} \Pi_T &= \Pi_R + \Pi_S = pS(Q) + vI(Q) - C_eI(Q) - C_\mu L(Q) - CQ \\ &= (p + C_e + C_\mu - v)S(Q) - (C + C_e - v)Q - C_\mu \mu \end{aligned} \tag{14.6}$$

将 Π_R 对 Q 求偏导，并令 $\frac{\partial \Pi_T}{\partial Q} = 0$，可得到供应链均衡生产量的函数为

$$F(Q^*) = \frac{p + C_\mu - C}{p + C_e + C_\mu - v} \tag{14.7}$$

从而，供应链的均衡产量为

$$Q^* = F^{-1}\left(\frac{p + C_\mu - C}{p + C_e + C_\mu - v}\right) \tag{14.8}$$

假设零售商的最优订货量为 Q_R^*，且 $Q_R^* = \operatorname{argmax}\prod_{R\ T}$，则供应链协作契约的研究主要集中在两个方面：①零售商的订购量如何使供应链的效率最优；②供应商和零售商如何分配供应链的利润。

14.4.2 典型的供应链契约模型

1. 批发价格契约模型

1) 批发价格契约模型介绍

批发价格契约也称价格契约，是指供应商和销售商相互签订批发价格契约，销售商根据市场需求和批发价格决定订购量，供应商根据销售商的订购量组织生产，销售商承担产品未卖出去的一切损失。因此，该契约中供应商的利润是确定的，零售商完全承担市场风险。

此时，零售商的利润为

$$\begin{aligned}\Pi_R &= pS(Q) + vI(Q) - C_e I(Q) - C_\mu L(Q) - wQ \\ &= (p + C_e + C_\mu - v)S(Q) - (w + C_e - v)Q - C_\mu \mu\end{aligned} \tag{14.9}$$

将其对 Q 求偏导，并令其为0，可解得零售商的最优订购量为

$$Q_R^* = F^{-1}\left(\frac{p + C_\mu - w}{p + C_e + C_\mu - v}\right) \tag{14.10}$$

为了实现协调，必须满足 $Q_R^* = Q^*$，则 w=c，即供应商将不获得利润，显然有悖于常理，因此简单的批发价格契约无法实现供应链协调。

2) 批发价格契约模型的应用

基于碳排放限额机制下，由单一制造商、单一零售商构成的二级供应链，供应链成员在生产环节所产生的碳总量不得高于官方制定额度，每个销售季度初，面对的需求是随机的。

假设：在一个周期内，市场对此商品的需求是随机变量 x，$F(X)$ 和 $f(x)$ 分别为需求的累计分布函数和概率密度函数，$F(X)$ 是连续增函数且可微的，$F(X)$=0，$F(\overline{x}) = 1 - F(x)$。假设单周期内已知随机需求的概率分布且具有一般性。

参数和变量如表14-1所示。

表 14-1 参数和变量

参 数	说 明
单位商品的售价	P
零售商收取单位产品批发价格	ω
单位缺货惩罚成本	G
残值	V
单位生产成本	C
政府在期初规定的碳排放配额	E
生产商每一单位产品排放 CO_2 量	E
生产商采取措施后的减排率	ξ(此设为常量)
单位 CO_2 的交易价格	c'
订货批量	q
最终的转移支付	$T(q)$
零售商销售量	$S(q)$

续表

参　数	说　明
零售商库存量	$I(q)$
零售商缺货量	$L(q)$
零售商期望利润	Π_r
制造商期望利润	Π_m
供应商期望利润	Π_s

(1) 无碳限额情形下的两级供应链批发价格契约模型的建立与分析如下。

零售商的期望利润为

$$\Pi_r = pS(q) + vI(q) - gL(q) - T(q) = (p - v + g)S(q) - g + vq - T(q) \quad (14.11)$$

制造商的期望利润为

$$\Pi_m = T(q) - cq = \omega q - cq \quad (14.12)$$

集中决策下供应链的期望利润为

$$\Pi_s = (p - v + q)S(q) - (c - v)q - g\mu \quad (14.13)$$

其中，

$$S(q) = q - \int_0^q F(x)\mathrm{d}x, I(q) = q - S(q), L(q) = \mu - S(q), T(q) = \omega q - cq$$

由于二阶导数小于0，供应链利润是严格凹函数。因此，供应链集中决策的最优订购量为

$$q_1 = F^{-1}\left(\frac{p + g - c}{p - v + q}\right) \quad (14.14)$$

在政府无碳限额情形下，基于批发价格契约，存在使得该供应链整体利润的最大订货数量，零售商收取单位产品批发价格对最佳订货批量无影响，仅仅会影响制造商的利润。

(2) 碳限额情形下的两级供应链批发价格契约模型的建立与分析如下。

零售商的期望利润为

$$\Pi_r = (p - v + g)S(q) - g\mu + vq - T(q) \quad (14.15)$$

制造商的期望利润为

$$\Pi_m = wq - cq + c'[E - (1 - \xi)eq] \quad (w > c') \quad (14.16)$$

供应链的期望利润为

$$\Pi_s = (p - v + g)S(q) - (c - v)q + c'[E - (1 - \xi)eq] - g\mu \quad (14.17)$$

对式(14.17)进行一阶求导可得最优订购量为

$$q_2 = F^{-1}\left(\frac{p + g - c - c'(1 - \xi)e}{p - v + g}\right) \quad (14.18)$$

由于二阶导数小于0，供应链利润是严格凹函数，q_2是极大值。

比较式(14.14)和式(14.18)，显而易见$q_2 < q_1$。

在政府碳限额情形下，制造商的产品最佳生产量$q_2 > q_1$。由于政府碳限额的存在，制造商在限额条件下的产品最佳生产量不会高于没有碳限额的生产量。只有当政府规定供应链系统的碳排放限额不高于最佳产量时，碳排放限额制度可以有利于降低供应链的碳排放数量，最终实现环境友好型的目标。政府的相关政策制定者规定排放额度应不高于公司的最优决策

时的碳排放量。

由式(14.16)可知，在有碳限额约束时，制造商为保证其期望利润，批发价格会高于无约束条件时的批发价格。

2. 收益共享契约模型

1) 收益共享契约模型介绍

所谓收益共享契约，也就是供应商给销售商一个较低的批发价格，并且从销售商那里获得它的一部分收入的协议。利益共享契约在录像带出租行业得到了成功的运用。目前，国内常用的特许经营模式就是收益共享契约的典型案例。

假设供应商占有销售收入的份额为Φ，零售商的份额为$(1-\Phi)$，则零售商的利润为

$$\begin{aligned}\Pi_R &= (1-\Phi)[pS(Q)+vI(Q)]-C_e I(Q)-C_u L(Q)-wQ \\ &= (1-\Phi)[(p-v)+C_e+C_u]S(Q)-[w+C_e-(1-\Phi)v]Q-C_u\mu\end{aligned} \tag{14.19}$$

可得零售商的最优订购量为

$$Q_R^* = F^{-1}\left(\frac{(1-\Phi)p+c_u-w}{(1-\Phi)(p-v)+c_e+c_u}\right) \tag{14.20}$$

令$Q_R^*=Q^*$，可得最优批发价格为

$$W=(1-\Phi)C+\Phi C_\mu-\frac{\Phi(C_e+C_\mu)(p+C_\mu-C)}{p+C_e+C_\mu-v} \tag{14.21}$$

所以，零售商的利润为

$$\Pi_{R=}\frac{1-\Phi p-v+C_e+C_\mu}{p+C_e+C_\mu-v}\Pi_T-\frac{\Phi(p-v)}{p+C_e+C_{\mu-v}}C_\mu\mu \tag{14.22}$$

从而供应商的利润为

$$\Pi_S=\Pi_T-\Pi_R=\frac{\Phi(p-v)}{p+C_e+C_\mu-v}\Pi_T+\frac{\Phi(p-v)}{p+C_e+C_\mu-v}C_\mu\mu=\lambda_1(\Pi_T+C_\mu\mu) \tag{14.23}$$

其中，$\lambda_1=\dfrac{\Phi(p-v)}{p+C_e+C_\mu-v}$。

显然$0<\lambda<1$，所以收益共享契约可以实现供应链的协调。

2) 收益共享契约模型的应用

下面基于收益共享契约对玉米供应链协调进行研究。由于玉米销售渠道的多样性，玉米供应链既有复杂的多级结构，又有简单的两级结构。下面选择由超市与农民专业合作社构成“农超对接”型两级供应链，其中农民专业合作社由玉米种植散户组成，为供应商；超市为具有一定销售规模的零售商。假设合作社的生产能力无限，即不考虑缺货状况和供不应求的状况。超市会根据上一季度的销售状况以及对市场的预测结果来向合作社订购 Q 单位的玉米，已知玉米实际市场需求为x，其密度函数为f。供应商种植单位玉米的种植成本是C_s，供应商给零售商提供的单位玉米供货价为w，零售商的运营成本为C_r，零售商制定的单位玉米售价为 p。销售季节结束时，零售商可能有部分玉米未卖出，未卖出的玉米在季末新鲜度降低、口感和品质下降，甚至其食用安全性也会降低，这就大大降低了玉米的价值，超市考虑到自身产品的品牌和名誉，以及自身主营业务的关系，往往会将这部分卖不出的玉米当作废物处理掉。

下面对变量及符号进行说明：C_s表示合作社种植单位玉米的种植成本；C_r表示超市运营单位玉米的运营成本；c表示供应链整体的单位成本，$c=c_s+c_r$；Π_s、Π_r、Π_L分别表示收益共享契约下合作社、超市和供应链整体的利润函数；Q^*_D表示分散式下超市最佳订货量；Q^*表示收益共享契约下超市最佳订货量；$S(Q)$表示超市的期望销售函数；$I(Q)$表示销售季节末超市未卖出的玉米数量；φ表示超市保留的利润分配比例($0<\varphi\leqslant 1$)；b表示合作社回购超市未卖完玉米的回收价格；v表示合作社回收玉米所得的残值；x表示价格为p时市场需求的随机变量；$f(x)$表示变量的概率密度函数；$F(x)$表示随机需求的函数。

在收益共享契约下，农民专业合作社和超市约定好分配比例φ，规定合作社在销售季节初给超市提供一个较低的玉米供货价w，以刺激超市增加订货量，而超市要在销售季节末将自己收益的一定比例$(1-\varphi)$共享给合作社来补偿其损失。在该玉米供应链中，农民专业合作社在送完一批新鲜玉米后会将超市未卖完的玉米以一个较低的回购价b回收，回收的玉米通过处理或是再销售获得一个残值v。这样不仅可以减少超市处理废弃玉米的麻烦，还能够降低合作社运送玉米的空载率，实现合作社在超市寄售玉米的模式。在这种情况下，若要使收益共享契约能够协调供应链，则必须使收益共享契约下合作社和超市的利润不低于分散式下的利润。

对超市和农民专业合作社的利润进行决策分析，超市和农民专业合作社的利润函数分别为

$$\Pi_r=\varphi[pS(Q)+bI(Q)]-(w+C_r)Q \tag{14.24}$$

$$\Pi_s=(1-\varphi)[pS(Q)+bI(Q)]+(v-b)I(Q)+(w-C_s)Q \tag{14.25}$$

$$\Pi_L=\Pi_r+\Pi_s=pS(Q)-cQ+v[Q-S(Q)] \tag{14.26}$$

超市的期望利润函数为：$\Pi_r=\varphi(p-b)\int_0^Q \overline{F}(x)\mathrm{d}x-(\omega+C_r-\varphi b)Q$

对上式求Q的一阶导数和二阶导数，可得：

$$\frac{\mathrm{d}\Pi_r}{\mathrm{d}Q}=\varphi(p-b)(1-F(Q))-(\omega+C_r-\varphi b) \tag{14.27}$$

$$\frac{\mathrm{d}^2\Pi_r}{\mathrm{d}Q^2}=-\varphi(p-b)f(Q)<0 \tag{14.28}$$

可知收益共享下超市的利润函数是一个凸函数，存在最大值，令式一阶导数等于零可得超市的最佳玉米订货量Q^*为

$$Q^*=F^{-1}\left(\frac{\varphi p-\omega-C_r}{\varphi(p-v)}\right) \tag{14.29}$$

在收益共享契约的约束下，若使供应链达到协调，则超市和合作社的利润要不低于分散式下的利润，即实现帕累托改进，则有：

$$\Pi_r\geqslant\Pi^{D^*r},\ \Pi_s\geqslant\Pi^{D^*}$$

由上式可知，收益共享契约的协调作用与供货价w、契约参数φ及回购价b有关，即契约参数为$(w,\ \varphi,\ b)$。

3. 回购契约模型

回购契约也称为退货策略(Returns Policy)，是供应商用一个合理的价格$r(r>v)$从零售商

那里买回产品销售期结束时没有卖出的产品，从而刺激销售商增加订购量，扩大产品的销售量。回购契约大量地用于对时间性要求较严的时尚产品，如报纸、服装等。

此时，零售商的利润为

$$\begin{aligned}\Pi_R &= (1-\Phi)\times[pS(Q)+VI(Q)]-C_eI(Q)-C_uL(Q)-\omega Q\\ &=[(1-\Phi)\times(p-v)+C_e+C_u]S(Q)-[\omega+C_e-(1-\Phi)v]Q-C_u\mu\end{aligned} \tag{14.30}$$

得到零售商的最优订购量为

$$Q_R^* = F^{-1}\left(\frac{p+C_u-w}{p+C_e+C_\mu-r}\right) \tag{14.31}$$

令 $Q_R^*=Q^*$，则最优批发价格为

$$W = C+\frac{(r-v)(p+C_\mu-C)}{p+C_e+C_\mu-v} \tag{14.32}$$

代入得到零售商的利润为

$$\Pi_R = \frac{p+C_e+C_\mu-r}{p+C_e+C_\mu-v}\Pi_T-\frac{r-v}{p+C_e+C_\mu-v}C_\mu\mu \tag{14.33}$$

从而得到供应商的利润为

$$\Pi_S = \Pi_T-\Pi_R = \frac{r-v}{p+C_e+C_\mu-v}\Pi_T+\frac{r-v}{p+C_e+C_\mu-v}C_\mu\mu=\lambda_2(\Pi_T+C_\mu\mu) \tag{14.34}$$

其中，$\lambda_2=\dfrac{r-v}{p+C_e+C_\mu-v}$。

显然 $0<\lambda_2<1$，所以回购契约可以实现供应链的协调。

由上式，供应商通过选择回购价格 r 的大小来确定自己占有整个供应链利润的份额，并确定其最优批发价格 w，参数 $\{r，w\}$ 即为其最优决策参数。

比较 λ_1 和 λ_2 可知，当 $\lambda_1=\lambda_2$，即 $\Phi(p-V)=r-v$ 时，收益共享契约与回购契约具有相同的协调效果，因此，其协调实质是一致的。

4. 数量弹性契约模型

数量弹性契约是指制造商给予零售商在订货数量上的调节权利。通常销售商在销售季节前首先给供应商一个产品订购量，供应商根据这个订购量组织生产，当销售商知道了市场的实际需求量之后，销售商可以根据实际的市场需求重新调整订购量。相对于回购契约集中回购价格的调整，数量弹性契约则关注产品订购数量的调整。数量弹性契约在电子和计算机产业中得到广泛运用，如 Sun-Microsystems、IBM、HP 等大公司。

假设该情况下零售商预测市场需求为 Q，其最低承诺购买量为 $(1-\beta)Q$，供应商的生产量为 $Q_s=(1+\alpha)Q$，其中 $0\leqslant\beta\leqslant1$，$\alpha\geqslant0$，则零售商的期望购买量为

$$N(Q,\alpha,\beta)=\int_0^{Q(1-\beta)}Q(1-\beta)f(x)\mathrm{d}x+\int_{Q(1-\beta)}^{Q(1+\alpha)}xf(x)\mathrm{d}x+\int_{Q(1+\alpha)}^{\infty}Q(1+\alpha)f(x)\mathrm{d}x \tag{14.35}$$

零售商的期望销售量为

$$S((1+\alpha)Q)=\int_0^{Q(1+\alpha)}\overline{F}(x)\mathrm{d}x, S((1-\beta)Q)=\int_0^{Q1-\beta}\overline{F}(x)\mathrm{d}x \tag{14.36}$$

零售商的期望利润为

$$\Pi_R = pS(Q(1+\alpha)) + vI(Q(1-\beta)) - C_e I(Q(1-\beta)) - C_\mu L(Q(1+\alpha)) - wN(Q,\alpha,\beta) \quad (14.37)$$

令 $\frac{\partial \Pi_R}{\partial Q} = 0$，得到 Q^*满足下式：

$$(1+\alpha)(p-w+C_\mu)\overline{F}(Q^*(1+\alpha)) - (1-\beta)(w-v+C_e)F(Q^*(1-\beta)) = 0 \quad (14.38)$$

令 $\eta = (1+\alpha)/(1-\beta)$，且 $Q_s = (1+\alpha)Q$，可得：

$$F(Q_s^*/\eta) = \eta[(P-w-C_\mu)/(w-v+C_e)][1-F(Q_s^*)] \quad (14.39)$$

令 $Q_R^* = Q^*$，可得最优批发价格为

$$w = v - C_e + \frac{c-v+\mathrm{C}_e}{\frac{1}{\eta}F\left[\frac{1}{\eta}F^{-1}\left(\frac{p+\mathrm{C}_u-c}{p+\mathrm{C}_e+\mathrm{C}_u-v}\right)\right]+\left(\frac{c-v+\mathrm{C}_e}{p+\mathrm{C}_e+\mathrm{C}_\mu-v}\right)} \quad (14.40)$$

其中，$\eta = (1+\alpha)/(1-\beta)$ 可以被看作数量弹性契约的弹性度。

根据最优批发价格公式，考虑以下两种极端的情况。

(1) 如果弹性无限大 $(n=\infty, \alpha=\infty, \beta=1)$，则零售商的缺货损失为零(即 c_u=0)，批发价格 w=p，零售商将因此而获利为零。

(2) 若弹性度最小 $(\eta=1, \alpha=0, \beta=0)$，则零售商为风险偏好，数量弹性契约也相应地转变为批发价格契约，其最优批发价格为 w=c，零售商因此将承担全部市场风险并获得全部收益，而供应商的利润为零。

上述两种情况都无法实现供应链协调，只有当 η 位于上述两种情况之间时，才能使 $w \in (C,p)$，通过契约参数 $\{\alpha,\beta,w\}$ 实现供应链的协调。

本 章 小 结

牛鞭效应是指当供应链的各节点企业只根据来自其相邻的下级企业的需求信息进行生产或供应决策时，需求信息的不真实性会沿着供应链逆流而上，使订货量产生了逐级放大的现象，到达源头供应商时，其获得的需求信息与实际消费市场中的顾客需求信息存在着很大的偏差，需求变异将实际需求量放大了。

产生牛鞭效应的原因在于：需求预测；供应链的组织结构复杂；短缺博弈；产品价格变化；供给补货的时间延长。缓解牛鞭效应的方法包括：信息共享；缩短提前期；提高供应链的透明度；建立战略伙伴关系。

曲棍球棒效应是指是指在某一个固定的周期(月、季或年)，前期销量很低，到期末销量会有一个突发性的增长，而且在连续的周期中，这种现象会周而复始。

想要保持供需双方长期合作的双赢关系，对供应商的激励是非常重要的。激励机制的内容，主要包括以下几个方面：价格激励；信息共享激励；信誉激励；新技术、新产品的共同开发。

供应链契约是指通过合理设计契约，减少合作双方的机会主义行为，促进企业之间的紧密合作，确保有效完成双方的订单交付，保证产品质量，提高用户满意度，降低供应链成本，提高整条供应链的绩效及每一个成员企业的绩效。

供应链契约的参数主要有以下几点：决策权的确定；价格；订货承诺；订货柔性；利润分配原则；退货方式；提前期；质量控制；激励方式；信息共享机制。

供应链契约的使用能够给企业带来相当可观的收益，同时既能够克服牛鞭效应和双重边际效应等多种不利影响，有效地实现供应链成员之间的协调运作，还可以保障供应链企业之间的合作关系。

思考与练习

1. 供应链运作中都有哪些不协调的现象，请举例说明。
2. 牛鞭效应的原因有哪些？可以采取哪些方法缓解牛鞭效应？
3. 分析供应链环境下导致曲棍球棒现象产生的原因，并给出解决方法。
4. 供应链契约的本质是什么？有效实施供应链契约的要求有哪些？
5. 如何构建供应链中的激励机制？
6. 供应链契约的模型有哪些？
7. 一个设计、生产泳装的公司在每年夏季到来之前，必须确定其产品的生产数量。

已知：制造商投资 10 万美元的固定生产成本；可变生产成本为每件 80 美元；每件泳装的售价为 125 美元；任何在夏季不能被售出的泳装都将在折扣店以 20 美元的价格销售，称之为残值。为了确定最优的生产数量，制造商需要了解生产数量、顾客需求和利润之间的关系。其中，利润=销售收入-可变成本-固定成本。制造商的市场管理部门预测某年有 6 种可能的销售量及每种情形发生的概率，如图 14-2 所示。

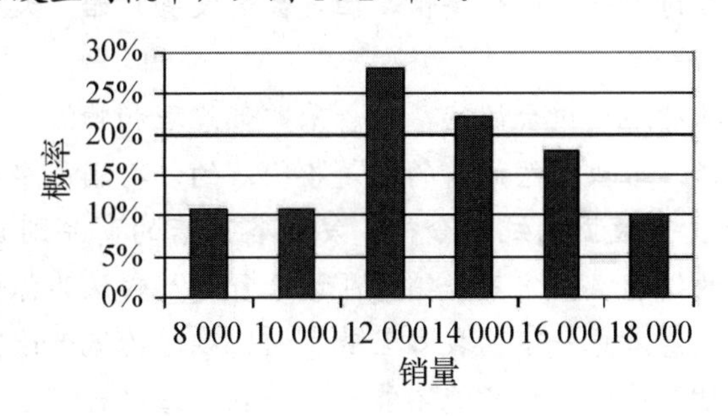

图 14-2 需求假设

(注：销量与概率的对应关系为：8 000—11%，10 000—11%，12 000—28%，16 000—18%，18 000—10%)

如何确定最优的生产数量？

8. 假设有两家公司涉及这个供应链：零售商和制造商，零售商面向顾客需求，制造商生产并向零售商销售泳装，对泳装的需求模式满足第 7 小题中设定的情景。零售商销售价格和成本信息为：夏季顾客购买每件泳装的零售价为 125 美元；零售商向制造商支付的批发价是每件 80 美元；未售出的泳装将在折扣店以 20 美元的价格销售。对于制造商，有以下信息：固定生产成本为 100 000 美元；可变生产成本为每件 35 美元。

请问零售商的最优订货量为多少？零售商的预期利润为多少？生产商的利润是多少？整个供应链的利润为多少？

案例讨论

【案例 1】

高库存与缺货，谁的问题？

郑总是一家以生产女鞋为主的鞋业生产企业老总。公司一直致力于皮鞋产品的技术开发和市场开拓，产品坚持以创立品牌为目标，使企业走上了一条质量名牌效益型的发展之路，早在 20 世纪 90 年代初公司就设立了自己的女鞋品牌。现在，公司的主打品牌已经成为业内和消费者心目中的知名品牌。公司在全国各重点城市分别设立分公司、办事处等销售网点，现已成功开设了 200 多间连锁专卖店，年营业额超过 4 亿元，每年开发近 30 多个新品种。

但是随着大规模经营而来的一个负面效应就是居高不下的库存量和旺季时节的大量断货现象，让郑总这个当家人有苦难言。按照公司的经营模式，公司拥有自己的成品仓库、分公司的仓库、代理商仓库，零售店中的鞋子都是公司自己的库存。单是总公司的成品仓库中就有将近 50 000 双，这还只是总库存量中的一小部分，散布在分公司和零售店的库存总和竟然高达 1 亿元人民币，相当于大半年的销售收入！更奇怪的是，虽然企业拥有这么多库存，但是依然满足不了各代理商和零售店的订货需求，旺季时节经常出现断货现象。

会议上的“战争”

郑总认识到这是一个严峻的问题，如果解决不好会严重影响企业的发展，于是决定召集各部门负责人开会，一起讨论一下这个事情，但是会还没有开始，大家却已经在会议室吵起来了……

只见销售部经理气冲冲地走进会议室，冲着采购部经理和物流部经理说：“近期接到很多来自各大区经理的电话，跟我抱怨最多的就是各门店的订单满足率越来越低了，而且根据我们部门对订单数据和发货数据的统计分析，发现各门店的商品到货率确实存在下降的趋势，这将直接影响我们的销售额。完不成销售，谁来负责？我认为你们物流部和采购部的同事应该为我们各门店的销售考虑一下，我心里着急啊！难道物流部这段时间就不能稍微加加班，争取早一点时间发货？采购部订货能不能及时一点，每次就不能多订一点？”

采购部经理一听销售经理要把责任推到自己的头上，马上急了，“怎么没有为你考虑？我们不是在加大订货量吗？但是供应商一直在抱怨仓库不收货。仓库不收货，怎么会有货给你们送啊？再说了，我们采购部的主要职责是根据计划部发过来的采购指令，寻找合适的供应商，然后根据采购指令上的商品和数量完成采购任务，我们又不能决定采购量的大小！”

物流经理一脸苦相：“唉，我也知道要满足门店的要货，但是仓库里没有你要的商品，怎么给你？我又没有权利订货！说我不收货，那真是冤枉好人。你去仓库看看，那里还有地方收吗？我都申请好几次的仓库了，没有人理我们，那么小的仓库能装多少货？再说了，供应商卸货那叫一个慢，没办法，只能让他们慢慢排队等。总之，我是尽量想办法收货，实在收不进来，我也没办法。销售部经理怪我们没有及时发货也是没有道理的，难道我们愿意把货留在仓库里，关键是如果我们发多少货，发往哪个地方都是计划部下的指令，我们只负责发货这一个动作而已。”

“再说了，门店的订单满足率下降，也有可能是分公司的发货不及时造成的，凭什么一定说是我们这边的问题？再说，也不是所有的商品都是我们采购来的，还有一半以上的商品是我们自己的工厂生产的，如果硬是要怪罪下来，那生产部门也要承担一定的责任……”采购部经理补充道。

生产部经理看见有人把责任推到自己的身上，也耐不住性子了，“我也不是没有依据安排的生产，我们所有生产计划都是根据计划部下达的计划进行的。再说我们要的原材料，你们采购部迟迟不能采购进来，我们拿什么进行生产？俗话说‘巧妇难为无米之炊’！很多时候就因为某一种原材料没有进来，我们的一大批货物都要在生产线上搁置，导致其他环节不能按计划进行生产，我正要找你们部门呢！”

计划部的经理慢条斯理地说：“大家也知道我们计划部做计划是按照3种依据进行的，根据每年4次的订货会确定各季度的生产计划，再根据分公司的日报表和月报表调整生产计划。这种计算方法大家以前都参与讨论过了。”

“如果我们不按照订货会的订货安排生产的话，分公司提货提不到时，他们又要抱怨。但是每次开订货会的时候，各分公司的人不根据自己的实际需求情况下单，而是看别人对某种样式的产品下单较多，大家一窝蜂都去下单，一方面导致我们的计划预测不准确，另一方面导致现在很多分公司的仓库里还存放着三前年没有卖出去的产品。而且分公司对日报表和月报表的反馈不及时又不准确，再加上我们靠手工计划，计划当然不可能很细化和准确。”

这下矛头指向了分公司经理，华南地区分公司经理沉声道：“信息反馈的速度慢和不准确，这是手工管理造成的必然后果。现在都是靠人工盘点，数据靠人工输入。而且再订货的方式是通过传真、打电话等方式，确实很难控制。”

……

会议室里的火药味越来越浓。真是“公说公有理，婆说婆有理！”，这下郑总糊涂了——仓库里的货越来越多，而门店的订货满足率却越来越低，到底谁说的有道理呢？现在公司的库存这么高，占压几千万的资金，每月还要向供应商付款，现金流压力大；门店在叫没货卖，那我们库里、店里堆的都是什么呢？

近年来，由于各种原因，企业决策层发现产品渠道正在受着各种各样的冲击，经销商的销售热情也不令人满意，忠诚度越来越低。如果鞋业生产企业的服务不到位，特别是在货品很难按时到货的情况下，那些好一点的经销商肯定会转向其他品牌的鞋业企业，到时候产品的销售就更难做了。

到仓库一探究竟

总经理决定带领大家去仓库看看。

“为什么我们的货卖不出去？”望着仓库里的一大堆货品，大家也是一头雾水。

“其实这个仓库里有1/4的鞋都是前年生产的。您知道鞋的样式变化多样，每年流行的款式都不相同，像这些前年流行的款式现在根本就不会有代理商或门店会下单。”物流经理指着仓库左边的好几“垛”鞋，很无奈地说道。

“为什么前年的鞋还剩这么多？”

“每一次的生产和采购计划都是根据各分公司报上来的计划加上总部的少量预测制订的，一部分因预测生产的鞋会被分公司重新下单订走，但是还有一部分也只能存放在仓库里。”

“既然仓库里这么多货，为什么你们总不能按时发货呢？要知道你这边晚发货一天，我们的门店就少卖好几千双鞋呢！”销售部经理的气儿还没有消呢。

“我们的仓库是按‘垛’来进行管理的，当我们接到发货单后就会到指定的‘垛’去寻找发货单上对应的款式，很多时候我们为了把‘垛’底下的产品找出来，不得不再找人来倒垛，特别是在旺季时，浪费了我们很多时间和精力。甚至有的时候会出现找不着货品的现象，所以不能及时把产品发运出去。”

……

(资料来源：https://www.taodocs.com/p-309365921.html.)

思考：

面对堆积如山的货物，郑总隐隐地感觉到这已经不是哪个部门的错误了，那问题的症结究竟是什么呢？

【案例 2】

Zara——协同供应链管理的典范

Zara 是成立于 1975 年的一家西班牙公司，截至 2018 年 1 月底，全球有 2 251 家门店。Zara 隶属于 Inditex——世界上最大的零售集团之一，贡献了 Inditex 66%的营收和 70%的利润，以新产品快速上市、少量多样化的设计，获得竞争优势。

Zara 的协同供应链管理是公司运营的核心竞争力。Zara 通过及时准确的销售信息，迅速反馈和调整来驱动整个供应链各环节协同、快速运作，增加预测的准确性，降低库存。围绕目标客户，所有供应链上的环节，包括产品上市前的销售预测、销售计划、产品推广计划、面辅料采购计划、生产计划(自制和外包)、配送计划、库存计划、要货和主动补货计划、促销计划等一起协同起来运作。时尚服装业和消费电子行业一样，时间比成本更重要，一定要快，所以库存周转是致命的问题。用最快的速度满足市场需求，减少库存，是运营的关键。

Zara 的供应链管理特点如下。①垂直一体化的供应链策略：从设计、生产、物流、分销、零售高度集成，以降低成本，紧盯市场趋势、销售状况和库存状态，由 700 多个西班牙设计师集中研发和选择新品，原物料就近采购，60%的供应商靠近欧洲总部，缩短采购周期，运用 FMS(Flexible Manufacturing System)敏捷制造系统和 JIT(Just In Time)精益安排生产。2017 年，有 57%的产品是在欧洲就近生产的，43%远距离生产，这种安排便于快速反应，使得产能和市场趋势快速动态调整。②高效快速的物流运输：用汽运或空运送到欧洲和世界各地的门店，2～3 周可以完成从设计到门店的完整流程，而大多数公司是 2～3 个月。③低库存和快速的库存周期：库存只占销售额的 10%，且 95%为成品。Zara 库存周转率可以做到 12 轮，只有 30 天的库存时间，而同行平均 ITO 为 3～4 轮，库存时间为 3～4 月。

Zara 以最终用户为中心，缩短前置时间，在供应链各环节中压缩可以缩减的时间，清除瓶颈环节，减少或取消不能增值的活动，跨部门沟通、协同，快速响应市场需求，提升品牌价值和竞争力，为“快时尚”行业的供应链管理树立了一个良好的典范。

(资料来源：https://www.sohu.com/a/256670216_100183571.)

思考：

Zara供应链协同管理的智慧是什么？如何理解协调发展理念？

 微课视频

扫一扫获取本章相关微课视频。

供应链中的牛鞭效应.mp4

第 4 篇　供应链最新发展篇

第 15 章　多功能开放型企业供需网

【学习目标】

1. 理解供应链产生的瓶颈效应及供需网消减瓶颈的基本思路。
2. 掌握供需网的概念、框架及特点。
3. 了解供需网的协同管理及企业知识协同伙伴的选择。
4. 掌握供需网和供应链的区别。
5. 了解供需网的创新应用。

【引导案例】

传统供应链模式的拓展——供需网

2002 年，福特汽车公司旗下的 LandRover 公司宣布，它可能不得不暂停其四驱 Discovery 的生产，原因是它唯一的底盘供应商 UPF-Thompson 已经停业破产。由于可以替代的供应商需要 6 个月才能投入生产，LandRover 公司只能向 UPF-Thompson 提供巨额资金，让它为自己继续生产底盘。如果 LandRover 公司采用 SDN 形式吸收多个底盘供应商，也不至于面临断链危机。

在全球范围内，已经有不少企业使用供需网模式，只是这些企业自己还没有意识到所使用的这种新型运作模式，没有上升到理论高度。例如，河南开封有一个著名的文化美食城，美食城内的每一家小吃店铺都以合作方式进行交易，顾客可以选择任何一家店铺的餐桌就餐，不仅可以不点它所在摊位的美食，还可以点其他摊位的菜，并让所在摊位的老板充当跑腿，来完成整个点菜过程。美食城内每家店铺都是采用合作方式进行交易，最终形成了城内各家“合作与共赢”的局面。此外，波音 747 从设计到成产制造的整个过程，采用的也是供需网模式。还有，由大型超市所卖的各种产品的各类供应商和顾客就组成了一个典型的 SDN 模式。

(资料来源：倪明. 传统供应链模式的拓展[J]. 统计与决策，2009(10)：151-153.)

思考：

1. 请举例说明身边存在的供需网模式。
2. 请分析其中蕴含的合作共赢的意义。

15.1 从供应链到供需网

20 世纪 80 年代后期以来，随着科技的进步、经济的发展和信息技术的革新，全球经济一体化进程加速和知识经济快速崛起，仅关注企业内部资源和竞争力的传统管理模式，已无法适应当前竞争环境。供应链管理的诞生顺应了时代要求，它不仅关注企业内部的资源和竞争力，而且关注企业外部的资源和竞争力，强调在整个供应链上对资源和竞争力进行集成。进入 20 世纪 90 年代后期，企业所面临的竞争环境发生了重大变化，社会的不确定性从根本上改变了企业赖以生存和发展的环境。管理环境与技术的变化、先进制造技术的变化以及消费者需求的变化等，对传统供应链和供应链管理思想提出了新挑战。在这种环境下，供需网的出现正顺应了供应链概念发展的潮流，同时跳出了传统供应链的束缚，从供需这一全新的视角审视供应链过程。

15.1.1 多功能开放型企业供需网的由来

多功能开放型企业供需网是指在全球范围内，以全球资源获取、全球制造、全球销售为目标，相关企业之间由于“供需流”的交互作用而形成的多功能开放式的供需一体化动态网络结构。供需网中的“供需流”是流动于两个或更多企业、企业联盟以及消费者之间的供应和需求。因此，分为“供应流”和“需求流”。同供应链中的“流”相比，供需流的内涵将更为宽泛，它包括人才、管理、技术、观念、资金和其他物质等在内的诸多显性和隐性的供需，并且它们之间以一种非常紧密的相关性相互依存。供需流始终处于动态变化之中，流动的范围也将扩展到全球市场，这种供需网的结构如图 15-1 所示。

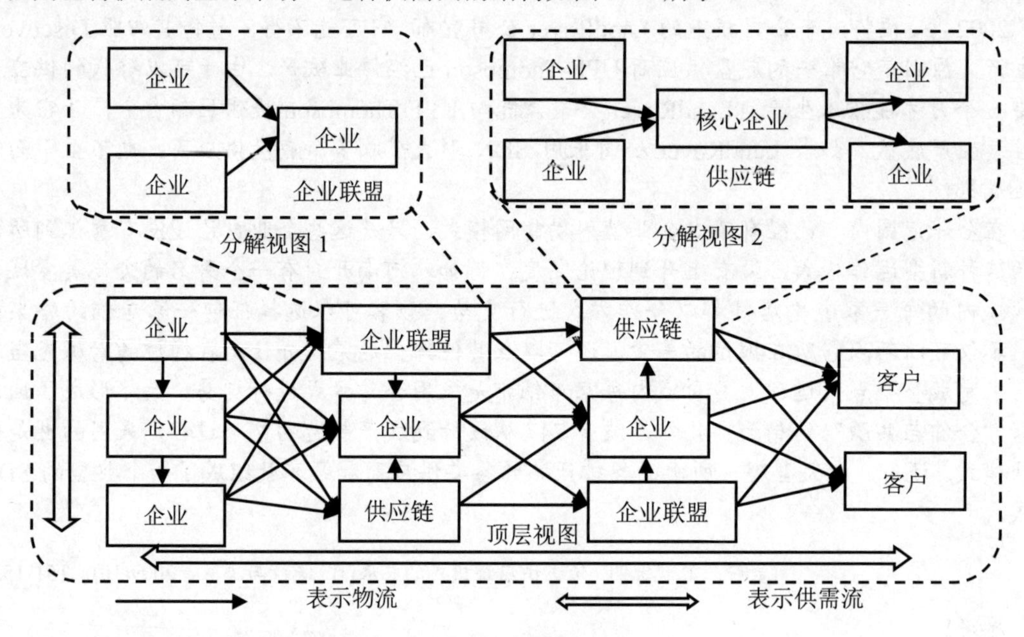

图 15-1 供需网结构

从上图可以看出，供需网是由存在多种供需关系的遍布全球的企业、企业联盟和最终消费者及其联系组成，他们构成网络的“节点”。各节点间的信息交互是建立在统一的信息平台之上，供需旨在供应和需求信息的驱动下，在网络网际之间交互流动，在更广阔的范围满足每一个节点的需求，从而创造出更多的全球价值。

15.1.2 供应链存在的瓶颈效应

目前，供应链管理思想仍然是学术界和企业界关注和研究的主流问题。理论界将供应链定义为围绕核心企业，从采购原材料开始，到制成中间产品以及最终产品，最后由销售网络把产品送到消费者手中，将供应商、制造商、分销商、零售商，直到最终用户连成一体的链型结构模式。链中每一个节点过程又可分别划分出不同层次的子节点、子过程，形成供应链中丝丝相扣的环，每一个子过程均是创造价值的过程。

供应链管理是对供应链中的物流、信息流、资金流进行合理的计划、协调、调度与控制，在正确的时间、正确的地点、将正确的产品按照正确的数量交给正确的用户。虽然供应链管理在设计和实施的各阶段都力求对供应链进行层层优化，但是由于供应链本身所具有的结构功能特征，使得在纷繁复杂的不确定的内外部因素的影响下，不可避免地产生局限性，极端的情况会导致供应链断链、解体，给整个供应链联盟带来巨大损失。因此，发现瓶颈、找出瓶颈根源并消除瓶颈有着重要意义。

供应链瓶颈效应产生的原因可以归纳为以下几个方面。

1. 对市场反应的迟滞性

外部市场环境改变，顾客需求量骤增、骤减以及需求偏好的突变，都会导致某一环节无法及时应变而产生瓶颈。如果不及时处理，可能会影响企业的长期发展。例如，如果产品研发部门不能迅速满足客户需求，有针对性地进行技术创新，很可能会成为整个链条的薄弱环节，影响企业的核心竞争力。

2. 合作伙伴选择不当和资源配置不合理

如果处在主导地位的企业在选择外部供应链战略伙伴时出现失误，可能会导致核心企业某些优势过剩，某些功能短缺，造成比例失调；各成员企业的内部供应链中，各流程部门的调控出现资源配置不合理，这些都可能产生瓶颈问题。

3. 成员企业间组织目标相互冲突

在供应链运行中，不同组织之间是相互独立的，不可避免地会带来组织目标之间的相互冲突，特别是当供应链的某一环只短视地集中在自身内部目标时，供应链的整体目标就变得很难实现；同时供应链节点企业之间往往存在非合作博弈，败德行为时有发生，这也是产生瓶颈问题的一个重要原因。

4. 各环节之间信息不对称

信息不对称会导致节点企业错误地预测上下游的供应和需求信息，即便供应链中存在信息反馈回路，但是受到时间延滞的干扰，行动的结果多以渐进方式产生，也会衍生瓶颈问题。

5. 难以预料的突发事件

当各种人为或非人为的突发事件造成某个节点的重大损失时，该节点自然成为供应链的瓶颈节点。

6. 解决瓶颈的能力不足

某些成员企业的物质、人才、管理、技术、观念和资金等资源十分有限，而且长期得不到盟友的充分支持，很有可能成为供应链中的瓶颈环节；由于同其他供应链之间的敌对竞争关系，致使其无法寻求外界的帮助，从而缺乏解决瓶颈问题的能力，使瓶颈长期存在。

15.1.3 供需网消减瓶颈的基本思路

供需网对供应链进行了理念和结构化的彻底变革，它将从根本上大大降低产生瓶颈的可能性，或在产生瓶颈后能够快速敏捷地做出反应，最大限度地减少损失，从而加大系统的整体产出效益。供需网主要从以下几个方面着手减少瓶颈效应。

1. 提高了适应市场变化的敏捷性

由于供需网具有网络的特征，任何成员企业之间都可以直接发生供需流的交互作用，避免了传统供应链中的“流”逐级传递时造成的对市场反应的迟滞。在变化莫测的动态市场环境中，遍布全球的成员节点通过全球资源获取、全球制造、全球销售能够更为迅速地满足顾客需求。同时，借助 Internet/Intranet、EDI 等网络信息技术，供需网的各节点企业可以在统一的信息平台上及时而充分地共享彼此的供需信息，大大提高了企业的敏捷性和市场应变能力。

2. 减少了合作伙伴选择不当和资源配置失误造成的损失

在供需网中，各企业是以“来者均是客”的观念来处理相互间的既竞争又联合的关系，促使“多边关系”替代链结构模式可能误导的“单边”关系，减轻了在链结构中对合作伙伴的过度依赖性。具有开放性特征的供需网还能将资源共享的领域扩展到全球，并根据合作的广度和深度形成不同层次和类型的伙伴关系，如多质战略型、单质战略型、多质事务型、单质事务型以及机会型等合作伙伴关系，从而弥补了单个伙伴选择和资源配置不当所造成的损失，实现了更高层次的资源最优配置和全球增值。

3. 遏制机会主义倾向，促进成员企业之间的合作

多功能性强调供需网除了能实现基本的物流功能外，还拥有技术、资金、管理理念、信息和人才等其他供需流功能。成员企业之间即使某种供需关系终止，但其他几种关系依然存在。因此，相对于供应链而言，供需网中的企业之间将保持更为长久的合作关系，他们之间的博弈也将由有限次单项内容的重复博弈，向无限次多层次、多内容的重复博弈转化。考虑到未来惩罚威胁的可能性，企业最佳的策略选择是进一步的合作，从而达到理想的纳什均衡。

4. 增强了抵御突发事件的能力

从短期来看，由于供需网具有动态而稳定的网络结构，进一步拓宽了各种供需流在节点间的流通渠道，因而一般性的突发事件对整个网络的冲击相对减少，瓶颈产生的可能性也就相应减少。在遭遇强烈突发事件时，即使某一子系统环节有断链的情况发生，网络早已存在的多边关系会促使合作立即转向其他节点，而不至于给整个供需网系统带来致命的打击。从长远来看，多功能性的供需网促使成员企业进行物质、技术、资金、管理理念、信息、人才等多种供需流的交流，在彼此交互的过程中增强了各自核心能力，从而也增强了抵御突发事件的能力。

5. 降低了信息不对称性

立体网络结构以及无缝连接的信息集成平台，为供需网任何节点企业的信息交互提供了共享窗口和交流渠道，可以使节点之间不通过第三方而直接进行沟通，有效地避免了供应链信息传递过程中的扭曲，以及需求信息放大效应的产生，大大降低了信息不对称性和由此造成瓶颈的可能性。

6. 缓解了供需不足造成瓶颈的矛盾

供需网的开放性是对供应链联盟的超越，它使合作的范围边界真正具有柔性、模糊性的特征，全球资源共享、全球制造、全球销售的无国界化经营模式，也正逐渐融合企业之间的价值观、文化理念的差异，企业与企业之间、供应链与供应链之间的敌对竞争关系正在转化为合作的竞争关系，大大缓解了企业在物质、人才、信息、管理理念、技术、资金诸多方面供需不足的矛盾，从而增强了抵抗瓶颈的能力。

由以上分析可知，作为一种理想的解决方法，供需网在结构和功能上都突破了传统的供应链。它主要采取事前防范的方法，从源头上降低系统产生瓶颈的概率。目前，全球许多知名企业如 Microsoft、Dell、Apple 已经在实践上突破了传统供应链的理念，纷纷以各种方式将自己纳入供需网的大系统中，并从中获得了丰厚的利润。

15.2 供需网理论分析

15.2.1 供需网的特点

供需网主要有以下特点。

1. 网络性

供需网是一种网状结构。在这一结构中，没有一个企业是核心企业，各企业是以“来者均是客”的观念来处理相互间的竞争合作关系，促使“多边关系”替代链结构模式可能误导的“单边”关系。节点的内涵趋于多样化，它可以是企业，也可以是由几个企业共同组成的战略联盟，也可以是同样有着供应和需求双重性质的经济人(智力、体力的供应者，产品、服务的需求者)。

2. 多功能性

供需网的多功能性主要体现在宏观和微观两个层面。宏观上，它强调供给和需求两个方面，供需质的功能体现了供给和需求的双向交互功能；微观上，除了实现供应链中基本的物流功能以外，还强调了其他供需质功能(技术、资金、管理理念、信息、人才等)的存在，并且供需质之间还相互作用，真正实现了 1＋1＞2 的集成功能。作为供需质中最活跃的因素，信息质体现出对整个供需质(包括信息质本身)最强大的渗透力，并成为各节点交互作用的平台。同时，供需网的多功能性还现在其节点间供需质交互的层次性，如原材料与产品等物质(企业表层文化)、制度与技术(企业中层文化)以及管理理念(企业深层文化)等的交互。

3. 开放性

供需网的开放性体现在广度和深度两个方面。从广度层面来讲，供需网突破了传统的企

业联盟的界限，使其真正具有全球性的特点，这样就可以充分利用政治、社会、文化、生态等各种因素，以实现全球资源共享、消除浪费、减轻污染、全球经济共同发展的目标；从深度层面来讲，供需网具有层次性，系统内部的子系统与子系统之间、子系统与要素之间、要素与要素之间，以及由它们组成的不同层次的子系统之间都存在着交换。

4. 动态稳定性

供需网是一种稳定的网络结构，不会像供应链那样由于某个节点的问题就导致整条链的瘫痪。因为这一结构突出的优点在于克服了线性串联链状结构的不足，某个供需环节出现问题时，“多边关系”可使企业立刻转向其他目标，不致影响整个供需网的正常运行。更重要的是，为各种供需质的交互作用提供了多个更加强大的平台，平台之间进行无缝连接，直至到达全球范围。又因为供需网具有多功能的特性，即节点之间的多种供需关系，即使一种供需关系消失，另几种供需关系仍然存在或可能会随之产生，只要有供需关系存在，网络就不会解体。同时，由于供需网的全球多层次开放性也使得供需网不会因为局部问题而导致整体的破裂。随着外部环境的变化，供需质的类型、方向、速率又会处于动态变化之中，驱动着整个供需网敏捷、准时而又高效地运行。

15.2.2 供需网协同管理

供需网协同管理是一个动态概念，是一个使供需网各节点实体在供需流的作用下，不断由无序到有序的循环发展过程。它既是用科学方法和先进技术(如信息技术)促成的一种有很强科学性的刚性管理，又是依据管理实施者(人、组织)的特点，运用协同管理的原则，对管理对象实施的协调与控制的柔性管理。它体现了一般管理的本质——控制和管理的核心——协调。与传统供应链不同，它不仅强调协同管理的有效控制的功能，而且同时强调充分发挥人、观念、管理等深层次的协同潜力，注重对人、科研成果等知识流的协同，从而使供需网的管理理念在充分体现以人为本的智能运行环境中得以发展。

供需网是由各种企业或客户通过供需关系而联合起来的。供需网的整体结构从无序到有序，既表现在企业内部的协同，也表现在企业间的协同，它依赖协同管理的规则和企业共生共赢的原则及目标而实现整体的有序。供需网的协同管理方法，完全不同于以往企业依靠组织制度所维护的一种权力秩序，或者依赖一种单一功能的供需关系的方法，它以宽泛的既包括合作也含有竞争的协同内涵和多种供需功能和约束，来协调企业内或企业间的供需过程的多边关系，由合作竞争推动整个网络的有序化和开放性。

概括来说，供需网协同管理概念主要集中体现在功能、过程及技术三维空间。图 15-2 是供需网协同管理三维概念模型。该模型是对供需网的经营目标和活动建立的映射关系。

1. 功能维

功能维强调供需网供给和需求的推拉双重功能。企业在供需网理念管理下，整个生产流通过程是供需协作的过程，企业不仅按自身发展及时将产品、信息、技术等推向市场，而且根据顾客需求，“随需应变”拉动市场。推拉过程中的各种业务活动打破了企业界限，供需流在供需各方流动，不局限于上下游供应链节点。其功能特性不仅实现了物流、信息流和资金流的基本功能，还强调了其他供需流功能。其中的信息流打破了传统商务活动中固定的客户关系，信息的交流在供需网整个空间多层次进行，这样不仅带动物流层这种表层的商务活

动的协同运作，而且推动资金流层的变革，实现快速、低成本的资金流动。此外，更为重要的是其技术、人才、管理及企业文化等深层次的供需功能，带动了企业经营和管理方式的变革，促进了一种全新的供需模式。

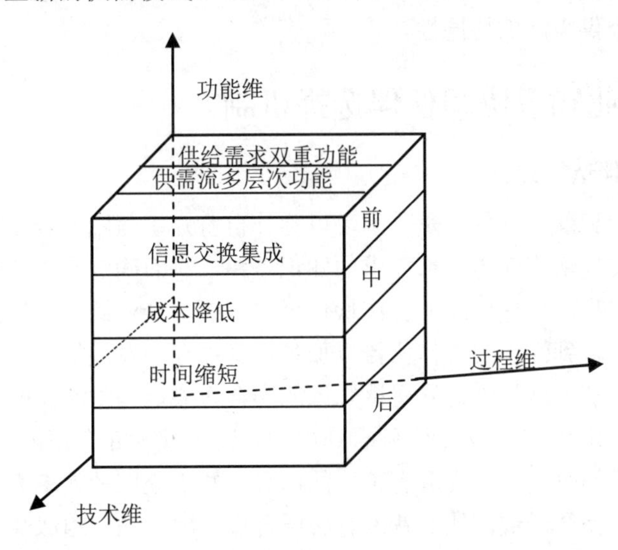

图 15-2　供需网协同管理三维模型

2. 过程维

过程维的协同性是在供需交易过程中体现出的协同活动。供需交易过程可分为交易前、交易中和交易后 3 个阶段。交易前，主要是供需各方在签约前的准备活动。在该阶段，需求方须制订订购或需求计划，进行市场资源分析和调研，选择合作对象，反复协商后，最后落实购货或需求(包括合作)计划的详细内容。供应方也相应制定各种销售或提供服务的策略和方式，了解需求方的经营管理政策，根据客户和市场需求拉动市场，扩大供需服务的范围和产品的市场份额。交易中，供需双方利用各种方法和手段进行谈判、签订贸易合同，明确供需双方权利、义务、供需服务内容及实施中的详细要求等。交易中需要供需各方实时协调过程出现的各种情况，在协同合作中实现供需服务融合，实现资源优势互补。交易后，主要包括交易合同的履行、供需服务到位、违约处理等协同过程。在以上 3 个供需过程中，始终体现了过程各方的协作活动。一个供需活动至少存在供和需两者之间的协同，整个协同过程反映了从信息发布和获取到咨询商谈，最后进行供需决策并实施交易的一个供需服务的周期。

3. 技术维

为了实现供需网的功能，供需过程需要协同的技术完成信息获取、信息发布、信息处理和信息集成等。其中，信息获取和信息发布是企业供需网运转的基础，供需流的流动是基于有效的信息发布和可靠的信息获取。信息处理是一种递归过程，需要信息技术支持进行递归处理。信息集成是实现供需网功能的保证。供需网必须能够集成各种有用的信息，为供需过程提供分析依据；同时，供需网还能够将各种供需过程和系统集成，使供需网真正开放地运转，从而根本地改变传统企业的封闭性和局限性。供需网是一个典型的分布式网络，现有的分布式技术如公共对象请求代理结构、分布式组件模型等现有技术为分布式的网络协同提供了良好的基础。它们具有跨平台互操作能力，但它们自身都有与平台相关等局限性，不易于集成。因此，针对供需网的技术维，目前已研究应用 Agent 技术和 Web 服务技术为供需网协同管理提供一种新的计算和问题求解方法及异种分布式系统集成技术。

供需网协同管理的功能、过程、技术等 3 个维，相互作用、相互促进，只有它们的协同运作才能极大地增强整个供需网的协同性。

15.2.3 供需网企业知识协同伙伴选择机制

1. 企业知识协同伙伴选择过程

企业知识协同的基础和前提条件，是寻求可以弥补自身知识差距的合作伙伴。在此过程中，企业首先评估自身的战略方向与外部需求的知识差距，从而确定需要寻找什么样的合作伙伴。为了使组织合作成功，选择合适的合作伙伴至关重要。企业组织一般倾向于选择能够知识互补，并从其身上学习到知识的合作伙伴以加强自身生存和发展能力。知识互补要求组织之间的知识有一定的差别，这是因为异质性知识能为合作成员提供潜在的学习机会及创新思想，如果企业成员的知识背景完全相似，则合作中的互动表现为冗余知识在组织之间流动，企业组织不得不花费大量的时间成本提取有价值的信息，知识获取的效率大大降低。

如果合作双方的知识完全一致，他们就没有必要合作，因为知识相似性的增加意味着伙伴间彼此贡献的减少。然而，合作伙伴的知识差距也不宜过大，因为组织对知识的吸收也要求合作双方的知识背景有一定程度的相似性，否则知识在组织之间难以转移。当然，合作伙伴具有的技术能力为知识转移提供了机会，但它并不意味着知识转移就一定会发生，知识的转移还取决于合作伙伴的转移意愿。当企业组织不具备与合作伙伴相同知识背景的时候，就需要合作伙伴提供相应的经验，以帮助企业组织提高知识的吸收能力。所以，企业组织需要选择那些愿意分享知识、提供相应经验的合作伙伴。可见企业知识协同伙伴选择是一个动态反馈的过程。企业知识协同伙伴选择过程如图 15-3 所示。

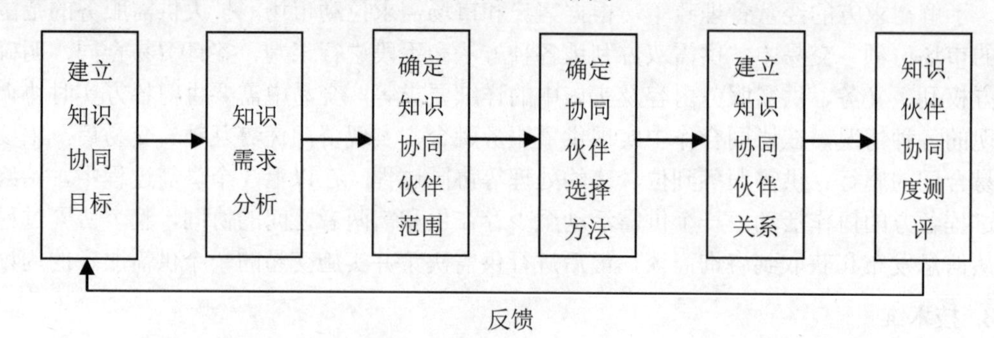

图 15-3 企业知识协同伙伴选择过程

企业首先评估自身的战略方向与外部需求的知识差距，从而确定需要寻找什么样的知识协同伙伴；知识需求分析既要对自己的核心知识能力进行分析，也要对知识协同伙伴的核心知识能力进行分析；通过分析，明确自己的知识缺口，了解知识协同伙伴的协同动机及对协同目标的吻合程度；通过建立协同目标和进行知识需求分析，对具有协同意向的伙伴进行筛选，初步确定一个选择的范围；根据所建立的指标体系和指标之间的关系选择一种方便、准确的方法，确定最终要选择的伙伴；通过对知识协同伙伴知识协同度的测评，了解整体的协同情况，根据测评结果，对协同伙伴的选择做出调整。

2. 基于供需网的企业知识协同伙伴关系的建立机制

供需网企业结构模型是由从供应源到需求源的一系列活动主体组成，这些活动主体都是依附在供需网上，形成了多层次、网络状拓扑结构。供需网企业是在动态联盟和供应链企业各种合作模式基础之上发展起来的更高层次的合作理念，它综合集成各联盟形式的优势，并克服它们在运行过程中的缺陷和不足，是全球化环境下一种创新的管理理念。供需网结构的主要元素为三大节点：单个企业、供应链企业和企业合作体。

(1) 单个企业节点。广义上的企业节点包括科研机构、咨询公司、大学、金融机构和非营利机构等，它们作为一种支撑机构或辅助机构，和企业之间有着千丝万缕的联系，并且它们本身也是有供需要求的组织实体，必然不可或缺。

(2) 供应链企业节点。供需网的理念倡导充分合作，在一定程度上打破了传统供应链的界限，将传统供应链作为其中一个网络节点接纳进网络，使其逐步消除“链内合作，链外竞争”的局限性，最终真正融入供需网环境之中。

(3) 企业合作体节点。企业合作体可以是以虚拟企业、企业集群、战略联盟、网络组织等模式存在的企业，这几种合作模式处于同一层面，同时又都属于动态模式。

基于供需网的知识协同过程就是组织之间通过频繁互动而实现知识在组织之间流动的过程。我们以供需网中企业合作体节点类型作为研究对象，供需网中企业合作体节点之间的知识协同机制如图 15-4 所示。

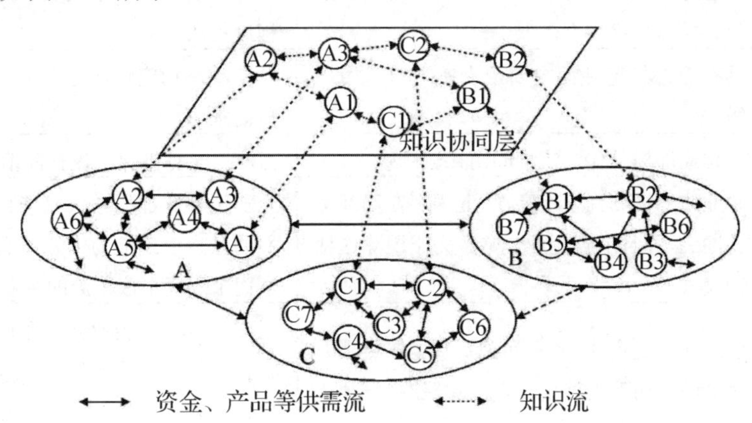

图 15-4 供需网中企业合作体节点之间的知识协同机制

假设供需网中有 3 个企业合作体 A、B、C，它们之间以及内部各企业成员之间都由知识流、物流、资金流、产品流等构成的供需流连接在一起。在合作过程中，企业合作体A、企业合作体B和企业合作体 C 互动，其中 A1、A2、A3、B1、B2、C1、C2 是 3 个企业合作体中对外有知识需求和合作意愿的企业，这 7 个企业通过知识流建立关系纽带。在合作初期，由于 3 个 SDN 企业知识系统的相关性较弱，根植于企业组织日常经营活动的隐性知识并不能实现共享与转移。随着时间的推移，由于 3 个企业合作体的构成个体频繁互动，通过多种组织学习途径，企业合作体就会逐渐熟悉对方的知识，从而具备一定的吸收能力。知识就可以回流到企业合作体，从而实现供需网企业之间的知识转移。由于供需网企业中不同知识系统持续发生共享、学习与转移，知识的流动会从无序走向有序，从而实现知识协同。供需网企业的知识水平在协同过程中也会不断积累，当积累水平突破某一阈值时，就可能产生创新成果，实现知识创造，这也是供需网企业知识协同的最终目标。

15.2.4 供需网与供应链的差异

通过上述论述，供需网内涵及特征与供应链有所不同。除了各自内涵及特征方面存在差异外，还有其他方面存在差异。例如，二者共同的目标都是为了解决客户的需求问题，但在具体解决方法、手段和实现目标的优化范围等方面又存在不同。供应链与供需网的区别如表 15-1 所示。

表 15-1 供应链与供需网的区别

项 目	供 应 链	供 需 网
一体化程度	或者纵向一体化，或者横向一体化，企业一般不能自由进退	纵向一体化和横向一体化的综合体，企业可以自由进退
协调程度	具有一定的协调程度，但存在断链而失控的危机	协调程度很高，不存在断链危机
关联度	企业间受到合约制约而关联度很高，常常以结盟形式出现，一般不接受信誉监督	企业间接受信誉监督而关联度很低，以“来者都是客”形式出现
信息化程度	信息化不充分，硬件设备、软件系统及员工等方面信息化程度较低	硬件设备、软件系统及员工等方面信息化程度很高
多样化程度	具有静态稳定性而主要用于实现单一用户需求	具有动态稳定性而主要用于实现多样化用户需求
标准化程度	流程局部标准化、流程间衔接较顺畅	流程完全标准化，流程间衔接非常顺畅
企业边界模糊度	企业边界模糊程度不高，企业间存在局部文化冲突，并且节点企业常常致力于消除这种冲突	企业边界更加模糊，允许存在异己文化，并通过自组织能力来逐步适应异己文化，从而节点间形成融洽的企业文化
复杂性	组成元素是企业，元素间关系基本按照预先协商的合约而表现出确定性和静态稳定性；元素间以一种平衡、有序状态存在，这种供应链系统演化缓慢；元素个体自适应性较弱，对系统依赖性较强	组成元素除了企业外，还包括供应链等形式存在的各类合作体，元素间关系具有不确定性和动态稳定性；元素间以一种非平衡、无序状态存在，这种供需网系统演化较快；元素个体具有自适应性，对系统依赖性较弱
选择标准	主要考虑成本来选择节点企业	除了考虑成本因素外，还考虑文化等对供需网竞争力影响因素来选择节点企业

15.3 供需网理论在企业逆向物流中的应用

当前，经济的全球化和用户需求的多样化给企业提出了更高的要求，企业产品的变化，更多的产品生命周期的缩短，更快的交货速度，降低生产成本和提高产品质量。这就要求企业具有更开放的视野以及与之相适应的运作模式等。多功能开放型企业供需网是指在世界范围内，随着以全球资源、全球制造、全球销售为目标，开放相关企业之间由于“供应和需求之间的相互作用流”而形成的动态分层网络拓扑结构，是一种基于全球化环境下的管理理念。供需网概念的提出为当今企业发展提供了一种可行的模式。

企业如何降低材料消耗，提高材料的利用率是企业成本管理的关键，是企业效益的重要手段。不断创新、提高用户满意度、减少资源消耗和环境污染已成为高绩效企业的共同特点。企业为了更好地实现循环经济的目标，除了从节能角度改进自身的管理及其生产设备，也必须从其原材料节约的角度促进逆向物流系统的建设。而提高企业逆向物流系统的供需网络理论是实现废物再利用的重要途径。

15.3.1 逆向物流概述

1. 逆向物流的概念

逆向物流(Reverse Logistic，RL)是一种包含产品返回的材料替代、材料再利用、废物处理、再加工、修理和再制造的物流活动过程。逆向物流包括退货逆向物流和逆向物流回收两部分。逆向物流主要包括以下几个方面：①逆向物流的目的是恢复废旧产品或不合格产品的使用价值，或废物最终处置权；②逆向物流是产品、产品的运输包装容器、材料和相关信息，从它们的最终目的地沿供应链渠道的“逆向”流动过程中的每一个节点；③逆向物流活动，包括浮动对象重用、检查、整治回收、再制造和处理过程；④逆向物流也伴随着资金流、信息流和业务流。

2. 企业实施逆向物流面临的挑战

我国企业由于受传统观念影响，需要全面推进逆向物流实施工程，企业实施逆向物流需要在再制造设计和回收渠道建设等方面大量投入。对于欠发达企业广泛推行逆向物流受到极大挑战。主要体现在几个方面：①缺乏资金，在观念重组、流程重组和技术重组方面需要投资；②缺乏技术，企业之间在技术层面上的紧密合作少而脆弱；③缺乏人才，企业之间是难以进行人才资源共享的；④缺乏信息，目前很多企业获取信息的途径有限，所以很难实施好逆向物流；⑤缺乏先进的管理和企业文化。

15.3.2 供需网理念推进企业实施逆向物流的意义

1. 从多功能理念的角度

供应和需求的网络强调网络中的每个节点之间，不仅可以有产品或中间产品的企业，还有资金、信息、技术、管理、人才和企业文化交流，克服了对产品的重点(通常显示在物流单合作)，为企业提供广阔的合作空间，有利于企业克服由于缺乏资金、技术、人才资源与企业

文化而阻碍逆向物流的有效实施。

2. 从开发性理念的角度

在供应和需求的网络分工链没有区分，强调那些“顾客”和“合作共赢”的全球完全开放的理念，它有助于打破 PRO(生产者责任组织)是生产者延伸责任限制的机构，具有全球视野，促进合作、人才技术在全球范围的信息需求的逆向物流的实施，也有助于企业逆向物流的有效实施。

3. 从网络性理念的角度

强调网络的概念(不仅仅是链结构的概念)，能够促进企业不断扩大，建立和完善管理平台的合作“多边关系”。当中断合作关系的一方，因为其他伙伴网络(如其他的技术和资金合作)的存在，仍然可保持和发展逆向物流，降低企业实施逆向物流的不可控因素的干扰。

4. 从信息支撑的角度

信息流是降低逆向物流成本、提高产品质量、提高客户满意度的一个重要方面；同时，也为循环物流企业网络的实现提供了信息保障，作为企业能快速响应的回报，为企业赢得信誉和完善的企业现金流。

15.3.3 供需网理念在企业实施逆向物流建设的原理

1. 供需网推进企业实施逆向物流的创新之处

随着世界工业化生产规模日益扩大，如电子垃圾、包装材料、废汽车等有害废弃物数量不断增长，环境压力也不断增加，一些国家制定了相关措施旨在减少废弃物对环境的污染。但这些措施并没有使情况得到改善。

2. 从变量的角度对逆向物流系统进行分析

供需网节点企业可能会在生产过程中产生废物，这些废物的处理往往是由逆向物流系统的方式进行处理。供需网上逆向物流系统的企业可以通过企业信息化技术和物流系统信息化技术实现变量的最佳组合，推进标准化技术和自动化技术，有利于提高物流系统信息化水平。

3. 从实现废弃物再利用的效益角度分析

企业可以通过废弃物垃圾处理实现规模经济效益：一是由于 SDN 企业边界模糊度高，节点企业间的相互融合能力，使得节点企业间交互成本低；二是由于节点企业的组织运作效率和协同效益的提高，使得企业组织运营成本降低；三是由于 SDN 企业借助于逆向物流系统能够很好地控制运作时间变量(OT)和运作成本变量(OC)，因此能够获得规模效益。

4. 通过供需网实施逆向物流的模式

随着企业信息化水平的提高，各种促进物流系统的信息化手段的应用使企业物流系统信息化成为可能。企业物流系统包括采购物流、制造物流、分销物流和逆向物流四大物流子系统，企业在实施物流信息系统的同时，也实现了逆向物流信息系统。

5. 正向物流和逆向物流整合的优势

在发展循环经济、走可持续发展道路的经济模式下，供需网企业研究正、逆向物流，将会在成本节约、产品流通速度的提高、资源节约和绿色环保等方面产生积极的影响。具体如下。

(1) 正、逆向物流流程运作更加规范、效率明显提高。由于整合，既不会出现正、逆向物流流程的重复建设，也使企业共用物流流程，使物流流程的效率提升。

(2) 物流人才的充分利用。避免人才的重复引进，充分利用人力资源。

(3) 节约了物流资源、提高了物流资源的利用率。

(4) 信息畅通。由于信息平台的建立，两种物流可以实现对流和交流，企业可以信息共享。

(5) 实现环保目标。企业能够积极实行逆向物流，保证产品绿色环保。

本 章 小 结

在以全球资源利用、全球制造、全球销售为根本特征的全球经济一体化的经济环境下，传统企业管理模式日益暴露出种种弊端，作为对传统变革的供应链管理也在具体实施中显示出诸多不完善之处。供应链瓶颈效应产生的原因可以归纳为：①对市场反应的迟滞性；②合作伙伴选择不当和资源配置不合理；③成员企业间组织目标相互冲突；④各环节之间信息不对称；⑤难以预料的突发事件；⑥解决瓶颈的能力不足。

多功能开放型企业供需网是指在全球范围内，以全球资源获取、全球制造、全球销售为目标，相关企业之间由于"供需流"的交互作用而形成的多功能的开放式的供需一体化动态网络结构。

供需网主要从以下几个方面着手减少瓶颈效应：①提高了适应市场变化的敏捷性；②减少了合作伙伴选择不当和资源配置失误造成的损失；③遏制机会主义倾向，促进成员企业之间的合作；④增强了抵御突发事件的能力；⑤降低了信息不对称性；⑥缓解了供需不足造成瓶颈的矛盾。

供需网的特点包括网络性、多功能性、开放性、动态稳定性。近年来已应用于逆向物流领域，通过有效的逆向物流管理达到节约成本、提高客户满意度和环境保护的目的。供需网概念的提出为当今企业发展提供了一种可行的模式，为企业的发展提供了理念、方法和技术支持；探索了企业新型发展模式及应用，以提高企业竞争力，提升企业社会形象。

思考与练习

1. 供应链在发展过程中存在哪些瓶颈问题？
2. 供需网的特点有哪些？
3. 供应链与供需网的区别是什么？
4. 简述逆向物流的概念，并说说供需网对逆向物流的发展有何影响？

案例讨论

地板生产企业向供需网企业转化的通路

木地板虽自古就有，但形成一个行业却是起源于20世纪80年代中期。随着经济的发展，近五年来发展迅猛。与此同时，我国木地板行业面临着转型调整和重新洗牌，特别是随着原材料的上涨、出口退税政策的调整以及消费税的征收等一连串事件，无疑加剧了全行业的震动。不难预计未来几年，国内地板企业将继续遭受来自国内宏观调控、国外贸易摩擦与贸易壁垒的“内外夹击”，成为真正的行业洗牌期。因此，此时推动我国传统木地板企业向SDN企业转化势在必行。

1. 我国木地板企业向SDN企业转化的意义

(1) 推动我国木地板企业向SDN企业的转变，有助于改变我国木地板企业的传统经营管理模式，朝着向多功能性经营管理理念与合作模式转变。SDN强调网络中各节点之间，不仅可以有产品或中间产品的买卖，而且有资金(如企业间通过合法手段的相互融资)、信息、技术、管理、人才和企业文化等的交流，这就可以克服主要强调产品(通常表现为物流)的单一功能的合作局面。因此，这一多功能性理念的强调会给中国木地板企业间及与各级分销商间等的合作提供广阔的空间，从而有利于克服或减少前述的因缺乏资金、技术、人才资源、先进生产经营方式和企业文化等原因而造成的困扰。

(2) 有助于我国木地板企业向开放性经营管理理念与合作模式转变。与“以竞争为主”或一般供应链主张的“链内合作，链外竞争”的有限开放性理念与合作模式不同，SDN不强化链内、链外之分，而强调“来者均是客”“充分合作与共赢”的全球性充分开放与合作的理念与合作模式。这就有助于企业便于获取全球范围内的合作伙伴、所需产品的原料和新技术等方面的信息，从而有助于当今的我国木地板企业求得更大的发展机遇以及合作效果。

(3) 有助于我国木地板企业向网络性经营管理理念与合作模式转变。与链结构理念和模式不同，强调网络性理念和模式可以促进我国木地板企业不断扩展经营平台、建立完善的便于合作的“多边关系”(较多合作伙伴)。这时，当与某一方的合作关系因某种原因中断时，由于网络中仍有其他合作关系的存在而依然能维持企业与环境的供需流交换和不断求得自身的发展。

2. 传统木地板企业向SDN企业转化的通路选择

基于上述分析，SDN企业转化至少须在以下方面做出努力或尝试。

(1) 拓宽融资渠道，推动企业上市。SDN的多功能性，除了实现供应链中基本的物流功能以外，还强调了其他供需流功能(如技术、资金、管理、信息、人才、企业文化等供需流)的存在，并且供需流之间相互作用，以真正实现1 + 1 > 2的集成功能。进入21世纪，资金流日益成为供需流中最活跃的因素，体现出对整个供需流强大的渗透力，并成为各节点交互作用的平台。在房地产、建材等领域，行业整合升级“资本为王”的态势初见端倪。产业带动品牌、品牌催生资本，这是经济发展的规律，也是市场经济的必然结果。在资本竞争的时代，传统木地板企业只有以SDN的理念，积极拓宽融资渠道，推动企业上市，通过资本效应更好地整合行业上、下游资源，形成产业链优势，使企业向产业一体化、产品多元化发展，以提升整个网络的凝聚力，进而形成网络优势，增强供需网的稳定性，才能最终促成整个企业管理模式向供需网企业经营模式的转化。

(2) 完成自身产业链建设，形成自己的产业链，追加产品附加值，通过建立自己的原材料基地，实现产业一体化。这对我国当前木地板企业而言既是机遇也是挑战。当前我国的绝大部分木地板加工企业均未能建立自己的原材料生产基地，随着国外环保意识的上升及国际贸易的影响，原材料严重制约了木地板企业的发展，成为当前木地板企业发展的硬伤。而在国外，大型的林产工业企业基本都有自己的原材料生产基地，实现原材料一半收购，一半自产，只有这样才能掌控资源，品牌发展才有保障，才能拥有行业话语权，做到真正的可持续发展。

(3) 多元化经营，走产品多元的发展路线，即以一品为主、多元发展，形成强化木地板、三层实木、多层实木、实木地板等并驾齐驱的多元化格局，这对未来木地板企业发展的综合能力及影响力有着举足轻重的作用。

(4) 和谐发展，各大木地板企业之间、企业与各级分销商/代理商间、企业与客户及企业与社会应共谋发展，和谐共处。如果说之前，企业更多关注竞争，关注软实力的角逐，沉迷于价格战、明星代言、广告标王这种初级的“高价熵”游戏，那么实行 SDN 管理模式后，企业应当注重的是企业与社会、企业与自然的和谐，关注的是企业的环保理念、价值理念、服务理念、社会责任等。这是一个系统化的工程，也是今后木地板企业发展生存的根本。

(5) 以人为本，生产营销尊重人、关注人。SDN 管理模式要求企业更多关注的是基础工作，包括生产工艺、产品质量、售后服务、店面形象、营销人员素质等，而非一些地板概念的炒作，损害消费者的利益。另外，SDN 要求企业以服务为根本，以消费者为中心，以服务和款式打动消费者，让服务和款式赢得消费者的美誉。从长久看，只有坚持以人为本的生产销售理念的企业才能最终获得长期发展。

(资料来源：何建佳，徐福缘. 地板生产企业向供需网企业转化的通路研究[J]. 技术与创新管理，2010，31(02)：154-156.)

思考：

1. 地板生产企业向供需网企业转化有何现实意义？
2. 传统木地板企业向 SDN 企业转化需要做哪些必要努力？

第 16 章　供应链金融

【学习目标】

1. 了解供应链金融的背景、概念及特点。
2. 理解供应链金融的融资模式及其分类。
3. 理解供应链金融的作用及意义。
4. 了解供应链金融的风险及其防范措施。

【引导案例】

动产质押供应链金融服务助力中小企业的发展

深圳市某实业发展有限公司(以下简称“深实业”)是一家从事国内商业批发、零售业务的贸易公司，成立于 1998 年，注册资本 1 000 万元，是内蒙古伊利牛奶(上市公司，以下简称“伊利股份”)在深圳地区的总代理。

深实业作为一家成立时间较晚、资产规模和资本金规模都不算大的民营企业，他们的自有资金根本不可能满足与伊利的合作需要。当时，他们也没有其他可用作贷款抵押的资产。如果再进行外部融资也非常困难，资金问题成为公司发展的瓶颈。此时，深实业向当地保理公司提出以牛奶作为质押物申请融资的业务需求。

在了解深实业的实际需求和经营情况，并结合其上游供货商伊利股份，保理公司经过研究分析、大胆设想，与提供牛奶运输服务的物流企业合作，推出了以牛奶作为质押物的仓单质押业务。

物流企业对质押物提供监管服务，并根据指令，对质押物进行提取、变卖等操作。保理公司给予深实业综合授信额度 3 000 万元人民币，以购买的牛奶做质押，并由生产商伊利股份承担回购责任。该业务自开展以来，深实业的销售额比原来增加了近两倍。这充分说明了供应链金融服务能够很好地扶持中小企业，解决企业流动资金不足的问题，同时也有效控制了保理公司的风险。

(资料来源：陆玲梅. 供应链金融运作模式的案例分析[J]. 现代营销，2019(09)：162-163.)

思考：

1. 请说明该案例成功的关键在哪里？
2. 结合该案例，试分析怎么才能实现供应链融资的顺利开展？

16.1 供应链金融概述

16.1.1 供应链金融的背景

随着社会化生产方式的不断深入，市场竞争已经从单一客户之间的竞争转变为供应链与供应链之间的竞争，同一供应链内部各方相互依存，“一荣俱荣、一损俱损”；与此同时，由于赊销已成为交易的主流方式，处于供应链中上游的供应商，很难通过传统的信贷方式获得银行的资金支持，而资金短缺又会直接导致后续环节的停滞，甚至出现“断链”。为了维护所在供应链的生存，提高供应链资金运作的效率，降低供应链整体的管理成本，“供应链金融”这一概念应运而生。

据调研报告资料所知，我国的供应链金融在 1998 年就已经起步，但在全国范围内得到认可还是在最近几年。2016 年、2017 年，供应链金融发展强劲。2018 年，众多企业被曝出现平台停业、清盘、法人跑路、平台失联、倒闭等问题，而出现问题的原因中，除了市场不景气、政策因素以及内控缺陷的原因之外，其余均可归纳为供应链竞争力出了问题。供应链金融具体包括供应链服务企业、B2B 平台、金融科技公司，以及部分行业龙头、物流企业等多元化服务主体。

在供应链中，竞争力较强、规模较大的核心企业在协调供应链信息流、物流和资金流方面具有不可替代的作用，而正是这一地位造成了供应链成员事实上的不平等。正如一位手握 10 亿美元采购预算的沃尔玛服装采购员所说：“我当时拿着全美国‘分量最重’的铅笔。如果没有人按照我们的意思做，一言不合，我就折断手里的铅笔扔到桌上，然后扬长而去。”

供应链中的弱势成员企业通常会面临：既要向核心企业供货，又要承受着应收账款的推迟；或者在销售开始之前便以铺货、保证金等形式向核心企业提前支付资金。许多供应链上下游企业认为，“资金压力”是它们在供应链合作中碰到的最大压力。供应链中上下游企业分担了核心企业的资金风险，但却并没有得到核心企业的信用支持。尽管银行想给这些企业进行授信，但却常常因为这些中小型企业规模小、抵押物不足、生产经营难于掌握以及抵御经济波动能力差等诸多因素，让银行等金融机构认为风险很大而拒绝放贷。

仅从供应链角度内部来看，核心企业不愿承担资金风险，而供应链上下游中小型企业缺乏融资能力是供应链资金流“梗阻”的内在动因。但如果核心企业能够将自身的资信能力注入其上下游企业，银行等金融机构也能够有效监管核心企业及其上下游企业的业务往来，那么金融机构作为供应链外部的第三方机构就能够将供应链资金流“盘活”，同时也获得金融业务的扩展，这就是供应链金融(Supply Chain Finance，SCF)产生的背景。

16.1.2 供应链金融的概念

供应链金融是商业银行等金融机构的一个金融创新业务，它与传统信贷业务最大的差别在于，利用供应链中的核心企业、第三方物流企业的资信能力，来缓解商业银行等金融机构与中小型企业之间信息的不对称，解决中小型企业的抵押、担保资源匮乏问题。

深圳发展银行将图16-1中的供应链融资模式总结为“1+N”的贸易融资方式，即围绕某“1”家核心企业，将供应商、制造商、分销商、零售商直到最终用户连成一个整体，全方位地为链条上的“N”个企业提供融资服务。

深圳发展银行通过参与核心企业“1”的供应链运作，在稳定与“1”的业务的同时，培育新兴市场的客户群“N”，拓展了银行的资金去向，同时也解决了供应链成员企业的融资瓶颈对供应链稳定性和成本的影响。

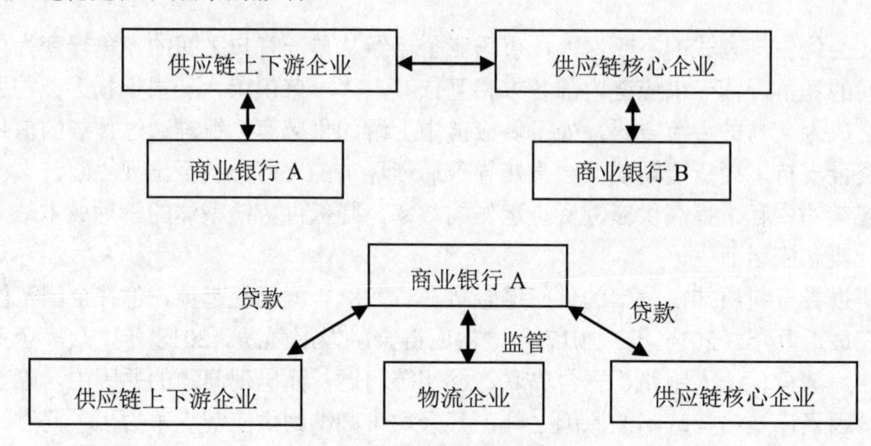

图 16-1 供应链融资模式

深圳发展银行的供应链金融创新开始从新的视角评估中小型企业的信用风险，从专注于对中小企业本身信用风险的评估，转变为对整个供应链及其交易的评估。这样既真正评估了业务的真实风险，也使更多的中小型企业能够进入银行的服务范围。

综合诸多学者以及实业界的观点，在此将供应链金融的概念界定为：供应链金融是金融机构围绕核心企业在对整条供应链进行信用评估及商业交易监管的基础上，面向供应链核心企业和节点企业之间的资金管理进行的一整套财务融资解决方案。

由此，可以看出以下内容。

(1) 供应链金融是金融机构开展的一项金融服务业务，管理的是供应链的资金往来。

(2) 在整条供应链的信用评估中，核心企业的信用被赋予很大的权重，也就是核心企业的信用风险是整体供应链信用风险的主要来源。

(3) 供应链核心企业与链中其他企业间的交易需要被监督，确保不会向虚假业务融资。

(4) 供应链金融是一种财务融资，企业向金融机构的抵押物不是固定资产，而是应收账款、预付款和存货等流动资产。

16.2 供应链金融的主要特征

16.2.1 供应链金融的特点

供应链金融最大的特点就是在供应链中寻找出一个大的核心企业，以核心企业为出发点，为供应链提供金融支持。一方面，将资金有效注入处于相对弱势的上下游配套中小企业，解决中小企业融资难和供应链失衡的问题；另一方面，将银行信用融入上下游企业的购销行为，增强其商业信用，促进中小企业与核心企业建立长期的战略协同关系，提升供应链的竞争能力。

同时，还具有以下几个特点。

第一，金融活动的开展针对的是产业供应链的特定业务，不同特点的业务以及不同的参与者都会对金融服务产生差别化的价值诉求。

第二，供应链金融的宗旨在于优化整个产业的现金流，让利益各方都能以较低资金成本实现较高的经营绩效。因此，供应链金融不仅仅是融资借贷，它包括更为广义的金融服务活动，通过各类金融机构和产品共同为产业供应链服务。

第三，供应链金融具有优化和发展供应链的能动作用，不仅能解决资金问题，甚至能帮助产业打造更具竞争力的供应链体系。

第四，供应链金融的发展一定是金融科技助推的产物，即通过行之有效的互联网技术，使金融服务实体的效率大为提高。

显然，所有这些特征的实现都有赖于从事供应链金融创新的推动者如何深刻理解产业场景以及场景中各利益主体的价值诉求，并在此基础上实现这一价值的体系。

16.2.2 供应链金融的参与主体

供应链金融的参与主体包括：资金的需求主体、供应链金融的供给主体、供应链金融的中间机构以及监管机构。资金的需求主体是供应链上的生产和销售企业，包括在供应链中规模较大、实力较强、资金流产生较大影响的企业和在供应链中处于弱势地位的中小型企业。供应链金融的供给主体主要是商业银行和金融服务机构，它们在供应链金融服务中为中小型企业提供资金支持。供应链金融的中间机构主要是物流公司等。监管机构在中国主要指的是银监会。

16.2.3 供应链金融的切入点

供应链金融把关键企业作为切入点进行调查和探讨。一方面是把资金投入在供应链内力量较小的非大型企业，处理资金不平衡的漏洞；另一方面是把银行的资信投入企业的交易来往中，提高信用水平，让供应链内的每一个参与者能够通过公平公正的方式进行讨论与协调，逐渐形成长时间的战略合作模式，增强供应链的价值和水平，进一步帮助所有供应链的环节都能够长久且平稳地成长。

供应链金融把不一样的因素作为切入点来衡量中小企业的信用危机系数。按照供应链金融的理念，各类金融机构由只在意衡量中小企业自己的信用危险系数逐渐变化成对所有供应链和相关交易的衡量，不仅能够衡量业务的实际危险性，还可以帮助更大量的中小企业与银行开展协作。

16.3 供应链金融的融资模式

在经济全球化背景下，各企业之间竞争激烈。顺应产业的竞争以及各行企业之间的竞争，为企业提供了良好的发展空间，供应链金融应运而生。供应链金融的出现，改变了传统的融资战略模式，使企业融资不再局限于实业融资中，大大降低了各企业的融资成本，让企业供应链发挥了最大价值，同时也为银行供应链审查提供了方便。

16.3.1 应收类：应收账款融资模式

应收账款融资是指在供应链核心企业承诺支付的前提下，供应链上下游的中小型企业可用未到期的应收账款向金融机构进行贷款的一种融资模式。

图 16-2 是一个典型的应收账款融资模式。在这种模式中，供应链上下游的中小型企业是债权融资需求方，核心企业是债务企业并对债权企业的融资进行反担保。一旦融资企业出现问题，金融机构便会要求债务企业承担弥补损失的责任。

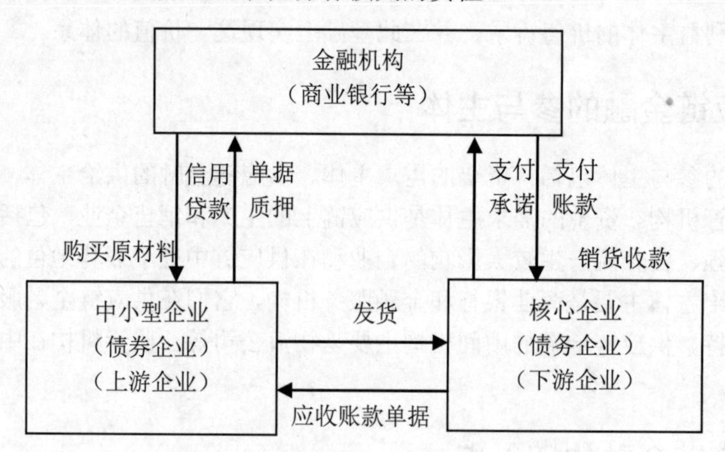

图 16-2 供应链金融——应收账款融资模式

应收账款融资使得上游企业可以及时获得银行的短期信用贷款，不但有利于解决融资企业短期资金的需求，加快中小型企业健康稳定的发展和成长，而且有利于整个供应链的持续高效运作。

16.3.2 预付类：未来货权融资模式

很多情况下，企业支付货款之后在一定时期内往往不能收到现货，但它实际上拥有了对这批货物的未来货权。

未来货权融资(又称为保兑仓融资)是下游购货商向金融机构申请贷款，用于支付上游核心供应商在未来一段时期内交付货物的款项，同时供应商承诺对未被提取的货物进行回购，并将提货权交由金融机构控制的一种融资模式。

图 16-3 是一个典型的未来货权融资模式。在这种模式中，下游融资购货商不必一次性支

付全部货款即可从指定仓库中分批提取货物并用未来的销售收入分次偿还金融机构的贷款；上游核心供应商将仓单抵押至金融机构，并承诺一旦下游购货商出现无法支付贷款时对剩余的货物进行回购。

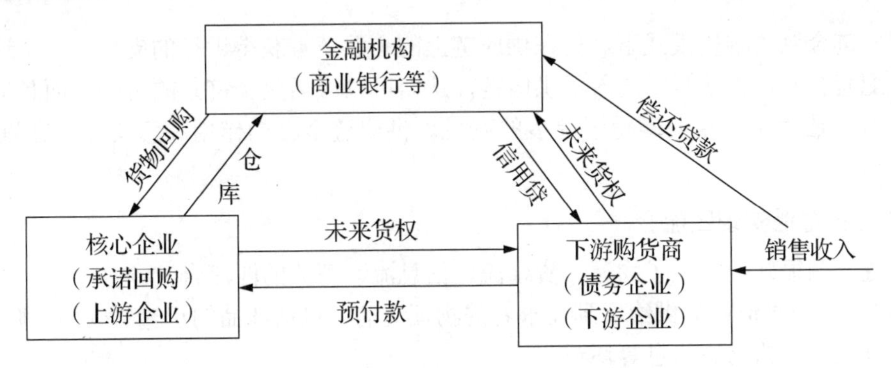

图 16-3　供应链金融——未来货权融资模式

16.3.3　存货类：融通仓融资模式

很多情况下，只有一家需要融资的企业，而这家企业除了货物之外，并没有相应的应收账款和供应链中其他企业的信用担保。此时，金融机构可采用融通仓融资模式对其进行授信。融通仓融资模式是企业以存货作为质押，经过专业的第三方物流企业的评估和证明后，金融机构向其进行授信的一种融资模式。

图 16-4 是一个典型的融通仓融资模式。在这种模式中，抵押货物的贬值风险是金融机构重点关注的问题。因此，金融机构在收到中小企业融通仓业务申请时，应考察企业是否有稳定的库存、是否有长期合作的交易对象以及整体供应链的综合运作状况，以此作为授信决策的依据。

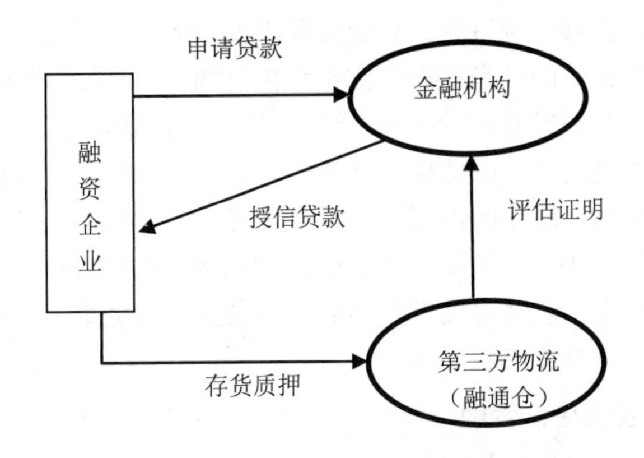

图 16-4　供应链金融——融通仓融资模式

但银行等金融机构可能并不擅长对质押物品的市场价值评估，同时也不擅长对质押物品的物流监管，因此这种融资模式通常需要专业的第三方物流企业参与。金融机构可以根据第三方物流企业的规模和运营能力，将一定的授信额度授予物流企业，由物流企业直接负责融资企业贷款的运营和风险管理，这样既可以简化流程，提高融资企业的产销供应链运作效率，同时也可以转移自身的信贷风险，降低经营成本。

16.4　供应链金融的作用和意义

在供应链金融的融资模式下，处在供应链上的企业一旦获得银行的支持，资金这一“脐血”注入配套企业，也就等于进入了供应链，从而可以激活整个链条的运转；而且借助银行信用的支持，还为中小企业赢得了更多的商机。供应链金融的作用和意义体现在以下 3 个方面。

1. 供应链金融实现四流合一

供应链金融很好地实现了物流、资金流、信息流、商流的四流合一。

(1) 物流：物质资料从供给者到需求者的物理运动，包括商品的运输、仓储、搬运装卸、流通加工以及相关的物流信息等环节。

(2) 资金流：是指采购方支付货款中涉及的财务事项。

(3) 信息流：在整条供应链中，和物流、资金流相关联的各类信息也是物流和信息流的一部分，包括订购单、存货记录、确认函、发票等。

(4) 商流：在供应链中，上下游供应商的资金链条均可被金融服务机构整合，从而形成商流。

在供应链中，物流、资金流、信息流、商流是共同存在的，商流、信息流和资金流的结合将更好地支持和加强供应链上下游企业之间的货物、服务往来(物流)。传统意义上，企业会将注意力集中于加速供应链中物流的流转，但是资金流的流转对企业来说同样很重要。随着市场全球化的发展和新兴市场上浮现出来的贸易机会，如何管理好企业的资金流已经成为企业参与供应链重点关注的话题。

2. 贯穿整条供应链的各个环节

为了确保整条供应链能够顺利进行，企业必须纵观全局，了解上下游企业的具体情况，以及与之相关的物流和资金流的信息。在许多案例中，我们可以发现供应链一旦出现了问题，基本上都是由于供应商无法正常按照合约(如质量、数量、日期等)提供产品所引起的，并非是采购商无法支付货款所引起的。因此作为下游的企业更应当与上游供应商保持紧密联系，及时了解供应商的各种信息，避免因供应商无法及时交货而引起供应链的中断。正如之前所说，企业通常会将注意力集中在货物流上，仅仅关注于企业的货物是否按照要求及时地送到。但是值得注意的是，供应商不能及时提供货物的原因主要因为资金上的短缺。因此作为下游企业更应该倍加关注整条资金流的状况。

3. 借助金融产品完善供应链管理

当有越来越多的商品来自于新兴市场，这也意味着企业面临更加复杂和更具风险的市场，市场上越来越多的交易开始通过赊账的方式进行。企业应当审视到它们存在的风险以及采取积极的方式提高整条供应链的效率。

在当前的金融市场上有许多方法可以加强企业的供应链管理效率，其中使用最为广泛的就是银行的供应链金融产品。目前有一种现象，就是银行和企业之间缺少一定的必要沟通。银行一般不会了解到企业的现金管理和营运资金的情况，除非是和自己业务有密切关联的企业信息。这样的话，在单独开展相应的融资服务的时候，银行就会面临很大的信用风险，企业当然也无法针对自己的资金状况寻求到更为合适的银行产品。

开展了供应链金融之后，这种局面就会得到很好的改善。因为供应链金融是基于供应链中的核心企业，针对它的上下游企业而开展的一种金融服务。通过供应链金融将上下游企业和银行紧密地联系起来。供应链金融使得整条链条形成了一个闭环模式，银行能够准确地掌握各个环节上企业的信息。银行通过核心企业的优质信誉，为它的上下游提供金融服务，在一定程度上降低了风险。企业通过银行的帮助，也能够做到信息流、物流、资金流的整合。在收到对方支付的款项之后，企业就可以及时地将物流进行跟进，这样就实现了资金收付的高效率，加速了整条供应链的物流和资金流的高速运转，提升了整体价值。

在开展供应链金融的时候，供应链中最基本的订单和发票也不应该被忽略，因为订单作为供应商和采购商之间的一种协议，直接关系到了供应商发货前和发货后的融资行为以及采购商存货融资的行为。

16.5 供应链金融的风险及防范

16.5.1 供应链金融风险

供应链金融风险管理的研究主要从风险识别、风险度量和风险控制 3 个方面展开，风险识别的重点是从供应链金融的特点和操作流程入手，来发现业务中的风险要素和风险环节；风险度量是采用各种风险度量技术和模型对贷款企业的信用情况展开估计，目的在于为银行信贷决策提供参考；风险控制的研究主要集中在担保品及担保方式的选择、担保货物质押率和贷款利率的设定以及风险预警策略与机制等方面。供应链金融风险可分为内生风险和外生风险；根据不同风险源又可分为系统风险和非系统风险。这几种风险都会影响融资绩效，因此，供应链金融服务平台要在风险管理过程中充分认识到上述风险的状况，合理构建供应链金融运行体系。

16.5.2 供应链金融风险的影响因素

供应链金融融资模式是与传统的固定资产融资和担保融资模式极为不同的一种创新模式，相关企业和金融机构在融资过程中主要面临市场、管理、信息等风险，直接影响供应链金融业务开展的规模与水平。随着全球经济的迅速发展，商业模式也随之快速改变，生产者也着眼于打造完整的产业链，并寻求随时调整优化其现金流，这对商业银行供应链金融管理提出了巨大挑战。在很多情况下，市场风险主要表现为价格风险，其中抵押品减值是供应链金融的一大风险；从市场环境的多元性和多样化的角度来看，供应链金融面临着极为复杂的市场风险，包括系统性风险和单个企业与产品的非系统性风险；根据供应链一体化程度的差异，下游产品单位价值的微小变化都会对整个供应链金融产生明显的影响。主要影响因素包括以下几点。

1. 外生因素

由于供应链金融并不局限于单个企业，而是突破了企业的边界，因此，其不完善性和动态性产生了额外的风险。

(1) 外部环境的动态性。交易环境、市场需求和政策法律等因素的动态变化会导致风险的产生。交易环境和市场需求等因素的变化有可能导致供应链内的企业无法继续按照原来的协议提供服务或销售产品，不能按期还款，从而产生供应链金融风险。例如，需求趋势预测失误；由于科技发展，更有竞争力的替代品的出现；新的消费观念导致消费者需求的变化。当风险因素出现而供应链中的企业没有及时地应对措施时，销售量就会下降，同时存货增加，回款减少，最终导致供应链断裂，波及整条供应链，使该供应链的其他企业也受到致命的打击。同时，新型金融业态和金融服务产品的出现会导致新的金融风险的形成，对于供应链金融来讲，由于其所涉及主体众多、环节繁杂，并且监管盲点多，这使得其监管体制难以经营和发展，并带来新的风险。另外，国家经济政策对于供应链企业的成立、运营以及发展有着重要影响。在进行产业结构调整时，国家会出台相应的政策以保障产业结构的顺利升级，这些政策一般鼓励和促进相适应的企业，同时对不符合的企业发展产生负面影响，这导致很多处于传统供应链的企业风险增加。近几年我国正处于经济转型期，经济发展速度出现短期下行，因此更应该注重对供应链金融风险的全面认识以及防范管理，进一步降低供应链金融风险。

(2) 外部环境的不完善性。首先，我国的行政部门对银行等金融机构的经营和管理存在着直接或间接的干预、管制或保护。由于存在政府承担银行债务问题的情况，使得银行对于风险的容忍度较大，并且倾向于进行高风险的经营投资活动。这既影响银行的信贷资产，也增加了供应链金融的风险。其次，由于供应链金融是近几年来出现的新模式，其相关的金融法治环境并不完善，并且由于其参与主体众多，主体之间的关系复杂，而国家对于供应链金融中各个主体所需要承担的义务、责任和应当享有的权利尚没有出台完善的法律来进行规范。另外，由于我国电子商务和技术服务平台处于仍然相对落后的水平，我国供应链金融信息化程度较低，这不但导致了信息监管风险的增加，还极大制约了供应链金融的进一步发展。

2. 内生因素

相对于传统的信贷业务，供应链金融系统拥有更复杂的内部结构，因此其内生风险更为突出。

(1) 供应链金融主体因素。一是风险意识缺失。金融市场化导致了金融风险的增大，而作为一种金融创新服务，供应链金融在我国产生和发展的时间还不太长，由于目前的供应链金融大多有交易背景和核心企业作为风控工具，导致各个参与主体缺少必要的风险意识，一些银行急于占领供应链金融的市场，忽视了对金融风险的管理，大量的贷款难以如期得到偿还，从而产生风险。二是风控机制不健全。虽然我国金融业的风险防范机制正在逐步建立，但我国部分金融机构在贷款审批、发放和资金支付等金融业务中，仍然没有建立起良好的风控机制，从而产生了风险。三是缺乏有效的跨组织风险管理。大多数供应链中并没有跨组织的风控机构，难以对包括各参与主体的合作业务进行风险管理，因此一旦出现风险，核心企业、上下游中小企业、商业银行和物流监管公司有可能为了维护各自的利益而采取不同甚至相矛盾的处理措施，这将使风险通过供应链在各个主体之间传导累积，最终进一步放大供应链金融的风险。

(2) 供应链金融系统因素。一是供应链金融系统的复杂性。由于供应链金融所需求的信息量逐级放大和失真，需求变异放大，即“牛鞭效应”会导致供应链中实际需求小于生产规模，出现产品滞销现象，资金难以回流，最终甚至导致资金链断裂，这样就会产生供应链金融风险。二是金融风险的传导性。在供应链融资活动中，核心企业外部经营环境和内部的不确定性所带来的风险，会向供应链上下游企业、银行、物流公司传导和扩散。相应地，上游的原材料供应风险和下游的产品需求变动风险都会影响到核心企业，可能导致核心企业无法及时收回资金而延长付款期限，最终导致违约。这些风险在供应链内的传导中可能会进一步放大，最终影响整个供应链的业务开展。

16.5.3 传统供应链金融风险防控措施

(1) 客户资信风险。一般来说，为了应对客户资信风险，供应链内主体必须要深入企业内部，对其包括业务量、业务能力在内的相关信息进行详细调查、分析和评估。同时为了防止商品质量出现问题，安排专人核对，对商品质量进行严格的审查。

(2) 欺诈类风险。传统供应链金融为了防控欺诈类风险，一般通过一套较为完善的管理和检察制度。除此之外，银行等金融机构还尝试通过强化监督管理改进业务流程。

(3) 账款转移风险。在传统供应链金融中，针对账款转移风险，银行及其他金融机构一般要求企业在融资前出具其与供应商之间鉴定的收款承诺书，以便核对该公司的应收账款情况，防止出现账款转移。

(4) 法律风险。由于当前与供应链金融相关的法律法规仍然不够完善，因此在传统供应链金融中，要防控法律风险，商业银行和企业多通过聘请法律顾问，规避合同中可能存在的风险，明确并及时处理潜在的法律漏洞。

(5) 融资企业自身风险。在相关业务实行之前进行尽可能深入的调查，了解供应链内各个环节的业务能力和资质水平，判断整个供应链所处市场的基本情况。另外，供应链金融各个主体通过建立较为完善的相关风险应对体制，尽可能减少风险所造成的损失。

(6) 质押商品选择风险。银行在质押物方面必须考虑质押物的贬值风险，并且确保其具有良好的可变现能力。

(7) 内部管理与操作风险。传统供应链中，银行和企业一般通过增加人力投入以规避风险，但由于人工操作产生的额外风险仍然难以得到有效的防控。

本章小结

供应链金融是金融机构围绕核心企业在对整条供应链进行信用评估及商业交易监管的基础上，面向供应链核心企业和节点企业之间的资金管理进行的一整套财务融资解决方案。

供应链金融最大的特点是在供应链中寻找出一个大的核心企业，以核心企业为出发点，为供应链提供金融支持。除此之外，还有以下特点：金融活动的开展针对的是产业供应链的特定业务；供应链金融的宗旨在于优化整个产业的现金流，让利益各方都能以较低的资金成本实现较高的经营绩效；供应链金融具有优化和发展供应链的能动作用；供应链金融通过行之有效的互联网技术，提高金融服务实体的效率。

供应链金融的参与主体主要包括：资金的需求主体(主要是供应链上的生产和销售企业)、供应链金融的供给主体(主要是商业银行和金融服务机构)、中间机构(主要是物流公司等)和监管机构(银监会)。

供应链金融的融资模式包括3种：①应收类：应收账款融资模式；②预付类：未来货权融资模式；③存货类：融通仓融资模式。

供应链金融的作用及意义主要包括：①供应链金融很好地实现了物流、资金流、信息流、商流的四流合一；②供应链金融贯穿整条供应链的各个环节；③企业借助供应链金融加强供应链管理效率。

供应链金融风险的影响因素包括外生因素和内生因素两个方面。外生因素包括外部环境的动态性和不完善性。内生因素包括供应链金融主体因素和系统因素，其中供应链金融主体因素包括风险意识缺失、风控机制不健全和缺乏有效的跨组织风险管理；供应链金融系统因素包括供应链金融系统的复杂性和金融风险的传导性。

供应链金融风险主要包括：客户资信风险、欺诈类风险、账款转移风险、法律风险、融资企业自身风险、质押商品选择风险、内部管理与操作风险。

思考与练习

1. 什么是供应链金融?
2. 供应链金融有哪些特点?
3. 供应链金融有哪些融资模式?
4. 为了促进我国供应链金融的发展，请根据实际提出一些可行性建议。

案 例 讨 论

农业供应链金融扶贫减贫机制

现代经济体系中，农业的发展和农民的增收都离不开金融的支持，而贫困农户由于缺乏抵(质)押物或有效担保导致其“融资难、融资贵”的问题长期存在，如何实现金融扶贫成为世界各国共同面临的难题。在我国，由于正规金融机构受到农村小微信贷成本高、信息不对称、农业生产经营风险大等因素的制约，其对农村地区提供金融服务的积极性整体偏低，贫困地区的金融排斥问题尤为突出，从而导致信贷成本高、风险管控难度大和信贷“市场失灵”等现象，甚至造成贫困地区农户长期陷入“金融贫困恶性循环”的怪圈中。《中国农村扶贫开发纲要(2011—2020年)》对金融扶贫提出了明确的要求，鼓励商业银行及相关金融机构加强对贫困地区金融产品的创新，特别是对扶贫性小额信贷、合作金融以及农业供应链金融(Agricultural Supply Chain Financial，ASCF)等信贷工具的创新，积极满足贫困地区农户生产性资金需求，不断发挥金融工具的杠杆作用，促进贫困农户脱贫致富。

1. 金融发展的宏观减贫机理

一些学者认为，金融发展主要通过收入分配和再分配属性来发挥减贫作用，金融发展促进了金融普惠的深度和广度，可以通过经济增长及其收入分配效应促进贫困减缓。也有一些学者认为，贫困减缓并非直接源自金融发展及贸易开放等的作用，更多的来自就业增长对贫困农户收入的提高，而且是一个长期缓慢的过程。综合来看，金融发展的减贫机理并非单纯在于促进产业发展的直接作用，更多的是通过促进经济增长间接推进贫困减少(如扩大就业和对外开放以及优化收入分配等)。

而还有一些学者认为，金融发展往往会因资源错配加剧收入分配不平等，从而扩大贫困深度。当政府在推进项目扶贫过程中出现资源的错配扭曲和收入分配上的非贫困户对贫困户的“精英俘获”现象时，就会阻碍减贫进程。在金融信贷中也往往因精英掌控信贷资源而产生信贷资源瞄准偏误，金融发展无法实现收入分配上的减贫效应。又由于富人群体具有较强的信贷资源获取能力，贫困差距本身带来的信贷资源获取差异强化了信贷资源的“嫌贫爱富”倾向，这种倾向并非线性的，而是呈现出“U”形关系，即当金融发展水平低于一定水平(临界值)时金融发展会减少贫困发生，而超过一定临界值后金融发展却会加剧贫困发生。

总之，金融发展的宏观减贫机理主要在于通过扩大金融供给的普惠性和覆盖面促进经济发展，实现财富增长进而达到普惠性减贫的目的。虽然相关研究对金融发展是否一定会促进减贫还存在争议，但是大多数学者仍然肯定金融发展本身可以促进经济增长进而带来贫困人口增收效应，难点在于如何在微观层面防范金融资源的错配，以避免造成“金融扶贫不减贫”的现象。因此，金融实践的具体微观运作成为决定金融发展宏观减贫效果的关键。

2. 金融运行的微观减贫机制

金融运行与贫困减缓之间存在多元主体差异，使得其扶贫机制也相对复杂，带来的减贫效果也存在异质性。可行能力理论认为，金融扶贫效果不好、信贷资源“嫌贫爱富”主要是由于经济机会的不平等导致贫困人口的信贷需求不足，而并非信贷供给的不匹配。中国的经验证据也表明，贫困人口的有效信贷需求不足是阻碍金融扶贫的重要因素之一，其原因不仅在于贫困人口对生产、生活等的资金投入较少且大多还处于小农经济状态，还在于金融信贷供给本身存在规模经济效应，使得金融信贷对贫困人口经济发展能力的帮助十分有限，从而进一步缩小了贫困人口获取金融信贷的经济机会。此外，政府的金融扶贫资金存在多来源和多头管理的问题，而且扶贫资金挪用风险较高，进而容易造成资金获取上的“精英俘获”。

不健全的产权制度、保险制度、信用制度以及激励约束机制等导致传统正规金融部门对贫困人口的金融排斥，那么，金融运行的微观减贫机制应是通过金融创新(如微型金融、合作金融、互联网金融等)对贫困人口的生产和生活给予信贷支持，进而减缓贫困。比如，合作金融能够通过合作社内部“熟人圈”化解信贷资源在贫困瞄准上的错配问题。政府的财政和金融扶贫往往存在贫困瞄准错配，导致贫困人口和贫困地区的瞄准效率不高，但合作金融有利于提高贫困瞄准的准确度进而减少信贷资源错配。互助性金融和扶贫性金融中的微型金融机构能够较好地发挥金融扶贫的作用，在一定程度上替代了正规农村信用社的功能，并能在村庄治理、内外部监督、贫困人口瞄准等方面表现良好。微型金融服务也能有效提高贫困人口收入，孟加拉国的乡村银行、印度尼西亚的乡村信贷、国际社区资助基金会等微观金融模式创新成为反贫困的重要突破。另外，小额信贷也是低收入人群化解生产性融资需求不足和强化金融减贫效果的重要工具。

(资料来源：申云，张尊帅. 农业供应链金融扶贫研究展望——金融减贫机制和效应文献综述及启示[J]. 西部论坛，2018，28(05)：30-36.)

思考：

1. 如何合理利用农业供应链金融扶贫减贫？
2. 农业供应链金融有何发展前景？

第 17 章　智慧物流

【学习目标】

1. 了解智慧物流的产生背景。
2. 理解智慧物流的概念及功能。
3. 掌握智慧物流的核心框架。
4. 了解智慧物流的前沿动态。

【引导案例】

“智慧物流信息平台 + 绿色集疏运网络”助力京津冀协同发展

2019 年 1 月 23 日，京津冀区域内首个铁路绿色物流配送基地在大红门站启用。绿色物流基地在保障节日民生物资需求的同时，为缓解京津冀区域内交通压力、减少大气污染、让百姓绿色环保过大年提供了有力支撑。铁路绿色物流配送基地的启用，标志着首都市民将享受到不同以往的“外集内配、绿色联运”物流新模式。该基地启用后，实现了民生物资在河北涿州集结，通过小编组列车定时运输至北京大红门基地，由清洁能源车再进行市内精准配送的绿色联运流程，为服务首都民众春节期间生产生活物资需求提供了绿色大通道。

据悉，京津冀首个铁路绿色物流配送基地是中国铁路北京局集团有限公司打造开放共享的“智慧物流信息平台 + 绿色集疏运网络”、助力京津冀协同发展的又一新举措。2018 年 12 月 17 日，北京局集团有限公司京铁云平台上线运营以来，注册用户已达 1 000 多家，在线服务车辆 500 余辆，累计成交 5 000 余单。在此基础上，该局集团公司进一步整合铁路及社会物流资源，加强铁路货场向配送中心转型升级，构建“双核多中心”的外集内配物流网络，有效链接上游供应商、中游生产商和下游客户，积极探索搭建开放共享的“智慧物流信息平台+绿色集疏运网络”新模式，取得了良好的社会效益。

中国铁路北京局集团有限公司还在 2019 年内进一步推出京津冀万吨列车、绿色建材进京、煤炭和矿石等大宗货物“公转铁”服务新举措和新产品，构筑京津冀一小时交通圈、建设绿色物流配送体系，服务首都发展，实现全流程绿色物流生态，为打赢蓝天保卫战和促进京津冀协同发展提供强有力支撑。

(资料来源：京津冀首个铁路绿色物流配送基地启用[J]. 铁道货运，2019，37(02):31.)

思考：

1. 请说说“外集内配、绿色联运”物流新模式具体是什么样子？
2. 请思考“绿色智慧物流”应该包含哪些特征？

17.1 从传统物流到智慧物流

伴随着社会经济的飞速发展，物流产业逐渐崛起，成为支撑国民经济的战略性产业之一。物流行业涉及多个领域，在服务商流、保证生产、方便生活等方面起到了不可替代的重要作用。近年来，我国物流体系不断完善，物流业得到了各方的注意和投资，发展形势大好。当前，“互联网+”是各行各业积极践行的战略，以“互联网+”为驱动是我国社会经济发展的新方向。随着物流业的不断发展，基于物联网、大数据等新一代信息技术的智慧物流理念被提出来并走向了事实应用。

17.1.1 智慧物流产生的背景

智慧物流产生的背景可从国家政策、产业发展现状及互联网技术的发展三方面进行分析。

1. 国家政策

大数据如今已经与人工智能、云计算等成为未来发展的基础性技术。物流行业正在经历智慧化、科技化转型大变革时代，智慧物流应运而生并将重构行业版图。应用的领域也可谓百花齐放，渗透到了我们身边的方方面面。在仓储物流领域，大数据也同样发挥着巨大作用，对于物流仓库选址、布局、路径规划等实施起了辅助决策的作用。

自 2012 年以来，国家已陆续出台相关的产业规划和政策，从侧面推动了大数据产业的发展。然而，专门针对大数据发展尤其是物流大数据的政策规划还没有出台。

目前，国家出台的与大数据相关的物流行业规划和政策，主要包括《第三方物流信息服务平台建设案例指引》《商贸物流标准化专项行动计划》《物流业发展中长期规划(2014—2020年)》《关于推进物流信息化工作的指导意见》等一系列政策，将大数据、信息化处理方法作为物流行业转型升级的重要指导思想。

2011 年 11 月推出的《物联网“十二五”发展规划》将“信息处理技术”列为四项关键技术创新工程之一，包括海量数据存储、数据挖掘、图像视频智能分析。另外三项关键技术创新工程包括信息感知技术、信息传输技术、信息安全技术，也是大数据产业的重要组成部分，与大数据产业发展密切相关。

2013 年 6 月发布的《交通运输业推进物流业健康发展的指导意见》指出，加快推进交通运输物流公共信息平台建设，完善平台基础交换网络；加快推进跨区域、跨行业平台之间的有效对接，实现铁路、公路、水路、民航信息的互联互通；加快完善铁路、公路、水路、民航、邮政等行业信息系统，推进互联互通，增强一体化服务能力，鼓励企业加快推进信息化建设。

2014 年 2 月发布的《第三方物流信息服务平台建设案例指引》指出，对第三方物流信息服务平台建设的指导思想、基本原则、建设类型、建设标准、保障措施与考核要求等进行了

具体说明，并收录了目前国内经营模式较为先进、取得较好经济社会效益的第三方物流信息平台建设案例。

此外，交通运输部正在编制的物流发展“十三五”规划，其中统筹谋划现代物流发展，指出要发展智慧物流，适时研究制定“互联网”货物与物流行动计划，深入推进移动互联网、大数据、云计算等新一代信息技术的应用，强化公共物流信息平台建设，完善平台服务功能。

物流大数据行业的生命周期(数据产生—数据采集—数据传输—数据存储—数据处理—数据分析—数据发布、展示和应用—产生新数据)比较长，一般要在 5～8 年，前期的数据积累和沉淀耗时耗力耗财。目前，中国物流大数据产业正处于起步阶段，未来两年有望快速发展，率先实现大数据增值。

2. 产业发展现状

物流是贯穿经济发展和社会生活全局的重要活动。2013 年被称为大数据元年，2014 年则为移动互联元年。在这个背景下，有必要分析研究大数据技术在物流领域的应用。

物流大数据研究和应用刚刚起步，尚属新兴的研究领域，发展比较缓慢。从细分市场来看，医药物流、冷链物流、电商物流等都在尝试赶乘大数据这辆高速列车，但从实际应用情况来看，目前，电商物流凭借互联网平台具有一定的先发优势，菜鸟网络的横空出世更是给电商物流大数据行业带来了新希望，指明了新方向。

大数据在物流企业中的应用贯穿了整个物流企业的各个环节，主要表现在物流决策、物流企业行政管理、物流客户管理及物流智能预警等过程中。

3. 互联网技术的发展

“互联网+”是创新 2.0 下的互联网发展的新业态，是知识社会创新 2.0 推动下的互联网形态演进及其催生的经济社会发展新形态。

“互联网+”是互联网思维的进一步实践成果，推动经济形态不断地发生演变，从而带动社会经济实体的生命力，为改革、创新、发展提供广阔的网络平台。通俗地说，“互联网+”就是“互联网+各个传统行业”，但这并不是简单的两者相加，而是利用信息通信技术以及互联网平台，让互联网与传统行业进行深度融合，创造新的发展生态。它代表一种新的社会形态，即充分发挥互联网在社会资源配置中的优化和集成作用，将互联网的创新成果深度融合于经济、社会各领域之中，提升全社会的创新力和生产力，形成更广泛的以互联网为基础设施和实现工具的经济发展新形态。

2015 年 7 月 4 日，国务院印发《国务院关于积极推进“互联网+”行动的指导意见》。2016 年 5 月 31 日，教育部、国家语委在京发布《中国语言生活状况报告(2016)》，“互联网+”入选十大新词和十个流行语。

同时，科技进步也随之而来的人工智能的发展。200 多年前，工业革命使机械取代了人的劳动，让更多人可以从繁重的体力劳动中解脱出来，进行知识的探索，从而带来了伟大的知识经济时代。今天，当算法把人从简单脑力劳动中解放出来时，我们可以预见更伟大的知识创造，也就是“创意革命”时代正在到来。作为新一轮科技革命的重要代表，人工智能正由科技研发走向行业应用，成为全球经济发展的新动力。

人工智能并非是一个全新的概念，早在 60 年前，人工智能就正式走进了人们的视野，最近 10 年，随着计算能力的不断提高以及成本的不断下降，再加上大量数据的积累，人们越来越开始意识到人工智能的重要意义，这项技术的发展势头也愈发迅猛。我们已经迎来了人工智能的时代，这将为今天的物流业带来无限的生机。

17.1.2 智慧物流概述

1. 智慧物流的概念

智慧物流是一种以信息技术为支撑，在物流的运输、仓储、包装、装卸搬运、流通加工、配送、信息服务等各个环节实现系统感知，能及时处理及自我调整功能，实现物流规整智慧、发现智慧、创新智慧和系统智慧的现代综合性物流系统。

物流信息技术是物流现代化的主要标志，也是物流技术中发展最快的领域。未来智能物流系统将采用最新的红外、激光、无线、编码、认址、自动识别、定位、无接触供电、光纤、数据库、传感器、卫星定位系统等高新技术，这种集光、机、电、信息等技术于一体的新技术在物流系统的集成应用就是物联网技术在物流业应用的体现。

2. 智慧物流的发展过程

1) 单一化

单一化是传统物流一个较为明显的特征，主要表现为只是利用自身的资源和能力提供物件的流动来满足各类需求。在商品生产、销售、使用存在的地域差异方面，传统物流解决的是商品在空间位移，把商品从生产地转移到销售地、使用地，进而到达消费者手中。此阶段的物流服务内容单一，其整体质量也不是特别高，对于服务对象来说其满意度也比较低。

2) 一体化

随着我国经济社会不断发展，我国物流产业规模在不断壮大，各级政府开始大力支持物流产业发展，物流行业在竞争环境中逐步成长，呈现出可以专业一体化物流服务的市场体系。在有效利用信息技术的情况下，物流行业可以充分利用资源，对其每个环节都进行科学合理的管理和控制，进而进入了一体化时代。

3) 集约化

物流产业发展，历经我国大型企业整合、分离其业务这个过程，使得物流产业专业化和社会化程度不断加深，其运行过程也逐渐细化，达到了可以提供个性化服务的阶段，并以此向其他领域拓展。信息、资金、物资三流融合，形成了一个供应链体系，物流产业向着集约化方向发展。

4) 智慧化

随着各类技术与物流产业的相互融合，在大数据时代背景下，传统物流运营模式遇到了一些新情况，需要物流产业不断改革创新，物流行业已经进入了全新发展时代，即智慧物流体系。

3. 智慧物流的特点分析

智慧物流与先进的科学技术紧密相关，通过与人工智能、“互联网+”等联合，重新进行产业分工、结构调整、发展模式转变，智慧物流呈现出与传统物流不同的新特点。

1) 大环境利好智慧物流发展

在国家层面，已经开始部署和大力推进“互联网 + 高效物流”计划，制定了《“互联网 + 高效物流”实施意见》，这为推进和发展智慧物流营造了很好的大环境。

2) 物流互联网体系逐步建立

随着互联网技术不断发展和成熟，目前涉及物流业的货车、集装箱、托盘、货运等物流设施设备也可以实现与互联网互通，这些设施设备与物流信息连接，为智慧物流体系建立奠定了很好的基础。

3) 物流数据大量应用

智慧物流一个很明显的特征就是以大量数据使用为前提，实现了数据使用从理论到现实的跨越，可以大大提高物流运行过程的效率。这里举一个实例，比如菜鸟网络已经完全采用了智能路由实现节点精准交付，这种准确率可以达到 98%，通过对大数据处理、分析和利用，为物流行业内各个环节实体做出科学决策发挥了重要作用。

4) 协同共享物流模式

智慧物流需要物流各个要素实现“同频共振”，打破传统物流各个环节和要素之间的壁垒，实现资源利用最大化，为智慧物流建设提供精准发力的基础。

17.2 智慧物流的核心框架及功能

17.2.1 智慧物流的核心框架

智慧物流呈现出科技密集型特征。在智慧物流领域，竞争对手不再是传统的物流企业，且真正的竞争对手越来越难以辨认。科技型企业随时可能从其他行业切入并获取物流价值链的部分环节。智慧物流框架内，物流活动由基础层、作业层、感知层、传输层、分析层、决策层组成，如图 17-1 所示。

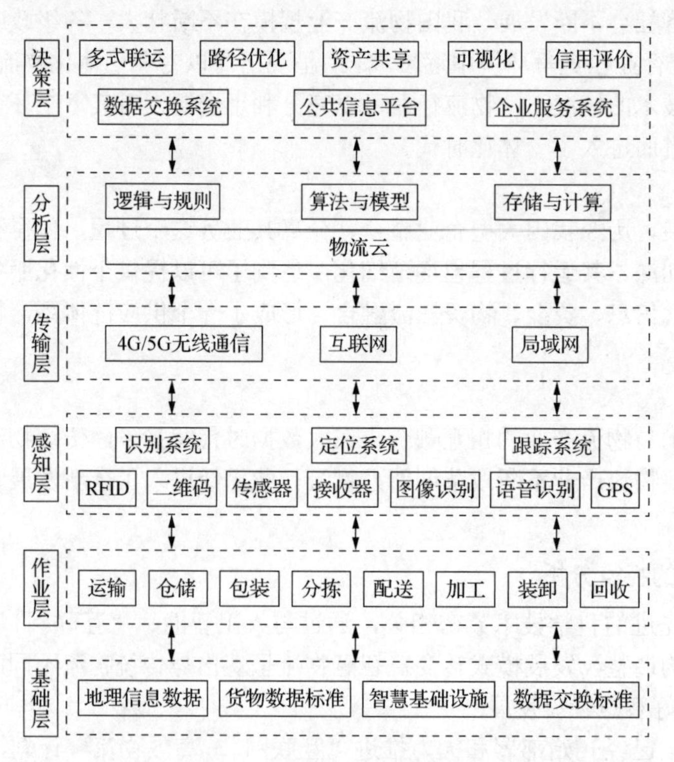

图 17-1 智慧物流的核心框架

1. 基础层

这是智慧物流的基础设施，包括物流基础设施的智能化改造以及地理信息数据、货物数据、数据交换等行业基础标准的建立。

2. 作业层

这是智慧物流的物理活动，既是一切物流活动的起点，也是智慧物流决策反馈作用的终点，形成智慧物流系统闭环。

3. 感知层

这是智慧物流的数据入口，是实现物流全程可视、可控、可追溯的基础和前提，通过射频识别(RFID)、二维码、传感器、音视频处理等技术捕捉物流运作过程中的流体、流速、流向、流量、环境等各种基础数据参数，实现物流业务数字化。

4. 传输层

这是智慧物流的神经网络，利用各种传输网络和通信技术，及时、安全传输所收集的信息。用于传输的数据通路主要包括互联网、局域网、移动通信技术等。

5. 分析层

这是智慧物流的决策大脑，对感知层获取的数据进行处理和加工，把各种物流信息数据集中到云存储中，利用信息整合、分类与智能处理技术，按照预先设定的逻辑和规则，利用大数据、云计算、人工智能等技术进行分析处理，产生决策指令，进而通过感知通信技术向执行系统下达。

6. 决策层

这是智慧物流的执行系统，包括数据互换系统、公共信息平台、企业服务系统等，接收和执行分析层决策命令，现在和未来主要应用于多式联运、车货匹配、需求预测、路径优化、流程可视化、空闲资产协同共享、信用评价等领域。

17.2.2 智慧物流的基本功能

1. 感知功能

运用各种先进技术能够获取运输、仓储、包装、装卸搬运、流通加工、配送、信息服务等各个环节的大量信息。实现实时数据收集，使各方能准确掌握货物、车辆和仓库等信息，初步实现感知智慧。

2. 规整功能

即感知之后把采集的信息通过网络传输到数据中心，用于数据归档，建立强大的数据库，分门别类后加入新数据，使各类数据按要求规整，实现数据的联系性、开放性及动态性，并通过对数据和流程的标准化，推进跨网络的系统整合，实现规整智慧。

3. 智能分析功能

运用智能的模拟器模型等手段分析物流问题。根据问题提出假设，并在实践过程中不断验证问题、发现新问题，做到理论与实践相结合。在运行中系统会自行调用原有的经验数据，随时发现物流作业活动中的漏洞或者薄弱环节，从而实现发现智慧。

4. 优化决策功能

结合特定需要，根据不同的情况评估成本、时间、质量、服务、碳排放和其他标准，评估基于概率的风险，进行预测分析，协同制定决策，提出最合理有效的解决方案，使做出的决策更加准确、科学，从而实现创新智慧。

5. 系统支持功能

系统智慧集中表现于智慧物流并不是各个环节各自独立、毫不相关的物流系统，而是每个环节都能相互联系，互通有无，共享数据，优化资源配置的系统，从而为物流各个环节提供最强大的系统支持，使得各环节协作、协调、协同。

6. 自动修正功能

在前面各个功能的基础上，按照最有效的解决方案，系统自动遵循最快捷有效的路线运行，并在发现问题后自动修正、备案，方便日后查询。

7. 及时反馈功能

物流系统是一个实时更新的系统，反馈是实现系统修正和系统完善必不可少的环节。反馈贯穿于智慧物流系统的每一个环节，为物流相关作业者了解物流运行情况，及时解决系统问题提供了强大的保障。

17.3 智慧物流的特点及发展趋势

17.3.1 智慧物流的特点

智慧物流发展特点主要与其行业特征、应用技术、社会需求等因素有关，由此呈现出特殊的物流特征，主要分为以下几个方面的特征。

1. 智能化特点

智慧物流不是存在于某一个物流环节，而是贯穿于物流全过程，能够对各个环节进行智能化管理。智慧物流的智慧水平与智慧技术有直接关系，自动化技术、信息技术、人工智能技术发展水平越高，智慧物流所具有的智慧管理水平就越高。智慧物流具体表现在以下几个方面：①选择运输道路；②管理库存商品；③控制、跟踪商品；④管理物流配送；⑤自动分拣；⑥其他。随着智慧技术水平的提升，智慧物流的智慧管理作用也将逐渐扩大、丰富智慧管理内容。

2. 柔性化特点

智慧物流发展背景下，物流供需关系已经发生了明显变化，要树立“以客户为中心”的管理理念，根据客户需求调整物流发展。企业需要为客户提供专业、可靠、特殊以及额外的服务，才能够在物流行业竞争中取得优势。智慧物流下的行业发展更具柔性化，服务内容也在不断增多，让客户能够感受到物流服务的灵活性、便捷性，增加物流客户黏度。柔性化智慧物流发展模式下，能够让用户参与到物流管理当中，掌握物流动态信息，随时提出物流需求，并依赖智慧物流技术落实需求，真正实现以客户为物流服务中心的发展理念。

3. 一体化特点

物流行业与其他行业不同，更加注重管理流程化，确保商品物流信息连续性、一致性。智慧物流下的企业活动，应该注重企业之间、企业与个人的物流活动信息管理，形成整体化、系统化管理过程。智慧物流以智慧管理为主要依据，对商品存储、包装、运输以及装卸等环节进行一体化管理，提升物流管理性价比，尽可能为客户提供满意服务，增强企业经济效益。

4. 社会化特点

物流是市场资源流通的重要保障，其服务群体决定了智慧物流社会化特点。我国权威专家学者指出，未来物流发展必将走向国际化、全面化发展道路，面向多个国家、多个区域、多个企业，推动国际市场资源流动与国内市场资源流通，从而达到优化资源配置目的。智慧物流将逐渐扩大社会化属性，发挥资源调配作用。在社会化智慧物流发展背景下，物流行业必须做好物流服务质量与物流成本平衡，才能够在扩大社会效益中取得竞争优势。

17.3.2 智慧物流的发展趋势

智慧物流是现代化社会发展的主要方向，其作用也在不断增强，对社会发展具有重要意义。用数字化引领物流行业新升级，要关注行业发展趋势，构建智慧发展模式，真正实现产业升级。在升级智慧物流时，要注意整合智慧技术，并采用现代化、规范化、科学化管理方式，实现可控、可靠、智能物流管理，从而提升社会市场资源利用率。

1. 绿色物流的可持续发展

物流的本质就是资源调配，在资源调配过程中需要投入大量的管理与运输力量，物流行业耗能较高。2019 年，国家出台了《交通强国建设纲要》政策，要求物流车辆运输应该朝向清洁化发展，使用电动车辆运输，降低车辆尾气排放污染。智慧物流升级过程中，对于仓储、配送过程中进行了详细计算，能够确定最佳路线、位置，选择清洁能源车辆，能够减少能源耗损，实现全智能物流覆盖，推动绿色物流发展。

“绿水青山就是金山银山”，储存“绿色资本”是发展经济、时代进步的基础。针对我国目前在包裹的包装材料上存在浪费、不可降解等问题，为缓解此状况，特提出发展智慧物流一定要加强绿色化。要使绿色化贯彻在整个物流活动中，首先应该加大人们对物流绿色化的意识，进而在运输、流通加工、包装等环节贯彻绿色化。运输方式应尽量控制在零污染、低排放的范围内，采用多式联运的方式，降低运输、搬运、装卸的次数，从而降低气体排放量；流通加工应尽可能地保持物品的原包装状态，采用绿色加工的方式，尽量避免或减少因加工不当造成破坏环境的可能；包装应不仅使用绿色环保的材料，而且应加大对包装材料的循环使用力度。2016 年，京东率先使用全生物降解包装，包装材料在 3～6 个月可以分解为二氧化碳和水，从而大大降低了对环境的伤害。以 2018 年为例，快递包裹总数超过 500 亿件，塑料袋达到 245 亿个，这些对环境造成的破坏可想而知。倘若发展智慧物流是以环境为代价，则应该舍弃。而物流是第三利润源泉，显而易见，发展智慧物流毋庸置疑。因此，智慧物流应以绿色环保为基础，向着“绿色智慧物流”发展。

随着智慧物流技术水平不断提升，系统道路感知、线路优化、动态定位等技术水平不断

提升，将会快速实现智慧运输、智慧配送、智慧管理的新型物流发展之路，节约物流资源，促进行业绿色、节能、可持续发展。

2. 深化协同下的标准化平台发展

所谓标准化主要包括信息标准化、人员标准化、设备标准化、制度标准化等。针对我国目前数据信息多杂乱、物流从业人员素质不高、基础设施不完善、制度不严谨等现状，由此提出智慧物流的发展需要提高标准化。信息标准化有利于数据、信息的快速传递，方便进行处理、整合；设施设备标准化可以有效节约人力、物力、财力；人员标准化可以在很大程度上提高消费者体验；制度标准化有利于提高企业计划、组织、协调、控制的效率，统一企业文化等。因此，标准化的进一步完善将在很大程度上影响我国智慧物流的运营效果。

在信息时代下，科技是企业的竞争力。物流行业在时代发展要求下进行改革，从产业链开始，扩及供应链，再到价值链，都开始向智慧化方向进行升级。物流功能更加复杂，形态也更加高级，并逐渐形成开放管理、共享资源、协同合作、创新发展的四大发展方向。数字化经济快速发展，必然吸引大量的资本涌入到物流行业当中，推动物流行业开放步伐，要求参与企业协同发展，在可持续发展系统中共同合作，突破原有企业合作壁垒，深化企业之间的联系。物流组织在协同发展过程中成为协同发展载体，从单一物流平台信息化逐渐走向系统化发展，并突破系统原有创新链，邀请各创新主体协同发展，推动市场发展，实现市场资源高效配置目的，从而构建稳定的行业发展环境。智慧物流平台系统建设与协同发展是相互促进关系，前者为后者提供协同合作平台，容纳各项社会资源，引导协同力量发展方向；后者则为前者发展、壮大提供支撑，真正实现系统化、社会化发展。

3. 开放化利益共同体发展

智慧物流平台系统构建过程中，可以采用无人机、AI、机器人等现代化技术，简化物流管理过程，并推动流程数字化管理，实现全过程透明化、便捷化人工智能物流管理，降低人工成本投入，改变行业发展类型，满足客户物流需求。在智能物流发展模式下，信息呈现出开放式、个性化、多元化发展管理特征，客户、管理人员、监管人员都可以在授权下获得指定信息，从而实现动态化管理，优化资源配置。智慧物流以信息技术为支撑，具有资源共享的特征。随着数字化技术发展，推动了电子商务、信息技术、物流平台技术等发展，为物流智慧升级提供了必要的技术平台，让协同合作成为可能，将各方紧密相连。

在智慧物流发展过程中，参与主体更加丰富，系统平台也更具开放性。这种开放性不仅仅是资源开放、信息开放、网络开放，更是生态式开放。各行业都可以借助智慧物流的发展，重新构建产业发展模式，实现高层次产业开放，让企业均能够在智慧物流发展生态下获得收益。反之，智慧物流也能够通过各行业生态发展获取更多资源，推动行业发展，从而构建利益共同体。

4. 以无人化为导向

针对我国目前物流相关从事人员素质不高、人员管理体制不严谨等现状，为降低失误率、提高工作效率，一方面，可以加强相关人员、体制的管理；另一方面，无人化的发展也间接削弱了以上现状。同时，发展无人化也是提高技术化水平的一个重要体现。由此提出发展智慧物流需要加强无人化技术，智能化机器人代替相关从业人员进行物流活动，便于组织、管理、协调等。无人机、无人仓、无人驾驶等的出现，将智慧物流的发展又向前推进了一步，从而物流企业也可以将大部分资源投入到公司的核心竞争力上，进一步占领市场。无人仓使仓库管理趋于机械化、自动化、智能化，但无人仓运行的同时也加大了企业在信息设备上的投入；目前，我国无人驾驶的发展也尚未成熟，因此我们不能高估无人驾驶在近期会给人们带来多大的效益，但同时也不能低估无人驾驶在智慧物流的未来发展道路上的巨大潜能。无人化是标准化、智能化、专业化的集中体现。所以，无人化的发展状态也间接表明智慧物流的发展进程。虽然无人化可以促进智慧物流的发展，但是实施无人化的成本也是不容小觑的，所以无人化如何实现盈利还有待研究。在未来发展智慧物流的道路上，降低运营成本、加快技术升级、提高消费者体验，是无人化技术取胜的关键。

17.4 智慧物流的作用

要实现智慧物流在感知规整、决策分析和系统执行方面的功能，必须高度重视物联网、大数据、云计算、人工智能和区块链等新兴技术的应用。例如，2019 年年末和 2020 年年初，在我国暴发了新型冠状病毒，一些物流企业就是利用这些智慧物流的新兴技术来应对物流困境，在提高物流效率、避免疫情扩散和减少人员交叉感染等方面发挥了重大作用。虽然，我国智慧物流发展还处于起步阶段，但其对物流行业发展所具有的功能不可忽视。

17.4.1 推动物流行业转型升级

智慧物流的概念本身就包括“智慧”和“物流”两个层面，即将智能化技术应用于物流行业，使传统物流能够转型升级为新的产业生态，推动物流在技术、业态和模式等方面均发生变革。事实上，我国物流行业的基础相对薄弱、物流设施布局不平衡、行业标准不健全、创新能力有限和运营模式落后成为当前物流行业的短板，一定程度上制约着物流行业的转型升级。而智慧物流能够从技术、人员、组织、标准等方面有力推动物流行业的革新，为物流行业的转型发展提供技术支持，补齐物流行业的短板。例如，智慧物流技术能够推动物流信息化的发展，使物流企业的运作环节通过信息处理有效地被人为控制；推动物流的智能化发展，实现物流运作过程中的理性判断和独立解决；推动物流的协同化发展，加强物流供应链体系中各主体的协同合作。

17.4.2 实现物流技术更新换代

物流技术的更新换代是物流行业发展的重要保障，这也是传统物流和现代物流相区分的一个重要标志。先进技术取代落后技术是社会发展的必然结果，也符合现代信息化和智能化物流技术发展的必然趋势。一般而言，物流技术主要由两部分组成：一是由仓内技术、干线技术、最后一公里技术和末端技术构成的传统技术要素；二是由物联网、大数据、云计算、人工智能和区块链构成的新兴技术要素。从我国物流行业发展的趋势来看，关于物流技术的应用体现为以下 3 个特点：一是仓储、运输、装卸、分拣、包装等技术已经得到了广泛应用；二是条码、射频识别、电子数据交换、全球定位、地理信息等信息技术正在大力推广；三是叉车、托盘、货架、料箱、自动拣选、自动识别等传统技术需要换代。在物流技术的应用层面，智慧物流的上述 5 个关键技术在感知、规整、分析、决策、支持、修复和反馈等方面具

有明显的优势，不仅能够加速传统技术的更新换代，而且能够与推广技术协同应用以实现新老技术的衔接。

17.4.3 降低物流企业成本

物流成本的节约是物流行业发展的关键因素和主要目标，也是各物流企业应用先进技术的核心动力。近年来，阿里巴巴、京东、苏宁等大型电商企业在物流技术的研发和应用方面投入巨大，以打造降低物流成本的技术系统，从而不断降低企业成本和提高物流效率。各物流企业降低物流成本的目的虽然一致，但方式并不相同，有的是缩减人力成本、有的是技术创新、有的是体制改革，但总体上来看对新兴技术的普及程度还有待提高。事实上，在物流网络系统中产生的大量商业数据可以为降低物流企业成本提供决策思路，在数据驱动下的技术革新已成为有效措施。例如，菜鸟驿站已经关注到大数据处理和分析的重要性，通过对有价值信息的挖掘，使用智能路由系统实现了货物的准确交付，准确率已达到98%。物流企业应用大数据等智慧物流新兴技术，在资源配置上进一步优化，能够将制造、采购、仓储、配送等环节有机联系起来，从而使物流企业的运营和管理成本大幅度降低。

17.4.4 提升物流服务体验

有温度的物流服务体验对于打造物流行业品牌和提高物流服务质量意义重大，而要让用户只需动动手指就能体验周到的物流服务，必然需要强大的物流服务技术体系作为支撑。智慧物流的作用就在于通过自动化、智能化、可控化、网络化的现代技术，实现与客户个性化和多样化需求准确对接，达到供给与需求的平衡匹配，不仅让物流企业抓住生成发展的规律，而且主要的是让客户获得满意的服务体验。物流行业对此不能加以忽视，必须寻找提高物流服务体验的内在驱动力，统筹规范本行业的发展规划，而智慧物流新兴技术的应用就是一个突破口。有学者认为，目前医药卫生、社会救助、生活用品、邮政普遍、食品供应链管理等民生领域的新兴技术应用，能够让人们真正体验到智能物流的价值，并为推动智慧物流的发展营造了良好的环境。

17.5 智慧物流在其他行业领域中的应用

17.5.1 智慧物流与交通运输业协调发展

在国内，智慧物流产生和发展时间还不长，它的理念及模式还处于发展阶段。综合交通处于为了适应现代化的发展需要而必须进行优化改造的过程中。不论智慧物流，还是综合交通都是中国经济的基础产业。在它们的发展过程中，不可避免地会受到对方的作用和影响，而两者综合协调高效发展的程度一定会对中国经济的发展产生巨大的影响。

交通运输行业是物流行业的基础，同时物流行业的需求也加快了交通运输行业的不断发展，两者互相推动。在快速全球化的今天，物流行业中的竞争是方方面面的，不仅仅包括运输、配送、仓储等方面的竞争，物流全球化国际竞争还体现在物流各项综合功能的竞争，竞争的内容包括物流服务质量、物流服务市场占有率等多方面的竞争。在全球化背景下物流行业的竞争日渐加剧，交通运输业的发展必然会受到它的影响，因此，物流行业与交通运输行业要想快速协调发展，需对两者进行协调管理，综合考虑，共同谋取发展。

1. 智慧物流与综合交通运输协同发展管理模式

(1) 企业间协同合作。双方要在思想上建立共赢合作的理念，实现利益最大化以及双方的共赢；要共同致力于客户深层次的需求，寻找切入点，扩大市场范围。

(2) 信息平台的合作。信息平台是智慧物流进行信息交流的工作场所，智慧物流信息平台和综合交通运输系统致力于政府以及各行各业，信息平台可以保障建设的重复性，保证信息的正确性和及时性。

(3) 政策支持环境的建立。在社会建设过程中，政府承担着一定的社会作用，政府要统筹不同行业、不同领域的发展，寻找共性，结合本国实际，借鉴国外先进技术，制定出相应的行业标准。

(4) 成本的控制。智慧物流发展的高级阶段是要对资源的整合利用，改善资源浪费的现状。在交通运输方面，我国发展水平较高的城市容易出现拥堵等现象，长期得不到缓解就容易影响社会秩序，政府需要制定相关措施，吸引企业资本，缓解社会矛盾，提高社会基础设施的建设。

(5) 综合效益量化标准的制定。政府对政绩进行定期量化，在经济、社会以及环境效益上进行监督，保证三者的协同发展。智慧物流和交通运输系统发展尚未成熟，对系统量化产生了一定的挑战，只有进行综合的效益量化，才能服务大众。

2. 智慧物流与综合交通运输协同发展的制约因素

(1) 在智慧物流与综合交通运输协同发展的过程中，仍有一部分的现实因素，制约了两者的发展，主要是管理体制与目标的制约。在社会发展的过程中，推动经济发展的主要有企业、地方政府以及中央政府三大主体。在交通系统里，企业往往追求的是低成本、高运速、高服务的运输形式；地方政府顾及的是本地区的运输利益，往往忽略地区与地区间的协调配合；中央政府考虑的则是各地区的区间发展，注重整体的协调优化，这就导致了在最终目标的实现过程中，各方都需要做出利益的取舍。

(2) 市场监管与培育的制约。市场竞争秩序缺乏规范化，智慧物流与综合交通在社会发展中都有一定的地位。在不同阶段，物流与企业、交通公司之间存在着一定的合作与竞争，各方共同遵守公平公正的市场竞争秩序。但由于社会发展过程中，不确定因素的存在，使得市场管理系统中仍然存在着不完善的地方，建立完善有序的市场竞争机制，仍然是加快智慧物流与交通运输行业健康有序发展的重要任务。

(3) 系统内外运用能力的制约。系统内部协同能力不足。随着智慧物流的发展，相对应的新兴产业与日俱增，但就目前来看，大多数企业存在着重复类似的生产性质，但因所属研发机构不同，使得信息在物流链上存在着对接不畅的现象，无法完全体现智慧物流的核心价值观。同时，我国交通运输业发展不平衡，各种交通体系缺乏直接配合，无法保证货物运输更高效、更便捷。

(4) 智慧物流的配套基础设施需要跟得上技术的进步。在交通方面，我国开始允许社会资本进入交通基础设施，但在实施过程中，产生了自然垄断、资产专用的现象，仍然需要国家给予一定的政策来解决。基础设施现代化改造仍在继续。随着交通系统的不断完善，道路传感通信设备较为落后，不能准确高效地发挥其作用，但随着科学技术的发展，在智慧物流的建设过程中，将会出现完善的智慧交通，促进各方更加完善。

(5) 科研与信息化建设的制约。我国在发展的关键环节仍存在着依赖国外先进技术的情况，这就导致我国国家安全以及国家信息等存在着一定的威胁，关键环节的研发迫在眉睫。智慧物流与交通运输系统双方技术信息缺乏有效的衔接，这就需要在双方的协同下，投入足够的资金与人力来进行研发，解决相关问题。

17.5.2 智慧物流视角下的医药仓储管理

随着国内人民生活水平不断提高，医疗保险制度改革，促进医药行业进入高质量发展阶段，促使医药物流快速、高效、高品质地运作。在我国政府一系列改革政策推动下，部分医药产品招标放量、新进医保放量、医药电商快速发展，医药行业企业获得了较快发展。医药行业对医药物流提出了更高要求，传统医药物流改革势在必行。仓储环节作为医药物流的核心环节，以往经验管理、人工操作的理念，难以适应行业的发展。而智慧物流通过物联网、集成智能化、大数据等技术实现优化流程、减少仓储对人的依赖、优化仓储空间利用率、提高货物储存和拣选效率，进而搭建仓储物流平台，为医药仓储转型升级提供了有效的解决方案。

促进智慧物流与医药仓储管理可从以下几方面来考虑。

1. 放眼未来，规划高度柔性的医药仓储系统

医药物流企业在做仓储规划时，应考虑未来政策和市场发展方向，规划高度柔性的医药仓储系统。智慧物流有高度的柔性，自主决策、离散控制、去中心化是它的各功能元素特征，例如，当仓储流程不变时，基于强化学习的协作机器人能根据货物的大小、形状和重量通过传感器调整夹爪力度和深度，实现不同货物的搬运、转移；当仓储需要增加规模时，智慧物流可增加模块，形成更大的系统。智慧物流能在设备、流程、扩展上具备足够的柔性，能解决医药仓储系统缺乏柔性的问题，同时符合 GPS 标准和满足客户个性化需求。

2. 利用智慧物流技术，促进医药仓储信息化、自动化、智慧化

智慧物流将物联网、传感网与互联网整合起来，提高物流系统分析决策和智能执行的能力，实现物流仓储的信息化、可视化、自动化、智能化、网络化。医药物流企业通过将医药仓储信息系统和自动化立体库、自动分拣系统、智能穿戴、电子监管码、电子标签等设备进行无缝对接，实现对医药仓储的出入库，在库管理、库存控制等方面智能管理，同时实现对医药产品的批号、有效期、温湿度监控、溯源等管理，符合新版 GPS 标准。另外，实施智慧物流作为医药物流企业的战略措施，需要高层管理人员高度重视，全面、有效、逐步推进医药仓储信息化、自动化、智慧化。

3. 建立智慧物流信息查询平台，实现货物源头查询服务

智慧物流仓储管理系统通过对接电子监管系统、防伪查询系统及对货物数据的收集，形成货物数据的标准化集成。在智慧物流仓储管理系统的基础上建设智慧物流信息查询平台，就能实现对特定用户货物源头查询服务，能够追溯到医药产品从原材料生产一直到交付环节的所有信息，增强终端消费者的购买信心，促进医药商品的销售，提高客户的满意度。

4. 重组仓储业务流程，降低医药仓储成本

传统的业务流程与操作方式不能适应新技术下的物流业务组织方式。医药仓储应用智慧物流技术，重组流程，必将减少人工操作，实现仓储资源的优化配置。例如，基于自动化立体库的整件“货到人”拣选，大幅度减少人工搬运，减少作业流程；利用 RFID 技术，高效地解决了从医药货物仓储过程中的货物识别、定位、存取、运送、出入库的信息收集和整理问题；自动包装技术，能解决拆零比例激增的问题，并节省了仓储面积；搬运机器人技术，能搬运多品种、多批号、小批量的货物，不至于药品批号混乱；等等。智慧物流提高了仓储资源的利用率，及时响应订单信息，加快仓储作业的效率，通过仓储智慧化设备与信息平台有效连接，提高订单处理的效率和准确率，达到仓储布局、设备利用、信息平台、订单履行的最佳，能降低医药物流企业成本，满足企业客户个性化需求，提升企业的核心竞争力。

5. 转型、打造基于智慧物流的生态供应链

随着医药市场竞争日趋激烈，未来医药供应链需要解决怎样满足消费者的需求、如何以最快速度将物品送给消费者等问题。医药物流企业应充分汲取前段向第三方物流转型积累的经验，利用原有医药仓储聚集医药商品供需信息的优势，通过仓配资源智能调配、智能干线、供应链协同、大数据预测、云仓运营等方式，打造基于云计算应用模式的物流供应链服务平台，使得供应与需求信息在平台上聚集，医药物流企业成为供应链的中心，向医药供应链管理企业转型，带动该医药供应链整体运营效率的提升，将商流、物流、资金流和信息流有效结合，实现医药供应链价值最大化。

6. 加强医药智慧物流人才培养

随着智慧物流技术的不断发展，传统的医药物流管理人员已不能适应行业发展的需要。医药物流企业需要联合高等院校、智慧物流技术研发单位、智慧物流解决方案提供商协同培养医药智慧物流专业人才，重点培养医药智慧物流创新能力、医药智慧物流新技术运用能力、医药物流系统规划能力等。医药物流企业最好能参与到高等院校医药物流产业链人才培养全过程，为医药物流产业链发展储备复合型的专业人才。

17.5.3 智慧物流平台在国际贸易中的运用

以往对外贸易模式是将进出口公司当作贸易主体，借助货代公司揽货、运输、储藏及报关，经过海关部门检验核查，再经过物流企业运输达到产品跨国传递的目的，完成产品的跨国贸易。在中国境内，以智慧物流平台为基础的对外贸易模式则是把以往对外贸易各个环节的参与方相互链接，构建核心管理平台，并通过该平台达到各参与主体间的信息传递、信息共享和单据传递，提升各参与主体间的信息传输效率；在境外，借助境外舱单管理信息平台、单证管理平台与物流服务中心与境外不同国家贸易参与方进行信息交换、信息传输与单据传递。在我国进出口整个贸易过程中，智慧物流都有着较深层面的应用，普遍是对对外贸易过程中直接的核心生产业务和间接支持的相关业务进行的深化应用。

1. 从外贸核心业务角度来看

智慧物流核心管理平台对国内贸易主体与国外单证管理平台进行连接可完成单证交换，对国内货代企业与国外连接可完成订舱协同与舱单传递，将海关部门与其他贸易参与方连接

可完成通关协同，将国内物流公司与国外物流服务中心平台进行连接可实现物流产品的实时定位。

2. 从外贸业务支持角度来看

智慧物流平台可收集国内外的最新贸易政策，达到对外贸易过程中实时调控和快速决策的目的；管理企业必须科学化、合理化、规范化运作，保证贸易的健康进行，依托于外贸过程中物流数据汇总成为大数据库源，对外贸发展趋势展开分析预测，实时调控贸易数量和方向等。借助构建智慧物流平台能够达到外贸流程的一体化发展，从内部成本控制端剪除重复劳动，同时及时共享信息资源，使人力资源和物力资源实现最优化配置，提升信息传输及利用效率，使资源实现最大程度利用。

3. 从智慧物流平台来看

智慧物流平台主要包含四大内部核心模块，依次是以人工智能、大数据等前沿信息技术为核心的数据分析模块，对大量数据进行储存的云计算模块，保证数据安全性存在的数据隔离模块，以物联网技术为基础的信息收集和传递的通信模块，不同模块之间明确分工又相互协作，进行数据和信息传递，构成了整体的物流核心管理平台。

17.5.4 智慧物流在国家应急物资保障体系中的作用

智慧物流是物流系统的高级化形态，是以信息技术为支撑，在物流的运输、仓储、包装、装卸搬运、流通加工、配送、信息服务等各个环节实现系统感知、全面分析、及时处理和自我调整功能，实现物流规整智慧、发现智慧、创新智慧和系统智慧的现代综合性物流系统。智慧物流在未来国家应急物资保障体系中可发挥的作用包括以下几点。

1. 基于需求预测缩短突发事件响应时间

以 2019 年的新型冠状病毒疫情为例，此次疫情出现巨大的应急物资缺口，关键原因是对突发事件未能做出预测判断和及时响应。医院平时储备的防护物资只是偶尔使用，库存相对有限，基本上处于报备—补发的良性循环状态。等疫情暴发，常规消耗品变成损耗巨大的常规消耗品，医院就会遭遇前所未有的供给压力。智慧物流利用新一代信息技术，具有物流全链路距感知能力，尤其是支持对消费需求端变化的实时动态感知，通过大数据预测分析模型和市场需求动态变化进行应急物资预警，更好地对突发事件进行响应并提前做出储备决策。

2. 基于数据共享提高供应体系协同效率

疫情发生后，应急物资市场需求爆发式增长，防控物资企业纷纷复工复产，但由于原材料储备不足和产业链上企业停工导致产能难以快速恢复。2020 年 2 月 18 日，工信部紧急发布一批防疫重点物资清单，涉及防护用品主要原料、防护用品生产设备以及塑料制品包装材料多项内容，并会根据需要动态调整。在产业分工日益精细和倡导零库存的现代经济体系中，保证产业链上下游企业之间供应链的安全稳健特别重要。智慧物流有助于打通供应链上各个企业之间的数据，打破企业之间的信息孤岛，实现整个链条有效的信息共享和无缝连接。通过与市场需求数据对接，可以实现以需求为驱动力，通过供应链中企业之间的信息共享、互动与协调，真正实现供应链的快速反应能力，避免此次疫情暴露出的生产企业捉襟见肘的现象。

3. 优化库存部署实现物资高效调配

疫情暴发后，湖北省与武汉市红十字会被指定为武汉疫情捐赠物资接收单位，但是由于缺乏物流相关经验，难以将应急物资及时合理地送达医院，引发信任危机。随后，专业医药物流企业以及物流相关政府部门介入协助红十字会收发物资，防护物资周转出库效率大幅提高，各前线医院物资匮乏局面得以缓解。智慧物流利用大数据分析技术，可以精准匹配供给和需求，并基于需求预测科学部署库存，智能预测补货，实现库存协同，通过构建多维度运筹模型，对仓储、运输、配送网络进行优化，提高整个供应体系的效率。

本章小结

智慧物流是一种以信息技术为支撑，在物流的运输、仓储、包装、装卸搬运、流通加工、配送、信息服务等各个环节实现系统感知、全面分析，及时处理及自我调整功能，实现物流规整智慧、发现智慧、创新智慧和系统智慧的现代综合性物流系统。

智慧物流的基本功能包括：感知功能、规整功能、智能分析功能、优化决策功能、系统支持功能、自动修正功能、及时反馈功能。

智慧物流框架内，物流活动由基础层、作业层、感知层、传输层、分析层、决策层组成。

智慧物流的应用前景包括：推动物流行业转型升级；实现物流技术更新换代；降低物流企业成本；提升物流服务体验等。

在现代物流业发展过程中，只有有效集合大数据、区块链、物联网、互联网和云计算等先进信息技术，才能最大限度地提升自身的发展动力。在进行智慧化转型升级的过程中，先进的信息技术同样能够带来充足的推动力，为创新运作模式、简化作业流程和提升经营管理质量奠定良好的基础。

思考与练习

1. 简述智慧物流的概念、特点及作用。
2. 智慧物流的框架包括哪几个环节？
3. 智慧物流的应用前景有哪些？
4. 你认为我国物流行业存在哪些问题？对于智慧物流可持续发展你有何建议？

案例讨论

【案例 1】

5G 背景下各大企业正在加速投资部署智慧物流系统

2020 年 7 月 15 日，国家发展改革委等 13 部门发文，支持自动驾驶、自动装卸堆存、无配送应用基础设施。8 月 6 日，交通运输部发布关于推动交通运输领域新型基础设施建设的指导意见，围绕智慧交通基础设施和智慧物流建设做出系列部署。5G 无人仓、无人机竞相亮相，5G 应用风生水起，成为巨头创新用的试验场，特别是今年以来，推进新建的政策暖风频吹。运输领域新型基础设施建设的指导意见，围绕智慧交通基础设施和智慧物流建设做出系列部署。在政策引导下以及疫情防控催化下，以无人物流为代表的智慧物流得到大量应用。

2020 年 7 月，日日顺首个大件物流智能无人仓也在即墨产业园正式启用。依托 5G 和视觉识别、智能控制算法等人工智能技术，该无人仓可实现 24 小时不间断作业，每天自动进出库大件商品 2.4 万件。

近日，由韵达发布的专为 5G+末端物流场景设计的韵达 X470 无人机在浙江桐庐县村庄完成首次载货飞行。飞行当日，韵达 5G 无人机仅用 16 分钟就将一份雪水云绿茶叶，送到了桐庐张家坞村张大爷手中。

阿里 2019 年宣布未来 5 年将投入 1 000 亿元建设全球物流网络，2020 年年初，阿里达摩院宣布正式成立 XG 实验室，聚焦 5G 技术和应用的协同研发，为超高清视频、在线办公、智能物流、自动驾驶等场景研究符合 5G 时代的视频编解码技术、网络传输协议等，并制定相关标准。

京东物流 2019 年 11 月份就率先建成了国内首个 5G 智能物流示范园区，在智能物流园内，依托 5G 技术实现了智能车辆的匹配、自动驾驶的覆盖、人脸识别管理和全域信息监控以及车辆入园路径自动计算和最优车位匹配，无人重卡、无人轻型货车、无人巡检机器人可以调度行驶，让园区内的车辆更加高效有序。

在江苏，江苏移动与苏宁物流在 5G 智慧物流解决方案上进行深度合作，先后在仓储、末端配送等环节进行 5G 技术的实测与落地。南京移动副总经理刘峻透露，中国移动提供的 5G 网络支持已经实现苏宁超级云仓的全覆盖，为多项 5G 技术在物流园区的落地做好基础设施建设，助力苏宁物流提升经营效率，降本增效。

(资料来源：杜峰. 5G 开启“无人”物流新时代[J]. 中国品牌，2020(10)：84-85.)

思考：

为什么说 5G 是智慧物流发展的助推器？

【案例 2】

中国的智慧物流，正在悄然改变世界

2017 年 10 月，“一带一路”沿线国家青年评选出了中国的“新四大发明”，分别是“高铁、移动支付、共享单车和网购”。网购是中国对全世界互联网时代的最大贡献之一，从 2012 年到 2016 年，中国跃升成为全球第一大网络零售大国，这一切都是靠世界第一的快递物流支撑起来的。人们享受着世界第一的物流快递服务，可能并不知道中国物流基础硬件强大到了什么程度。到底都是什么样的黑科技？我们可以去苏宁云仓一探究竟，去看看一个不需要人类操作工的智慧仓库，都是怎么运作的。

位于南京市雨花物流基地的“苏宁云仓”，建筑面积达 20 万平方米，这是苏宁的第五代智能物流基地，早在 2016 年就实现了自动化、智能化、数据化，是电商行业第一个实现全流程智能化的物流中心，同时也是亚洲最大的电商物流基地。这里可以存储 100 万 SKU，容纳 2 000 万件商品。

“云仓”拥有国内电商中处理能力最强大的自动分拨系统，在包裹分拣过程中，能每小时处理 3.2 万件包裹，在路径分拣中，每小时能处理 18 000 箱货物。双循环 1 400 箱/小时的高效智能拣选系统，能够保证拣选精准度高达 99.99%。SCS 货到人拣选是人力拣选效率的 10 倍以上，单行每小时能够处理 1 200 件订单，中件商品自动测量、自动补货、自动排序、自动出库，完全不需要人力操作。苏宁云仓箱式堆垛系统如图 17-2 所示。

图 17-2　苏宁云仓箱式堆垛系统

在苏宁云仓，我们会看到无数个苏宁物流小机器人从早到晚忙碌不休，如图 17-3 所示，“他们”会整齐地排成一列列，接受控制中心的智能调度，并且通过二维码精准导航，把可移动货架送到指定的位置，接受智能拣选，而这样的运送拣选方式，比传统的人力操作，提高了 3 倍以上的效率。我们同时会看到巨大的高密度智能存储货架，像钢铁巨人一样旋转着，将货物一件一件自动检测、自动分拣、自动传送，直至自动打包出库。在这个过程中，几乎不需要人力去参与任何复杂的事情，因为在这里，除了无数个小机器人之外，要有一个最智慧的人工智能“大脑”，而自动存储分拣的货架和小机器人组成了云仓的四肢。

图 17-3　苏宁物流小机器人

云仓拥有一个极聪明的数据大脑，这是云仓的数据存储处理中心，就好比《我，机器人》中的超级电脑“viki”，数字化每一件商品、货架和存储位，协调高密度存储系统和 ASRS 自动托盘堆垛系统，每秒钟可以分析上亿个数据，输送线里程达 23 公里。云仓的“大脑”能够确保每一个小机器人和货架、货物在这个复杂的系统中准确归位，进出畅通，每一条路线的制定，都科学而严谨。“云仓”的科技含量和物流仓储能力是令人惊叹的，它的整个智慧系统能保证货物安全、高效地送到顾客手中。在这里，分拣与运送一气呵成，没有支流，从不延误。在这里，人与机器完美协作，人文关怀和高新科技水乳交融，我们正在见证一个新的科技时代。云仓货物自动拣选系统如图 17-4 所示。

图 17-4　云仓货物自动拣选系统

中国的智慧物流正在不知不觉中改变世界，串联起地球上的每一个城市，将中国服务送达世界的每一个角落，让世界变得更小，让所有事情变得方便快捷，让人与人之间都变得更加温暖亲切。

(资料来源：https://www.sohu.com/a/198231247_820251.)

思考：

中国智慧物流的发展趋势是什么？“苏宁云仓”体现了哪些特征？

 微课视频

扫一扫获取本章相关微课视频。

智慧物流.mp4

第 18 章　区块链技术

【学习目标】

1. 理解区块链的基本概述。
2. 了解区块链技术的基础模型。
3. 了解区块链的基本特征及种类。
4. 理解基于区块链的智能合约。
5. 了解区块链技术的应用前景。

【引导案例】

区块链技术在物流领域的应用

Yojee 是一家成立于 2015 年 1 月的新加坡公司，致力于设计自动化物流网络，为物流公司提供实时跟踪、提货和交货确认、开票、工作管理和司机评级等服务。

目前 Yojee 已经构建了使用人工智能和区块链的软件，充分利用现有的最后一英里交付基础设施来帮助物流企业调整它们的车队。该软件能够优化和管理车队，利用机器学习将物流交付工作自动分配给司机，减少对人工调度员的需求，这不仅降低了物流供应商的成本，还为客户提供了更便捷的交付。此外，Yojee 的软件还利用区块链技术来跟踪、存档交易和交货细节，以便在必要时始终可以对其进行验证，保证了货物安全性。

而针对电子商务公司，Yojee 推出了一个名为 chatbot 的软件，帮助电商公司在没有人的情况下预订送货。Chatbot 可以将客户的详细信息(地址、交货时间等)反馈到系统，然后系统自动安排正确的快递。

Yojee 的软件对于小型物流公司尤其有价值。小型物流企业由于货量不够大，很难与大型国际公司竞争。与大多数软件专注于提高个体物流公司的运营效率不同，Yojee 在它的平台上将小型物流交付公司捆绑在一起，以便它们能够受益于规模经济。此外，为了让更多的小型物流公司加入平台，Yojee 的系统在确保物流公司相互合作的同时可以不暴露物流公司的 IP、路线和客户资源等信息。Yojee 最吸引人的是其自主交付技术。Yojee 的软件支持自主交付车辆，其自动化管理网络和自动驾车的结合可以使小型物流公司比大型车队更有优势，这让每家在 Yojee 注册的公司都可以按需使用自主卡车车队。

(资料来源：http://www.btb8.com/blockchain/1905/50780.html.)

思考：

采用区块链技术对 Yojee 的发展有哪些影响？

18.1 区块链概述

18.1.1 区块链技术的背景

1. 区块链的基本概念

区块链是以比特币为代表的数字加密货币体系的核心支撑技术。区块链技术的核心优势是去中心化，能够通过运用数据加密、时间戳、分布式共识和经济激励等手段，在节点无须互相信任的分布式系统中实现基于去中心化信用的点对点交易、协调与协作，从而为解决中心化机构普遍存在的高成本、低效率和数据存储不安全等问题提供了解决方案。

区块链技术起源于 2008 年由化名为“中本聪”的学者在密码学邮件组发表的奠基性论文《比特币：一种点对点电子现金系统》，目前尚未形成行业公认的区块链定义。狭义来讲，区块链是一种按照时间顺序将数据区块以链条的方式组合成特定数据结构，并以密码学方式保证的不可篡改和不可伪造的去中心化共享总账(Decentralized shared ledger)，能够安全存储简单的、有先后关系的、能在系统内验证的数据。广义的区块链技术则是利用加密链式区块结构来验证与存储数据、利用分布式节点共识算法来生成和更新数据、利用自动化脚本代码(智能合约)来编程和操作数据的一种全新的去中心化基础架构与分布式计算范式。区块链结构如图 18-1 所示。

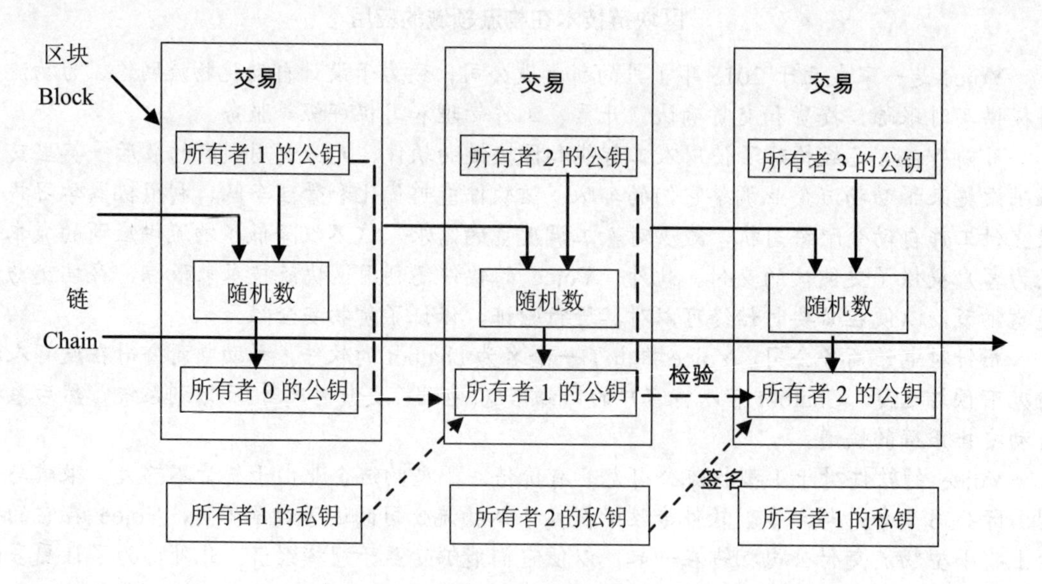

图 18-1 区块链结构

2. 区块链的发展历程

区块链－原始区块链，是一种去中心化的数据库，它包含一张被称为区块的列表，有着持续增长并且排列整齐的记录。每个区块都包含一个时间戳和一个与前一区块的链接：设计区块链使得数据不可篡改，一旦记录下来，在一个区块中的数据将不可逆。

区块链的设计是一种保护措施，如应用于高容错的分布式计算系统。区块链使混合一致性成为可能，这使区块链适合记录事件、标题、医疗记录和其他需要收录数据的活动、身份识别管理、交易流程管理和出处证明管理。区块链对于金融脱媒有巨大的潜能，对于引导全球贸易有着巨大的影响。

2008 年由中本聪第一次提出了区块链的概念，在随后的几年中，成为电子货币比特币的核心组成部分：作为所有交易的公共账簿。通过利用点对点网络和分布式时间戳服务器，区块链数据库能够进行自主管理。为比特币而发明的区块链使它成为第一个解决重复消费问题的数字货币。比特币的设计已经成为其他应用程序的灵感来源。

然而发展到今天，人们关注区块链技术已远超于关注比特币本身了。Melanie Swan 在其著作 *Block Chain:Blue print for A New Economy* 中将区块链的应用范围划分成 3 个层面，分别称其为区块链 1.0、2.0 和 3.0。本文借用其分类来梳理区块链应用的发展历史脉络。

(1) 区块链 1.0：可编程货币的出现使得价值在互联网中直接流通成为可能。区块链构建了一种全新的去中心化的数字支付系统，随时随地的货币交易、毫无障碍的跨国支付以及低成本运营的去中心化体系都让这个系统变得更具潜力。

(2) 区块链 2.0：可编程金融受到数字货币的影响，人们开始将区块链技术的应用范围扩展到其他金融领域。基于区块链技术可编程的特点，人们尝试将“智能合约”的理念加入区块链中，形成了可编程金融。有了合约系统的支撑，区块链的应用范围开始从单一的货币领域扩大到涉及合约功能的其他金融领域，让区块链技术得以在包括股票、清算、私募股权等众多金融领域崭露头角。目前，许多金融机构都开始研究区块链技术并尝试将其运用于现实。

(3) 区块链 3.0：可编程社会随着区块链技术的进一步发展，其“去中心化”功能及“数据防伪”功能在其他领域逐步受到重视。人们开始认识到，区块链的应用也许不仅局限在金融领域，而是可以扩展到任何有需求的领域中去。于是，在金融领域之外，区块链技术又陆续被应用到了公证、仲裁、审计、域名、物流、医疗、邮件、鉴证、投票等其他领域中来。在这一应用阶段，人们试图用区块链来颠覆互联网的最底层协议，并试图将区块链技术运用到物联网中，让整个社会进入智能互联网时代，形成一个可编程的社会。

随着中国各类区块链机构在技术领域的不断创新，中国区块链专利数量增长迅速，已超过美国居全球首位。2013 年至 2018 年，中国区块链专利累计申请量为 4 435 件，全球占比 48%，布局数量显著超越美国；第二名美国有 1 833 件区块链专利，全球占比 21%。中国区块链专利数量的高速增长，不仅代表着中国对区块链技术的重视和推动，也预示着中国在区块链领域将拥有更多国际话语权，国际地位进一步提升。

3. 区块链的基础架构

一般说来，区块链系统由数据层、网络层、共识层、激励层、合约层和应用层组成。其中，数据层封装了底层数据区块以及相关的数据加密和时间戳等技术；网络层则包括分布式组网机制、数据传播机制和数据验证机制等；共识层主要封装网络节点的各类共识算法；激励层将经济因素集成到区块链技术体系中来，主要包括经济激励的发行机制和分配机制等；合约层主要封装各类脚本、算法和智能合约，是区块链可编程特性的基础；应用层则封装了区块链的各种应用场景和案例。该模型中，基于时间戳的链式区块结构、分布式节点的共识机制，基于共识算力的经济激励和灵活可编程的智能合约是区块链技术最具代表性的创新点。区块链技术的基础架构模型如图 18-2 所示。

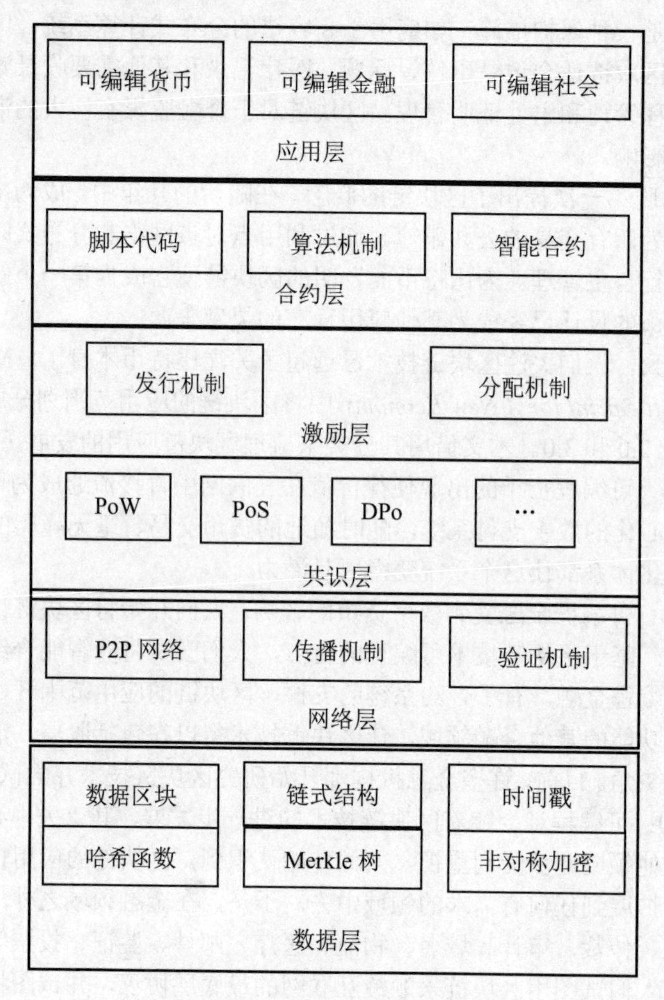

图 18-2 区块链基础架构模型

18.1.2 区块链的特征及类型

1. 区块链的基本特征

从区块链的形成过程看，区块链技术具有以下特征。

一是去中心化。区块链技术不依赖额外的第三方管理机构或硬件设施，没有中心管制，除了自成一体的区块链本身，通过分布式核算和存储，各个节点实现了信息自我验证、传递和管理。去中心化是区块链最突出最本质的特征。

二是开放性。区块链技术基础是开源的，除了交易各方的私有信息被加密外，区块链的数据对所有人开放，任何人都可以通过公开的接口查询区块链数据和开发相关应用，因此整个系统信息高度透明。

三是独立性。基于协商一致的规范和协议(类似比特币采用的哈希算法等各种数学算法)，整个区块链系统不依赖其他第三方，所有节点能够在系统内自动安全地验证、交换数据，不需要任何人为的干预。

四是安全性。只要不能掌控全部数据节点的51%，就无法肆意操控修改网络数据，这使区块链本身变得相对安全，避免了主观人为的数据变更。

五是匿名性。除非有法律规范要求，单从技术上来讲，各区块节点的身份信息不需要公开或验证，信息传递可以匿名进行。

2. 区块链的类型

火币发行的《区块链：定义未来金融与经济新格局》一书中将区块链分为三类，其中混合区块链和私有区块链可以认为是广义的私链。

1) 公有区块链(Public Block Chains)

即世界上任何个体或者团体都可以发送交易，且交易能够获得该区块链的有效确认，任何人都可以参与其共识过程。公有区块链是最早的区块链，也是应用最广泛的区块链，各大bitcoins系列的虚拟数字货币均基于公有区块链，世界上有且仅有一条该币种对应的区块链。

2) 行业区块链(Consortium Block Chains)

由某个群体内部指定多个预选的节点为记账人，每个块的生成由所有的预选节点共同决定(预选节点参与共识过程)，其他接入节点可以参与交易，但不过问记账过程(本质上还是托管记账，只是变成分布式记账，预选节点的多少、如何决定每个块的记账者成为该区块链的主要风险点)，其他任何人可以通过该区块链开放的API进行限定查询。

3) 私有区块链(Private Block Chains)

仅仅使用区块链的总账技术进行记账，可以是一个公司，也可以是个人，独享该区块链的写入权限，本链与其他的分布式存储方案没有太大区别。传统金融都想实验尝试私有区块链，而公链的应用如bitcoin已经工业化，私链的应用产品还在摸索当中。

18.1.3 构建区块链的基础方法

以下为构建区块链相关的基础方式。

1. 哈希算法

哈希(亦称散列)算法将任意长度的输入值映射为较短固定长度的二进制值。例如，SHA256算法就是将任意长度的输入映射到长度为256位的固定长度输出，这个二进制值称为哈希值(亦称散列值)。数据的哈希值可以检验数据的完整性，如快速查找和加密算法。

哈希算法广泛应用于区块链中，区块链通常不保存原始数据，而是保存该数据的哈希值，Merkle树中的节点信息是两次SHA256哈希运算得到的。以太坊账户地址是用Kec-cak-256哈希运算一个公钥得到的；而比特币地址则是通过SHA256和RIPEMD160哈希运算一个公钥而得到。此外，签名频繁应用于区块链中，它由私钥和需要被签名的数据经哈希运算而成。著名的工作量证明算法、Merkle树都是哈希算法的应用。

2. Merkle 树

Merkle树是由Ralph Merkle发明的一种基于数据哈希构建的树，内容包括以下方面。

(1) 其数据结构是一棵树，一般为二叉树，也可以为多叉树。

(2) 其叶子节点是数据块(如文件或文件集合)的哈希值。

(3) 非叶子节点是其所有子节点的哈希值。Merkle 树在验证、文件对比中应用较多，特别是在分布式环境下，Merkle 树会大大减小数据的传输量和计算的复杂度。

区块链中的每个区块都包含了记录于该区块的所有交易，区块链系统采用二叉树型的 Merkle 树对这些交易进行归纳表示，同时生成该交易集合的数字签名。Merkle 树支持快速地归纳和校验区块中交易的完整性与存在性。

3. 时间戳服务

区块链技术的发展受到比特币应用需求的推动。比特币作为数字货币，首先需要解决“重复支付(double spending)”问题，即一笔货币不能被花费两次或者一笔资金不能出现在两个交易中。中心化的信用系统(如银行)依靠国家机器的强制力来防止伪钞，而区块链系统完全依靠技术来解决“重复支付”问题。系统给每一笔交易盖上正确的时间戳，以此证明在这个时刻这笔交易确实发生，交易中资金的所属权已经转移，之前资金所有者再次使用这笔资金时就会报错，从而解决重复支付问题。

4. 工作量证明机制

工作证明(Proof of Work，PoW)，也称工作量证明。比特币系统利用 PoW 机制使系统各节点最终达成共识，进而得到最终区块。这里的工作是指找到一个合理的区块哈希值，它需要不断地进行大量的计算，计算时间取决于当前目标的难度和机器的运算速度。当一个节点找到这个值之后，就说明该节点确实经过了大量的计算，这就是工作量证明。由于验证只需对结果值进行一次哈希运算，因此 PoW 的验证效率很高。

5. 权益证明机制

相比 PoW 浪费大量的算力，当权益证明(Proof of Stake，PoS)仅仅需要少量的计算就能维持区块链的正常运转。这种机制根据货币持有量和时间来分配相应的利息。但是这种机制存在一点不足，即区块的产生没有消耗大量算力导致这种机制下的货币价值来源难以确定，因为任何区块链系统都可以实现。

6. P2P 网络技术

P2P 网络技术又称为点对点技术，是一个没有中心服务器、依靠用户群交换信息的互联网体系。P2P 网络由于没有中心化服务器，使得它天生具有耐攻击、高容错的优点；并且各个节点地位平等，服务分散在各个节点上进行，因此部分节点或网络遭到攻击对整个系统几乎没有影响。比特币系统应用 P2P 技术，使各个节点独立地参与系统，每个节点都是一个独立的个体，单独节点宕机或者遭到攻击都不会对系统造成影响。

7. 非对称加密技术

非对称加密需要密钥对，即公钥和私钥成对出现。公钥公开、私钥保密，私钥加密的信息只有对应的公钥才能解开；公钥加密的信息只有对应的私钥才能解密，即公钥加密，私钥解密；私钥签名、公钥验证，在比特币系统中，公钥由私钥通过椭圆曲线加密算法生成，交易信息中必须要有正确的数字签名才能验证交易有效。

18.2 智能合约

18.2.1 智能合约概述

1. 智能合约的概念

智能合约的概念最早在 1994 年由学者 NickSz-abo 提出，最初被定义为一套以数字形式定义的承诺，包括合约参与方可以在上面执行这些承诺的协议，其设计初衷是希望通过将智能合约内置到物理实体来创造各种灵活可控的智能资产。由于计算手段的落后和应用场景的缺失，智能合约并未受到研究者的广泛关注。

区块链技术的出现重新定义了智能合约。智能合约是区块链的核心构成要素(合约层)，是由事件驱动的、具有状态的、运行在可复制的共享区块链数据账本上的计算机程序，能够实现主动或被动的处理数据，接受、储存和发送价值，以及控制和管理各类链上智能资产等功能。智能合约作为一种嵌入式程序化合约，可以内置在任何区块链数据、交易、有形或无形资产上，形成可编程控制的软件定义的系统、市场和资产。智能合约不仅为传统金融资产的发行、交易、创造和管理提供了创新性的解决方案，同时能够在社会系统中的资产管理、合同管理、监管执法等事务中发挥重要作用。

具体说来，智能合约是一组情景应对型的程序化规则和逻辑，是部署在区块链上的去中心化、可信共享的程序代码。智能合约同样具有区块链数据的一般特征，如分布式记录、存储和验证、不可篡改和伪造等。签署合约的各参与方就合约内容、违约条件、违约责任和外部核查数据源达成一致，必要时检查和测试合约代码以确保无误后，以智能合约的形式部署在区块链上，即可不依赖任何中心机构自动地代表各签署方执行合约。

2. 智能合约的运行机理

以太坊为开发者创建基于共识的、可扩展的、标准化的、易于开发的应用提供了平台，使任何人可以在具有图灵完备编程语言的 EVM 上创建智能合约。一个被部署在共享的、分布式数据账本上的智能合约不仅仅是一段可以自动执行的计算机程序，也是区块链系统的参与者，在满足执行条件时按照已经编写好的程序自动执行，对接收到的信息进行回应，同时进行系统中智能资产的转移以及存储，没有任何第三方干预的可能性。

智能合约的运作机理如图 18-3 所示。通常情况下，智能合约经各方签署后，以程序代码的形式附着在区块链数据(如一笔比特币交易)上，经 P2P 网络传播和节点验证后记入区块链的特定区块中。智能合约封装了预定义的若干状态及转换规则、触发合约执行的情景(如到达特定间或发生特定事件等)、特定情景下的应对行动等。区块链可实时监控智能合约的状态，它通过核查外部数据源，确认满足特定触发条件后激活并执行合约。当外部环境到达智能合约的触发条件时，如时间、事件、交易和固定行为，触发智能合约中的逻辑规则，合约执行的结果是改变了账户的状态和值，同时也可能会触发其他的合约。

在未来，智能合约的设计将由固定规则向智能化发展，随着人工智能、机器学习和神经网络领域的进步，IF-THEN 的合约模式逐渐会被淘汰，取而代之的将会是 WHAT-THEN 模式，甚至将机器学习和神经网络训练融入区块链合约中，使智能合约可以像 AlphaGo 具备自主学习和做出准确判断的能力。但是更智能化的合约将会为分布式网络带来巨大的负担，如计算资源和存储资源，这些难题都将是未来智能合约发展的拦路虎。

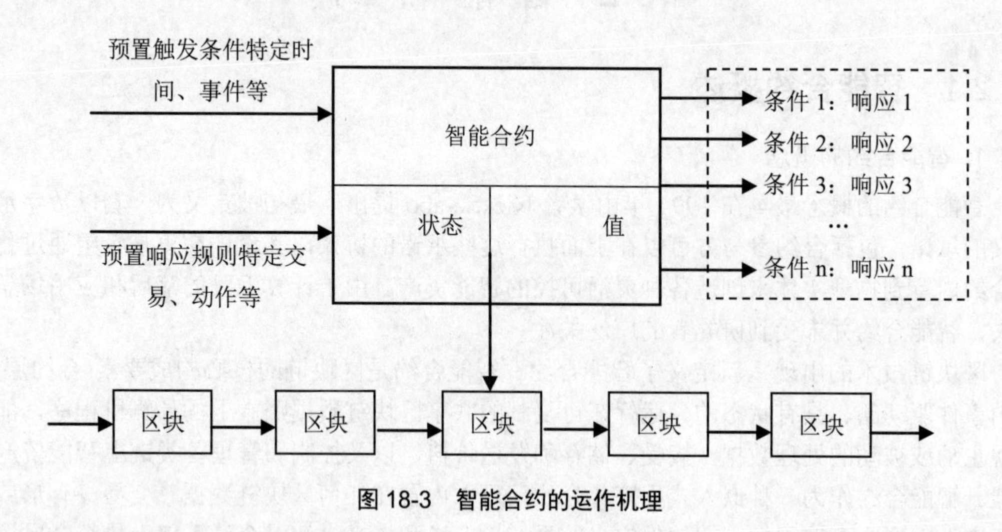

图 18-3　智能合约的运作机理

3. 智能合约的特征

(1) 自治表示合约一旦启动就会自动运行，而不需要其他签署方进行任何干预。

(2) 自足则意味着合约能够通过提供服务或发行资产来获取资金，并在需要时使用这些资金。

(3) 去中心化则意味着智能合约是由去中心化存储和验证的程序代码而非中心化实体来保障执行的合约，能在很大程度上保证合约的公平和公正性。

18.2.2　智能合约的应用

智能合约与区块链具有极广阔的应用领域，在以太坊的白皮书中将其分为 3 种类型：金融领域的应用、半金融应用和非金融领域的应用，以下列举了主要的几种应用场景。

(1) 金融交易。传统的金融交易必须经过银行，第三方系统把钱从一个账户转移到另一个账户，会消耗大量的时间和成本；使用区块链智能合约技术可以加快交易的速率，推动全球商品的转移，加快经济全球化进程，提高资产的流动性。

(2) 债券。在债券交易的过程中，智能合约将日期、数字、违约条件和质押条件转换为可执行的计算机代码，建立一个适合于债券市场的复杂的智能合约模板，增加债券市场的稳定性、可靠性以及提升交易的效率。

(3) 透明供应链。供应链由不同层次的交易构成，这些交易的一些术语和条件表达都不一致。因此，智能合约建立了一个透明、可靠和无第三方参与的信息框架，用来追踪产品的来源和去向，以便消费者在购买产品时做出明智的选择。例如，Prove-nance 使用以太坊智能合约来帮助品牌和零售商通过透明度建立客户信任。

(4) 物联网。物联网设备已经在人们的生活中无处不在，但是当前的设备大多存在很多问题，如集中式数据存储引起数据丢失和泄露，交易依赖第三方而导致效率低下等。智能合约为物联网设备提供快捷自主的支付功能的同时还可以实现安全可靠的数据共享和结算。在未来的智慧医疗、智能家居、智慧城市交通、智能汽车等领域有巨大的研究前景。因此，区块链技术的融入将使未来的物联网系统更加智能、安全和自主。

(5) 能源交易。随着新能源的发展，太阳能、风能等新能源进入能源市场，使得个人和机构交易剩余能源变为可能。建立一个区块链和智能合约网络，个人和机构都是独立的节点，可以在不需要第三方参与的情况下安全可靠地交易网络上的能源。

18.2.3 智能合约中存在的问题

智能合约中存在的问题为以下几个方面：数的可重入性、整数的溢出、时间戳依赖和超出调用栈深度等。2016 年由 Ethereum 主导的 The DAO 基金受到一种“函数递归调用”的严重合约漏洞攻击，2018 年 4 月又连续发生了两次黑客利用智能合约漏洞攻击数字货币的案例，导致美链(beauty chain，BEC)市值归零以及 SMT(smart mesh)暂停交易平台的充值和提现功能。为了避免智能合约本身的漏洞，对代码进行测试和审计是必要的。以下列举出了智能合约中的主要安全问题。

(1) 时间戳依赖。矿工在挖矿成功时会在区块中加入当地世界标准时间的时间戳，并且可以修改几秒钟的波动范围。一些恶意的攻击节点，将智能合约以时间戳作为触发条件，以此谋取不正当的收益。

(2) 重入漏洞。智能合约执行过程中，可能会涉及合约之间的相互调用，当一个合约调用另一个合约的时候，当前合约会暂停等待另一个合约的执行。但由于回退机制，从调用合约返回后又从头执行原合约，导致合约被循环调用，从而带来了智能合约的安全风险。

(3) 调用堆栈深度。两个智能合约相互调用时，与合约相关的堆栈会自动增加一帧，目前以太坊的调用堆栈大小被限制为 1 024 帧，超过堆栈大小时抛出异常。攻击者利用这个漏洞，提前生成一个将满的堆栈，然后调用目标合约的函数，相关的堆栈超出限制抛出异常，若不及时处理，将带来极大的安全风险。

上述都是合约在设计过程中的漏洞而引起的安全问题，因此，对智能合约代码进行检查和设计成为设计合约过程中不可缺少的环节，但是如果只依靠开发工程师是远远不够的。在未来，代码中的逻辑规则将越来越复杂，如何设计一套完善的智能合约审计和验证工具是将来要面临的问题。

18.3 区块链与物联网

18.3.1 物联网概述

物联网主要是通过网络技术的运用，紧密连接传感器、控制器和机器设备，通过物物相连，智能化控制和管理机器设备。物联网的运用，能够提高设备的可靠性和安全性。互联网主要分为感知层、网络层和应用层 3 层技术架构：感知层是由一组支持因特网的设备组成，用以对所搜集对象的检测和感知；网络层的任务是将数据从感知层向应用层传递；而接收和处理信息则是物联网应用层的任务。

18.3.2 区块链技术在物联网中的具体应用

1. 保障系统的稳定性，促进隐私信息安全性的提升

目前，包括监控器物联网、智能家居、智能感应器等，仍然以中心化服务构架为主，它能实现对用户数据的实时监测，并向中央服务器集中汇总和监测这些数据。但是，通过集成系统黑客病毒也会对物联网家用设备产生攻击，向用户网络入侵，并对相关信息进行盗取，甚至还能对每一种家电进行控制，由此严重威胁到人们的生命财产安全。尤为一提的是，由于物联网系统中有着非常多的节点，甚至达到了上亿的数量，为排查带来了难度。而区块链能够将物联网的安全防护缺陷攻破，使这一问题得到很好的解决。目前，物联网安全触发机制匮乏，一旦控制和攻破某个领域，或者某个数据出现问题，就会使信息大面积泄露，甚至造成物联网的整体崩溃，被不法分子利用和掌控。而运用区块链技术，能够构建高效的解决方案，将信任机制引入到设备之间，并紧密连接物联网中所有的数据和区块链技术，不必通过安全验证，使中心系统和设备之间达成共识，即便攻破某一节点，也能对系统正常运行和安全性给予保障。

2. 处理大量的数据信息，使物联网运营成本有效降低

物联网的中心服务器存储信息和大量的数据，尽管一些小的智能设备具有较少的节点和较低的使用频率，在信息传递过程中，时间会减少，但是会实时反馈和接受这个监控过程。尤其是越庞大的物联网系统涵盖越多的节点，而这些巨量的数据对中心系统在计算和储存方面的需求更高。传统的服务器由于不堪重负，使企业运营的运行成本加大。同时，因为长期使用物联网系统会降低其性能，使运营商的管理压力加大。而区块链能够实现物联网的点对点数据传输功能，能够归类和有效处理大量的数据信息。另外，通过空余时间的充分运用，进行计算和储存，能使成本大幅度降低。区块链技术的智能性可以形成合约，能够自动调节和维护各自的设备。在合约的条件下，将具体的规则植入到这些独立的网络点上，各个节点之间对其安全性和身份相互核对，并对信息进行交换。无论设备具有多久的使用周期，物联网产品都不会过时，能够使维护成本有效地节省下来。

3. 构建全新的商业模式，最大限度地节约资源

通过区块链技术的运用，能有更加可靠的内部授权，使整个区块链网络获得用户或设备提供业务交易参与者的身份。就像人类一样，交易身份的物联网设备，能够参与到区块链的网络交易中。例如，当需要冷藏食物的设备时，能够直接从供应商处购买智能合约控制的冰箱，在需要身份认证的同时，还需要具有支付能力。区块链网络上不同系统，不仅能高效处理分散的数据，还能使资源得到最大限度的节约。

18.3.3 物联网与区块链结合的技术解决方案

1. 应用场景的物体抽象

在物联网的实际应用场景中，往往有不同厂家的设备，而这些厂商的数据型号也有所不同。因此，物联网应用层要去解决的问题就是如何抽象这些数据。物联网端的数据偏向后端，对不同的数据结构和设备进行兼容是非常关键的一点。通过设计一个硬件的抽象层，抽象全

部的硬件，这样在向区块链上传数据时，就不需要存储一个高、低电频的信号量。而嵌入式设备往往具有有限的存储空间，对于这些设备可以进行验证。整个构架在不需要人工干涉的前提下，能够采集边缘数据，并和其他的链相互交换数据。目前，物联网亟待解决的重要课题就是在应用层统一标准，在中心化的云端不会实现物联网的标准，而是在边缘计算的可编程开始，通过将传统的模块+云的模式摒弃，而对统一的编程模型进行构建。

2. 数据在区块链上的同步

通常情况下，产品溯源场景都是反复被 ERP、MES、WMS 等不同中心化的系统录入产品生产、存储、流通过程中的数据，不能完全保障整个环节的一致性。而这些物联网的数据都是紧密结合区块链，基本上是以时间为序列的。盖上时间戳的数据，能够使死锁等问题得到有效解决，并且保证数据在流通过程中的一致性。以同步的时间戳为核心，边缘计算节点会对局域网络内的业务逻辑进行控制。在整个区块链网络中，时间戳是同步的，追溯同一时刻整个网络各节点的行为，能够对网络某一时刻的状态进行还原。

18.4 区块链技术的风险

18.4.1 区块链 P2P 网络存在的风险

P2P 网络是一种无中心服务器，网络中各节点的地位是相同的。通常我们认为 P2P 网络的这些特点会为区块链带来良好的安全性和可访问性，但在实际工作中这种网络结构也导致了几种攻击，下面将讨论这些攻击以及对区块链应用的危害。

1. 自私挖矿

自私挖矿是某些矿工选择的策略，他们的目的不是破坏区块链的正常运行，而是利用区块链的奖励机制来获取更大的利益，并让诚实矿工进行无效计算。自私挖矿攻击的思路是故意延迟公布其计算得到的新块，并构造一条自己控制的私有分支，造成区块链临时的软分叉。当其他挖矿者挖新块时，攻击者就把先前挖到但未广播的所有区块公开，因为攻击者已经发现多个连续的区块，所以攻击者所在的分支比其他分支更长，从而使得区块链主链走向由攻击者控制。自私采矿使得区块链网络中诚实矿工的产出失效，这会严重损害区块链的激励机制。如果当区块链中存在两个以上采用自私采矿策略的矿工时，恶意矿工间的竞争又会使得区块分叉的风险增加。而这些分叉又会导致网络中共识的延迟，这可能进一步导致其他潜在的攻击。

2. 日蚀攻击

区块链的 P2P 系统也容易遭受一种称为日蚀攻击的攻击，在这种攻击中，一组恶意节点使用 IP 地址隔离了其相邻节点，切断了相邻节点传入和传出的流量，导致受害者接收到一个扭曲的区块链视图。例如，在比特币中，一个节点可以主动连接到网络中的所有其他节点，从而形成一个节点集群。在节点集群中，每个节点都知道所有其他节点的 IP 地址。但是，如果集群中有足够的受害者节点，攻击者就可以隔离诚实节点并更改其区块链视图。他可以控制它们的传入和传出流量，并向它们提供有关区块链和交易的虚假信息。

3. 共识延迟攻击

与 P2P 架构有关的另一种攻击是共识延迟，在这种攻击中，攻击者可能会插入错误的块来增加延迟或阻止对等方就区块链的状态达成一致。如图 18-4 所示，我们以比特币为例说明区块传播所引起的延迟。当节点 A 接收到一个块时，它对该块进行身份验证，并向其包括节点 B 的邻居发送一个消息。如果节点 B 没有该块，则它将请求区块的信息发送回 A。收到来自 B 的请求区块后，A 将该块发送给 B。一旦 B 拥有了该块，它还将对该块进行身份验证，并向其邻居发送消息。

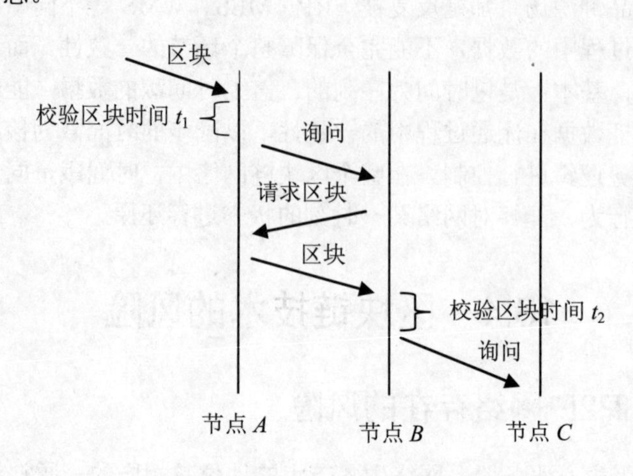

图 18-4　区块扩散流程

最大的延迟发生在真实性检查期间，即 t_1 和 t_2。其他延迟还包括传输延迟以及消息和块的传播延迟，传播延迟取决于块和消息的大小，而传输延迟则取决于节点之间链路的带宽。在这种情况下，可以通过构造虚假交易故意将延迟引入网络，不知道真相的节点将使用请求区块消息进行响应，并且在接收到块后浪费时间进行验证。对于基于区块链的游戏等时延敏感型应用程序，这个问题将更加严重。

4. 时间劫持攻击

在比特币系统中，完整节点维护一个内部计数器，该计数器指示网络时间。这个时间是在节点引导阶段通过计算从相邻节点接收的版本消息的中间值来获得的。如果所有相邻节点的中间值时间超过 70 分钟，则网络时间计数器将自动恢复为节点的系统时间。这种系统设定为恶意节点攻击与其相邻的节点创造了机会。攻击者可以提供多个不同的时间戳，其中值超过 70 分钟，在受害者节点重置时间暂时与主网脱离时乘机发起日蚀攻击等恶意行为。

除此之外，当一个区块的时间比网络时间提前 120 分钟以上时，网络中的节点将拒绝该块。攻击者可以计算一个新区块并将其时间戳设置为比网络时间戳提前 50 分钟，然后通过发起针对目标节点的时间劫持攻击来减慢该节点的网络时间，这使得新区块时间与目标节点的计数器之间的差将超过 120 分钟，目标节点将拒绝新区块以及所有后续块，最终目标节点与主网络的活动隔离。

18.4.2　区块链应用存在的风险

区块链应用虽然是在区块链结构和 P2P 网络之上形成的，但它具有自己独立的结构和特性，因此也具有自己特有的漏洞和攻击面。

1. 双重花费攻击

双重花费简称双花，是指攻击者用一笔钱付了两笔账。在比特币中，从交易生成到全网广播再到交易被打包成区块，平均时间为 10 分钟。如果在快速交易的环境中，接收者可以在交易被打包成区块前将产品转移给发送者，这样就使得发送方有机会签名相同的交易并将其发送给另一接收方。在双花交易中，生成的两个交易只有其中之一被纳入了区块链。如图 18-5 所示，用户 A 进行的双重消费攻击。用户 A 的余额中 0.01btc，使用该输入值作为输入，他生成交易 1 并将其发送给用户 B。然后他从已经用完的交易 1 中生成事务 2。当矿工查询内存池时，他可以选择事务 1 或事务 2。如果事务 2 被拒绝，用户 C 遭受损失。在上文提到共识延迟攻击和时间劫持攻击都会导致区块链网络出现延迟，这增加了进行双重支出的机会。

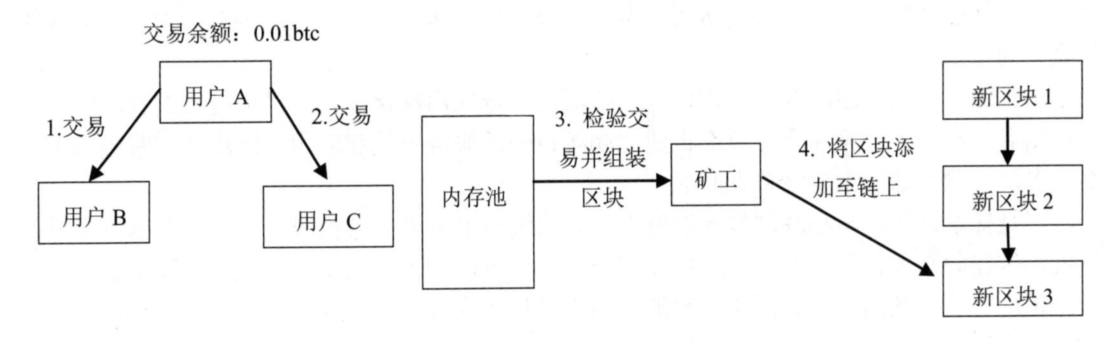

图 18-5 双重花费攻击

2. 针对智能合约的攻击

由于应用程序是建立在区块链之上的，因此它们自身的局限性以及区块链漏洞会造成新的攻击面。智能合约属于区块链 2.0 的一代，在本节中，我们将探讨智能合约的攻击可能性。

(1) 重入攻击：如果用户未在发送以太币之前更新余额，则攻击者可以通过递归调用 ERC20 令牌中的 call.value 方法来窃取合同中存储的所有以太币。因此，粗心的用户如果忘记更新其余额，则可能会失去合同中的全部余额。

(2) 溢出攻击：当超过类型变量的值时，智能合约就会发生溢出。例如，在在线投注的智能合约中，如果有人发送大量以太币，超过 2 256，则下注值将被设置为 0。尽管交换大于 2 256 的以太币值是不现实的，但在以 Solidity 编写的智能合约中，它仍然存在编程漏洞。

(3) 短地址攻击：短地址攻击利用以太坊虚拟机中的一个漏洞来限制 Token 购买。短地址攻击主要适用于 ERC20Token。对于此攻击，首先攻击者创建一个以 0 位数结尾的以太坊钱包；然后他通过删除最后一个 0 在地址上进行购买，如果合同有足够的余额，则购买功能不会检查发件人的地址，而以太坊的虚拟机将追加缺少的 0 以完成地址；最终每购买 1 000 个令牌，系统将返回 256 000 个令牌。

3. 重放攻击

重放攻击是指在两个不同的区块链上进行同一项交易。例如，当一种加密货币分叉成两种不同的货币时，用户在两个分类账上都拥有相等的资产。用户可以选择在两个链中的任何

一个上进行交易。在重放攻击中，攻击者探测到一个分叉上的交易后，然后在另一个分叉上进行重放，这样用户会丢失两个链上的资产。在以太坊中，在一个区块链上签名的交易在所有区块链上都有效。因此，在以太坊测试网络上进行的交易可以在公共网络上复制以窃取资金。

18.5 推动区块链技术发展的举措

区块链技术本身仍然处在初期阶段，要推动区块链技术在供应链领域的深度落地，未来仍有几个方面的工作等待探索和研究。

一是推动区块链供应链标准规范建立。区块链供应链标准化建立，能打通应用通道、防范应用风险，对区块链应用落地有积极作用。区块链供应链的标准要在国家整体标准的大框架下，对智能合约、共识机制、私钥安全、权限管理等角度，进行更规范的治理，增强区块链系统的可信度和安全程度。

二是加快互联互通的互操作性研究。随着区块链应用深化，其与供应链上的物流管理、支付结算、身份验证等各个环节都将建立起各自的区块链系统和应用。区块链的跨链需求必然增多，互联互通的重要性愈发凸显。

三是探索区块链与物联网技术的融合。区块链技术可以支持供应链上的物联网设备进行扩展，构建起高效、安全的分布式物联网网络，还可以为用户数据隐私提供保障机制，从而推进供应链物联网向更加灵活化、智能化的高级形态演进。随着大数据、云计算和物联网等技术的应用成熟，供应链领域的区块链技术应用场景也将具有更多的探索空间。

本章小结

区块链是以比特币为代表的数字加密货币体系的核心支撑技术。区块链技术的核心优势是去中心化，能够通过运用数据加密、时间戳、分布式共识和经济激励等手段，在节点无须互相信任的分布式系统中实现基于去中心化信用的点对点交易、协调与协作，从而为解决中心化机构普遍存在的高成本、低效率和数据存储不安全等问题提供了解决方案。

区块链的应用范围划分成 3 个层面，分别称其为区块链 1.0、2.0 和 3.0。区块链系统由数据层、网络层、共识层、激励层、合约层和应用层组成。

从区块链的形成过程看，区块链技术具有以下特征：一是去中心化；二是开放性；三是独立性；四是安全性；五是匿名性。区块链的基本类型有：公有区块链(Public Block Chains)、行业区块链(Consortium Block Chains)和私有区块链(Private Block Chains)。

智能合约中存在的问题包括调用堆栈深度、重入漏洞、时间戳依赖。

区块链的应用场景主要有：一是产品溯源；二是数据管理；三是供应链金融。

物流业应用区块链的优势可表现在 3 个方面：①释放有形资产的过剩产能；②创造流动、透明的市场；③对信用和风险的重新定价。

区块链技术虽然前卫，但风险也很大，其中，区块链 P2P 网络存在的风险主要有：①自私挖矿；②日蚀攻击；③共识延迟攻击；④时间劫持攻击。区块链应用存在的风险包括：

①双重花费攻击；②针对智能合约的攻击；③重放攻击。

随着科技的发展，新技术不断涌现，并不断改变和重塑社会的运行模式，一个新的人类文明形式——数字文明正在到来。在数字文明背景下，人类活动与自然活动被高度数字化，人类通过数据可以逐步描摹整个世界，而区块链在这个过程中发挥着至关重要的基础性作用。同时，区块链技术所带来的社会变革，也使得社会治理方式数字化、智能化。

思考与练习

1. 简述区块链技术的特征。
2. 如何解决智能合约中存在的问题？
3. 区块链的应用前景有哪些？
4. 如何从供应链视角来考虑区块链技术的发展问题？
5. 区块链技术有弊处吗？如果有该如何去克服呢？没有请说明你的理由。

案 例 讨 论

区块链技术为保障电力大数据安全提供保障

随着信息化程度的加深以及电力大数据的飞速发展，数据安全问题将越来越突出。究其原因，主要是电力大数据自身存在脆弱性，而外部存在针对电力大数据的各种威胁。一旦电力大数据的脆弱性成功被外部威胁所利用，潜在的安全事件将变为事实，造成不可估量的损失和影响。

2016年6月加利福尼亚一家电力公司数据库遭到曝光，导致数据泄露。2016年12月家电网旗下两款应用程序(APP)发生数据泄露事件，给整个社会带来极大的影响。2010年7月发生的“震网”蠕虫攻击事件导致伊朗的核工业倒退两年，2015年12月23日发生的乌克兰电网攻击事件造成大面积居民停电，而2019年3月7日发生的委内瑞拉古里水电站攻击事件则造成超过10个州的交通和通信系统的瘫痪。上述事件说明，电力系统自身存在漏洞，电力大数据自身较为脆弱，所以才导致数据泄露、网络攻击事件。2018年，国家互联网应急中心(CNCERT)抽样监测发现，我国境内联网工业设备、系统、平台等遭受恶意嗅探、网络攻击的次数显著提高，在CNCERT使用其自主研发的工业互联网安全测试平台Acheron对主流工业控制设备和电力行业进行专项安全检测时，在涉及主流厂商的87个产品中共发现了232个高危漏洞。

区块链技术能够应用于管理日益复杂的电力系统，实现快速、无摩擦、安全，以及透明的交易。其主要应用包括发电、电力交易、能源融资、可持续性、电动汽车等方面。在美国纽约，区块链创业公司LO3正在使用以太坊技术来进行尝试，它允许消费者直接从当地电力生产商或现有基础设施的微电网中购买电力。众筹平台Usizo连接了南非一些资金紧缺的学校的区块链智能电表，捐赠者可以通过这一便捷渠道帮助学校缴纳电费。北欧输电系统运营商TenneT已在德国和荷兰启动试点，利用区块链技术解决电力市场供需不均衡问题。在德国，Share & Charge是一款基于以太坊技术的应用程序，可将电动汽车(EV)与可用住宅和商业充电站连接起来并方便付款。该技术还在加利福尼亚州使用 eMotorWerks 的 JuiceBox EV 充电器进行了试点。2019 年 10 月 30 日，浙江宁波供电公司完成了基于区块链技术的停电保险产品技术平台搭建，利用区块链技术分布式存储、不可篡改等特性，将电网停电等数据放入区块链，一旦投保用户发生停电，保险公司无须人工现场核损，即可基于链上数据按停电时长自动实时理赔。

(资料来源：张徐亮，万里冰等. 基于区块链的电力大数据安全保障体系[J]. 华电技术，2020，42(08)：68-74.)

思考：

区块链技术保障大数据安全的原理是什么？该技术有何优势？

微课视频

扫一扫获取本章相关微课视频。

区块链技术在物联网中的应用.mp4

参考文献

[1] 安玉成. 整机制造企业供应商管理体系中激励机制的探讨[D]. 青岛：中国海洋大学，2008.

[2] 百度百科. 供应商关系管理[DB/OL]. https://baike.baidu.com.

[3] Balsmeier P W, Voisin W J. Supply chain management: a time-based strategy. Industrial Management, 1996, 38(5): 27-30.

[4] Bowerson D J, Close D J. Logistics Management—The Integrated Supply Chain Process. New York: McGraw-Hill press, 1996.

[5] 曹傧，林亮. 区块链研究综述[J]. 重庆邮电大学学报(自然科学版)，2020，32(01)：1-14.

[6] 陈荣. 物流供应链管理[M]. 大连：东北财经大学出版社，2001.

[7] 杜峰. 5G 开启“无人”物流新时代[J]. 中国品牌，2020(10)：84-85.

[8] 杜海利. 高校绩效管理平衡计分卡模型的构建与应用[J]. 山西财税，2018(10)：40-43.

[9] 范碧霞，饶欣. 物流与供应链管理[M]. 上海：上海财经大学出版社，2016.

[10] 冯耕中，刘伟华，马士华，林勇. 供应链管理[M]. 2 版. 北京：中国人民大学出版社，2014.

[11] 傅莉萍. 第三方物流[M]. 北京：清华大学出版社，2016.

[12] 高举红. 供应链管理[M]. 北京：北京大学出版社，2012.

[13] Harland C. Supply chain operation performance roles. Integrated Manufacturing System, 1997, 8(2): 70-78.

[14] 何静，徐福缘. 供应链瓶颈问题分析及其解决方法[J]. 计算机集成制造系统-CIMS，2003(02)：122-126.

[15] 何建佳，蒋雪琳，徐福缘. 基于供需网企业合作博弈模型的演化路径分析[J]. 运筹与管理，2018，27(09)：79-86.

[16] 何建佳，刘举胜，徐福缘. 基于知识溢出视角的供需网企业 R&D 合作策略演化[J]. 系统工程，2017，35(10)：131-139.

[17] 何建佳，徐福缘. 面向和谐：管理的嬗变与多功能开放型企业供需网——基于复杂性、人类合作视角的分析[J]. 外国经济与管理，2009，31(03)：16-22.

[18] 贺璐婷. 区块链助力供应链更智能[J]. 通信世界，2020(19)：38-40.

[19] 侯云先，吕建军. 物流与供应链管理[M]. 3 版. 北京：机械工业出版社，2016.

[20] 何蒲，于戈，等. 区块链技术与应用前瞻综述[J]. 计算机科学，2017，44(04)：1-7，15.

[21] 霍红，牟维哲，段延梅. 物流管理学[M]. 北京：科学出版社，2013.

[22] [美]兰利. 供应链管理：物流视角[M]. 宋华，等译. 北京：电子工业出版社，2010.

[23] 黎继子，杨卫丰. 物流管理[M]. 北京：清华大学出版社，2011.

[24] 李婧. 智慧物流与综合交通协调发展研究[J]. 科技风，2020(15)：95.

[25] 李隽波，谢奇洁. 谈如何缓解“双十一”物流曲棍球棒效应[J]. 对外经贸实务，2014(04)：89-91.

[26] 李松庆. 现代物流学[M]. 北京：清华大学出版社，2018.

[27] 李潇瑶. 供应链牛鞭效应形成机理与防范控制[D]. 西安：西安工程大学，2016.

[28] 李雪敏，缪立新，徐青青. 报童模型的研究进展综述[J]. 统计与决策，2008， 28(17)：11-14.

[29] 李焱. 现代物流管理[M]. 北京：北京大学出版社，2017.

[30] 梁莹，徐福缘. 基于供需网的企业知识协同伙伴选择问题研究[J]. 科技进步与对策，2012，29(04)：124-128.

[31] 林小驰，胡叶倩雯. 关于区块链技术的研究综述[J]. 金融市场研究，2016(02)：97-109.

[32] 刘慧贞. 供应链管理[M]. 北京：机械工业出版社，2015.

[33] 刘军，阎芳，杨玺. 物流工程[M]. 北京：清华大学出版社，2014.

[34] 刘永胜，杜志平，白晓娟. 供应链管理[M]. 北京：北京大学出版社，2012.

[35] 刘助忠，周敏，龚荷英. 供应链管理[M]. 长沙：中南大学出版社，2016.

[36] 罗艳，于长锐，徐福缘. 供需网环境下企业动态结构建模研究[J]. 上海理工大学学报，2003(03)：259-262.

[37] MBA 智库・百科. 供应链管理[DB/OL]. https://wiki. mbalib. com.

[38] 马奔. 邻避设施选址规划中的协商式治理与决策——从天津港危险品仓库爆炸事故谈起[J]. 南京社会科学，2015(12)：55-61.

[39] 马士华，林勇. 供应链管理[M]. 5 版. 北京：机械工业出版社，2016.

[40] 马士华. 供应链管理[M]. 4 版. 北京：机械工业出版社，2016.

[41] 马雪. 基于 SCOR 模型的建筑供应链绩效评价研究[D]. 天津：天津大学，2014.

[42] 倪明. 传统供应链模式的拓展[J]. 统计与决策，2009(10)：151-153.

[43] 庞洋，韩飞. 供应链合作伙伴选择综合评价分析与 AHP 应用[J]. 牡丹江师范学院学报(哲学社会科学版)，2014(06)：31-33.

[44] 裴发红，黄花叶，李文锋. 基于收益共享契约的玉米供应链协调研究[J]. 武汉理工大学学报(信息与管理工程版)，2018，40(4)：419-423.

[45] 朴银玥. 智慧物流新兴技术及其应用分析[J]. 中国商论，2020(19)：37-39.

[46] 平海. 物流管理[M]. 北京：北京理工大学出版社，2017.

[47] 乔尔・D. 威斯纳，陈加存，梁源强. 供应链管理[M]. 刘学元，译. 北京：机械工业出版社，2014.

[48] 邵奇峰，金澈清，等. 区块链技术：架构及进展[J]. 计算机学报，2018，41(05)：969-988.

[49] 宋华. 物流与供应链管理[M]. 3 版. 北京：中国人民大学出版社，2017.

[50] 宋绪言，崔宝江. 区块链技术面临的风险与挑战[J]. 保密科学技术，2020(01)：17-21.

[51] Stephen C G, Fisher M L. Introduction to special issue on frontier research in manufacturing and logistics. Management Science, 1997, 43(4): 403-404.

[52] 陶云. 基于熵权的 TOPSIS 电工制造业供应链合作伙伴选择研究[D]. 安徽：安徽理工大学，2017.

[53] 王道平，张博卿. 供应链管理[M]. 北京：清华大学出版社，2015.

[54] 王鹏. 供应链管理[M]. 北京：北京理工大学出版社，2016.

[55] 王帅，林坦. 智慧物流发展的动因、架构和建议[J]. 中国流通经济，2019，33(01)：35-42.

[56] 王叶峰. 供应链管理[M]. 北京：机械工业出版社，2015.

[57] 王勇，黄晗. 物流管理概论[M]. 北京：机械工业出版社，2016.

[58] 王永富. 物流管理概论[M]. 北京：对外经济贸易大学出版社，2006.

[59] 王远炼. 库存管理精益实战手册[M]. 北京：人民邮电出版社，2015.

[60] 王昭凤. 供应链管理[M]. 北京：机械工业出版社，2006.

[61] 王忠伟. 物流工程导论[M]. 北京：高等教育出版社，2012.

[62] 闻学伟，汝宜红. 智能物流系统设计及应用[J]. 交通运输系统工程与信息，2002(01)：16-19.

[63] 夏春玉. 物流与供应链管理[M]. 3 版. 东北：东北财经大学出版社，2010.

[64] 小保罗・墨菲，迈克尔・克内梅耶. 物流学[M]. 11 版. 陈荣秋译. 北京：中国人民大学出版社，2015.

[65] 谢辉，王健. 区块链技术及其应用研究[J]. 信息网络安全，2016(09)：192-195.

[66] 谢应军. 华曦达公司供应商管理体系设计[D]. 兰州：兰州大学，2018.

[67] 徐福缘，何静. 全球化环境下的企业管理模式研究[J]. 科学学与科学技术管理，2002(08)：89-92.

[68] 徐福缘，何静，林凤，陈荔，陶倩，李希才，郑锦荣. 多功能开放型企业供需网及其支持系统研究——国家自然科学基金项目(70072020)回溯[J]. 管理学报，2007(04)：379-383.

[69] 徐金河，陈智强. 合作伙伴选择模糊综合评价模型的建立与应用[J]. 渤海大学学报(自然科学版)，2017，38(3)：256-263.

[70] 徐玖平，胡知能，王緌. 运筹学：Ⅰ类[M]. 北京：科学出版社，2007.

[71] 徐琪，徐福缘. 供需网的一个节点：供应链协同管理与决策[J]. 系统工程理论与实践，2003(08)：31-35.

[72] 许淑君. 运营管理[M]. 2 版. 北京：中国人民大学出版社，2017.

[73] 徐兴华. 基于组合预测方法的物流需求研究[D]. 重庆：重庆工商大学，2013.

[74] 杨东. 区块链：数字文明的“钥匙”[J]. 知识就是力量，2020(01)：6-7.

[75] 袁勇，王飞跃. 区块链技术发展现状与展望[J]. 自动化学报，2016，42(04)：481-494.

[76] 张亮. 物流学[M]. 北京：人民邮电出版社，2015.

[77] 张亮，李彩凤. 物流学[M]. 北京：电子工业出版社，2018.

[78] 张庆英，辜军，张梦雅. 物流系统工程——理论、方法与案例分析[M]. 2 版. 北京：电子工业出版社，2015.

[79] 张守生. 德尔福供应链采购管理优化研究[D]. 吉林：吉林大学，2018.

[80] 张先郁. 基于纵向研发合作的电信信息产品供应链激励机制研究[D]. 广州：暨南大学，2010.

[81] 张相斌，林萍，张冲. 供应链管理——设计、运作与改进[M]. 北京：人民邮电出版社，2015.

[82] 张鑫磊. 基于碳限额排放机制与批发价格契约的两级供应链研究[J]. 物流工程与管理，2017，39(02)：73-74.

[83] 张徐亮，万里冰，等. 基于区块链的电力大数据安全保障体系[J]. 华电技术，2020，42(08)：68-74.

[84] 张翼英，张茜等. 智能物流[M]. 北京：中国水利水电出版社，2012.

[85] 张玉豪，李秋香. 供应链中牛鞭效应的成因及应对措施[J]. 农村经济与科技，2017，28(15)：129-131.

[86] 郑锦荣，徐琪，徐福缘. 面向 Web 服务与智能体的企业供需网协作研究[J]. 计算机集成制造系统，2004(S1)：131-137.

[87] 朱传波. 物流与供应链管理——新商业 • 新链接 • 新物流[M]. 北京：机械工业出版社，2018.

[88] 周兴建，蔡丽华. 现代物流管理概论[M]. 上海：中国纺织出版社，2016.

[89] 左伟，曹永超. 基于 TOPSIS 模型的 PPP 项目联合体合作伙伴选择研究[J]. 工程经济，2018，28(8)：42-44.

[90] 龙子泉，高伟. 供应链绩效评估的基准平衡记分卡法[J]. 物流技术，2004，(05)：52-54.

[91] 唐国锋，王丰，蒋宁. 基于平衡记分卡和 BP 神经网络的供应链绩效评价[J]. 物流技术，2006(03)：131-134.